JN165591

編集復刻版

戦後改革期文部省実験学校資料集成

水原克敏 編・解題

第7巻

不二出版

編集復刻版

水原克敏 編・解題

戦後改革期文部省実験学校資料集成

第7巻

不二出版

復刻にあたって〉

一、原本自体の破損・不良によって、印字が不鮮明あるいは判読不能な箇所があります。

一、資料は、原本を適宜拡大し、二面付け方式で収録しました。

の復刻という性質上、そのまま収録しました。一、資料の中には人権の視点から見て不適切な語句・表現・論もありますが、歴史的資料

一、解題(水原克敏)は第1巻巻頭に収録しました。

(不二出版)

不二出版
戦後改革期文部省実験学校資料集成 第7巻
編集復刻版

〈復刻にあたって〉

一、原本自体の破損・不良によって、印字が不鮮明あるいは判読不能な箇所があります。

一、資料は、原本を適宜拡大し、二面付け方式で収録しました。

一、資料の中には人権の視点から見て不適切な語句・表現・論もありますが、歴史的資料

一、解題(水原克敏)は第1巻巻頭に収録しました。の復刻という性質上、そのまま収録しました。

(不二出版)

〈第7巻 目次〉

〈Ⅱ

〈第7巻　目次〉

資料番号—資料名◆作成・編・発行◆出版社◆発行年月日……復刻版頁

〈Ⅱ　文部省実験学校の報告・教育実践（一九四七～一九五一年）〉

⑸千葉師範学校男子部附属小学校

⑹長野師範学校女子部附属小学校・男子部附属小中学校

◎収録一覧

巻		資料名	出版社	発行年月日
〈Ⅰ〉文部省の動向				
第1巻	1	生活カリキュラム構成の方法	六三書院	1949(昭和24)年8月15日
	2	新教育用語辞典	国民図書刊行会	1949(昭和24)年6月20日
	3	昭和二十四年度実験学校における研究事項		1949(昭和24)年
	4	学習指導要領編修会議・教育課程審議会・初等中等分科審議会記録等		1949(昭和24)～1950(昭和25)年
	5	昭和二四年七月調査報告二　学習指導要領に対する小学校教師の意見(一般編)		1949(昭和24)年7月
	6	昭和二四年八月調査報告五　学習指導要領に対する中学校教師の意見の調査(一般編)		1949(昭和24)年8月
〈Ⅱ〉文部省実験学校の報告・教育実践(1947~1951年)				
第2巻		(1)東京高等師範学校附属小学校(東京教育大学附属小学校)		
	7	コーア・カリキュラムの研究　研究紀要(一)	柏書院	1949(昭和24)年2月25日
	8	教科カリキュラムの研究(上巻)　研究紀要(二)	教育科学社	1949(昭和24)年11月20日
	9	教科カリキュラムの研究(下巻)　研究紀要(二)	教育科学社	1949(昭和24)年11月20日
	10	広域カリキュラムの研究(上巻)　研究紀要(三)	教育科学社	1949(昭和24)年11月20日
第3巻	11	広域カリキュラムの研究(下巻)　研究紀要(三)	教育科学社	1949(昭和24)年11月20日
	12	コーア・カリキュラムの研究　研究紀要(四)	教育科学社	1949(昭和24)年11月20日
	13	学習目標分析表――カリキュラム構成の基底・能力評価の基準　研究紀要(五)	教育科学社	1949(昭和24)年11月20日
	14	学習指導目標分析表・生活能力分析表(試案)　研究紀要第六集	不昧堂書店	1951(昭和26)年11月7日
第4巻		(2)東京学芸大学第一師範学校附属小学校		
	15	カリキュラムの構成と実際　カリキュラムの実験シリーズⅠ	学芸図書	1949(昭和24)年12月1日
	16	学習環境の構成と実際　カリキュラムの実験シリーズⅡ	学芸図書	1949(昭和24)年12月1日
	17	低学年カリキュラムの実際　カリキュラムの実験シリーズⅢ	学芸図書	1949(昭和24)年12月1日
	18	中学年カリキュラムの実際　カリキュラムの実験シリーズⅣ	学芸図書	1949(昭和24)年12月1日
第5巻	19	高学年カリキュラムの実際　カリキュラムの実験シリーズⅤ	学芸図書	1949(昭和24)年12月1日
	20	評価と新学籍簿	宮島書店	1949(昭和24)年5月20日
		(3)東京学芸大学第二師範学校附属小学校		
	21	小学校のガイダンス	明治図書	1950(昭和25)年2月15日
	22	小学校社会科における地理及び歴史的学習　文部省実験学校研究報告	東洋館出版社	1951(昭和26)年6月20日
第6巻		(4)東京学芸大学第三師範学校附属小学校・附属中学校		
	23	小学校カリキュラムの構成	同学社	1949(昭和24)年7月25日
	24	中学校カリキュラムの構成	同学社	1949(昭和24)年6月10日
第7巻		(5)千葉師範学校男子部附属小学校		
	25	単元学習各科指導計画　小学一・二学年(文部省実験学校研究報告　第一集)	小学館	1947(昭和22)年6月20日
	26	単元学習各科指導計画　小学三・四学年(文部省実験学校研究報告　第二集)	小学館	1947(昭和22)年6月20日
	27	単元学習各科指導計画　小学五・六学年(文部省実験学校研究報告　第三集)	小学館	1947(昭和22)年6月20日
	28	単元学習各科指導計画　中学一学年(文部省実験学校研究報告　第四集)	小学館	1947(昭和22)年6月20日
		(6)長野師範学校女子部附属小学校・男子部附属小中学校		
	29	コア・カリキュラムによる指導の実践記録　小学一年	蓼科書房	1949(昭和24)年7月5日
	30	理科カリキュラム		1949(昭和24)年9月10日
第8巻	31	学習指導の手引　昭和二十五年度		1950(昭和25)年7月25日
		(7)奈良女子高等師範学校附属小学校・附属中学校高等学校		
	32	たしかな教育の方法	秀英出版	1949(昭和24)年5月10日
第9巻	33	奈良プラン　ホームルーム	東洋図書	1949(昭和24)年10月10日
	34	正しいしつけ	秀英出版	1950(昭和25)年10月20日
	35	中学標準教育課程	東洋図書	1950(昭和25)年11月15日

※資料3～6は翻刻で収録

領の基準により、兄童生徒の活動を主體とする單元學習の具體的指導計畫を意味する。干薬師範學校男子部附屬小學校は昭和二十二年度最初の仕事として實験學校に依囑されたのは、各教科の學習指導の年次計畫である。それは學習指導要か研究學校とか呼ぶのは、質質上、この意味における試行學校にほかならない。

信する敎育を、謙虚に細心に試みるところの試行學校(trial school or try out school)である。われわれが 實驗學校とschool)でもなく、世間に見せるための公開學校(demonstration school)でもない。むしろ真塾な研究に基づいて最善をschool)とは児童生徒を機能にして 敎育をもてあるぶ學校ではない。それはまた他に誇り示さるべき 複節學校(model 村研究課の 主管する 實驗學校は、このことを 特に変先して 實行することを 任務としている。 實驗學校(experimental 民主的敎育機構のもとに、何よりも必要なことは、不斷の研究による賞践方策の反省と改善とである。文部省敎科書局教ごのようにして今や敎育法規は國民の織意により、その具體的實践方策は敎師の責任において規定せられる。こうした私書の如きも、この設計のもとに活用せるるべき「種の方法的手段である。

ねばならぬことを異請している。この最も具體的・實踐的な敎育計畫こそ、日常の敎育活動を規制する設計であつて、敎準を、各地方の地域社會並びに兄童生徒の實態に即應して具體化し、結局各壁校。各效師が自らの質説的敎育計畫を立て程、敎科內容及びその取扱いについては、學習指導要領の兆準による」とあり、そして學習指導要領はそこに示された基しく團會の柔讓を經た敎育基本法及び舉校敎育技が洗律として制定せられた。その學校敎育法の施行規則には「弥科課題を支配したのである。然るに新しい日本においては、國民の總意に基づいて國會が議定した憲法の精神を承けて、ひと跪行規則に敎科課程や各敎科の目的、內容などが示され、それが敎科書に具體化され、敎師用書に違づけられて敎育の質施行見ければならない。かつては敎育助語が最高の經典であり、その旨趣に則つて刺令としての學校令が布かれ、その日本敎育の民主化を、われれれは觀念的に受け流してしまわないで、日常の實践において現實的に把握し、身を以つて日本敎育の民主化を、われれれに関はに受け流してしまれないで、日常の實践において現實的に把握し、身を以つて

實驗學校における提案の意義

- 序言に代えて -

千葉師範學校男子部附屬小學校編

學習過過

研究報告 第一集 [小單一二一年]文部省實驗學校 第一集

男子部附屬主華 香 村 寬 滅子 丰業縣師館學校 香

昭和二十二年五月

を厚く感謝する次第である。

最後に文部省教材研究課長石山脩平先生はじめ木宮乾峯先生及び各監修官の方々の一方ならぬ御指導御教示を賜つた事は竇襲の結果をまつて再び批判反省され、更によりよきものえ政善された時である。

教育はそれに向つて一歩一歩の前進であり、改善でなくてはならない。その意味に於てこの要目が真にその使命を果すの酸への橋渡しとして最善の努力をした積りである。云ふまでもなく教育理念は永遠なるものを求めるのであるが、現實のの穏全教官の協力により舉酌指導計畫の要目が一應完成した。勿論不備不滿の點は多々あると思ふが、舉習指導要領の質當校に於ても先に文部省教科書局より實驗學校の依賴を受け新教育についての重大な實務を感じてゐたのであるが、こ立が急務にはつてるてくる。

終ってはならない。この様な學習指導の要請は當然、效師にとつてはまづ児童の實態に卽した各科目の學習指導計畫の勘られたのである。兄童の學習が身についた力となり、生活態度としてあらはれる事が必要であつて、單なる知識の著徴にの活動を知りその生活實態をつかまへ、兄童の自發性を喚起し、兄童自身の積極的な學習活動が行はれる様な指導へ改め後來の敎師中心、敎科書本位におちいりがちの學習指導は、兄童中心、生活重視の學習指導へ、卽ち兄童の興味や日常の具體的方針が明示されたのである。

至上主義の立場は地薬されて、新たける意圖のもとに教育の構想が展開され、特に舉習指導契領の編纂によつて教育改革社會の形成者としての國民教育にありと規定してゐる。從つて學校教育に於ても、その內容及び方法について從來の國家新憲法の精神に則り、新たに制定された教育基本法は、教育の目的を個人の尊重、人格の自由を基にする平和國家及び

4

教育研究課長 石 山 僑 平文部省級科書に 石

昭和11十二年六月一日

とを希望するものである。

自由な意志と離虚な態度からこの種の提案がなされることを期待し、それに對する一般教育界の嚴正な批判と自主的活用提案は本省自身がこれを世に問うとき、往々にして首従や機倣を招來するおそれがある。そこでわれわれは、實験學校のが一般の學校に對する参考案(suggested plan)、として重要な役目を果すであろうことは十分に豫想せられる。この種の樂學校自體の教育計畫であつて、他に張要したり、他から機倣されたりすべきものではない。それにもかかわらず、これにもとより事案であって、實施の經驗と理論的反省とにより、不斷に修正せらるべきものである。またこれは立

他の實驗學校と同様に、本省と緊密に連絡し、熱心に研究を重ねて、ここに『單元學者各科指導計畫』を一應まとめられ

て計畫してあるが實際に於ては各校の實狀に即して按排して戴きたい。

制約の為,或月は理科に多大の時間を取り,或季節には體育にと李節による重點が當然産まれてくる。此の關係を考慮し季節や社會生活の制約を受ける児童生活乃至學校の生活設計と,各科の學習素材の季節的制約乃至社會生活より受ける新な兄童觀を持つと共に一年を通じての兄童生活の實態である。

せる爲には、現實の児童がどんな活動の在り方をしているか、各見はどの程度の能力を持つか、之等の動的な姿を把握し素材のもつ陥治價値を把握することは素材が促す兄童活動を把握することである。ここに豫想された活動を兄童に嘗ま

CT

◎ツードン壁にしてん

體得するか其の内容を記載してある。

○児童活動とその成果の欄には主體的な児童の活動は如何に展開されるか、その活動の結果兒童は何を自分のものとして○單元との關係(此の欄は児童の活動形態から取材された素材が如何なる單元卽も指導目標を内在するかを示してゐる。含んでいる。此の兩者の相關を充分推察して欲しい。

○生活環境には科目に於ける兄童の活動形態を記述してある。従つてこれは學習菜材と密着するわけで自ら取材の意味も尚各科共大體同じであるが、科目の獨自性から多少變つているものもある。

にしたので意をつくせぬ點が多々あるが御読承を願いたい。

○形式については前述の如き、單元――児童――素材の相關闢係を動的に打ち出すよう心掛けた。然し用紙の闢係上簡略

◎影 共

を通して加除訂正し、よりよき指導計畫とする企願であります。

[單元學習各科指導計畫」は以上の如き觀點から生れて來た一年間の指導計畫である。勿論完全なものでなく、今後實践ここに於て敎科書に對する敎師の態度は自ら規定されてくると思う。

あり、表現と考えることも出来る。少くとも従来の如き知識の蓄積と見てはならない。

即ち案材は兄童の活動を豫想し、活動を理想的に嘗なませる傷にあるわけである。従つて教科書は兄童の活動の記錄で要目に載せられた學習素材は此のように自分の手中に在る兄童の生活を理想化する設計が含まれている。

の材料が發見され、指導の場も、指導の具體的展開も立てられると思う。

秋を動的に把握することが大切である。ここに敎育の出發があるのであつて、此の兄童の活動形態が把えられた時、敎育從つて我々は自分のはぐくむべき兄童が現實には如何なる活動をしているか、如何なる活動能力を持つているか、その現此の指導計畫を規定するものは敎育の基本法であり、敎育法であるが、科目に於て之から流れ出た各科の單元である。なさなければならない。

し。人生に於て望ましいはたらきが効果的に養われるように現實の生活を純化し。補充し、助長する具案的な生活指導を然し児童の生活は故任すれば斷片的であり無系統であり、低吹な生活線に沈潜する。ここに人生の目的によりよく合致活を通して、彼等の知識や能力、態度、情操等を養い、「生活は胸治する」の真の學習指導を建設しなければならない。ることにより選び、歌い、作業する主體的な児童の活動を忘れ勝であつた。ここに我々は兒

童の活動を見つめ、児童の生徒來の學校教育に於ては敎科書による學習の面が大部分を占め、兄童という主體が自然並びに社會環境にはたらきかけ

◎單元——兒童——素材

◇栗目について

图图		[-1 EN	福 鐵	型 間	解 數	型 但		崖	四
終級 標刊率の 簡 名	いてんでひられば、市	蔲足の思出自 由 崇 現	かかんでからみんないいこ	記念の水學校の題	はるがきた	AN NO CAR	なのはなみないいこれんないいこ		
教教 画型再の	一人鬼かんとび	色の名前折っ 紙	# # # # # # # # # # # # # # # # # # #	春の栖まき春 の 野 原	大 村 井 华	楽しい原校	たまいれなからなって		13
羰 羰	手渡し球後の螺旋取り数の大変の大り数字	自由、関いらんどうかいおせつくと	~ ************************************	盆屋ひへつ	おおいいちょうになっている。まないというない。まなられるない。なならくなど、なるないのでないない。なるないないないないないないないないないないないないないないないないな	館のぼり	よみかきる ちゅうかくれんぼ		버
	織権強び 球 ス ポ	折 自 5 由 級 現	,	の田島のいきも	

小里一年の副

験型校における提案の意義	
2	H
8目について	畑
- 単型智指導素材一覧。	÷
年國語科學習指導要目指導展開例	
年社會科學習指導要目指導展開例	,
年紫數科學習指導要目指導展開例	1
华理科學智指導或目指導展開例	;
年音樂科學習指導要目指導展開例	1
年國工科學習指導要目指導展開例	1
年體育科學智指導或目指導展開例	:
	÷
[年國語科學智指導展開例	
(三三)	!
[在郭數科學習指導要目指導展開例	1
(年 理科學習指導要目指導展開例	1
年音樂科學習指導要目指導展開例	1
[年國工科學習指導要目指導展開例······(四五)	1
(四八)。	1

けが	て物を作る 片 平 鬼材料を利用し 押 合 計 注 合 い 指 合 い お 正月の思い 毎 合 の 名 前 手つなぎ 独 色 の 名 前 手つなぎ 独	の天氣たこのうたにはたほろこかのまる	いるたとりいろいろなるんだい	k [1 & 84 &]
	動物を作る 手つなぎ鬼びままごとあそ つき上げ球送おにごろこ・ 橋 ぼ つ ぼ	在るそび一緒充	いろいろなるんだ びゅうたく がようし・えんび	11 # # # 7 #
がなせ	手紙さし おのの場所取り鬼場所取り鬼独が変し、独身の数が変し、変が、変が、変が、変し、変が、変し、変に、大・れる。	葉かきいくり違びなってもの野山おむかえ	けいさんのおけい 落せい も き か は げ どっりゅの か げ どっけいさんのおけい 秋	お 当 にってばるそび
現 開 栄 茶	家のもけい お ら ま 同様リレー 結 げ はくどうかい 回 歳 歳 走 に ほ ほ ほ む とんどうかい ほ 歳 表 た り ほ り ほ ぬ おろうひい も ほ り ほ り は い ち な り い ち な り い お な り ひ に い れ り ひ に か ひ と ひ と ひ と ひ と ひ と ひ と ひ と ひ と ひ と ひ	まりなげる産業を	きのはあつめいろいたならべるいろいろいろなもんだいろいろなもんだ ほしよかえきよう カード あそ びょいころ あそび	スピクを

THE PERSON NAMED OF THE PE	何	手つなぎ鬼	"	9	" 正 馬	u u	十 五 夜	~	
444	<i>(~7)</i>	折返しリレー	お 月 見	54 Ur UP J 35	ري سن سن	なしとの	十 五 夜	にお用さんのく	
能能	調	かたつむり猫とねずみ	休中の思いで	,	C 5 54	かぼちゃはこび	话 祭 亡	にひりるE	1
		水あそび	色の名前	あるのうれ		1公子各种和			
心能繁	関の	水るそび	動物を作る	かたつむり 揺充		きのはるそびまつばあそび	水雄び	しくなるだんだんくわ	
A CONTRACTOR OF THE PERSON OF		落とねずみ		,	土の中の虫	たまいれるそび	*	9&	
が施服	際の	子館し鬼	七夕・水遊び	8- UK 5- UK		かざぐるまたなはなれ	七 夕 縣	なってみたい	
Principle.		けん 鬼	るうしなのようで			わけましょういくつありますかなくろのはなしょう		ひとつのこと	
海河	B II	川路び <equation-block></equation-block>	田福名	> \$r > \$r	回のるり	しかくをかきましいろをぬりましょ	気との場のお天	手と足人のかお	,
の底	影響	単額をそび	5 Yr All			より なにができるでしか ぞえま しょう	\\\\\\\\\\\\\\\\\\\\\\\\\\\\\\\\\\\\\	J 26 5 84	
		抗返しリレー	0 & 5 0	けんしのひつ		これがない かんしょう かっしょう しょうしょう しょうしょう しょうしょう しょうしょう しょうしょう しょうしょう しょう		UK 21 22	

だん形づくつてゆく。 ・生活にひたりつりょそのうちにあらわし方や、生活態度をだんわらいをはたす。作業をとおして農験させる。 っていく。独村にとらわれずに、いろいろあそびながら、課の・あそびのうちに自然とことはへの開心をふかめ、語いの力をね	4下いき 7年 1:197 らひへい	る。 活が密着して指導され 底でてゆく。相互の生いで見違は之に生みと ととばのひびきが根てことはのの値心から翌千名	+	23 生活文的な色彩 文的なもの。 2 對話形式。生活
を深める。夢の話合いをさせ、話方む學ばせる。を楽れい、次民としての生活態度を増ら。天體への素朴な闘心・さし癘と一體的に紙芝居形式の表現を舉ばせる。乾結の面白さ表現性を具體的に丁姫させる。物の見方、感じ方を學はせる。韻文の動調練習十分に、詩の心持ちを味わい、際緒されたその・調文の動物を	お用さんの~に出ること	生き得る。 現實離れした世界にも・特別の標像力を持ち、ある。 かる。 ができてくる。生活に、次第にまとまりたまれ	九	∞ 國忠議成 □ 商縣苏
修縛的なことに氣付かせてゆく。作文は發展させていく。作文の表現指導、野外に日常生活の中にその宮感をみらびき、ての在り方を業朴な感情の中に権つていく。見させ、わけを言わせ、又かかせる。平和的文化的社館人とし自在想像力をみちびき、みんなのなつてみたいものを夫々奨	くなる。だんだんくわしまんだんなってみたいも	に表現の群度高まる。 ・ ・ ・ ・ ・ ・ ・ ・ ・ ・ ・ ・ ・	·ţ	改造間 0
はかる。作文に發展させる。 ・一つの言葉から帰想するものを覆々かきつられ、語いの煩光を、入陰の不思驟、手足のはたらぎ、あり離さに類附かせる。 ・額の面白さ不思繫さ。見た寡きいた事を話合い、又かかす。 ・働く々に感謝し一日の生活について考えさせる。 ・觀ませ歌わせ自由に實演させてみる。おかしい所を指導する。	ら 一つのことばか 下と足 ないさつ あいさつ もんぎ	的、架を的である。 この頃の顔像力は飛躍らってある。 無意識である。 無意然子ぎて却つて無闘・実地自然と生きる子無闘・天地自然と生きる子供・異に張じて踊りに来げて馬りだすす。	*	0 記述的0 cm 対象の句に4 cm 対象の句に3 cm 対象の句に4 cm 対象の句に4 cm 対象の cm the cm
り。なのよみと韻律的指導。歌わせたり、遊ばせたり、話し合つたいい子の勉强へのあこがれに皆う。こちわかかな氣持よい朝の敎室――敎室への愛斎、勉强の楽しさ・よいお勉強の態度につき考えさせ話合う。自分の持婦を言わせかきださせる。 証審報と一機的に、大京編を中心に體験と結び話合いを。歌い出す所までゆかす。	ゆうやけこやけるものよみかきょみかきももものかったれんぼかくれんほ	・ 強びの中に生きている。 をがる中に生くをのいる。 を物をへている。 動校への希望相待は大・整度実験が動いれる。 ・ 持場への変遣がつよいる。 また 東京 スカー 東京 スカー 東京 スカー 東京 と述びであ	田 田	1 1 0 2 4 4 季 2 財 2 2 2 2 2 2 2 2 2 2 2 2 2 2 2 2 2

交の際に該着	して過	宇信導を自然の	質及び交どのしき	らたりにはなる。一般などのはなり、これを、一般などではなり、ことによっていました。これによっていまった。	化をはから、草の	席の一覧点がいれる。	・田よみ、大が、田山の南人が、田山の南と行り、大政・日田の高い。日本、大政・田田の福と言い、大政・国内福祉・国民には、大政・国民には、大政・国民には、大政・国民には、大政・国民には、大政・国民には、大の、大	500 G	ななながないたいというないないないないないないないないないないないないないないないないないない	あ、 で で に で	が終める。などでは、といいない。などは、いいないない。などはない。ないないないないない。ないないないないないないないないないないないないな	ういし	· 图 · 2	區	电粉	その	なない	2.4 1 1
	U/r	5.	41	ब्र	0	- 四岩	加	ാ	Man Cold	源	響	洲	胎) Jia	洪	蘇 ·	님	個

ことわり き

二、後期分素材は決定的配置とはいえず、一つの試みとして示したもの4……劇 (……直接國語の基礎的なねらいを求めたもの1……静的表現 3……思索的 3……物器戀

一年國語科學習指導要目

8 3.244° (62° 440°)	場所取り鬼けんとび	砂倉でいる単	と、な ひ き 補充	草っつみシーソー海び	けいさんのおけい いろいろなるんだ お せ つ へ	生るらいを二年、離終の	春をむかえに	1	11
	田野野子のなぎ地国に競走工種し鬼	信る自的をきめてかばん・ぼう		県 ごがこんの選	いろいろなもんだんりょうののきざまりせん。 といきんのひきざまいせん。うめれい	お遺具しらべまる。			1

に即し趙侯力を働かせ具臓的に理會させて行ぐべきである。選符り 製智活動=外形的の面白さよりも野かに関わて、特に精神的型素

び起さればならぬ。

いるが、はつきりと文の表面には表れていない部分をはつきりと呼 るからである。それを躓むためには、文の背景にして頭く働いては 書く事がないから短いのでもない、短かいのは落つまつた表現であ へなおかな楽な気格で扱ってゆきたい。結は言葉の疑別でもなく、 重には詩道を探り辞情を感得することは難しい。普通の文と同じよ **静である。けれども子供には短い立といった方が自然であろう。見** である。なまなましい生活の中にうごく動作、心の動きを捉えた童 盤。それをみんなの夕原みしている絵側から家の中にはなした熊子 あろう。小さな掌の中につぶれないようにしつかりと握られてきた 文章面から = 鎖、おそらく今、外から取って誤ったばかりの鎖で

なくてならないものである。

まり、まタルコイ」の歌が読れてくる。 整絡りは夏の子供の生活に 題調に、皺の繋が状めておく上供達。珍つむからこうらから「キャ **強を、うらわを手に、支護と文兄や描とつれだって水臓の草むらに**

生活の姿から=夏の宵の空に飛び交う盤は、子供の衣蓋である。

二、民族の報観

元たる(いへい)、十七0年) 一個智麗花

翻符つの縮い信式や駿和する。

げさせる。○鴻麗――躓みの読まり方をみる。正しい讃みをわる。 瞬间――製信や液動とめ。用つい紫製わ、たいはいて鰡へ超極やし 「はしらのかげ」、光を熊子、作者の位置等注意させていく。〇全文 義させる……お家の人々、家の中の様子、「すらつと」ということば 態度が涵蓋される。○間答――どんな情景であるか。思い思いに認 をれる。又他人の贖んでいる間に注意力、適保力、頽係力、離ぐ 指名職――形式方面に注意させると共に國解力の程度を見る。即讀 鹽、男女別に、或は自由に、又は一変調みさせる。範疇もする。○ ○遊浴りの織を見せ、今の設張を整理する。○通讀「ほたる」――金 態度や職く態度が陥冶される。○「ポタルコイ」の歌をうたわせる。

○話合い――遊狩りの生活超勝を自由に話させる。この間に露美 過臨(路) 尋照(分)

田、墨密の鶏め方 強備(強の繪、為真等)、時間配置(約二時間) 国、国館=ほたるの語を讃ませ、その情景を味われるる。

りに行つた話を作文にさせる。又緒にも表現させる。

ら不安に導入する。

てきた鑑はどうしたか学色々話合いさせ、その話合いを整理してか か。鑑を取る様どんな歌を歌うか。鎧の光は何に似ているか。取つ て何匹取ったか。空には星が光っていたか。他に登とりは澤山いた の蹬螂を語らせる。――夢を取りに行つたことがあるか。誰といつ

國語科學習指導の具體的展開例

んでいるが、くどくどと立いらない。んそいるが、くどくどと立いらない。心を湧かせる。行動をしつつ理會してゆく。愈激的なものを食節に願心をむけさせ、呉童の心のうちにおどりたい様な快よい・善的な情景を、劇様式にあらわす。文のしらべに卽しながら季	春をむかえに	をする。 れられる。 母年の整理 ひに素材としてとり入 してくる。 劇形式が多・ 春が近づきのびのびと	[1]	とば、韻。たうよらな、これ詩的な色彩、う
がよく興味化して指導する。 気づかせてゆく。やや見意生活とかけはなれている點も見える・自分だけの生活からだんだんぬけだして、先継や、滉に勁して取扱う。家庭の僧录をもとにしている。 衛皇なるそびのうもに劇の様式になれるせる。創農と關聯して	ゆめとつくえかげえ	指導もなされたい。・推動のどとく初步的な目ざめてくる。かのうちに潮文自分に、家庭でのに、家屋での生活を、ある	-11	2生活文的である4
言語のつかい方をねつてゆく。のは勿論である。あそびのうちにとけこみ、融合させたうちににさとらせようとする。劇の様式であつて行動化して指導する・父と子の親しさのうちに、ことばつかいゃ、生活の態度を自然	[1 \hangle 2 \text{# \psi}	どする。 て単級のたのしみ會なされる。 素材を生かしなどが単級や単板でなな。 作りが重要をでなる。	!	して指導。 いが、行動に即 なかたもではな 考験文として完全
つきり分化しないから、総會をみて指導する。わからだこないるからだらからだり書談させてゆく。母習はきだはとんをもとめず、どんどん語させる。よく謝話者にわかるか心婦えをおつてゆく。忽のゆたかな兄童に、あまり秩序やせいおはなしなしながら、又ききながら、記し方やきき方について	お存在り	てゆく。 佐なはたらきを指導し的な歴費のうちに基本がはずんでくる。然合いなっても、あない、おにずれてである。ななる、おに、お正月も近くなって心	ļ!÷	に立つてみる。 る。物語も立場 の物がたり的であ
方に無つかせる。表現の必然性をもたせる。あに無つかしてのなっかしみのうちに、ことばづかいや、あらわしかくことは思えを能力してもある。ことばを我のの中から新しい関盟を與えてゆく。ことばを共れてある。ま現を理會の面と、ことばと生活と、あそびと堕習と、融合さまれる理解の面と、ことばと生活と、あそびと學習と、融合さ	先生ごとばるそび	りをねらう。 をもつた表しとうけとに即した自然な必然性んでいる。ことばも場るまるある。ことばも場るある。またいる。ことばも場るをいるとなる。	1+	からいれらいなけられる。 いならいない。 なる。かなじって とちらに置るのででなるとを知るのと 生活文的な古色を

-7-

・ 教皇に各班毎でお供え物をつくる。・ 十五夜の前日遠尾をして秋の七章をつんでくる。物、サーカス等について話合う。お小道。物、サーガス等について話合う。お小道。幸祉の遠内にでていたお店、賣られていた品々、みせ合う―お祭の犬を通して話合ら。	大四 三元 大四	月 月 13 18 8 終	・「朝夕はわいである。 ・「即夕はわなり殆えこむ。夜は月・上日の嵐を氣濃ら。 ・早群は花虚になる。百姓は二百の贈牲が觀いている。 ・夏休は終わても暫くの間は休暇	からすればよいわれるにはどこれの子だとはどこ、気や軽校で	九
・海にいつてあてぶ。水あそびの注意を現える。・中庭の池に粧舟を穿かべ形、風向をしらべる。・各日短冊を切扱いて文句をかき飾る。えや文。竹、供え物、鉄等を各頭視に用意する。・七夕祭の準備について協議―竹、色紙、かんぜより、	大二大五	大 (5.7.5) (7.7.5) (7.7.5) (7.7.5) (7.7.5)	・都會ではお盆の行事がある。で星の前にちも興しる。こ日中に引替え夜の絶気は又格別・日中に引替え夜の絶気は又格別・子供は施に川に辿に集る。梅雨が上ると本格的な夏になる	てるか。 しい時間を排むと一路と一緒に架大、どうしたら	ф
・その他樂しく酒す方法を工夫する。 ・室内でやれる遊び道具を持象し各班領で遊ぶ。 ・南具の處理と整個の仕方の仕方に工夫をする。 ・かびの生えた物を持妻させ衛生に賜心を持たす。 ・降り濃く雨と素し得さから衛雨の特色に領附く。	大四二	天氣(加)この頃のお	・教室で暴れたり忘れ物が多い。原になる。 原になる。 ・梅雨に入り毎日雨と蒸し暑さで そろ責はみ、田龍も始まる。 ・春から夏へ變轉する。 泰もそろ	いれるか。 風にして手に住居はどんな住居はどんな	汁
・遠足の爻、綴ら方、道順等を地圖に办ぐ。 ・道路の歩行の仕方—左側、樹鰤、危險箇所等。 ・遠尾に行く途中の田園園景に注意する。 一選動會のしたくについて話合う。給食の作法。 そらした蔡子をえや文に表現する。 ・校屋の一隅に鯉のぼりをあげる。子供護も零加する。	当治	(6) 原の層	南代田が復典の様に美しい。 ・新藤は然森に李の観が出潮う。 に参加する。 ・田でしを仰いて元雲に運動會、明、男の子の昭詢子を観測する様、現めての野野神をは、 ・新森の様、曜る鯉のぼり、上る	田、京、ははなるので、おり、「大大がなならい、「大大が行ってはなる。」となっている。これで、たらいいいない。「大力・ストン・ストン・ストン・ストン・ストン・ストン・ストン・ストン・ストン・ストン	妈
- 慰用品の結末―お道具はきちんと始末する。- 戦担護尾―全校生徒が行く。家へ薦つて報言。- 支鼻及國へビウニック―陽春の全護線、寿生え。- 勢校案内―便所、教堂、階段、何育小屋、韓堂。- 千供護の知つている歌や面白い實証を興える。	计计	然しい製物	・散迅速足が終ると元領をます。 ・ 入學後野くは不安が伴う。 ・ 未分化だが急襲させない事。 ・ 入學智初の兄童の生活は極めて、 ・ 入學した喜びと誇、麗かな審。	いれたかられれる。よれれれたにはいいまれたにはいいないないないないないないないないないないないないないないないないないない	8
學習活動とその成果	開開門元朝	時間配當學習繁材	生活環境	器 铝	79

一年社會科學習指導要目

・ 分け方を考え、二、三等分をする。・ 直裏的に集合するものの概數をみる。る。 ・ 上、中、下を比較して、數の婚 滅 を 考 え・ 質的を結びつけて、十以上の數字を。・ 十を單位として數え、いろをぬる。・ 二、四、六、入の數え方を治ぼえる。・ 時計と生活じを結びつけてかく。・ どつちがどれだけ大きいかを。	かいかいなく なり かった かく なく なく なく なく ない しょう しょう ない かん ない しょう	る。 降り、誰などが鳴いてい、大権となって、よく雨が おめて来た。 時計について闘心を持ちに入ったので急に時間、自由な家庭生活から撃役・時の記念日がよるを要な	の表示に思いいるないのである。いのでいるのでは、 ののでは、 のののでは、 ののでは、 で、 で、 で、 で、 で、 で、 で、 で、 で、 で、 で、 で、 で、
・政を數の前後の數をしつかりとおぼえる。 ・	カーラがおおかいから 一 ジャボによっかさん ・ ちなんがにまるでん ・ ちまんできりませる ・ ちましたからなった。 ・ さましたのののののののののののののののののののののののののののののののののののの	るのとなっていない。 多が、まだ木管に目分のとなっていなど、まだ木管に目分のでもってといい、「ト・・・・・・・・・・・・・・・・・・・・・・・・・・・・・・・・・・・	三、順序數と集いして
っ種をうめる。 ・示された数だけ穴を掬って、そこへ一つずにをよる。理科などと翳曝して一端的に。 野外へ出て逃び、その間に仲間同志で数生	九村东东图1.六、体石谷称名称	こをしている。 良く つみ草、おにごつ 持つ たまでに あんれて を なれて と と と と と と と と と と と と と な な と と な な と と と な と と な と と な と と な と と な と と な と	こと。 百まで敷える して、一から 一、 具體物に則
兒童活動とその成果	学習条材質系で	月生活環境	野 尼

一年算數科學習指導要目

○お祭の園쀝や綴り方はらまくかけたか。

しはしなかったか。

○お祭の觀察がよかつたかどうか。

○齲宅が餘り違い事はなかったかどうか。

觑いたお小道、買った品物は指名していわせ記録をとる。何課室 を察別する。

通して祭の中で最も印象的であつたもの、最も興味的であつたもの い。従って干薬市の祭は夏休中なので夏休ੵ日記が、お祭の圖鑑を **鑑記迭は困難なので日記類、綴り方、圖囊等からキャッチするがよ** (1) 事前の調査=一年生には意識的な調査は無理である。殊に

三、最智指導の電腦(時間配置人は限)

味、内容の把並にある。

右の顧點から本素材の持つ狙いは楽しい祭の生活を通して祭の意 のである。

いものはない。こうした生活の中に多くの陥冶内容が含まれている 歩く御神輿、並ぶ毘藁店、どれもこれもない子供の残を揺さぶらな

(∞) 見室から=鎮守の森から響く大鼓の青、御神樂の笛、練り

御馳走を飘き、賑かなお祭を楽しむ意味から里元大が包含されてい の数量であり、感謝である。此の意味から望元四が含まれ、珍しい

(2) 素材から=お祭という独土行事は元來が贈年を配り輝土人 層的に練られていく。

トイればよいか」本関元が中軸となって次の二 望元が複合されて
漸 (1) 単元から=関元一「家や野校でよい子だと思われるにはど

二、政技の翻想

35

1、路翻號拉

社會科學習指導の具體的展開例

○お小道いの使い方――餘り高額ではなかったか。不健全に消費 草を堂々といつたかどらか。

せるか、聞いていてよく理解できるかどらか、自分の言わんとする

- ○話す戲度について――内容をうまく表現できるか、異領よく話
 - (∞) 結果の觀測=成績強定というべきもの。
 - 〇いい作品はとつておく。

められたので疑問はどしどし関きに來て仕事を進める。

○お祭の情景な園灩に書いたり、文に綴つたりさせる。内容が深 は浪鸛癖にならぬよう注意を異える。

な物、低級な物、射像心を熨る物、賭け事等はよくないとする。或

○右の中からよい遊び、聞い遊びを討讃させる。値段の餘り高價 る。相當の時間を要す。

○買つた物(究具、韻物、ゲーム等)を學校に持つて來て遊ばせ か等夫々話させる。

千葉神社にはどんなお店があったか、どんなみせ物がかかっていた か、何が面白かったか、お小遣いはどの位職いたか、何を買ったか

○お祭の圖쀌を示しその情景について話させる。お祭で何をみた

但し聞く人が理解し得る最小限度は抑える必要がある。賑かに活潑 祭、成行の歳子を話合う。斷片的な競裘でも大いに稀讃を異える。

(2) 展開=○夏休の生活で最も印象的、興味的だった水泳やお は事前のみでなく學習の展開につれ其の都度行う事も多い。

る。卽もかごに六つのかぼちやがあつて、そこへ三つ持つてきて、事から、十までの範圍で加数五以内の場合の數え方を数えるのであて最も手供の關心のあるかぼちやな数えさせながら運ばせ、その仕ては都會の産先きにもいろいろの果實は色よく熟している。この中ロ、實際の指導 この頃はみのりの秋であり、畠にも田にも、さどりか。

集合數の意味や数系列の觀念、又は數詞を順によく唱えられるかるか。

つまり、どんなものについて運ぶ仕事などの經験と闘心をもつてい
イ、始めの調査 子供の生活に密着している果物などについて、

四、指導の展開

- 三、能力表から、①、②、②、②、(収)に謝聯をもつものである。(他に2と1)
- 二、單 元 寄算と引掌の意味及びその相互関係を理解すること一、壁智薬材 かほらやはこび

事校の脅滅に適用する能力がどの程度あるか、又數え足すことが正ているかどうかを觀察によつて調査し、テストによつては、寄算をろいろの數生活において、それらのことを見出し、正しく數え足しへ、後での調査 指導の後においては、子供が日常生活に起るいせようとしているのである。

を加え、二十までの數範匿において、この數を足す所作を學びとらさせる。次には加數を九までに擴大して數え、最後には十何に基數、ぼえさせる。又糅習問題を課することによつて、その計算法に熟練そして大に三をよせることを、といつてその體を方や闘み方をおて、了解させるべきである。

それらをよく参考にし、又数師の工夫による数具、数便物によっ、書にも、その計算を約束する圏が上版の左すみに出してあるから、て、数え足して、答を求めるという数生活をさせるのである。数科セ、八、九と始めかごにあつた六つも念頭にしつかりと入れておいしついれ、また一ついれ、もう一つ入れるという所作によつて六、

算敷科學習指導の具體的展開例

・まとめて練習をし、整理をする。・自分で自修的に解く。 り組でいるいろの形を作る。 り述でいるいろの形を作る。 やせつくにちなんで、奏形を作り、又ちぎ	次次八 五五 ,	023	けいさんのおけいこいろいろなもんだいませい。 いろいろなもんだいおってってっていると	つけ、壁懸會などがあるく、お節句で、かざりを・桃の花の謂くのも間近か	[11]	でいれる
・自分から整理を適用する態度へ。・兄さんのやつた滅滅法の考え方を理解する・多の花を数えながら、繰り下がりを理解す・サイニロを使つて、自分で熱習をする。	大人、八人大人、大人、八人大人、八人人、八人人、八人人人人人人人人人人人人人人	4232	いろいろなもんだいにいさんのひきざんすいせん・う めけいさんのおけいこ	やくしと素だなししころ	11	の影響のの影響の影響を見るのでは、一般の影響を見るのでは、一般のでは、一般を記述を表現を表現を表現を表現を表現を表現を表現を表現を表現を表現を表現を表現を表現を

・ 十何から基敷を引き、線り下りを。・ 計算の練習を自修的に、 自身でなるべく考えて行う。 由決について練習をする。 ・ 加送について練習をする。 ・ 一月の七曜表を作りながらしらべる。	大大大大二 五 五八 二	ア いろいろなるんだい ① よいさんのおけいこ ②	をひくものである。 レンダーは特に子供の日にかけられた新らしいよしい他があれた。 しい他が見に入る。都最も年が襲つて、十、て新た	
・數え足すことを適用する。・嬰丸足すことを適用する。	大大, 贯, 大大	いろいろなもんだい ⑥ ぶょうし・そんびつ ⑥	で、いろいう種望する。	こと。 製をとうらえる フレ・かの概
・サイコロで面白く線習する。お託し合いから、繰り上りの発算を。 遊びをしつつ橋形や形の變化を見定める。 百までについて、敷え足し、引く。	大大八五	(a) 7	く。 く多くはり加えられてい 子供護の作品も、だんが 、秋の展覧會も行なわれ、	をにわけたり 政は数値の余 とみなったり 七、一つの集合
・ デラにまとめて數えることを練習する。いちよらの葉の棒徴を生かして闥縻を作りと何なて、形を作る。いろを切りながら闘形について別る。 動え見し、動え引く計算を適用して。 日外で述びながら第第の生活をする。 カードで遊びながら敷の構成分離を練習する。さいころを使つて、數計算を練習する。數え足す、數名引く練習を	八八八六六六五五 四 五——	日の 日の 日の 日の 日の 日の 日の 日の 日の 日の	の他、次々に落葉する。 ないにならいちよら、ようない。 なりて、不くの紅葉がき、 とりて、なられて、不さの紅葉がまってまている。 できている。 間近かはは、盆虚んになり、 意見ばなら、 温耐場で、 と変しなり、 と変になるとなる。	大田の本本のの理解をいるのの理が、「国家主体を関係を対して、「国家主体を関係して、「国際をは、「国際をは、「国際をは、「国際をは、「国際をは、「国際をは、「国際をは、「国際をは、「国際、「国際、「国際、「国際、「国際、「国際、「国際、「国際、「国際、「国際
ことの意味や調み方を。・なしとりから敷え引くことを理解し、引く選挙し、数え方を。・かぼちゃを運ぶ仕事から、敷え足すことを・容器の大小を較べたり、敷えたりする。	エニニーサーニー	おばかない 日	みのつて来た。・かぼちゃとかなしなどがである。にはなくてはならならないの・水準では夏の子供の生活	大ること。 大名こと。 トロナギで動 し
・木の葉の特性を生かし、概形を作る。・記録表の整理をして、補勤を明らかにする・よくまわるようにエ夫して折る。・美しい配置を考える。	<u>ሊ</u> ተሊሊ	(A) H ON ~ W A	とをしている。 みをしている。 みをしてはをながめること 代紙をゆわえたり、夕京・七夕祭りで、竹の葉へ千	二を單位にしまで数えたり

-10-

育てたりする。育てたりする。ながら草の芽の様子を悶察したり、睫の卵をとつて來て・草つみに行き帯を待つ自然の中にひたらせ、草つみをしてやテコを使つて真いものを動かしてそのわけを考える・シーソー遊びをして、人敷や置きの關係をしらべ、又コ	· 四	国	土 +	草っつみシーソー遊び	草が若い芽をふくる。 い。 暖かな日が多くな	[11	
・電氣で励くものを觀察する。・人・動物・エンジンの力で勵かす機械をみる。の助けになるかをしらべて話しあう。家庭や學校で値つているいろいろの道具がどんなに仕事・家庭や學校で値つているいろいろの	国	园	#	いろいろの道具	れる。春の氣配を感じらが鳴ぐ。 が鳴く。 梅が咲きウケイス	11	
察する。今に、ととを観察する。を節に關聯して多の果物と野菜を閲加に入れた大水が蒸設してへること、知れた珠駕もの、乾地間た日を選んで、雪龍木日を選んで、雪縄水などがとけて水になること。節により太陽の出入の位置の違うことをしらべる。側の暖かさの違いを比べ、馬利により影の答ること、早日なたばつこをしながら影響をしたり、建物の北側と南	111 - 11		<u>+</u> -7	冬 の 天 氣日なたぼつこ	われたら、いちじろとの方で、とれている。これでしるというといいままままを、一般を記述されなど、ままが、選手ると共なな。	I	
てがつてするうをとらせたりする。形の足にブリキ板の小片をつけ雲用紙の下から磁石をあるでいろいろいろなものを引きつけてあそぶ。キビガラ人	III	国	F	極石あそび	日が超くなる。塗さを感じてくる	11-+	
・落葉あつめをした紅葉の熊子を觀察する。 ぐりのこま・笛などをつくる。 ・野山でひろつて來たいろいろの木の質の形を比べ、どんたりする。 為つめをさせ、齊物などについて運ばれる種子を觀察し ・野山に出て秋の自然にひたらせ、木の質ひろい、木の葉	11		구 나	落葉かきどんぐり進び秋の野山	紅葉が色をそえる寛がたくさん。 風がたくさん 寛がたくさんおう 取の頭い目に木の花を開く の植物が 野山に	11-	
・ハナビシ草のたねをまき、水仙の球根を植える。	11	11	ļ-	秋の種まき	くなる。野山に秋の色がこ秋の種まきの適期	+	

兒童活動とその成果	の關係軍元と		整	华		図 堀	生活環境	四	單元

目次

小學一年の部

小學一年學習指導素材一覽

月		四	五
週			
國語		みんないいこ なのはな むすんでひらいて たまいれ	かくれんぼ もちもの よみかき あさのこくばん ゆうやけこやけ
社會		樂しい學校	鯉のぼり
算數		はるがきた 〃 たねまき	うんどうかい かぞえましょう いろをぬりましょう ちぎりがみ おはじきならべ おどうぐしらべ かぞえましょう いろをぬりましょう カードあそび
理科		學校の庭 記念の木 春の野原 春の種まき	箱庭つくり 田畠のいきもの
音樂		みんないいこ 〃 むすんでひらいて はな 〃	ちようちよう 〃 はな 〃
圖工		自由表現 遠足の思出 折り紙 色の名前	おせつくと うんどうかい 自由表現 折り紙
體育	運動	汽車 むすんでひらいて けんとび 一人鬼	旗取り競爭 蝶々 手渡し球送り 球入れ 鐵棒遊び
	衞生	靜止時の姿勢 運動時の姿勢	服裝

ップ等の球根を値える、野山でとつて來た草花を値える・アサガオ、インデン等の種を書き、ヒヤシンス、チューリおしたつくりをする。・野原で摘み草をする、草や花でおまよごと、木の葉遊び・、大學配念の木を値える。・		7 11	工中土上	お原木庭	の関	素を記りのの	春の種まきの適期 より野原へ産業をの適期 みちあいたとはに発見に行るをあるよれていいるできない。 などでびに なるであるよれないる 質のでよろいる 類別	国	「関めの生活」
いろいろの動物が何を喰べるかについて話しあう。を教室で飼い、水草を水漕に入れて機護觀察する。日や島へ虫とりに行く、とつて來たいろいろの虫や小魚「する。を島の土を緒に入れ、山や谷川を作り水を流して關察・野山や庭で草花や木の芽生たを掘りとつて緒篋をうえる	11.1	スニス	↓ 中 上	26	~ U	田島の紹介を	ている。 直が盛んに活動し 島にはいろいろの に色をます。 木々の若葉が日毎	五	「猫物の生活
季節の野菜泉物を観察する。 氣の繪口記をつけ、この頃のツバメ等の生活をしらべ、 海雨のころの天氣の變化について話合いをし、日々の天	111 - 11	四	中	nı	9 1	\$ J	てるの忙しい。 ツババがひなを育の日がつづく。 しめじめとした雨	长	化(三空と土の虁
その巣を觀察する・庭の土の中に生活するタモ、アリ等の虫の様子をしらべ	1	11	ŀ	田	₽ E	9 14	る。活動がさかんであ土グモ、アリ等の	4	
方法を試み卒氣のあることをしらべる。について話しあう。風車等をつくり風を起すいろいろの・强い風の後で被害について、又風と冷しさ暑さとの關係	-111	国	h	7	5.	Øŧ.	館。 を中心に颱風の季ー 二百十日二百十日	F.	回機械と道具
あら。季節の野菜果物を關聯的に顋察させる。春星二番皇子番音の明星等を見つける。夜と晝の違いを話し、お月見の行事を中心として月の形の變化を觀察し、又一	111 - 11	固	-11-	照	园	क्ष	げられる。の生活が繰りひろ十五夜、樂しい夜	九	

一年理科學智指導要目

抽象的、極めて簡単な数について、正しく寄算をする能力があるか

しく身だついているかどうか、ということと、これを更に一般的な

	The state of the s				
音符連線のリズムに注意する。 〇リズミカルに歌う・跳躍するリズムを八分りらきらきらの發音にきをつける。 ひらきんぎよの殺害にきをつける。 〇きんぎよのお話し合いから戦へ發展・ひら	у••- у•н¦ю О у••- у•н¦ю О	(かたつむり) きん ちん ちん ちん	くかたつむりもみられる。のの季節のもの。 雨るがりにの季節でもの。 雨るがりに実にきんぎょ、 風鈴なども夏である。七夕祭、巌狩り等	4 4	
〇生活經驗を生かして・最つぎをしつかり。 〇ぶんぷんの護者ははちの方なりのように。 音をきれいに・二拍子の確認。 〇跳躍するリズムを確實につかむ・「ひ」の褒	7>. 4 00 C	: 3 5 : 3 5 "" "ETTOPU	ちもとぶ。入権期にもなる遊びを求める。 花がら花がら変けるで、 花がら近くり黄ばんで子供は小川や池から夏への變轉, 寒もそろ	大谷	さる。な直接に感得る音をの寄その物の表
○漸次音樂的發靡へ・ト音記號をおぼえる。 ○生活に即して・二拍子を感覚的につかむ。 ○二拍子の感覺的理解。 ○につしく身體的表現にまでろたろ。	7>. H 20 C	かったっとって	る。ならってくる。小霊訓育もりをなにも馴れてお衣堂もりをなにも馴れてお衣堂も化の字もぐんぐんのひるも山も新様、ちようもとび	出货	興味を持たもの楽器の音色にの利音感を養う い利音感を養う いわな悪く
える。 ○運動的におもしろく・五線のなまえをおぼる。 る。 するリズム・敬禮・伴裘の和晋に 注 意 するり生唱、立唱の姿勢を學ぶ・四分音符の連續	>・ 本 O O A A O	かんないいこ	だりするのもたのしそう。 を掴えたりお花のたれを書るよろこが、光生と記念のいと記念のいいこになるなななを数でのいいこになえれる要なのいいこになえ、小さいながら新しい	水な鯛	②単純な振律を 理させる。 的運動的に把 のリズムを感覚
盟元 器 約3 の 栗頂	京 叫 中 出 盟	皇宮素が	海 協 福	. J	盟 尼

一年言樂科學智指導要目

五、星智語品の考室

お百姓がもみがらなどをえりわけるところ挙や觀察する。

- ○秋の遠足等に行った際に、風を利用する風車の井戸、風を削って は、これば、これに、風を削りて
 - ・風が車をまわず様子を觀察する。
 - ・よくまわるようにいろいろの工夫する。
 - O色紙で属すを作りまわして進ぶ
 - ④ でわた・歴風滅で風を起して満え。
 - ③ 風車を作って進ぶ。
 - ② 風と暑ざ逃ざの闘係についてしらべる。
 - ① 颶風の後で被害について話しあり。

三、指導の目標

年級の「画車とらくかざん」へと登展するのである。

記を中心として繼續關察し、又風車を中心とする。遊びは更に二季節的な風のうつりかわりは、秋風からやがて多の北風へと繪目でした。

たこあげ、或はシャボン玉で風に關聯した遊びも綴りひろげられちわや扇風機を使用したりしてじたしく試験している。又風重やどんなに我々の生活に常接な關係をもつているかという事を、うわりに相當關心をむけているし、又更休み、家庭に於いても風がわりに相當調心をむけている見童達は、夏から秋にかけての季節のうつりかかな秋の風と一變するのであるが、つゆの頃から毎日お天氣の繪別の暑さは二百十日或いは二百廿日の颱風をきつかけにさわや

としてとらえている。 葉、なぎたおされた稻田、おし倒された塀などがかなり強い印象家や壁枝でその後始末を手傷つたりして、吹きちぎられた木の枝

① 二百十日の颱風の紅威をつぶさに體験した児童は、あらしの後

二、題材觀

一、明智園林 もらし (開元 空と土の劉化)

(型后拉螺螺花)

- 図 風の利用、人間生活との關係についての理解と知識を考査する理解を考査する(判定法)
- ② 稽日記の作品、問題法により自然現象の闘聯について考え方の
 - ① 學習態度を觀察し考査する(記述尺度法)
 - ・何か顔にあたるものがあるよ空氣の存在。
 - ・腰、でわれためおいだっ、物やっぱしたらして溢え。

〇風を起してみる

- ・冬の地風は寒い。
- ・ちちわ、扇風機を使うと張しい。
- ・夏、風のある時は涼しく、ない時は暑い。
 - ・風と暑さ凉しざ寒さの關係を考える。
- ・風の役に立つ場合もあることを考え競卖する。
 - ・風が離になる場合について考え競談する。
 - ・二百十日のあらしの彼害について酸素する。

いる語の

- ④ 活動の推移
- 8 時配 九月上旬四時間。

風に闘する闘心の度合い、興味の程度をしらべておく。の活動状況を觀察し、問題法或いは話合によつて兒童の) 調 査 綸日記より、李節の5つりかわり或は風に關する見童

- ② 調 査 緯日記より、季節のうつりかわり或は風に關する見童節の
- ① 準 備 扇、うちわ、扇風機、風車、色紙、竹ひご、豆、のり四、寒智活動

自然の真相を採ろうとする態度をつくる。

- ◎ 風は空氣の動いてものである事を觀察し空氣の存在に氣づき、
 - ⑤ 風を人間が利用している事を觀察する。

理科學習指導の具體的展開例

〇臘、和音の鍵化をよくさいて纏の和音の感じをおぼえる。

〇行選曲に合せて歩行線習。この時件號の和音に注意させる。

3、第一時の副智指導

1、時間配置 三時限

二、母宮指導の展開

て指導したい。

○皇元(一)のリズムを威勢的運動的に把握させることに重點をおい○この歌は二拍子の律動的な曲でよく知られている。

の野山は美しい。

9てきた。愛の戳も出てちようちようが花から花へ舞い渡る新緑○入垦して早一月お友達も文第にふえて學被へ行くのがたのしくな

1、既花の簪(玉月、ちょうちょう)

○歌唱の練習・綿別唱、冬闥唱等適宜に交えながら個く簡單な批正○歌唱の葉示(中のひろい五線の上へ大きな謂がかいてある)

手をうたせる。

に合せて二拍子をたのしくうたせる。次に数師の範唱をまじえて〇拍子練習、「ちようちように拍子をうつてあげましょう」とピアノにふれながら。

花にとまりますね、なんの花にとまらせましょうか」と歌の内容いての經験を話し合い、ちょうちょうへ誘導する。「いろいろの草〇話し合い、「みんなのまいたお花はどうなりましたか」とお花につす。

ましたか」と、既督「はな」を歌唱し選牒、日形、姿勢などを正○「龍がお上手になりましたね、此の前には何のうたをおけいこし

音樂科學密指導の具體的展開例

らそれらのため素材の融通性も考えてみた。	○然し七夕祭青紫會、卑麗會、コンケールなどが各學相にあるからそれらのため素材の融通性も考えてみた。 ○七月、十二月、三月は夫々二週間として立案したので一つの素材は補充数材として考えた。 「翌日についての参考 年生だ。 中生だ。 「とにはめられる。もらじき二 「ここなりきも出来ておかる。」 「こうもうの出来したかる。」 「こうらうそうなった」 「といなららられる。」 「といなららられる。」 「といるといった」 「なっているとなる。」 「よっているとなる。」 「よったいは、「しいない」 「よったいは、「しいない」 「よったいは、「しいない」 「よったいは、「しょくないない」 「よったとっている」 「よったとっている」 「よったいは、「しょくないない」 「よったとっている」 「よったいままを打っている」 「よったいは、「しょくない」 「よったいままを打っている」 「よったといる」 「よったいままを打っている」 「よったいままを打っている」 「よったいままを打っている」 「よったいままを打っている」 「よったいままを打っている」 「よったいまままを打っている」 「よったいまままままままままままままままままままままままままままままままままままま						
れているかを考録してみた。 ○生活環境は、子供らの學習が生活を地越としていることから動物の素材が如何なる見童の生活環境に襲づける ○代し七夕祭音樂會、嬰驥會、コンタールなどが各勢期にあるからそれらのため素材の融通性も考えてみた。 ②七月、二月は、三月は大・二週間として立案したので一つの素材は補充教材として考えた。 要目についての参考 年生だ。 「生生だ。 「生生がらもられる。もうしき」 (こうものがは、ことものが、ことものでは、これになりきも出来ておかる。 「ことなりきも出来ておかる。」 「ことなりきも出来ておかる。」 「ことなりきも出来しなかる。」 「ことなりきも出来しなかる。」 「ことの表する。」 「ことのである。」 「ことのである。」 「ことのである。」 「ことのである。」 「ことのである。」 「ことのである。」 「ことのである。」 「ことの表する。」 「ことのである。」 「ことの表する。」 「ことの表する。」 「ことの表する。」 「ことの表する。」 「ことの表する。」 「ことの表する。」 「ことの表する。」 「ことの表する。」 「ことの表する。」 「ことの表する。」 「ことの表する。」 「ことの表する。」 「ことの表する。」 「ことの表する。」 「ことの表する。」 「ことの表する。」 「ことのの表する。」 「ことの表する。」 「ことの表する。」 「ことのの表する。」 「ことのの表する。」 「ことのの表する。」 「ことのの表する。」 「ことの表する。」 「ことのの表する。」 「ことのの表する。」 「ことの表する。」 「ことのある。」 「ことのある。」 「ことのある。」 「ことのある。」 「ことのある。」 「ことのある。」 「ことのなる。」 「ことのなる。」 「ことのなる。」 「ことのなる。」 「ことのよる。」 「ことのなる。 「ことのなる。」 「ことのなる。 「こ		させる。 を直接に感得 の音子の物の実					

リズムのらたい方。 〇劇と組合せてみる・十六分音符の連鎖するいのしるしをおぼえる。 みにする必要がある・たてのせん、おしま〇望和なリズムであるが休止符のや十入を充	田 cg 年・ハー・ニ	は を か か か は で 、 、 、 、 、 、 、 、 、 、 、 、 、	しい。したきりすすめのお話もたのしたきりもすめのところである。終日色でかざられている光景というのまにつると表表現場に入る。朝起きてみる	11	る。 興味を揺ればの紫器の音色に 同和質を張り 副が力を繋が
方・リズムを正確にらたう。 〇元領よく・一うちはんとはんうちのうたい〇二拍子のしなしをおぼえる。 〇国前の異の美しさをおぼえる。	日の3年・ハー・エ		ぶ季節である。 おをついたりして元氣にあそれ子供はたことをして八字供にたらして元氣にある。 が子供はたことを得けたり、はんな新らしい無辞。外は繁い平和和和國の幸をよろこえ。 お正月―ひの幸るをかいば、ス	ı	(回) (回) (回) (回) (回) (回) (回) (回)
であろう・和菩感を贈得する。〇三拍子を腐得する・輪唱してみても面白いみる。が路醒にならないように・動作に表現していば四につばつばつばの養香をかわいく・第三小節目	D co 年・< -・・< 対 co 年・< -・・ c		る。さん荷をつんだ馬車がよく通験。この頃都米の供出でたくりなどではとに豆をやつた短でたりもなどではとに豆をやった粗むるの温度はいのおみやまい朝夕の温度はぐんぐん下ろ。	[1+	
たの置き方にきをつける。 〇ラーミの四度書種を確保に・八分雪符のは〇郎習リズムであるからリズムは代きしい。表現してみる・促青をき払いにうたろ。〇二拍子の頭器關係を戴冕的に理解して歌に	ष्ट्रां व्यक्ति १ ।।		中かわれているまない。 生からにという。 生からことにいる。 ただなのでなが、 おだれるでした。 たってもある。 たんなももした。 たんなものでした。 たんなものでした。 たんなものになる。 たんなものになる。 たんなならして、 たんないとして、 たんないとして、 たんないとして、 たんないとして、 たんないとして、 たんないとして、 たんないとして、 たんないとして、 たんないとして、 たんないと、 たるないと、 とるないと、 とるないと、 とると、 とると、 とると、 とると、 とると、 とると、 とると、 と	1+	させる。 を直接に感得 の音その物の美
日い・一らちと半らちのリズムをおぼえる○まりなげと施律の上下むくらべてみると固をかけるようにする・遊戲をしてみる。○四分香杯(「うち)八分香杯(はんうち)〇二チンマ」の愛香「ボックリ」をわいらしく	D 30 1年 で、ハー・ル		の季節。い。建動會もあり、スポーツらは動物をみているとあきなうまなみることがある。千供かる。 牧場に 議足に行くよお	+	ち。 東院を持たで の樂器の害色に の和言題を築う 歌う力を義う
うちのやすみ)をおぼえる。 〇お月見の經験を生かして、四分休止符(一の第調音を充存に氣をつける。 これ表式・ひろい、きれいなきもちで・「ガ」〇四仔音符入分音称の合組された同型のワズ	で の (本・くー・・く O の (本・くー・・く	4 0 0 0 0 0 0 0 0 0 0 0 0 0 0 0 0 0 0 0	等の行事がある。 を指まり、秋の漢足、お月見海はずがすがすがしい。一方勢校 風が秋を送る。この頃の朝の 日中は暮いが朝夕は天第に京	九	●型組な基準を 選ぎせる。 的運動的に把 ()、よる感覚

•

20

す。製圏は省いて一年生なりな業朴的な見取圏程度のものにる。製圏は省いて一年生なりな業朴的な見取圏程度のものに手紙の入る大きさと漂さと発遣の大きさについて計畫す中にはどれ位の形があるかという弱心をもつ様にする。 木や草の葉を集め形の類似にしたがつて分類して自然のる。人物の初步的表現になれざせ頭と顔と體の割合に注意す	大 田 1	・手紙さし④・形 葉 め⑤・人物寫生⑥	よつて分けさせてみる。いたのを集めさせて形に・淺足で不の葉や草の色ブてみる。	I +	
は直線平面によつてかこまれた形の構成に進む。 家の餞型を粘土で作り曲面を作った粘土細工から、本時る。 箱を作る初步的な要領を會得させ、用具の扱い方になれ・集園的動的人物の表現になれさせる。 手ほりの情景をかき皆なで働いている場面をかく。	1 1	・家の機型(金・小・猫の・猫(金・猫) 動動 動き (金・手) ほり (1) ほり	たい。ままごと遊びで家を作り見る。組を作つて人形を入れて運動會もやつて来る。手はりも始まると樂しい・ 大護時である屋校農場の	+	
お月見の熊子をかいて夜間に於ける表現になれる。・有彩色十一色無彩色三色について成可く確認させる。る。を名前がどれ位正確に齎える機になつたか比較してふ・一勢期と比較してどれ位進歩したかを比較させ調査する・夏休久中の面白かつた事を繕日記風にしてかく。	四.	・お 月 見⑥・色の 名前②・夏休の思出④	とりに行く。しいりに行く。しい。遠足で月見の花を十五夜の月見がまちどおめて來る。がつて秋の日になるならいで、なって秋の色づきもはしらいで来る。今迄とはち夏休みも終り暑さもらす	九	ト 日本 日本 日本 日本 日本 日本 日本 日本 日本 日本 日本 日本 日本
・粘土のつけ方をしつかりさせる。・どんな動物を作るか醴と胸の割合大きさに注意する。・人物の相關的表現について遠近大小關係に注意する。・水造びをしている動的人物の表現になれる様にする。った少祭の情景をかいて複雑な構想の表現になれる様にする・七夕祭の情景をかいて複雑な構想の表現になれる様にす	111	・動物を作る③・水 遊 び・七 夕 祭	角なども作つてみたい。・ 指土で大やねこやへびやって来る。 して来る。 なり、ないり、なり、なり、なり、なり、なり、なり、大海びをする様になってみるし、不称もけで暑くしな祭が行われれにかい	4	(a) (a) (b) (b) (b) (c) (c) (c) (c) (c) (c) (c) (c) (c) (c
でよい。かに知らせ形の表現は大體特徴を打ち出せる程度がについて知らせ形の表現は大體特徴を打ち出せる程度・粘土細工の契領を會得する・水のつけ方後始末手入法常・田櫃の様子をかいて遠近法の契領を會得する。・同略りの情景が表現出来る歳に努力する。・どんな薬物をかくかに、おしてどの特徴程度にす。		第四日 現代 保証 を	まる。物も出て来るし田権も始め、東南時期となり野社を明らむもつ様になる。にものつてみたくなるし、學校生活にもなれ来物等	*	の紙工の形集め

せる。 ・大學して間もないので好きなものをかかせて興味を持た學 智 活 動 と 其 の 成 果	調量	・自由表現(印)	せてみる事は子供を打診・大學後間もなく何かかか	且	よる推立の記憶想像に関する。現場を表現しまままままままままままままままままままままままままままままままままままま
する。はり方の技術を墜習する・どんな折り紙が出來る小調な・折り続けり紙をし作ら紙の折り方や朝り方や鋏の使い方・遠尾の様子をかかせ課題描畫の訓練をれる。もの名前を標準色票と展し合せて確認する。	大大一屆	・・・ は抗遠色 りりのの が紙足前 (A)(B)(B)(B)(B)(B)(B)(B)(B)(B)(B)(B)(B)(B)	なる。くなるし作りてみたくもり、又子供もかいて見た	园	描載の富生による
が大切。してやる・はり紙らぎり紙はどんな構成をするか構成力してやる・はり紙らぎり紙はどんな傾向の折り紙が好きか調べ出來ない子供には循導・好きなものをかいて前月と比較させ進步の废合を調金すてかいて動的人物の美現になれる機にする。運動會の場・節句の様子を描かせ元氣な情景を表現する・運動會の場・	六十	··· (A.折白運節 b b 由動 步表動 紙紙現會句 ⑥⑥ ②	る様になる。はつたりすらぎつたり、はつたりす・色の名前を優えたり挟を招いれるのには、は進動會が行われるしむ。 は進動會が行われる。 場中の館句があり	班	●色彩 表現 @粘土による

一年圖工科學習指導要目

第二時は五線の名前、ホトロニへをおぼえ表現練習及び總括うら方を中心とする。

○、第二時は提示した誰のたまを見て歌唱すること、リズムの

〇行進曲に合わせて音楽宝を出る。

○體、よく和音をききながら。

O[4ろなここり]をでたい。

〇反省整理、文時のお話し。

ら人、拍子をとる人もきめるとよい。

に合せて歩かぜる。歩き方も手のうどかし方も自由、は

じめは歌

O表現練習、な気はな、さくらの花、ちょうちょうの配役をし、曲を加えて。

学が調査の基準となるであろう。

④田線の名前記憶の雑展。

◎和音感の程度は如何。

②本業材の問題力について。

②リズムを正確に把握しているか、その程度。

の素材に於いては、

なる、児童の側からみればそれが墜習の参考となるのである。ここに何らかの授業の反省かあり、それが今後の指導法の姿考とも本素材に流れる各里元がどのように見薫にくみとられたか、そ

三、翠宮指導結果の調客

的歌唱練習を中心とする。鑑賞「カッコウワルツ」

・自分の思想や感情を自由に表す感にする。

でなく式の様な融に注意して異習をさせる。

以上の様な立場から素材を取つたのであるが唯遺然と描かせるの

川、昭陵泥壇のなでこ

處に此の素材を取り學習活動を展開するのである。

以上の様な子供の描載意欲をうまく把み望元目標ににらみ合せ比

∞ 底権やのふし

久し振りなので繪もかいて見たくなる。

休み中の面白かつた事を話し合い縮日記等を出して設表する子供

長い間の夏休も終り久し振りに顔を合せるので色々な話でにぎゃ

- 2 子供の面から
- ・誤と手を練覧する。
- ・自由な表現練習をさせる。
- ・事物を注意して見る習慣を養う。
 - ・描載への興味を喚起する。

單元目標

單元「記憶想像による描鑑」に屬す。

- 整智指導型館の面から

11、既拉の複機

休み中の思田。 器」

揺黜への國来がどうであったか。 素技が関策に収縮であったかどうか。

・學級全體の面から

個々の作品について一對比較法で指導結果の調査をする。

・個人の面から

立、最智能県の調査

- 人面白くなかった人等を調査し逞由を聞いてあげる。
- ・今日の繒で下手な人や描くに骨の折れた人や困った人苦心した
 - ・全部出來上ったならばお互に鑑賞し合い批評し合う。
 - ・出來上つた人からはつてやる。
 - ・鉄つへ恒但へ揺やする。
- ・人物の色々な形や其の他の形が分らなければ先生に相談し合う
- ・きまったらどんな材料で何で描くか計響を立てきせて決める。
 - ・話し合によって描く形容を決め合う。

縮口門 紛影劃

二基區 **华丽思**

四、竪窗の道め方・

- ・色を盟富に使つているかどうか。
- ・大小關係遠近關係が描けたかどうか。
- ・人物の組合せが上手に出來たかどうか。
 - ・形がよく取れているかどうか。

圖工科學習指導の具體的展開例

			N. (A)		
5である際にさせた。又推蒙領向拳の統計調査を忘れてはな1で少く致ら程度である。人物諸宮は靜的なものでなく動的三年頃迄が最もよいので一年でも各塁邦に一度特践した。1年年前に關聯したものである名と同時に教科の際系上から見に国日く樂しく奥智出來を献な融に重點がある。	道形は指する一年から	どの面が弱く立體は日の感覚されるにはよりの感覚されるといる。	・造形活動としては平面造影で茶を考えて非列した名・ ・ を発えなれて生活ができる。	配重の年恩	Commission of Co
・塵漿會の面や背景を作る。 な風にして作るか計響し合う。 ・ひな祭の飾り付を整級でする事にしよう、それにはどん	七六二一八八	鄭顯。會・ひた祭り⑤	のでその準備で忙しい。・いた祭りや子供會がある	lii	
んな順序で作るか計立して作う。これなりのを作るか目的を含めそれにはどんな材料をどである。常生と言うよりは思磁操的色彩の强い高生的表現地あった場上をさせるので高生の変領について説明しかから。 いるもので高生の実現について記明しなかる。都合數をしている集團的人物の表現とあれる情報をあれる集團的人物の表現と動的人物表現される無異ないてみ方の異現になれる様にする。	スニーー	で作る。 日本からし、日本ならなるとは、 「ののでは、 「ののでは、 「は、 「は、 「は、 「は、 「は、 「は、 「は、 「は、 「は、 「	を作る。 みよらと相談しかるた尊な五名建国志で何か作って 第4年をさせる。かはつてまりでないなかはんをはくないななばらずはくしのままははないないななならして出す時期である。(千葉縣) 豆まきがすむと雪がふらり	11	
うまく利用して物を作る機にしむける。 寒逸の利用と脱心をもたせ終り利用されていないものを一型増わら見てどの位色名を置えたか調査し確認させる物を作る。色の組合せに注意する。 お正月の面白かつた事をかいていくつかの班に分け締役	日日	し作る・対象を利用④(白色の名前)のの名前の。 出出: お正月の思②	ぬりたい。 「おったかくにきれいな色を おったやすってりく述びのいるとろ。 楽しいでの 楽しい正月遊び りしい 年を担えて年を		,
法とがある。 藤にさせる方法と一枚だけを作つて裏に支柱を立ても方 ・中屋紙を二つ折にして動物をかかも動称形を作って立つ、人物の関係的表現になれらせる。 も蜂について参考報をみせ動的な人物の表現をする。 ・手供の進びについて話し合い人物の配置権國、自の組合	k 1	・動物を作る② 進び。 やままごと③ おにごろこ	行われる機になってくる・折り低や紙間になってくる。がりれられる。 が行われる。 家の中ではままごと遊びっている。このこがさかんになるしまなんになるしままとれるしまるとしまるといるしまるしまるしまるして	11+	

22

體育科學習指導の具體的展開例

二、暖い日はのび~~とあそばせる。一、寒期的配慮の下に指導する。				가 (鬼鬼び	野殖ん野しい	お子器・・・・・・・・・・・・・・・・・・・・・・・・・・・・・・・・・・・・			く。 やがて上級生は卒業して行なる。 なる。 卑戴會等も楽しい。 未だ婆いが領みは春らしく	ш
ばせる。 二、風のない、日和の日は出來るだけ戸外で遊する。 介え。 水打ちにより、喉をいためぬよう配慮 得や、 次打ちにより、喉をいためぬよう配慮 一、 空氣が乾燥し、 室内には淡が多いから、 青		2) III. III) K	鬼鬼走し		巴手雪미子	۲.	\$ b	手になつてきた。 森からくらべると、大分上為からくの元節の配外は新入當る。紀元節の配外は新入當る。館分は樂しい行事であ慶寒氣、全氣を乾燥してく	11
三、押合いは倒さぬようにやる。二、手つなぎ鬼は大勢でやり氣勢をあげさせる一、活動的な運動を多くする。) 北	い鬼鬼	会を	排手片	35	#	である。 迎えて、見薫は大いに活設寒さは嚴しいが新しい年を	1
二、突上げ強送りは押し上げる程度でよい。ねよう注意する。 れよう注意する。 一、寒くなつたから長時間戸外に立たせておか	菜		排	III (鬼怪り	でなぎに球発	・ 非 ・ 高端・ いまっと	蒙	岩	弱いので風邪に罹り易い。元氣ではあるが、抵抗力が、抵抗力が、要素は膨しくなつてくる。	11-

にする。 二、場所取り鬼では、飼れたらつかまつたことになざれざせる。 「運動會を利用し摩茲以外の者との國體行動	· · · · · · · · · · · · · · · · · · ·	III	排 紅		鬼りれ	所 取 り 渡し球差 変し球差 ス	整弦を決	鎔	酮	動會がある。 は氣持よい。上旬には大選にくる。然し却つて運動に てくる。然し却つて運動に 秋は更けて稍々冷氣を冕え	1-
ぬこと。三、運動會の練習は同一運動を餘ら続りかえさ二、日鬼は簡單な約束でやる。野におちいらぬよう、蒸躍団も充分にする。一、秋の運動シーズンを充みに用いると共に過し、秋の運動シーズンを充みに用いると共に過	ツ箱	7	い、野) K) K	725%ひ	戦り レまりまる 素・まり・	おで 田・	既潘	開	おやつも豐富になる。を見てまれる。それでまれる。兄姉の元氣な運動ぶり数のスポーッシーズシに入	+

盟 湖	0	14i4	int die)jia	à	m	雅麗		動	脑	冊	絁	並	湖	竔	ብ	7
動を青成する。 を多くする。 富にする。 きにならせる。	表現述がるだけ贈るだけ贈	にあわせて運動を出来	二、音樂二、一一、一一、一) 六	()()()()()()()()()()()()()()()()()()()	んの跳いたの間に	一时的		運動時	だをがいる場合に見ると	190 H	270	的様性に関する。	国
憲し自由にやらせになれませる。 上米がよい。 七名科用する。	はボール網に約三	心球姿りで競走の走距	二、手無二、手機	梅科珠	鎭山	低紅排旗	가 (III	15 C.17.0	統議がいる。またい、は、は、は、は、は、は、は、は、は、は、は、は、は、は、は、は、は、は、は	鐵県手旗 瀬市	滞	腶		増して	。楽し女連も	命もある。これなったんく。たんくったん	五
意才る。 \題くえがき洗の上つて下りる。 約四十米がよい。	なる。まなだん人	あそびは何	大され、三世代の	箱ン	ア	器に) 长) 长	元字の一	おいいというできる。	け川場所関係派		日の手見の	に罷る舎内でな日々	で病氣 来ず核	な気候がある。	景力を	1
、魔施し危害防止る指導をなす。	即襲をたて	点の注意を なる なる なっ いっと に 発生 に 発生 に 発生 に に に に に に に に に に に に	二、水流				ții lii	いる地	力はずり	水猫子	語說	現態		行事が	然つご	戸外遊ん等の場外略のに次	4
約五十米にのばしないようにする。 者が何時までも鬼。	なことが	ジレリレー 6111111111111111111111111111111111111	になり二、猫と	ए	ጃ	۶.) 代) 代	鬼ーりみひ	につけったない。	手折が猫水	學語言語	念の間	うとなるが、これらい、これに対しているしく	中層子	まだ類くる。人前の人前の	名って、なって、海~一、海~一、海~一、海~一、	九

一年體育科學習指導要目

表現が巧みであつたかどうか。表現範囲が多方面であつたかどうか。

手の練靡が器用かどうか。

暦十年の後	行 卓 郎 御	色の名詞	顺 蘇	を留だい。 関	二年生になって真	事 背	春の襲	造出
炎道 変菌 ボール 東京 東京 東京 東京 東京 東京 東京 東京 東京 東京	一人鬼場所取り匙けんとび	同身 體 検 査 遠足の思い出	国 - ソ - ツ 国	春の種まき天氣ごよみ	トレルいろいろなもんだい けいぎんのおけいこ	乡 醴 檢 峦 八 翠 式	ことばありめ	E
贸 摋	中回後端みで、 一次に落った。 一次である。 以上を唱る かしている りしている	同筆自うお 由かさ 表うつ 表うつ 立現い・	さん ぼ同	開発出するおおおるのもおおものとともあっておっておっておったといれていました。	あきこさんのくからいろいろんないことののおけいこ	% 語 色	かえり河岸やくり	71
日の電線 指 整 見 見 見 見 見 見 見 見 見 見 見 見 見 見 見 見 し の の の 見 見 し の の の し し し の の し し し し	川路び競争四回を現り表現りを発売の発売をそび、	那個を名作るのである。 のである。 ののである。 ののである。 ののである。 ののである。 ののである。 ののである。 ののである。 ののである。 ののである。 ののである。 ののである。 ののでは、 のでは、 ので	同かぼらやの花回りよいのうた	番 歴	大きさくらべいろいろなる人だいけっとんのけいことののけいことのないこれるようないなっていまっているというななる人だいないなんなんだい	原路の	五人の子ども自い高い高い	71

小學二年學習指導素材一覽

会型工作の思

部の人に巻州 東た時の歳子を想起させながらまねをする。 んちょん歩いている歳子等を一人の子の話から動作に。そして全木に止つている所。とんでいる熊子。餌を治っている熊子。ちょ

○何をしている所をみたか。話させ作ら動作をさせる。皆さんもみますか?

○雀の歌を歌い、この頃隨み雀をみる。

阳、温 蓝

第三時表現の批正と徹底及び設展。

第二時歌曲の表現。

第一群日常日にする館の動作。

四、非問節曾

樂しく雀の表現をさせ心身の強達に貧したいと思う。

頭 四川

のであるから、充分に各自の表現を育て伸ばしてゆきたい蕨に思う入學以來六ケ月。夏休み後の各自の生活踱裘のよい機會もあつた「塵い雀の漠似をする事と問う。

違であろうと敵略な神經は動く。そして直に手をふり足を動かして屋根の上をこととと音がする。ああ、あの音はきつと可愛い僧

おどつているのでしょ。きつとかわいいすずめでしょ。」きつとごとめのすずめでしょ。ちいさなくつでことこととおどりを

「ひさしのうえをことことと、あるいているのはすずめでしょ。

動作させて一層親しみをもたせたいと思う。

.

○舌切雀の紙芝居をする。

.

○更に發展として、雀の一日の生活を想像させる動作に表現してみ人の動作の徹底をはかる。――亜別熱習。

○全部まとめてよかった所のみを纏けて綜合的な表現をし、個人個

〇よく出來る子にさせる。他は鑑賞。

〇そして更に自由表現。

方がよいと思う魁等を競索させる。

〇男女別にして自由表現をさせ、鑑賞させてよい所、こうなおしたに自由表現する。

○前記の單獨表現で意識を新にした雀の動作を歌曲に合せて綜合的る。

屋根の上で可愛い子雀はどんな風にをどつたでしよう。今自です ○歌の練習をして歌曲の話合い。

O疲れたので木に止って休みとする。

弦や巻ん、そして緑海してみる。

しとび方、歩き方等よく出來る者のを鑑賞させて更によき表現の方は上版の運動を繼育的効果のある機にしつかりとする。

○ちょんちょんはれる事により鮎魔力を練り、雀のとぶ表現の時に○更にリズムにのつて前記の單獨美現をする。

1

厅

27

園工と一億的に。好きな花・虫魚鳥等の話合い。又作文に。 ・外関毎に言葉あつめをさせ、需薬の横充をはかる。自然の観察おしゃか懐の御仁德とはんたかの構造的質心の光。朗蘭十分に	いっとばってい	が深い。夏が待たれる・春から夏にかけて闘心				8	0
・宗紋的感情を暗う。朗顧工夫。民間行事(隴佛館)の話合い。	花まつり	と思い出があろう。・花まつり(入日)色々	固				≌)
けの工夫1動作を伴わせ演劇的に。自然の觀察と一體に。・春の喜び、春のられしさを来わい快符純美の情を養う。よびか	帰 の 郷	50° は害の氣色にみらてい・花が咲き鳥が歌い野山		F	d's	7. >	4.7
聖器のはたらき	帐	名 活 梁 慧	200	料		님	lina Ima

7, ことわり

ロ、後部素材は決定的配雷とはいえず、一つの飲みとして示したこと。〇……直接剛器の基礎的なねらいを求めたもの。1……請的表現 3……思索的 3……物語體 4……劇

61 时保宏

イ、星元・様式の欄の数字は

二年團語科學習指導要目

	水の場所取りの現まりの現まりの現ました。	だり一般をつり望やいなまつり望	(春がきた納充しし	季節だよりろう、ろいろり、彼して、	いろいろなもんだいけいさんのけいこ	影整を	& NI F	[1]
ドナト		作目 (東沙 韓 節 で	同	湯わかしレンズ遊び	知ららいるなりでは、ころいからなるなりにいるなるなどにいるなるとだい。	曾 卒	国のようなしい。	[1
な。す	片 手 艶弾し合い手つなぎ鬼	て物を作る 材料を利用し お正月の思出 き 包 の 名	伸	10 mous 5011	いろいろなもんだいけい さんのけいこば がき き	36 正 明	うらしま太郎	

		TH 17 (1) 44	(まりつき)補充	一草のいろいろ	いろいろなもんだいけいさんのけいこ	年の藤	クリスマスいろはがるた	11-
落啊	8 一次 1 1 1 1 1 1 1 1 1 1 1 1 1 1 1 1 1 1	形無	国下のは、これに、これに、これに、これに、これに、これに、これに、これに、これに、これに	磁石あそび	い、七七、 八四、 このの いっと かい このの いっ のの され さい のの かかん かん かん かん かん かん こっと かい こっと とい こっと かい こっと かい こっと いっといい いっといい かん いっといい かん いっといい かん いっといい かん しゅうしゅう いんしゅう しゅうしゅう しゅう	お手簿い太夫な醴	ことばあそびがんのなかま こと は 生きている	1+
屈原系令	る置換競売で同様リレーの関がい日見	住宅を作動物を作るんどうか	明かなり	秋の野秋の種まき秋の種まき	いらいろなもんだいまったなんだいとったたんのれるいっとんりなった。	75 S PF	いろいろないたないのの問題のの問題の	
間の海海	明明の小りの動物的なりの動物を表しての動物をあるとの別様をあるとと、あとれずみをそび、あっているといい	休中の思	調の課画回	雲のさまざま	の回 かぼらののの できる からい のの 質 を かん んん んん の りょう たん なん にって たっと と に に 大 に と と と と と と と と と と と と と と	既 醫 運	かぐやひめ一まりの無くなんなのものなんなのもの	九
頭の落態疑の高誤	に陥とれずな	茶器を作っ 大 進 七 夕 祭	(夜 あ け) 花回稲花 火	蟲の巣夏の天氣	いろいろなもんだいけいさんのけいししげるさんのくぶろ		日 ジ ジ で	+

—18 —

國語科學習指導の具體的展開例

綜合的な指導がのぞましい。もよい。紙芝居にもつくつてみる。もよい。紙芝居にもつくつてみる。とり扱つて、お瓦の話し合いなどしながら、批判してゆくこと共に働としての構成に氮づかせ、演ぎの指導をする。分園的に・ 傷実な情景、眞篋心にふれざせてゆく。長文の調解力やねると	e n (1, 5;	もつくる。 整理や各自の文集など をさせてみる。作品のしかも力一ばいの作業 あくくりとして自由なるをを表表表表表表表表表表表表表表表表表表表表表表表表表表表表表表表表表表表	111	4劇形式トがき
	回りののでも	窓表等がなされる。 として劇や、詩の明譚 近づく。 露表會の作業 三月のひた紫學邀會が	[[1 29
でも素直な點を拿びたい。の指導をすると共に、劇のすじがきを語させたりする。どこま・物語と劇脚本との相違に氣つかせる。文様式になれさせる。劇がて許に褒異させてゆく。感情を素直に表した胡顫。・自然にしみじみした襲しみをもたせてゆく。作文をつくる。や・短い文の新鮮な表現、感覺、そのŠ地にひたり、味ら。	うらしま太郎	み出してゆく。 うちに実しさや意びをでし、ために実して刺るたのしみ、そのしい、そのしいをでした。 やりまなのとなった ものままをとけるとは、自然の運行のなかに人人。	1	4純 な 劇 形 式 である である 日短文、散文詩的
た指導がほしい。梅に物語的な文は。余指導がほしい。梅に物語的な文は。余效的な情操に堪う。数師自身の文への感動が自然ににじみ出・キリストの心にとけこみ、感動のうちに、詩の表現をよみとりつつ共同的に作つてみる。	なりながなるた	る。では、おりまり、おんなり、おんなり、かんなり、かんなり、かんなり、かんなりもといっているの中に、使の心はおどる。 季節・クリスマス、正月、子	[1+	3 配文·物語的
ばの闘心をふかめ、闘使する力をねる。社會科、圍工と闘聯し、あそび、作業にひたり、その種に新しい限を開かせてゆくこと・劇化したりする。かかる作業のうちにより譚む力を養う。腹解力をねる。相互の友情、行為をよみとる。紙芝居など。取扱つて單に知的に授けこまうとしない。	ことばあそびがんのなかまこと と ばまちっし と ばま	・長文の童話を好む。 て。 にい。 進び表現と關聯し合う 的にみるのではなく、 をもたせる。単に觀察 ことばにだんだん関わ	1+	8 の中中 年

TENDU MINE LAND LAND VIIII MAN TO	1 5 00		1	
らけとり方に見重なりに感じさせる。作文と闘跡し、具體的に、ことばのもつ對前性に無つかせ、場に即した文のあらわし方、	あいろいろない	してやる。 指導すとよい。個に即の頃詩的なつかみ方を		化的な状たいっ詩、散文の氣分
を理解すると共に作文させる。生活のうちに詩情を鑑に。 ・ 定型詩ではないが、詩情にみちた、 高麗的な表し方である。 と	にわとり	の質害的なのいなど。いとする期である。こ	+	
•	n C E	・表況は大たんにのびの		1
・や」京歌にみらた傅美た物語をよませ長文の顧解を指導する。	かいゅうも	・調器理味の對象は重話いる		0月 的 野 素
せる。とくに文字について。園工・社會科と連絡して指導する・一枚の紙の文化について考えさせ、その有難さ大切さを認識さ	一まいの紙	いる。ねらちをしらな・僧える紙を無駄にして。	九	0 既 思 乞
に始う。又大自然と教々の關係を考えさせる。擬人風に作文。、公共物の恩惠に氣甘かせ、愛護の精神を養い社會道德への自覺	みんなのもの	がない。艶災の贈譲に・見なれすぎていて意識		2 記 述 的
く。その音を競見させていく。音、響きにつき話合い、又作文にか	W Z Z	念的に流れている。 関心になっている。		0点 形式
・ 霍々の音響に關心を深め、その面白さを味わい、新しく生活のに致良させる。社會科と結んで指導する。とは、「然初の話台、など、「数話風のよみをわり簡単な児童劇」とは、「感想の話合いなさせ、「動話風のよみをわり簡単な児童劇」	. 7, 7	・耳になれずぎていて無	ct	
させ、感想の話合いをさせ、勤託風のよみをねり簡單な児童劇な自然線求心が表れている。伽臘十分にたるベく自力にて職解	匝 右	するにふさわしい。 ・見龕自身の生活を指導		
態度をよませる。民主社會の否民の在り方が示喚され、科塾的いつでも心を合せて造ぶ五人の子供の生活と、やさしい父母の	五人の子ども	深く考えざせられる。上活階段と結んで興味		○劉 的 票 票
る。	高い高い	爾ふ酸に調子重せられ、表現の一様式にふれる	사	1七五關 定形律
文の譚便指導。―紙芝居、筒貝な見真劇として質賞させる。「物籍としての面白さを味わせ、勧業懲惡の消滅心を深める。長	ut us or III	みふける。商量力もつ物語の面白味を追い適		2 劇 的 素
えりみ、作文への示喚を與える。繪藝的比喩的表現を學ばせる・散文詩。仲よし三人の樂しい歸り道の情景をよませ、生活をか	かえり道	る。生活をよったとり		H.
にし、愛核の精神を養う。自分の學校について記述させる。作文の初步指導1見方、感じ方、つかみ方。鄭校の認識を新た	學校	・ともずれば無關心でいてあり親しるが深い。これ日の親しい生活の場合	H	空 谱 智 2
遠上 班約の仕方。大樹豆木の顕察寫生。共同で紙芝房作製。 ・上代人の雄大な全想と積極的な發展精神の感得。長文の職解指	かっても	くる。夢物語を行む。・幾分自義的に壁習して		

32

學習活動とその成果	瞬圆	認	時間配置習完	生活環境	黑	733
・身長體重胸團は数師が目虚をつけ體位美に記入・「検査をうける心権」題の衞生、校醫・霜護婦の仕事。一年生への思いやり―いたわつてやること。・去年年年の経について話合う。―問い出。・入學式に参加―一年生をみて表年の自分を思う。	11	(E)	身體檢查 人 學 式	ある。したものと思ら。勸迎護足が・それをみると我等ながら成長・兄附派で登校する。人野京には大きなする。二年生が父こは十さに一年生が父・二年生になった書び。	すればよいかれるにはどうでし、世の中にな	固
・球視・標立等をうえ、繝瘻的に∪素子る。・上級生の手助けで磨飯園をうない耕す。・埋のぼりの様な元氣をもつて運動會をやる。相談してかざる。その <equation-block>様をえにかく。・教室に武者人形をかざる。その他自分達で作れる物を・五月になると校庭の一隅に鯉のぼりを立てる。</equation-block>	四川四川田川田川田川田川田川田川田川田川田川田川田川田川田川田川田川田川田川田	66	お館句	、 、 、 の の の の の の の の の の の の の	いられるか。 健康で安全で 選やるかしたら 楽しい時間。 学には時間が	五
・能率的た為除法を討議。為除の好嫌及理由調金。・為族の目標を立てることに導く。用具の監練。・衛生上の注意。作物と日光、永分との關係。い事。四月からの比較をしてみる。・梅丽却の時色―雨の多い事、氣溫の上る事、濕度の高	7	(B)	面降り	法が闘れる。・雨具の處理が亂れ、室内の作・右に伴う身體の衛生に注意・・梅雨期の特殊な氣候現象・・苗代の古がのは残な真に現象・・・・・・・・・・・・・・・・・・・・・・・・・・・・・・・・・・・・	際にできるかを美しく又帯を多り廻りの物りの物りの切りの切りに、 どうしたら 石	*
・お為のいわれ、行重及びそれを織や文に表現。・千葉市にお寺や藁地のある家の關金。・夏の衛生、夏休の設計、夏休の諸注意。・樂しい夏の遊びの話合い――永遊びの注意・夏の町の情景を續にふく―洋吊店永展晃物展等。	五二十四四十十二十十二十十二十十二十二十二十二十二十二十二十二十二十二十二十二十	(9)	図の町	をする。樂しい夏休の話合い・お盆にはお墓構除、寺まいり・町のお店も夏らしく變る。 ・女京みをしたがら異を眺める・本格的な夏。進びも大が中心	るかいに だんかい とんかい なまな物はして 必要な物はど としい 日常生生 に 日常生活に	t
交通巡査の任務、危險箇所の國示、規則。 夏休作業品中のお祭から發展して町の交通整理に導く各班各目の仕事を分権、審査員をきめて授賞す。 接節等を協謀する。 監會を開く斯に決定。作品の種類別、場所、陳列方法、監禁之後、 夏休の作品を軽校に集め、協議をさせて限	ニー スセ	6 (1)	交通巡查展 覽 會	くなる。稽臘、祐の實、革等・中旬すぎにはめつきり秋らし・朝晩は凉風が立ち何秋の思い風に立ち何秋の感じな生活から監視で話に花が咲く。校生活から脱鶏する傾向。長い夏休を逸りその権性で駆	無にできるかを美しく又潜りの廻りの知りの別りの知りの知りの物が、 ス・どうしたら	九

二年社會科學習指導要目

- (11) 萊藍磨細 十二—十旦萊藍
- (一) 準備 かぐやひめの籍本や讀動、學習手引尊。

四、影窗の盗め方

したりして長文の脳僻力をねる。

三、目的 かぐやひめの優美な物語を讃ませたり、紙芝居の作製を数箋する目標で進むべきだと思う。兄童劇も工夫させる。

期待する事は難しいから出來る罹度に止めて、大體の方法や態度を求めての進行とする。しかしこの作業は初二程度では十分な結果をの作製をさせる。主に自由學習とするが、學習の中心をこの作業にし、文に卽して味讀する態度を培つてゆく。發展學習として紙芝居節意のとり方が辨習され、話し方の指導がなされる。話合いを多くとつてゆく。循環的に存節的に、而も金體的に進めてゆく。ここにその背景、人物の行動とその感情――稟點を明かにしつつ文を觀みその古来態度とを増つて物語の面白さを印象づける。筋の發展と

(三) 學習活動 - 胡躓を十分にして讀みひたる態度と、ぐんぐんこの意味から出来るだけ自力にて顕愣させる。

に贈書力に最も深い關係のある全體的統一の修練に效果的である。している。內容が鑒富であり、學習として興味深いものがあると共利離の情を主題とし興味的幻想的に發展し哀愁にみらた物語を形成極をよませ國民的情觀に培うべきもの。形式は長文である。文章は(11) 文章 ほから、董訂的情報の夢女と引酬の記得と一體たる情

(二) 文章面から 童話的傳統の夢切と別離の悲情と一瞪たる情異えることが深いであろう。 界を描いて喜ぶ。かぐやひめの内容もそれであって、學習に興味を思かな

描いて喜ぶ。かぐやひめの内容もそれであって、學習に興味を

あり、想像を主として、その中に極めて自由なるおとぎばなしの世(一) 生活の姿から 低奥年見霊の讚書興味の勤寒は童謡中心で

五、星窗の結果 各人の作品、展覧、質賞、反省。※二時跟續をとし紙芝居の作製を時にさせて指導する。

- 本時の愛智を味わいなから静かに調みを深める。

 - ⑥ 紙芝居の作製について話合う。(家庭作業)

合いして深く来る。

を感得する。別離の言葉、夢幻的情景を費いたり、よんだり、語りてゆくと共に、話合いによつて調べてゆく。……緊張と幻想的境地(女の探究―個讚、齊讀、範讀を交えて文の心持らを讃みに現し指導をする。

- り・はつきり躓むことに留意し、正しさから美しさへ。適宜言葉の③ 本時の學習目標をきめ、本時分の躓みの修練をはかる。ゆつく想を明かにし話し方の指導をする。又紙芝居を見せ合う。
- ② 話合い―前時までの復習、要點をまとめて全體を話させ文の構
 - 日 朗讀練習
 - (三) 過窟(第十時原存)

在著は国自かつたが学を調査し、数館は大陸の傾向を築知する・仕事は一人でやったかどうか、どんな歌を手傷つて貰ったか。

- ・日課を含めて生活したかどうか
- ・千葉からは何時間は、誰といったか
- ・
 夏休を田舎で過した者―滞在地、滯在日敷
- ① 事前の調査 夏休の生活調査にもなるが、

三、鼻唇指数の変換(時間配置上は限)

方、見方、きき方を練る傷に本業材の狙いがある。

これを陳列して己の苦心を語り、人の辨苦を聞く。その展覧の仕げた汗の結晶である。

線習帳、觀察記錄、氣溫グラフ等があり何れも長い間かかつて仕上成績品は繪日記、日記、貝殼採業、昆虫探葉、閻蟄、工作品、標型する。當みの間は話題が贈富で話が整きない。教卓に山と徴まれた里から多くのお土産話、労作品を持ち、小さな胸を膨らませて登校

③ 見董から 樂しかつた長い夏休も終り子供達は海から山から随會を開く事によつて隕元七が含まれてくる。

いという願望は誰しもが抱く事であろう。この意味から夏休作品民の 素材から 身の廻りの褒姚をより美しく、より住みよくしたにできるか。』本望元を中軸とし盟元七も練られる。

① 関元から 関元ス「どうしたら身の廻りの物を美しく文清潔

二、民なの觀點

1、學習素於 展覽會

- ・説明の仕方はどうだったか。玄関く態度はどうであったか。み活態度はどうだったか。
- ・玄龗の感じはどうか。本庸に自分の弱力でできたかどうか。生
 - ◎ 結果の考述・うまく解列されたか。

様を繪又は文に現す。

をきめる。投賞者は作品を捧げて一同の敬麗をうける。展勤會の模方について協議する。最後に審本員をきめて作品の籍本をなし、遺興列された作品について作者が點明する。その聞き方、作品の見の作業は各班で仕事を分譲して進行する。

塗るとか、テープで飾るとか夫々協議をしながら裝飾を施す。之等次は裝飾を考える。程丹い箇所に花瓶を置くとか、色テョークで當に判斷してきめる。大きさ、形に注意。

次に隙列方法を協議する。灌上に列べる物、掲げるもの等夫々適てくる。数錠のの施設をうまく利用する。

がよいであろう。大テーブルかそれに親する魔を塵枝の中から扱し列場所を決定する。塵板展贈留であるから数金の中央と小或は後方類別(前記二、取材の概點③見童からの項喩照)にわける。次に陳

- ・隠聴會をどんな風にして弱くかについて討議する。出品物を獲く事に決定する。
- ・この葉まつた作品をどうするか協議する。討議の疾展聴奮を謂
 - ・指葉式後に夏休の作品を顕被へ集める。
 - ② 展開 夏休の生活について話合う。

耐會科學を指導の具體的展開例

CONTROL OF ANNOUNCE OF ANNUAL ORGANIC (CAUDIANTS SAARRA AND THORAGO AND THE AND THORAGO AND THORAGO AND THORAGO AND THORAGO AND THORAGO AN	AND PERSONAL PROPERTY AND	ALCO DE	ections a versus at a clare		-	
・来るべき三年生を迎える心構について話合う。・二年生の繝尺省、思い出を話合う。 ・聖年生の繝尺省、思い出を話合う。 ・鄭藤會の計畫、練習、蓮目を協議、繪や文。作つたお雛談、お供え物を飾つて樂しむ。 、教室に雛段を作り家から持つて來たお雛様、自今達で	オニース	(S) (S)	よい子型整合	迎える喜びに輝く。・ 雛祭がすむとあとは三年生をお雛様を飾つて喜ぶ。・ 跳祭墓墓會、女の子のお節句・幸間:・ 幸間近、梅の小校で贈る鷲。・	過せるか。 樂しい時間が七、どうしたら	[1]
・婆さを谗く衣服、生き物、植物の全越を研究。・季節便りの研究―氣溫、曙雨、風向等。史、用途、更に家庭の照明を調査。まら、相途、更に家庭の照明を調査。まきの糟又は文、豆を入れた桝の事から日用家具の歴・部分の飾りつけを教賞にとりつける。館分の由来、豆	三八七四二五	(5)	简	みて最寒期の気候を研究。 ・四月から糶線した季節便りを ・「麗は内、鬼は外」の豆まき合野や幸だるまを作いななない人類は ・寒さは今が絶頂。大雪には雪い雲	は、おいいか、という。 で数に使わる。 で数に使われる。 で、日常な品物をには、日常生活を記して、日常生活を記しては、日常生活にには、日常生活にに	11
・郵便の配塞網路を露涼。電話遊び、子供の時間のきき方・年質状を持つてくる、慎列する。 ・樂しい遊びをする。 双大を各班で作る。 買つた物等。お正月の繪や綴方をかく。 ・お正月生活の話合い―お飾り、御馳光、遊び、お小遺	回一二十二十二十二十二十二十二十二十二十二十二十二十二十二十二十二十二十二十二十	8	36 正 民	正月氣分が抜けない。・新塾担が始まっても當分はおいた。・お正月の御馳走、楽しい遊びと着飾のて登校する・・発わに待つて発校する・・・発わに待つたお正月、にこに	はどうするかたりするとたりでした。 たりずるときたり、要取った、手紙を送った。	1
・お正月を迎える準備、お飾り、餅つき等。・暮の大輩出しの話合い、家庭のようす。 災災の原因、火災の場合の訓練、火事のえや文。 防火に関する標語を考えポスターを作る。 最近の火事や自各達の聴験した火事の話合い。	11日	 	年の意	る。樂しいお正用を間近い。 ・店々にはお正用用品が飾られ・ ・ 原根 一面の簿、北風が吹葬されてメーやどうが選出される。 ・ 町の辻、家々には防火デーの	よいか。はいか。有效に使われる。 有数に使われる。 必要な品物らに とこと第4年間に	11+
・家でレている草木、生き物の世話、自分の衣服。・お手傷の表。良、不良の記入、お手像の好感。・身體體重胸圍の測定、四月と比較、衛生保製電・疾氣の療防法、程展場進に發めている事の話合。何か、表を作る、男女の比較、原因。・級友の出供状況關本。お休仗龍が一番多いか、理由は、殺友の出供状況關本。お休仗龍が一番多いか、理由は		(9)	お手傳社夫夫體	・ 揺いても揺いても求葉が積るして節、とで節をがおそくなる。 ・ 野球をみていたり進びに熱中 ・ 選うがわれる。 ・ 選うさわれる。 ・ 選入さって大きので、 ・ 発明、 「表面の一部のである。	いられるか。 健康で安全で ニ、どうしたら	1+
・葬営のお菜、食品の阡雕調金、輸送經路、間食。今の千葉市の配給狀況を調金。・お米のできる迄を繪や文叉は擬人化した物語にかく。・故水のできる迄を繪や文叉は擬人化した物語にかく。事花、栗岩い。枯らさないように持急する。 ・郊外へ遠足したんぼの様子、蝗取、落環拾い。			たんぼ	一般展して好きな金物に及ぶ。一種まきから稲刈迄の苦勝から有效に使う稲好のチャンス。一部火親しむの候。秋の夜長をよりの秋。稻刈、田関国東。	いか。どれかれたよれれるようなりなりなりなりなりは、重、直木の使う世話	+

34 -

兒童活動とその成果	闘を記さる		洲	四沼		越	湖	Há	冊) Jii	出出

一代、六	543 6	いこか	いろたることののおまた 生 に ヤ	ナニャ	活を入り口	たり、	が見るとは、一代はなり、	分から進びに	国	合なけれた様、 にいっ、整数二 のな大祖や政位 いいは光道に数に にいる光道に数に にいる光道に数に にある。
作敷の線

家のひょこの敷を敷えることから、二位敷へ素敷	四四二二二二二二二二二二二二二二二二二二二二二二二二二二二二二二二二二二二二二	443 4		ナさんのいろなら さんなられる さんの	NE	がなせているよう		が対対し、経体に対し、経験とは、対対に対し、対対に対対に対対に対対に対対に対対に対対に対対に対対に対対に対対に対対に対対に	生を加いなられる。	五	がある。

五二五十二二五十二二二二二二二二二二二二二二二二二二二二二二二二二二二二二二二	332322	かれたいに、おおいい、おいい、おいい、おいい、おいい、おいい、おいい、おいい、おいい、	cur >	いったがまくせい	るくなべのあれるもの様々もあるものである。	いった。	いなどないなどなった。	水をあれているというというというころに	六	1、1、1、1、1、1、1、1、1、1、1、1、1、1、1、1、1、1、1、
・

四四二	32 3	いただい		77	いないの		をしい	でごり	4	合際の理解等のでは、 の修用である。 の修作とも、 利力と、 利力、 利力、

二年算數科學習指導要目

5

展覧會をもつと上手にやるにはどういう處に

ったか。

据 账	10 B	0-	河道	祖 湖	E CE	照 深	問問	松	->4	图题	d tam	越	麵	评	册	I	긤	個
使つて記録す贈音とめ繪目	な記読をの生活を	は簡単の場合に関する。	わけて記録する。	く減の色ごりして いっして いるに減	無記される実施にした。	الار ا ا دا ادالا •	11	با		ねごよ よばた よ		1.	UFF	が民かるという。	0		製物の生活	』、
かを調べる。を觀察し、わの種子をまき	「夏の蒙子	始、結	31点、問	ヹ育、成	育てしい	- -11	图	→!• 큐	nip	で種ま	春の		融。	の廃稿	推	Ed.		
で比べる。がいもの芋のだれ違った護	いる。じやにえ、それ	くのをみば類を描	化を開く手の球視	実しい花りっぴ	育をしき・チュード	ااد	111	h	74.	右右	+ 4時)	田水	が来	。根や直根を直	が		能物の生活	儿、福
で飼育する。 植木鉢でから それ等が生長	アンミデスを言うてなる。	で青虫やどみる。 でみる。 マクシェ	クの卵をつとかることか	ロチョウをたべるの仔オタ	・モンションスさい	1-1	(計)	 	り生	77 - 0 eur	虫話生き	色の	9 m-	かかなり ずんりょう	世十	开		
ぶを作り即を重った機子を観察 ごれ機子を観察 ごかりに雨に洗	イバメの第二大が掲げ	別ろ。ツアや川の東をした	よりを留宅の様子の様子の特別の特別	ガタガなれた土地のの天怪	い流され	111101101	 <u> </u>	- 	調		畚	田华田。	Or 1/2. 8	がいな様と	アガス	*	名の出る	麗 二川
れいて植物がだれた り するの	観察する。 3と土が記	るのを頭を見えれ	なくなる個に水気	元氣がたし、餘姓	か 觀察:		11	<u>न</u> न	溪溪	の天	田岡	#C:	ががら	る。や木のでりが	九草日	4	候械と道具	四、熱
をする。 なり、また日 となべたり、雲 にらべる。 返しておくと に、ホーセンカ	・翻録する に関う整となる様子をなる様子をある様子をあるます。	れると活の様子を覚りまる。まななななななってなれなってなれる。イチャ	がぎられる からの 感える かいりょう りょう かいりょう かんりょう りんごう	が放うなど、など、など、など、いなど、いなど、いいなど、など、いいなど、このととというというというというというというというというというというというというとい	大の空まの場合にも種類があれても種があれている。	اااد		事 上	940	k,9+06 (間の関	5 (1)		② 企 ○ 本 <td>+</td> <td>九</td> <td></td> <td></td>	+	九		

二年理

る態度はどうだつたか。
・良い作品はどこがいいのか、自分はどこが足りなかつたのか。
展覧會をもつと上手にやるにはどういう處に氣をつければよいか。

二年算數科學習指導要目

單元	月	生活環境	學習素材	單元との關係	兒童活動とその成果
一、二位數に基數或は二位數を加えて、和が百より大きくならない場合につい計算をすること。	四	始めて上級生となつた喜び、一年をさそつて遊びに行つたり、又自分から時間的な生活をするような氣持となつてきた。	二年生になつて ⑥ けいさんのおけいこ ③ いろいろなもんだい ④ メートル ⑤	五、三、六 一、二、四 一、二、 五、六、	・二年生になつた喜びを契機として、わけること、切り紙で繪を作り、時計の見方を習う。 ・最も良い計算法を考えながら、自修的に。 ・自分から、加減法を適用して解決へ。 ・運動會に走るコースをはかることによつて、メートルを知り、それを歩測してみる。
	五	暖かになつて、動物も活潑に活動をするようになり、それにつれて世話する物、特に動物を世話する氣持も强くなつている。	ひよこ ④ けいさんのけいこ ③ いろいろなもんだい ④ あき子さんのくふう ④	一、四、 一、二、 一、二、四 一、二、四	・家のひよこの數を數えることから、二位數へ基數を足して、繰り上る加法のし方を考える。 ・場合に即して、よりよい方法を考えて計算へ。 ・考えかたをきちんと明らかにして、自分で。 ・ひよこの發展として、二位數と二位數を足して一位數の繰上る計算を。
二、二位數から基數或は二位數を引く計算をすること。	六	入梅中は、連日雨に降りこめられるが、あちこちにたまつた水のかさを較べたり、又入梅あけになると暑くなり水をのむことが多くなつてくる。	いろいろなもんだい ② まるい形 ② べんきよう ③ けいさんのけいこ ② いろいろなもんだい ③ 大きさくらべ ③	一、二、 五、 二、四、 二、四、 一、二、 五、	・二位數へ二位數を加えることの適用。 ・なるべく完全なまるをきりぬき、さしわたしを。 ・計算の間違いの數から、二位數から基數をひく。 ・あらゆる場合について、練習をする。 ・繰上り、繰下りの適用を、自修的に。 ・異なる容器の大小を較べることから、單位 l と dl とを見出し、その關係を。
三、掛算九々の修得と、等分除・包含除の理解	七	一學期の終りであり、子供はこれまでのおさらいをし、整理をする氣持になつている。	しげるさんのくふう ③ けいさんのおけいこ ② いろいろなもんだい ③	二、四、 二、四、一 二、四、	・べんきようの所の發展として、二位數から二位數を引いて、繰り下がる計算をする。 ・大體の見當をつけて、計算する態度で。 ・減法を主とする適用である。自學自修的に。
四、繰上りのある加法や繰下りのある減法について、概算ができること。	九	木の下の涼しい場所で友達同志仲良く地面取りを樂しくしている。又長い休みにはよく遊んできた。夏休み、それから忙しい秋、お風呂の水をくんでお手傳をする。	じめんとり ③ 直角 三角定木 ⑦① かぼちやのとり入れ ② 二のだん五のだんまでの九々 ④	五、 五、五、 三、 三、二、	・陽かげの涼しい所で、遊ぶことから、面積に對する觀念を養い、又廣く取る工夫から形に注意する。 ・時計の針から直角を知り、直角の物を見つける。 ・直角の後をうけて、角の導入をなし、三角定木の使い方を練習し、注意することを身につける。 ・かぼちやを運ぶことから倍の觀念を。 ・お風呂の水くみを手傳う仕事から、二の段の九々を構成し、又五の段の九々について。
	十	すがすがしい青空の下何となく體をぴちぴちと動かして、遊んでみたい。自轉車に乘つてみたりして。	いろいろな問題 ③ じてんしや ⑦ 三のだん六のだんの九々 ④ いろいろな問題 ③	三、二、 五、六、 三、二、 三、二、	・二の段、五の段の九々を適用して。 ・自轉車と三輪車の速さを較べることから、圓周と半徑の比、圓周率の觀念を、實測させながら。 ・前につづいて、三、六の段の九々を構成する。 ・自修的に、式をよく考えながら、適用を。
五、長さや容積を測つたり、廣さや角の觀念を用いること	十一	そろそろ自分で、いろいろの工夫をして興味を感じ、滿足をする氣持が出てくる。遊ぶ道具なども、自分で作つている。	四、八のだんの九々 ④ いろいろなもんだい ④ 七、九の段の九々 ④ いろいろなもんだい ③	三、二、 三、二、 三、二、 三、二、	・九々の考え方も追々と身について來たので、前につづいて、自分で練習をしながら、四、八の段を四、八の段を適用して。 ・自分で工夫して作つたカードによつて、七の段、九の段の九々の練習を。 ・主として七、九の段の九々を使つて、自修的に。
	十二		けいさんのおけいこ ③ いろいろなもんだい ④	三、二、二 三、二、二	・今までに習つたものを、自分で整理し、正しく理解し、又最も良い方法で處理して行く態度へ。
六、いろいろな表を作ること。	一	新らしい年を迎えて見るもの聞くもの皆目新しいが、澤山配達される年賀狀には特に注意する。	はがき ⑤ けいさんのおけいこ ⑤ いろいろなもんだい ④	四、三、 四、三、 四、三、	・新年となり、年賀狀などが澤山來ることから、數の範圍を擴張し、千までの讀み、系列などを。 ・その場合に即して、良い計算法を見出しながら。 ・主體的に、數理を適用して。
	二	寒さの季節となり、外での遊びは比較的少くなり、室内で兄弟仲良く、食べ物を分けたり遊んだりすることが多くなつてくる。	くり ③ いすはこび ④ いろいろなもんだい ③ いろいろなもんだい ②	三、 三、 三、 三、	・叔父さんから頂いたかちぐりを兄弟で仲良く分けることから、等分除についての理解を。 ・等分することの適用、自分で考え方を式に出して ・講堂にいすを運ぶ仕事をしつつ包含除について考え、その計算方法になれる。 ・包含除に關する、整理の適用を、自修式に。
	三	何か自分で製作してみようという氣持が段々と强くなつてくるし、室内の靜かな作業が多くなされる。	箱作り ⑥ けいさんのおけいこ ② いろいろなもんだい ②	五、 一、二、三 三、六、五	・おひな樣の箱などから暗示を受け、身のまわりのものをきちんとする爲、箱を作らせ、單位 cm を ・今學年の終りである、整理をしつつかりと。 ・二年生の終りであり、自分から、いろいろと調査してまとめたり、考えたりして行くようにする。

び紛を引くととは千供にとつて相當の独抗のあることを身をもつて引けるし、直角を書く場合、横には比較的やさしく引けるが、総及ぐらつかせないようにし、鉛錠を同じ力で引けば、まつすぐな総がら指導する。この時数師としては、直角の所をしつかりと持つて、線を引く時、叉は直角を書く時どんな注意が必要かを緻習させなが下手が問題になるので、その最もよい使い方はどうかと考えさせ、

三角定木を使っているいろの作業をさせるとそこに使い方の上手

深めて行く。

物について、いろいろの作業をさせることにより、三角定木の角にて見比べさせる。そして時計の文字板と長、短針の關係、即ら具體えてから遷の長さを比べさせる。又能の直角に關聯して、角についいた話し合いをさせ、三角定木というものについて大盟の理解を與ロ、實際の指導 三角定木はどんな時に似うものかについてお五いるか、等について。

時計の針の同る、その

大きさに勢してどの位子供は關心をもつて合いを調べる。

その名前とか、どんな時に使つているかについての子供の關心の関イ、始めの罰金 兄さんや姉さんの持つている三角定木について

四、指数の底開

- 三、能力表からの、回、回に開聯をもつものである。
- 11、関元 長さや容積を測つたり、腹ざや角の概念を用いること。
 - 1、显容素材 三角足术

る事態問題の解決をする能力はどの程度か等について調査をする。比較しているかどうか、とか、日常の生活に現れる躓さや角に闘すとか、又は重ねられない二つの角を、蒸準線を設けて、移し變えて線を設けて、直ねることの出來ない長さを移してその長さを比べる坊にふれ、兄童の躢築から判斷されるし、テストによつては、基準ついているかどうか。又、それらを日常の生活に用いているか等はつ、、後での調塞、躓さや角の大きさを測定する技術、態度は身にども決めて保存する態度を作つていかなくてはならない。

39

つけてしまつては使用に耐えないことを悟らせ、大事に置く場所なであるから、一枚ずつばらばらにしないこととか、角や過にきずを台用具に對する熊として、いつも丁寧に保存し、必らず二枚一組せようとしている。

して考察させ、勤角線によつて四等分されることを直覚的に把握さ最後に、三角完末を使つて、正方形及び短形を夫々三角形に分解かなくてはならない。

體験しておき、このような場合の指導をしつかりと念入りにして行

算數科學習指導の具體的展開例

- ① 準備 温度表、寒暖計、如露、バケッ、アサガオの鉢植え
 - 四、學習活動
 - ③ 植物の生活の標子を觀察する。
 - 図 植物と水との密接な関係を理解する。
 - ① 夏の日でりと生物の関係をしらべる。

川、描疆四廊

00136

端的に觀察し次の秋の種まきに於ける種子の競芽へと發展するので植物と水との關係も草花等の世話で經験して來ているが、此處で然的なつながりを持つている。

で夏の天氣の特色と生物との關係をしらべ、更に秋多の天氣へと自② 季節だよりによる季節の變化を繼續的に行つているが、こくとの關係にもかなり脳心をむけている。

て草木のいきいきと元氣をとりかえす様子をみたりして、植物と水質量のあつさにしおれた草花に水をやつたり、夕方庭に水を打つ児童の印象面にやきつけられている。

様子、生氣を失つた花だんの草花等は、夏の天氣の特徴として深く 丘昇によるこのごろの日中の暑さ、日でりつょきの埃つぼい田畠の溫の變化について繼續的に觀察して来たのであるが、急激な気温の○ 四月以來季節だよりにより、日々の天氣のうつりかわり、氣

二、題林觀

一、卑智題材 夏の天氣(單元 植物の生活、空と土の變化)

- ・土が衣第に乾いてくること。
- ・鉢植えのアサガオに水をやらないでその様子をみる。

○森植の世語

No.

しおれた草花がやがていきいきと元氣をもりかえす熊子を濶察す水が音をたてく乾いた土の中にしみこんで行く熊子をみる。亜別にわかれて分捲の花壇の草花にパケッや加露で水をあげる。

- ・草花に水をやる。
- ・葉や枝のくたんとしおれてたれた歳子。
 - ・土の乾ききつた様子。

で 標子 や 觀察 する。

・日でりついきの畠に出て、草花がしおれたり、枯れたりしていり呈へ出る

○今の温度をしらべる

日、凉しかつた日をしらべる。しらべた事を競表しあう。

- ・温度素をみる。一日の氣温の變化、このごろで一番あつかつた
 - ・季節だよりを中心にこの頃の暑さにつき話し合いをする。

○話合い

④ 活動の推移

闘子や興味の値向、 めつざに闘争 な闘心の 度合い をしらべておく。

- ③ 前の調査 季節だよりにより児童の活動の状態、夏の天氣に
 - ② 時間 七月十旬、二時段

理科學習指導の具體的展開例

THE RESIDENCE PROPERTY AND ASSOCIATED ASSOCIATED ASSOCIATION AND ASSOCIATION A	WINE THE PERSONS THE PERSONS	MCCHETTER -	METER WET	The state of the s	There is the transport of the latest the second		
一年間の季節だよりの整理をする。事いものをてこで持ち上げてそのわけを考える。 恢為機等を動かしてみる。	11.11.11		#	季節だより	Acceptance former to more of Tables and Confession	Section of the sectio	
東京談案をいいている。 小型のモーターを廻したら、これを仰つた扇風機、いる様子をみたり、そ北等の複型を動かしたりする・電氣を使って動く糯米機、製粉機、電車等の動いて	E	79		2 2 2 2	鹿の卵が見られる	[11]	
・電気を束つこ動く青米強、製み銭、電車等の動いに	国.	固	+	簡似の	変がそだつ。		
るのを見る。 の出る口に含たいものをあてると水流が附いたりす・やかんの湯がわくにつれてだんだんへつたり、 褐魚	ا۱!ر	11	ᅱ	縁わやり	権の行が聚へ。		
虫などを擴大してみ、又鍛で日光を反射して遊ぶ。・レンズで日光を集めて黒い紙を贈いたり文字や花、	, EI,	囯	ŀ	レンド猫び	がはやる。目なたでのあそび		
たり、皿に入れた水の菜該レたりするのを棚露するラスについた雑などを棚袋したり、水潤の水がへつ・適常な時期をとらえて氷、霧柱、つらょ、掌、窓ガ虫のまゆ、さなぎ、巣をしらべる。実でに開聯して動物植物の今越しの様子を観察し、					空氣が乾燥する。 氷がはる。 霜がおり雪がふり	,	
・適常な時期をとりえて氷、露住、つらょ、雪、窓ガエのきり、されき、美をしらべる。	اااب	\}\		多の天氣	霜がおり雪がふり		
・寒ざに關聯して動物植物の会越しの様子を観察し、	111.11.1	11	h	全のいきもの	寒さがきびしい。		
て動かす機械をしらべて話しあり。 ・自韓軍、荷軍、荷馬・自動車等いろいろ力を使つ	<u>'</u> E	1!	 -	車のいろいろ	なる。だんだん日が短く	114	
つくものとくつくかねもののあることに無づかせる・磁石で金物を引きっけてあるが、それらの中にくりきとはして同な療法する。	国、	11	ᅱ	梅石もそび	るようになる。朝晩に寒さを感じ	i+	
きとばむに風を觀察する。 在を觀察し、うちわ、扇風機でいろいろなものを吹・風事をまわしたり落下さんを投げたりして空氣の存・	ااار	中长		らくかさん風車と	く。なる花が美しくさ		
布する様子、生物の生活を概察する。 ・野原に行き秋の自然にひたり、いろいろの種子の徴わけてその競音の様子を比べる。	11.11.1	14.	#	秋の

野	取入れ。 山に秋の色がこい ス、キ、ハギ等野	+	
血に入れ芽生えの様子をしらべ、日なたと日かげに・エンドウ、大根の種子をまく。 文水につけた種子を	11.	111	h	秋の種まき	飲の磨種期。		

ての春が来たたのしさで・二分休止符についるをがまたたのしさで・コク休止符についるを確置に・ドレミラマうたつでみるり、大分青符連額の第三、第四小節のリストットリーのうたい方を工夫すり	11 日 2 4 - 12 12 13 14 - 15 15 15 15 15 15 15 15	(帯が派代) 水 し キ	年生で提の咲くのが待ち違い。いよいよ者が來た。もらじき三車がまわる。つくしも非をだしひなまつり。谷の雪もとけて水	-111 -	させる。 を直接に感得の音式の物の美える物で表現る。 国味を持たも
ッス(いきつぎのしるし)をおぼえる。 〇三拍手の病権を懸得したがら歌う・ブレーをうたせる・リズム樂器をうたせる。 「なったせる・リズム樂器をうたせる。 〇「かつちん」のうたい方を工夫する・二拍		春をまつ石やさん	學塾會も近づく。 と待つのは子供ばかりではないまざしがしのひよる。 すくこい かんのいよる。 早くこい館分、立奉もすぎればもう奉の	11	● ○ ● 楽器の画の記録器の ○ の記録器の ○ 和電影を記述されたを繋ぎまた 「
○ドレミファの続習もわすれずに。○リズムがあやまり易いから注意する。を正確におぼえる。としくらたう・「ヒイフウミイョ」のリズム○全休みにしたはねつきを思いだしてたの	正 cg/4・く・il 日 cg/4・く・il	即はいず	雪がふる。 態さも今が一ばん、永がはり、こあげ、こままわしなど。冬のンプ、すごろく、はねつき、たたっち、たたっち、たちん、トランなど。たらしいお正月、かろた、トラ	L	(日本学者の) (日本学者)
○まりつきの寅春で二柏子を確認する。 作に注意すること。 惑得する・風の日を思い浮べて・時點音(と短かい旋律であるから各方の存取素を存候所に	世 cg/4・く―-・く ロ 4c/4・!・・!		んである。どおしい。まりつきの遊びも虚揺しが吹く。じきお正月で待ち期夕ぐつと寒氣が増して寝い木	114	沙库城
ある。 氣をつける・管程もまちがい易いものが のリズムが確實に歌いにくいからしつかり みた。 りた話しの領持で・リズム樂器を打つし ○面白いリズムの組合せ・ことはなけつぎ	D 03/4· < <	2011 2011	に落ちてちらちらと飛ぶ。山は紅葉、木の葉は国もないのけたわ、どんぐりがすずなり。栗、 柿などみのりの秋もずなり、	1+	を直接に感信の音求の物の美る。 る。 る。 奥味を持たも 風楽器の智色に
○「百円・」で、「〇回でより、「ジャよのからら方。 ○ のスラーのうたい方をかんがえる。四拍子○第一小節、第三小節のリズムを中心に。かして歌う・たのしい計かくを考えつつの跳躍の面白いリズムと二拍子の氣持を生	EM 4. 4	かなり	れる。 では、面白いかかしの索も見られば、面白いかかしの変を見らしいでは、ままりのシーズンであるないである。 はないながり、まわら、まなる。 はなり、東方、東方、東方、東方、	4-	○和言愿を養っ ら力を聴って 共に旋律を配 担握させるこ
○歌い方を工夫してみる。か考える。しならいろな虫の壁の話し合いをしたを動力のいろいるな虫の壁の話し合いをしたき壁が、熱き、線を、線を、はいしい、はかばかのうたいの可愛い小語を思い浮べて・ドレミファで	Ω es 4, · ζ − · · ζ		味をそそる。 食はいろいろの虫が子供らの頭 らしさがそろそろしのひよつて のこして第二學期が始まる。秋 夏休みのたのしかつた思い出を	九	(の 2 かる 1 間 2 以 2 を 2 の 2 の 2 を 2 と 2 の 2 の 2 を 2 を 2 の 2 の 2 を 2 の 2 の 2 の

『聖』(元一月) 近 環 境 境 第一學習家は「調拍子音域」 單元・學 習の 栗頭 二	「からく服る。此の頃になると一葉に旋律を課金には個のぼりが泳ぎ太陽が明くつがなる。とっている。としょ・ハー・ハー・ハー・ハー・ハー・ルのきれいにたのしく歌う・聞きおぼえるまれた。 遊んでもげる。春の空はひらい シーソー・ロュー・ハー・ハー・エルがも大きに発調をおぼえる。 ときってよりに無難となったなった。にいさんれたったれたったれいいし、経験でもうきたつできる。にいさんれた。にいさんれている。にいさんれている。にいさんない。というとは、はいらしなっている。即のととしている。即のとことには、いいらしなっている。即のととしている。即にと考えている。といいような感覚してまたったように、「こそ生になったように、「はいられってふる・動作を考えてみる。」とよる感覚	いてがしい。 いんがしい。 うんできたくたる。たれまきも り和香腐を護う エー・ニー 〇二拍子のうち方を元分へなんは(はんり) エー年生でもつれて野原へ草つみに さん は、ア3(1・ニー)二拍子のうち方を光分にして元領よく歌	が、あるらの認識的となってくる。 雨計画のおべんきようをした。 生活計るなした。 生活計るなした。 生活といったたい 自己 合音符 、人名音符の長さを比別興味を持たせ 時の記念日。 二年生になって時 とけいのうた ロイエ・ハー・・・・ () ことが アマリン マスマン マン・マン・マン・マン・マン・マン・マン・マン・マン・マン・マン・マン・マン・マ	この弊館である。 このをにしている かい ロ まま・ハー・・ハ (原在からの四柱・ドラミントでもらい)
を直接に感得の物をはに島のかなもものである。 かぼちゃの花 正 3 (4・ハー・ニーの手うちの飲みをおぼえるものです。 かばちゃもので 割除を持たされる。 自を記念日・二年生になって降 とけいのうた ロ 4 年・ハー・ハ (1) (2 年代 でして) できない だんだんかい といっられ (2 年生) というした。 自なされている。 自な者を (2 年生) というした。 自なられている。 自なられている。 自なられている。 自なられている。 に ロ 4 年 パー・・・・・・・・・・・・・・・・・・・・・・・・・・・・・・・・・・・	を直接に感得できる。「などものがある。」のようになる。「ないないない。」のようなの作者はなる。「ないはは野智を見られてってくる。「はいった」といった。「はいった」となって、「日本では、「日本でいる」」といいまして、「日本では、「日本は、「日本では、「日本では、「日本では、「日本では、「日本では、「日本では、「日本では、「日本では、「日本では、「日本では、「日本では、「日本では、日本では、「日本では、「日本では、日本では、「日本は、「日本は、「日本は、「日本は、「日本では、「日本は、「日本は、「日本は、「日本は、「日本は、「日本は、「日本は、「日本	を直接に感得である。「などをあれる。」かぼちゃの花。「ロューハー・ニュー・ションの外外をおぼえる・リブュは野習を見ら物の美でもものがなってる。「「おいんなり」といって、「なして利子とやすのつける、だんだんから、だんだんない。「自おべんをようとした。生活していった。」といった。「「として、アラボベーの音符、日合音符、ス分音符の長さを出現するとれていては、「日生生になって呼ばれる。」という、アファフィフィスク音符の長さを出現するとれている。		

二年音樂科學習指導要目

五、路智結果の考徴

ガオの今後の變化などについて話しあり。

その後数室で氣のついたこと、不思議に思ったこと、鉢稿のアサ の話合い

・葉がだんだんしおれて元氣のなくなること。

到后法, 媒體法)

③ 植物と水との関係についての理解と知識を考査する(再生法 の理解を考査する(再生法、判定法、撰述法)

- ② 繪日記の作品、問題法により自然現象の關聯について考え方
 - ① 學智態度を觀察し考査する(記述尺度法)

40
1

44

學習活動と其の成果	型型	华	業 跽 電	生活環境	田	單元
から。 の色を見せてその色は標準色のどれに相當するかあてて・標準色票を示してその色名をあててみる。 又標準色以外	4	6	・包の名前	・断しい数室、新しい数型電、		記憶想像
・班に分か出鉄から目的地に到着し開散するまでをかいて・遠足の談子をかいて繪髪物をつくる。	н	ಲು	・意足	鬱検在も行われる。 いよろこびである。漂足や身新しい席と言った凡で新し	国	輩による猫に
・身體核奎の標子をかいて人體描寫の力を收る。	1	co	・尹誾椋査	・自然は美しい色彩に包まれる		高生による
になれぎせる。運動會の集團的人物表現につとめる。・・・・・・・・・・・・・・・・・・・・・・・・・・・・・・・・・・・・	h-1	63	運動の自ている。	・ 端午の節句や 運動會がまちど		の推薦
、微做的製作から創造的表現に進む機に、圖を印刷してやう思紙を利用し展開圏は正確なものでなくてよい。 はぎなものをかき表現表材の傾向を罷金し統計をとる。	6 1	6 2	・鎌・日田表現	ておくのに筆立や筆入れがほりものの鉛ェや物でしてものいい。	出	る崇現 粘土によ
v _o o		1	11) 449 3		-	包级
・薬物の中で一番好きな薬物を作る。それは安定感の取れ・粘土で家の護型を作る。形は皮可く自分の家にする。田猫の様子をかかせ働く人物の美現を含せる。題扱で飼育しているよき物をみ作ら寫生する。	3 3 1 29	භ භ භ	宗 宗 宗 宗 宗 宗 宗 宗 宗 宗 宗 宗 宗 宗 宗 宗 宗 宗 宗	・中原にいる鬼が可愛らしい。始まる。人権であがよく降るし困権が	长	影練る
を養う。おれてものが一番よい。清潔整個の智貴にものい、調和のとれたものが一番より。			- 15 MB	汽車を作ってみる。 ・粘土で家を作ったり自動車や		代代 6
・夏の崇現、集團的人物の表現について奥智する。七夕祭の情景をかいて色彩的配置の美しさを考えざせる	11	co	・水遊びりと発送	水源がしたくなる。七名祭がすむとあっくなって		女様がある
作るか相談し合う。大きさは使用目的に沿う様にする。・日常使用している茶器について話し合い、どんな方法で・筋や川で道説子供は清裏の描寫に注意する。	ಚಿ	ట	作業を表	・水遊びの茶わんも作りたい。ある。おねるで変わると夏休みもじきでれると夏休みもしきで	14	えて作る用法を考りその利
	1					

二年圖工科學習指導要目

()間名と言階感の程度

の歌曲の唱雑力について

の鑑賞力の程度、等が調査の對薬となるであろう。の表現する力及びその態度

本時は特に見査がお五に批正し合って進むようにする。

○總括的歌唱練習 第一、第二歌詞とも發麈、發音リズム等正確に

○禮 既習歌曲「はれつき」をうたって學習領分を喚起する。

3、第三時の學習指導。

第二時 第二級間を中心とした歌唱線面。

31、第一時 リズムの正確なる把握と第一歌詞の歌唱を中心とする

1、時間部部 三時限

11、野路指鎖の原題

感的運動的に把握させるということを中心として指導したい。

○すべての單元と關聯してくるのであるが特に單元(一)リズムを慰ら知られている。

○このらたは雪の降つている景色をうたったへ調二拍子の前で昔か白いあそびが待っているからだ。

れる。雪だるま、スキー、雪なげなど影さも伝れて飛びまはる面ららりと降つてくると子供らは何ともいえないたのしさにつつまつお月もすぎるが未だ農薬期である。待ちに待つていた雪がららり

1、 医粒の酸 (一月、 雪)

①リズム把握の程度

禁払にだし

る。児童の側からみればそれが學習の姿考となるのである。このに何らかの授業の反省があり、それが今後の指導法の姿考ともな本素材に流れる各單元がどのように兒童にくみとられたか、そこ

三、墨宮指鑾結果の間査

○民省と次時のお勉強を話して本時を終る。

ワルツの氣持の中に入る。

〇鑑賞 スケーターワルツ(ワルドタイフエル)をきかせ、静かな一斉に自分の自由の表現をさせてみるのも面白い。

作による表現をさせ、みんなで歌つとあげる。場所があれば全部○表現 前時に話しておいた研究を襲表させる。一人或は數名で動らあまり深入りをしてあきさせてはいけない。

階名で歌う。青の關係を感覺的につかませることが中心であるか〇!ドレミファ」の練習をしましたね、どの位おぼえていますか、と第九、十小節目のリズムを正確にする様歌唱とおりまぜて行う。〇リズムのうち方練習(リ ズム樂器を用いるとよい)、このとき恃に

音樂科學習指導の具體的展開例

○軍元は皇元慇萄の要項というところに具體化されている。

しなたた。 ○生活環域は、子供らの単酌が生活を地盤としていることから鄭智の素材が如何なる具重の生活環境に襲づけられているかを考察し○然し七夕祭、音樂會、學獎會、コンタールなどが各壓抑にあるからそれらのため素材の融通性も考えてみた。○七月、十二月、三月は夫々二週間として立案したので、一つの素材は補充敎材として考えた。
更目についての参考。

無るもるの

休み中の面白かった郭を話し合い繪日記等を出して競表する子とでする。

長い間の夏休も終つて久し振りに顔を合せるので色々な話で照

- ・最と手を禁磨する。
- ・自由な表現練習をざせる。
 - ・表現内容を擴充する。
 - ・觀察力を養う。

聞元日標

単元「記憶想像による描畫」に関す。

1、學習指導型領の面から

11、 既悠の極機

一、露枝 休み中の思出

時間配置 四時限

回、昭岡の流めた

- ・労や用揺い於い譲いたる。
- ・飽の流泊や大小や韓鍛の素配についめまする。
 - ・齲包、調包の練習やする。
 - ・縮熱物の財命が智得する態に注意する。
- ・自分の思想や感情を自由に現し膿瘍に非悪出来る様にすること

600 Bra

以上の様な立場から素材を取ったのであるが、次の様な點は大切

川、帰園流雪のなでこ

引題に貼の素材を取り

と関節活動を展開する。

以上の様な子供の描露薫絵をうまく把み開売目標ににらみ合せ

47

6

る。 腐者がら見て

久し振りなので繪も描いてみたくなる。

圖工科學習指導の具體的展開例

特徴としては家庭に關係深いものの表現が中心である。 故歌の殊徴として動的表現、人物の集園表却があげられる。 造形方面の體系からみても必要性をおりこんで作ったつもりである。 被更の殊徴として動的表現、人物の集園表却があげられる。 洗売方しを引力を見けて「同日くきせる様にする事である。 従って素材は生活製造にマッチさしたものを多くとり上げている。 然しそれは熱料・水菓年の単智の重融は興味をもつて面白く好きになる餘にさせる時代であると言える。 お題館の連備をして、 面や背章を作る。 よい配になる。 いな気を撃破で行い、 各班毎に相談させ役割をきめて行いなからからか、 いな気を撃撃の行い、 かな気を撃撃を引きらいな ないない は、 ちんは「して教室をあるる」とれば、 いな ないないといる。 はは法をもいな気や単戯像がじきである。 いな は、 こに裏個々の常求により作ろものを決定される。 国事を作し、 日裏個々のな決定される。 国事をある 国事をある 「日本」となるのを決定される。 国事を

		7 1	
かについて調べさせ、どこがまずいか比較させる。・かばんとぼうしを急生して一年生よりも進步したかどう歴復を貪得する。そつぶんや雪台戦の情景をかかせ、人物の関係的表現の・せつぶんや雪台戦の情景をかかせ、人物の関係的表現の	では、	考えてつくりたい。・自分で使うにべんりならのを・雪がられば雪合野がしたい。こまきは今年は自分でやる。・豆まきは今年は自分でやる。	11
かに中心がある故計 まえていい。 ・ 身のまわりにある材料を知何に上手に利用して物を作っ して扱うがよい。 ・ 色名の施設度を更に吟味し正確にする。一般朝の熱習と・一人でかくのもよいが分園毎にする方がよい。・ お正月の面白かつた暮をかかせ繪目記風に作らせる。	田 一 在 を を と と を を を と と を を を と と と と と と と	お称を倣ったものを作る。 ・休み中に色々と考えておいただからしつかりおぼえよう。 ・色の名前も年を一つ取ったの違いについてかいてまる」。 新しいについてかいてえる。 ・新しい年を迎え正月の面白い	l
るかかかせてみる。又能方にかかせてみるもよい。・どんなお手像が好きや駒金しそれがどんな風に美現出来るのである。協同していくつかの班に合けてさせるかよー。一杯の住宅としてどんな風に作るかと言う関心をもたせ、家が出來たならは薩や納木や操等も作る機にする。	・お手簿の工作を作りる	それをかいてみよう。これなかないてみよう。こんな芸手偉をしましましまりより成なければわらわれる。つ取るのだからよく創値など・お正月もじきである。年を一	11+
・住宅の設計は展開園がかければよいが響がなくてもよい類似にしたがつて分類させてみる。本や草の種子を集めさせ色々な形のある事を知らせ形のその人がにている際に努力する・特徴の把めくが肝要・人物の表現補富力をねる・モアルは先生やお支蓬を使い	・住宅作り 4 g・形 架 め 4 5人物富生 4 g	ろと仲々面白い形がある。 來る。それをとつて集めて入來る。それをとつて集めて入場山の真木は色づき種子も出稿をきせる。 贈る数害して來るし人體の錯	+
・紙で家の構型を作らせ自分の考えている住宅を作る。飲物を無郷的に作り構成力と立農展をわる。表現になれる様にする。清朝自な力の構にする。温動會の情景をかかせ集團的た動的表現と色彩の新羅的・芋ほりの情景をかかせ大勢が楽しく働く喜びを味わす。	・ ・ ・ ・ ・ ・ ・ ・ ・ ・ ・ ・ ・ ・ ・ ・ ・ ・ ・	える。えたり大やねこもかう徳に考えたり大やれこもかう徳に考れの家を作・庭に木で花を宿・邁動館舎行われて楽しい。 畑や田は寅りの時である。	+
・整面構成について工夫させる。・お月息の歳子をかき夜間の表現になれる機にする。・色の名前の確認度について吟味し反復練習する。見る。ま現内容を分類し統計を取つてみる・一皋期と比較して・夏尔中の面白かつた季について絶日記風にかいてみる。	. 岩 月 記	・お月見がすぐやつて来る。 ものの名前もくりかえしてみるかいてみるかいてみる 面白かつた事を話し合い縮に、京かった事を話し合い緒に、夏休みが終つて學校が始まる	九

 1)

片押:

J

や兎の譲做乳に運動されて運動さ	のい切り元の	やさいいににいいた。 とのは、私でして、ことなく国人となく国人とないに、現ました。	即を見逃すっていました。より頭	四、観点に記述して、観点には、観点には、観点には、観点には、観点には、ない。ないではないといるといるといるといいないといいといいまない。	以では、			しびる思	政院を対し、政権が、対し、政権が、対策に対し、対策に対し、対策に対し、対策に対し、対策に対し、対策に対し、対策に対し、対策に対し、対策に対し、対策に対し、対策を対し、対策を対し、対策を対し、対策を対し、対策を対し、対策を対し、対策を対し、対策を対し、対策を対し、対策を対し、対策を対し、対策を対し、対策を対し、対策を対し、対策を対し、対策を対し、対策を対し、対策を対し、対策を対象を対し、対策を対し、対象、対策を対し、対し、対策を対し、対し、対策を対し、対策を対し、対し、対し、対し、対し、対し、対し、対し、対し、対し、対し、対し、対し、対	手回鐵都け %	禁	服	を定め	「運動」	かまり	~160	Ħ
購、購長等よりないか。 よいか。 うな指導を	、鐵橋、一種橋、紅龍、紅龍高大ないりたりたら、	はトンネルか多いが、なろには、ほろには、	、汽車でに同じ教材が一の手本と、これでは、	四川川川川川川川川川川川川川川川川川川川川川川川川川川川川川川川川川川川川川) () ()	車步步遠遠び	尖人取 尖人取 走 り 闘			漢動時	が表示にいる。	が、現場を選り、では、これでは、これによれる。	ならずいなられば、というとは、というとは、というとは、これに、これに、これに、これに、これに、これに、これに、これに、これに、これに	し来い。 一般、 一般、 一般、 一名、 一名、 一名、 一名、 一名、 一名、 一名、 一名	亞
計品	柜火	0	48¥	me.)in	洲	罪罪		<u> </u>	imi	拼	俺	並	福	洲	14	Э

11 思

1)-

跳び藍字

H.

日の清潔

手足の清潔

二年體育科學智指導突目

- ・稽密

準備　繪日記、參考畫、紙芝居

過程

・話し合によつて描く內容をきめ合う。

・きまつたらどんな材料で何でかくか計畫を立てさせてきめる。

・人物の色々な形やその他の形が分らない場合は先生に相談し合う。

・一人で描いてもよいが、相談し合つて協同させてする方が繪卷物は容易である。

・出來上つた人から傳つてやる。

・全部出來上つたならばお互に鑑賞し合い批評し合う。

・繪卷物に文章を入れる場合にはどこに入れるか色々と相談して都合のよい所即ち畫面に邪魔にならない所に入れる。

五、學習結果の調査

・個人の面から

個々の作品は一對比較法で調査をする。

・學級全體の面から

何をかいたか、思想のつながりが充分現れているかどうか。

繪と文章が關聯しているかどうか。

表現內容が多方面で豐かであるかどうかを調べる。

表現が巧拙であるかどうか。

手の練磨が器用かどうか。

二年體育科學習指導要目

月	生活環境	衛生	運動	時間	用具	指導の要點
四	暖くなり櫻が咲く。その時一年を迎えて急に兄（姉）氣分になり嬉してたまらない。一方身體の發育は未だ著しくないが、想像は弱化し考え方は現實的となつてくる。	靜止時姿勢 運動時姿勢	・けん跳び ・場所取り鬼 ・一人鬼 ・足尖步 ・足尖走步 ・汽車	（六） （六）		一、本學年では團體的精神を助成するような指導を漸次加えて行く。 二、一年生の手本となるにはどうしたらよいか。 三、一年と同じ教材が多いが、稍高次なものとして課す。 四、ダンス、汽車ではトンネル、鐵橋、驛、驛長等をきめて、より興味的に取扱う。
五	春もふかまり、運動の好季節となる。端午の節句には鯉登りの下で運動會もある。上級生の野球を眞似てやつてみる。	服裝	・けん鬼 ・靴が鳴る ・鐵棒遊び ・回旋リレー ・手渡し球送り	一 三 三 三 二	低鐵棒 バトン 排球	一、好季節を見逃すことなく思い切り元氣に運動させる。 二、鐵棒遊びは上り方の工夫をさせる。 三、回旋リレーの走距離は約五十米。 四、靴が鳴るは輕いやさしい曲で、小鳥や兎の模倣をさせてから導き出す。
六	夏らしい天候になるが、間もなく梅雨が降り出す。非衛生的な時季である。自然屋內遊びが多くなる。	手足の清潔 口の清潔	・跳箱遊び ・旗取り競走 ・巴鬼 ・川跳び競爭	（六） （六）	跳箱 旗	一、雨降りの日が多いから圓座をつくつて物まわし遊び等、室內遊戲を工夫する。 二、室內を利用し、出來るだけ身體運動を多くする。 三、梅雨期衛生の指導を適切にする。
七	梅雨があけて炎暑の夏がくる。暑さは中旬頃より烈しくなり水泳シーズンとなる。木蔭の遊びが多くなる。	髮の清潔 頭の清潔 むし	・子殖し鬼 ・花火（高足・片脚・跳步） ・猫とねずみ ・水遊び	一 三 二		一、暑氣衛生の指導。 二、花火では花火の表現遊びより、どんと上つた花火の氣分を出すよう片脚跳步の指導をする。 三、水泳指導は一に監督、二に指導である。
九	新學期は始つたが未だ暑く動作はもの憂い。兒童は黑くなつて登校するだろう。皆丈夫そうであるが暑さの爲衰弱している者もある。	食事	・水遊び ・猫とねずみ ・鐵棒遊び ・小馬 （高足追跳步） ・前轉	（六） （六）	低鐵棒 マット	一、遊ぎと器械體操を實施し、休みの氣分と新學期の引締つた氣分をうまく橋渡しする。 二、小馬は馬のまねより、高脚跳步の指導に導く。 三、前轉はマットの上の橫轉より入る。橫轉の際は傾斜している草原の上がよい。
十	日中も割としのぎよくなり天高く氣澄み渡る好季節である。兒童は益々活潑となり、運動會で頂點に達する。	睡眠 休養	・回旋競足 ・巴鬼 ・回旋リレー競走 ・置換競走	（六） （六）	バトン 紅白球	一、兒童の運動量はすてておいても大になるからそれに伴う休養、睡眠の指導を適切になす。 二、走の運動が多いが、急に走らせるようなことはせず、準備運動、緩走の後に行う。
十一	野山は秋色顯著になり、稍冷氣を覺えるようになつたが、運動は却つてよく運動會を頂點とする氣持體育氣分は未だ殘つている。	摩擦	・投げ渡し球送り ・どんぐりころころ ・圓形遊球 ・前轉 ・跳び下り	二 二 二 （六）	排球 排球 マット 跳箱	一、運動シーズンの整理的取扱い。 二、前轉、跳び下りは遊びより分化して行くように指導する。 三、ダンスは足尖走步、一拍跳步の指導。 四、圓形遊球は轉がつた球に觸れてもアウトとする
十二	學期末、年末で學校內外共にあわたゞしい。寒氣は加わり日向ぼつこがしたくなる	姿勢	・圓形遊球 ・まりつき ・片手つき鬼	（六）	排球	一、運動速度を增して、採暖的に取扱う。 二、まりつきは手足の釣合に注意する。 三、寒期衛生の指導をなす。
一	寒さはきびしくなるが兒童は正月を迎えて張切つている。教室內の勉强は寒い。	けが	・手つなぎ鬼 ・押し合い ・片手鬼	（六）		一、寒期の姿勢指導。 二、押し合いは倒さぬようにする。 三、教室の換氣を時々行う。

會性の関する。	神田一ツ橋二ノ五東 京都 千代田區	行即	聯
	日本出版配給株式會社都千代田區前田谈路町二八九	配給元東音		
會員番號	帝 國 印 刷 株 式 會 社然推廣老區之里提阿町八条地	印刷 所東古		尼
香港	川 号 夹 郎	印刷人		版 縮
A119027	相 賀 徹 夫	發 行 人	Ĺ	
9027	名代裘者 山 本 膏 治干薬師範男子部附屬小學校	办 样		
	定偶二十圓(小鼻一・二年)	www.Pra	- 1115-51	V1
	含 郭 指 遵 計 畫	級 行 學習 印 即元 即元 即元 即元 即元 日 日 日 日 日 日 日 日 日 日 日 日		昭和11十二年 居和11年 日本11年

- ・約束はなるべくお互同志できめる。
 - ・約束をよく守る。

1、方 針

腦 品.福.

- ca、明朗快活性を違う。
- 1、約束を守ることにより低灾乍ら社會性の涵蓋をはかる。

酗 الار الله

の他の表慮を拂えばよい。

大いに藁ぶと思う。稍暑過ぎるかも知れないが、帽子の着用、そ 季節は横雨のあがつた後であり、「月外運動にかつえていた児童は 期節にも役立ち明朗快活となる。且つ個性の設見にも便利である れつしている間に、自然心身は調和的に設達し、心理的、生理的 追い、れずみは一生魔命に逃げる。簡単な約束の下で追いつ追わ い。猫とれずみを質値させ、本書に猫になったつもりでれずみを 自己中心的なことや想像が極めてきかんで、擬人化や鎮飲心が選 極めて幼稚で、複雑な運動を壁をすることは四難である。そして 動自蹬が目的である此の朝の見童は未だ身體的にも、精神的にも 遊戯はそれ自體の儒の自己表現であり、喜びの情を伴う。即ら行

二、既だの複響

一、教材 描ったずみ

- か、ねずさんは速いなあ、といったように取扱う。
- ・本人は結やわずみになったつもりにならせ、猫さんしつかりと 過発におちいらぬよう適宜交替させる。
- ・指やれずみをなべく多くの者にやらせる。又録りながびいて し、ぐるぐる二、三囘まはつて手採りできめてもよい。
- ・猫とねずみの湿出は公平に行う。教師が手払いで目隠し等をな で加油に協同

- ・猫の者はどうしたらつかまえることが出来るか工夫する・二人
 - ・圓躍の者はれずみをかばう。 二人にしてみた。
- ・猫の敷とれずみの敷を含める。一人と一人でよいが、猫の敷を
- **國風から遠へへ行つてはいけない**
 - ・約束をきめる

ひへひた作へ。

耳のようにしてびょんびょんはねる。其の間にだんだん園陣を わす・「汽車が走る」と手で汽車のまれをする・「鬼跳び」で指を、 数師の後に續いてかけさせる・「風車だ」と手をぐるぐる振りま

50

・圓庫をつくる 盘 窗。3

ca、 莊門門繪 二莊門

體育科學智指導の具體的展開例

三、一年間の整理。二、大事は水事の監督。一、大事は水事のような手の副きと基本網絡機関一、要期的取扱いを競ける。)长	・・・ 明 明 取 カ カ た ち 車 連	and of the same	になる。らしい氣分で、動作も活設有のの撃撃會で何んとなく寄寒さは未だ强いが、桃の節	111
三、降雪があつたら大いに雪投げを行う。二、数室の帯器をよく罵し場の近たぬようにする。一、休み時間はなるべく戸外で活潑に逃ばせる。	基 韓)长)长	・投げ渡し球送の・・・・・・・・・・・・・・・・・・・・・・・・・・・・・・・・・・・・	かかれ	には相當重の除雪がある。挟がたち不需生である。降級して埃が多い。室内になるない。裏内にも数さる素を変しく、金額も乾	11

領の基準により、兄

童生徒の活動を主體とする單元學習の具體的指導計畫を意味する。千葉師範學校男子部附屬小學校は昭和二十二年度最初の仕事として實驗學校に依囑されたのは、各教科の學習指導の年次計畫である。それは學習指導要か研究學校とか呼ぶのは、質質上、この意味における試行學校にほかならない。

信する敎育を、謙虚に細心に試みるところの試行學校(trial school or try out school)である。われわれが 薫驗學校とschool)でもなく、世間に見せるための公開學校(demonstration school)でもない。むしろ眞摯な研究に基づいて最善なschool)とは兄童生徒を懺悔にして 敎育をもてあるぶ學校ではない。それはまた他に誇り示さるべき 複範學校(model 材研究課の 主管する 實驗學校は、このことを 特に変先して 實行することを 任務としている。 實驗學校(experimental 民主的敎育機構のもとに、何よりも必要なことは、不斷の研究による管臓方策の反省と改善とである。文部省敎科書局教このようにして今や敎育法規以風民の總意により、その具體的實践方策は效師の責任において規定せられる。こうした私書の如きも、この設計のもとにお用せらるべき一種の方法的手段である。

ねばならぬことを要請している。この最も具體的・奮謔的な敎育計畫こそ、日常の敎育活動を規制する設計であつて、敎準を、各地方の地域社會並びに見真生徒の實態に即應して具體化し、結局各単校。各췣師が自らの實踐的敎育計畫を立て程、敎科內容及びその取扱いについては、學習指導契領の栽準による」とあり、そして舉習指導契領はそこに示された基しく國會の雜讓を經に敎育基本法及び舉校敎育法が法律として制定せられた。その學校敎育法の協行規則には「祕科課踐を支配したのである。然るに新しい日本においては、國民の總意に基づいて國會が議定した無法の精神を承けて、ひと協行規則に敎科課程や各敎科の目的、內容などが示され、それが敎科書に具體化され、敎師用書に裏づけられて敎育の實施行しなければならない。かつては敎育物語が最高の經典であり、その旨趣に則つて勅令としての學校令が布かれ、その日本敎育の民主化を、われわれは概念的に受け流してもない。で、日常の實践において現實的に把握し、身を以つて日本敎育の民主化を、われわれは概念的に受け流してしまわないで、日常の實践において現實的に把握し、身を以つて

實驗學校における提案の意義

- 序言に代えて -

千葉師範學校男子部附屬小學校編

學習各种指導計畫

研究報告 第二集 [**小學三·四年**]文部省實驗學校 第二集 [小學三·四年]

男子部附屬主華 不 村 富 滅

昭和二十二年五月

を厚く感謝する大第である。

最後に文部省教材研究課長石山脩平先生はじめ木宮乾峯先生及び各監修官の方々の一方ならぬ御指導御歌示を賜つた事は驚襲の結果をまつて再び批判反省され、更によりよきものえ政善された時である。

教育はそれに向つて一歩一歩の前進であり、改善でなくてはならない。その意味に於てこの要目が真にその使命を果すの酸への橋渡しとして最善の努力をした額りである。云ふまでもなく教育理念は永遠ならものを求めるのであるが、現實のの程全教官の協力により學習指導計畫の要目が一應完成した。勿論不備不滿の點は多みあると思ふが、疑習指導要領の質當校に於ても先に文部省級科書局より質験學校の依頼を受け新教育についての重大な實務を感じてゐたのであるが、こ立が急務になってくる。

終ってはならない。この様な學習指導の要請は當然,欽師にとつてはまづ見薫の魔態に即した各科目の學習指導計畫の樹られたのである。兄童の學習が身についた力となり、生活態度としてあらはれる事が必要であつて、單なる知識の蓄護にの活動を知りその生活實態をつかまへ、兄童の自發性を喚起し、児童自身の積極的な學習活動が行はれる襟な指導へ改め従來の敎師中心、敎科書本位におちいりがちの學習指導は、兄童中心、生活重視の學習指導へ、即ち兄蓮の興味や目常の具體的方針が明示されたのである。

至上主義の立場は地薬されて、新たなる意圖のもとに敎育の韓想が展開され、特に舉習指導契領の編纂によつて敎育改革社會の形成者としての國民敎育にありと規定してゐる。從つて學校敎育に於ても、その內容及び方法について從來の國家執憲法の精神に則り、新たに制定された敎育基本法は、敎育の目的を個人の尊重、人格の自由を基にする平和國家及び

-

教育研究課長 山 偕 平文部省教科書局

N

昭和二十二年六月一日

とを希望するものである。

自由な意志と離虚な態度からこの種の提案がなされることを期待し、それに勤する一般教育界の殿正社批判と自主的店用提案は本省自身がこれを世に問うとき、往々にして富徳や模倣を掲來するおそれがある。そこでわれわれは、實験學校のが一般の學校に對する参考案(suggested plan)、として重要は役目を果すであろうことは十分に豫想せられる。この種の案を模(問の教育計畫であって、他に强要したり、他から機倣されたりすべきものではない。それにもかかわらす、これにっこれはもとより車案であって、實施の經驗と理論的反省とにより、不斷に修正せらるべきものである。またこれは立

他の實験學校と同様に、本省と緊密に連絡し、熱心に研究を重ねて、ここに『軍元學習各科指導計畫』を一應まとめられ

て計畫してあるが實際に於ては各校の籃状に即して接掛して戴きたい。

制約の為、或月は理科に多大の時間を取り、或季節には體育にと季節による重點が當然産まれてくる。此の關係を考慮し季節や社會生活の制約を受ける兒童生活乃至學校の生活設計と、各科の學習素材の季節的制約乃至社會生活より受ける新な児童觀を持つと共に一年を通じての兒童生活の實態である。

せる爲には、現實の兒童がどんな活動の在り方をしているか、各兄はどの程度の能力を持つか、之等の動的な姿を把握し素材のもつ陶冶價値を把握することは素材が促す兄童活動を把握することである。ここに豫想された活動を児童に営ま

◎ツードソ雪にしつん

體得するか其の内容を記載してある。

○児童活動とその成果の欄には主體的な児童の活動は如何に展開されるか、その活動の結果兒童は何を自分のものとして○聖元との關係(此の欄は児童の活動形態から取材された素材が如何なる單元卽ち指導目標を內在するかを示してゐる。含んでいる。此の兩者の相關を充名推察して欲しい。

〇生活環境には科目に於ける児童の活動形態を記述してある。從つてこれは學習素材と密着するわけで自ら取材の意味も尚各科共大體同じであるが、科目の獨自性から多少變つているものもある。

にしたので意をつくせぬ點が多々あるが御読承を願いたい。

○形式については前述の如き、單元――児童――索材の相關關係を動的に打ち出すよう心掛けた。然し用紙の關係上簡略

◎形 共

を通して加除訂正し、よりよき指導計畫とする企願であります。

「單元學習各科指導計畫」は以上の加き觀點から生れて來た一年間の指導計畫である。勿論完全なものでなく、今後實践ここに於て敎科書に對する敎師の態度は自ら規定されてくると思う。

あり、表現と考えることも出来る。少くとも從来の如き知識の蓄積と見てはならない。

即ち業材は児童の活動を豫想し、活動を理想的に警なませる為にあるわけである。従って教科書は児童の活動の記録で要日に載せられた學智素材は此のように自分の手中に在る児童の生活を理想化する設計が含まれている。

の材料が發見され、指導の場も、指導の具體的展開も立てられると思う。

状を動的に把握することが大切である。ここに敎育の出發があるのであつて、此の見薫の活動形態が把えられた時、敎育從つて我々は自分のはぐくむべき見董が現實には如何なる活動をしているか、如何なる活動能力を持つているか、その現此の指導計畫を規定するものは敎育の基本法であり、敎育法であるが、科目に於て之から流れ出に各科の單元である。なさなければならない。

し、人生に於て望ましいはたらきが効果的に養われるように現實の生活を純化し、補充し、助長する具案的な生活指導を然し見重の生活は故任すれば斷片的であり無系統であり、低次な生活線に沈潜する。ここに人生の目的によりよく合致活を通して、彼等の知識や能力、態度、情操等を養い、「生活は陶治する」の真の學習指導を建設しなければならない。ることにより遊び、歌い、作業する主體的な兄童の活動を忘れ勝であつた。ここに我々は兄

童の活動を見つめ、兄童の生彼來の學校敎育に故ては敎科書による學習の面が大部分を占め、兄童という主體が自然並びに社會環境にはたらきかけ

◎單元——兒童——素材

◇栗目について

徐 熊	水土池前	八物篇出	国際になるおどりによのこい	虫の薬	いろいろな問題。選集、第二、第二、1、1、1、1、1、1、1、1、1、1、1、1、1、1、1、1、1	會學期末の自治	奥級日誌から金のさかな	4
略譲縮 報館 南田 本 西本 の	ボフ遊足高 1-ツ 歴報 ルト 歴報 ・上 び 八 回 数 スク轉奪	魔物利用器 物利用 おもちゃと茶にありゃと茶野菜果物湯生	回 (月) で で ち な よ	ご そ や 三	が、 いろなな にいるなな にした。 になるない になるない。 になる。 にな。 になる。 になる。 になる。 になる。 になる。 になる。 になる。 になる。 になる。 になる。 にな。 になる。 になる。 になる。 にな。 になる。 になる。 にな。 になる。 になる。 にな。 にな。 にな。 にな。 にな。 にな。 にな。	私選の家私選の着物を指の者物	あさがおの花里	+
値の治察	福脚能跳回 跳懸 び旋 びけ リ 競上 こ レ 争り し1	禁生**同選** ・	同いけのあめてもとかぜ	が、おお、おり、おり、おり、おり、おり、おり、おり、おり、おり、おり、おり、おり、	計算線額いろいろな問題	開校記念日お 節 句	心 と 心石 衆のかとら	Ħ
の頭定體清手 清及 重潔足 潔び の ロ 髪 測 の	ル野片春駅け 列脚のび フ脚の上 シリウもん ドレケド ボレード 11川り湯	身體 徴を問見との思出を合いませる 合 も	開作よし小よし 季 の 小 川	花に花を花れまれた。 御ごよいやく 節だよみく	第一のでは、	學級國の手入 會 初めての自治	数の対象のの方がある。	国
循纸	調響	H B	海 叫	単 华	解 數	4 個		民」題

小學三年學習指導素材一覽

小學三年の部

		·	
(門	(目と指導の具體的展開例	體育科學習指導型
(42	(目と指導の具體的展開例(四	國工科學習指導型
(「目と指導の具體的展開例	音樂科學習指導型
(Proj.	と指導の具體的展開例	理科學習指導要目
(目と指導の具體的展開例(三人	算數科學習指導要
(1	- 要目と指導の具體的展開例	ローマ字學習指導
([[1]	目と指導の具體的展開例(三	社會科學智指導要
(X	目と指導の具體的展開例(一人	國語科學智指導型
(洪!	 	小學四年學智素
(1111	目と指導の具體的展開例	
(21	目と指導の兵體的展開例(12	
(11	日と指導の具體的展開例・・・・・・・・・・・・・・・・・・・・・・・・・・・・・・・・・・・・	
([4]	と指導の具體的展開例・・・・・・・・・・・・・・・・・・・・・・・・・・・・・・・・・・・・	
(, ,	日と指導の具體的展開例	
((}	日と指導の具體的展開例(ベ	· · · · · · · · · · · · · · · · · · ·
(([!]	日と指導の具體的展開例	
(
		い て	要目につ
		新麗中・小學校主事 香 村 寛 蔵	
		衆 符 研 光 煕 長 正 上 脩 正 字 発 報 家 和 書 品 一 出 脩 正 ・ 文 都 省 教 科 書 鳥 一 石 山 脩 正 ・	實驗學校に於けるに
		二	

動植物の成長につき考えさせ、話合い文作文に齎いたりする・朝顔の花にこもる自然の像力を感得させ敬虔なる心を發う。界上天體に對する納賞な感情を育てる。夕方の宏を限察する・天體に對する並知に以中る表知心に兄弟の愛情、友情をよませる。星の世	あざがおの花里	やがて朝額も咲く。・草木ぐんくん仲びる時、「草木くんくん作びる時、の神郷が繋わしくなる。「泉々と安の物気とな異星	长	的的5	話週	型 22
現の仕方を堅ぶ。情景を話合い、よみ方を工夫し就習させる・詩の中にこもつている美しさや新鮮さ―詩情を感得させ、表示。手紙形式で文をつづり又文蓮とやりとりさせる。	いるかながいま	喜びである。 ・詩は生活をゆたかにする 手紙の知識はある。		洪	活	#H
・手紙の有難さ面白さ、又その大切な役割り等につき認識させらる。	いとの	・言語發表が旺盛になる時業の重要性を知っている。表の重要性を知っている・表現の一様式、採送石炭	出	兴	筑 明	10 4 語
 「石炭の恩惠とその成因につき繭なせ、」の懲式ともいりべき表生活ー社會道編の昇揚に動する。感謝する心について話合う明ろい感謝の生活態度を觀ませ、日常生活をふりかえり社會	ありぶとり	たり又張つたりしている・超児難の汽車、電車を見	,			63
の文を入れたり、擬人的にかかせたりする。鬱昏に地態度を高める。汽車と手紙について翌僻を梁める。劉討に地・表現の面白珠を味わい、日常生活をふりかえつて社會生活の	政の対	但し今は事情が悪い。 社會科で整落している。 ・自己の體験と結びつける	El	的文	活語	門 2
所を語合う。山、雲、月、 星等擬人風に表現させている。象比喩的な表現を味わわせ、 おもしろい所、よくかけている・主般的媒人的散文詩風に表現された川の生態を置ませる。印	三のでた	に目覚めてくる。 分理智的、合理的な生活・遊ぎ的夢幻的生活より幾		老		1. 認
W C. y. M W	基	祖帝泰德	200	纠	が・熱	i

b、後期素材は決定的配當とはいえず、一つの試みとして示したこと。が き 穂的なねらいを求めたもの。 ことわり コ、静的表現 g、思索的 9、物智鑵 4、劇 9、直接剛語の港イ、單元、様式の欄の数字は

三年團語科學智指導要目

THE RESERVE AND ADDRESS OF THE PARTY OF THE	CANCELLE AND	THE RESERVE AND ADDRESS OF THE PARTY ADDRESS OF T	TANKS OF THE OWNER, THE PARTY OF THE PARTY O	THE CASE OF THE PARTY OF THE PA	THE PERSON NAMED AND PARTY OF PERSONS ASSESSED.	Antala	
手場が原のなど、原本を受けるなど、というない。	21 /1	とでがいも福 同年 空帯がいる 花	いろいろな問題計算練額	二年半の原出 お 錦 祭	~ W W W ~	1	11

さい さい ない カラー オフト	野し出しあそび 上 手 鬼娘なわと び 調 沿 い い	回針穴寫眞子回同 整用品の寫生	同といってた	ろ 癥葉のいるこ	成 鉄い分5 の ぞいっさ の の かい さ 日 口なかぎ 大 大間 関 か;	魚市場高武勲場と	たとの一般見	11
记 说 菜光 養	跡道い館なわとび親し出しもそび	同作目正色 お野月 色 か野月 の野月 できるのら きゅの 合 と と と と と と と と と と と と と と と と と と	川 かぎ つれるのあき ボー がっち	配置しらべ	週に記された。 海路 いい 海路 いい 海路 いっぱい いっぱい いっぱい いっぱい いっぱい いっぱい いっぱい いっぱ	お 簿 庁	くないりばりのゆ	
による	片手数投資に	作ら目的をきめて風景寫生	(後 中) 同年 井戸の中	磁石あそび	計算機器	(クリスマス) 私たちの薬物	だれの力が、	11-}
関いたが、	おいるである。 おいい おい おい おい はい はい はい はい はい ない こうしょう はい	抵釈語となる。	回に回上 だ の ま た	越しいきものと会秋 の 野 山	許算線があり、まり、では、ないのでは、まないのでは、関目のでは、関目のでは、まないのでは、まないのでは、まないのでは、まないのでは、まないのでは、まないのでは、まないのでは、まないのでは、まないのでは、まないのでは、まないのでは、まないのでは、まないというでは、まないのでは、ままないのでは、ままないのでは、ままないのでは、ままないのでは、ままないのでは、ままないのでは、ままないのでは、ままないのでは、ままないのでは、ままないのでは、ままないのでは、ままないのでは、ままないのでは、ままないのでは、ままないのでは、ままないでは、はまないでは、ままないでは、は、ままないでは、ままないでは、ままないでは、ままないでは、ままないでは、ままないでは、ままないでは、ままないでは、ままないでは、ままないでは、ままないでは、ままないでは、ままないでは、ま	品私たちの摩用(私の勉強法)(私の勉強法)を基の研究	配のの影響のある。	
顧	村岡圏が置まいる場でも独立の競し、武勝して、武力に対して、大大に大力に対して、大大に大力に対して、大大に対して、対対に対して、大大に対して、対対に対して、対対に対して、対対に対して、対対に対対に対対に対対に対対に対対に対対に対対に対対に対対に対対に対対に対対に	原属 変数のくる 複点 悪	対面が固立れたがなったったったったったったったったったったったったったったったったったったっ	夜のそら秋の罹まき	自由の顕まいろいる。現りいろいろな問題	秋のこう入れに 動 動 働	イソシア物語かさなれじ	+
題 眼炎勢 静止時の	国前を全式 形 キャン・マン・マン・マン・マン・マー・マー・マー・マー・マー・マー・マー・マー・アー・アー・アー・アー・アー・アー・アー・アー・アー・アー・アー・アー・アー	花の存態で終合の常生色を含む。	同るないなった。とのなりは小なりは	とりの世話 森 の 中	説が、禁りを変われる。また。 はい はい はい の ちょう を ちゅう ちゅう ちゅう ちゅう ちゅうしょう しょうしょう はいしょう はいしょう はいしょう はいしょう はいしょう はいい はいしょう はいしゅう しゅうしゅう はいしゅう はいしゅう はいしゅう しゅうしゅう はいしゅう はいれい はいしゅう はいしゅう はいしゅう はいしゅう はいしゅう しゅうしゅう しゅうしゅう はいれい はいまれる はいままる はれる はいままる はいままる はいままる はいままる はいままる はいままる はいままる はれる はれる はれる はれる はれる はれる はれる はれる はれる はいままる はれる はれる はれる はれる はれる はれる はれる はれる はれる はれ	お祭る	かからからか かかの サ	九

— 35 —

のであり、前出の欲を追い求めて止る所を知らなかつた「金のさかである。「ありがとう」「星」「あさがおの花」等の精神と關聯するもとれている所は、敬虔な感動をすら受ける。悟道に達した聖僧の炎金體を貫くものは、温いほほえましい氣分であるが、最後の月にみ温い人間味、自然觀がうかがわれ、純眞素朴な風格が目に容かぶ。親子以上の情愛が感ぜられる。良遼の子供に對する言葉の端々に、極めて印象的である。無邪氣な子供の眞實の友になりきつて、而も短めて印象的である。無邪氣な子供の眞實の友になりまつて、而も

り魏みが梁い。んとする傾向が見えてきている。良寛の逸話は大魃の者は知つておんとする傾向が見えてきている。良寛の逸話は大魃の者は知つておとなり、文字語句に動する力も相當充實し獨自の力で新敎材に向わ(一) 見童(初一、二の遊びの鄭智から一歩進んで學智意融機厚

二、取材の意識

一、 壁窗 素材 りょうかんさん (関語五)

四、星智の造め方(準備―良質の本、手引等々、時間配置―八―十の風格にふれさせ、望かな心を育てる。

三、周的 子供を友とし自然を愛し純真紫朴、園熟境に達せる良寛路の所は海葡な節をつけて歌わせる。逸話を話合う。

えてゆく。良宽の心持ちや千供たちの言葉につき話台いをなし、民書き直し演出してみる。又千供芝居に脚色工夫し蹇詞、身振りを考く自力で職みを進め、共同學習で互に高め合う。劉話だけの文章に珠つてゆく。相互に對話的によませる。獨自學習によつて、なるべ往意し對話を素直に讀む工夫をし表現の面白さ、登場人物の氣持を(三)學習活動 文章は劇的な對話形式であるから、職みぶりにれては、堂心も甘くなりがちである事に留意すべきである。

からのみ見る場合である。こまやかな、きびしい修業の心構えを忘ぶ童心そのものを思いだすであろうが、それは晩年の圓熟逸を外側な」のおばあざんといい對照である。人は良富といえば子供とあそ

國語科學習指導の具體的展開例

はなく指導してやる。 に助して深めてやる。文の處理の仕方なども、單なる説明でべきで、それには、個別的な學習を十分にとつて指導を個々ら。長文の쀍解力をねる。 漸大、自設的なよみの態度をねる・平和、幸福等をもつた文である。宗数的な根本の態度をねら	5- Ur Ur, Ur 0-2	うてくる。 ・春がやつてきて心がおど意する。 されるくなり易いから留きが多くなりあいなるのになるとになると個人	[1]	ယ
す、生かす所以であるから。 地盤を求めて指導したい。生活の體験が、之をよみ、あらわ・前牒と同様である。 磐級經營の都想の下に、 蹟く國語指導の文に共鳴させつつ、 無理なく生活の態度をねつてゆく。まそびの生活のうちにも、 文化の香りはひそんでいる。 生活	たらいばくの窓見	められる。あられてい、そのうちにつよかは之にめげず、元気にもばず、元気にもなる。と変さがまだつつくが、心	11	現を含んだものの概然的な推窩表中がで客間段と生活なでの。 2 生活文である。

のになりがちである。を求めつつ作業させる。然らざれば、浮灘な思わせぶりのもを求めつてゆく。人物の性格を十分に理會してよみの深さ治劇の世界にひたりながら、惊説へのしたしみ、劇の特色な童なりに生活の大切さをさとつてゆく。	というなりの	して劇作してみるもよい。 文之を機に好るもよい。 文之を機に祭りの作業としてとりあまられる、 又は三日ひな・っまあめ、又は三日ひな・っまっれる、	l	が4場面の變化にと
り、敬虔な心を涵つてゆく。生命力をしみじみと感じて、見・自然のよしぎな力に厳じてゆく。同時に自分の身をふりかえ滅して批評し合う。 する。策療に行つてみる。既に行つているものはいろいろ討・卑級生活、學校生活のうちに、この様な面をとり入れて指導	だれの力が、新聞	あつめたりする。 ・ 原和末のせいり、作品を 法的な指導もしてみる。 脈、意味を得る際に、方	 	<u>د</u>

目次

小學三年の部

小學三年學習素材一覽

月	四	五	六	七
週				
國語	川のうた 私の旅	ありがとう 石炭 心と心	まどをあける と 星 あさがおの花	金のさかな 學級日誌から
社會	初めての自治會 學級園の手入	お節句 開校記念日	私達の着物 私達の家	學期末の自治會
算數	登校 ひろしの學校 計算練習 〃 割算	いろいろな問題 生徒の家 〃 計算練習	いろいろな問題一 珠算一 おはじき入れ いろいろな問題二 珠算二	珠算二 溫度 いろいろな問題
理科	季節だより 花ごよみ おたまじやくし 花畠	潮干狩 水栽培 さし木	川あそび	虫の巣
音樂	春の小川 同 仲よし小よし 同	くもとかぜ 同 いけのあめ 同	からす 同 かい（貝） 同	いけのこい 同 ぼんおどり 同
圖工	色合せ 同 遠足の思出 身體檢査	おせつくと 運動會 同 おもちやの寫生 葉書入れ	野菜果物寫生 同 おもちやと茶器 廢物利用	同 人物寫生
體育 運動	けん鬼 跳び上り下り 春の小川 片脚リレー 對列フットボール	回旋リレー 跳びこし 蛙 脚懸け上り 幅跳び競爭	高跳び競爭 足懸回轉 逆上り フット・ベースボール	前轉 池の雨 すもう 水泳
體育 衞生	手足口の清潔 體重の測定 頭及び髮の清潔	體の清潔 食事	梅雨季の衞生 暑氣衞生	清潔 休養

・科堡的なみ方。表現の正確透明なしらべに感じさせる。る。文集をつくつてみる。る。文集をつくつてみる。・翻律の美しさを説明ではなく、美さによみひたつ て 感 得 すいかる文様式に ふれざせる。	おいかった。	らせること、又正しく文くなってくる。よくわかくなってくる。よくわかる。まくわかある。 新文、 瓢察的な表現が多る。	1+	るのでやや記述的でも
る。作業としつつよむかあらわす力をねる。作業としつつよむかあらわす力をねる。飢託のもつ意味、力は見室なりにみつけてゆく。劇化してみ指導する。瓠念的にならない歳にしたい。「御摩的に彼述されているから之に卽して順序だててくれてれの役目を、責任をいずれるもつていることを自遠し	イソップ物語小さなねじ	・みのりの秋はたけなわで見査なりに考えてゆく。のは指常に程度が高いが・富舘を展れ高いが・富韶を展に延してゆく	+	80 るる ら 物語的な色彩や
する。音響への關心を。色々家畜につき話合い又作文に顧解力を。音響への闘心を。色々家畜につき話合い文作文にいわの明るい希望の生活から我々の態度を學ばせる。長文の夫。紙芝居、民薫劇に工夫させその演出をはかる。 に含まれた人情・自然觀等に氣付かせる勤話形式よみぶり工・純眞素朴、おおらかなゆとりのある童心そのものの風格言葉	シップラッショウ カ ウ カ ウ	ゆくらなどに動して感じているを注記した機動はなみが深い。 からををとした機動はなるが深い。 心に生きた人の話は親しも性を愛し子供を選り子供を選び事	九	○ 劇 的 菜 素 ② ② 图 票 ◎
たり、詩の形式にしたり、いろいろ聲き方の工夫をさせたいを墜んでゆく。長つづきしなくとも強誤に書かせ、

擒を入れ日記をかく樂しさを學び、學級生活態度を高め、作文の仕方せる。考考えを深める。紙芝居に又見薫劇に工夫し、その演出をさる欲ばりをいましめた一種の寓話をよませ、幸福という事につ	壁級日記から金のさかな	ある。醴蘇と結ぶ。思う事を率直に 窓 表 する己素を発通に 窓 表 中間己素現代 旺盛になり、顧春の興味を鑑える。自力で聞い傾向あらわれ	d	0 2 記述的日記調的研究をもついまままなものである。

— 36 —

配電所見感。 とその利用法。 家庭學校のガス使用の現状を知る。 ガス會社・電源の効用と使用法について知る。 家庭近び望校の電氣影構・學校給食についてその運營の一般を知る。 力をしらべる。 値関力料理を作ってみる。食生活の反省と實践・各地各國の食物のいろいるをしらべる。 輸土の名童とその歴史を記録をは、 最地と生産過程が引き過程を以得費過程を具態的に知る。	力。	お 漢 所	・ 素なスクを無いない。 まれる 一般 でいる でくり を している とり これられる はい これ は はい いっぱ は まい いっぱ は 出い の は とい ない は また いい ない は ない	l	こと述べまれる
・クリスマスの由寒、家庭、蝮咬でクリスマスの計畫をたてる・千葉驛の昇降客しらべん。大洋航路砂漠製帯緊帶の旅行・各地介園の弦通及旅のしかた。大洋航路砂漠製帯緊帶の依行・自分の使用する栗釣、山線、河川、湖沼地帯の交通運輸の方法に着、自分で工夫した塾用品。 ・ノート、鉛筆になった氣指で綴方をかいてみる。消費生活のの出来るまで。 の出来るまで。	ル ス ネ -	(クリスマス)私慈の煕物私藩の堅用品	クリスマス。 ・多の逃びとしての ・体を利用する旅行 通の繁瑣。 ・歳末に表われる交	[ガスなどはど
の友達と交換する。 もらり。上級生の研究をきく會をつくる。作文、屬電を他校を追めていく機會を作る。 設表展及父母兄弟を招待して見て各自の現在までの自由研究を中心に話し合い、更にその研究	1	私達の研究	著しく活潑となる として慇奢一般が ・この學年の充置期	1+	大きなれる。大きないにはいいできない。
反省。又家庭配給になるまでの道子じをしらべる。食生活の作る。又家庭配給になるまでの道子じをしらべる。食生活のみの心臓の實際を傷象」民意。特に来がみのるまでの成長暦をも続納宮上於ける整銀の記録を引治的に立てる。役割、電目とか進の高続行事の表を作る。 各地に放ける祭禮のいろいろをしらべてみる。繪にかく。 海土の祭禮を生活し、特に各地方のお祭りの懐子又は世界の・風水の神史の競表展を行う。	担心力	飲のとり入れ悪動動動	・運動に快いななのの数をのなり、とれるなり、おお祭られる中心からり、いくりから中心をしいとり、ともしいととしいなり、ともののなり、ない、ななど、など、など、など、など、など、など、など、など、など、など、	十・九	立つているか様人間と役割、動物人間と関いているが、動物はどの
都市と田舎の生活の差異と時に農村生活の蜜體を知る。田舎のおは土事、田舎のおは人婦を通じて田舎のおは、田舎の子供と遊が、田舎の子供と遊が、日本の子供と違い、夏林は特に「都會と農村」の生活のいろいろなくらべてみる・一學期の反省と夏休中の生活について話し合う。自由研究。もの由来を知る。おぼんの生活。我が家の祖先からのうつりかわりをきき、釆園を作る。おぼれが余の祖先からのうつりかわりをきき、釆園を作る。おぼ	野一二〇	整期末自治會など、ほど、など、ほど、は、これでは、これでは、これでは、これでは、これを表している。これでは、これを表している。これをままをまるこれをまる。これを表している。これを表している。これを表している。これをまる これをまる これを これをまる これを	またいない。 をある。 をある。 をある。 をある。 をある。 をある。 をある。 をな。 をなる。 をなる。 をなる。 をなる。 をなる。 をなる。 をなる。 をなる。 をなる。 をなる。 をな。 をなる。 をなる。 をな。 をなる。 をなる。 をなる。 をなる。 をなる。 をなる。 をなる。 をなる。 をなる。 をなる。 をなる。 をなる。 をなる。 をなる。 をな。 をな。 をな。 をな。 をな。 をな。 を、 を、 を、 を、 を、 を、 を、 を、 を、 を、	t t	酸Oといるかの様子人間に の様子人間に 図、動植物はど

り、昔の家。多の変が及び器具、住みよい家、建築の見學、テントはら、のろいろの家の形の研究、我が家及び學校の間取園を作成才妻から簡単な本類の歴史を知る。 着物を長持ちざさる上で、結婚を長持ちせる方と、洗濯の仕方、お禁機式の服物) 黄柳の原料を削り分類表を作る。自分達の青柳の囲寒る・日常の青物の種類(四季天候と書物、職業と書物、主地と着	111	私蓮の家私達の育物	を は は は は は は は は は は は は は	长	るか。 風にして建て 三、家はどんな
めの話し合いをする。単校の落掃美化。優勝抗等の傳統を示する。単校の落掃美化。優勝抗等の傳統を示するのより今後の學校をさかんにするたらべ「學校物語」をつくる。降に本業生の記念品、東は實状・學校の歷史について見證的に父兄、長老にきく。共同してし會の計畫を學級(家庭)で立てる。鄭校(學級)隱育祭。お節句の由来をしらべる。お節句のかざり、御馳走、お節句・お問句の由来をしらべる。お節句のかざり、御馳走、お節句	ナ・シュー	開校記念日お 郤 笛 句	・ 大学 の の の の の の の の の の の の の の の の の の	H.	か。とうればよいを選ぶにはどる選ぶにはど
審季の種まき、密機職家と記錄機作成。 業内役の地圖作成、衛生班及び遠足後の發表會。 ・自治會活動の場として遠足がある。集合時間、服裝、持物、 配と合い。の決定、各自の生活記錄と家庭時間創作成及それについての治會に購入、學年始めに於て整年の努力目標決定、各自分擔と騙人。要年始め慶智準備として、路級自治組織、役員漢字、單板自	出。一	緊殺圏の手入 會 初めての自治	あのは終日進度 る場と目治級優 いる。 いる。 いる。 いる。 ののに同かり ののに同かり をい活りに中 がった。 があが、 ので中 がある。 が、 で、 で、 で、 で、 で、 で、 で、 で、 で、 で、 で、 で、 で、	国	よいか。はどうすれば人前になるに一、世の中で一
見 査 活 動 と その 成 果	開示との	學图器	祖话髓藏	700	單元

三年社會科學智指導要目

し、わからたい監は数雨にたずれる。・戯摺を記述(主題、権想

しい器句の讀み方や意味を獨自で、又は分園で話しる ファ 研 究寛についての話合い。何ども觀む(默讀、微音觀)新出漢字や讎の個別學習を生かし、より高き躓みの場へ意識してゆきたい。・良るべく相談に變えてゆく。

〇推躓、推解を晴示し出來るだけ自力で解決せしめたい。 質問はな時間)

足、鼻窩の結果 (器)

第一竹の子と良鷲―月と良鷲。

で密磨してゐる姿を中心に「子供達と見聞—人形と良覧—母と良・前の印象感想を基にし文の職解を深めてゆく。「子供達と愛情交換する。・朗臘—眸に掛語の部分は話しが生きて動くように。じつくり躓み考え味つてゆかせる。・印象、感想を話合い意見を敘述等につき氣付いた事を)・指名躓、時に範躓。・説明せず、

形式、唱え方、計算の仕方。「黒色的で別算の「黒色的な量を分けるはたらきを高めて別算の一般括的線智。・単校の人塾網ベルら二位数の簡単な加減除の・時間について、数定表を譲むこと作ること。	自治會も行われる。 ・	と。など、など、など、など、など、など、など、など、など、はないというで、はないなど、これでは、など、これなど、など、など、ないない。
別置活動とその成果	月上、杏、環、黄、雪、習、菜、材、配、緑の食・食・食・食・食・食・食・食・食・食・食・食・食・食・食・食・食・食・食・	副 店

三年算數科學智指導要目

しする。・お小遣いの使い方を工夫する。・かくら、おみとし、 ・供え物の用意、由来。・友達と作よく造ぶ。お客様をおもてな ◎お祭の生活をする。

調的に望靡していくわけである。

の生活様式、文化に及ぼす影響のいかに大きいものであるかを具 が人にとつて意味深いものであり、その土地の自然的條件が入る 祭禮のいろいろなきいて広達間で喪表し合う。即ち、いかに武寺 を作成したり、海外引揚者、復員の方からその土地の年中行事や ついてしらべて設美し合う。祭禮のさまざまの高眞帳又は一階表 郷土の祭禮のみに止まらず、自然異れる地方の祭禮の物語傳説に ◎各お祭についての物語又は傳説を記録して、壁板で辞表し合う。

やお友連や錯頭の際に出す。・ お祭の違びについた支達と口央 ・家庭の人々と一緒にする。清潔、おてつだい。・お祭の招待状

らとする態度について。

お祭をたのしむと共にお祭に伴ういろいろの由来を研究して見よ 回。他

- ・やの色、お祭中に抱った、ころいるの出来夢について語し合う
 - ・いろいろの土地の超終行事がわかったか。
 - ・小遣いを上手に使ったか。
 - ・支護と仲よく遊べたか。
 - ・お祭の田採石ひごんわなりたや。
 - ◎お祭の生活を反省させる。

又昔の人々の市場についても考えあわせてみる。

に表現して親戚の人に知らせる。・お祭に棄まる商人について、 についてしらべてみる。・お祭の諫子を續にかいてみる。又綴方 像して縞にしてみる。更にこれまでかわって来た着物のいろいろ のぼりのいわれをしらべる。・かぐらの衣裳等から背の眠糞を想

> いかに独士人が社寺をあがめ、社寺がいかに生活に厚生慰安の機 く所に文興味の所在があるものと思われる。

> と共に、祭禮についての由來と祭禮に伴う幾多の物語と傳説となき 祭醴である。この祭醴を生活させること自盟に大きなれらいがある の生活の中に浮き出される第一のものはお正月であり、更に又秋の いる。このお祭を待ちれびる子供達の樹喜は非常なものであり郷土 特に農村生活にとって長い傳統となって郷土人の生活を特色づけて 年中行事としてのお祭は村人にとつて實に意義深いものであり、

二、取符の意

一川任金岩组

◎お祭を迎える準備をする。

三、展開の旅招

かるの

全般に亙るお祭の心得と言ったようなものを自分達で考えるように 合いを中心として、お祭の機會に出来るいろいろの研究やら、生活 お祭を迎える喜びやら出怒し、お祭をたのしくすごしていく上の話 等の生活(お祭)の中に混然として展開されていくことを發見する 不可分なる關係を理解することも考えられる。即ち顕元(十)は彼 まな祭禮行事が、いかに土地と密接な關係にあり、土地と風俗との 會と場とを與えて來ているかの實體にふれ、更に地方によるさまざ

社會科學智指導の具體的展開例

し合う。於て四學年の計畫を個人的に考え、又學級としての計畫を話・三學年に使用せる一切の學用品の裝理をなし、學年末体業に概に對して真體的に反省をする。三年生の樂しかつた思い出を話し合う。又學年始めの努力目てお自治的に練習を行う。父母や幼兒をお招きする。お雛祭に學校學級で音樂會或は學驗會を開く。その計畫を允品維禁の由來、小ざり、お供文、雛祭の唱歌を歌う。	14.10	田三年生の思いる。郷籍の発	は の の の の の の の の の の の の の	lH .	てな行宗地、 さいを変わる にが上る。 いかだらは道い かん悲國の かかた然やた。
家庭配給になるまでの經路を知る。 ・魚の陸場の實状を見る。指魚の方法をきく。魚の種類を知る・魚市場の見學。 ・魚市場の見學。 に努力し、その賢明な利用がいかに大切であるかを知る。 た役割を持つているかを綜合的に見る。又、いかにその保護・畜産試験場見學により真談的に動物がいかに人間生活に大切・食物、統行運搬、衣料原料、豊耕用、愛玩用。 ・動物がいかに人間に役立つているかをしらべる。	火 国·用	(海額試験場)魚 市 場	・節分の行事を行うろけられる。 ろけられる。 眼が自然だらりい動物の世界にそのひ襲響にこもる折柄	11	大大 道方で、八本 大道方で、八本 一道 一道 一道 一直 一面

THE RESIDUE AND ADMINISTRATION OF THE PROPERTY	CT-TELECON NATIONAL CONTRACTOR	FEET SECTIONS OF HIS PROPERTY AND ADDRESS OF THE PARTY OF	CONTRACTOR STATE OF S	
0.Cl //	一、五六一二二二二二二二二二二二二二二二二二十二十二十二十二十二十二十二十二十二十二十	・いろいろな問題(中・野、薬・額)(日)・野、薬・額)(日)・・・・・・・・・・・・・・・・・・・・・・・・・・・・・・・・・・	も知つている。 岸下ぎまでということ 下くる。 暑さ壁さも彼ったんだん素らしくなつ	[11
・生活導験への適用をおる故自習に自認自帰の機會もる甚に自合の力を自覚するようにする。 曹雄、雄雄、珠津による總括的練習分散的にですることから業別ととから主似野から三似野から三似野から三似野をとから華東の仕方。 四位數に四位數をたして線上る計算を暗算で目的的自力で、	11 11 11 四	・茲の工夫③・数子の工夫③・いろいろな問題③・分くを問題②・分くないなない。	あている。よりよい方法は常に求る。よりよい方法は常に求る。。 まも高められてきてい事はは自常經験している。そのはたたらかを同りには、といる子は分けられるからした。 まといる子供もある。 動物に對している。個質している。個質	[1
・ 引動と方、動き実にない、表し方、動で方、動と方、動と方、動きとれる。 関係にように分ける事から分割のいまである。 又それを修算する。 なりでなまなのはるを保証ををしてあまりで、人動を各位はる者がらとと根別のでは行日数を裁えるととから二位数を表数での紹介のの出る場合。 のののにはなるでは、実験の物質はのののに、検索を合に、自分の力に、機能を合性に、自分の力を自覚するをおい、機能を合性に、自分の力を自覚するをない、機能を発して、機能を発して、人を制定をして外へ出るまでを順下正しく・	四四四三四四十六十八十十二十八十十十二十十十十二十十十十十十十十十十十十十十十十十十十十	・潤の数・・・・・・・・・・・・・・・・・・・・・・・・・・・・・・・・・・・	は、 は、 は、 は、 は、 は、 は、 は、 は、 は、	l l
する。隋算で加減乘除、珠算で加減。・分散的、機會毎に自分の力を自覚するように自修的に自瀨自解の姿で、道順を簡單な案内圏にかく。	・国	・計 算 悶 悶 ④・いろいろな問題 ①	も高まる。 じめる。温度への關心 課である。決がはりは、 、該全である。野も山も	11-

ありもの機會ある毎に珠梁による加減の熱智もの、線下ら中十をとつて五珠を入れ一珠を・線下りのない引掌で一味を入れて五珠を挑うら迄やる。 自習的に自認自解の姿で、自分の力を目覚す位一キロャートル、一時間の遠ざ。 學校からの距離を永で圖上で測ることから望	1 1 大、力 大	3634	・縹 智 悶 闘・・・・・・・・・・・・・・・・・・・・・・・・・・・・・・・・・・	・には郊の花もよいいなからいであるようのかのでもいかのできなりを見いてでででたってでででいた。 ないことであるられるとをはまままないであるとであるとの漫画を使えるのであるとのであるとのである。 本記して選問して、漢に、山はは、漢に、「山はは、漢に、「ははは、	1+	071344
短形の面積の水め方。 ・息の魔さを比べる主體的活動から単位平方米ラム、重さの測り方、重さの測り方、重さの測定をしつこ。いるの重さを比べるはたらきを高めて單位が自解の表で。自程等率への適用面をわる故自倫氏、自職・の生活事業への適用面をわる故自値は、自職	力 力 国、III	6 6 4	・	ことも問題となる。 どちらが腹いかというその伸手停闘いもほう、畑では、畑ではいも掘り、みのりの秋、野では短	÷	概念を明らかに七、重さや題さのと。 と、動きや題さのとなっている。 なる理解することがなったとなってある。
うもの、五珠と一珠とを拂つて十を入れるもの総上りのある常単の中一珠さ入れて五珠を拂載で割る計算の仕方。 北数で割る計算の仕方。 のと巻分するはたらきを主體化して二位敷を一二位敷に揺敷を掛ける。 とを按の結束の書用をしらべることから喟算で		(S) (d) (5)	・珠 掌 三・七 ま ご・拾食の費用	れる。 なける事は生活に見ら になる。又同じ数プク 動級の事も考えるよっ 小段々と慣れてくる。 一回期となり自治會に	九	大大大大大大大大大大大大大大大大大大大大大大大学、現代の中心には、1年には、1年には、1年には、1年には、1年には、1年には、1年には、1年
・自修的繼續的に又作業的に。 ・築隊計を見ることから溫度の測定の圖表示。 うもの、一珠だ什拂つて打を入れるもの。	**	424	・いろいろな問題・温と来、建工・・・・・・・・・・・・・・・・・・・・・・・・・・・・・・・・・・・・	關心も高まつてくる。 の關心一日の變化へのある。 汗もかく温度へ 一年で一番暑い時期で	4	が同じてある。軍へなを理解が各理なる。軍位の動物では、軍位分数のい
・繰上りのある音算の中五珠を入れて一珠を拂り自修的に自存の力を自覧するように。ル、 物指の使い方。 おはじき入れの箱を作ることからミリメート・おはじき入れの籍を作ることからミリメートとから算越の構造、布製法、寄算引掌。・代價の合算を求めるのに珠算が有別であるこ	长 1	(a) (a) (b) (c) (c) (c) (c) (c) (c) (c) (c) (c) (c	・いろいろな問題・おはじき入れ・珠(弾)	が多いことも知つてる・長さを測るときは鴻敷は高まつてきている。のを見て連起への関心・店員が算握で計算する	*	で割ることで表表している。ではは「仏教」では、「仏教を」とは、「仏教を関係」には、「仏教を関係」とは、「仏教を関係」といる。
震自僻の姿で。 ・生活事象への適用面をれる故自修的に、又自の加減乘除、分散的に機會もる毎に。 る。 方位。 コンパスの便い方、もようをかいてみ方位、コンパスの便い方、もようをかいてみ・単校を中心として生徒の家を謂べることから・生活事象への適用面をねる(自修的に)	四四日	9 9 9	・計算練習・生徒の家	てくる。となってよりなけられるなが、なってよりないは、うないは、いいないでは、までのは、ないでは、ないでは、ないでは、ないない。となっている。運動会の、ないののに、多し、、ないないないないない。	Ħ	四、暗算で基数もこととと、こと。に基数をかける主に基数をかける。

兒童の活動とその成果	関係至元との		學阿爾拉	生活環境	四	單元
る。とらべたり、花の構造をしらべたりする。花時計を作をしらべたり、花をあつめておし花をつくつたり、花にあつまる虫・マツバボタンの種をまいたりチューリップの球根を植えいおたまじゃくしな育で、観察日記をかく。条節に隠じて花ごよみをつくる。「年級について季節だよりをかく。鳥の生活をかく。	111-11-1	1 1	花 自おたまじゃく花 ごよ み を節だより	春の糖種期 メダカが目立つ オタマジャクシやが成まにおく サクラ、ナンハナ	P. D.	「関をの生活
さして根や芽の出るのを概察する。・ヤナギ、キョウチクトウの切り枝を地面にさす。又水に記録する。・サトイモ、クワイ等を水栽培して根産薬の出るのを概察地にもまれている状態を閲察する。・海邊で小魚とり、貝あつめをしたり、石や砂をしらべて	11-11-11	ト ・ ・ ・ ・ ・ ・ ・ ・ ・ ・ ・ ・ ・ ・ ・ ・ ・ ・ ・	さし、木水、栽・培郷・干・・・・・・・・・・・・・・・・・・・・・・・・・・・・・・・・・・	苗代があるが発生のなどで、一大神楽がもえたのから、イストのない。これでのまれる。 本述びは、これくない。	开	植物の生活
の土を集め標本を作る。つめる。あつめた。あつめたいろいろの石を削つてしらべる。还在つめる。かいど、フェ等をとつて來てから、水中植物をあを観察し川床の丸い石やこいしの流れるさまをみる。メールもそびに行き川の流れを眺め川下の擴がつている歳子	111-[1-1	유수누	川るそび	しい 田植でお百姓は忙 つゆのころ	长	化(三盆と土の虁
せて稠疾記録する。 ・ハチの異を観察記録する。アリの巣を砂箱の中へつくら	ļ	国上	世 の 選	七夕 に覚を作る いろいろの虫が歴	4	四機械と道具
・にわとりが卵を抱いているときの概察日記をかく。べ保護態振振動の特徴のあるものをしらべたりする。のと真になるものをわける。いろいろの虫の生態をしら・森に行つて木の葉をあつめおし葉にしたり、木になるも	11.1	□ □ □ □ □	とりの世語森 の 中	秋風が身にしみる 百十日	九	

三年理科學智指導要目

・計算の仕方を考える。九十二は十を單位としたもの九つと一をがある。

二個を四緒に入れると三つずつになる。合計二十三個という事

- ・やつてみる。二十個字つ四箱に入れると十二個餘る。遠りの十十と三十との間であると見富をつける。
- ・見當をつける。二十個ではあまるし、三十個では足りない。二
 - ・数量關係の確犯。事實と共に数量關係を確實にする。第に主體化してゆく。
- ・事實の理解。どんな事をしているか麗む。圖について話させ次
 - ロ、實際の指導

位取りについて分つているか。

身をして、行めの調査

- 四、指線の展開
- 三、龍力表から ③④に關聯をもつものである。朝ること。
- 二、單元 暗算で蒸敷あるいは二位數を基數あるいは二位數で
 - ニ、卑智菜材 ダマゴ

- ・日常生活に割算を使用する能力。簡単な割算をする能力。
- ・日常生活に関算を使っているかどうか。一齊のテストによって
 - ・割算の記號を用いて式をかく能力。な位で四倍五入しているか。
- ・假商をたてるとき金く思考錯誤によつているか、又除數を適當授業時間中個人の顯察によつて、答を概算してから
 - ハ、後での指導

當に處理して出来るものである。

の位の數を除數で割つた時餘りの出るものである。例は零を適は十及び一の位の數が、夫々除數の倍數で簡單である。例は十

・計算練習 この新数理を更に擴充し簡単化して身につける。 ① 四二が入、四三十二と呼稱して二十三を得る。

次に掛算九九を使って仕方を考える。

なる。

十を單位としたもの二と一を單位としたもの至で合計二十三と位としたもの十二と考えられる。それ故九十二を四で割ると、單位としたもの二であり、又十を單位としたもの入つと一を單

算數科學習指導の具體的展開例

位用版石、洗面器

- ① 準 備 藤磁石、馬てい形磁石、針、魚、安全カミソリの双、 方
 - 回、活動の揺物
 - 回 磁石の性質機能を理解するとともに工夫考索の態度をつくる。
 - 倒球が大きな磁石であることを考える。
 - 図 方位用の磁石をしらべる。
 - ② 小さな磁石を水に浮かせて猫よ。
 - ① 安全カミソリの双や針で磁石をつくる。

三、指導目標

をよせている。

タの研究へと競展するのである。

より分析的に精細に觀察して、更に上級の電話機、電信機、モー歩その度合いを深めた研究をすることにより、磁石のはたら含をの 一年級より素朴的な磁石あそびをいとなんで來たが、こゝで一

針の不可思議さわまりない性質に疑問をいだき張い興味と闘心とたりしている。そしてこのようなあそびをしている間に磁石や磁れる機子をみたり、砂の中を磁石でかきまわして砂黴あつめをしのすいつけられた釘や針に又他の釘や針がつらなつてすいつけら

ついている方位用の磁石で方角をしらべたりしている。又、磁石の 見重は日常、磁石を使って動や針をすいつけたり、水筒の蓋に

二、四均關

一、 の 習問 お 一、 な 一、 な 一、 な 一、 な で 一、 な で で で で で 一、 強 板 と 道 具)

- ・他の流石で被針をそろうるの週れしてみる。指すことを観察する。
- ・方位板をいるいるの同きにかえても磁動は一定の南北の方向を
 - ・方位用の磁石の仕かけをしらべる。

O方位用の磁石を使ってみる。

- ・他の磁石を近づけると引つ頭り合つたり斥けあつたりする。
 - ・磁石が南北の位置にといまる。

〇よりの強くない、米に協石をつりさげて顕然する。

- ・大きな磁石で引つ張ったり斥けたりしてみる。
 - ・からなるとのかないいへ・
 - ・
 望雨北をさしている。
- ・小さな磁石を洗面器の水の中に浮かしてみる。作ってみる。同様に倒にこすりつけてみて比較する。

- ・磁石を針や安全カミソリの変などにこすりつけて小さな磁石を
 - ○磁石を作る方法を考える。(各班毎に)

ことについて競素しあり。

○話合い。磁石について日常しらべたこと、不思議に思つている● 活動の推移

闘権しておく。

動状況、磁石に關する興味と關心の度合い、知識と理解の状態を倒って調査の調査 一、二年級の學習結果の考査をもとにして見重の活

② 時 配 十二月上旬、四時間

理科學習指導の具體的展開例

の出る様子を觀察記録する。 ・鼻にじゃがいもを値える。じゃがいもの切つたのから望めたりする。 ・一年間の季節だよりの整理をしたり、虫の一生を表にと	111-11-1	H 리 H	んじゃがいも福季節だより	麥が育り 桃の花が咲く 草が芽を出す	111
きなどてこを使つたものをみつける。 ・てこを使つて大きな石を動かしてみたり、はさみくぎ投かどるかを比べてみる。動力を使う機でと人力で動かす遺具とどちらが仕事がは奉のよい點、原動力の種類などをしらべる。 ・ 近在にみかける動力で動いている材料をしらべ、その能	<u>Id</u>	가 기국는	ろ 繊絨のいろい	りくいすがなく開い 温床の水仙が花を 海が咲く	ï
話しあら。り、停電や電氣コンロ、電氣ストーブの使い方についてり、停電や電氣コンロ、電氣ストーブの使い方について・酸中電路の構造を調べ、落電池で豆電球をともしてみた	园	司击厅	ないて疑問	痰ふみ寒さがきびしい	l
話しあり。石を使つてみたりする。地球が大きな磁石であることを石を使つてみたりする。地球が大きな磁石であることを石を大きな磁石で引つ張つたり斥けたり、方位角用の悪い針、安全カミソリの双で磁石をつくり、水に容かした機	四	11 1	協石 あそび	日が輝くなる	11+
いて觀察記録する。 イキリなどの冬限を水構で觀察し、近在の鳥の渡りにつみ野山でとつてきた虫の卵さなぎを飼育觀察し、カエル・小野上でとつてきれいな花をあつめて表にしたりする。 かの野山に行き虫の卵やさなぎあつめ鳥の娘をみつけた	[1-1]	 - - -	越しいぎものの多秋の野山	ほじめる動物が多ごもりをもずがなく とすがなく となる 野山に秋の色がこ	[-+
を教えてもらう。と夜の出来るわけをしらべ、著しい星座をみつけその名・地球熊を觀

察して地球が球であることを話しあい、ひるころと箱の中の眞暗なところとで發育の熊子を比べ記殊える宝の芽生えを窓ぎわの明るいところと室内の晴いと・ダイコン、ナタネ、エンドウの酒をまき水仙の球根を植れてコン、ナタネ、エンドウの酒をまき水仙の球根を植れる	11	国上	夜のそり秋の種まき	るようになる夜が長く感じられ数の標種期	+

19

15

るリズムを正しく、時に初めの二小節。 ○「青をもげるしるし」44をおぼえる・跳躍すをしつかりとつて器楽の練習にも發展する ○三小節目ラーファの官程を正確に・二拍子	ロ st 4・1 -・・1 、	とけいのうた 小ぎつれ	た氣もする。 どこかで春の壁がきこえるようらさめないが、節分もすぎるとするないが、節分もすぎると化粧、生物はまだ冬のねむりかに繋刺である。山はまつ白た雪	1.1	
してみる。 ○、調の醌唱線習・、調の簡単な旋律を作出ら氣さつける。 よを正しく・まちがい易いリズュが多いか○贈唱法によつておぼえる。歌い出しのリズ	日 まままり ひまった ひまる こっぱん	多のあき手がみ	白、多も最盛期に入る。かく、氷がはり、朝は霜でまつつをかわし、年宵のお手がみもったしいお正月、新年のあいさられしいお正月、新年のあいさ	1	3
はつきりらたら。 わち、お話をするようなきもちでことばを○十六分音符の連鎖するリズムの面白さな味 想を生かして・飲習「みなと」と同型リズム ○・網の観唱のし方を練習する・三拍子の由	1 ··· 1 ··· 0 C 0 C	(枚 中)井戸の中	る。 夜のこたつもたのしいものであ災防止についての行事もある。 を洗く井戸の水もつめたい。火本格的な多の生活が発生に対して利力を	-	注意でせる
であるからなるべく自分の力で歌つてみる○輪唱の美しさを味いながら歌う・短い旋律ら離唱法で練習するのを本體としたい。○三拍手の張弱を生かして・髪ロ調であるか	ン・・ン・宀 に C	またまり	ある季館である。 野山には何とも言えない味いのする。遠足もあり、小客日和のはつたやかえでがまつかに紅葉 環の花が吹き秋まつかに紅葉菊の花が咲き秋もたけなわ、山	+	との關係に の楽曲と音色 の楽曲を配成得される 悪谷道袋に
美しさを感得する・ヘ調の顧唱練習。 倫唱・拍子をしつかりとつて歌をそろえた○最初の輪唱・1、2のわけをならう・二部ひやらら」のうたい方を工夫する()歌い出しの音高に氣をつける・「どんどん)	耳の五・ハー・ニュ	かれがなる村まっり	運動會もある。 選年を祝く郷土の祭りで展わら出はじめる。 褶も黄色に入める。 褶も黄色に入のり雲のりの数である。 秋の果物も質のりの数である。 秋の果物も	+	● 語域の物で を味わせる でによる。 ● 部色の組合
曲を試みる・くりかえしのしるし。 楽器の練習に發展する・三拍子の簡單な作の三拍子の練習・リズム楽器を用いて面白くらがいな直す・たのしく演揺よく。 ○よく知つている歌であるから聞き覚えのま	D ∞ 4····	み な ろ かかけかけ	見ることもある。月も美しい。で述ぶ、夕やけでまつかな空をもはしまり子はでまつかな空をは秋秋いてまれて気に夕方ままが蔵河吹いてけず気にあれまだ難間は暑いがそろそろ朝夕	九	たせる を知識を持 ・楽器に勢す

○附名龍唱を充分練習する・このような関純軍元 學 習 の		びこぶら 美 野智素	三年生になったよろと生まると	Я	
得して二拍子を生かす。 ○〈害記號をおぼえる・リズムの面白さを體なりべず記載をおぼえる・リガムの面白さを體しなり、なりずよの作曲を試みる・四拍子の復習。		化まつり中でいるよう。	などられしい行事もあ 顧懐、藻足、草つみ、 春の天地も希望におど	国	画動動物である。 上の感覚には の音楽や一覧のの の音楽のを関める
目から出るか考える・欝かなきもちで。○〈覇の階名視唱・歌い出しは二拍手の何拍ほら」の練習・b(吾ささげるしるし)の練習する・休止符の入つたリズェ「ほら〇四分の三拍子の練習・〈覇の附名龍唱を充	日の一本の一本 (一・・・)	然々な沿れたかれる。	色もみられる。に五月雨が仕ぶるようそよ風が吹く、あやめがなに泳ぐ、あやめ草がをに泳ぐ。白雲がな草木も青々と芽を出し	开	郷水質施さ 唱合奏をもみならず合の単音唱歌の 調音音歌の
みとつてうたら。○〈關の離唱力をつける・靜かなきもらを汲える試みる。そろ試みる。○〈關の龍唱に宮戴する・〈關の作曲をそろ○「かあかる」の附點のリズムを充存機習する	日本(人・・・コール) 日本(人・・ニー・ニー・ニー・	いに禁魚が必められる。	のである。をすくいに行くのもたをすくいに行くのもたすじの海岸へ見をひろすがしい線を帯る。足すがしい線を帯る。足見近づき野も山も考	*	・に関える た知識を除しの初歩的の楽譜についる。
運動をする。○三拍子線習を充分に・身體的に自由を表現する。して・三四小節目、ファーレの害棍に注意して・三四小節目、ファーレの害棍に注意○〈覇の階名視唱練習・二拍子の張弱を生か		ろおどの (まつの)	で賑うのもこの頃であいた事である。い行事である。村がほればくればくまま供にとついよいよ場くなる。七	ı,	みざせる の作曲を試 と共に旋律

三年音樂科學習指導要目

五、星智結果の考査

・地球が大きな一つの磁石であることをしる。

のお話を聞く。

〇何故磁針が南北を必ずさすかについて考え護表し合い、又先生 ① 単智態度を觀察し考金する(記述尺度法)

② 磁石の性質に闘する知識と理解の程度を問題法によって考査す

新を見つけ出す事やそれを利用して有用なものを作る事に、酸品や新しい分掛で工夫して作った適當な豪劣品を見せ村・田面から出来ているものを作り捲上式でする。色々な標園の生れることを知らせる。 ・・デルを二つ以上組合せて指かせる組合也の如何によつて・賞とふたの關係に注意させ展開國の初步的な指導をする。小気見を錦垂表現が中心になる。いる事を選出して形やして珍々に強調をある。いる所を裏まして形もに動したいる原際をしている所に接して、これので適のでいる所に関連している所に関連している所に関連している所に関連している所に関連して	・・・・・・・・・・・・・・・・・・・・・・・・・・・・・・・・・・・・	・粘土で茶器をつくらたい。いちだいにかいてくりくない。いちだいにかいてみたい。ともれいことを批相も出て来る。と整理する箱がはしい。これなる文章、三年生になったる文章、書画のもた複数技行れた。	の発生による。海性・大の発生による。
・型のぼりの下で盛りたいら所重的會をとている所置後して、人體補寫の要領をねる。殊に大小遠近關係に留意する。・遠足の概子をかいて繪密物を作る。と色相の當合をさせる。白には無數の設階があるが十一段階あることを知らせ明更もには明い色と暗い色がある事を知らせ又自から無までの・色には明い色と暗い色がある事を知らせ又自から無までの學 智 活 動 と 共 の 成 異	· 身體檢查@ 1· 違 凡④ 1· 齿 合 心 四 音 音 索 對 關聯	・ 場下の前司や軍助會がもちたた。大大・大年より身長も體重もふえ、選氏が同日かつた。 第21 となの花の色について好ならもなりもくなんも真白に し勢校のもくれんも真白に・そろそろ草花もさいてくる	四四部元元の計画を対する。

三年圖工科學習指導要目

に何らかの複葉の反省があり、それが今後の指導法の参考ともな本素材に流れる各單元がどのように見重にくみとられたか、そこ

三、卑智指導の調査

K トルロ)

器架の練習とレコード鑑賞を行う。(グーノーの圓舞曲、フアー4、第四時、前時よりの作曲を發表させ作曲への興味を持たせ、題打切つてみなとを唱謠して本時を終る。

O作れるという自信がつき、作つてみようという意欲が起ったらーずかしいなどといふ感じを興えないようにして作らせる。

- €、第三時の學習指導。
- 第二時、第二級網を中心とする歌唱指導。
- 3、路一群、路一段間を中心と下る製品指導。
 - 1、時間配當 四時限

二、母怒結構の展開

550

- ○單元(1)を中心として(三)。(三)、(四)、(褒展して指導してゆきつきりした三拍子をもつている曲である。
- O本素材は漁港の美しい中にもさかんな景色をうたつたもので、はてくる。

は讃諧力も相常出来てそろそろ自主的に整智出来る面白味を持つ **○夏休みも終え**又新らしい氣持でさわやかな秋の摩智に入る。 見重

一、取材の意(九月、みなと)

○鑑賞力等が調査の對象として一鷹考えることが出來る。

の器業演奏技術の程度。 断することが出来る。

②リズム把握の程度、作品によってもわかるが、歌曲によって判り調査することが出来る。

19

18

②三拍子の作曲能力、これは見童の創作した作品をみることによの素材に於ては、

る。見童の側からみればそれが學習の姿考ともなるのである。こ

OTさあ、自分で出来たら作ってみよう」と興味を持たせ、作曲はむー由にさせると割合簡単に入れる)

ければ作曲は出来ない。故にリズムを一定しておいて晋高のみ自れを一しよに階名でうたつてみる。(見童に晉階の力、歌う力がなたせつつ、みなとと同一リズムで数師が短い曲を作つてみる。そのここれな三拍手の曲が作れたら面白いだろうね」と作曲に興味を持

○總括的な歌唱練習、三拍子の感じを生かして、發音、發靡に留意よ樂器を用いるとより效果的である。(文時の器樂へ發展する)ながら階名で唱い、拍子とリズム關係を明確にする。この際リズ〜鹿に、今度は敎師の仲奏によつて贈名唱の練習をする。拍子をうちめる。ピアノを躍ける泉童はピアノを贈いて。

○たのしい音楽室のふんいき、前時までの歌唱線習をみんなではじ

音樂科學習指導の具體的展開例

○聖元は里元學習の要項というところに具體化されてきている。 るかを考察してみた。 ○先上活環境に、子供らの學習が生活を組盤としていることから學習の素材が如何なる見童の生活環境に裏づけられていの然し七夕祭、音樂會、學驗會、コンタールなどが各學期にあるからそれらのため素材の融通性も考えてみた。 ○七月、十二月、三月は夫々二週間として立案したので、一つの素材は補充教材として考えた。 更目についての参考 日合へ行く子供もあるであろう。 (き し ・) ロュー・・・ ○汽車に乗つた經驗を生かして。 つて実しい。 學年末の休みには (き し ・) ロュー・・・ ○元領よく三拍子の強弱をしつかりのかんできまらきれず花を開く、町の花 お は関の間目も充分に・速度を正しく。 ひまうりがある。 権も続き春 お ・ は 日(こま子を正確に・福唱の実しさを味いなが

oor of

- ・属土の興味を深めた。
- ・漸次正確な表現に導いて行く。
- ・自然物や人工物の美しさを味わせる。
 - ・形や色に對する觀察力を護う。 單元目標

里元「寫尘による描記」に属する。

- 1、學習指導要領から
 - 二、取谷の意識
- 一、素 材(九月)核舎を寫生する。

- **鱻に描いて見ようと言う希望が自然に一つのさけびになつて美れも外での禽生をしない子供達は此のきれいた美しい像蓮の學校をに薩がはつきりしていて實に調和の取れた美しさである。一度る。日ざしも強いが夏穏ではない。校舎の色はクリーム色でそれ草木はすつかり秋らしくなつており、補や青桐の葉も色づき始め長い間の休みも総り久し振りに駆換に來て見ると花だんの花や長い間の休みも総り久し振りに駆換に來て見ると花だんの花や**
 - 63、子供の面から
 - ・野外高生の空領を得る。

圖工科學智指導の具體的展開例

たたものが生活に直結したものでなければ興味もうすらいで來ずであるが一年から三年までは色彩感動を嫌るには最適なのでは割者に屬するものである。季節や行事に關聯した 配列 を なれ實時代の併用であると言える。滄葉膏入れ、玩具の寫生、茶	数作されば多指導機が経過である。	とある。表現され脚下心にした。 作にした。 特に8次第8、針穴、富足を表れ、	る事を忘れてはならい。各単都一度ずつ特徴したののを動一度ずつ特徴したのでし、反面数科獨自の體系を出路核合の富生、連結镇族、記本學年の學習の重點は一口に	點重年學	EC LOSECT RECEIT HAN MEDICAL PROPERTIES
紙とノートカバーを作る方法とがあるがいずれでもよい。 る。表紙には二枚の電紙を切つて色々な紙をとじる高の表・紙ばさみの襲展として粉集年を迎えてのノートの準備をする。 による形の變化、正確な科學的說明的表現になれる様にす・敎室の中を寫生し直線によって結ばれた室のかき方、違近	X	・表紙作り③・数室の寫生③	- トの表紙を作つておこう・新學年をまつて数科書やノ複単しよう。 を上手にかいて次科書やイモーを上手にかいて次の教室にも、工用間倒世話になった数室	111	
らせ實験してみる。 針大高真機を作つて科學的な光線の作用反射等について知る人なものでも擔にかけば美くなると言う事な趣習する。 修練として靜物高生を行う。 季節的に見て野外の富生から室内の高生へ又基本的な技術	Z I	・針穴為眞機(e) 生 ・ 嬰用品の寫(e)	作つてみたい・葛真の構造が分らないので・紀元節に記念寫真をとつたので室内で墨用品をかきたりので室内で墨用品をかきたりの高生は寒いし風が通い		

4			*****		
の鑑賞では、	ı	・你中に考えていた物を作るかんす。 かんす。 ・色の強調も忘れたのでくりみる。 密めの様にして澤山かいてお正月は面白かったので絶	・ 対解する ・ 対解性の ・ お田(合 ・ も) ・ で と で この の 思 ②	九四一	えば左かん左ばこ竹の皮むぎから包紙木の按線を使用する・餘り復われていない材料をうまく利用して物を作ること例・前舉期の連繳として行い明度色相の當合を確實にする。 繪卷物を作つてみる。 お正月の面白い場面を話し合い描いてみる。
作るを考えて	11+	ってみたい。 一つ考えて立派なものを作りもうしきを休みである何か、 ・もうじきを休みである何か、今景色をかいてみたい。	て作る・目的を立て④・風景霧兆⑤	01	する。目的をきめてどんな材料でどう作るか計鑑を立て作る禁にしめをも間近になるので休みを利用してどんなものを作るからをもたせをの景色が一帯寂しい事を分らせる。今景色を寫生して季夏秋冬の變化と自然の變化について關

やま日 ・ 次用り 立法が 立法が 行やの 法等さ る 表現 る 表現 る 表現 る 表現 る たる たる たる たる たる たる たる たる たる たる たる たる た	I +	たい。さみの表紙にはりつけてみ・そうして出來た護様を紙ばらそうして出來た護様を紙ばむた落屋はどうだろうか。色な形に分れて見える。球たらとても面白小つた。色にの葉めた罪を萬華鑞でみ	・紙ばざみ④・形 集 め④・萬 垂 鍍④	八 五 八	・ 厚紙を用いて続ばさみを作り墨用品として電用にする。される。どんな風に集めたらよいかエ夫する。 み及珠の鰻形について裏物と茄本形を比較させて分銅緊理はな作る。 すう なえれ中にかざい紙片を入れ反射によつで色々な鏡っ 五角柱の内面に二枚の鰒又はガラスを入れ一方の端にスリ
の材料が多の銀工の銀工の展別圏	+	をかいてみたい。 素もみじの葉を倒つて機感・花だんにある草花やつたのったるなる。 りたきれいな中庭をかいて、校庭はすつかりが、	・連續 <equation-block>機械・加・工作では、単一の一十二十二十二十二十二十二十二十二十二十二十二十二十二十二十二十二十二十二十</equation-block>	K III	・幾何形態による二方連續機様を描く。表紙圖柔もよい。げをして作る。複様は誤字りであを使つてするとよい。中やどんぶりを捲上式で作らせる。出來ない子供はまげあ・蹇近による形の變化に入いて合理的に説明し理解させる。校舎と校庭を伴合した標圖がよい。
◎ 國條	九	ある皇校を高生してみようつきりしているしきれいでつきりしているしきれいでが永いている。陽かげもは見た學校はよう秋らしい園屋を弥出まつた久し振りに	・花の浮彫金を含品金色(数字の為生金)とと、その、その	11	・陸掛式な風に作り簡單な花を素材として作る。・勤褒が大きいので場所を跟定し直線使用に注意させてかくて説明し光線天保警板警紙等の準備をさせる。・校舎の簿生をする前に校外霭生が始めてなので要領につい・明色晴色朋度と色相の常合を更に確認させる。
の形無の色色数	4	かいてみよう。ついシャツ一枚のお衣蓋をなりたくなる汗もかいてある「夏りしくなり急にほどかに	・人物 富 生⑥ て作る・酸物利用し⑥	二九	・顱のかき方顱と頭と胸のつながりに注意する。人物を全身か中身に制限し徹底した追究をする。それで何が出來るかを考えて計鑑する。一適當な廢品や材料がみつかった時それを如何に利用するか對する注意と興味を喚起する。

べ」魚の泳ぐ にれを想像し える。 とりへ入れる。	導。 これでのこれが、 おかり、 類別なので、 類別はなどと	かいているか	所などは「表現し、「書き」、「	禁	排	11(31章 ツ上っん 跳跳 トり小 歩歩 ボ下 15川鬼	一路ル戦闘帝け	2点の間10部	清頭 潔手 潔及 足	たがれた であるが では で が が が が が が が が が に の が に が に が に が が が が	CM1	運動に	會れの稍あ楔 性な見著る吹 もい難し。さ	<u> </u>
理	العلا	導の	7501)m	M	罪	動	lei	帝	癒	澎	脳	洲	份	2

三年體育科學智指導要目

準 備 帶圖枠、麥考雪、畫板、畫鋲

時間 11時限

四、最密の道の方

・

3、兩者から見て
又久しく繪も描かなかつたので描いてみたくなる。

以上の樣な子供の描畫意慾をうまく把え單元目標とにらみ合せ此處に取材したのである。

三、學習活動のねらい

本學年最初の校外寫生であるので次の樣な點に重點をおく。

・野外寫生の要領。
・野外寫生に於ける場所の選定。
・光線や日向の問題、天候や用具の問題。
・對象は餘りにも大きいので自然の一部をどう取るか、構圖枠の使用法。
・物と物との關係的表現につとめる。

四、學習の進め方

時間配當　二時限

準　備　構圖枠、參考畫、畫板、畫鋲

過　程

・目的地に行つて美しい校舍の說明をやる。
・お互に對象に對する直觀の發表をする。
・場所の決定。
・構圖枠で對象物を畫面に取るにはどうするか工夫させる。
・素描させ形が出來たら先生に讀ませる。
・出來上つたら現地で對象物と比較し鑑賞し眺める。

五、學習結果の調査

・個人の面から
　一對比較法でする。
・全體の面から
　觀察力は要點をつかんだ觀察か。
　表現力は力强い表現かどうか。
　寫生の興味があるかどうか。

三年體育科學習指導要目

月	生活環境	衛生	運動	時間	用具	指導の要點
四	櫻咲き菜の花匂う好季節である。身體の發育狀態が稍稍著しくなつてきた此の期の兒童は、じつとしていられない。運動調整能力も社會性も相當に發達してきた	手足口の清潔 頭及び髮の清潔	・けん鬼 ・春の小川 ・跳び上り下り ・對列フットボール ・踏替跳歩 ・一拍跳歩	二 三 二 三 三（二種）	排球	一、自主的能動的な運動練習法をとり入れる。 二、徒手體操は分化したものを與える。 三、春の小川は、曲をき〻小川の流れを想像し表現し、「さいているね」「遊べ遊べ」魚の泳ぐ所など特にしつかりやる。 四、ボールの蹴り方の指導。
五	春酣の好季節、端午の節句の運動會を中心とするスポーツシーズンである。有意注意の容易となりつ〻ある兒童は、一つの運動に熱中しはじめる。	體の清潔 食事	・回旋リレー ・蛙 ・跳びこし ・脚懸引上り ・片脚リレー ・幅跳び競爭	二 三 四（二種） 三（二種）	バトン 跳箱 低鐵棒 巻尺スコップ	一、多種類の運動を充分に行わせる。 二、各種走の距離は概ね六十米がよい。 三、かえるの眞似から導き出す。 四、幅跳びは片脚リレーや立幅跳から入る。 五、片脚リレーの距離は十米位がよい。 脚懸上りは一人ずつ補助をつける。
六	梅雨季に入る。身も心もかびでも生えそうである。元氣一ぱいの兒童は遊び場がなくつて困つている。室內で暴れて惡戯をする者も出てくる。	梅雨季の衛生	・高跳び競爭 ・脚懸回轉 ・逆上り ・フットベースボール ・交換歩	三 四（二種） 三 二	高跳び臺 低鐵棒 低鐵棒 排球	一、室內の靜かな遊びを考えてやる。 二、高跳びには、ゴム紐や繩を用いてよい。 三、逆上りでは正しい鐵棒の握り方を指導し最初は地面をけつたり、又補助によつて上る。 四、フットベースのベース間は約十四米。 五、梅雨季の衛生指導を適切にする。
七	梅雨はあけ、たくましい入道雲の現れる夏となる。暑氣も急に增し日蔭が良い遊び場となる。一方水泳シーズンが始る。	清潔 休養	・前轉 ・池の雨 ○すもう 水泳	三 三 三	マット	一、夏の衛生指導殊に夏休み中の諸注意をなす。 二、前轉は一回轉後輕く立ち上らせ身體の支配力をねる。 三、夏の俄雨の過ぎ去つた後の清鮮な氣分の表現。 四、水泳に於ては危害豫防に十二分の注意を要す。
九	新學期は始つたが未だ暑く夏休みの氣分も拔けきらず動作も物憂い。競爭心が發達し、自已の力を試そうとする。その反面失望に陷り易い。	靜止時姿勢 睡眠	・水泳 ○すもう ・夕やけ小やけ ・前轉 ・圓形リレー	三 三 三 三	マット 跳箱 バトン	一、動作や運動能力を速く休み中の氣分より脫せしめ、月の後半より運動量を增して行く。 二、すもうは押し合いの程度を餘りこえぬことにする。 三、仲よし小よしで夕方家へ歸る和かな氣分を充分表現させる。 四、前轉は高さ約三十糎の跳箱を用いる。又手を使わずマットの上で實施させる。
十	秋は稔りの時であると共にスポーツのシーズンである天高く大氣は澄み渡り加うるにおやつも豐富になつてくる。秋の大運動會も間もなくある。兒童の運動意慾は旺盛である。	運動時姿勢 摩擦	・對抗直線リレー ・村まつり ・ドッチボール ・圓形リレー ・障害競走	六（二種） 六（三種）	バトン 排球 バトン	一、思う存分運動させる。 二、ダンスは運動會を目標とし他學級と合同で行い、リズム運動の樂しさを充分味わせる。 三、ドッチボールのコートは六米と十二米位がよい。 四、障害競走には危險な障害物を用いないこと。 五、運動量が大であるから休養睡眠の指導を適切になす。

核舎の説明をやる。

出 崖

23

●二組に別れて、試合形式をとり作ら指導する

五・大米に相對して横隊にならび、ボールを投げ合う。

◉ボール投げ

4、指導

ローマ (长米ツナ川米有)

60、準備排

3、時間配置 三時間

・なるべく多くの者がセンターや外野をやるようにする。

・明朗快活に楽しく質施する。

1、方 单

国、 描 讀

∞、協同精神の涵養

2、機敏なる動作

1、投てき力を強める

強 皿 川

きた。勿論コートは力量に應じた小さいものとする。

し三年においては投げる力も加り、内外野手の連絡も可能になつて捕蛛も困難で地面を聴がるポールに觸れてもアウトとしていた。然

●休み時間等自由に練習するように導く。

●むずかしいところや愉快なところの話し合いをする。

くり、ロートを小さくして行わせる。

梅に愛育におくれている者や、投力の小さい者は別に一組つ二組にわけて試合を行う。

●球の取扱いになれたら綜合練習に入る。

外野は時々交替する。

名外野として行う。

やし大きい方形コートの中に総員入れて、投力の強い者を數をする。

●一通りの實施方法がわかつたら、球のさけ方、受け方の練習

の、一回は約二分位にする。

外に出きせる。

5、地面にふれないボールにふれて受けそこれた者は述かに

4、球を受けた者に投げさせる。

○、 ライングロースは、正しく審判する。

a、パスボールも相手ボールとしない。

1、キアリングボールの反則はとらない。

むことが出来る運動である。此の朝に入つて既に數ケ月經過してい
球技は興味的でしかも充分運動量があり、然も大勢が一時に樂し

二、阪林の海縄

今まで兄童だ心を選珠をやつたことがあるが、投繍力も小なく、従って運動もやや復雄なものを理解し得るようになる。

注意が答易となり、又自己中心性は弱化して社會性が増してくる。る兄童は

の具體的展開例(九月上旬教材)

		-	-		THE PERSON NAMED AND PORT OF THE PERSON NAMED IN	TANK THE CHICALIST AND AND THE STREET OF THE PARTY OF THE	
□「長縄は十人に一本位が適當である。□、一年間の整理的取扱い。	なか	da) (・手っなぎ鬼・れなる		る。なる新しい氣みがわいてく春と共に間もなく四年生に	lıı
させる、野山でやるのも面白い。脚腰上の腮が越し、その他を裏施し作らかけ、実温いは運動能力の中位の者を先達にして「多雄松燥料

通切になす。	なな	短) \) \	・・・ 選択 は 本子 は な な と と さ は ま も 出 も お は と と は の が ら が ら が ら が ら が ら が ら が ら が ら が ら が	ひしょうし	デ 室内に觸るようになる。 元氣のない見實は外遊もせ多く風邪などに罹り易い。 鉄寒、空氣は乾燥し、埃が	11
走せしめ、降々歩かせる。三、乗稽古として長距離走を實施する場合は線三、乗稽古として長距離走を實施する場合いい。倒れた者があつたら直ちに中止する二、押し出しは圓の外に鬼をおいてやつてもよし、採暖的な指導。	なか	短	K	・跡・追い・組なわとび・押し出し進び	近	より意志的鍛鍊も行われる活毀である。然し実龍古にものが多く、運動方面は不びはは、みんく更の事業内のは不認さは既しい。新年のあそれ	I
三、鬼遊びは鬼の敷を増してやつてもよい。二、珠投げの距離は約十米とする。一、秋季運動シーズンの整理的な指導。	5 9#	Ъ Ц)+(が 投 ボ	m 7 4	がこいしくなる。見記童は不活酸になり、日向慶舎は加つてくる。	11-
約二十米とする。四、庁ん鬼は間隔約一米で向い合せ、走距離は三、置極機能走の走

距離は約三十万至四十米とずなが。	英	华) \	・けん鬼・場所取り鬼・	環 環	發揺出来る。 らが、却つて運動に全力を 稍々冷氣を驚える氣候とな	1-1
二、下旬より葉くなつてくるので蔣着の指導を開僧運動では協同精神の福襲をはかる。 一、未だ運動豊は大にして充みの鍛錬をなす。	湖 Ⅱ	竹七)+<	・ドッチボール・電 換 競 走	4, 4	の頂點である。運動會は秋の運動シーズン	

こ ひ ひ つ か つ か つ か つ か つ か つ か つ か つ か つ か	中国下短跡では、 では、 では、 では、 では、 では、 では、 では、 では、 では、	自動車の瞬間机能での高生れる場合で高生	回信のだった。	一番の天氣火火・ろうもくのまかいしょう	おいません。 おいまり かいまく かいかい かいかい かいかい かいかい かいかい かいかい かいかい	(人々) 町を治める) 我が家の自治	泉を求めて干 代 紙	
近	協なれる。 の観なれると 中国 自出し達び	一般 沙 居	同夢のお園かだえらた	ा २ द्वेष्ट क्या स्ट्र - इस्	雪の日スキー・スケージんぷんまわし	麗麗 道語 話 同路	山のスキー場なかなったし	
	〇村のかじや 子とり り 鬼 ドッチボール 歌 あ て	形でしる	(神のかじや) 間 あまりりず	私達の研究徴り、鳥	いろいろな問題計(単)練(習	クリスマス 歳 の 市	東、ルマ	11-1-
やけど海	職に残談に職り、 は、 は、 は、 は、 な、 な、 な、 な、 な、 な、 な、 な、 の。 の。 の。 の。 の。 の。 の。 の。 の。 の。	木の葉の護療 な	四	. મૃત્યું સ્વ	霊 と 夜秋子の工夫計 無 線 簡	私産の日用品	猫だん光をつ へへ、一年 っ、これでは でなない。 なけば なける	1+
条数 無國基の	○幸」の李卓郎「中国の後」、「中国の後」、「中国の後人・「中国の後人・「中国」、「「日間、「中国」、「「日間、「日間、「「「日間、「「「「「」」、「「「」」、「「」」、「「」」	表無關案次級掛	回 ごえ ひびくようた 智 たえる足	おおいいないない。ないなど、などなど、などなど、などなどなどにならいらればまき	いろいろな問題秋のとり入れいならいろいろな問題いろいろな問題	秋のお仕事選 動 會お辛とお官	客というもの組 み 合 世稲をそだてる	+
歴 環 紫紫 準上時の	路短前重子水 踏四 り &	箸とさじ人物は生	同 中 りたねきば しようしよう 既のおけいこ	鉄・・・・ 法職部が大流にの たく 個面 は虫田 さ	動 羅 形 茂 の エ 夫計 算 算 課 額 配計 課 額 2日 2日 2日 2日 3日	四十四川	るの子 みにくいるひ 見 馬 口 魔	カ

の 関連 を を を を を を を を を を を を を を を を を を	の の の の の の の の の の の の の の の の の の の	帯の専的 回るひる 圏	さ な 一 同春回から で かくう かんしゃ なく へ かんしゃ かんりゃん かんりゃん 発	・おりられる。とり、「おりなりなり」・種人のないたし、もなかなたしいないないないないないないないないないないないないないないないないないない	影響をいいらいるな問題といういっというない。 ままま 御野 は の 闘 ベ 変 変 変 変 変 変 変 変 変 変 変 変 変 変 変 変 変 変	多	ば 草 の 中 がんしろうよう 水手になんしろうよう 校門のかしの	
対は	図の関係と、 の関係と、 は、発展して、 は、発展がよう、 に、発展がある。 に、、、、、、、、、、、、、、、、、、、、、、、、、、、、、、、、、、、、	難解的を	同なからび国	を表する。 を記された。 ののおれたののは であるののは であるののは であるののは であるのが、	いろいろな問題と	裁が、が、影響を記録の問題を表現している。	逃げたらくだらり、別に明明のなった。	뇀
暑気宿生 信用 位用手の は用手の	ロボットルル (水道 水) 上 スポート (水道 水) 上 大 (水道 水) 関 国 関 国 調 (東京 大)	慰をの過出 郷 接 砂	関わ関田 か う	くいません。 ・ ・ ・ ・ ・ ・ ・ ・ ・ ・ ・ ・ ・ ・ ・ ・ ・ ・ ・	图 級 强 野	八 禄	ろうのほおじ 第 日 記	*
余線	水電子偏前 5 8	を考えて作ら材料の組ま述目的と立て、目的と立て、	(ほ た る) 同 かえるの合品	・、お違の研究・にものつる。	いろいろな問題	都館と田舎私藩の研究	天の川油をみ	t,

四年學習素材一覧小學四年の部

The second secon				
鮮かに整かせつの指導してゆきたい。 思い、表遺的な心に共感させる。表況を味いながら、情景を「風」、像説的感情に、しみじみとうたれる。先人の温い愛を表現は文明を忠遠にたどり、作者の心を述い、よみわける。 違いてゆく。之の表現のはたらきに卽して指導。既縮された・表現欲の旺んな頃に、自然に詩をうたいつくり、漸久短詩に表現ない、	県を求めて 干 代 紙	ない。この様な面は伸々親づかてあばられた。北て鹿によれて電するが、水の栗とさい。まはほうつくのさについ。俳句形式を既とないない。	11	ある。 8 物語的な色彩で式である。 式である。 日短詩形、短歌形
める。地域に即した作文をつくり生活をふりかえる。・きびきびした文に即しつつスポーッ糖神といわれるものを深深くよみとり表現させないとわざとらしくなる。一名のつながりを求める。人物の性格を明かにみてゆく。文をかえり自覚を深める。一方動的な手法に須つかせ、劇との生、友情、心のつながりに感じさせ、自私た名各自の生活をふり	山のスキー場なか か よ し	式に即して感じ下ゆく。 ・臓験のないものも文の様り、作品となる。 作によつてみ事な劇になる。日常ありふれたことが接		あつている。自然情景ととける生活文である。 と生活文である。 成は副純である。 である。短く難なる。 生産生活なである。
たらきの中に風土、祖先への情愛を溺つてゆく。・文のよみに卽して觀察の態度、記錄の態度などれる。そのはき生きした表現に氣づかせる。個別學習之十分にさせる。情視をこわさない。劇などに發展して十分味う。具體的な生	皿 蔟	たことはあまりない。計畫的に研究的にしらべい日常目にふれているが、頃である。	11+	らのが含まれる自然に説明的な合語などの中に出活文である。
・文のしらべと狙いが密緒している美しきにうたれる。壁かな・ことばの對者性に背領官に指導す。質際にかかせる。・情様を豐に、感情を壓縮した表現效果を味ら。詩作する・動物などへの温い要を退める。視野をひろくもたせる。	がある。 からい、 というない というない ないない のい のい のい のい のい のい のい のい のい の	・ 長文を興味深くよみ取る・ 特に生活と結びつける。 特に生活と結びつける。 表現の一様式にふれる。 披鼻として關心が深い。	1+	8 劇的な要素1 年表文1 年続文 上 短謀形 八 年 日 日 日 日 日 日 日 日 日 日 日 日 日 日 日 日 日 日
・物事に敵感にきづき、意味をみつけてゆく。正しくよみとり、國民の強疑し、心がまえを新しくする。作文に發展させ、圖表や觀察園などもとり入れてかく。・記述の正確、粘り、觀察の態度、自登的な態度に感じさせる	雷というもの組み合わせ 組み合わせ 霜を育てる	す。微妙なはたらき力を見出級炒なまたらき力を見出・次課と共に身近なものに風土、自然をふりかえる・自己の贈謝を揺びつける	+	。 の説明的な文體 3記述的日記
居をつくつたりしてそのうちに文の批判力もれる。生命の随得がある。讚解力を十分につける。劇にしたり紙芝・常に生活に希望をもち、耐えてゆく所に、既皮と日々新なるして指導をしてみる。漸次生活の自覚へと導いてゆく。各自の生活をふりかえる。天課と共に十分に個別的な學習を	の子みにくいるひる非に関し、悪に関いるのを	してゆく。ことの本語でもつて指導く。単級指導の一環の変換音をつ一環の下自己のあり方を考えてゆ・潮文生活をふりかえり、	九	導を十分する。 ゆく。個別的指 関係力をねつて 良文になれてわる。 ものがたれるものがたれるものがたれる。
活がある。量の觀察などに發展する宇宙感。 生きてはたらく。科學的なものと融合された上に具體的な生・傳說は歴史的な自己を漸次つくつてゆく上に、自分の心中に勢し方ももりたい。 ・前と一勝の指導の下にある。自然や、生命に對するまじめな	天の川海でみ	りを自分からしてゆく。 摩却来のいろいろのせい も七夕祭 落ら。	ct	50 てゆく。かくによみとつる 觀察的な文、正

野 習 の は たら き	株 华	生 岩 路 龍	田	單元儀式
- 劇の理會。 放送について指導を自然への關心をもつ。にしむける。にしむける。ことばのはたらきを領づかせて、場に即した使い方をする様たちの生活をよりかえる。 文の表現をしみじみ味う。単校の生活を文に即してよみとり、各自も交衝鮮な眼で自分	もんしろちよう手ということば 校門のかしの木	くらものの観察もしてゆりものの観察をしてゆりもなる意まるが、又國語・文の感動によって國語の新しく見違してゆく。・新學期を担えて、學校を	固	ゅうている。 中に詩的直觀を 日 複文的である。
・詩心を培う。 腐限の限を補次ひろめてゆく。いうこと、自己自身に責任をもち正しく使うということ。 文のあらわし方に對する心構をねる。ことばに責任をもつと人とのつながりと文の感動を通じてふりかえる。- 日常のありふれた世界に、美わしい人情がにじみ出る。人と	田田 四 河 河 東 方 の 中 中 中	・題がのとり方など注意。推破の態度もできてくる・表現の態度もできてくるをある。なるのではないるななのでいる。なるの状況に相應に関心・交通の状況に相應に関心	五	し雷撃化を十分一件動物化を十分 1 前の様式にそく 9 生活文
・訪解力をれる。動物に對する愛情をれる。「訪解力をおる」「読を素材にして繁理させてみる。批判してみる。一般家の態度。動物への愛情。表現の一方法。正確さ。飼育日重させて行う。劇作は設階的にする。機智、新鮮な限。演劇についての關心をもたせる。十分に計・機智、新鮮な限。演劇についての關心をもたせる。十分に計	くちのほおじろ 取 日 記逃げたらくだ	然への愛、あたたかみをれている。之に即して自れている。之に即して自主をや、家庭生活で、同期には、「動力に対する愛情情は顕校の。七夕祭にする。とり、別別到して深い関心をも	长	いる。 に述の面をもり の 関察的で正確な 7

30 ことれり

ロ 後期素材は決定的な配置とはいえず、一つの試みとして示したこと。 機的なねらいを求めたもの。

1、詩的表現 g、思索的 g、物語鱧 4、劇 0、直接國語の基々 單元様式の欄の数字は

四年國語科學習指導要目

自動車のお客だ	(もう帯だ) (もの帯だ)	出計を変われる。	क्र ० हि ।
数室の富生 長 なわと び	山 産り下記 夜ぎしや	村達の郷土 ・・・・・・・・・・・・・・・・・・・・・・・・・・・・・・・・・・・・	

CONTRACTOR STATE OF THE PROPERTY OF THE PROPER					
・水田作業を手供う。 2四季に於ける健康法や語し合う。 花園季に於ける健康衛生を話し合い。 福園季の植物の直衛の記者をしている。 おを知る。 おを知る。 格問のわけ、梅丽季が如何に異符生活に大瀬な味である。	IUN	火 韓	くる。 衛生問題が考えられて ・海原季と専究院その信 る。 の學習活動が活級となる ・海原季に於ける盟科的	米	いだか。ろな危險を防して、いろいなな何には、いろいなな何に、いろいる「はどんな何に、」、私妻の祖先
昔の人々の生活。「我が家の生い立ち」を綴る。観光、塵紫、楊呼、錦類、作祭作、史的な展開に限が向くようにしかける。 「寒炸、史的な展開に限が向くようにしかける。 「寒栓の龍」を作り狭向新聞に破棄する。壁板の地部的。 「鬼枝の醒見をしらべ又は本寒虫、父兄について、簡単な悪詩祭。 におおれる話を表れ、紀念行ぶらい、簡単ない。	1 4 1	まった。 の の の の の の の の の の の の の	・憲法記念行跡を行う。 る。 なしらべてみようとす えは我が家の生い立ち 校の魔史をしらべる。 開校記念日を中心に関	出	語や別には、一部で見ては、大力がようながられては、人人に対しては、人人に対して、他人に対しないないないないがは、他人に対しないないないないないないないないないないないないないないないないないないない
・學級の體は表を作り、學期毎に體位、體力檢定を行う。 してみる。 ・自己の聯位を知る。摩林全體の男女の職位を統計にてら記記入の生活。 完配入の生活。 震、その他學图の諸漢僧を守す。家庭生活の時間朝、日寒我自治のため改劇、役員選舉、夢年或は夢飯の努力目	さ、七	多器被溢血。治會	売。 ・野校行場として身職額 される。 ・である。 ・選が自らな後の間にない。 ・選手指に於ける緊害軍	国	「反響の流形」
宛童活動とその成果	調(原調用での	路智素拉	部 湖 市 附	回	單一元

四年社會科學習指導要目

五、昼留効果 顔全體の進行を通じて效果をみてゆく。劇では、特に必要である。

- ・この関出てくる人物の無持ち、性格等を正しくうけとることが、りを酸化したりする。自分で酸作をしてみる。
- ・お互に出き寒えを酷し合う。・其の他の劇をさがしてみる。物語
- ・観素し合う。よく出きたら、七月七日の七夕祭にきることにする

とで一些いにテストレてみればよい。

以上の標な脚を觀察しながら指導する。語い力、文理力、語法録あ

- ・野霞がよく遠回して寓行されているか。
- ・舞謠、せりふ、動作率が存機的にびつたりした動いているか。
 - こるや。・関係を以上懸心に会議しているや。
- ・劇文がよく盟會されているか。特に帰面、人物の性質がつかめて

共同 的 な騒響にすすめる。分圏的に作業として初めから誤してその資演、観芝居、放送げき、某他、行動に表したい意欲をおこさせ、

(、感習の姿から=個別學習として自該的に関係してゆくうちに劇験し出される無ももをつかむととが望ましい。

のもある。くりかえしよみ、又蛮演をよく指導して、金篋のうらにて者で面白い」とか、歯がぬけているのは愉快だ等と斷片的につかむもでてくるだろうし、又全體の味いからではなく、部分的立「あわがつく。絕子ぎるとか、私なら裁判所へゆかないのだが等というのを収扱ってみると太交のおもしろさは解決への進行にあることに氣ロ、文章面から=割に !! 如 枕 常成である。人物も多くない。見重悪も自分から興味器くする機になってくる。

力もつき、劇形式にもなれ、劇文を見慮的につかむし、又演出の計の競表會でも積極的に活動する。だんだん表現標式にもなれ、霞僻期である。學徹では、紫しみ會、露表會等がたびたびたされ、學校イ、見重の生活姿態から=表現活動は蓋だ盛んで、又潔も趣かな際二、取材の複雑

一、屋窗紫枝 (四年上大) 逃げたらくだ

 $u_{r}v_{o}$

- とりかかる。計鑑をたて進行する。その間よみの指導も行われるだ・個題をまぜたりしてよみを十分にする。・分園的に演ぎの作業に
- **『問題とまざたり ごこちみを上与こ下。。 ひ間内に強くの主義が動演、 故途、紙芝居、某他どんな作業をするか話し合う。**
- ・共同的な學習を主として。話し合いをする。どんな點が面白いふった。
- ・個別的な學習を主として。すじがきをつかむ。場面、情景とつか

四、過時強症

と全躍を流れる速度のある文體のうちに拡入の機智をさとる。

三、目的 劇文の護解力。劇權成の理會。その微笑ましい熊な結果語形式になお才等のこともしたい。

で指導する。他の劇をしてみる分園毎にしてお互に批評し合う。物のがよいが、髪師はよい相談相手となり、大きな組織の中につつんだん目覧めてゆくことが欲しい。計畫など全部見童の手でなされるたらきのうちに、相互が協同し合い各との個性を認め合う懐にだんのうちに自然に文をよんでゆく歳にするもよい。この様な學習のは

図語科學密指導の具體的展開例

					Married Marrie
る。との作業のられて、おり、とは、といいとは、は、は、は、は、は、は、は、は、は、は、は、は、は、は、は、	際各国期にして互にその結果を討議などする。ちに、文だ割する批判の力や鑑賞力を養養とことにかれるしばいや、故瓷劇にかきなおすと、自然にその同的な塾習に展開させて十分にわりたい。だかい心を指う。個別的な學習に十分に力を入れてましい心にうたれる。囊極力を十名につける。傳輸力を十名につける。傳輸	「どきのくる」	要である。 して難しいことだが又必りかえることはこの思く自の生活をしないみとう。 すると話をしないの思く するを動と即しつつ、各	[il	る。全間的な構成であ

— 49 —

32 —

の構想を考えていく。 具に感謝の高を持つてその整護薬型保存に常る。新學年四年生の生活を綜合的に反省し、特に整校教室その他校道器 近器 不名前緊塞仕を考へる(各國の常線、壁校周邊の美化、千葉市にはしいもののいろいろを話し合い、自分蓮が出・數災前後の千葉市の松園。	This print the service of the servic	出四年生の思い	せる。 る。又その氣持を起き 高學年らしさが出てく年の友に陥ろうとする 発をまとめて、次の學	[1]	
會陥設の有機的な關係。 の組織、郷土の産業、郷土の産業、郷土生活に於ける社・郷土の研究を続合的に行う。郷土開拓の歴史、郷土自治	が、「は、「、」、「は、」、「は、」、「は、」、「は、」、「は、」、「は、これ、」、「は、これ、これ、これ、これ、これ、これ、これ、これ、これ、これ、これ、これ、これ、	私達の郷土	た。特に、今までの所・學年のまとので、と、特に、今までの所・學年のまとめをしてい		
らべる。市長及い市の役員の癥類を知る。市政功勞者の事闘をし市長及い市の役員の癥類を知る 整察、郵便同、組合 強合 東非市の外國に主なる社會施設を記入する(縣廳、市役所、韓組の生活、組長組員一墜張、市の街名を記入する、千円の名。父母、兄姉のお仕事を通して家陸生活の営みをにする。父母、兄姉の名割を能し合う。我が家の一日を張・家庭に於ける自己の役割を能し合う。我が家の一日を張	用た、七	(△々 町を治める) 我が家の自治	けられてくる。自治の復題に注意が向時に自合の町に對するの町に對する。常なれて来ていると同・學級摩核自治生活に相・學級摩核自治生活に相	11	設が必要か。 「よどんな地
ອ選の歴史をしらべる。他の土地の野校に便りを出す。各地各國の旅行法をしらべる。郵便局の見撃、通信機關近し場と近代の極度トンネル、運河、大陸、大洋航路、6台地の鐵道を開くための表心をしらべる。又昔の關所い昔の千束罪の交通状態をしらべる。千葉栗の行くための汽車時間を自分で研究する。千葉驛の森除谷、千葉驛の森除谷、千葉驛の森降谷、千葉驛の東降台、千葉驛の東降谷、千葉驛の東原と一十二十十十十十十十十十十十十十十十十十十十十十十十十十十十十十十十十十十十	K. th	(港、道路) (危話局、驛)	けられる。 遠輸又は酒信に眼が向 あることから、 交通、 へ々の動きがさかんで る又はお便りを出す。 お正月を迎えて旅行す	1	花 花 大 大 大 大 大 大 大 大 大 大 大 大 大
・他の學校の友達におたよりをする。・クリスマスの計畫を鍛文は近所でたてお互にまねき合う、資易についての歴史を簡單にしらべる。・市に集る人々と品物、商業の發薬について、貨幣、運輸の場所。・蔵市の由來、實體調査、不便な土地での物の求め方、市	长、用 力	滅の市	話題となる。 ・たのしい冬休の遊びが 瞪験 ・人の動きのはげしさを・歳末に於ける交通。	-	ればよいか。るにはどらず、人と仰よくす。他の土地の

しらべる。家庭必需品の旅行記を書く。古代人及び採煉頤の生活を家庭必需品の手に入るまで。日用品入手の風難と消費の反省・輸入と輸出についての具體的な話し合い。と世界の客源の常識。市で振入せねばならぬ金糧その強適をでは、我公園の資源治療得数の深路、干菜の貝の養殖についての變逸、干菜の基金をある一窓表及び特雷のしらべ、又その生龍及び	团、长	私達の日用品	げられてくる。から社會へとくりひろから社衙の眼が決第に撃校となる。となる。 ・落龍いて學習する季節	<u> </u> -!	決な道、 オのようでであれた。 ではいるであれた。 では、これであれた。 では、これである。 では、これでは、これである。 では、これでは、これでは、これでは、これでは、これでは、これでは、これでは、これ
實際に参加する。 物の量成び我が村の主製の重額を統計する。とり入れの動材の量式がと最初の主製の年中行事をしらべる。學校の最場の收鏈法、プロ第日の展開、優勝族の合作等見違の設計。運動會を自治的に實踐する。準備役割、諸準備、練習方医、御神火、爆散、古代人の原始的な信仰を知る。化のいて、郷土の祉寺を略圖に記入する。乾燥、寺小・郷土の社寺の祭籠とその物語をきく。や祭りと商人の集	ガニ・オスネ	秋のお仕事選 動 會	・ 秋の 收譲 が開始される 譲となる。 天ポーツ 牽的 に連動活 ろいろの 物語を含く。 お祭の生活の中からい かのお祭りがたわれる・秋のお祭りが行われる	+	下下、下下、下下、下下、下下、下下、下下、下下、下下、下下、下下、下下、下下、
的な昔の人々と現代の天氣酸報とをくらべる。係があるかを知る。二百十日の無事を祈聽して來た原始・二百十日の由來を知ら、二百十日の年事を所認して別れた劉大之闘を記念は録を中心に「我が村の記」を含作ていくにをなる、納その職性となって来ているかを開墾のもに我が町村を建設して來るまでのうつりかわり、いか・夏休中の各人研究及び協同研究を發表し合う。	11.K	田十四川	らべる。 地變の危嶮の物語をし 「1百十日を迎え、天襲 を發表し合う。 「夏休悠下後、その研究	九	のくならるのでで 環境でしてでの。 国民業なら、 日本がは、 に対しては、 とれとは、 とれとは、 とれとは、 とれとは、 とれとは、 とれとは、 とれとは、 とれとは、 とれとは、 とれとは、 とれとは、 と、 と、 と、 と、 と、 と、 と、 と、 と、 と、 と、 と、 と、
りじなかをしらべる。 かしらべる。村や町がひらけるまでにどんな人々が骨折をしらべる。 対や町がひらけるまでにどんな人々が骨折ってしらべる。 又露装する。 なるでは生活して来たかを古老にきいたり又書物でしらっ都信に以くて田舎が不復なことより更に昔の人々がどんし、肝筋ようらに組合けたりする。 夏休の生活についてその計畫を立て、話し合い特に協同について話し合い、夏休研究の計載を立て、話し合い特に協同、第一舉期の研究をまとめて愛表し合う。 更に今後の研究	大、人、九二、二、二、二、二、二、二、二、二、二、二、二、二、二、二、二、二、二、	(村の歴史) 都會と田舎 私達の研究	行われる。かなる。田舎の生活がかなる。田舎の生活が見体を利用して田舎にし始める。見に寛休の生活を設計よらとする。	ф	などんなよう 等の天然資源 三、動植物線物

	By .	出来ている 説。 する。	京都 高泉 高泉 高泉 高泉 高泉 高泉 高泉 から はままな できません しょうしょう しょうしょう はい しょうしょう はい いいしょう はい いいしょう はい いいしょう はいいい はいいい はいいい はいいい はいいい はいいい はいいい はい	について書店で売り、「「本本人人」という。「「大人子からる」でする。「「「「「「「」」では、「「」」にいる。「「「」」に、「「」」に、「「」」に、「「」」に、「「」」に、「」」に、「「」」に、「」」に、「「」」に、「」、「」、「」、「」、「」、「」、「」、「」、「」、「」、「」、「」、「」、	18 171616 (語): 窓少指大記 窓少指大記 窓少指大記 電分出交換4	۰۸۹		韓東熱智。 大文字小文字 語の音節分隔	.		空と海のかだ (1.) まちのみとりず (1.) 寒校につく としてし
	窓で認覧する。 認即の指い出した	では感動している。 (人が変更)	20行の順行、 电音で で、 电音で 発売に ご	は、日、兄、日、兄、田、正、田、田、田、田、田、田、田、田、田、田、田、田、田、田、田、田、田	1413 × 間、メ ※ 間、バ ※ で 説、 フィ ・ マ 記 ・ ア	ob	りる組織	符 郷記録につい そらでで	.	ブレ	(3) 関校のうた
	是战 13%	ることによ に同じ	6、10、10、10、10、10、10、10、10、10、10、10、10、10、	の活用懸化なる、アン・ロー	いい、動詞等に、動詞等	きで当		統 誤 (。 め。 間色の葉でき	- 1	ני	(元)
35 -	におる。 中国領が成本的語名		中がきに	きよみだしゃの後すぐ空かる。3、3、3、4、	り、 指がき			符・競(の水平と音との		长	
j	中 語彙が最も記録で ・ 「	へ終題。	ここで書 調を加え	がき。ひとまとめにきよみ、黙事するに同じ	中しい。の	٥ (چې پاسه ا	・・) ドー駅で	谷、藍(りなり、 一文句)		五	(c) (c) (c) (c)
		平蒙 50。 凡用)	い。の関係を	14/11によりによりに対した(位置)を関うを変え、といれる。	4、語形のい、行のきに、関語の	の問題の	ofus Surfo C Mino C	体説(・<)	•	臣	(四) 日本
	il E	252 Chin	9	DX	112	温	湖	iii iii		50	學图素特

四年ローマ字學智指導要目

- ・題常上の各係を決める 闘技原、時計房、進行原、亳判係、
 - ・陶酔の様質
 - ・ 練習力

単級簿に強してい

光分力調し、表慮をなくす。

○韓日の跟開を全人を保にてなざしめる。特に数語

三、目的「お捉う」をよみ、いきしながら、楽しい雰囲気にひたり ことも容易であると思う。

き

Managamahar vanadi erdeki kara para kara Caria ya Kanadi wa kara da kara kara kara kara kara kara	eracuning to be company with the total company of the company of t	NEIGHBERT A NEC	
	方を練習する。の、大郎さんの日記についてへポン式綴り	へボンポローマ字の綴り方。日本北日	III	(3)(水郎さんの日記)
部であればいい。いからいましたかかってなかってなからってならってはいまないとなっては、記録符でもないないまままままままままままままままままままままままままままままままままま	5.動詞、接續詞、在繪詞、花名詞、花名詞、花名詞、形容詞、形容詞、形容詞、形容詞の3. 品詞のあらましたついて整宮する。3. 大文字ばかりの綴方線習を行う。2. かきたいと思う語を目を書く。3. 3. 3. 3. 3. 3. 3. 3. 3. 3. 3. 3. 3. 3	・大文字ばかりの綴方。・語法的學習。・自由書き。	II	回のでた
	る能につ

社會科學習指導の具體的展開例

一、學習素材　運動會

二、素材の意

秋空の青さは兒童の活動をいやが上にもそそる。學校行事として兒童が最も熱中するものは運動會である。この運動會を通して自治的な生活訓練をねらうのが究極の目的である。いかにしたら、たのしい運動會が出來るかを考えお互の意見を建設し合つて行く過程にこそ生活訓練がなされる。規律ある樂しい自分自分の運動會を作ることは、すべての兒童の共通な、しかも切實な要求である。簡潔にしかも各人が夫々の能力を發揮し得て統制ある展開をして行こうとする態度に於て、國元七、九が自ら生々として體驗されるわけである。お互が自分の生活をたのしい、明るいものに建設し合う所に社會人としての尊い訓練がなされていくものと思う。

三、展開の様相

運動會をたのしい希望あるものにするには、どうすればよいかに就いて、學級自治會を開く。司會は體育長中心となる。

・自治會の様相（協議と決定）
  ・日時場所の問題　校庭借用のため交渉
  ・種目の決定　個人、班別、紅白別
  ・どんな準備をするか
    ・練習方法の打合せ　練習上の注意
    ・實際の練習
    ・運營上の各係を決める　招待係、時計係、進行係、審判係、記録係、救護係、衛生係
  ・優勝旗はどうするか、合作するか
  ・プロをどうするか

かく、兒童相互に於て同一の目的の下にその行事を企畫し、その過程に於てお互が困惑した時に教師に相談に來る。例えば校庭借用上の問題とか、又は役員選出の方法とか、彼等自身で解決し得ないものについて教師はあらかじめ用意してやる。又種目プロの構成その他について要員をあげて行くとかいろいろの催しを企畫實踐していく上の進行方法を直接體驗させる。

○當日の展開を各人各係にてなさしめる。特に教師は各係の立場を充分力調し、遺憾なくなす。

○反省、運動會の計畫及び具體の展開を記録して學級新聞に發表していく。又各係各人の立場から夫々の反省を話し合い、次期の企畫の參考とする。又綴方にてのこす。

四、査　定

・自治的に學級員全部が協調したか
・各人が責任をなくして愉快に出來たか
・選出された役員は充分活動したか
・練習その他に於て他の學級に迷惑をかけはしなかつたか

以上の點を考え合せてみる。

とかくたのしいものは、實踐後の反省を缺くきらいがあるので特に反省の機會を設ける必要がある。

四年ローマ字學習指導要目

學習素材	月	指導要項	學習の姿	備考
一日の生活（5）	四	・文章や句をそのまゝの形として與える。 ・ga, poti, posuto の綴語。 ・拗音、つまる音、はねる音符號（・へ）	1、單語の區別によって。 2、單語の位置を變えて。 3、行のきり方（位置の關係を利用） 4、語形の比較によって。 5、指がき→ノートにかく→空中書き。	←活
あさのうた（2）ねぼう（5）	五	・一回よみ。一文句を一度によむ。 ・分ち書き。 ・符號（-）	1→5に同じ 6、さゝやきよみ、黙讀を加えて。 7、一語をひとまとめにして書く練習。 8、ろうしがき。	字 第一時—第一五時の間は一週三時間、最も能率的時間配當である。
	六	・文字と音との一致。 ・符號（〃）	9、1、2、3、4、7、8に同じ 10、指がきの後すぐ空中がきに。さゝやきよみをしながらかく。	學
學校（5）	七	・語句の綴りを明瞭に知らせる。 ・符號（？）	11、3、4、7、8、9、10に同じ 動詞等の活用變化を比較することによって。	習→
學校のうた（2）	九	・そらで書くこと。 ・筆記體につゞる準備。 ・符號（：－）	12、4、8、10、11に同じ 13、記憶書き。 14、音刻節の拾い讀み練習（例題について）k、t、n、h、m、r、s、Y、E、G行、母音、つまる音、ハネル音、日行の順に練習す。	後期は習字の指導で出来る。←期
學校につく（1）まちのみどり（1）空と海のうた（1）	十	・語の音節分解。 ・大文字小文字について。 ・書取練習。	15、大文字小文字の間の關係を長く使用する。 16、音節から出来ている語の分解に拾い讀み 17、... 18、書取練習。	

たがらかく 書きを輝くなり、本段階の指書を書きる。本は、本は、本のとのできます。 よみをさしやきよみの段階を終え、かき方は指書きから、ノート **顔過つトこんぞの、 歩っしてしなむことにも置れてやしてるし、 ソート、つかむ時期に、連している。ロート中を始めてニャ月を** すでに拾いよみの段階もすぎ、成入と同じく語をまとまつた全體 **會的なものに、目ざめて来ている。よみの知識過程からみても、** 子供はこの頃から漸く自己中心な生き方の中にも、だん~~社

> ・兒童の上から の價値を見出す。

したユーモアな場面は子供の體験の中に生きている。ここに取材 あるが、既に起きている太郎となか~~起きない次郎とを中心と だい、四、よる)にわけ、「おぼう」は第一軍元「朝」の一場面で 一日の生活を四盟元(一、朝、二、撃校、三、あそび、お手つ 高屋した。

なものと結びついて空想や臨りを通してローで字に続しみやすく 子供の楽しい一日の生活に取材したものでその活動的、具體的

・素材の上やら

11、 限位の 意識

1、 最富素材 おぼう (四年六月)

いて客ら

ci、開語の位置を換えてよむ。

1、最初新語を色別にして習り。次に色別のアングラインを引

□ 二部子の行むもがえて置い、次に一行におとめて置る。

やの方法として

活にむすびいけん)

くせをつくる (この時の例文は、學被の子の名詞を出すなど生 ・ が字 位 同一 語 必 文中 に、 くっ か え し 出 し し よ り ―― 」 目 よ み の

(一) よみの指導

とし各時間毎に次の方法で段割をすすめる。

部川郡 (111両)

窓川振 (10河-11回) 第一時 (八頁一九頁)

四、星路横龍

四 三 四 平 三 三 平 三

り、指か

いても) の、分解(沿い出しのすまない音節からな 突動詞と擴充していく。 の、智の値い方の取りひろげを形容詞、形力になれる。 力になれる。 ついて語を組立て、こうした音節のよみ は、初音や普通に現われないような音節に は、切り、場合では、いいはは複行による。	・雑記録へ。・語の組立。	l	(4)
	を擴充していく。 の、動詞の變化を他の動詞に適用してよみ4、8、1、3、1、3、1、1、1、1、1、1、1、1、1、1、1、1、1、1、1	・語の使い方の取りひろげ。	11-	(1) (1) (2) 8 (2) 8 (3)
避免的である。 時間配置が最も能は、「獨二時間の は、「獨二時間の子部」を第二五年間の	いて指摘していく。 お、拾い出した書館が使われている語につ す、8、1、1、1、1、1、1、1、1、1、1、1、1、1、1、1、1、1、1、	・神館の指摘。	1+	大郎さんの日記コーマ字の時間ローマ字の時間

37

など、自認自解を中心にして。 ・二位数へ二位數を掛ける海掌、暗算による乘除、國形	11	いろいろな問題@		q-	今 で で で いない で
中に、二位製に三位製を掛ける雑算を習得する。卓に、二位製に三位製を掛ける雑算する正體的な響への一一位製を掛ける経過の計算を、環算と比較しつと。南なつけ、永にそれを正く計算を、隔算子る傷に、三位動に、自身の級の工作費を集めるため、地の懸算によって見・機動ある無にれる。あらゆる場合を繋続と。	E	別 銀 銀 製 計 課 銀 銀 銀 銀 銀 銀 銀 銀 銀 銀 銀 銀 銀 銀 銀 銀 銀 銀	は集金する。 の役員で級の致用などあるから、會計部など。 象扱の自治會の一員で	×	られら記録してしておれる。 よして表える として として をは とり の 逆算 ろっこ ない
・自解式で、折れ線ゲラフの素現や、小煎の計算での削減計算と、折れ線ゲラフむ。 ・運転が5時で競り破験したことから、製造や考え、小煎のゲラよりを変得する。 ・そことから、小歌動の意味、小敷の業業、配位一キロることから、小歌動の意味、小敷の電影、開佐一キロることから、小歌舞の意味、小繋の業業、開佐一キロら今の身得強変に出た京長や器食を開入、続枕を考え	四,河	いろいろ六問題(印鑑) 調 (銀金) (銀金) (銀金) (銀金) (まままままままままままままままままままままままままままままままままままま	なつてくる。 ・値分け年数々と忙しく欲くなつてくる。 となっていてる。 自身のになれてる。 週間の行体などから、 ・・・・・・・・・・・・・・・・・・・・・・・・・・・・・・・・・・・・	出	數 數 數 數 數 數 數 數 數 數 數 數 數 數 數 數 數 數 數
・ 企活事衆への適用をおる。自顧自願、自修式に。・ 合散的に、熱食る名為に、認体の網係を考えて。 となり観点、歌草位子賞までもある。 動力の 表の観念、歌草位子賞までもある。 東右、即位平方軒、衛子の、表の離みた。 表にしたりする主義的信・部落別に見置表を調べたり、表にしたりする主義的信		いろいろた問題①計 第 線 額 (変 の 調 ベ争)	それにはたらきかける。 から物土に強大される主に調大される。 とき間調査に影望、階級企業性を発力でする。 四年生としての名詞と	E	や語りの。 ・ 本字を では では では では では では では では では でが でが でが でが でが でが でが でが でが でが
寧智活動とその成具	第一部	學智素於	出活 職 海	_m	票 房

四年算數科學習指導要目

- ・指書きのとき、先生のゆつくりよみながら書いているのを直ち
 - ・一語を一まとめにする標注意しつ~
 - (二) 書き方の指導
 - 4、簡形の比較によって、はつきり覚えこむ。
- た、 考室法 再生法
- ・さんやきよみをしながら、かくことも加えていく。に空中がきなする。

39

3

— 53 —

	ひその間に脅る。 性話をする。
	る。 へ億つてみる とる。 ひっ
,	スズメ、作
41	主を理解するついて話して観察記録す

とをみて理解する。こおろぎの子を飼いはじめる。いろいろなくもが環境に願じて巧み生ぎ方をしているこが糸や其他のものを開わることを理解する。おもちや「電話機をつくり工夫しながら逃びその間に費用の土畑の土を調べ上に勤する理解が深まる。代かきを見、苗取り田植をし育ら方を調べ世話をする。	大九四四	・く も下3でんか遊び中3・日の土畠の土中一・代かき田福え中5	東がでる。 こおろぎやばつたの幼ろのにいくがしい。 ろのにいそがしい。 つばめがひなをそだてる。 作雨に入り田滬が始ま	长	を虫の生活大、いろいろ むむむしまわりる。 五、ちさぎの
潮干狩に行き貝の生活を調べ飼つて觀察する。ちょうの一生の觀察記録を整理し苦し合う。ちょうの一生の觀察記録を整理し苦し合う。 春の種じやがいもの葉に集つている虫を調べ飼つてみるずい虫のがや卵をさがす、卵を飼りて觀察する。 おし木を思いだし苗を抱える。 物の陽原について考えて話し合う。 青虫をとりに行き生活の情態を調べ、ハチ、スズメ、作青虫をとりに行き生活の情態を調べ、ハチ、スズメ、作	大大, 二六	海や小川の貝中5・ちょうと青虫下3・ちょうと青虫下3・ちょうの 虫下4つ。いもの由を循え中3・いもの首を縮え中3・青虫とも上3・ちょり	大大利、割工大利。 して小利。 田でいている。 一般は悪を出しまって生活を は代記やがいもがましたこには 工代にやがいるが支り	,	四、褶の研究三、種まきいもと
世話。あら、地ごしらえをして覆もみまき箱の一生を理解す。あら。地ごしらえをして覆もみかたしをし設孝と水との關係について話し畑でのちようを破梁し即をとつてきて一生を觀察記録すらざぎを飼って訓物の生活をみられの書譲する理解するの仕方等につい下記し合い自己研究を譲げる。色々太問題をみつけてきてもの研究の方法、結果の整理いるは三年で植えて世話をしている。	四四六五一二	・個ののである。のである。「個ののである」といっているというできる。これには、一般なれたしまれた。「本代上上」と、2012、143、143、143、143、143、143、143、143、143、143	ぜぬりをはじめる。かすくいがはじまるも田町の木がぬるみめだまないまなられるのだ。一年年の中には、大学のでものと、ハード・「ドー」を関して、名を関して、名を関して、名を関して、ないのは、	四	二、ごやがい、「肝器」「対なるの
兒童の活動とその成果	の關係軍元と	學習題がと時間配置	生活 環境	F	田 店

四年理科學習指導要目

行くことに外ならないのである。

念頭において、最もよりよい方法で處理させる。はたらきをねつて ることでなく、その場合に膿じ、十倍であるとか百倍であるとかを 要は計算する場合に唯一つの形式的な方法によって馬車馬的にす

含をするの

ストによりて、ことで指導した樹掌が正確に出来るかについての調 で解決する能力、特に位取りがうまくきめられる能力があるか。テ ハ、後での調査 日常の生活にでてくるいろいろな掛算を、概算

> あるが、それは位取りを間違えないという、確實さは持つているが、 ていく方法は勿論今までの計算法から當然出て來る自然のやり方で るかについて話し合いをさせ、いつものに掛けてのと出して、書い かせる。先ず三圓六〇錢などのような〇のある計算の處理をどうす 作業から、その計算方法を考えざせ、想算によって解くことに無づ

> ロ、實際の指導 自分の組の九月分の學用品費を集める主體的な た時、どらそれを處理しているかを調べる。

> 掛算がよく出來るかどうか。又その中に〇の入つているものを課し イ、始めの調査 二位數項は三位數え、基數又は二位數をかける

四、指導の展開

三、能力表から ④に躁躁をもつものである。

らしてのかかか

元 二位數或は三位數に二位數或は三位數を掛ける計算 1、星智素材 茂の工夫

につかせなくてはならない。

ならないことに指導上の注意がある。

位に〇のある場合も考えさせ、その計算法を指導して練習させ、身 以上はしが来位にある場合の比較的簡単なものであるが、数の中 練習される。

てくる大きな数の計算の場合、位取りを間違わず正確に出来るまで 更にのが被乘數、乘數にある場合、さてはのの數が二つ三つと掲し し、又殿草をどうするかについての考察をさせなければならない。 指導が終ったら、それを言語で表現させて見ることも大切である

を自覚させ、きちんと数字を負下に書いて、整理していかなければ 然しこの方法は餘程注意して行かないと位取りを間違え易いこと る方法のうまいやり方であることを納得させて行くのである。

りよい計算技はないものかと、目をつけざせ、教科器の下に出てい 非常に面倒であり、もつと位取りを間違えないで、しかも簡単によ

算數科學習指導の具體的展開例

NOW WHITE THE PROPERTY OF THE					
・磐年末である。今年のものの整理をする。・・・・・・・・・・・・・・・・・・・・・・・・・・・・・・・・・・・・	1,11	計・無・務・務のいろいろな問題の		[1]	,
解を。 な計算をし、それから小數と分數の特質についての選りが必然んまわしのひもを三つに分けさせ、二を三で削っ数的に自分から。 ・小數を整數で割つたり、いろいろのグラフをよみ、かく上活事象への適用をはかる、なるべく自讀自解で。 動を考え、計算の練習を。 ・単校、配給になった紙の厚さを較べさせ、小數配の異、	四、八八八四四四四四四四四四四四四四四四四四四四四四四四四四四四四四四四四四四	分數と小數①計 薬 密②いろいろいろな問題②無 の 厚 さ③	いれないといい。 おをすった。 おをすった。 と見受すった。 と記録を行う。 と記述をなる。 といい、 ととという。 ととという。 となんという。 となってという。 となっている。 となっない。 となっない。 といい、 といい、 といい、 といい、 といい、 といい、 といい、 とい	[1	

川、流路町薊

ら社會的な訓練も必然する。

- ・この遊では一人で出来るものでなく共同して遊ばねばならないか構造、使用法等に関心を終めて行く。
- ・でんわ述びから民製の有線電話へと関心が深まり電話機の役目やよい数材である。
- ろいろ工夫するので内面的な活動や技術的な壁質も盛に行われる
- 既製のものを使うのでなく自作しよりよくてんわを作るためにいどうか有意環
 疑り活動を貸むのは此の時期である。
- し方や糸を音撃が傳えることや空氣、水英の他のものが像えるか・糸でんわの遊びはもつと低壁年の方が好むが紙の振動板の振動
- ・表でんわの遊びはもつと医塾年の方が年いが低の震動取の震動の又望に唱るだけでなく、その降わり方にも好奇心を寄せてくる。
- ・四年級の頃になると、そろ~~複雑なものを作つてみたくなる。る、そしてよく鳴るように工夫して進ぶ。

で種子である。午笛やあんずの核で笛を作り、竹や菸桿で笛を作事・音を出して盗ぶことは極めて幼稚なものから非常に高尚なものま

二、四位觀

一、題材(望元)でんわ遊び

のかよのははは

- ・箘の作り方紙のはり方特に糸のつけ方等の作業に見証の科學しない。
- ・個人が一組製作のもの、共同製作のものいろいろもるが干渉される。
- ② 製作と賞賞、各分園は製師の指國を受けないで活動が開始
- 6 分園で協議し製作の打合せ付益菜も方について相談する。 関心の理度をよく観察し次の指導の手がかりとする。
- ① 話し合い「でんわ遊び」について指し合う。 興味の方向や
 - o、活動の推診 の選擇に注意を要する。

無い場合は竹筒とする糸や凝砂がは子供に用窓させる。振動紙

- 2、強備――製作の材料は婆ら用意する。厚紙は護物を利用する
 - 1、時間配置---三年間位。

日、 剛趣版製

- □、音や壁の値わり方が物によってもがうこと。
 - a、 mや ののでいりといいではいる。 はなりないといいではなる。
 - コ、米でんわを作って工夫力や考察力を織る。

理科學智指導の具體的展開例

一年間の研究の結果を整理し酸張して批評し合う。 みる。春分について調べる。 日の出入の方信、時刻を繼續的に調べてグラフに表して太陽の高さを繼續的に調べてグラニに表して表して表して表して表して表してある。	域 たもの 陸路中は 日田 田 古土の 土土 田田 田 古土の	三二番件、日がのびてくる	

ごもの滞働をつかむ。 と考える。 ご、表火との違いを考がられて考える名とのなれた。 湯質が考えるのによるのによりのわけを考える。 えそのわけを考える。	無調・土の中の溫度の戀化をグラー。 事器の自然や土物について関係しるこれによたを守ると消える後をあるられてでいる。 えるうくの人の説える謎をを観かれて水を搬送して認むする。 水を繋じて変している。 ないを見なられる。 ないならならない。 ないを見なられる。 となるがなれたない。 なられたりない。 なられたりない。 になるののででである。 ないなりない。 になるがながれたない。 ないのののではない。 ないのののではない。 といるののではない。 といるののではない。 といるののではない。 といるののではない。 といるののではないない。	+ + + +	か の 天 氣下3つくさそくの火中1~いじょうき上au	4. 3 4. 0	は、 の、 の、 の、 のの のの のの のの のの のの の	14	
	し、おき上るわけを考えものの単おきあがりこぼしを作り聴がして	1+	ない かいかり できる しょうしょう	et le	ってかざつてある。お正月には、たるまを買	1	無十三、春の天
多越しを理解する。 には素節によってすい。	今までの研究の結果を課理し設整 広を選えるのがあること、鳥の魔を選えるものがあること、鳥の山の頃の原の鳥の様子を調べ、鳥の四季折々に野外に四季折を間とまると生活を	<u>ا</u>	ご 毎 年 の 素 中 の こ の こ こ こ こ こ こ こ こ こ こ こ こ こ こ こ こ	洪海	がん、かもが訪れる。つばめがみえたくなりてくる。	11+	と縁わかし十二、こんろ
らべ、いろいろたものでんれんとなってんぶんどとる。	についてでんぱんが含まれているくず傷を作りでんぷんが合まれていることを知り、いもからヨードチンキによりいもから	11.	がなれた。 名中3	رة . ا	動している。まれ酸粉工場が盛に活道端にいる接の山がつ	1+	がらこほし十一、おきめ
するでなる。	っくる。 ふみすりをして支来を觀察し、稍 落にきをし、もみを選り合けて干 箱刈りをし、みのりの標子を謂く をしたがら芽生えを選びる関係 いもを掘りその出來方をみ、また	四四四三二	は か まままる お な な な な な な な な な な な な な な な な な な	語・「語	開く。 秋の野山の草木が花をてくびをたれる。 相の護が黄色に色づい	+	心・一般だま夢
較表を作る。 て調べ、子を飼つてとついている。 でいて調べる。 時刻、天氣、季節との	紙だ主鐵砲を作り工夫して遊ぶったろぎの一生とちようの一生の比これろぎを中心に対鳴く虫についいいいいいいいいいいいいいいいいいいのとについい。海の花み観察し、花の開くことと大根の衝をまき土中の水について	大四、大四、大三、大	へ 母母の	部・に	よく闘風がある。得の花盛りとなる。がの本盛ととなる。私の主が歴史となる。なるまれ。ないないない。ない、これのは、おいいいなど、これのであれる。	九	れ、でんわ遊れ、でんわ遊れ、一次、一般の馬
ごしこト語ったの、臣 1	究の結果を整理し露裏して批評しるつるをみて葉のはたらきと目光にしゃがいもをほりいもの出来方を記	1 11、长	たちの研究中でものって、そのつろうかがいるほり上も	5	になってくる。じゃがいもの実が黄色	t	七、木川の貝

--- 42 ----

指子の作曲も試みる。 ズムの美しさ・簡單な合奏も出來る・三の野かん三指子・二分音符と四分音符と四分音符と四分音符の一〇腔想を生かして連携なきもらで。 〇口調像香曜日本青曜の旋律美を味得する	〇8年、ロト・・・・・・・・・・・・・・・・・・・・・・・・・・・・・・・・・・・・	夢のお園かぞえらた	んなはつゆめを見るであろう。たがきこえてくる。子供らはどれとび、まりつきなどの重視ら高く、満ち高らでいる。はねつき、なお圧月の氣みは家庭に村に街に	l	ない。 はの記された。 のの記述を記された。 のの記述を記された。 のの記述がはいいない。 のの記述がはいいない。 のの記述がはいいない。 のの記述がはいいない。 のの記述がはいいない。 のの記述がはいいない。 のの記述がはいいない。 のの記述がはいいない。 のの記述がはいいない。 のの記述がはいいない。 のの記述がはいいない。 のの記述がはいいない。 のの記述がはいいない。 のの記述がはいいない。 のの記述がはいいない。 のの記述がはいいない。 のの記述がはいいない。 ののではいないない。 ののではいないないない。 ののではいないないないないない。 ののではいないないないないないない。 ののではいないないないないないないないないないないないないないないないないないないな
しょれざせる・簡單な合唱に發展する。 ○リズ・カルに・形式のととのつた美しさの四拍子に注意する。 化と統一の美しざを味わいたがら・弱起しきれいに二部合唱をうたう・リズムの變	耳の子へり・・ハロ・・ハロ・・ハロ・・・ハロ・・・・・・・・・・・・・・・・・・・・・		を流している。これなに握くても働くものは汗さきくのも跳しいものである。 指しが吹きさぶ 家の中で音楽 抱い多がやつてきた。外では木渡い多がやつてきた。外では木	11+	を祭める 戦十名理 との際底に @楽曲と青色
形式についても學智子・時點音符の長さ〇選弱關係を生かして歌唱すること・由のいればなる。大拍子の作曲を試みる。ひついた演祎を懸得する・拍子記護につりて、拍子の學習を充分にしてリズムとむす	>・・- > ・や の Cl	部語	ある。菊の花も香り紅葉の季節をそそる秋の果物も外の泉物も今が盛りでり入れの時期となる。一方味霓みのりの秋もたけなわ、褶も取みのりの秋もたけなわ、褶も取	+	原のでは、 東を直接と のをは、 のをといるののののでした。 とってたる数のできます。 とっている。
ながらきれいに歌う。○鶴里な二部合唱・合唱の美しさを味わい近畿に登展してもよい。近畿に登展してもよい。の作曲を試みる・行進の速度を理解する○二拍子をはつきりとつて元氣よく・〈網	F co 4・くー・ロ	ひびくようたご	たくなるような無持がする。行けば大きな壁で自然とうたいであろう。秋の空は高い。山につて一ばん面白くたのしい行撃運動會は何と云つても子供にと	+	を味い合意を味わせるを味わせるもによる意思をはよる意思の智色の組合の組合
の面白さに注意する。えのまちがいを楽譜によって直す・伴奏えるまちがいを楽譜によって直す・伴奏のみんな知つているたのしい歌・聞きおぼなる・最後をややクレッシェンドに。へ調の誤唱練習・合唱の基礎練習曲とも	O 30 4・くー・・く O 4 4・くー・・く	のたぬきばやししようじょう等級のおけいこ	もあり速足もあつてたのしい。壁がきこそ月が美しい。上立を開いましい。十五夜年のりに好季節となる。夜は虫の第二塁切も胎まり、勉強にスポ	九	おおります。 おおりのである。 おおりのである。 おいのである。 おいのである。 というできる。 というでき
意味をおぼえる。○上行旋律で総名曲のうたい方・複綜線の○上行旋律で総名曲のうたい方・複綜線のこの唱歌は幾小節あるかしらべる。歌う・かえるのなき壁の歌い方を工夫す○輪唱のあやな才面白さを味つてたのしく	D cs 本・く -・・・く 世 cs 本・く -・・・!		せる。 み出てきて子供たちをよろこばも飛ぶ。とんぼ、せみもそろそるの難がきこえてくる。ほたる夜は寒く近くのたんばからかんれる	4	なかなない。 をなられて、 をあるの事をののが、 があるいののが、 がいるののが、 がは、 がいるののが、 がいるののが、 がいるのが、 がいるのが、 がいるのが、 がいるのが、 がいるのが、 がいるのが、 ののできない。 ののでのできない。 でいるのが、 ののでのできない。 ののでのできない。 ののでのできない。 ののできない。 ののでのできない。 ののでのできない。 ののでを、 ののでを、 ののでできない。 ののでできない。 ののでを、 ののでででを、 ののでででを、 ののででででででででででででででででででででででででででででででででででで

高する。 高級・害の長さをまちがえれよう特に注意数・害の長さをまたれるの数想を工夫する・三拍子の恩智と継続の用してみる・二部分表成について。 ○弱起の四拍子歌い出しの練習・作曲に贋	日の一名・ハー・ニュー	わか ば 田 c x	しざであろう。 服り飲える。都総は何という実権的をながつて別れるながって明めるい人孫陽にる。田稲も指まり皇家は忙しい夏も近づき交替えの時期でもも	*	のの作用を記るという。 関が共に無効のいるを関いるとは、 ののを選択して、 の楽譜楽して、 でもなると、
香部贈表・ララとべよの歌い方を正しく○大拍子の練習を充分に・低音部贈表と高してもよい。 小節の音器を確實に・器樂の練習に發展の自分の力で視唱してみる・第四小節第八	O ⇔ ∞· ⟨ -·· ⟨ O 4 4· ⟨ -··	なれるがすれるよう	は活酸に運動する。 い。小運動會も多つて子供たちなすみれんれんでは何代は何となくなんの花ははなくなくやさしらびの中にまじつて咲くちいさ春の野山は美しい。つくしゃわ	田	を合の を合の 連幅 を発見 のの が発見 のの が必ず が必ず がなかる がなかる がなかる がなかる がなかる がなかる がなかる がなかる がなかる がなかる がなかる がなかる がなかる がなかる がながながながながながながながながながながながながながながながながながながな
の意味・速度を正しく。 ○リバミカルに拍子の感じを把んで・加談つけて美しく。 ・視唱の力を生かして歌う・露想に氣を(形式のおもしろき、 4-B-Aのかたち	0 63 44 5 - · · 5 C	春むずみかくもか	たのしい。 李風がのどかに吹くその若かげに送ばる。 翻想議足は年に進級したよるとびにみちて想のたるちて	园	かれたもれるとのでは、 では、 では、 では、 では、 では、 では、 では、 では、 では、
早元竪習のヌ項	調拍子膏蔥	學智素於	全 活 環 点	m	聖 元

四年音樂科學習指導要目

- **向 研究 音の偉わりかたについて一鷹まとまりがついたら、いく媒體が出たら衣諌紙だ主鎌鉋へ合みをもたせる)**
- **りし、問題の中心となつて討議の形をえるであろう(空氣と主題は「どうして糸を使うとよくきごえるのか」になるだろ**
- 倒 話し合い 今まで単習したことについて話し合いをする。
 - ・宮殿の仕方や問題は数科書を参考にさせる。
 - 造する子供等いろいろあらわれる。
- ・

進びを崩りて成功した子供、失敗した子供更に複雑なもの政
- ・製作賞験中の態度を記述尺度法により査定する。
 - ・音の傳わり方について真偽法により行う。
 - 因、感劉結県の希領

徳(関いは監製の)を異えて「もしもし」と呼ばせる。

電話機を作ってみたい子供が必ず出るから数師製作の電話輸がなざれ討議の内等が鑑賞されて行く。

魚ば たき 化付銭 りち笑い 智彦さいこす。。それがきつかけとなつて糸以外のものの偉わり方について賞

目的がきまつたらば方限症が厚紙に腐をかく。 ・展閉圏を作る前にどんな種物を作るいについて考える。 ・勤豪をせまく取り確復で表現技術をはる様にする。 ・形態色彩明暗等をよく判断し限察する力をおる。 ・花を第生して福度な精綿のよるもの。	~7	園・電薬物の展開4・電産の 第 金 金 電子 の 第 生 全	ってみよう。 ・社會で勉強した建物を作ったたい。 ので総たい。 ので総在かい、保存して えた花木をむいに保存して ・四月の治めに花だんに描いた	Ħ	震による推()の記憶想象
しい別らい帯の景色を思う存分に窩生してみる。・多からさめた自然は美しい色にかこまれて來た。その実する。 常際の品物を集めることは困難であるから簡潔なものに變色相順に分類させて整理させる。・布片や猶本や色綜券にある色々な色を集めさせそれを明	1 4	・資の景色を出って、銀の集のの	出籍で第1日よう。 季の美しい最近にいるを難べるい。 い色を翻べる。 この主義にに この主紀で行く者の 別る ズさめで美しい 明るい色 、 ス自然は 冬ごもりから目	豆	の発生の で出てより
緊習活動と其の成果	型型	3	章 器 第	ක	耳: 元

四字圖丁科學智指導要目

この曲は児童もたびたび耳にするであらうから、そのことについ〇戸省をレてレコード鑑賞を行う。(ハイドンのおもちゃの交響曲)合唱を練つていく。

から適宜、全部階名で歌唱したり、軟は歌詞を生存つけたりしての歌詞をつけてみる。この歌詞は隋名を並えた面占い練習曲であるが如何に全體に影響を興えるかなどについて盛得させる。

音程を正しく歌わないと美しくない。ということや一人一人の撃

〇台峠の旗階

が歌い合い、関き合いして、正しく直して行くように練習する。程の確潔を中心とし、適宜組別唱点どを加え、なるべく児童相互 〇高音部、低音部に分れてすぐ記唱してみる。高音部も低音部も音板響の音符をみてリズム関係を担む。

○鑑慮力について、等が開金の劉褒となるであるよ。

- の器
 が
 点
 点
 点
 点
 点
 点
 点
 点
 点
 点
 点
 点
 点
 点
 点
 点
 点
 点
 点
 点
 点
 点
 点
 点
 点
 点
 点
 点
 点
 点
 点
 点
 点
 点
 点
 点
 点
 点
 点
 点
 点
 点
 点
 点
 点
 点
 点
 点
 点
 点
 点
 点
 点
 点
 点
 点
 点
 点
 点
 点
 点
 点
 点
 点
 点
 点
 点
 点
 点
 点
 点
 点
 点
 点
 点
 点
 点
 点
 点
 点
 点
 点
 点
 点
 点
 点
 点
 点
 点
 点
 点
 点
 点
 点
 点
 点
 点
 点
 点
 点
 点
 点
 点
 点
 点
 点
 点
 点
 点
 点
 点
 点
 点
 点
 点
 点
 点
 点
 点
 点
 点
 点
 点
 点
 点
 点
 点
 点
 点
 点
 点
 点
 点
 点
 点
 点
 点
 点
 点
 点
 点
 点
 点
 点
 点
 点
 点
 点
 点
 点
 点
 点
 点
 点
 点
 点
 点
 点
 点
 点
 点
 点
 点
 点
 点
 点
 点
 点
 点
 点
 点
 点
 点
 点
 点
 点
 点
 点
 点
 点
 点
 点
 点
 点
 点
 点
 点
 点
 点
 点
 点
 点
 点
 点
 点
 点
 点
 点
 点
 点
 点
 点
 点
 点
 点
 点
 点
 点
 点
 点
 点
 点
 点
 点
 点
 点
 点
 点
 点
 点
 点
 点
 点
 点
 点
- ②合唱歌唱能力の程度。

素材にだった

る。見糵の側からみればそれが摩留の参考となるである。このに何らかの授業の反省があり、それが今後の指導法の豪考ともな本業材に流れる各單元がどのように記載にくみとられたか、そこ

三、原智能運信県の闘を

- 8、第二時語の徹底と鑑賞。
- ○実時の慰習の話をして本時を終る。て話し合いをと鑑賞力を認めて行く。

二、原物治臓の原肥

るということを中心として指導をすすめる。

- 〇故に本素がを取扱うに當つては望元にこと自唱、合義を研究通化す調四分の四拍手の整つた金融で出来ている。
- ○本業材は最初の二部合唱曲で、曲も定重の配唱能力にも適したいしめ、合唱に興味を持つように仕向けたい。
- 合唱の基礎練習的なこの敬を取扱い、合唱の構成の美しさを味わり第二學期も始まり學習も充實する就となった。この新學期に二部一、取材の寡(九月、歌のおけいこ)

最初に四拍子のうち方を復習的にうち、ピアノに含せる。兄童はO歌のおけいこの韻唱。

○香贈の練習をさせ香種を正しく把握させる。

直し、學習の氣分を喚起する。

○監督歌曲、「かえるの合唱」をうたってみる。適當に襲撃競害等をで壊定を話し合い、自主的な學習態度へと導く。

O夏休みのたのしかったお話と二壁期の音楽型習について、みんな

3、第一時の學習指導。

1、特問配約——四時限。

音樂科學密指導の具體的展開例

○壁元は塁元配配の要項というところに具機化されてきている。るかを考察してみた。 とある者感じてみた。○生活要強は、子供らの壓筋が生活を弛鍵としていることから影智の素材が加何なる見重の生活環境に募づけられている。企然し七夕祭、善業會、與顯會、コンクールなどが各単期にあるからそれらのため素材の融通性も考えてみた。○七月、十二月、三月は夫々二週間として立案したので、一つの素材は補充数材として考えた。要目についての参考 ぎしゃの音も聞える。る。しかし夜はまだまだ壁く夜つじたがそつと顕を出しはじめばまだまがなましましまじる。ど春へ春へと一歩一歩近づく。他のもつく、捻紫式、撃麴會な のリズムをよく練習する。 〇リズムもまちがい易い「みどりの原に」〇音程が大變むずかしいから注意を要する合唱・三拍子を正確にとること。 〇輪唱から發展したと見られる簡単な二部 日本一本へいしいこ (もら霜だ) 111 日の一本・八一・・八 专 ~ 你好 **窓小目にお倣いにいく子もも農具の生産に忙しい工場もある仕事がはじまる。 帯にそなえてつづく、しかし街も村も工場もあままだ氷りつくような寒ぎがあるまたままがり** ごう。 バムを練習する・ドーラドーソの音程に ○四分体上符の次にくる[なんだつけ]のリ 何んだりむ H 01/20 / -... 11 のじょう **ルーのリズムに注意する・はきはきと歯○二部輪唱曲の歌唱に習歌する。「がたと** 4 USP ニ・・・ン・子子五

1 46

49 -

A SECRETARIO DE CONTROL DE CONTRO	TO PROPERTY AND ADDRESS.	ORTHODORADINA CONTRACTOR	ment and a			
で始めに出した。 興味等の點から見て又一方数科の系統上から見て決めたものである。色葉め等は色彩感覺をねるには最初がよいのである。例えば衣紋樹、筆立、表紙圖案紙、芝居等は後者に屬している。學習素材は季節や行事子供の生活環境や 実が妥當であるが、四年では一方に基礎的なものを學習すると共に一應には贋用的な充置させる學習が行われるの字。本學年に於ける學習の重點は基礎練習と贋用練習の混用された時代であると言える。五年では贋用充質期と言う言い						
領等について實際に整明してみる。 ・自動車が出来上つたならば運動させてみて安定感平均均・距離によって形の變化する事を合理的に知らせる。の中の常生を學生最後として行う。 ・机や椅子の富生をしたのでそれ等が続合されている数室	8 1	創事に	回。	・一つ上手にかいてみようる。 る。 実に別れる日はじきであまれ別れる日はじきであ・一年間創世話になつた数	III	
のりづけをしつかりやり着色をする。 ・展開園が出来たらば正確にり勧し折り出げて構成する。 に引く半窓観整法等について理會する。 ・直談によって組立てられる物體である關係上直線を上手おる。 おる。・ 差内によるないかやれるなどのないにとなる。	8 1	動車の第年年いずの富生生	自机	・机や椅子をかいてなようは寒いし風も強い。教室の中で寫生をする外	11	
でいるかどうが車輪の數等を設計してから製作する。なくてよい。唯自動車の外原と窓の敷形が特徴をつかん・自動車の展開圏はむずかしいがそれ選げんみつなものでつて作る。出來上つたら各班毎に實演させてみる・紙芝居を作るのであるが迎に分けて何を作るか相談し合	8 . 2	4	音・鏡・	い。三郎都邦一ばいて仕上げた「鄭邦一にといて仕上げた」を全中に出された右国でを作りてるなれい。居だ出された衛閥をおいい。王はされた諸立派なら、祖正日体みの宿閥に紙送	1	
・分類したものはどんな風に保存させるか工夫する。等を實際に見せてそれは何の形に屬するか分類する。自分の家にあるもの、駆牧にあるもの、社會にあるものものかるか寫生して整理する。同柱圓錐角柱角錐に腐するものの質物にはどんたものが	Ot	献 で4	• 宏	開る出る。宿園が出るで信題が出る。作業の中に発生に発生に動車の信念を休みもに発生に紙芝居の必ぞを認る。一般を調る。日常生活には使れている、日常生活には使れている。本の葉の形から發展して	11-	の で の 金銀 単 型 型 型 型 型 型 型 型 型 型 型 型 型 型 型 型 型 型

タイ等に圏案化させ賞用に結びつけてする。・秋の美しい色ついた木の葉をまねて包紙や風呂敷やネク・出來た品に裔色させる方法や技術も教えさせる。 出來上つた作品は賞用にする・太さと深さを考える。な。	6 9	・木の葉の흲熊4・筆・土	する。 色づいた木の葉を圖案化々竹は利用價値がひろいるし次ごらも出来と自出来でも出来て付けるとなどもとは、よしな利用した筆立も出来しなってなったのことを行ったあとで竹の	1+	合 を を を 当 子 任 子 子 で と で で で で に で い に い に に い に に い に に れ に れ に れ に れ に れ
らせる。てそれを二糎平方位の大きさの中にあてこみ创扱いてはっそれを二糎平方位の大きさの中にあてこみ创扱いではあれ、関係をさせカット式にするか課職式にするか決められる。大きさは各自自分の家の衣服をかける機に設計させてき発きせる。	9	・表紙 圆 紫生・衣 紋 掛4	い。ねて表紙の圖案を作りた・色づき始めた木の葉をま作る。	+	田・大田・大田・大田・大田・大田・大田・大田・大田・大田・大田・大田・大田・大学・大学・大学・大学・大学・大学・大学・大学・大学・大学・大学・大学・大学・
る。衛を會得させる線にする。出來上つたものは廣用にさせ你を會得させる線にする。出來上つたものは廣用にさせ・竹棚工についての要領を説明し實習を通し作ら色々な技・皮ふの色をどうしたら出せる私研究する。徹底的な描寫力の修練をなす事が出來る。人物描寫は描寫力を私名れるには最もよいものである。	99 1	はいいる。	網工をはじめたい。・ 竹の切り時が一番よい竹にかの切り時が一番よい竹ぼり。となる。 投資をないて表述をないてみまれたうである。 久し食果になって塵紋 < 出た	九	◎ 竹正 ◎ 紙工 ○ 展開園
たく全體の一部としてセットを使うのはよい。 ・店に裏つているセットを使用する場合は全部を使らのでてみる。 ・出来上つたら結果に於て豫定通り行つたかどうか区省し必要でどんな順序でどんな計畫でするか考える。 ・どんなものを作るか目的をきめてそれにはどんな粉が	11	作る・目的を立てて4	作りてみょう。いがってみまれる。これがなる。一つにがなる。一つときであるがない。一つ工夫して行わればはいる。海に入る有何か。海に入る有別かれる何か。	4	● 國家 ● 影楽
やる。 をし形の大きさや各部の比較割合について注意指導して・動物中でも自分達の學校で飼育している兎について常生・出來上つたら最初の計鑑にあつたかどうか反省してみる・紙をはる場合で零にきちんとはる機に指導する。 ・園が出來上つたら切斷して組立て權成する。	to co	・動物の高生4・整 築 物4	にかいてみよう。 ・可懲らしいうさぎを上手大きくなつて來た。 ・四月から飼つだ兎も大部	\ \	●色彩る表現●粘土によ

四年體育科學習指導要目

・竹のけずり方の契額を會得する。

業を作らせ作ら次の標な點に注意させる。

川、野智活動のなのご

もしは腐に

減を目常生活の間から考えざせ獲の使命

3、子供の西から

を幾う。

- ・自分に必要だるのは成正く自分で作ったりとの関連

圖工科學習指導の具體的展開例

一、素　材　箸を作る

二、取材の意義

1、學習指導要領から

單元「竹細工」に屬する。

單元目標

・竹材の性質を理解し、それを利用する途を考えさせる。

・竹材の如き硬い材料の使用になれさせる。

・自分に必要なものは成可く自分で作つたり處理したりする態度を養う。

2、子供の面から

箸が無いと不便である事を日常生活の面から考えさせ箸の使命の重大である事を理解させる。季節的に見て九月は最適期であることも知らせる。四年になると紙細工から更に進み、竹や木を利用した立體造形に興味を持つ樣になるし、體力も出來てくる。又竹細工の基礎練習として必要である。こんな事から四年頃になると竹とんぼやぶんぶんまわし等を作つて遊ぶ樣になつて來ている

3、兩者からみて

以上の樣な子供の造形活動をうまく把えて單元目標とにらみ合せて此處に取材したわけである。

三、學習活動のねらい

箸を作らせ乍ら次の樣な點に注意させる。

・竹のけずり方の要領を會得する。

・竹の如き硬い材料の使用になれさせる。

・竹の性質を知らせる。

・自分に必要なものは自分で處理し製作して行く。

四、學習の進め方

時間配當　三時限

準　備　小刀、竹、竹削臺、參考品

過　程

・はしについて話し合つて見る。

・自分の作るはしの形狀や大きさを決めるし裝飾等も考えさせる

・どんな順序でどんな材料でどんな道具を使つてするか計畫を立てさせる。

・出來上つた箸は相互鑑賞をし實用と美の見地から檢討する。

五、學習結果の調査

記述尺度によつて調査する。

・竹材の性質をよく利用しているか、していないか。

・製作技術が上手か下手か。

・實際に役立つかどうか、又便利であるかどうか。

・自分の家で使う物で自分で作れたり自分で處理出來るものは自分で出來るかどうか。

・面白かつたかどうか。

個人製品は一對比較法でする。

— 50 —

四年體育科學習指導要目

月	生活環境	衛生	運動	時間	用具	指導の要點
四	春風と共に四年に進級するもう上級生の部類に入つたのである。肉體的にも著しい發育を遂げ、幼時的特性を薄らいでくる。男女の別はだん〳〵はつきりしてくる。	手足口の清潔 頭及び髮の清潔 身長の測定	・けん鬼 ・跳び上り下り ・片脚リレー ・幅跳び競争 ・圓形リレー	一 三 四 四	跳箱 スコップ 巻尺 バトン	一、本學年に於ては相當高次な技術的運動、社會性の發展を促す運動を與えてよい。 二、身體檢査の際は兒童相互に測定させて、身體への關心を高める。 三、教材は大體三年と同じであるが、取扱う際は稍ゝ高次のものとして實施する。 四、リレーの走距離は八十乃至百米。
五	春のスポーツシーズンである。上旬には端午の節句の運動會がある。 運動調整能力の發達著しい此の期兒童は、何をやつても進歩は著しい。	體の清潔 食事	・腕立て跳びこし ・脚懸け上り ◎春　緊張と弛緩　交換歩 ・對列フットボール ・高跳び競争	三 三 三 一 二	跳箱 高鐵棒 低鐵棒 排球 高跳臺	一、春の好季を見逃すことなく充分に運動させる。 二、跳びこしは、跳箱が縱の場合は高さ約六十糎横の場合は四十糎位がよい。 三、ダンスは春を指導し乍ら、緊張、弛緩、脱力を體得させる。 四、自己の能力を自覺させるように、測定を實施させる。
六	春の運動季節は去り陰うつな梅雨となる。 運動意慾は旺盛であるが、戸外運動も出來ず、室内で暴れる。 病氣に罹り易い。	梅雨季の衛生	・脚懸回轉 ・脚懸け上り ・逆上り ・重り鬼 ◎若葉、交換歩、伸縮 ・フットベースボール	六 一 二 三	低(高)鐵棒 〃 〃 排球	一、梅雨時の衛生指導を適切になす。 二、若葉は曲をきいておどらせ、交換歩、伸縮の指導へ導く。 三、雨の止み間を利用し、運動場を荒さぬように鐵棒運動を多くする。 四、雨の日は室内で、運動方法等の討議をさせる。 五、フットベースの壘間は約十六米とする。
七	夏休みが近づく。暑さは烈しくなつてくる。木蔭が樂しい遊び場となる。水泳シーズンとなる。	休養	・前轉 △すもう ・子とり鬼 ・水泳	三 三	跳箱 マット	一、暑氣時の體育指導の適切をはかる。 二、前轉は跳箱の高さ約六十糎がよい、手をつかせずにやる時は約四十糎とする。 三、水泳指導は充分な準備運動をなし、細心の注意を拂つて監督する。

— 51 —

ざせる。

1、器用さを養り。

河、四 河

の玄配能力は高められている。

決斷力がなければ出來ず、やつた時は爽快であり、知らの間に身體の論地の期の見童に之等の陸性を完全に得る指導は望まれないが

7高能の用の居主と等の表生と言をに言る旨事は望まれないがれる。れる。 先才器用になること、決断、敵護、輕快、資重になる学色々もげら

やる程面白くなるものである。韓同により得られるところの效果は器械體操はむしろスポーツ的傾向をもち、進度が明らかでやれば顔は答易に得られる。

冒險を愛好し、全體として幼晃的特性は薄らぎ、あらゆる運動の熟録の韓同を取材した。此の期の兄童は

二、阪谷の意義

一、数符前轉

道慮してきれいにからしてみる。

のやる場合の研究をする。

ち上るにはどうしたらよいか研究する。人のをよく見て、自分

・立つたまま手をついてマットの上で韓囘する。手を使わずに立

・驅幹の準備運動を充分になす。

4、過 程

- 8、準 備 跳箱、マット
 - 3、時間配置 四時間
- ・お互に研究し工夫する態度を懸う。
 - ・能力別指導をなす。
 - ・蒸置糖素は腐食にいわる。
 - 1、方 剑
 - 瘤 流 . 国
 - 3、決騎力を襲う。
 - a゚目まいに對する抵抗力を養う。

體育科學智指導の具體的展開例

三、一年間の經営と反省。 二、創作表現(ダンス) 三、異なわとびは十人一組位が適當である。	34	+;	hin	米	・子取り鬼重り鬼 ②も子春だ三拍步 ・ 異なわとび	で來、動作も活躍となる。何の學塾會等で氣みは和んの學塾會等で氣みは和んとはれん。	[II]
出させる。一、雪が除つたら雪投げでもして子供に元氣をする。 ・する。 ・数室の清緒をよくなし、埃の立たぬように	25	¥	短) 	・片手鬼子取り鬼・短なわとび、ななわとび、跡・温いい	戸外あそ びが少くなる。 喉を痛め易い。 寒さ戦しく且空氣も乾燥し	11

					-
三、歓望の換氣をよくなす。 ろ。 こ、飲さに鍛えて行くと共に薬護面をつよくす一、硼寒的な指導をなす。	卸なわ	・跡 追 い・塩なわとび 大・押し出し造び	证 鼠菜光換氣	て行く。古等で、元氣をもりかえし声等ではきびしい。然し寒稽	[
三、採暖的な指導法。二、柴氣衞生の指導。一、秋季運動シーズンの整理的指導。	媒 葉	・子取り鬼	嫌	月を待ち乍ら休暇に入る。間もなく一つ年をとる。正 懲さは増してくる。	11+
五、季節の移行に即した衛生指導をなす。に行り。に行り。に行り。に行り。同跳びは測定させ、段階をつくつて競争的三、ドッチボールのコートは十四米、七米とすこ、球投げは散球を用い、グローブでやつてもいに元氣にやらせる。	・	・・・・・・・・・・・・・・・・・・・・・・・・・・・・・・・・・・・・・	瀬がいていなった。	いている。 未だ~~運動シーズンは續能力は梅大する。 能力は梅大する。 し却つて専内が引縮り運動稍々各氣を露えてくる。然	1-1
る態度の指導もなす。四、運動會には全力を盡して敢闘すると共に顧四、運動會には全力を盡して敢闘すると共に關予、ガンスでは、既習の歩法を綜合して、狸ば物をえらぶ。一、障害裁定には興味的で且危險性の少い障害共に、運動の禁しさを健得させる。一、運動會を目標に大いに心身の鍛錬をなすと	当場である。	第二回 1 1 1 1 1 1 1 1 1 1 1 1 1 1 1 1 1 1 1	淄鬯毦歀麨	とする。を配して體育のかり入れ時此の好季節に遠尾、運動會りの好シズトンである。天高く氣澄み渡つたスポー	+
の後に實施する。 ・ 走距離は約尺十米がよく、準備運動、緩走子十九秒位である。 四、短距離走の標準速度は百米男子十八秒、女三、重り鬼は圓陣を二列にしてもよい。 二、下旬よの運動量を堵して行く。 一、季節の移行期に對する衛生指輩をなす。	箱	短前重す水 距 りる 離 りる ボキ専鬼う泳	麗 眼	たの。名の説を相當度くなってきあるのうののでのうくってたりする。技術は、上級生にならって助球園間登載の强くなって野球始る。未だ暑さは、お客をは、お客をになった。	九

會員番號

-		⑩		宮証・作品を表表して	一ツ橋二ノ五都千代田區	神田東京京			理	行	鹞		
				日本出都千代田	東京	i K		門					
	會			帝國治都區之	黑点	所	聖	픕		Ī	一	野	
	Els	*	: 光	п <u>Э</u>		\succ	型	TT			蘊	菠	
	夫	領	餌	盐		\succ	行	錠		Į			
		本 本部時間		名代表于 字葉師		承		帡					
		+ 11 (# 13	尼 價 三										
		神王	出 藩 弘	各科岩	學習出	介置		發日				+11	

・助走し兩脚路切で跳箱の上で韓同させる。一度に韓同させてみせる。

肯を圓くし聞をかき抱くやうにすれば袒き上れることに氣づか離か上手な者にやらしてみる。

醇んで行く。

四角の箱は押せば倒れたま」になる。丸いボールはどこまでもが、なぜだろうか。

背中をどしんとついたり、韓同後うまく起き上れない者がある

・助走してマットの上で韓囘する。

えざせる。

曽中をどしんとつく着がいるが、どこが誤いからだろうかと老

- 8、膿に遡した印息を異える。
 - 2、用具は豐富に與える。
 - ・注意 1、危險防止に注意する。
 - ・毀離の二、気管を概留を行う。

のかけいしか

今までは出來なかつたが、だんだん出きるようになつた者にやつと前にまげること」「脆の突張りを蹑くすることに氣づかせる今麼は頭が郊闌になる。どうしたらうまくまわれるか、首をぐ高さは約四十七。

能力別にわけて行う。低能力者に多くついて指導する。跳縮のる。

		- E	

領の基準により、兄童生徒の祈勤を主體とする罪元學習の具體的指導計畫を意味する。千葉師鮑學校男子都附屬小學校は昭和二十二年度最初の仕事として蟹廳學校に依囑されたのは、各教科の學習指導の年次計畫である。それは學習指導要か研究學校とか呼ぶのは、智質上、この意味における試行學校にほかならない。

信する教育を、離虚に細心に試みるところの試行學校(trial school or try out school)である。われわれが質験學校とschool)でもなく、世間に見せるための公開學校(demonstration school)でもない。むしろ原塾な研究に基づいて最善とschool)とは児童生徒を機断にして 教育をもてあるぶ塾校ではない。それはまた他に誇り示さるべき 鏡館學校(model 材研究課の 主管する 鮮願學校は、このことを 特に率先して 質行することを 任務としている。 質験型校(experimental 民主的教育機構のもとに、何よりも必要なことは、不斷の研究による實践方策の反省と改善とであら。文部省教科書局教立このようにして今や教育法規は岡民の織意により、その具體的實践方策は効師の責任において規定せられる。こうした科書の如きも、この設計のもとに活用せるるべき「種の方法的手段である。

ねばならぬことを更請している。この最も具體的・蜜蹉的な教育計載こそ、日常の発育活動を規制する設計であつて、教準を、各地方の地域社會並びに見置生徒の實態に即應して具體化し、結局各學校・各数師が自らの實践的教育計載を立て程、敎科内容及びその取扱いについては、墾脅指導要領の禁準による」とあり、そして慇智指導要領はそこに示された基しく團會の衆議を經に敎育基本法及び學校敎育法が強律として制定せられた。その學校敎 育 殊の補行相削には 一 4 和 課題を支配したのである。然るに新しい日本においては、國民の總意に基づいて國會が議定した熟法の精神を承けて、ひと跪行規則に敎科課程や各敎科の目的、內容などが示され、それが敎科書に具體化され、敎師用書に裏づけられて敎育の實過行しなければならない。かつては敎育動語が最高の經典であり、その旨趣に則つて動命としての學校令が布かれ、その日本敎育の民主化を、われわれは概念的に受け続してしまわないで、日常の實践において現實的に把握し、身を以つて

實験學校にわける提案の意義

- 序言に代えて -

千葉師範學校男子部附屬小學校編

學習名科特等計畫

研究 報告 角三集 〔小學五·六年〕 文部省實驗單校 第三集 〔小學五·六年〕

图[2] 十二] 原五月

を厚く彫刻する大部である。

最後に文部省統材研究課長石山権平先生はじめ木宮乾峯先生及び各監修官の方々の一方なら以御指導網数示を賜つた専体強鵬の結果をまつて再び批判反省され、夏によりよきものえ改善された時である。

数育はそれに向つて一歩一歩の前進であり、改善でなくてはならない。その意味に於てこの要目が真にその使命を果すの題への構プしとして最善の努力をした織りである。 云よまでもなく教育理念は永遠なるものを求めるのであるが、現實のの程を数官の協力により與習指導計畫の野目が一順先成した。勿論不備不滿の點は多々あると思えが、舉習指導受餌の質常校に於ても先に文部省談科書尚より實驗舉校の供額を受け新教育についての重大な實際を感じてわたのであるが、こ立が急誘になってくる。

終ってはならない。この欲な鄭智指導の要請は當然、幾師にとってはまづ見重の實態に即した各科目の學習指導計畫の描られたのである。見重の學習が身についた力となり、生活態政としてあらばれる事が必要であって、異なる知識の寄観にの活動を知りその生活實態をつかまへ、見載の自發性を喚起し、民重自身の報極的な學習活動が行はれる様な指導へ改め従来の致師中心、致科書本位にわちいりがちの學習指導は、兄童中心、生活重視の學習指導へ、即ち見重の興味や目常の具體的方針が明示されたのである。

至上主義の立場は趙楽されて,新になる意圖のもとに敎育の構想が展開され、特に壁習指導要領の錦蘂によつて敎育改革社會の形成者としての國民敎育にありと規定してゐる。從つて塾佼敎育に於ても,その内容及び方法について從來の開家新強法の榜補に即り,新たに制定された敎育基本法は,敎育の目的を個人の尊重。人権の自由を進にする平和國家及び

-

数对研究票据 石山 脩 平文级省级安全条件

N

昭和二十二年六月一日

とを希望するものである。

自由な意志と難虚な態度からこの種の提案がなされることを切得し、それに動する一般教育界の膜正な批判と自主的活用提案は本省自身がこれを世に問うとき、往々にして首従や複倣を招来するおそれがある。そこでわれわれは、質験學校のが一般の學校に動する参楽業(suggested plan)、として重要な役目を果すであろうことは十分に強想せられる。この額の条単校自體の教育計禁であつて、他に重要したり、他から機倣されたりすべきものではない。それにもかかららず、これにっこれはもとより事家であつて、覚施の經驗と理論的反省とにより、不斷に修正せらるべきものである。またこれは立他の實験學校と同様に、本省と緊毀に連絡し、熱心に研究を重ねて、ここに『異元學習を科指導計窓』を一層まとめられ

て計畫してあるが實際に於ては各校の資水に即して技排して類されい。

制約の為,或月は理科に多大の時間を取り,或季節には體育にと季節による重點が當然産まれてくる。此の關係を考慮し季節や社會生活の制約を受ける兄童生活力至學校の生活設計と,各科の學習素材の季節的制約乃至社會生活より受ける新行足別重視を持つと共に一年を通じての兄童生活の實態である。

せる為には、現實の見重がどんな活動の在り方をしているか、各見はどの程度の能力を持つか、之等の動的な姿を把握し素材のもつ陶冶價値を把握することは薬材が促す児童活動を把握することである。ここに豫想された活動を児童に置き

シャードン型にしった

體得するか其の内容を記載してある。

○児童活動とその成果の棚には主體的な児童の活動は如何に展問されるか、その活動の結果児童は何を自分のものとして○單元との關係 此の欄は児童の活動形態から取材された素材が如何なる單元卽も指導目標を内在するかを示してゐる。含んでいる。此の兩者の相關を充分排察して欲しい。

○生活環境には科目に於ける児童の活動形態を記述してある。従ってこれは県留業材と密着するわけで自ら取材の意味も尚各科共大體同じであるが、科目の獨自性から多少變っているものもある。

にしたので意をつくせの點が多々あるが御読承を願いたい。

〇形式については新述の句が、現在――史章 ――素材の相談講保を動的に行わ出すようも掛けた。然し用紙の関係上簡略

鬼 機會

を通して川除訂正し、よりよき指導計立とする心願であります。

「單元學習各科指導計畫」は以上の加き観點から生れて來た一年間の指導計畫である。勿論完金なものでなく、今後實践ここに於て數科書に對する數師の態度は自ら規定されてくると思う。

あり、表現と考えることも出来る。少くとも従来の加き知識の警徴と見てはならない。

即ち素材は兄童の活動を豫想し、活動を理想的に營なませる為にあるわけである。従って教科書は兄童の活動の記録で要目に載せられた學習薬材は此のように自分の手中に在る兄嵬の生活を理想化する設計が含まれている。

の材料が發見され、指導の場も、指導の具體的展開も立てられると思う。

歌を動的に担視することが大切である。ここに教育の出後があるのであつて、此の兄童の活動形態が把えられた時、教育從つて張々は自分のはぐくむべき兄童が現實には如何なる活動をしているか、如何なる活動能力を持つているか、その現此の指導計選を規定するものは教育の基本法であり、教育法であるが、科目に政て之から流れ出た各科の第元である。なさなければならない。

し、人生に於て望ましいはたらきが効果的に養われるように現實の生活を純化し、御充し、助長する具案的な生活指導を然し兄童の生活は政任すれば斷片的であり無系統であり、低吹な生活線に沈潜する。ここに人生の目的によりよく合政活を通して、彼等の知識や能力、態度、情操等を整い、「生活は胸治する」の真の聖智指導を建設しなければならない。それではよりようない。まい、作妻でよう話的もちまるお話さればいる。とれまったり妻のお題も見ては、『毎日生

ることにより進び、歌い、作業する主體的な児童の活動を忘れ勝であつた。ここに我々は児

童の活動を見つめ、完重の生従来の學校教育に於ては教科書による學修の面が大部分を占め、児童という主體が自然並びに社會環境にはたらきかけ

◎單元——兒童——素材

◇要目について

五年學習指導素材一覽

明の希田福子

X

Ш

盟亨科県智術建取日と指導の具盤的展開例(44)	鑑賞科學物指導型目と指導の具質的原語例(手)
家庭科學習指導取目と指導の具體的展開例(室)	徐座科学商指導収目と指導の共臨的展開的(重)
國工科學習指導要目と指導の具體的展開例(大)	國工科學習指導要目と指導の真腦的展開例(元)
音樂科學習指導堅目と指導の其臘的展開例(室)	青蝶科學習指導既目と指導の具體的展開例(三)
理科學習指導栗目と指導の具體的展開例(六)	罪科學 習指導 堅目と指導の具證的展開例(三)
數學科學習指導要目と指導の具體的展開例(等)	数學科學習指導要目と指導の具體的展開例(14)
社會科學智指導要目と指導の具體的展開例(至)	社會科學習指導要目と指導の其體的展開例(三)
ローマ字學習指導要目と指導の具體的展開例(記)	ローマ字界習指導要目と指導の具體的展開例(れ)
國語學習指導要目と指導の具體的展開例(塁)	國語學習指導要目と指導の具體的展開例(五)
小學六年舉智紫村一點(四)	小學五年與智紫材一點(1)
	殿田にひって
	呼······
	實驗學校に於ける提案の意義

私たちの研究 ドッチボール 1> 出土 帮 (病 操 华) * 3 ・風通し 解物の形の分 ОК 11+ 피 計算練習 35 T, 픠 さと目前り ・部庭の町る 病器の責任 w. 2 ð - + レシャボーガ 空氣・都屋の中の ドッチボール 光を求めて ちゃんりょうなんりったんとっているとのたかんしのたかん ・野校の建物 し、脳立て跳びと 回 ポスター 끠 問題 给 出した空氣・鼻と口から II いろいろな れなれょ 1-2 1+ 町の交通 : \$74. するには家庭を暖く 피 ・まきと挨 扣 寫出 蕊 获 E 0 いるなが、 レシャポーガ 回 小学な行 ○秋の山仲舘 父の看病 ▲馬乘りあそび いろいろな 41 とばいいしいしょう ・火の作り方 除客额走 끠 る責任家庭に對す 亞 -# 1 4 5 4 H > の日記・太郎さん 中距離走 褲 5 7. -+ I 方のかたづけ身のまわり 744 ٠ ٠ 费 피 の時間・ローマ字 説包罪の数 世 三 人物のスケ 散郷の人を * うた。空と海の 問題 回 園形・リィー いるいろな

 ω

· 0 · W	學 帮 干 不	O * 環 短 重 子 す 水 -	周周同年であれた。	題 横 マチャ 人 本 る マ マ マ マ マ マ マ マ マ マ マ マ マ マ マ マ マ マ	回 歩 同 安 と 協 な ひ の 朗 朝	・・・・・・・・・・・・・・・・・・・・・・・・・・・・・・・・・・・・・	学・・・・・・・・・・・・・・・・・・・・・・・・・・・・・・・・・・・・・	が優し	2 -	九
肥	富	大り、大りと、現る人を、これの選にきなり、これを知り、	雨雨	作法を行るを記述を表れていませた。	同同に元代の元代の元代を元代の元の元の元の元の元の元の元の元の元の元の元の元の元の元の	光野 これい ひない ない ない イン イン イン イン イン クット イン クット カン マック マック マック マック マック アー・アー・アー・アー・アー・アー・アー・アー・アー・アー・アー・アー・アー・ア	問題でいる。	田道衛華	器の 癰 類 二倍 金火母	¢,
·	存画の	○ ○ ○ ○ ○ ○ 回回回回回回回回回回回回回回回回回回回回回回回回回回	同 級用操 作前 同 同作 具際 という の具 とけいの 見 とけい の の とり の とり の の とり の の と の の と の の と の の の の	名墓金のは金銀をのは住宅を取りませる。	国国国国际などなった。	・・・・・・・・ 関う 当語や人な ※ まゆし 気ゆれた の しまら ねく の エリ の の 以 リ ゆ 里 め リ の 以 リ ゆ	1 単名 単名 単名 がい は は は は は な と と と な と な と な と な と な な な な	ख्य	そいちいのち 日だち りの子 こうの子ども かい かい マン・マン・マン・マン・マン・マン・マン・マン・マン・マン・マン・マン・マン・マ	*

сл

原産のはたらき	张华	金海黎龍	টা	單元線式
をもつ。主慰をつかむ殺戮のし方を味ら。	ロとにの終しいよのの	しゆこうとする。 に戴しさや蒸骨をみ出げみずしい服をもち之まれずしい服をもちえ	固	微に入ちてる 真例的で及替的な主 の物質的でもある
・株への空幣に共鳴しつつ、図器質膜の一面もそとる。ではなく、死とは翅蝶状の心から坐れる。 全くの苔閣をすなおに主機的に共鳴する。姿朝も辺利的な立場から作文と一億的に具織的に取扱うととが必要である。・生活のもとになる心権えを標本的ではなく座箔のうちに堵ら。時に	Tim!	る。 的などでも方しちはた 「関係がでる」一方もほえ 様で、できる一方もほんがいる。 をする。他者をみていい わする。 となどはりの生活をある。	Ħ	○製業的記述的 ※何間的である。 a
せる。描纂の仕方を理解させる。 ・内容に卸して、自然に各首の生活をふりかえり、生活の選座をもた夫し合つて演出してみる。 ・個別的に十分指導する。文化への心機えを見蓋なりに考え尚谷自工	二 官舎 の い の い か い り り り り り り り り り り り り り り い り い	ひそんでいる。本人の心は見遊の心にくも、その表にある日・龍、狂音を直接しら

目　次

小學五年の部

五年學習指導素材一覽

月	週	國語・ローマ字	社會	算數	理科	音樂	圖工	家庭	體育 遊戲	體育 衛生
四		・一日の生活　美しいもの　ことばの愛　日の光	勉強の仕方	概算　計算練習　〃　[illegible]	・私たちの研究　・[illegible]	春　同　楽しいふるさと　同	色あつめ　[illegible]葉や花の圖	主婦の仕事　同　同　[illegible]　同	跳び上り下り　開脚立て跳とし　○[illegible]　[illegible]	手足口の清潔　身長・體重　胸圍の測定
五		[illegible]　私の妹	傳染病	〃　問題いろいろ　〃　計算練習　[illegible]	・[illegible]　・植えつけ　・レンズ實驗　・反射鏡實驗　・[illegible]	同　こいのぼり　同　朝の月　同	住宅の設計　花びんしき	同　家庭の食事　針の使い方　同	○リレー　○[illegible]　○[illegible]　ソフトボール	[illegible]　食物

六	七	九	十	十一	十二
・學校へ ぶ　す 川口の子どもたち めいめいのうた	二宮金次郎 語の種類	・學校のうた ・學校につく 新しい出發 ・まちのみとりず 雨の中 一つ一つつづろ	・空と海のうた ・ローマ字の時間 ・太郎さんの日記 いいにくいことば 父の看病	小さな行 ・かけっこ 寫生 ・おつかい わたしのたみちゃん ・ラジオ遊び 光を求めて	田園
同	出洲海岸	町の産物	同	町の交通	同
〃 計算練習 いろいろな問題 魚市場 〃 計算練習 來物の形	〃 いろいろな問題	米の收穫 〃 〃 計算練習 〃	いろいろな問題 〃 っ 積木 〃 〃 いろいろな問題	〃 珠算 〃 いろいろな問題 〃	〃 計算練習 〃
・まゆ ・糸くり ・なたねの取入れ ・きゅうりの病氣 ・油しぼり ・つゆのころ ・夏至	・かび ・びんづめ ・石けん作り ・はえとか 私たちの研究	・井戸ポンプ ・火消しポンプ ・ポンプ作り ・風 ・氣球 ・秋分	・こと ・ふえ ・たいこ ・火の作り方	・マッチ ・まきと炭 ・鼻と口から出した空氣 ・學校の建物	・部屋の中の空氣 ・部屋の明るさと日當り ・風通し ・冬至 私たちの研究
雨だれ 同 夏は來ぬ 同	元氣で行こう 同 (ゆめ)	牧場の朝 同 赤とんぼ 同	故郷の人々 同 豐年 同	秋の山 同 ねむれよ 同	スキー 同 (燈臺守)
住宅設計 盆栽をのせる臺	目的をたて材料や組立て法を考えて作る	人物のスケッチ 製圖	人物のスケッチ ブックエンド	ブックエンド ポスター	物の形の分解
同 同 前かけの製作(女) 掃除具臺所用具の修理製作(男) 同	同 同	身なり 下ばきの製作 同 同 同	同 身のまわりのかたづけ方 家庭に對する責任 子守	同 家庭を暖くするには 同 同	清潔の責任 同
高跳び 前轉 ▲倒立・腕立轉 同 ○重心移動 ▲同　冶 ○雨だれ	重り鬼 ○夏はきぬ ▲すもう リレー鬼 水泳	水泳 ▲すもう 子取り魂 重り鬼 短距離走 ○彈性 ポートボール	圓形リレー 重り鬼 ポートボール 中距離走 障害競走 ▲馬乘りあそび	○秋の山伸縮 フットボール 組鬼 重り鬼 腕立て跳びこし ドッヂボール	フットボール鬼 ○スキー ドッヂボール
體の清潔 前　轉 傳染病	睡眠	休養 靜止時の姿勢	運動時の姿勢 中毒	摩擦 結核	やけど けが 寄生虫

な	*	がつよくなる 日 客観的指導の色彩の観察的ない。 でしある でしある。 よしある。

五年國語科學習指導要目

0 m U

- ロ 終網業材は決定的な配置とはいえず、一つの試みとして示したらいを求めたもの。
- 1齢的表現 3温紫的 3物器俊 4割 ○直移崎器の基礎的れ
 - イ 單元・様式の棚の散字に

ことのりがき

CHANGE OF STREET, STATE OF STATE OF STATE OF STREET, STATE OF STAT			谱	ボートボール子 2 り 現 なわ こひ	9	素能 為	(路 雄)回	私たちの称究	計算がある。	ы	りょう () () () () () () () () () (Į:I
CO. THE PROPERTY OF THE PROPER	:	,	路線な	ドッケボール後、温、いいし、自己に続け、いいわらりになわられた。	図 図 図 △ ○ 図 週の家娘や 単級場合キャ 対場合キャ 毎円 ッ 毎日 の	単数のの対象を表現である。	影体で心質	ロールス・コール・田田 ・田・日・コート・コート・コート・コート・コート・コート・コート・コート・コート・コート	謀 談 對外 對 國國 中國 國國 中国 计算 教育 由 计算 模 智 由 由 计	图校学园	テ 簟 見 - 6 た のか - 5 な お父 ス げ 力 ん	ECA DEVA
ijk)	al al	光卷	河	長期離れのの範囲を行われないのであるといいのであるといいといいまたといいまままままままままままままままままままままままままままま	茶谷の	生かんの利用を発生を発酵を発生を発生を発生を	医 医 必 學 免	おりない。	いの関係というない。 歌 歌 歌 歩	題 宮 題	郷土と僚配・ ・しゃした 人形してい ・ 国のうた	Const

かとちとする。本見童によると幼児語とか、方言とかにきづくが主 も漠然とではあるが闘心をむけてくる。作文なども意識的に正しく 察しようとすると共に自分にも目露めてくる。一方ととばの現象に 一人称的な自分だけのことだけに過ぎる姿から、他に心をむけて觀 イ児童の生活変態から

二 取材の意義

一 嬰智素材 図語五年上六 私の妹

凋渇や、表現への苦しみ等とは一致しない。

日文章面から

取材やあらわし方に進歩を認めている。必ずしも顧本に表れた想の 現方面でも相當に批判力もつき、一年の頃からのをふりかえつて、 るのがすきだからという態度から作文がすきだというのも多い。表 としてそれは語いや、發音の預いただけであり、又作文でも、考え

作文と一體的に素材がとられている。觀察の態即や、ととばの自

國語科學習指導の具體的展開例

 指導する、かかる表現方法を以て無芝居や、勾盤をつくらせてみる。表現を通して、事象の一つのみ方に氣づかせる、又表し方について向に須づかせてゆく。 観察してゆく。更に又賞讒の強い根抗となつてゆく。との二つの方ととはを自分がひたすら覚践する場合しあるが之を立場をかえて、	界が高いたり、おいないない。これでしょうというない。	トでは、 ・では、 ・とは、 ・とは、 ・とは、 には、 とのするみをみでした。 ししたとかるとした。 りには、 といったのは、 には、 といった。 には、 といった。 とこれる。 には、 には、 には、 には、 には、 には、 には、 には、	ယ	ロリンパの創的な機成をも示している。 としたななななないない。 というもてゆく態の記述的な文でよく
る。とでもある。心境を味つて表現の心がまえをれる運動辨神をよみとの前糸の情愛、表現へのまじめさ、それは生活をなおざりにしないとて指導する。 などが導きだされてくる。宗欽的な心に培いつつ文のしらべに即しも己の生き方をみつめてゆくときに、社會との關係、自然との關係	チュス豊まらげ	・選副生活・作文の生活をなるの生活を受ける主に対して、精神して、精神ののよい、記録ののあり、、記録ののあり、、記録を	2	່ນ ພ
する。の發展しある。蒐集したり意味をみつけたり之を生かしてゆく様にの強展した日白の生活の地盤をみてゆくととで、そとに、人としてれてたらない。自由研究等に於て發展的に指導する。計畫を十分に立てなけら書的の腹いにたらきに着目して、更に演劇者についての心がまえを言語の腹いにたらきに着目して、更に演劇者についての心がまえを	郷玉と傅説人形しばい	野山を変める土在をある土土生をを見る土土土土土土土土土土土土土土土土土土土土土土土土土土土土土土土土	1	つている。配進的な色彩をもでいる。 といる。 とな色彩をも合えた。 舞話形式や、説明

なく、素材を廣くもつた、計畫的な詩表現などを漸交してゆく。の仕方についてもやや日麗的に指導する。日常舟邊だけのことでは・作者の境地へ違するごとく文脈なども正しくとりこんでゆく。朗謨ことにに動する白麗、思想の獲得の苦しみと喜び。	囲 田	ひたらせてゆく。 と勤し、自をその中に・自然の推移にしみじみ	11+	ウかせる 時間的な推移に須つている。 〇定形的な調律をも
 けだかい愛のすがたと自己の進み方に自愿させてゆく。 しみじみとした情愛をよみとる。文をつくる。 ・ 稍進の姿を子供なりに膨しさせる。 る。いろいろ逸話などを分園的にあつめてみる。 作中の人物の性格を明かにしてゆく。之を素材にして、討議などす 	光学や 窓 ややちない とうこう なんこう なん た 年 行	・・・・・・・・・・・・・・・・・・・・・・・・・・・・・・・・・・・・・	1+	る。の物語的な色彩もある生活文的の生活文的の構成が複雑
の感想など作文したり語合いしたり。る作業のうちに文の自逸的な處理批判力を以つてゆくがよい。讃後・讃解力をねる。親子のけだかい情愛に感動してゆく。劇化したりすわせてみる。ととてみる。年日について表されている。各自の機験にてらし合・ととにの本欲の作用について表されている。各自の機験にてらし合	父の看派いたといいにくい	ら指導してゆく。いる。心様を各側面がいて「壓を指導されて ととば、つの難し方につ	+	⇔長文である○
ことばの單的な直聽をみてゆく。く。 標語をつくつたりあつめたりする。ことばのはたらきを感じつつ、そのつかい方について自 鬼 し て ゆゆく。 自分の思想をらたい 衰してみる。文にひそむ、静的な直觀、 開律のひびきのちちに、 希望をわかせて	ひる ひ ひし 唇 の 中 潤つ?五線	・ 肉貌の 情愛をもとにか で 困難を懸するだる。 は 的関維を懸するだる。 許 的関律ををつか むにっこ ことにも まなしつのあ	九	2 1
い。堅智の権想を大きく立てて指導

する。り高い正しい立場に飛躍させたい。單に知的にながめるに 止 らな・ことにを客飽化し不概察し、分析し更にふりかえつて國語改談のよる。金次郎につき自發的にしらべてみる。	語の脅剤	・ の が の の の の の の の の の の の の の	rt	し方に生態 〇記池的、正確な表わるる。 ある。 りもの語り的な文で

-69-

中では、中の関連では、中の関連では、中の関連では、中の関連をは、中の関連をは、中の関連をは、中の関連をは、中の関連をは、中の関連をは、中の関連をは、中の関連をは、中の関連をは、中の関連をは、中の関連を表して、まれば、中の関連を表して、まれば、中の関連を表して、まれば、中の関連を表して、まれば、中の関連を表して、まれば、それば、それば、それば、それば、それば、それば、それば、それば、それば、そ	人になるがっしょ。	・徐號(ー) ・分ら書き)になれる ・一目よみ)になれる ・物音、にれる音、つまる音、舒鵬(・<) ・Ra, Poti, Posuto, の構設 ・よか方 ・かき方 ・どしてのローマ字になれる	田田	(4)	た	w S	腹
懲的であるとしてるのが理	て、動詞の活用變化を比較することによつり、4、7、8、3、、3 に織行するり、4、7、8、3、3、3、3、3、3、3、3、2~~~~~~~~~~~~~~~~~~~~	 ・ 辞銀(シ) ・ 語句の綴を明瞭に知る ・ 辞録(ご ・) 文字と音との一級をほかる 	t	(m)	· · · · · · · · · · · · · · · · · · ·	核	Till the state of

五年ローマ字學習指導要目

等を素材にして 鹿し合いをして 母智の方向プリをする。

・ 換め見違の官酷就践についての關査をする。質問徴辱で。又作文庫問記問目上六

ととばの独然記録例 等

各児蛮の作品を各目あづめる。

五 過程 準備 悶査をしておく

文の謎影を整ら

四 月的 ととばの首先に繋する。生活をふりかえり之を高め、作之によって指導を進める。

- ・児童の盲語試験の採記を譲

態、文のあらわし方の心構え等をねらつている。妹の作文としてあげてある例は本児童によると必ずしもぴつたりとこない點もある様であるが、それはあくまで児童を高めてゆく上に生かして取扱いたい。

〈學習の姿から

作文と一體的にする。各自の過去の文集や、二三年の文をあつめたり、各自の弟妹のことばの觀察、方言あつめ、ことばあそび、等資料を求めて十分に表現面の力に致したい。分團學習によつて分擔して行うもよい。

三 指導構想

• 本教材をもとにして作者の態度をよみとりこれを鏡にして各自ふりかえつて種々の作業をさせる。社會科的な取扱いになるかも知れないが、學習單元を大きくとつて指導する。

• 妹の作文を批判させる

• 児童の言語意識の狀況を豫め調査しておく

これによつて指導を進める。

四 目的　ことばの自覺に致する。生活をふりかえりこれを高め、作文の態度を養う

五 過程　準備　調査をしておく

各児童の作品を各自あつめる。

ことばの觀察記錄例　等

時間配當四—六

• 豫め児童の言語意識についての調査をする。質問紙等で。又作文等を素材にして話し合いをして學習の方向づけをする。

• 本教材をしらべる。個別、共同の學習を互に必要に應じてする。

• 妹のことば

作者の生活の態度をみる。

ことばのもつ行動性や、對者性に氣づかせ、ことばの有難さ、有用さを具體的につかむ。児童各自が自覺をもつ。

ことばと心の關係を感じとる。

觀察や、記錄の態度をみる。

• 新しい世界

作者の生活態度をみる。

自己の作文の態度と比較してみる。作者の態度から、教師が、この期の児童はすべてこうだときめない。作者の意欲に應じてゆく。

• 妹の作文についてよみとり批評し合う、本児童によると、更に具體性が欲しいというのが多い。妹の生活態度もみる。

• ことばの觀察、記錄をする。この際例を示した方がよい。課題式、分團式にする。

• 作文の競作やそれの批評をする。

• 自分の作文の傾向をふりかえり、發展のすがたをみ、表現意欲をねる。

• より作業的に指導を進め、身近のことから發展させる。

六 學習効果

• 作文の態度の變化をみる。

• 本教材の意圖が理會されたかをみる。

• 各作業中の態度をみる。これは各はによつて常に記錄したり児童相互が記入したりして指導の過程に應じてする。

五年ローマ字學習指導要目

學習素材	月	指導要項	學習の姿	備考
一日の生活（4）	四	• 形としてのローマ字になれる • よみ方　• かき方 • ga, poti, posuto, の補説 • 拗音、はねる音、つまる音、符號（• ∧）	1、單語の色別によつて 2、單語の位置をかえて 3、行のきり方（位置の關係を利用） 4、語形の比較によつて 5、指がき、空中書きをしながら	←活字體→ 最も能率的な時間配當として第一時—第一五時位の間は一週三時間とするのが理想的である
朝のうた（1） れぽう（4）	五	• 一目よみ • 分ち書き　になれる • 符號（-）	1—5は續行する 6、きゝやきよみ・默讀をしながら 7、一語をひとまとめにして書く練習 8、うつしがきをして	
學校へ（5）	六	文字と音との一致をはかる • 符號（" "　'）	1、2、3、4、7、8は續行する 9、指がきの後、すぐ空中がきに入る 10、きゝやきよみをしながらかく	
	七	• 語句の緩を明瞭に知る • 符號（?）	3、4、7、8、9、10は續行する 11、動詞の活用變化を比較することによつて	

學校のうた（2） 學校につく（1） まちのみとりず（1）	九	・そらで書くことになれる ・筆記體にうつる準備をする ・符號（：；－）	4、8、10、11は續行する 12、記憶書きをする 13、斜め字體の練習（例題について） 14、音節の拾い出しをする ヒ、ヒ、ロ、ｓ、ェ、ㄇ、行、母音、つまる音はねる音、ㄴ、ㄚ、ㄹ、ㄹ行の順に行う	拗音の拾い出しは後で行う（一月に）→
空と海のうた（1） ローマ字の時間（2） 太郎さんの日記（1）	十	・音節をはっきりとつかむ ・大文字小文字について ・ローマ字で文をかき表すことになれる	4、8、11、13、14は續行する 15、間の時間を少しのばして記憶書きする 16、大文字、小文字の關係・使用法を學ぶ 17、拾い出しのすんだ音節から出來ている語から音節分解を始める 18、既習語について書取練習をする	一最も能率的な時間配當として第一五時―第二五時位の間は一週二時間とするのが理想的である
かげつと（1） おつかい（2） ラジオ遊び（3）	十一	・音節を指摘することによってはっきりつかむ	4、8、11、13、14、15、16、17、18は續行する 19、音節の指摘 拾い出した音節が使われている語について指摘していく	
	十二	・動詞のよみ方になれる	4、8、11、13、14、15、17、18、19は續行する 20、動詞の變化を他の動詞に適用して語の使い方を取りひろげていく	備 記 錄

— 10 —

星のうた（1） しやしん（2）	一	・特殊な音節をはっきりとつかむ ・筆記體にうつる	14、15、18、19は續行 21、拗音や普通に現われないような音節について語を組立て、その音節のよみ方になれる 22、語の使い方の取りあげを、形容詞、形容動詞と擴充していく。 23、音節の分解は拾い出しのすまない音節から出來ている語についても學習する	お父さんのお話（4）は扱らなくてもよい
お父さんのお話（4）	二	・自由自在になんでも書くことの出來る力を養う ・語法についての知識を學習する ・大文字ばかりの綴方になれる	18、21、22、23は續行する 24、かきたいと思う語を自由書きする 25、大文字ばかりの綴方の練習をする 26、語法の説明は 名詞、代名詞、形容詞、形容動詞、助動詞、接續詞等について	よるのうたは配當しなかったが時間に余裕があれば行ってよい
太郎さんの日記（2）	三	・ヘボン式ローマ字の綴方	27、太郎さんの日記についてヘボン式綴方を日本式との比較によって學習する	←

— 11 —

ローマ字學習指導の具體的展開例

一 學習題材　かげつと（十一月）

二 取材の意義

・素材の上から

子供の樂しい學校の生活に取材したものでその活動的、具體的なものと結びついて、空想や體驗を通してローマ字に親しみやすく意圖した。

一日の生活を四單元（一朝、二學校、三あそび、お手つだい、四よる）にわけ

単校につく(1)

10

- 都川の川口、遺選、砂地、海岸等調金報告するコ自然環境について地關作成・超顯録表を中心に討議する。経験廢表を中心に討議する。水水の際の危険防止について、対獄者の傳記を調査廃表又は轟話をきくる)		田芝信坪(51)	多角研究はまだま だで 的・海の生活は毎年短限さらが・ での生活は毎年超販するが・ 書さを題く 駆じ海にあとが・ 事がなるがあまり 「 ・ 単注の ながあまり 「 ・ 単注の 大器の 知識にしめな 「 ・ 単な日が線~ ・ 軽雨期として	rt }	に カにリンの校自 る保、な財、分 お腰でも産町、 るる 保入のに村家 会ながに、、 会成がに、、 会成がに、、 会成がに、、
の専発的このいての原因を調査する・表をつくりその原因を調査する1一般的模案について。・メモをつくり活用する・製施廠破表から理想的な方法を發見する単層事態、ラジャ、新開等の利用・商事権、ラジャ、新開等の利用			過度になり島い・好季節となり勉強や運動が ・な子節となり勉強や運動が でくる・戦撃法が變化し裏も増加し	出	されてなった。 では、これでは、これでは、これでは、 では、これでは、これでは、 では、 では、 では、 では、 では、 では、 では、
 「翻査して報告し、討議するの事前の事間 全種的、班別に學習しその結果を報告する 2 共同整常の實施 2 年日の學習課目時間を示す表を作り強表する 4 海過學智豫定表を作り實行について記入する。 3 後定表の作成 	(H) (T)	数限の仕方(S)	著しくなる 感げると共に自律的態度が ・生活領域が擴大され責任を希望にもえてゐる ・未れ上級生になつた喜びと・季節の花やかな雰囲気に包	E	ればよいかな風に処限すれていたりにとん
兒童活動とその成果	開展では	學習案材	生活 環境	Э	出 民

五年社會科

書き方

色別のアンダーラインをして文中にくりかえし出してよませる。文を出してよみ合う。(班別)

- カードにかいて個別學習をする
 - ・推田語の指導

五星智慧熊

- 時配 (一時配)
- 3 記憶書きより韓珉練習へ
- 2

三 目的 「かけつと」をよみかきしながら、分解、指摘等によつて

もやつとなれてきているから音節の指摘は容易に出来ることと思達している。ローマ字を始めて七ケ月を超ているので音節分解にの知識過程からみても、 語をまとまつた会體としてつかむ時期に子供はこの頃から漸く社會的なものに目ざめて來ているし、よみ

・毘童の上から

ちちに堅ぶととが出来る。

面であるが、子供達は滬動會等のがけつこの體験を生かして興味の夜のうたを配列してある。「かけつと」はその中の一つで學校の一場

各單元の前後に各きあきのうた、學校のうた、かけつと、星のうた、

- भाग भाग .
- ・記憶欝寺(間の時間を十分~して)
 - ・書き方の考弦
- ・完成法(適當な語をかき込んで完全な文にする)
 - ・選擇法(いろ~~な答の中正しいものに〇印)
 - ・再生法(カナをつける)
 - するな方の考査

六 考查法

・大文字・小文字の使用法について學習する

(Конфо wa (Каеті по Какекко da.

Makeruna ! Makeruna !

次の例題について

・筆記贈の練習をする

拾い出した膏節が使われている語について

・香節の指摘をする

このとき「カナ」を附したものを見ない様。

かく時との間を十分位にまでのばして)書取練習を加いていく。記憶書きは間の時間をだん~~長くして (練習した時と實際に

れるように都川が流れとむ遠越の海、湖干路に踏法に何の危険もまちりつと足の妻の徳けつくような砂毯が確に突出しそれにかこま業関係を中心に考えながら東林したのである。

て、耶元二、三、四に示される健康の保持と自然風景の保存、直海へ徹へを流れて行く。との李飾的感覚の中に「出州海岸」を描えかんかんと頭の上から開りつける暑さに見塞蓋は水が懸しくなりな互が訪れてくる。

1酸ろつな権雨期も過ぎからりと晴れた青空に陽の光も強く本格的

二、指統體

1、哈姆姆拉 田室游班

連な祖由をしらせる

出州海岸の地勢と産業との關係を即らかにし且権水浴場として好三、目的

004

との見茲たちの氣持の中にも取材の痙蓋を見つけると とが出來ている。

ぜだろうか、築徳が成功したらどうなるだろうか鯵の燕間をもつ豊無郷に勤して漢統としているが、乾徳がらまく行かないのはなり見蛮たちは遊び場として開放されたととに採れて居りその環境でなく人人が過すのが出州福岸である。

社會科學習指導の具體的展開例

発展のようにいいうかには、おからいではあまた。 仏教ではできると言う。 ほうじんじんしゅう	 の新聞で氣のつく所を發表する・他被のものを認参にする・配かの基象、週間、用紙の調連等もよく討談する・単布の配線として、その企選について討談するとなわなりので を約的なものを集め發表する・整般日態、日記、作文等について重要なもの、印上活品線の破表 	33 33 33 33 34 34 34 34 34 34 34 34 34 3	(H)	學來歷歷	鉄が巻えられればならないの生活の記載を終わればならない。 率年度の記載を保存する方見が年まる方数・おなつがしく考えられる。 単年ポレく、 週去の思い田・ 単年末としなればその整理		
Personal experience and page	・電線、電話、毎についているいろ調査する4電報について 4電報について ・月刑許蓄高や貯金の値額(保険)毎調盗する8野金について				知っている ついてはその大鱧のととを・郵便局、銀行などの業務に	11	

・社會的な仮名について、「縣の中で区に分れているとと」。「縣の中で区に分れているとといういうのの課があるととの頭便局の仕事について、「銀鷹文の書き方について討議して認語を争くこれな鄭便について	正正五	(8)	觀魚區	が一帯感じ島い・金銭器係のヒトも又との頃る金銭器係のヒトも又との頃ないからない。たり欲に郵便を身近に感ず、年賀味を用したり、もらつ	ı	必要がある人な連載が何見くなな。
・市場、工場等の関係と考察する。金川のよらすを聞べる。銀川のよらすを聞べる。年進上の交通について、の配給との開聯を考えて脂し合い調査もする。食物の鍛瓷について、市内の交通状態について関本をでは、本年素課、本年素課、大子本業、大子本業の現状についても関連する。主要地間の調査していていて調査報告する。これも名の指記し信	田田田田田田田田田田田田田田田田田田田田田田田田田田田田田田田田田田田田田田田	(8)	戸の炎道	マイに 「本の 「また 」で 「また 「また 「また 「また 」で 「また 「また 」で 」で 」で 」で 」で 」で 」で 」で	11+	(A) たいかい (B) かいかい (B) かいかがい (C) をおめ続さ では (C) では (C) では (C) では (C) かんと (C) がらる法 るた次 (C) かいちる法 なたがい (C) かいちる法 なたがい (C) かいちる法 (C) かいしかい (C) かいしがい (C) かいしがいいいいいいいいいいいいいいいいいいいいいいいいいいいいいいいいいいい
・除草、乳し圧り等の作業と微觀を逸表する。作物の記載について解語を含くま態を強く 実際場合 (2 大學 (2 大學 (2 大学 (2 大 (2 大	E E	(8)	戸の帰家	・ 原統 原統 原統 原統 の の の の の の の の の の の の の	士 九	を を を を を の の の の の の の の の の の の の

ı

兒童活動とその成果	関示との		*	₩ ₩	<u>m</u> 2	111	赫	点		训	拚	700	ਰਾ
につかみとる。 生産領等の郡市別比較から割合の觀念を自主的 つて、人口の密度、單位、ロとは、文作付面徴、 ・独士についてのいるいろの調査をするととによ	国人	(E)	+			常	916	うな。 生まれ	つてく高学年	記を持ず校のご	自國中		・小数を掛け
比坂等を。除の総括的復習、乘除復合の計算、分数の大小・分数的に、しかも自撃自修的に、小数の加減乘		(6)	囮	藻	雪	파	土の質その飲むれて	1 5	(六中原	鄉十	四	ことの引きまる
の相關をでき出し、抵拠と撤算、四捨五入、近似値と、そと出し、抵拠と撤算、四捨五入、近似値と、その常続数を示した表から、罹病者の朝合	Į JE	6	澎	K	iii iii	寧				が把握			
の調査等を。数と距離の關係、配給物の平均数、統計表から、生活事象への数理の適用を固る、自修的に、追・生活事象への数理の適用を固る、自修的に、追	力、团	6	回盟	った間	n 5 0	7 7	が多く行とか						との計算をするといり数で割る
・早く走る物や、おそく動くものから、単位、分、・機會を見て時々分散して、四捨五入、復習等を。	造	(A)	咝	凚	解	맥					なな	"	
・職組に配絡になつたじやがいもの代金を計算すい方を練習し、角度の單位、度を主體的に。秒を知り、時述、砂道を計算し、又分底器の使	Ħ	0	26			湖	になっているがいる	門給	解額へ		for	H	関係を明らかについて、倍を数を分数
も。その計算方法を、更に小数へ小数を掛けるととりにとから、整数へ小数を掛ける親を考え、	1	0	郡			西	金分野	で代	けたい	したり、おを分が	季品		o~1004.7
・自分から、小敷を掛ける計算をなし、位取りを		(8)	超	盛	单	맥	y n w						率を計算する。
・出流のかつを船、さじ船が磨つて來て、魚市場・自修自解で、時速、分選、砂選等を。おほえる。	用	(A)	西西	った明	450	, 5	交流付にしい、子供・子供	これを	平傳	ن سور ال	+ -+		0 ~ U
割る計算を、更に、単位トンについての理解を。 一に忙しい、そのお手傷いをするととから、小数で	11	9	Big.	₽	H	蕉	N		0 T C	がなる。	は海	1	

五年算數科學習指導要目

各種でよい整理して異出する

⇔闘査物の呈出

く 乾 昭 ―― 闘 保 把 な 巻 だ よ り 準 ~ た め に

もあり、視察のやり直しの組もあらう)

る。整確の組合にききに行くものもあり、来店へ訪れるもの 成から鍛表にうつるまでの間に自由研究をさせるようにす 自然環境。禁泳場等のヒミについて。(各班で地間の作

ロ 鍛表―― 各班の代表で補足的に

2現地指導等が終ったら

ホ鳥居の所で---養殖について話し合う

蔣中聯體條

0)

二茶店(休息所)のある方から――徳凉の人墓のようす。あたりの ト猫にせ)

べ権岸で──埋立の突出の様子、顔の様子等觀察── (休けいし

ロ川孫いて流草へ――ガス會社、陳英工場等語し合いながら埋立 イ大橋から――初川の熊子、貸ポート、だるま船等視察

1「魔分暑いた、海へ行きたいな」等の見益の 語 を 取上げて現地 日、指線の観器(財品)

はその郷土の實肤によって相當の變化が豫酒される。

O單元辱智における單元の取扱いは前に述べたようにその取上げ方に 郷が出来るよう に充分の準備が必要である。

け 生活 壊滅を 直視し 分析してその 姿を 刻明 に 調査して、 綜合的に指 〇生活指導を基盤として酸展している本科としてその單元は出来るだ

出、儒物

拳についてよく個人的に観察して行くべきであるら。

7、明確な報告をするようになつたか

ら、よく運動するようになつたが

b. 進んで清潔にしょうとするか

4、衛生方面への關心ほどらか

3、實證的態度が强化したか

3、地間の描き方が向上したか

1、出州海岸の寅睽についてよく誤解したか

◎學習效果の判定

ばよいと思う。最後に

とが出来なくて踐念であるが要け子供の興味をしつかり捕えて居れ 大磯とんな文第で展開させてみたいと思う。内容的に深く觸れると

二、軍 元 表や形を登録として介るとと。の中、形を登録とし

1、段協議な 様智のあ

4、箱めの間径、自磐積の子供が素物について、どんなに、強力 日、指数の展歴

三、韶力表から、⑩、⑮、⑥、⑥、に翻聯をもつものである。

算敷科學習指導の具體的展開例

Alberta (Con) or street and the first the street and the street	ら。自顧本機で、最もよい方法をたえ ず 巻 えながど。 自顧本難で、最もよい方法をたえ ず 巻 えながい 既習計算の復智、小敷の乘跡、分敷 の 大 小な・自分で觀んで解決をつけて行くように。して。 単年末、今まで葡ったととを、 単済事銀へ適用・	は、ここ、正、正、正、正、二、二、二、二、二、二、二、八、八、二、八、八、二、八、八、八、八	(b) (b)	四三 第	がない。	·		ļi!	The second secon
	の低い方、動称形、園形の異動などを堅ぶ。・模様を費く遊びから、定本、分医器、ヨシパスつ。自原中心に、然し単位の規禁には帰た生態しつの事数の乘除の計算について理解をする。・地頭時間数を日記帳から審き出して計算し、膝・少しの裳を、時々計算する、自分で計違をたて	二二二二二二二二二二二二二二二二二二二二二二二二二二二二二二二二二二二二二二二	7 4 6 4	3	海 強	勉	するのが大きな落である。 はを規則正しくし、強題をし、続きに負けないで、生命であるが高感はないで、生費であるが高いで、生費に関うなど高いなるなれない、最に関しなく基本を長の規	ŢŢ	
	らし間自僚を中心とし、不明の點け質問し な が見つけ方を見られるし、不明の點け質問し な がりつける鬼をしな傷を、又会約後のして偶数、奇数を、又三、四、五の倍数を見出ったら百までの数について、色をぬつたりなどを求くる。 お正月の逸びと乾しませ、又カードを作り、組合せを・お正月の逸びとして、五枚のカードによる数あ	ווג ק		関語を	いろな	いの機	2000日の現味の中心でありやカードを作っての遊びらかトードを作っての遊びりか・チンプで楽しく遊ぶ・お正月に昔から、かみたと		

						į.
と概数について ・自修式に辿める既智の加減計算、簡便算、概算		9	邓 蔡 郑 坪		11+	
。E に C いて、「 C で C で C で C で C で C で C で C で C で C	*				1+	
・趨徴、道さの例合などについて、自蔵自解で。關係を。 關係を。 數を數之て體癥計算法を理解し、單位もと3のり、それを使つて、應物を構成し、その全盤の・應物権を研究するととから、立方器の様末を作・穏々の統計から、首該自解で、解釋をして行く。	スト、四十七、四十、四十、四十、四、五十、四、五十、四、五十、四、五十、四、五十、四	(8)	一绺 木	する時である。 季節に頑まれて、一番充貨しいが、自由研究なども均・収獲の時期でお手備いに忙	+	ない。 ない
密の復額を自主的に。 ・機會を見て時々に、小数の爽酔、概算とか、既する。 する。 十、升、合を選保し又名を、段當收墜高を計算主、 本、日、畝、お、石、「都田、「」、「「」、「「」、「「」、「「」、「「」、「「」、「「」、「」、「「」、「「」、「「」、「「」、「「」、「「」、「「」、「「」、「「」、「「」、「」、	II ~ I			持た以ばならね。 も出される。大きな闘心を この頃の雑誌にも、新聞に ・主食作物の収渉譲狙などは	九	るにとってみ金能としてみせ、表やものを
解へ。よ活事家への数理の適用である。自贈自える。生活事家への数理の適用である。自贈自小数を掛ける計算、又に削る計算、選さなを考り、	国」し、「	(e)	いるいろな問題(rt	てするとと。を算盤を使った、乗法や除法
などを考える。 不行四過形の徹形をつかませ、奪き、形の鱧化の目的とか、短座とかませ、ひ日的とが、温度とかを見究めながら、揚形、文明生活に密軽な關係をもつ衆物について、そ捨五大等。今散させて、降き行う。小数を掛け、割り、四	h -11-1			關係がある。 の子供の生活に乗物は深い・新會の子供の生活の生活に又近代		と。 を用いると 五、平均や延べ

		ļ
		I
	2	
	Ì	
		١
		١
		ı

學習題がと時間配當 電光と 見 童 活 動 と そ の 成 泉	月生活環境	15
針のな 駕 原 機 下 co 王 からな g 国 g を c o c c c c c c c c c c c c c c c c c	光をみている耳のふし穴を通して来る耳のふし穴を通して来る野草が満開となるスードデー対を 新摩年で研究の希望にも新摩年で研究の希望にも	二、夢のちゃり、「「夢のせわ
干・物でして、「おりって、「なりの」と、「なり、「なり、「なり、「なり、「なり、「なりのと、「ないのでの自然の呼吸減免の測定方法と覚験無象測定をます。よりの花、中・二、「本で概念、「はいのは、「人工機能のは、し、「人類は、一と、「人」、「人類は、一、「人」、「人類は、一、「人」、「人」、「人」、「人」、「人」、「人」、「人」、「人」、「人」、「人」	生する 山翼や其の他の幼蟲が鍛五十八大八八十八次 桑の字が出て伸びる	四、鐶 ~ 察日、鐶 ~ 家三、花ちみつばまた。
つゆのとろ 中3 不 節点を測る工夫、空氣中に水蒸氣のあるとと、濕則加 し ぼ り 中3 大 途を調べる 海をしらりの病氣 上3 二 でゆらりの病氣を調べボルドー液を作つてかけるなたれの 正入れ 上4 大 四 質の觀察、 取入れ、 油の検出、大豆の種まき、 大豆の 質の 質の 観察、 原入れ、 油の検出、 大豆の種まき、 大豆 10 よる、 素、 健、 絹織物との飲意開保の大寝を調べるまり、 いたっいて調べ、 生えをしく 異し、 いんっい 「調べ、 生えをしく 異の一生をまと	なたれがみのる 大 かびや細菌がほびこる し暑い 銀温が上り霧り氣多くむ つゆの頃	「大、油しぼり 五、第 買 機

五年理科學習指導要目

四邊形の形の變化に關心させ、各種の四邊形を關聯的に理解させる最後に、複雑な形を簡單な形に分解したり、又合成させたりして、うまく響かせたり、又切り抜かせたりさせる。

木、物指、コンバスなどの使い方を考えながら練習させて、正しくそれを繋がせるととによつて、一層正確に把握させる為に、三角定差形、構形、平行四邊形についての一題の性質の理解が出來たら、つた数具により、動的に、その形の變化をつかませて行く。

で、その定義を飲え唯單に癖的に理解させるのでなく、工夫して作構形、及び平行四邊形の性質ほどんなものであるかが問週になるのにある平行四邊形について考えさせる。

四逸形になるとを自動車の場合と同じように見出させ、日常生活勢面のレールに沿つて上下する登山電車は、必然的にその形は平行的と形との副係を考えさせながら扱つて行く。

用される機械器具にも見受けられるので、それについても使用の目ら認めることであろう。終し構形は乘物だけでなく、日常生活に使らせる。そのことは近代の電親機關軍にもあてはまることは見童自を大きくすことを見出させ、その形を表現させることから楊形を知して、乗用者は選さを要求するので、なるべく抵抗を減じ、又安定度を多く持ち多人数を乗せる必要上、領形に近い形をなし、それに對目的から規定される形について話し合う。パスなどはなるべく坐雇者密接な關係を持つ自動軍、電車、汽車(機關車)について、その日、實際の指導、始めの調査によつて、まず、子供連の生活にしいを見る。

ているか、又その卵物についての大略の形が書けるかどうかの匿ち

判断する。

形について、総、横、高さの割合は同じになつているかどうかを、構形などを正しく書くととが出來るかどうか、或は、相似な立機園刄、テストによつては、數學的な言葉の意味、平行四邊形、菱形、

定木、コンパス、物指の飲い方は正しく行われているがを判定すの他乗物など、物の形の特徴をとらえて、スケッチしているか、又ニ、後での調査、子供がノートや異故へ書くととを観て、動物そ

(以下略す)

20

一・粘土で作ってみたい。	一數作	1	
・帰園をかいてみたい。	超區	期別	・乘物を作ってみょう。
にカーブが曲れるが・汽車はあんなに長いの			
全なものへ。りかえらない安	5 m/z		
ように。・なるべく風をうけない	合っ間		
か。形成があるだろう			ちょいだろう。・どんな手順でしらべた
ろの形があるが、速さと・自動車の中にもいろい	巨約	公司	べょう。車や汽車などの形をしら
なものから調べたい。・最も自分れちの身近か	574-24	PF 17	をしたがとれから、自動・との前いろいろの調査
(見 童 の 活 動)	(旅代)	(歩照)	(教εの応製)

(、指導過程例(一部を示す)

共に、その名称をはつきりと整理させるのである。

臨風のよく襲つてくる季節であるから風の正體をつかんでみることの頭の風については欲しま、きわやかきを讃く感じるばかりでなく

- ・夏の暑さが讃く去り秋のさわやかさがことさらに身にしみると
 - 11、路拉閱
 - 一、盟習題材 (単元) 秋の天魚

・「夏の天氣」 から離戯的に振則して秋の後岸に及んで秋分にては「衛を船」で深く聞べるととにする。

ついて調べる。夏から秋に亘つて室の様子の鐘り方に注意がむいて

高層の風にも注意がひいてくるそとで無球を作る。停力についた異味をもつてくる。

理科學智指導の具體的展開例

一年間の研究を整理し段表して批評し合う	++	4	私たちの研究	草の芽が田る	ţIJ	
アルコールを作る甘瀉を作るとうじのかびを聞べる	十十十十十十十	公子	アルコード 哲 ロ り っしょ	旅が戻くむさが育っ	- [1	
作る。水の三雄の鍵化温腔と震さの顕保を調べ水楽墜計をとうじを作る。よらしかびについてはえ方を認察する調べる。まちのかびについてはえ方を認察する調べる。	四五十十二十十十二十十二十十二十十二十十十二十十十二十十十二十十十二十十二十十二十		然には来る。	クである。ちにかびがつ	ı	研究十六、私たちの
今までの研究の結果を整理し竣装し批評し合うをの季節の帰餓、氣盒、全盃について調べる家に勤し科解的に考察し日常賞贈する、部屋の標準と監索の動き方は通し日賞り等を調べる。	十大 十五 十二 十二	2年	私たちの 研究を 日常り 国籍り 風湿し 関連し 関連し 観音の明らさと都との中の空線	なる氷が口る 塞が短くなつてくる寒く	11+	ルコール十五、甘瀬とア

る校の建物を登録的に把握し材料、間取り寄を調べ即乗りた生機を副べる。 呼吸した強視を調べるの所でした生態の成分について関づるますの触ける様子を網察しまきの成分、対酸ガスのべるでも、薬品のにたらき、酸薬を作り物のもえ方を調する、ギャナについて火のつき方を調べる、マッチにでいて火のつき方を調べる、マッチを再生	+ + + +	1 元 1 元 1 元 1 元 1 元 1 元	節校の建物終と日から出します。と ままとしなり、実	なりたきげをする初をのころ火がこいしく	1+	十四、冬の天氣十三、家
作るからの作り方によつて火を作る、つけ木や火口を磨り火の作り方によつて火を作る、つけ木や火口を腐がるのうと様子や停わる様子を退得して寡びをむいとについて、登が出る時の様子書の願さ高さの工夫をとらしていろいろの樂器を作り、こと、ふえ、		7 中中中4	火の作り方たいとなる。	らす お祭でふえやたいこをな	+	十二、火〜空気
秋分について調、秋の雲や星や月を観察する子を探り無球の上る力に開心をもつ水業を作つて性質を動く無球を名げて上層の画の様が楽を作って性質を調べれる仕掛を工夫して作ら、風の吹く選由を調べる初秋の自然観察初秋の風と濃度風の限さや方向を計調べらば、いなまして作るの無組なをしその構造とほれらきを照べる	十十 十九九 九	7 7 7 7 4 3 4 3	秋 谷 線 球 原 画 まっ 7 作り 火消しボップ 生日のボップ	秋分時々跳風がおそつてくるしかる にかる 涼しきさわやかさが身に 葉さ楽さし彼拳まで風の	九	さいいと・・・・・・・・・・・・・・・・・・・・・・・・・・・・・・・・・・・
今までの研究の結果を整理し喪実し批評し合う闘パスをはなかの生活を調べ人鍵との謝保、關除の方法を原検を信仰症に認聴して石鹸を作りその研究をする水び入づめを作り廃収査を考え変物の貯蔵法を調べるかけを機績的に貔祭し生濃を弱べる	+	任 20	私たちの研究 たっ から なん く と かん つ なり かり つ りゅう	(行う 体数の関係上照

外にも) てちるさい にえやかが多くとんでき	t	九、ポ ンパ スパ 夏の 橋 生
夏至の頃の氣魚を調べる。 星について脂し合う計を作る	t	ㅂ귀	照 阿			七、夏の天氣

.

〇へ調の視唱に智熱する、〇リズミカルな二里 元 塁 智 の 栗 項	田子曹政	禁 蹦	対無の脳密	進級のよろとびと共に希	<u> </u>	出 语
= 調の曲を作つてみる。 ○ = 調の間唱練習、○ 三拍子をきれいに、○ する。 する。 部合唱であるから時に香程に注意して學習	ロ・・・ン・井 本 c		勢しいふる	ら後えられて、 ら発生として、 とととしての自己というののようできる。 ができる。もち上生が吹きかいまれる。 が成ま小鳥が歌うふるされる。 霊の奉がおとずれた。 観の奉がおとずれた。	M	開藤 北 北 大 を を は の の の の を を の の の を を の の を を の の を を の の の に の の の の の の の の の の の の の
としたきもちで重音の美しさを味わら。〇巻ロ調の二部合唱に容談する、〇すつきりょうに用らしく元氣で。うな二部分形式の美しさ、〇といのぼりの〇跳躍するリズムを正しく、○起京韓結のよ			はいってに	つなりででいる。というでくりでいっている。というののではりのの関手は何何何でしたわれた。 日本の一人に対してともありまし、まれた、「中国の一人に対してきない。 これにはなるとかなない。 と若なかがほともなれる。 とれば、「はなるなかなない。」とれば、「はなる」という。	Ħ	啓頭化する。 ② 合唱合薬を せる。
味わら、○合衆をしてみる。るべく自分たちの力で、○合唱の美しさをるべく自分たちの力で、○合唱の美しさを○「はやもきなきて」の音程に生意する、○な〈關の作曲を試みる。○〈關の龍唱練習○發想を工夫してみる、○	年		夏は來ぬ雨だれ	りてきれいいるある。 夏が来たい、そる早苗もぞろら太陽が郎からいる。 に大る雨がやりいしました。 ちつとおしい権雨の季節	*	試みさせせ 深くさせる。 深くののと作曲の。 終いてののとませる。 のののとませる。 のののとは、 のののとは、 のののとは、 ののののは、 ののののは、 ののののは、 ののののは、 ののののは、 ののののは、 のののののは、 ののののは、 のののののは、 のののののは、 のののののは、 のののののは、 のののののは、 ののののののは、 ののののののは、 ののののののののは、 のののののののののは、 のののののののののの
罰の視唱と枠にリズムの面白さを撃ぶ。○最後の休止符の長さを考えてみる、○鑁ロに になら、○二拍子を正確にそりつ つ 自主 的○感のあやなす二部輪唱の美しさを味わいな	二十二十二十二十二十二十二十二十二十二十二十二十二十二十二十二十二十二十二十	×	(g を) v に に に と に と に の に の に の に の に の に の に の	たのしいゆめじに入る。つかれた子供らはやがてき出す。裏間せみとりでれて、ゼルが暴えらいでなる。としてはが、できばは、その手、ほこれがやきはにえると、これになる、これに、これに、	t	知事が必然政権の政権の対象を対し、自然を対し、自然の対象を対しのを対し、主義を対象に対象が、対決になった。対決になった。

五年音樂科學習指導要目

冷願べる。

8回が去って柴になった風の凉しささわやかさに注意し深り氣 づきその中でもどんな點が著しく變つたか調べて話し合う。

図自然の金體の様子が夏の頃とくらべて著しく縫つたととに氣 の指導に入る。

ついて話し合い知識經験の程度與味の方向や闘心の強度を調査し次

山話し合い「夏の天氣」から見蛮の活動を觀察し又「秋の天氣」に 8、活動の推移

ゴム管、ガラス顱、寒暖計、分医器、天秤等、なるべく子供に用意 ん、ゴム風船、亜鉛、稀硫酸、ヒンポン球、コルクを、ガラス管、 2、準備――風の觀測器製作用材料、風車、錘、竹、ボール紙、び

1、時間配當——八時間位

四、嬰智活動

凶水素の作り方を修得させ氣球のあがる力に闘心を持たせる。 ◎風の通さや方向を計る仕掛けを修得させ工夫考案の力をれる。 ②秋分について理解させる。

印秋の季節の特徴について理解させる。

三、指導回標

見出しては改良に努める機會を得やすい。

- ・自分で工夫して作った仕掛に對してほその能力を反省し缺點を 内面的な活動や技術的な學習も盛に行われるよい教材である。
- ・風の頂さや方向を計る仕掛を作るためにいろいろ工夫するので いるとれから「全の天氣」まで頷いて觀測する。

の態度(以下略)

○風の頭さ方向を割る仕掛けの工夫などにおける企塾の能力工夫 るか、その結果から推察する能力はどうか。

必觀測測定の技術の向上の程度また體測測定を扱氣よく讃けてい o y

田秋の季節の特徴を開連的にまた綜合的につかんでいるかどう

- ・平栗の原層状態特に次の郵頂について記述尺度法によって考査
 - ・観測測定の記録について一動比較法によつて考査する。 法則定法等によつて査定する。
- ・この頃の季節の特徴、風の吹くわけについて再生法選擇被責信

五、學習結果の考査

(以下程)

24

る。風の躍る方向を測る仕掛については討験の形をとるであるう。

例まで壁をしたこうについてまとめておいて話し 合いをす 納得できない處は今後の問題とする。

るそとで風の吹く理を一應説明を開いたり数科書を讃んだりするが ©風の様子吹き方はたらきを探っていると何故そうなるか考え 改良考案する。

れる。との後風の頭いと含を見て櫚測し仕掛の具合の蹑いところを

の製作と實験、各分園に数師の指園を受けないで活動が開始さ る打合せ材料の集め方について相談する。

起る現象を願べてれ等の中から風の踊さ、方向を計る仕掛を製作す ④分園で協議、風の正體をつかむことに興味をもち風によって

を延録させる。白、桑離樂典についての知識を課めると共に能律元川、音樂の各要薬を一鑑として把握させると共にそれらの關聯の本業付がへ調の形式の整つた糊合にやさしい由であることから早ある。

の作曲を飲みるせる。回、春楽の形式構成についての知的遺解を

○歌は古くからよく知られているものでへ調の活験を明かるい曲で待を取扱っていまたい。

した児童の生活経験を生かし、且つそれを高めていく意味で本紫

○明かるい五月、新稔のすがすがしい空にに鯉のぼりが泳ぐ、そう

1、展花の顔(出圧、いいのにつ)

音樂學習指導の具體的展開例

○單元は單元學育の要項というととろに具體化されてきている。 れているかを形態してみた。 〇年活職機氏、子供らの軽層が生活を地鑑としているととから、彫智の紫神が如何なる見遺の生活環境に握っけら 〇然し七夕祭、喜樂會、學勵會、コンタールなどが全職期にあるから、それらのため素材の酗酒性も考えてあた。 〇七月、十二月、三月は夫々二週間として立案したので、一つの素材は綿売敷材として考えた。 欧田についての砂粉 にせる。 ての理解を持 の関係につい 国際関と音楽と 大作生である。みらふくらむ、もらじきみらふくらむ、もらじきくしも妻を出し花のつぼ さを贈得する、〇件表の面白さをきいて。 〇上下する旋律とリズムの組合せによる面白 1100-110 CA 4 0 (おお辞) を正しく。 たりと重たく落ちる、つ [1] る、棒の花もひらき、圧み着らしい感じがしてくひまつり、墨蘿蔔・いく 12 の作曲を試みる、〇伴家をききながら雪程 J 平 場 ○速度の變化と曲想を工夫したがら、○ニ闘 6 しそろ。 作って子供らの心もたのいとされが、ないとかがて来るのいる。立事をのの見をしてのある。立事をのの景色に向いた。 となるい 路である ない 路であるが 強い 嘘っちるが 海科の海 〇六拍子の曲想を生かして、〇リズムを正確 11 > . 8 0 ᅿ 春待つか スに鍵原するのも面白い。 11 いるいるの角度から比較してみる。○ダッ 410 1100-50 H 每 〇三的子の美しきへ調三拍子の既得「塾中」と

トに感謝する氣持で。〇軒の間ででもんポスのト朝の間相に関熱する、〇曜便やさんポスの計画のを考る。 進行と順序進行、〇張想を工尖して歌い方の三部合唱の美しきを味わいながら、〇路越	•• •	23 44 24 CO 41	奥 寅 份 永 忠	いいいなのである。年年のでである。年年のの手がるの手がらり、「なり」となっている。とれいいのよう自自には、大人は、大人は、一般に対して、ななり、大人にのもたっしくすが、人人にいいいない。	月月	なる。 の題解と記るの間でに到する。 (の) (の) (の)
イ調の喸唱練賣。 〇巖墓の仕事を考えながら六拍子を生かして、熊野〇「すべる」の쬻番をきれいに。 〇二拍子ではされよく元親に、〇へ調の폢唱	·· } ·			スキーはたのしいだろう。は雪の上をすべる、山の一面銀世界となる。子供の符つていた掌も除つて名が名をがちてなる。子供をがおとずれる、子供とがあるがなる。	11+	させる。 を直接に感得 8番末の物の美
味いながら歌ら。 指郷と共にそれらの一歳となった美しさを日郷合得曲の顧唱に容熱する。○大拍子の残害を正しく、○「が」の鼻傷害に生意。○二拍子の際じを生かしてととばをほつきり	lı ••—⟩•		はむれより数の日日	か、かいりかいない。 を行りむなる。 を記している。 を記している。 の全になっなのではいる。 の全になっている。 を記した。 をこした。 を記した。 をこした。	1+	ららられる とせると共に で合素の素を味
る、○うれしそうにうたう。 つてかて、リズムをいろに名合せてか ○へ調の観唱練習、○三拍子の曲を試みに作てみる○器表表で遊退してみる。 ○へ翻の觀唱に容熱する、○作曲の練習をし	h h -		選 年 は 放着の人々 ロ	さがつづく。 とはしまりられしい忙しられる。そろえるのでものできるそろの取りの独立の祭りが服かに行色に色づく取り襲撃に対しまる。要年を配入し妻々妻より難く妻を職を表しまる。	+	を智様なさせる。 を持たせな物 系統的な対象 の一般語に到する
の一體となつた美しさを臨得する。今る、〇三拍子を頭にたが含な気をないら谷要繁がら、〇自分で自主的に歌い方を工夫してからたい方、〇年葵の美しさを味いなり、おのらたい方、〇年葵の美しさを味いな〇強想を工夫しながら美しく、〇クレッシェ	計••◎際一□ 應		赤とんぼの物収物の割け	にがとび交う景色もみらい、これではある人	ガ	いいてである。のでは、一般の関係を発展を発展を発展を発展している。

27

26 -

學習活動と其の成果	關	盐	室 窗 素	生活 環境	Ш	出 暗
・進纘越旅や單獅雄談を作り明医の銀合せによる配色をす・木の薬や花の関案をして温色の指導をする。もでぬつたら私を漂出作つて明医色相順に並べる。小彩繪具の食い方線習と併用して單色でぬつた色紙や温る。 前學年の色集めの發展として色を個人別分園 別 に 集め	八旦	4	・不の東花・色葉が	圏案をかいてみたい・新しい繪具で木の葉のみたくてたまらないれ、色々な色を出して・新しく水彩繪具が許さ	国	整一気色による指
・木材の性質も研究する。・木工の基礎技術の修練として花瓶しきを作る。・大年生ではその發展として干薬市の都市計畫へ進む。 と考える。室敷油風彩光利用價值等も考える。・自分の住みよい住宅を設計して医や植木や宅地の膜さ等	月•日	4 4	・花瓶しき・住宅の設	・木工道具・木工道具を売る何か作名を作るらなっなりなりなりなりののなるのでも一般である。 和の家にどり立派な住の家にどんた構造で	丑	三格土による表準に指揮を表現である。
習する。 ・前時の發展として扱い本時に板に脚を接合する技術を駆・下薬市の住宅の現狀・觀察する。 ・拠國上の各種の枠龍規則等について要領を會得させる。 ・住宅の設計に平面圖と寫景圖とを作らせ兩者を一致させ	四・二	4 4	・ 盆外 を を を を を を を を を を を を を を を を を を	る遼であろらか・どとに置いたら調和すを作つてかざりたい・ きれいな花をのせる婆	*	四色 纷
まく利用出来るかどらかを關べる。 學習後の生活に對する態度が何か目的を立てて環境をうるか否かを考えて計畫させる。 製作する時にはその目的が適當であるか否か自分で出來る。 自分で目的を立てて製作する態度を幾うのが 主 眼 で あ	111	#	てて作る 日的を立	かよいものほながろうかよいとのほなかろう・飲取せんとうの豪に何見を使える様に考える・海へ行くのに便利な道	ተ	大圏 深 名玉玉 光 田

五年圖工科學習指導要目

各自の五線紙へどんな形式のものでも自れ作らせる。或るもの

- 〇へ調の作曲を試みさせる。
 - 〇へ長調の香階練習。

理する。

〇との豚の調、拍子、頭弱其の他樂譜樂典についての知識を一應整る。

- ・結局、二つの部分から成り立つている歌であることをわからせ
 - ・こんな形のうたがほかになかったが考える(春の小川など)
 - ・同じようなリズムに注意してみる。
 - 〇鯉のぼりのらたの形式について考える。
 - いくように工夫する。

に批正し合つて進むようにする。露想も見童自ら研究し向上して〇歌詞をつけて、組別唱など適宜加えながら、見童が自主的にお互

しく歌わせる。

件奏者があれば出来るだけ伴奏させ、象師は指揮をとりながら樂〇鱧のほりの視唱、リズムを正しく、強想も工夫しながら、見童に

〇既智「樂しいふるさと」を唱謠して望智斌分を喚起する。

3第三時の竪弩指導

第二時、第二級罰を中心とする調唱

3.第一時、第一歌詞を中心とする祖唱

1. 時間配當 三時限

二、塁割指導の展開

のみずいいいなんなから

架めると共に初歩的な歴史的知識を與える――を中心として指導。

(例例作力の程度、等が調査の動象となるであるる。 の曲の形式についての理解

出リズムを正確に把握しているか、その程度

素材に於てに、

る。見意の側からみればそれが堅腎の夢考となるのである。との 略に何らかの授業の反省があり、それが今後の指導法の夢考としな本業材に流れる各單元が見童にどのようにくみとられたか、そと

三、星智指導結果の闘変

Oそうした研究は何らかの機會にお友達へ發表してあげたい。 数果がより擴大されるであろう。

〇大いに興味を持つた見査は、自由研究へと發展して、本時の聖智

〇あとは自由研究にゆずつて一臓本時を終ることとする。

〇作つたら、自分自身でロずさみながら歌つてみて後、提出する。

いてあげる。そとに見査自身が樂離の必要を膨ずるであろう。桑離に書きあらわせないときは雌律を鍛裘し合い、軟師が離に書

に鯉のぼりのような二部分形式の曲をつくるであるら。

單元月標

即元一製園」に思する。

コ野宮指導取領の面から

二、取材の複雑

一、概 枝 レシケインドの鉄圏やする。

太王の襲展としてブックエンドを作るのであるが計諡を立てなける子供の面から

- ・正確に作闘する段性を幾ち。
 - ・霞岡力を差う。
- ・投影闘法による立躍の現し方の初歩的な指導をする。

圖工科學習指導の具體的展開例(Am)

<u> </u>										
である此れは榊惣力を練るに最もよい素材で六年に發展なければならない。 のりもに許されず、質用的なものでしかも取容體系が傾向もを存在取り、工作面に於ては質用的な傾向も多く	業材である。 して千葉市の都市計載となつている、又ナックエンドや盆かんの利用も充質期と言う角匠から意味のある・蜂に充質損として際習させたい業材は住宅の設計である此れに糖想力を練るに最もよい業材で大年に發展ら見て一つの来続をもち子供の興味のあるものでなければならない。 取入れた、物養の乏しい今日の現状ではひながた約のものは許されず、質用的なものでしかも感習體系かの時代である、総数的傾向は少く科配的範囲的な傾向を参外に取り、二作面に於てに実用的な傾向を多く本事年に於ける堅胃の富むに充實時代であると言える。學習内容が基礎的なものからぬけ出した充賞主義									
とろを踏明したり略像名作について話してやる。・得難い美術工廳品は複製品か映査や幻燈で見せその見ど断させる。利であるか見て美しいか賀用價値や美的價値について判り「目常使用している工廳品について使つて監牢であるか便・目常使用している工廳品について使つて監牢であるか便	国	44	• 崇徭路資	・一年間の粽合として行	[1]	崇賀 東京				
・仮金細工し乍らハンダづけや鉄の使用を習得させる。を上手に工夫する事が眼目である。・灰皿ろうそく立てランプ等子供達に考えさせ廃物の利用・前月の連綴として行う。	4	4 4	開始・経済のののは、日本のののは、日本のののは、日本のは、日本のは、日本のは、日本のは、日	・歯に同じ	11	成い方で表記され、現代である。				

作る。金工の初步的な嬰腎として空かんを利用して色々な物を放布が必要かと言つた面に於て意味がある。眼であつたが本時は綯として蘇合された場合どんな表現・人物のスケツチでは形の取り方と色の出し方にり方が主・機図の取り方明喀陰影の辱習が主眼である。	九	ಚ	利用・金がんの・一般を入りの一般を発力を	ろで作る事についてきせ渡かんを利用したもの。体外中に色々と考えた	l	1 1 1 1 1 1 1 1 1 1 1 1 1 1 1 1 1 1 1
る。物の形に常に球とか園雞角錐圓柱角柱等から成立つている房便した結果は簡単な園をかくかスケッチさせる。身遂にある物の形を分解させ研究させる。物の数がどんな形の組合せから出来ているか理解する。	出	*	各解謙成・物の形を	扱う・前駆作の鍵展として取	11+	る多名とで作るの利用法
・溶色も自分で胚先し出來上つたらは質用に役立てる。・板の被合にはどんな捌を作るか繝の作り方を研究する・展應會ポスターはどんな内容を入れるか相談し合う。る。 か話し合う、その中に色々とポスターの要素が考えられ・ポスターの複布について話してやるしどんなものを見れ	 	4 4	・ポスター	しららいて保護者の人に見て ・展覧會のポスターをか	1+	
板けづりが正確に行われないと板の接合をする時に困る。設計圏にもとづいて木取りをし素材をきめる。 式を變えて複雑化しで行く、彩色は淡彩がよい。 人物が一人の場合二人の集合行動している場合等とポー・前時の連織として扱う。	7	4 1	・ブット・ブックエ・人物・人物・人物・	りに行けるかどうかに製園をしたがその通・ブックエンドを作るの	+	九余 エ ス米 エ
をし乍ら投影園の耍領を理解す

る。・製園の基礎技術を飲えるのであるがブックエンドの製圖田來上つたものに對して旅彩を幻り仕上げる。くと言つた練習が大切である。本學年の寫生でに最初である物の特徴を選くつかんでか		4	・ 銀 題 イン・イン・人物のスプラン	所をスケッチしたい色々な様子をしている違の叡に展開である。ひさし振りで合うお衣	九	國 幾十

30 |

32

兒童の活動と指導態度	の闘弾軍元と	含	器 智 张:	生活環境	Я	單元
とに興味を担させたい、そしてよい家庭は家族の協て路し合い、道んだ手像いの出来るよう努力するとうに勤して感謝すると共に、自分逾の生活と比較しを理解すると共に、参忙な仕事である野から毎の働・家の仕事について調査し階し合いながら仕事の大要	I	8	要お主郷の仕事の重生の	原を検討し計量を検討しなるを行うした。 前についていていているとして、 はいして来る自覚は一般期の として不多自告が他の活動の言葉が関うとしても となり自然が現と上級の言葉が、 とまた上級	四	一主線の仕事の
各々の方法の大変、特點等を發見し、掃除の正しい・見違の經驗の話し合いから掃除の方法について考えする。力による事を理解する郵によって緊脅羧展の基盤と力による事を理解する郵によって緊脅羧展の基盤と	臣•圓•川	7	華 巖	て来る野への散策も多くなつーズンの訪れとなり山・天候に惠まれてポッシ	,	画図が
会部時の忙しい時の手傷いとしてのお膳だて及び後の幼い時のままごと遊びの思い田等から墨智に入り、工夫政禁へと姦展せしめる窟底を幾ら。實施する、掃除用具についても調査し話し合つてしかれたつき研究し谷々の場所について計畫をたてしかれたつき研究しなる場所について計畫をたて	更•11	ယ	家庭の食事	運動會も行われるれの好天候に歌まれる・若薬の頃であり五月晴	一	
をよくみてその用途大きさ等について考え、自分の・前の問題から薬ふきの作級について話し合い 貨 物意點について話し合い、質看し身につけて實行する。片づけの仕事について理解し、能率上、衛生上の注	∭•1 1	12	針の便い方	懲ら出来る 分の機位についての自 ・身體複素も行われ、自		
自分の製作評鑑をたてて質習する、形、寸法の定め偽等をみて、種類、使命、特色等について話し合い・潜潔、家庭の食事から前かけの製作に箋展し、標本得。	11.11	12	〇前かけの製作	な田山山山 高の田山山 高の田山 高の田田 田路のとは 日曜の一日 日曜の 日曜の 日曜の 日曜の 日曜の 日曜の 日曜の 日曜の 日曜の 日曜	汁	しての子供二家庭の一員と
不断の注意を排り態度を幾ら。事に男子のあるべき数について話し合い、設備等にり、その中から材料を選んで修理する、そらして家・家庭で修理を買するものについて調べて目録をつく力を理解し、裁鑑の基礎技術を習得する。	臣・11		理 用品の製作参 △郷除用具遂所	・権権の関が、大学の関係を表現を表現を表現を表現を表していているととなる。などには、大学を指しているととなるなど、などになるなど、などに、日田ののののでは、ないないない。		

五年家庭科學習指導要目

- ・計越表について計議し合う。
- ・どんな順序で、方法で、するか考えて計塑表を立てる。
 - ・何を作るか決める。
 - 過程
 - ・準備 ナックエンド 参考園 製圖板
 - 時間配當 四時限

四、卑智の進め方

- 。讀圖七、 對腳七。
 - ・正確な描圖力。
- ・製園上の基礎的知識及技術の修得。
 - ・計鑑表の立て方。

三、塁腎活動のならい

に取材したのである。

以上の様な子供の必要性から考え又單元目標ににらみ合して此處

3兩面からみて

である。そして其の中に於て製圖上の色々な規約を壁にせる様に との様な環境に於て子供達に必要にせまられた製園監督をするの 當然製圖の事や絕數、時間、用具、材料等が入る。

れたよりで製作しようと言う無特が濃厚である。計畫表の中には 計墜的な物事の處理と言う事が考えられる。計立表を作つて、そ を色々な例をあげて説明してやるし又比の頃の子供の特徴として 序でするか、と言つた機な緻密な評鑑を立てないと失敗し島い事 れば龍車も上らない。どんな板でどれ位使いどんな形でどんな順

- ・物を計畫的にする習慣が強えるかどらか。
 - ・製作する場合に支障がないかどうか。
 - ・緻密な計畫かどらか。
 - ・計盤の能力があるかどらか。
 - ・覿阍力があるかないか。
 - ・確度がどうか。
 - ・描層力が正確で速いかどうか。

 - ・圏法の理會の既合から見てどらか。

五、結果の調査

- ・田来上つたならに先生に見ていただいて、よかつたら製作に入
 - ・一人でするか協同してするか自由とする。
 - ・美的で正確であるとと。 について注意して影響し思える様にする。

線の太さ、寛線、點線、寸法線、破線、寸法記入、投影園法等

・記入上の注意

園、側面園、製作順序等を記入すること。

計盤表の中には、使用材料、用具、時間、経費、平面圏、正面

短いとか、赤すぎるとか、ほころびたとか、とらした数は無意識と反省する。

どんたおなりがよい事なりか、どんな條件にかなったらよいのかなりもみえる。

暴のきびしいこの頃の身なりの中にはふりかえらればならない専或に作業に腐む時の身なり、等といろいろあげられて來るが、纏の私達の身なりところいつても、男女の身なり、季節的な身なり、「

二、取材の態度

一、露枝 身なり 九月设 二時限

間にか獨りで處理している鞍を見た母は何んというだろう。そしほころびに、ポタンつけまで母の手をわずらわしたのに、何時のえ得るのではなかろうか。

つて来ると思われるが、かえつてその手入れによる喜びは誤く膝衣料数材の乏しい時であり、ととのえ方にもいろいろの問題も起ず身なりをととのえたい。

らべき、二駅期を迎え自治の姿も活潑に動いて来る。္ 熟袋塾心光によつて不規則な生活へ流れ易い時であるが一方、充質期ともいの中に身なりへの關心を示しているものといえる。長い間の休暇

家庭科學習指導の具體的展開例

	幕除用具整所用具の製作修理に同じ。い方の技術について習得。 ついてしらべ、計算にしたがつて質習し挑すす、鑑縮等を見て話し合い、表着と比較して形「當、布に	[1		作修選 △家庭用品の製	生活を整理し反省する・年間示であり一年間のる るる。 島懸會が盛んに行われ いな祭りを中心にした	=	公文 下 〇女 下
	下灌瀬の裁縫船力の發展としての数荷である、見本そしてとの間に社會的な芸棚を行らら。 たついて話し合い、正しいお使の出来るようにする失敗した事、因つた再よかつたと思つた事職。纏繳	[II	15	〇ツャッの製作	る 雪の一げん多い月である、節分の行事もある。 ・実績いよいよまして来	I i	rtt
-	自分達のお使いの穏額の間茎を持ちょつで分類し、遊びによつて質値する。え、蜃楼する時のお作法について話し合い、お客様	用・氲	6	お使い	に迫われて条忙である ききに来答ら多く家事		,
	こ、 菌業する きりい ない でき しょいい りまき 水谷のいろいろいろころ (2を) 水谷の 遺味と心掛け を おお 守居の間に 赤谷のあつた 事から 問題を 発展させ、	①•排	6	(朱 谷	る月である、年製のゆにいたる文条皇に謝ちにが年を迎え郷しい演分	l o	

The same of the sa						
について副心を察める。 とによって溶除能力を強度せしめる、年末の手像いれい覚施する、そしてその結果について区省するとない資金での後、各種がの大将除の計容を掛立互に吟味し・年末の仕事の闘金をし大捺除に問題をつかみ、話し	田・田	6	清潔の責任	戦親きげしくなる と迅春準備に迫われる 事がある、一年の整理 きお飾り峰、帰種な行	11+	
火の用心の態度を終う。方法を見りませる。からまりたの用心の態度を終う。方法を探究し、火の効準のよいたき方を研究する。いて觀察し、よく熱やすとと節約して用いるととの	田・田	9	には、家庭を関くする	別でわる、大蔵い鮮つ・年末のいそがしさに格		五家事の手償び
火をたく却に問題を終見して、燃料器具の種々につあげる事に興味を持たせる。 中のよいしかたを話し合い、実習し上手に逃げせて	田・田	6	4 4	倒となるを選え火のなつかしい	1+	
し嬉しかつた郡、図つた夢の語し合い、考察から子・ 弟妹又江近所の子供をお守りしてあげた檀醸を發表家人の留守を守る護度を獲ら。 いて語し合い、その偽體について考え責任を持つて	田・四	ಬ	任家庭に對する賣	もある、そろその染痕 ある、七五三の配い日・第の香のゆたかな頃で		小衆の弁學
留守居の經験について確しかつた事、困った事につする。する。解し、上手な整理のしかた、手入れのしかたを資習			英語にはいる	る・大選副會等もひらかれ		四家庭に於ける
えるとと、又墜選するととによつて、その賞鑑を理力のいろいろいろを話し合い、使い方によつて長くつか・同種の堅用品のいたみ工合の比較から考察し、扱い	ţıl	12	たずけ方身のきわりのか	※ Processes App App App App App App App App App Ap	+	
シン数材として改いたい。 てて、製作し数ち方、鑑い方の基礎を智得する、ミら布地のこと、奈饒上から形の事を考へ、計畫をた・製作されたものの話し合いにより保健上、衛生上かい	Į lii	14	〇下げきの製作	して自治會を進行する べきかの問題を中心に 砂期の生活をどらわら		万のでありまり
を縫い、いろいろの實行方法を相談する。と録、自分の事は自分で責任を持つて處理する態度方を研究し、自分の事は自分で責任を持つて處理する態度方を研究し、自分の身なりに入手をわずらわせわと・相互の身なりについて記し合い、よい身なりのあり	- [n	2		・ と と と と と と と と と と と と と と と と と と と	七	
このしては、これでは、これには、これには、これには、これには、これには、これには、これには、これに				ないのようながら		_]

34

1

	指導の緊點	压 咸	事 罪		施船	全 活 職 基	Э	
	高める。 同、が、身のでは、身のでは、かいいい。のでは、かいいい。のでは、かいいいい。 日二、アン・・ベースの趣問正離に約十三米・近によいない。 一、 一、 一、 近別能力はどと 「大ってなく、 気別 記力 記り にいいる 「独別 におりなどのなる」となったのでは、 毎年的な 運動練習 ~ 可能 になったの	巻と帯 同島 ツザ 同島	這 [1]	・幅跳びり、アネール・幅跳びよく、ストペース・アント・アネール・跳び上り下り・跳び上り下り・跳び上り下り	勝国の測定 身 襲 鷹 軍 上に の 湯 電 軍 日に の 海 電 車 手 足 口 の 海	る。まとまりが田來てくしめるし、運動練習法に高等精神作用も簽達してしてはいられない。季節に、見滅違にじつを季節に、見滅違にしつと草木の成長も暮しい此の	13	
	鬱野球の規約で以てやる。三、ソフトボールはアンダースローで大ろ。 る。 バトンダッケ等の技術的鎮 智 も さ せこ、 園形リレーの走エ離は百米位。 1、 國形リレーの走エ離は百米位。	バッドーバット アンド・ 国間 (保) 郷様	[] [] []	・ソフトボール ◎緊張弛緩基本態勢 △逆上り、け上り △関康上リ、関陽同韓 ・圓形リレー	高潔及び影の	人運動の好季である。 上蓮する。女子にはリズ 練習すれば同日いように見適適の運動意欲は旺盛で 見強の温動を中心シーバンであるの運動を中心とする。 衛たけなわである。館句	Ħ	
THE RESIDENCE OF THE PERSON OF	についての話し合いを行う。三、爾の日は総生指導、又は球技の規則たせてまわる練習から入る。前の地面に手なつき倒立しつと背をも二、韓同は低い跳箱を披に匿き、跳箱の準をなす。	マ 跳 路 高 が 箱 箱 路 で ない		●重心移動の自然性●雨だれ・前轉○倒立へ脱立韓回・高跳び	等に流	が止めで直に飛出す。核合内でも疑測する。雨校合内でも疑測する。雨と急は児童の湿動意欲は音である。外途の出來知霜生な権團とは添願も誤家には闢権周期となる。陰謀な非権	ᆉ	

五年體育科學習指導要目

◎女子のみ △男子のみ

倒尺けをかける、衣紋かけにつる、ズボン、スカートの嘘押し。

④着方について。

豆をタンしたんしこと。

四頭裘、爪の手入れ。

①下着額の更衣について。

O始末の方法を話し合い質施する。

もらつているかを考えて話し合う。

〇自分の身なりをもら一度ふりがへり、その始末について誰にして

◎頭襞爪皮膚の衛生はどらか。

の着方については。

倒しわ、よごれ、ほとるびの手入れほどうか。

的各酸な運動や作業に適するか。

金通型にふるわしいかどうか。

砂健康を考慮しているかどらか。

図旗候にあつているがどらが。

出よい身なりについて。

○身なりの旅件を考える。

○お友盞同志のみなりについて話し合う。

○準備 いるいるの身なりの繪

三、過程

自分での望元(四)へのおり方である。

家庭生活を理解し家庭人としての責任ある姿である。自分の事は 自分の事を自分で處理し責任を持つ態度そのものであると思う。 て自分のよろとびに、母の仕事の多忙を手傳らよい質閱であり、

○日常の身なりから探知する。

合う中に分りめて行く

○衣類生活への闘心の程度を、衣類生活記録をしちょつて腹々話し

〇男子にはきものの手入れ等をする。

いたより行いたい。

四、金。定

〇各自の生活の實践を衣類生活記録のようなのにつける事を話し合 るものとして下着類の裁縫を考える。

○自分の身なりは自分での宮膜の強展として下手に纏えても着られ

〇これからの態度を感想文、作文にかき、鍛裘し合う。

〇自分の衣生符をふりかえらせ話し合う。

〇手入れのよしあしによる品物の長柱の差異について配してやる。 かはきものの手入れ。

何ほころいの手入れ。

- 1	CHARLES CONTRACTOR OF A STATE OF	MC3244 CATTABOLE CAN	LID DOWNERS OF THE PERSON OF T		Mark Street Street Street Street	CONTROL OF THE PROPERTY SAN	THE STREET STREET
	二、一年間の反復をきせる。きせる。離にでも出来を運動をのび~と資施一、位業期の国つた體をほぐすように、	長なか	>	・ポートポール @故郷の人々・長なわとび	海	となる。 寒い。然し問うなく六年 奢のきざしはあるが来だ	[:]
	三、郭降りの時に大いに露投げをやる。 かなす。		H	・押し出し遊び・時追い		ると元氣が出る。倒である。終し掌でも除	
	二、手耳の摩擦を充分になし就像の薬防ようにする。一、数室内の指標をよくなし換の式たね	排球・跳球の)	・フットボール 留なわらび	救營園監	非鑑生である。外述も可数室の内も外も境が立ち機塞の内も外も境が立ち機能期、生気は眩燥して	11
36	に逃上り、臨衛師とし葬を覚飾させる。			• 吳毘羅老	トラボーム	無鬱があがる。 稽古がほじまると大いに	
	三、跡追いに、運動能力中位の者を先頭二、鉄室の模案には充分蔵を縛ら。む、銀分をゆるめると病親になる。		*	・超過い	说 調	不活該である。やがて整してくるが、漫動方面は	l.
	一、独文同志融し合つて祭稽 古、に は び	知なわ		・値なか誤び	获 光 极 赋	新年を迎えて元親に登校りかる。	
	三、手足の手入についての指導をなす。う。う。二、短時間運動費を大にして探認的に行って。	共興 • 吳弉	lit]	◎スキー• 子取り扇	年の日が	子供と弱い子供の属別がによりたくなる。元績な	11+
	これをリントズンの整理的な指導を	菜 菜	lii.	・ドラやボール	1 7 t	張へ行る。 突囲かっ 鏡藤	

五、寒くなるので離離の指導をなす。米仏で、なるので離離の指導をなす。米仏に、ドッチボールのロートは孔光と十六工夫してむる。名を行い、得點を得易いよらに三、ファントボールはサッカーをごく領約を注意する。 発生波に分力になると帰えるから売ー・来だのび~~是鋤きせる。	雅 禁 禁 禁 禁 禁 禁 禁 禁 禁	ra Caraca	・観立て路越り・選りられまり。・報東のトドラチボールシャボールの取の山	落 藻	まな、さで、など、さで、など、など、など、など、など、ないない。 だならの、 は	1+
雄を允子、運動と休逸のバランスについての指工、運動と休逸のバランスについての指に膝住のももに、離び越す障害物の高さよい。年年離走では約百五十米乃至二百米が記力を高める。 二、運動會を目標に自律的な運動練習のしませる。	又非 ス 際に は	K	・ボートボール ○馬乗り逃び・園形リレー・降電競走・中軍離老	中 韓 通母	国の総の政党を対し、大学なが、大学、大学、大学、大学、大学、大学、大学、大学、大学、大学、大学、大学、大学、	+
いてほいけない。 相手に簡れない二歩以上球をもつてお問いが「トードールは龍球の初歩的に取扱三、郷永遜伽藍を高めて行く。二、東京巡伽震旅融を高めて行く。 に、見資の健康採盟をよく見る。 ににつらめる。	又 尺總 求	tu [・彼距離走・ボートボール・国り鬼・国り鬼・王取り鬼・子取り鬼・水泳・水泳	休 黎 萨山畔农野	から、 を が が が が の の の の の の の の の の の の の	九
指導。三、暑氣福生の賭注震と体み中の心得のにする。「下するいてに指導よりよいないてに指導なり、取りを発行を記して、本説性に至ってに異親に動する強調し、本聖年に至っては異親に動する遊聴		* <u> </u>	・水氷(すもう)の夏は赤幻・リレー鬼	- 現	関り易い。までやっている。過野にくなり、夕方切しくなる。 見がしくなるに しんない しょかんである。 日も長 こが来る。 臨上でも運動を害の夏、水泳のシーブ	ct

	P00	家屋	H B	織 叫	拉 描	算製	1年 6個	图图	月週
循细	學 滿	- NA		· ·				44-13.	u
	魔女で跳びと跳び上り下り	家族の健康	遇色練習	春のおとず	究れちの研	校私たちの劇		しずかな午前	
察手足口の清	し、この運動のアクセ	同住居と衛生	回	阿がからず	ストーの手	"	mr (3 01 , 1) E		
胸閣の測定身長豊重	ポールファイ・ストス	作(女)運動服の製	の圖案本の築や花	おぼろ月夜	記念の木	即算練習	治私たちの自	・一日の年活	园
7 CM C 1111 TH	均合い ○四敗と滬埠の偏郷の幅跳びリレー	び用道具の運動用具造	再	্ৰা	出る水の報	らだれてのか		描	
	○緊 跟 弛 綬 図形りレー	數作(配)	茶た~	五月の歌	光山と水の肝	-		みどりの野	
風 • 紫	○基本観察幅略の	回	म	迴	野 てからの仕 野校へ認り	いるいんな		いいのは・	P
の帯器	はより	更	市計電子業市の都	5 H G	海	問題いるいろな	<u> </u>	ツァーサ い 刑 立・	H
	ンレーギーンロロロ	画	画	괸	なった	田 綇		厦 踩	

六年學習指導素材一覽

小學六年の部

α準備 バトン四本

2時間配當 (中距離走、障害走、臘走を合せた最後の二時間)

- ・独別にして工夫研究するように取扱う。
- ・自鍛的に興味的に質施するよう取扱う。
 - 工方 針

職話、国

バトンダッチ走法の技術を高めると共に頑張りの精神を強う。

瀬 四一川

001 94

より聴育的效果をあげると共に、運動會の準備ともなり得らのでしめる。機軸的に圧競争心が極めて旺盛となる。リレーの実施にす。此の期の見蛮圧筋肉もかなり競育し、内臓も次常に鍛建しばの鍵進に元より内臓酸器替(の影響が極めて大で、その強連を促みくよの合計より、ずつと所要時間を短縮出来る。走験校に開節独する。リレーに此の走に一韓のつながりをつけたもので、個人独する。リレーに此の走に一韓のつながりをつけたもつで、個人におけるとならに見えるが、運動會等のかけあしでほかな戦に向したまでである。單し該ける先跳投に原約時代人も有していたととろの人間の本能とに於ける先跳投に原約時代人も有していたととろの人間の本能とに於ける光跳投に原約時代人も有していたととろの人間の本能とに於ける光跳投に原設すべきものである。陸上競技に登まであり、陸上競技に發展すべきものである。陸上競技りよりはは小にないるが、類別からいよりしまる。機具をある。大口に小學校では遊戯として取扱われているが、類別からいよりよりない。

二、原格の意義

1、数 花 = 7-

- ・反省し、更に新しい研究課題を見つけさせる。後から走る者の効節をせわよう注意する。
- ローナーにおける手の振り方や、パトンを渡してしまつた後、ないように人員の配當を行う。

走距離約百米の圓形リレーを質施する、各班に極端な差の出來 離走の際のコーナートップについての指導をなす。米以外のペイトンタッチは反則であるととを数える。

バトンピーンの智識を顕え、出鍵ラインを中心とする前後二十

40

- ・各班對抗競走を行う。
- ・終ったらまわれ右をして繰返す。
- でダッチ練習をなす。前の者は徐走する。
- ・トラックに二十米位ずくの間隔をそつて並び、相當なスピード・三米間隔位に開き、二・三歩走つてダッチ練習をする。

ら広手に搾ち替える。

ストンを持ち、前の者の手に正確にあてる。右手を前に出し乍左嗣を出し、右手は掌を上にして後に出す、前尾の者は左手に

- 一列継隊二歩門隔に開き、ベトンダッチの練習をする。 各班をまわって歩き質問に答え、且適宜な指導をなす。
 - ・四ケ班に人員を分ける。

4 涸程

體育科學習指導の具體的展開例(+makt)

-86 -

	カンと	つ マ 科 発	ドッチボール〇次 倍 鬼	雨	漢	(陸 代) 国 职 ? 丑	部の対象の関係というのは、現場ののでは、対し、対し、対し、対し、対し、対し、対し、対し、対し、対し、対し、対し、対し、	四國際國際 11	围	・お話 ・かくさんの ・しゃ ・しゃ しん	11+
48	校 紫	20. 肾	アシャポーガ	びい! 2 mg のたの 回回	関の機構を表現の多様を表現の多様を	でなるなど	高 リス 光学 を変める しょう の の りょう の の りゅう しゅう しゅう しゅう しゅう しゅう しゅう しゅう しゅう しゅう し	米光。の高さののいるのでのいるのでのいるとのいいろとなってなるなななななななない。	工物の全活	・ の の の の の の の の の の の の の の の の の の の	A +
	機の数の	\$\\\\\\\\\\\\\\\\\\\\\\\\\\\\\\\\\\\\		回回回回回の海がにないました。 見り 選り がいまた 大学 (人とまた) をきる はまま できまる かいこう ままい かいしょう ないしょう ないしょう ちょうしょう しょうしょう しょうしょうしょう しょうしょうしょう しょうしょうしょうしょうしょうしょうしょうしょうしょうしょうしょうしょうしょうし	同 と対 同 秩 リヨ の が 神神 お 花	明日の子供をある。	から な か とり にも の の の から こう ひかっこう の の の とう かっと の の の も か し ち か と か と か と し し し し し し し か か と か と か と	関し、の関うという。	週	以 大 ・ が ・ が 大 ・ が ・ が ・ が ・ が ・ が 日 で 大 ・ が ・ か に ・ か ・ か に が さ と い こ い い い い い い い い ひ で で の ひ け	

休 整 窓 摩 山 馬 の 教	〇 ○ ○ ○ ○ ○ ○ ○ ○ ○ ○ ○ ○ ○ ○ ○ ○ ○ ○ ○	同 同 同 同 医络外侧 医外侧 医牙囊 医牙囊 医甲甲二甲甲甲甲甲甲甲甲甲甲甲甲甲甲甲甲甲甲甲甲甲甲甲甲甲甲甲甲甲甲甲甲甲甲	画本 画 秋 回 秋 の の いまれ は	同 花 同 鳥類 図 い	自 10 10 10 10 10 10 10 10 10 10 10 10 10	分談の張辱が発生を発行の整理	高	明 の 別 の 別 の 別 の の 形 校 語	7.
開開	本本を成れている。ない、人を成り、人をなった。。 ない ア・・ ない ない ア・・ ない ない ア・ド・ ない ない ア・ドック はい ない ア・ドック はい かい かい かい かい かい かい かい しょう しょう しょう しょう しょう しょう かい しょう はい かい しょう はい かい しょう しょう はい かい しょう はい しょう しょう はい しょう	n n	作る強を考えて対称や組立対称の組立し目的を立て	(公本の) 国 選ぶなり (公本の) (公本の	光巻 まま 離ま 原たいいい いいいい いいいいいいいいいいいいいいいいいいいいいいいいいいい	『問題』	題	おかおさん	ď
傳 梁 病疳	国の 日の こうん 関節 観音 中国 の 別 と 下 別 立 正 が 記 記 上 ボ り の の の の の の の の の の の の の の の の の の	金石、同金物のこののとののとののとのののとのののとののとのに関すな光光を変えた光彩を	阿野僧を入れた同国	既をかってのという。	原際	数 数 "早""	都市2保健	を対象を	*

かせてみる。たしかさをさしる。散文語などになおしてみる。情景を具體的に蟄・詩的な直觀を味う、何どもくり返し味ろうちに、觀律や、ととばのずかせる、動作化する。ととばの行動性。家庭生活のしみしみした情感に共鳴する。ととばのもつ勤者性に氣・家庭生活のしみしみした情感に共鳴する。ととばのもつ勤者性に氣	そよ風電器	・相應に理會が困難かと	> t	1短齢的である4側的なもの
る。客觀的な描寫の顧解力と裴し方。る。客觀的な描寫の顧解解について指導する。自身の生活のもようを描寫してみ。大陸の生活をおみとりつつ、その關心をふかめ、一方讃解 力 を 拉開心をふかめる。 開心をふかめる。 再種の熱情に共鳴しつつ、日本復興の濛欲にもえてゆく。西洋への	ましょう図みどりの野かどりの野	・大陸への関心は深い。 求がもえる・日々の生活に復興の欲	五	報報しているとに見機化して、 とくに見機化して
今理會と更に日常のたゆまね醴駿のらちに語る。 は理道求と、質説の意欲は根本的な敎育の目標でもある。之の正しい、批判してゆく力を担ってゆく。 性にりくつからではなく、ひびきのらちにとらえる。文學作品を味性に引くつからではなく、ひびきのらおにとらえる。文學作品を味ら然の美しさを直觀し、海らかな心情にひたる、表現の襲密、必然。	質調のデルルなり、	でいる。だんだんと批判力もで

指導する事の自然にひたりつつ	国	である。 の
影響のはなる多	张	生活。《意	M	單元・撲式

六年國語科學智指導要目

ц

- ロ 後期素材は決定的な配置とはいえず一つの試みとして示したこらいを求めたもの。 トリンを表めたもの。 1部的表現 2思素的 9物器體 4劇 ○直接國語の基礎的ハイ 單元の様式の棚の数字は
 - ことわりがき

海 遊	ボートボール子 2 り 鬼長なわ 2 ぴ	画画	一番 巻 子 紙 かん でんりょう	(まろびの) 同 さらば衣よ	税私にちの歴	共の11権々の懲化	ы	最後の解殺日記幸 標の 関日日記・大郎なのなるとんの	[u
海藤田教会館館から、「は	ボートボールドラチボール ななわら ひとり コーあそび	みる世間国人の世間国を基本の関目の大の関目の人の関連のの関係の対象を関係したといれた。	郷 参 下 国 傘 ひ そと 回	同 早職券の販 回	たこあげ 電 動 機	齊 " " " " " " " " " " " " " " " " " " "	回	ととば あ り め・よるのらた 能 大わしに乗ったまさに立つべし	11
近くりました。 説が光後線	原 即 離 素 O の の の の の の の の の の の の の り り り り り り	物がいりのできなった。	着 巻 町国	方 同 船	路 篇 篇	神 一	暴業でなっている。	めぐりあいるというの話	1

励もあろうが、文のひびきにひたるととによつて邀得してゆく。生鳴してくる。やや地域によつては、生活の基盤が、文と一致しないだんだん個性的になつてきて、之に願じて分化された文様式にも共々、見蛮の生活姿態から

二一面材の意識

| 竪智素材 図器六年上六 そよ風

のリズムを直認してゆくととによって指導を進めたい。文は定型的童の詩作等と連絡し、具象化し、場面で具體化してゆくととと、文純然たる詩漢をれらつている。やや雄解であるかも知れないが、見日 文章面から

てくる譯である。

活が腹められ、深められてくることによつて、素材もより生かされ

國語科學習指導の具體的展開例

Part Charles Confedence Control Control	くくりを十分につける。ついれいる。な葉の整理など、壁年のしめつ。以訛から整理している、作品や、文葉の整理など、壁年のしめ・単校生皆をかりかえり、生活を反省して、新なる出發の心ぐみをも着等につき各自でしらべる。が多い。企劃をたてて作業し、必要によつては互に討議し合う。作を十分にして劇化する。創化中瓦によみが深まる、余額的なことば	民間の関係の関	大れる 仕上げとして十分力を 猫しょうとしている。 希望と自覧をもつて向 ・卒業期に際して各目が	ţıı	をもたせる。2歳黴的な文に内容2歳黴のいいよけらあい。1は5分い。4難解で觀念的なこ
	・幸福にと何がについて表されている。表現は硬く又難しいので理解・作者の思想をよみわけ、生活をふりかえる。他に裏める。せて護婦力を打る。 ・勇敢な行動に共盛してゆく。くどくど貼用せずすぐ交に急身で當らちに高まる。個別學習を十分にして協同學習か。、女の香に包まれつつ、詩心に指う。感じ方、み方、等文の感動のう。女の香に包まれつつ、詩心に指う。感じ方、み方、等文の感動のう。	あたつ大へまったされたい とさらしに でまって に に に に に に た こ に た こ こ た こ こ と し 別 こ こ	・ を表れている。 を表れている。 を表れている。 を表れている。 のでのでのでのできる。 見遠には とれる 主義役員 といい 対 にいい 、	11	O の 物語的な交響であ む も 日間女各様式にない
	〈の思慕がある。日本改各自の進み方を考える・國家や民族を超えた人情の美わしさに共鳴してゆく。根抵には文化・文字の種々をあつめ討議し合う。ローマ字との闘嚇・文字のはたらきにつき考える。先人の努力に無づかせる。令性、人間性に執づく。國語の自襲實践へ。ととば、心の關係、ととばのもつはたらき、性格につき。文化性社。ととば、心の關係、ととばのもつはたらき、性格につき。文化性社・	めぐりあいも、この話にしいとと	である。 一般の 一般の 一般の 一般で ならして、 の日の というない。 とならな、 とらなった。 の自己ない。 とりない。 とりなり、 の自己ない。 とりなり、 とりなり、 とりられる。 とりられる。 とりられる。 とりられる。 とりられる。 とりられる。 といるのでは、 といるでは、 といるでは、 といるでも、 といると、 といると、 といると、 と、 といると、 といると、 といると、 といると、 といると、 といると、 といると、 といると、 といると、 といると、 とい。 といると、 といると、 といると、 といると、 といると、 といると、 といると、 と、 と、 と、 と、 と、 と、 と、 と、 と、 と、 と、 と、 と	l	なり創的な展開をも示り割めなる。 の動的な展開をも示める。 ある りいずれも記述的で

それは各自の文への廊動をもとにする。話し合つて深めてゆく。の性格、顔度にとけこんでゆく。文を全身で味い、鑑賞力をれる。みと抱いてゆく。作者は直接表面に出ていないが。よみ味つて作者。限らし出された様な描寫のうちに、人生へのまじめさ、愛をしみじ	の原でいる。	おんだ作文ない、日ののでは、日のでの、日のでのを発見。一年をふり、「日本をふり、「日本をふり、「日本をふり、「日然、「日本のの内にむけらり、「日本のののの」と、「日本の、「日本の、「日本の、「日本の、「日本	11+	つている。 一概の色あいまも 3 過去形が多く文に
雪や自然への闘心と、映奮の構成などに興味をもつ。 払判し、生活心際めてゆく。 蒐集、討職し合う。ととわざや、いいつたえに意味をみつけ、主體的に自分にとり入れ、觀察の態度、記述的、説明的なあらわし方。目常の現象から出發して、自然の理への探求へと目をむけていく。	響の映金川川・竹り	然記録がまなどの間でいまななどと、「単純ななど、などは、「などのとの別力」の観光的に、「の数別」の観察的は、「記述的な文にに、「記述と文に」といると、「記述に、「記述に、「記述に、「記述に、」といいると	1+	2 2 2 2 2 0 間 0 4 2 0 1 2 0 1 2 0 2 0 2 0 2 0 2 0 2 0 2 0
生命の奪さに氣づく。各自の考え方を討議し合う。 (成酷的な進め方のうちに、一つの物でも單綱にほあり得ないとと) ゆく上の心がまえにつき話し合う。 共通主題をみ出す。 鼻體的に生活とてらし合わせてよんでゆく。 額律を見出す。 生きて・人生の理想を求めてゆく。 具體化して細く指導する。 劇化。	以下 以下 大 永陽 と 歌 男 男 野 男 男 男 男	く自係をよびさましてゆ自の心にひそんでいるものでにひそんでいるもれ渡、衛極的な時外・みのりの秋に際し、心	+	を考えるいる。各々の立場の別別的な展開をしての制的な展開をしてする。行動化する
心もちにらたれる。 ・文のしらべのうちに、永遠なるものへの憧れと眞型への欲求などの然してみる。言語に勤する知識。 窓してみな。言語に對する知識。 る、それより歐難に數する旨鑑をたつてゆく。ととばを蒐集し。聽 ・外來器に對する理解と、ととばと文化についての心ぐみなど指導す	明の光	をもつてみるが、一観點からは興味のくととは未経しい。ととばを鑑柔的にみて、これなってなる。	九	職である。 のがたちのがたり的な文記はの。 の観風の白色彩がいたり 観察的なな方、給
とらしくなくすなおで。 親子の情を主観にして作文をつくる。わざ・親子の愛情にうたれる。 母子の情を主観にして作文をつくる。 わざらみと味つてみる。 魚道に勵んだ者を素材にして作文をつくる。 人間の力についてしみ・師弟の愛のうちに、鑿術、文化等についての對し方を語ってゆく。	おかあさんあるるる。ある。	てくなる。 共に生活の深さを求め 心をといてゆくとを呼いたっている。 東になつている。 一面洋文化、藍榴等が背	ф	2手紙文 い 2物暦的な色彩もこ

6	-	火火	9	軍語の包別による関係を	1	よみ方が頃	字になれる。	(4)	・形をして指	四	李	洲	鼢	
		(ボース)	うて、直の闘係を利えることに、	指がき、空中書語形の比較によ話ののより力(位置をの位置を発	4 3 2		の補設	、 we controd	・ 符號(・ (・ 初書、 圧: ・ 略a, Poti,・	<u> 1</u> 20	(4) 裕	F 3) щ	I
て第一時一部時間間間に、時間配置されて、最も能率的ない。	-		めにして背外散散をしない	ろついがきをし一語をひくまとっているこのきょう。 コーロ は顔行す	7			になれる	・ 符號(!) ・ 分ち 幸 き ・ 一目よみ	Ħ	(5) (1):	5	9	わ朝
第一年 第一年 2 2 2 2 2 2 2 2 2 2 2 2 2 2 2 2 2 2 2	1		ぐ空中がき	さゝやきよみを指がきの後、すこのの、すしのこまりのは			をはかる		・ 斧鏃("; ・ 文字 と音・	*	(on)	Ŕ	ţ	增
1		กจกีนก		取り がい は 日 選 化 3 よ 4 ト 8 の 9 1 け	ш		て至る		・	t				

六年ローマ字學習指導要目

いというなの姿から

詩儀が出ている。

複地に迫ってゆく。

てき鳥的こまちの歯組を占っている。酸み手の膨動を土薬にしあな形式には捉れているが、詩的な直觀と內奧にひそむ韻律によつて詩情が出ている。

ハ　學習の姿から

兒童は小學の最上級生で、個別、共同の學習に全く整つた學習ぶりを示す。自發的に味つてゆく様にする。個別指導を十分にして、兒童個々の特色を生かしてゆきたい。

三　指導構想

イ　獨自學習

本文と共通的な主題をえらんだ詩作を試みる。之をお互に批評し合つたりする様しむけておく。課題的に本文に直接全身を以てあたらせておく。

ロ　個別學習

各々の詩につき調べ味う。主題、作者の境地等を、ノートに記し、又教師と相談してつかむ。各々の詩の様式のちがい等を指導する。

ハ　共同學習

詩的な直觀をお互の感想を土臺にして高めあう。具體化して指導する。單に場あたりな、なぞあての様な求め方をしないで、文脈も正しく、よみの手順に從つて正しさを求める。

四　目的　詩心にふれて心を美しく高める。詩様式の感じ方、うけとり方、味い方をねる。

五　過程　準備豫め詩作する。字書。

時配　六—八時

・個別的にしらべる。そのよみの高さを教師は個別に指導し、共同學習へ發展してゆく。

・共同學習にする、例えば次の様な點の指導上　ヨットの連想と詩心

チューリップ　はちの羽音とへやの靜かさ

しか　森の靜かさと角のかげ、作者の眼の細かさ、周圍の自然の情景

きり　周圍の情景、山の生活、ランプの表現價値

短日　香り、健康さ。作者の位置

わらいの歌　わらいの直觀は何からきたか。

牧場　呼びかけ。各節の相應の句

わたしの心は……。にじのもつ象徴的意味必要によつては討議も發生してくるだろうが、それはあくまで詩の表現の奧底にたどるためのもので無駄な話し合いはさけたい。表す立場に立つてみると、表現停止、表現價値等がよく理會される。讀み手の感動を土臺にして主體的に作者の境地に迫つてゆく。

・作文に發展し、詩作してみる。その作品を互に鑑賞し合う。

・作者の心になつて本文にかいてみたり、朗讀したりする。

六　學習効果

・主題、情調のつかみ方をしらべる

・語法が正しく認められているか。

・朗讀させて格調、詩境、感動の狀況をみる。

・詩作を通じて表現力鑑賞力をしらべる。

以上の事はすべて指導の目標から考えて效果をみるべきであろし、又刻々に診斷しつつ指導が進めらるべきである。

六年ローマ字學習指導要目

學習素材	月	指導要項	學習の姿	備考
一日の生活 (4)	四	・形としてのローマ字になれる。よみ方かき方 ・ga, poti, posuto,の補說 ・拗音、はれる音、つまる音 ・符號(・ ^)	1 單語の色別によつて 2 單語の位置を變えることによつて 3 行のきり方(位置の關係を利用して) 4 語形の比較によつて 5 指がき、空中書きをしながら	←活字體→ 最も能率的な時間配當として第一時—第一五時位の間は一週三時間とするのが理想的である
朝のうた (1) れぼう (4)	五	・一目よみになれる ・分ち書きになれる ・符號(!)	1—5は續行する 6 さゝやきよみ、默讀をしながら 7 一語をひとまとめにして書く練習 8 うつしがきをして	
學校へ (5)	六	・文字と音との一致をはかる ・符號(" ,)	1,2,3,4,7,8は續行する 9 指がきの後、すぐ空中がきに入る 10 さゝやきよみをしながらかく	
	七	・語句の綴りを明瞭に知る ・符號(?)	3 4 7 8 9 10は續行する 11 動詞の活用變化を比較することによつて	

學校（3） ローマ字の時間（2）	九	・そらで書くことになれる ・筆記體にうつる準備をする ・符號（・, 一）	14 13 12	4 8 10 11は續行する 記憶書きをする 斜め字體の練習（例題について） 音節の拾い出しをする k、t、n、s、r、m行、母音、つまる音、はねる音、h、y、g、z行の順に行う
太郎さんの日記（1） かけっこ（1） おつかい（2）	十	・音節をはっきりつかむ ・大文字小文字について ・文をかき表すことになれる	18 17 16 15	4、8、11、13、14は續行する 間の時間を少しのばして記憶書きをする 大文字小文字の關係、使用法 拾い出しのすんだ音節によって組立っている語から音節分解を始める 既習語について書取練習をする
ラジオ遊び（2） 星のうた（1）	十一	・音節を指摘することによってはっきりとつかむ	19	4 8 11 13 14 15 16 17 18は續行する 19、音節の指摘 拾い出した音節が使われている語について指摘していく
しやしん（1） お父さんのお話（7）	十二	・動詞のよみ方になれる ・筆記體に入る	20	4 8 11 13 14 15 17 18 19は續行する 動詞の變化を他の動詞に適用して語の使い方を取りひろげていく
	一	・特殊な音節をはっきりとつかむ	23 22 21	14 15 18 19は續行する 拗音や普通に現われないような音節について語を組立て、その音節のよみ方になれる 語の使い方の取りあげを、形容詞、形容動詞と擴充していく 音節の分解は拾い出しのすまない音節によって組立っている語に就ても行う

←　筆記體　→

拗音の拾い出しは後で行う（一月に）

最も能率的な時間配當として第一第五時ー第二第五時位の間は一週二時間とするのが理想的である

よるのうた（1）	二	・自由自在に書くことの出來る力を養う ・語法についての知識を學習する ・大文字だけによつて組立つている語になれる	26 25 24	18 21 22 23は續行する かきたいと思う語を自由書きする 大文字ばかりの綴方の練習をする 語法的説明 名詞、代名詞、形容詞、形容動詞、助動詞、接續詞等について
太郎さんの日記（2）	三	・ヘボン式ローマ字綴方	27	太郎さんの日記についてヘボン式綴方を日本式ローマ字と比較することによつて學習する

ローマ字學習指導の具體的展開例

一　**學習素材**　お父さんのお話（六年　一月）

二　**取材の意義**

・**素材の上から**

樂しい夜のだんらんに取材したもので、子供の具體的な生活に結びつけ、體驗を通してローマ字に親しませようと意圖した。

一日の生活を四單元（一朝、二學校、三あそび、お手つだい、四よる）にわけ「お父さんのお話」は第四單元「よる」の一場面であるが

夕飯後のだんらんの一時にたまたま月を眺めながら科學博物館でみたことを思い出し、お父さんのお話をきく。こうした場面は子供の體驗の中に生きている。

・**兒童の側から**

この期の兒童は初等科の最高學年であり相當社會的なものに目ざめてきている。

ローマ字も既に所謂第二期を終つているので音節の分解は大體すんでいる。いよいよ應用の段階に入つたのであるから特殊な音節の組立てを示せば自然と語の組立てをのみこみ、自由讀み自由書きも容易となる。

三　**目的**

「お父さんのお話」をよみ、自由書き自由讀みになれる。

音節の指摘音の指摘するココュアのおいぬに総行するよのコココアのいのに	19	つかむ

香節をてつきりつかむ	+	まか、表 の け ³ の け ³ か っ の の) コ (い) こ (記
	の順に行うまる者、にいる者、ロロロロロロロロロロロロロロロロロロロロロロロロロロの名に出ては、別の日日でなる。別の名に出しをする別のを建る線を

そらで帯くととになれる	九	1 中 中 0 平 医 (cc) 中 0 平 医 (cc) (cc) 夜

3

體配

51

(一月に

すんでいない語について)
 - акві, акаки, —акакаttа, —акаки паі
- ・自由よみをする。・形容詞の使い方を

筆記題にて約八分)

,intidosa

asobanakatta, talitai,

> trabnosa, kattanakatta,

> asondara, kaitari,

azobeba, ,вабэлял

い方を

らな香節の養き方を堅ぶ。・動詞の使
 - ・らつしがき…難記離にて(約十分)
 - ・自由酸みをしてみる

慈一時(四二屆一四三屆

歸寶族態 出

- . 班阿 九里五
- 自由がき、自由よみ
 - 語法の學習
- 語の使い方

2
 - 特殊語の組立を影習する -
 - 財展 福 祐 日

- 母母.
- ・総合法(答をロート字でかく)
 - ・
 裔
 き
 方
 の
 考
 を
- ・完成法(適賞な器をかき込んで完全な交にする)
- ・ 護療法(いる~~な答の中、正しいものに〇印)
 - ・よみ方の考査

六 卷套法

自由よみ。自由がきをする。

第七時(五〇頁—五一頁)

- 自由よみ。助罰の説明。自由費きをする。 (
 - 第六時(四九頁
 - 自由よみ。接線割の説明。書取する。

第五時(四七頁—四八頁)

- ・喜取りをする
- ・自由調みをする・名詞、代名詞の説明

鄉町郡(回代屆一屆七屆)

- ・らつしがきをする。記憶費きをする。(未知語數六位として)
- 書節の分解

kireina, -- kireida-- kireidatta, -- kireidenai

自由よみをする・形容動詞の使方を

第三時(四四頁—四五頁)

配慮審きをする、未知語数四位として

・大文字のみの綴り方を習り。

-92-

三、四部

	to an extended the state of the	
ト 託會のなり立ちについて・・・・・・・・・・・・・・・・・・・・・・・・・・・・・・・・・・・・	批評する 入りにくい店などなかなか	
・とくに変れるものの顕弦をする(縄立南店・デバート)との称述について開査し發表討談する・店もの称述について開査し發表討談する・店と交通階でにしたについて調査する・職業と場所・・分布園・紙幣について指し合ら	大りにくい言などにかないた、混纏験があり入り易い店、商店等へに直接買いに行つ味をもつているの相違、関係等なわない選・自身の家の職業と他の職業	[1]

の大要 ・	TE E TO	(45)	ものが多いの中には私達の興味をひくにつき、ショーウインドウ・町を歩くと色々の膜告が目	l	
9年9週のよらすについて調べるととか別のようすについて調べるととれからの工場について論えを尋くまなすって、電力の利用關係も)の立地條件を調査器見する 工場の大きさを調査を名場所について、現まについて調査する ・原生施設、職安の方法、衛生課律を開発する			ないわけではないも大熊無關心であるが興味・工場の立地像作等についておきりよくにしつていないき晩寝でみているくらいでき晩寝でみているくらいで	11+	
・能業員の転をうく。 日課表を嗣盗記録する2従業員の生活所、アルコール工場)は必要する。 県炭工場を見窮する(加藤製作・襲要する。 県県工場を見窮する(加藤製作・見寧の賈爾を酷し合り。 見慰の結果を整理コ近所の工場を見撃する	IEEE	日 徳 の 中 部 (04)	工場の内部の生活は話にきしていないありいるいろの關係で強要ありいるに同様で強要工場の復活は目下の急移で	1+	江下がは江下がは在地でには中国では、日本ののからへのからへのからへのかった。
 ●秘價切下運動について 治費についての工夫をする(節約と反生) ・指費の身合を關金し報告し討談するの表展の協力 ・配格品の実行物語りをかく ・配格所、機構について調金報告する ・配格所、機構について調金報告する 			を を を ない ない 自つているがよくはわから ・生産―配給―常嚢と大磯に さを與えている	+	いど遊れよ施 からたのい 関 す食味がを する問、食 たろだり、 たったできた、 にて合きた、 にて合きた、 にて合きた、
・配給品の生産地について択泥を調査する2配給ルートしてみいて、 の配給ルートの配給ルートの関係ルートの表表でする。最も「しい品

問題	居 英 氏 田 恵 氏 日 恵 日 恵 日 恵 日 恵 日 恵 日 恵 日 恵 む む む り り り り り り り り り り り り り り り り	Ħ	のようなない。 である。 でした。 でした。 でした。 でした。 でした。 でした。 でした。 でした
考える。に直して面貌を出すことを理解し、その計算のし方をのお話し合いから、三角形や平行四畿形、錦形を侑形・秋子 号ん鑑の作つた原級国の縮固の臍さを微へること散、通分、分散を小数に、或は歩合、発になわす。最大会約数、物分、公信数、分談引針、分数の大小比。まとめて行ちのでなく、分数して、時折り行う。	11	(a)	以 級 図	バポゼスられた。 大れか法とらいての対象 上記楽生とついての対象 におり、「表れてくるの事が、「素れてくる、 はり様似であれる。 日種体みや、大棒等の	*	と に適用する 観念を最や形 理解し、との 三、比の に、との意味を

六年算數科學習指導要目

- ・消費の寅睽

(六)工場生産はどこにどのように發達するか
(七)時間の餘裕を作るにはどんな風に文明の施設を使えばよいか、またその時間を有効に使うにはどうすればよいか
(八)世界中の人人が仲よくするにはどうすればよいか

九	・統制によって主要品は殆んど配給である ・食物關係では生産縣としてあるもその他のものの需要と供給が家庭生活の不自由さを與えている	配給(30)	(二)(五)(八)(六)(四)	1 配給物資 ・自分の家に配給されるものの調査…表を作成する ・學校、其の他で配給されたものの調査發表をする ・最もほしい品物について調査報告する 2 配給ルート ・配給品の生産地について狀況を調査する ・配給所、機構について調査報告する ・配給品の旅行物語りをかく 3 家庭の協力 ・消費の具合を調査し報告し討議する ・消費についての工夫をする……(節約と更生) 4 物價切下運動について
十	・生産—配給—消費と大體は知っているがよくはわからない ・學用品の不足になやんでいる			
十一	・工場の復活は目下の急務でありいろいろの關係で進展していない ・工場の内部の生活は話にきき映畫でみているくらいであまりよくはしっていない	工場の生活(40)	(三)(五)(六)(七)	1 近所の工場を見學する ・見學の要領を話し合う ・煉炭工場を見學する ・見學の結果を整理發表する(加藤製作所、アルコール工場) 2 從業員の生活 ・從業員の話をきく ・日課表を調査記錄する ・厚生施設、慰安の方法、衞生設備等を調査する ・製品について調査する ・販路について調査する 3 ・工場の場所について ・工場の大きさを調査する ・立地條件を調査發見する 4 機械について(電力の利用關係も) 5 これからの工場について論文を書く 6 外國のようすについて調べる
十二	・工場の立地條件等については大體無關心であるが興味ないわけではない			
一	・町を歩くと色々の廣告が目につき、ショーウインドウの中には私達の興味をひくものが多い	いろいろな職業(45)	(一)(二)(四)(五)(六)(八)	1 一通り職業調査をして表をつくる(學級、學校、千葉市) 2 最もめだつものについて發表する(職業の種類) 3 現在の經濟事情について ・インフレについて感想文を書く ・統制經濟の大要 ・學用品、日用品の調査をする
二	・自分の家の職業と他の職業の相違、關係等なかなか興味をもっている			4 ・紙幣について話し合う ・職業と場所…分布圖 ・看板や廣告のだし方について調査する ・店と交通關係について調査する ・店の構造について調査し發表討議する……(獨立商店・デパート) ・とくに賣れるものの調査をする 5 卸賣と小賣(問屋)について 6 他の職業との關係について ・煙草、切手等をうる店と普通の店について ・職能組合について調査する ・その變遷についても調査する ・消費者との關係について調査する 7 社會のなり立ちについて……(職業の歷史)
三	・商店等へは直接買いに行った經驗があり入り易い店、入りにくい店などなかなか批評する			

社會科學習指導の具體的展開例

一、學習素材　配給

二、指導觀

1 物資の不足は當然統制を將來し配給の生活も大變長くもう配給になれてしまっている。然しその配給が色々の事情で圓滑にいっているとは言えない。殊に食生活における場合それは生活にとって大きなきょう威である。單元、二、四、五、六に關聯し季節も考慮して取材したわけである。

2 兒童たちも配給にはなれているが然し滿足は決してしていない。してみれば配給という事は兒童にとっても大きな關心事である。

三、目的

・配給の實際について考えさせ、經濟的事情を理解させ、協力的態度を養う。

四、指導の要項と順序

・夏休中田舍に居て歸って來て感ずることは何だろう

とんな點から食生活へ導き

○自分の家に配給されるもの

よく調査して表を作るようにする

表が出來上ったら班の者で比較してみる（出來れば田舍の食生活についてのものも作らせる）

配給される品物と數量、一日分の量等計算する（或いはその

家庭の協力が必要であることを知らせ、その方の言意なせる。
- ○まとめる意味で配給品が消費者にくるまでの旅行記のようなもめ力に生滅する

之は各班で工夫するので色色なものが出るであろうがそのまとそのものに闘盗を集中させるように進める

○現在の工場生産についての問題は出たら輕く扱いととでは配給

- 消費地……消費者
- 配給原
- 各班で工夫して調査す

ط產地…… 生產者
- 〇女にそれ等の調査をもとにしながら配給ルートの探察に入る。
- ○同じように其の他の配給品も各自で研究し發表するよ う に すきせてまとめる
- ○食飲の増す時季であり、収獲時でもあるので各自の希望を表に○解検

も同様にする

出産地し)

- 單に効果的にのみ取扱わずその過程に留蔵する。
- ○意見希望を明瞭に鍵表するようになつたか
- ○買物についての認識はどれ程深くなったか
 - ○配給に闘する知識の収得の医合
 - ○行動が微値的になったが
 - ○消費生活で工夫の面が増加したか
 - ○報告書作成に進步のあとがみられるか
- ○調査の方法が中心に沿って巧みになったか

五、舉習効果

夫していただきたい

ほんの大要だけのみ記したのである。従つてその細葉はそれぞれ工

- ・
 地
 盤
 の
 距
 駆
 郡
 - ・推画の距離
- ・物價切下げ退動
- ○物價についても意見をださせるとよい
- るのでとの貼けよく注意すべきである
- ◎生産地の人の話しをきいたり
- ◎配給所關係の人の話しをきいたり―

20

工夫しているものは發表する。それを表にまと

イ、柏めの調査、形の異なる二つの圖形の廣さを較べるのに、ど四、指導の展開

With C. Hitt Stift ?

三、能力寒から「①、②、②、⑥、⑥、⑥、に閼瞞をもつものであするとと。

二、盟 元 平面圏形を正方形で作ったりその面積を計算したり

1、學習素於 學稅團

先才三角形の部分は、それを二つ合わせて正方形になむ して そのするかを話させる。

に氣づかせ、大體の見賞をつけて、一枚にならない部分をどう處理ら、學級團の廣さも、その色紙の枚数によって計算したらよいととロ、實際の指導、子供達の作った、簡單な圖形の色紙の組合せが簡單な圖形を作る時に、色紙などをどんなように使っているか。んな方法を取り入れているか。

算數

を考える。温の變化などを見究め、ガラフに描かき、變化の有機。夏の嶷りに餌を湿ぶ鱗の分遠と餌までの到書時間、氣	国	6	そのご館々の變化	度観察の妻がある。・前年よりの籐鐶的な温	[ii	
でも。別に、お器のわき方、生物の成長、お器のひえ方など別に、お器のわき方、生物の成長、お器のひえ方などかその關係をがラフにかき、變化率について知り、又・竹の躍性な利用して秤を作り、分銅の重さと竹のひず	四	(a)	計算無額である。	ることが多いの中で、製作したりす・寒い時であるので、宝	11	
て。ちから最もよい計算法をたえず考え、又話 し 合 つ問題を分けて、機會を見て計算力を行る。問題を分けて、機會を見て計算力を行る。の窓智計算の復智、衛便等、分敷の加減乘除、など。方を、未位がちである数についての掛算の面白い住て考及入)について、又振載問志の掛算の仕方につい・振製の取り方についての主體的な研究から二 治 三入・概数の取り方についての主體的な研究から二 治 三人	ı	6	計 算 練 褶 方	な。 なしていとらしているしている。 のてて感習のしめくくり た時である。興味をも近くなり、 海年を辺、一般なも取り・ 衛年を辺え、卒業も間・	I	

数になむすこと。 - 国分率、二数の關係、分母が百になる分・五分、七台、百分率、二数の關係、分母が百になる分・まとめて行りのでなく、分けて、機會を見て、自分で。	tii - i	(e)	計算務智		11+
計算金を、担のよみ、書き方、相似比、違比、比の相似三角形、比のよみ、書き方、相似三角形、白を見田し、塵勃配のまためがれの計り方を、更忙、いろいろと計り方を考え、木の高さとかけの長さの割。校庭の木の高さを測ろうとする主體的な要求により、同様、圓錐の製作と計算、組合せ、などについてでの数の乘除、三角形、四角形、金角形、電についての。数理を適用して、生活事象を解釋させる、自顧自修で。	11 - 1	20 4	木の高 さの 比いろいろな問題	を の の の の の の の の の の の の の	1+
額を出させる。 一般表した後で、アルキメデスのモの發見をきがせ、面圓いものをにかった結果から「から「別し限定して「関関原路にでは、不都合の起るととに類つがせ、丁寧に製団所能に合っ、協製、グラトにおかって方ので、「おおいて自身自修によって自らつかみ、「練習をする。 長ん俗を殺、女数の血滅薬除たる。	11	6 4 4	図いろいろな問題針 年 錬 脅	関して、 の、 の、 の、 の、 の、 の、 で、 で、 で、 で、 で、 で、 で、 で、 で、 で	+
る。とから、分数なかける計算、分数でわる計算を理解するがら、分数でわけて、目的地までの距離を計算すると大力を考える。と反物の關係、金麗を取るとと、(区内時)、著石の並させ致表させるととから、雨試(單位が)まゆの目方・長い夏休みに自主的に計劃して、研究したことを整理	ı	(19)	分数の悪除所外の数の悪ほびぬの悪理	旅行することが多い。好筆館に、乘物など

で本業単年であるし私の割、貨骸を体みにしたの窓なさから、問題の計るなどから、問題の計・大年生であり、自由研	力
ついて。形と構形の面徴、日の出日の入りの關係と氣温などに形と構形の頭骸、嚢定衰、百分単、縮國がら面積心、三角して。上舌鼻魚への敷理の適用をはかる、自麟自解を中心に	-11-1	9	いろいろな問題		d

と。を理解するとは、函数の觀念

-95-

69

べる。肺疳鼻をしらべる。静疳食をしらべる。肺疳食をしらべる。静かな息や深い息をして私蓋の呼吸についてしられる。私癒の作つた帰についてしらべる。	出	비ㅋ	関	再			たいあきの刈り
構ぶとん数の行かり方について研究する。重心についてしらべる・出重とはどんなととか研究する。らべてそれらの間の器係をしらべる。	[II	日七		諮	富される頃である 大権期で与戦の健康に注	- \	つだ 用、強たいのな
・水一〇〇の重さをしらべ他の按線問艦の直さもしする。 卵の数の花み始める時機とその重さについて研究	ļii	ተኮ). Ur ~ NA				100011111111111111111111111111111111111
わたのたれをまき、手入法を考える。山と海がら取つて本た砂や石についてしらべる。	l	11-1	77	7	わたのたれをまく頃。		五、谷、四
設をたてる。の方向線度等についてもらべとれがら研究する計画では、行って割のからい、潮の流れ、弦の聞き、風に行って割のあるい、潮の流れ、近の聞き、風に、			2 万	游	瀬干谷の存俸館である。	Ħ	三、海 。 昭
・流へ行って河のかちひ、湖の流れ、弦の勘き、風値え山の水山の土、砂、石についてしらべる。 塩え山の水山の土、砂、石についてしらべる。 野校へ勝つて來てから採集して来た草を山車関について研究し記録する。 出の木、山の土、石、岩に岩にして行って山の植物、山の水、山の土、石、岩に	11		仕事(八路つてかど)水の研究	學校	山に青く色どられる。		
	1 1	N. II.	であるよう		.		以。日、11
について考え話し合う。して行つて研究するものと研究方法、記録の仕方って	11		かの報告				
・1年の時に権えた記念の木についてしらべ移権するラミーの手入れを行い歩の出方をしらべる。私途の夢や希望について能し合い研究する。	コガー		窓の末りの手入れ	ことは	移植の好季である。 像である。 信根類が芽を出し始める	四	一、あるられた
いその方数を考えててれから研究を始める。・私塾の日常生活で研究したいものについて話し合	HI	111-	郷の研究	私		20	
児童活動とその成果	闘を闘がたの形があれて	- 時間	宮門がとは関	學學	生活 福 境	žm	HS 165

六年理科學習指導要目

じになるように分・谷野級の面積が同	巨狗		つけて調べていり ・ どんなと と た 煮 を
かりやろう。 めなをして、しつ・新らしく分擔をき		露砂	めていさら。 各単級の分遣を手・綿固にもとづいて
(民雄の治學)	(禁捉)	(影震)	(教語の応製)

ハ、指導過程(一部を示す)の例

を理解させて行くのである。

角形、上底、下底、高さ、粉角綿という敦堅的な言葉や、その意味行くのであり、その間に、腹さの單位をしての一平力糎や、直角三菱形についても、動角線を使つて面積を求める公式を見つけさせて

である三角形や、平行四邊形はあらゆる場合に面積の蜂しいととを平行四邊形の面積を求める公式を見つけさせ、底邊と高さと

が同じんな場合にもあてはまるかを、しつかりと確かめさせる。更に棉形三角形の面積を求める一般的な異節から公式を考えさせ、それがどろの計算法を比較するととによつて、つかませる。

どを、闘強して行く

生活に、面積を計算する能力を適用するととがよく出来ているかな及、数量的な言葉が正しく使用されているかを判斷し、更に、日常値つてちまく計算出来るか、又に必角形の面積の計算が出来るか、テストによつてに、三角形、平行四邊形、梯形の面積が公式などをたよまれる

いるかどらかを判跡したり、いろいろの形を表現することに上違しをする時に、正しく面骸を求めることが田永、生活を合理的にしてこ、後での關塞、子供がノートへ記入したり、又にその他の作業

としてくての由り音楽	· / III /	1 - 10 AT	こうをでの間とこれ
・・・・・・・・・・・・・・・・・・・・・・・・・・・・・・・・・・・・	門為		てみよら。おしたわけを考え・館形や正方形にない。 ・部本圏形の面類を・基本圏形の面類を
・ 簡単の の	超描	挺	・各班無に相談をしない。 ・各班無に相談をしならいる。 とらいる。 との回て、 とのこれらると、 とないられるとになる。 との記するとにどれる。 となれまないかれる。
つて分配を考える。 計算してそれにより ・學級園の全面覆を			たらよいか配するにはど殺肉等なよう

見強は敷中電魔で進んでいるし、日頃の經験から電氣が電線を電燈に動し非常に開心をもつている。

聞えない(オートトランスを用いている)でとまつているしたがつて・との頃電燈が暗い電熱器が赤くならないデジオの壁が小さくて

二、題符觀

1、墨智麗符(單元) 路廢

思うようになる。とれを電氣を彫着する足場にして「電燈」を聞べなくのであるか闘べて自分の手で電燈がつくようにしてみたいと直したか見ている六年級位になれば電氣はどどを像わつてきて電燈総と知っている。又家庭等で電燈に故障が抱きた場合にどんな所をない、電氣を通まといろいろの現象がおとる位のことについては滅傷わつて来で電燈がつくととヒューブや電球が切れると電盤につか

理科學習指導の具體的展開例

 今までの研究をまとめて酸素し話し合う。のできたとをあげて風のあたり具合、何故上をかしらべつてみる。 ・電視の力で車をまわすととは出來ないか工夫し作みる。 ・電磁石を使って鈴をならず仕掛けを工夫し作ってる。 ・電信機の原理にたらきについて研究し通信してみる。 	出二二二二二二二二二二二二二二二二二二二二二二二二二二二二二二二二二二二二二二	TT	かる。一体のしゃくくりの時で	[II	
今までの研究をまとめて發表し話し合う。る。砂から砂線をとり磁石と電磁石の性質をくらく電池についてしらべ電氣の起り方を質験する。「めつき」の仕方を研究し網めつきを質験する。		多のののののののののののののののののののののののののののののののののののには、1年中十二日日日日日日日日日日日日日日日日日日日日日日日日日日日日日日日日日日日日	二撃期のしめイメリであ	11-+	
構造開閉器についてしらべる。電氣が何處を通つてどら億わるかをしらべ電站のうけんだを作る。●なの会物の性質や變り方についてしらべ賞験すか。・要用品その他の道具にどんな金物が使われている	01	ほんだ作り 中二二	つで居る。 各家庭で電壓が下つて困	1+	

	1					1
法研究。 ・虫干しけ何の為にやるか又着物をしまつておく方	七、1	!1 -⊞	日 土 田	# 24 0 - 1 to		
翼と全の着物についてしらべ比較してみる。る。 も。也独物的をあつめ、そのせんいについてしらべ	九、一	[I]	着物 夏の潜物と冬の	由干しの適時。 る頃。 いろ∕へのせんいが取れ		As See Dilli
る。・種をわける方法を考え来によつてある糸とくらべ	1.2		いるくなせん		+	闘祭
	力 -、六、 -		おたのつみとり	わたの疾癥帯である。		
	九八六、	十回	ラミーのせんい			4 7 2 -11
研究する。 ・自韓軍の構造や糸部分の役目、 はたらきについて・自頼車に乘礼る旅にする。	ተ	01	由 韓 旦	ラミーの吹獲時である。	九	10.邻安
ついてしらべる。 ・ラミーを刈り取り質になる所せんいの由来ばえに	1	国	ラミーの刈取り			
今までの研究をまとめて酸衰し合い話し合う。を考えて話し合う。私達のからだをもつと丈夫にするに最も大切な事	H·I	国一	私達の研究		,	九、寺 日 の
良いか研究して話し合う。。かずかな音をきき耳を大切にするにほどうしたらまえた。	用用	11-1	其 5 h	一塁期の終末の頃。		八、電 路
い近日にならない旅にするにほどらしたら良いかりとみを調べ自分の目の病氣調力について話し合考へる。	出		よい、国際に、運動をよい、運動		rt	P99 EW 3/
・運動して身體各部の働をしら、運動はなぜ大切が発する。 発する。 つばの代たらき歯の様子をしらべよいたべ方を研	五	내는	よいたべ方服	りたい時である。墨さきびしくなり漢にな		七、白 韓 年
かかる。 ・版に一名間にいくつ打つか外からわかる所にない	H		原	¥ *	2	

	C	

味わら〇差ロ調の認唱を習過する。 〇二拍子―三拍子と初子の鍵化する面白さまついていてい日本民話との比較。	다 세 颜 ㅁ — ৣ • • 후	ස්	(カナリャ)(欧を忘れた)	戦災の記念日もあり、 マネの窓いは一大である	4.	5000年期,2000年,1000年
○弱起回拍子の盛智○スコントランド民路に	1100-1100 12 14	В	祖子山河	かしい道くになれてみる。彼々の生活する郷土は該		おいた成のののでは、現代の別では、現代の別とは、ままに、関係に、関係に、ない、ない、ない、ない、ない、ない、ない、ない、ない、といい、といい、といい、
熱容○簡易幾器の陥災~而白い。 ○編唱の美しさを充分味つての趣ま調の配唱 ほごうたう。	4一個四月一個。	廷 _s	整色 わかしかの	@家に勢刈りで忙しい。さわやかな気持になる。 起りなと何ともいれなれ	汁	● 管業の形式線 はないます。
の後半から抱み吟珠なリズュさらつと呉爺〇ト闘陽音階をもととした日本旌陣の第一打	01/41 • <	ស្	~ %	そろ夏も近づく、朝早く町も山も若葉がもえそろ		の作曲を試み続けるるとはいるのと共のととまたののの知識を
○第五小館の書種に注意する。 う。 ○ハ調絵上形の合唱から三部合 唱に数 ほ す	w 4. • <	C	E FF G	る。まな見るのもとの頃でありじりが天高くあがるさ	받	の衆語祭母につ
○弱起の六拍子の感じ。た美しさを駆ぶる。○三調の作曲を試みる。○二調の個唱に密熱する。○形式のととのつ	ده ای د اا ۱۱۰۰۰۰۰۰۰۰۰۰۰۰۰۰۰۰۰۰۰۰۰۰۰۰۰۰۰۰۰۰۰۰	Ö	祖月の設	子供らに為刺と活動する月、草つみに川のもいに、草つみに川あそびに草木にもえ日際映える五	F.	化する。合合唱合案を融
ながら腐宿する。 いて生産する。〇二部合唱の美しきも味い		Q	おぼろ月夜	る。ろう。たのしい遠足もあまた何と美しいことであ		せる。關聯を理解されてれたの、記録させると
〇俊想を工夫してみる。〇別他の三拍子につ明わら。〇形末と帯成について望ぶ。 明わう。〇形式と帯成について望ぶ。 〇三拍子とリズムを一位としてその美しさも	₩••□• ₩. ω	ភ	が降のおとび	くらませる。帯の景色はての自覚と希望に聞をふううする最高配作とし違ら咲いて何か親持もう	国	を一器としての音樂の各図繁
望元嬰烈の冥頂	拍子 膏 域	EH	歐智素的	全 活 環 党	J.	113

六年音樂科學習指導要目

エッケット――臨流がどとを導つて流れるか分解してしらべる。

- ・見室の主に調べる問題は
- ・分解、組立の仕方については数科書を参考してる。

74 5 EM

まを駄師の指國を受けないで活動を開始し最も頭珠の深いものからおくこれらに気強の興味や闘心、疑問を中心として見重の計整のま

8分解、組立をして榕造と臨氣の酒る誰すじを聞い図を書いて歌する。

図分園で協議し仕事の分違、仕事の順序、工具材料について相合。

題度、知識經験の程度についてよく觀察し来の指導の手がかりとす 川路し合い「電盤」について、話し合う。與味の方向や闘心の

3 活動の推移

上、 廢验館其歌

か、豆球及ソケット、テスター、電線、ヒューズ、電熱器、工具者は、豆球及ソケット、テスター、電磁域、キーンケット、ブラー 準備

1 韩国图第——出韩西位

国了酚酚脱橘

総一部的翌今田の内の。

②電線の現象に顕味を膨じさせ電線について深く完めようとするついて理解させ影響の取り扱い方を心得させる。

①ュード、ソケット、電車の締造と電気の停わり力やはたらきにIII、指頭目標

22 m 23/10/1 > 1/1

ることから出遊して「メッチ」「窓信摘と電路」「電動機」へ設展する。

取り扱いを考金する。

電視の縁艶と不縁艶めコードの構造の開閉器の構造と殺目の監盤のケットの構造のスイッチのにたらきい電球の構造とその光るわけ同の理解の状態を再生法、真偽法、題標法、國解法によって、ハリの対験、實習の技術について記述尺距法によって考査する。

- 家庭の電燈についてどの福座の展問や闘心を持つているか。 且つ連絡の映顔を確めながらやっているかどうか。
- ・ンケシャルスイシャにロードめいなぐつゆりだに配倒に該作り
 - ・路域の描り道をこまかく総数に聞べているかどうか。
 - ・電気をおそれる無掛けないか。

て参述する。

①平菜の竪智源医特に次の砂辺について惣緑し記述尺医法により

田、韓智諸県の移철

可弁部の構造機能より電腔束扱い上についての話し合いをする。
→関閉部の構造とユーブの性質を調べる。

つけて組み立てる。

Dシーリングからコード……ソケット……電球まで又はブラグをるものを工尖する)外線とコードの比較、電線の種類

国コード──被催物質の擱菸、良寒館、不良率盤の強査(試験す

フイラメントの構造・(補配)いろいろの電球を比較する。マ邓の注みる。中に何が入つているかしらべる(ガス入の場合、真空の場合) 直電球——電球内へ電流の流れ込む入口を關べる。口金を外してヨートをさせない工夫

スウイッチの構造と役目も自ら分る。ソケットコードの結び方、シ

村々が郷土の祭りで服うのもとの頭である。とうした生活とむ並たつ田のもの光景を見るとしであろう。今年の豐作を配つて〇分のりの秋である。お月見もすぎる頃になると見蛮らに黄金の

一、取材の窓(十月、秋の田のも)

ろく世界の音樂を學ぶ點に於ても本葉が日蔥麴を持つ で ある曲にシューマン作曲のもので變ホ調弱起四拍子の曲である。ひすびついて、本葉が口展開され生きてくる。

音樂科學習指導の具體的展開例

○単元は単元學習の要項というととるに具盤化されてきている。 るかを考察してみた。

- 〇年活環境に、子供の生活が駆習の地鑑としているととから慰習の素材が加何なる児童の生活環境を楽づけられてい
 - 〇然し七夕祭、音樂會、聖懿會、ロッタールなどが各塁期にあるからそれら感材の融通性も考えてみた。
 - 〇七月、十二月、三月尺夫々二週間として立案したので、一つの繁材に補充飲材として考えた。

取目についての参考

しながら。 しながら。 る。よろとびにかちて四拍子をはつきりどる。よろとびにかちて四拍子をはつきりと ①簡単な二部合唱。 ○多4の歌い方を練習す出来るように。 ○各聲音部協調して進む。 ○(翻終止形合唱練習。 ○自身の力で合唱が	日 本本・ニー・・11 日 本 4 1 4 ・ くー・・11 日 1 1 1 1 1 1 1 1 1 1 1 1 1 1 1 1 1	とびに韓じてい。 「こでやがて中屋へ。」 「お名望のおく底に交きし、大衣とも別れる茶と生に大きも別れる茶と生に交きを用しままなびやともまなびやともまないかとも	性 川
トレて。強な音程變化に生流する。〇合音をテヌートにして応律素を表現する。○金後の急のの弱起大拍子の唱談技術を練る。○墨をレガ石谷して高音を枠にきれいに強撃する。○同型リズムのくりかえし。○鎮撃の練習を	・ で で で で で で で で で で で で で で で で で で で	。 うめのつぼみもそろってん 景色 も見られ	11 4

みる。 どを研究してみる。○大拍子の曲を作つて○なるべく自主的 L 間唱して拍子、リズムな味を感得する。 味を感得する。○大指子、リズムな「ちんいか」の「石痕あり 直線を印象目割終止形合唱の強展。○弱起二拍子の「調整上形を問の強展。○弱起二拍子の	03/4 • ₹••I	СВ	友 衛 田	なあるる。ないのとなるない。の、などでいるというのというというというなどのもならられ、我自己とないなど、ないといいないないないないないないないないないないないないないないないないない		たび のの理解のの理解の の課題とになる と音楽とも音楽と
「の愛り爾を上後を胃り破臭。(同時と二日子のついて。 ついて。但なる美しさを味わら。○フェルマータに出なる美口お子の學習。○リズムの變化によるいて。○三度の進行を味わいながら。 ○へ調終止形の練習。○Jong Jong sego ドフ	年 建 日—聽・中氏	В	の記り、出	新年をおいいれ、新年をもない。 いかい おかい いち なり いり いり いり いり いり いり いり いり はい こと と ない こと と ない こと ない と ない と なり と なり に ち 動り と い ち 動り と い ち 動り と し い り な ひ し し し し し し し し し し し し し し し し し し	11+	(回)
の作曲を飲みる。○=飄の閥唱練習。○曲の形式についてその整いを味わら。=閻瀬網のうたい、なり 国潮網のうたい方。○合唱の美しさを味つ○ヘ飄終止形の合唱練習から鍵展する。○漸	1 • • - · • · • · • · • · • · • · • · • · • · • · • • · • • · • • · • • · • • · • • · • • • · • • • · • • • •	D F	かべの鐘	いと現別りと行われる。たしかめる。有行われる。としつかる。まれられるとはうなる。よれるなど、なるなど、なるなど、なるなど、なるなど、なるないなど、	1+	の禁由と音色とさせなる。させる。を直接に感得をを直接に感得の音その物の美ろ。
○拍子を正しくとつてとじばをはつきり。○輪唱の美しさ。○最後のフォルテを充分。智をし豚の形式について學ぶ。 のシューマンについて。○變末調の視唱の練	年4年 懲ロー懲・・ボ	S. F.	山の子供表の田のよ	に實にたのしい。 海足、草粉りなど秋の山村もまちも暮びに満ちるかっまなき製作をむかえてあってあってあってあってあってあってのりの秋をむかえて	+	合奏の力を変の力を多の力を多くとなる。 (のわせるの。 (のなるの力を変し、 (のなるとなる。 (のまないないないないないないないないないないないないないな

いないないないないない
を生かして。○單旋法の作曲を試みる。○短音階と長者階について。○短音器と表音階について。○短旋法の感じキープに注意する。○三拍子とリズムの面白さ。○十小節目のシーンでいた気持でうたい方を工夫する。○	□ ○ ○ 共 · · · · · · · · · · · · · · · · ·	F)	花霞のいが	らる。 とうる。 とうる。 とうののののののののののののでのでいたがいいいとはいれたがいいいとにはいれるできる。 をはいしい秋のでおれてもられているとれているともなったが、庭にはいるともは、 をを掲げるとは、といるとなるとは、 をとれば、といるとなるとは、といるとは、といるとは、といるとは、といるとは、といるとは、といると、といると	九	のの 素素 を できません ままり できまる は は できまる は に と に と に と に と に と に と に と に と に と に

67

66 |

る。出來たものが最初の目的に合致したかどうか区省してみない所に先生に相談して作る。 どんな材料でどれ位の時間がかあるかを考え自分で出來計する。 自分が進んだり鎖頭したりするに必要な物を目的立てて	0 九八	作る。日的を立てて	らのを考えて作りたい 分の生活に何か必要な。 作みもまじかになり自	rt	北金 工 八木 工
・ 質用的な面から計盤立てて作り出來上つたら家庭で使う・ 郵便額を作り箱の締成取價を知る・ 出來上つたら限鑑し酸契し討論する・ 工業徳等を中心として行う、分配別に協同してするがよる薬市の都市計策の中で交通道路社會施設文化施設水産	7	・配便受入第4市計算 市計量 ・干薬市の部・	だくの敬恩として扱う ・郵便箱産入れば前時茶	가	七穀 固大國 紫大國 紫
・食糜に値へる様に野盤して作り質用化する・板のくり方彫刻の要額について倉得させる・穀僧閥なをさせて道貼町名地勢命について質測する・園村を復興する干薬市にきめる・縮盤的な表現と共に乾明的な表現をする	スニ	・茶 た くま市計画・干薬市の第4	。 本工のくり方から数え 開心をもつ様になる ・千葉市の復興について	出	四色 彩 期 川格士による影
園案化してみるそしてそれをノートの変無等にはる。本の薬や花を便化して退む状験で習つた知識を利用してっ、供際生活に使用されている色はどれに属するか判断させ・純色と消色獨色の関係を色立憶を通して理解する・ 常色調癆色調の質験をする	长	岡架 ・木の葉花のよ ・現 色 緑 弯ょ	・それを関案化したい 発したい トゥであるので充分評 ・色の勉強に凡てのスタ	国	の は は は は は は は は は は に れ ら 指 に に な に に に に に に に に に に に に れ に に れ に に れ に に れ に れ に に れ に に れ に に れ に
學習活動と其の成果	麗羅	屋 智 紫 村	平 活 嚴 基	H	出 店

六年圖工科學習指導要目

45

・シューマン(一八一〇--一八五六)の生い立ちと音楽の勉強につ

O作曲者についての縁話

00

O今までの謎いたととをもとにしてもら一座総括的に歌い味つてみ

の美しさにふれる。

◎お互に鑑賞し合う、組別唱、或は細唱によりお友蓮の歌を謳き歌

て欧の親持を味わら。

O金畿的に歌詞をつけて閬唱してみる。そのとき特に強想に留霊し

〇適宜組別唱を加味し、自主的にお互に批正し合う。

美しくなるでしょう」と工夫させながら。

○醴、變未調の階名で配唱線習を行ら。「どういう動想をつけたらの復習をする。

〇ピアノを駆ける児童がピアノを関きそれに合せて自由に前時まで

3第三時の竪密指導

第二時、第二級罰を中心とする認唱線習

3. 第一時、第一級間を中心とする閥唱線智

1.時間配管、三時限

二、母智治職の展開

〇里元、〇、何、「○などを中心として指導をすすがたい。

の弱鈍とよりこと、ながが監視の環境がなる方もんかん。

の作曲者についての知識

の變 ポ 調 の 調 唱 間 力 だ つ い て

素材に於ては。

る。見董の側からみればそれが影習の夢考となるのである。とのに何らかの授業の反省があり、それが今後の指縁法の夢考ともな本素材に流れる各單元がどのように児童にくみとられたか、そと

三、最富治療治界の認を

001

〇シューマンの研究や作品した曲の研究などは自由研究へ發展させ数値の指摘で

〇もう一度秋の田のもをきれいに歌つてみる。出來れば見堂伴奏、

○きいた感じを話し合いながら鑑賞の関を深めている。

(~V

〇シューマンの作曲した曲をレコードによつて鑑賞する(トロイメ語する。

・辞曲家であると共に音楽評論家であつた彼の功能、について韓

・形盤も彩明暗をよく観察し確實に描寫する力を整ち。

單元目標

單元[寫生による描鑑]に屬する。

1字宮指導要領の面から

|| 取材の意義

一 累 材 秋の草花。

中庭の花だんも夏休みが総つて来て見ると大部鏈り秋らしくな 2子供の面から

- ・自然美を味わせ、水彩繪具になれるす
 - ・創作的態度を育成する。
 - く練習をさせる
- ・機密に描寫する練習と共に、迅駕によって要點をつかんでか

園工科學習指導の具體的展開例

77	なものでなく當に生活にマッチした處のものでなくてはならね、魚鰻繝にしても総巻物にしても分る事と思うは常に社會生活に於ける社會人としての欽箋と言ら事を忘れてほならね、學習されたものは抽象的な非現實的・本學年に於て學習させる重點は習熟の時代であると言える、凡てが綜合された圖熱の時代である。そしてそれ	點重の年冕	
	・ 表紙には検査を入れ校歌等を入れると面白い入れて自近にせまつ ・ 繒 巻 物1 二・指注に主筆書でもよし又水影響クレパスでもよいやきあから作りたい ・ 魚 隠 網9 九 ・ 名ちみかって入れて桐をつけて作る・ 魚 陽 網3 九 ・ 名ちあみのつづきで魚	[III	
	年別にかくか又季節別にかくかする・縮 巻 物4 二・入屋より卒業迄の生活の中で一番思い出の深いものを堅もつてもよい・縮巻風にして協同して・餅 飆 網 和 ・針金の使用量について色々と研究する・あむ場合目がそろう様に注意する	11	

曲げ方あみ方の要領を舎得する ・ はり金を偲つてもちかきめみを作り其の内に於て針金の・ 形式日爺後他のてして行うかきれるな作り其の内に於て針金の・ 形式はたりを使にする。 思い出の記録として記念書菜を作り一生の思い出にする	九二	23 富 章。	作ろうして選挙を締巻物風に・大年間の長い出の記とに会わかが入る	1	
・六年生最後の作品として卒業縮巻を作らせる・日常使用している品物に勤する美的判斷力を斃ら		・縮 幣 吻4	・お正月のようなのへの		
5. ・薬術品工廳品を鑑賞させ美術工廳品に對する判断力をは出す様にする てそれを組合せて見て形の良否を判斷し新しい形を作りよるもよいが田米れて木か粘土を使つて積木をしたりし、基本形を組合せて新しい形を構成することは無上計畫に	四月	・美 衞 鑑賞3解様成・基本形の分2	について調べる ・日本の美術団符の美術	11+	
整理した基本形を組合せて新しい形を組立てる分類集計した基本形について整理し共同研究をする基本形の分解をさせて見て分類的に集計させる るか批評し合う日來た作品が質用價値と美的價値の面から見てどうである	五九	解離成の記り、基本を表現の対し、実団の名と、対国の名と、	・基本形の分解及権政	1+	美術品の鑑賞一四工態品及び
・その間に板金穪工の基本技術を練らせる・空かんを利用し板金を使つて灰皿やちりとり等を作る・宅庫強による代表名作を鑑賞し作ら行う	j _L	・校里やセンチ	リーリンとの 用しょりは になればれなられる。 ・旅会種工で建立して ・変をを表してもなる。	+	扱い方二三工具儒品の
最終に色紙や扇子ろちは蜂にもかける襟にする・附け立てで描かせたら夏に蠱裔によつて南蛮風にかかせ		高生・秋の草花を			法を考えて作り材料や組工二日的がきま
本立を作り本立の大きる構造製作法等を研究し實習

する 展させ附付立て描寫へ進ませる糖密描寫から單純化した省略描寫へ進み更に毛雖強に鍛 に描寫する力をわる	>	(1)	れいな傷生をしたい 花も色づきはじめたき深まつで行く、原の草泉まつて行く、原の草泉を入り、藤子は日曜に	岩	考えて作る その利用法を 一 有料があり
こまるすらわとのち・秋の草花を葛生して形體色彩明暗陰影をよく観察し確實	<u> </u>	・秋の草花を4	11 4 7 7 8 1 7 7 7		一〇條布領土

70

CHARLES AND THE STREET STREET STREET STREET STREET STREET STREET STREET STREET	の限をいいらくないが、ない、ない、ない、ない、ない、ない、ない、ない、ない、ない、なり、なり、なり、なり、なり、なり、なり、なり、なり、なり、なり、なり、なり、	(I) • [12 6	とり方に怨		たら 野もだい へつ し曲な保存	国の 物のである では、 しょう でん に でん に がん に がん なん はん はん なん はん はん はん しょう	、演しない時星のい 主も出る、と上訪日 食店は、食な洗わざ	〇 い野易りら健雨 果菜へ易ら循規	t .	11家庭~休龄
79	 前の薬材から洗濯の問題に入り各自の家の洗濯につると共に種々の投談技術について習得する。 について反省し短朝に過する炎素の形を理解ししるを選定し製作計鑑をれて製作する、 門水上りの結果を選別を入て週間の形を表表しましたら、 材料をみて 短動康の形を表案し話し合う、 材料のよりして 関村を選び銀作文は修理を計選と選付の関するの有別な事を認めませ、工作能力の・手製の器具を集めて、商品とより、「工作能力の・手製の器具を集めて、商品と比較し、小犬な事課例で・手製の器具を集めて、商品と出版し、小犬な事課例で 	l l	15	作後期	○運動の基本の基本の基本の基本の基本の基本の基本の基本を表する。	(単型) (単型)	いて知り終了一次では、次の一次では、なっている。	田閣徳な行への米に対しているとしていたがったから	の場合の関係の関係の関係の関係の関係の関係の関係の関係の関係を関係している。	Ħ	
	来るこれ大する歴史を選らの住宅を出居を生まり日生生の中でも別でても無難物に不動情の中をあっても無難物に対して、を開始をし、それを心の物がはについて話しまい、自覚をは、所以で、世のの物がについて、一、一、一、一、「一、「一、「一、「一、「一、「一、「一、「一、「一、「一、「	①•·	6 3	在	生居・終終が、	が が が が が が が が が が が が が が が が が が が	なくな、関題なり、このして、このして、これには、これには、これには、これには、これには、これには、これには、これには	のこり尿液目やこのお行一へ方治荘しいが行った治様に対応が行った。	海一韓のり震殺をアンの際、医生のので、大利のので、大利のので、大利ので、大利ので、大利ので、大利ので、大利ので	回	在一種原な日常生
	民重の活動と指導要項	多	걼	: 洲 1	123 123	遊	媚	训	H r	78	即 元

六年家庭科學習指導要目

- ・決つた鐘材を全部盤面に取入れるか又は一部限入れるか 決 め
 - ・何を描くか蟄材を決める
 - 準備 参考整、毛銀、強板、銀、銀
 - 時間配當 八時間

四塁智の道め方

- ・總具や殿の使い方になれるせる。
 - ・毛椞の使い方になれるせる。か。
- ・糖密な描慮から省略強駕に韓換させるにほどんな耍領でする
 - 盤面離成の力を行る。・翻摘音に注憶させ縮線描法でよい
 - ・競殺に推薦する力を行る

こひのの縁虫隔値 川

せ此處に取材をしたのである。

以上の熊な子供の描鑑鶯慾をうまく把えて型元月標とにらみ合

の雨者から見て

001

える様にもなる、又五年の時に見た日本塾の事等も思い出され他つて秋の草花を丁学に精密に描いてみたら面白いだろうと考めてであり緻密な正確な抽意へのあとがれを持つ時期である。てみたら美しいだろうと子供邀に考える、又六年でに傷生が始今曜期先年日日本塾をしてみたいと言われたが此の草花を描いつて来ている。

色紙の使い方、配名場所らくかんの押す場所にどうか縁指が巧みかどらか。

鉛壁、壁の使用が内みかどうか。

速度が違いかおそいか。

省時盤法の契領を得たかどらか。

政點の把慮が適確かどうか。

- ・金體的には配述尺度法で次の様にする。
- ・個人的には一點出版法で行い作品の優劣を与める。

日 単智結果の調査

- ・家庭に持ち除り玄鵑や塵槎童に飾つて盛賞する。原庭の春を開いて優秀作品は額に入れて飾る。
- ・最後に熟練したらば白紙に彩色造が墨鷺によって描かせ、壁鉄る。
- ・更に鍛取し線描をせずに直接に違るのつて描く段骨描 法 に 入
 - ・ 單純化して線描(电線で)が終ったの影色する。
 - ・作業をする。
 - ・交けそれを毛壁によって関納化させる。
 - 素描を始壁でして出來上つたら淡彩で色を切る。 と言う事はする必要はない。

例として参考に較える。然し必ずしも生華道の法別に從わせるら、たえ、そえ、しんと言つた生難道の心得も一躍説明して話

査団に動する配位を考える。即和な變化のないものはまずいか

ぴも出來ない頃である。學校でに自治の活動を通して生活の衞生の中で田櫃之婆を見る事に多くなるが、ちつとおしい毎日、外遊六月中旬に入つて禕爾が訪れる時節となる。毎日降り譲くわか雨よく經驗している事と思う。

○健康であってとも明るい熱しい家庭生活の出来るととは、児童し二、取材の態度

一一葉 材 食物のとり方 大月より七月への扱 十二時限

又身體檢查し一應終了の時であり、自己の體位を知つた時、大手食から粉食へと食卓上の變化も著しい頃である。これにつれて、氏人健都臂の切迫が、切賞な問題として身近に存在している。米又主食と鴻連期の称して、 都市生活者の多い児童蓮 の 家 庭 で酒して健康生活へはかなりの服い闘心と往演とを寄せている。も嫌えられ、又家庭では食物の腐敗の躍をし争りに耳にし飲食物が討議され、食癖についても敷々の注意が與えられ、疫病の流行が討議され、食癖についても敷々の注意が異えられ、疫病の流行が討議され、食癖についても敷々の注意が異えられ、疫病の流行

家庭科學習指導の具體的展開例

年長者に對してとまかい心違の出來る態度を難ら。 人話し合う。あんまを質習しその要領を會得する。 調べ、ことからどんな事をしてあげたらよいかを考り考人について觀察し私達の身體や心持ちと逃ら點をの興味を振起する。 変所への科學的な政章へと彼命について理解する、茲所への科學的な政章へ	<u> </u>	8	名人の世話の4.7万円	○學懿會も行われるる る 恩を頭~感才る時であ 月であり師園、父母の ○小學校生活の総決练の	[1]	○ ○ ○ ○ ○ ○

用器の初步的な扱い方を會得する、射点器の扱い方の裏所用品としての意味を認験から話し合い、普通の闘心を高める。 の質習をする、以上調理質智によつて、食虫活へのその代りとなるべき食品について話し合い、いり即	[11	ယ	豪所用具 2 の 即 り 即	る、雪の多い月である 来る、館分の行事もあり寒気いよ~加わつて 問うらいも手催も多いと	ΙΙ.	Ĥ
〇芋と青菜に比して卵の栄養上の特質を知り、時節柄法について質習し結果について觀察する。 発養の週史のない事を條件として蒸し煮とゆでる方	ļu	ယ	青菜のひたし	松の内の生活も認識しい事を感才ると思う、工用とはいえ家事の参減のゆききはどまりのお		. *
○ 育菜のひたしたはどんな方法があるかを配し合い、さと時間、蒸し場の量について研究する。○ 森し器の郷奈をなし蒸し方の計選をたて質習し大き	- [1]	ယ	a ; C C+	に離やく月である。年分にひたりつょも希望 分にひたりつょも希望 〇新年を迎えて樂しい氣	•	

				and the second s	1	,
の建設に働きかける。を張らず不平をいわず心の体験の場所としての家庭告し合い、遊び方について工夫して行く、そして我そしてなるべく溶山の遊げ方を强え結果について戦の得點についてしらべその中から選んで添るの家庭娯樂の種類の共同調査と話し合いから各種遊び	[1	7	ーとき 家庭のたのしい	がある の防火週間大戦いの行事 室内生活が多くなる 多く用いるようになり 寒氣が増して来、火を ○年末の忙しい月である	11+	図光への世話
修理、そして家事に男子のあるべき濃膜を幾ら。 戸障子のきしみ、金具のさび、その他のほつれ締のて手入れの方法を考え話し合つて質習する、例えば〇家具や建てつけの手入を型する箇所をしらべるそし得する。精計も考慮するとし、裁ち方縫い方の基礎技術を習材料も考慮するとし、裁ち方縫い方の基礎技術を習	<u></u>		手入れ入産見逃っけの	のなつかしい頃となるになつて業績を聞え火になって業績を聞え火配の行事がある、月末ら明治節、七五三のお	!+	
たて質剤する、又洗櫃するととの大切である事から配から自分の製作する形を定め鍛装し合い、計畫をて強表し合い、或に考察して睡眠中の衛生、容儀の印の問題につづいて自分の知つているれまきについを養い家族の健康生活に培う。 し体養の属に信局、嚴備、被駆等に考慮を報	T.11	21	んの製作 〇れまきじゅじ	に鍛錬の期能である ○運動會、遠足等と大い ・スポーツ・虚んである	+	
の大切な歌、よく既る篇にどうしたらよいかを研究点と眠りの大切

な事を發見し、その場所として家庭しずされりした時、どうしたか等の指し合いから休そして眠れない時、休まないで朝寺戯けた時、運動〇各自の家族の睡眠時間及び眠りの事情を覇査する。	I.11	12	発適富な眠りと休	の日灰ら略であらってある。石質した生活をびしいがみのりの秋まびしいがかりりの秋式が行われる、殘暑にな日別けした顔で始業なより、長い休みもあげて元氣	九	支戻

75

1	
1	
77	
1	
1	

76

六年體育科學習指導要目

◎ 女子のみ 女男子のみ

〇とのごろどんなものをたべているかを分類してみる。個別にまきみる

○此頃の食事の様子、食卓の様子、主なる料理等を繪や酢に表しての櫛雨期の食生活の衞生について酉し合う

ماعه من

選について氣のついた事、盛じた事を記感しておくように回家族の食物に勤する好き録いの傾向を調査する、そして調酬を基づいて調査しておく

川森日の食事にどんなものをどの位、食べているかを各自の

〇時前までの見前の調査

倒見査體位の傾向を表したもの

問完全なる禁薬食(辨賞)の一個

回梁遊標準表

〇準備川主要食品の分析窓

超高に

食野の支度(單元三)への關聯ともなる。

康生活に培つて行く変となる。合理的な食生活への第一歩であるから蟹本位へ)、食婦のしかたをわきまえ、健全なる食生活と健問題との關係、窩囊を理解した時、正しい食物のとり方(雲本位且又ララ物嚢の援助を得て、再開せられた學校給食について禁薬である。

らない。どうした姿に、健康な日常生活(單元一)への悲歌の潔麼ものをどんな風に食べたら、健康が保たれるのかを理解せればなとに食物のとり方の研究は大きく浮び上つて來る。食物はどんなのあり力を発明したい興味を持つている、その嗣本の問題としとな能會問題の一つとして取り上げられている。撃蛮懐位供下、と

○日常史活の話し合いの中に深えり方を小て行く。

〇感想文の中に表れた記述尺度によつて、食事への闘心の程度をみ聞い 査 浸

なし合い、合理的な食生活の態態を検討する。

○結果として私達の食跡について話し合い、工夫改善すべき點をはその意味にふれたい。

への簸展も考えられ、又研究している見違があつたら發表させて○築業的な觀點からみた野菜食のあり方について、自由研究の昭智持ちより酷し合う。

○どうしてもこの食品は食べられぬという時の魔蟹について記録をあれえる。

○家族の食生活について、祭塾の傾向を覇金し(調査②より)注蔵をを比較してみる又に組の傾向を見てらよい。

○標準鉄整豊時に適育期の見該の架整のあり方を知り、自分の食事する。

○學賞の瞻位のあり方、附屬見童の體位の喪狀をみて話し合い考察の傾向を知る。

③主要食品について発養素及び禁薬倒をしらべる。又圖化してそ@栄養素について、種類とその働きを話し合う。

印食物の消化經路を聞によって対る。

○紫雞とは何かについて語し合う。

○どんなものをどの位、食べたちょいか考える。(調査回から)○調査の結果を發表し合い話し合う。

ポールは、パスケットポールの期の見蛮は、身體的な強育に強しく、且つ相常高衣な制神作此の期の見蛮は、身體的な強育に苦しく、且つ相常高衣な制神作

體育科學習指導の具體的展開例

					The Indiana	-	ORDER OF THE PARTY	DESCRIPTION OF PERSONS ASSESSED.	ARCHITECTURE DE LA CALCACIONA DEL CALCACIONA DE LA CALCACIONA DEL CAL	THE RESERVE THE PERSON NAMED IN
	二、既智教材を思い出課くたのしませる	珙		THE THE		_	・ポートポール		o 00 %	Ħ
.		-			×		・子〜り虫	施衛	色々の卒業行事で多忙で	
	۰ ۵۷				1		<u></u>	رابد	間近かである。	
	一、小学校生活の最後を充分に築しませ	3	2	लेग		1_	・長なわらび		春の訪れと共に卒業式も	[1]
	od y な c	英		金	[1]		・ボー・ボール		がたまにはある。	Я
	三、運動は暖くなるように既智敬材をく防をなす。	洪		禁	111		・ドッチャール	看護法	そが者も出てくる。降雪	
	二、手足のまさつをよくして、疎傷の譲する。	3	な	短	[1]		・短なわとび	炎 弯 竭 調	い外遊をせずに国内であ	
	一、歓望内の汚線整頓、及び作法に往意				li1		・押し出しあそび		極寒の乾燥期で埃がひど	11
	四、縮生指導を適切になす。	洪		舜	in	T	・フシャポール		でなる。	Ħ
	五〇〇米。				(11		• 長距離走	近 視	凝雑に割して却って元気	
	三、長距離に男子約二〇〇〇米女子約一二、作託は「作まり」					_	・	No. 134 CL 134	要稽古が問もなく始り、	
	二、後追いは一組五乃至六人がよい。一、後禮古の計畫を立てきせる。	5	*	短	[1]	_	・短なわらび	採光換照	分になつている。寒いが新年を迎えて、新鮮な氣	ı
		1			1			1		

が鬼となる。 三、リレー鬼はバトンをタッケされた者をなす。 となす。 11、スポーツシーズンの整理的な取扱いっ、復味問に集約的に辿動し、、暖くな		●衣幣・リレー丸・ポートポール	やけど客生蟲	もわるくなる。 トハンドが多くなり姿勢 外遊に少くなり、ポケツ本格的は全の氣節となる	11+
を大にし且巧ち機敢性を強う。四、ドッチボールは二球を用いて運動選馬、ドッチボールは二球を用いて運動選三、ラットボールではスピードボールをの海薬をほかる。の海薬を近かる。「「球技を通じて、闘慢的協同的な精神一、積極的な銀線をつづける。	選	●の併縮。 ・ 単い シボット・ 国 り み ガ ボール の は い み ガ ボール の は ガ ボール の は ボール と 数 表 エース と 数 ポース と ま え ス ス ス ス ス ス ス ス ス と ス ス と な ス と な え な れ ひ と み な な ひ ひ か と ひ と ひ と ひ と ひ と ひ と ひ と ひ と ひ と	游 齊	活動の前の動物を変なられる。 をない 大きない 大き 大き 大き 大き 大き 大り に 大 大 と で 大 と と 大 と は と は は と は は 関係的 な な な な な な な な な な な な な な な な な な な	1+
一十七秒女子十八秒である。 四、短距離走の際準をイスロー・米である。女子に五米を男子(11)、中型組をでは一十減である。 三、ジュいい。 11、ジュント・ルーに五十米減である。 11、ジュント・ルール 日内室二百五 指導 A フト・ル レビステニステース ボール には エース ボール ロ 動揺りる ちゅう 関係 内容 表 と 後 連出 来 と に 国際 的 選 別 を表 よ に 個人 の 徹 をよう に 国際 的 運動 と 共 に 個人 の 徹 を 力 、 運搬 の ま と に 個人 の 徹 を 力 、 運搬 の 実 と に 個人 の 徹 を 力 、 運		●の思い出・の問い出・の問題雑走・摩暈を競売 ・ 国形 フレ・・ 中 里 離 表	以	である。 選動會、遠足等には最適のうる。。 も適した季節には最適にあるとはなるのででである。 日子を第しての運動に最大系にとなって。 下記に選み渡りまりた。 下記には、 下記を入れるできるとまたになる。	+
せたらだい。つている者と、いない者にわけてやらつている者と、いない者にわけてやら三、シフトボールでは、野球の用具を持えくなす。一、郷文建副最を高めて行く。ののは、海外に関係を高い、「、「、「、「、「、「、	回回回回により、「日」回回回により、「日」のできません。	●曜性・ソフトボール◇ウェーリッ・デーキボール・ポーキボール・水泳	第 1 形 数 数 个 不	好季節となる。 としくなり、ない。 といくなり、ない。 他で、となり、 とれ、ファーッの 野村が各に未だ、バーシの 事

水泳●重り电●基本態勢○相撲○脳立て韓同	雇罪	にの の の の の の の の の の の の の の	rt

____ 7

棚田一ツ橋二ノ五東 京都 千代田區 鹞行所 盤小 日 配給元 日本出版配給株式會社 東京都平代田區前田波路間ニッカ 株式會社立川行政學會印刷所 印度所 會員番號 東京都立川市昭町三ノ五五番地 图 有 印刷人 五 1 贾 盤 酒 六 酸行人 # 술 右代裝者 山 本 幫 治 于崇師館男子執附屬小學校 班 所 假二十五國 (今 歸 图· 大 年) 嚴智 各科 指 掌計 蓝 昭和二十二年六月二十日 鏡 行 昭和二十二年六月十五日 印 ਰੋਧ

各自相手を定めて常にその者につく。

・センタージャップスン浴だっ

ロートは人類に順じて適宜、大きくしてよい。

・試合形式で練習を造める。

一巡絃籐んかん。

- ドリプルをして進み乍ら南手でバスをする線層、三・四次開隔片手で又は南手で変互に打ちつけて進む。
 - ・ドリブ

七	梅雨はあけて夏の本氣候となり、兒童の活動は開始される。水泳のシーズンである。或る場合には兒童は體力への反省もなく過勞におちいる。	睡眠	△腕立て轉回 △相撲 ◉基本態勢 ・重り鬼 ・水泳	三 三 三 三	跳箱	一、運動休養のバランスには特に注意する。 二、水泳の指導には周到なる注意と完全なる準備運動が大切である。 三、轉回は身體の大小と運動能力に應じた高さの跳箱を與える。
九	暑さは未だ嚴しい中に新學期が始る。夏休みのだ性で氣分は未だ、だらけている氣候はどん／＼秋らしくなり、スポーツの好季節となる。	休養 靜止時姿勢	・水泳 ・ポートボール △け上り ・ソフトボール ◉彈性	四 三 四 二	籠球 高鐵棒 ソフトボール	一、規則的な生活に復歸させる。 二、漸次運動量を高めて行く。 三、季節の移行期であるから衛生指導をよくなす。 三、ソフトボールでは、野球の用具を持つている者と、いない者にわけてやらせたらよい。
十	天高く馬肥ゆるときである大氣は澄み渡り身内は引きしまつてくる。一年を通しての運動に最も適した季節である。運動會、遠足等には最適である。	運動時姿勢 中毒	・ワンアウトボール ・中距離走 ・圓形リレー ・障害競走 ・短距離走 ◉思い出	三 三 三 三	ゴムマリ バトン	一、團體的運動と共に個人の意志力、運動能力體力を最大に發揮出來るように指導する。 二、ワンアウトボールにはテニスボールがよい。 三、中距離走では走距離二百乃至二百五十米である。女子は五十米減である。 四、短距離走の標準タイムは百米を男子十七秒女子十八秒である。
十一	秋もたけなわである。燕は去り山野は色づくが、兒童心には感傷的な何ものもなく、快活元氣に運動を欲する。秋冷の候は兒童の心身を引き締め増々活動的である。	摩擦 結核	△馬乘りあそび ・繩とび競走 ・フットボール ・重り鬼 ・ドッヂボール ◉伸縮	二二二三三二	繩（短） 蹴球 排球	一、積極的な鍛錬をつづける。 二、球技を通じて、團體的協同的な精神の涵養をはかる。 三、フットボールではスピードボールをあたえてもよい。 四、ドッヂボールは二球を用いて運動量を大にし且巧ち機敏性を養う。
十二	本格的な冬の氣節となる外遊は少くなり、ポケットハンドが多くなり姿勢もわるくなる。	寄生蟲 やけど	・ポートボール ・リレー鬼 ◉友情	三 三 三	籠球	一、短時間に集約的に運動して暖くなる。 二、スポーツシーズンの整理的な取扱いをなす。 三、リレー鬼はバトンをタッチされた者が鬼となる。

一月	新年を迎えて、新鮮な氣分になつている。寒いが寒稽古が間もなく始り、艱難に對して却つて元氣になる。	採光換氣 近視	・短なわとび ・跡追い ・長距離走 ・フットボール	三 三	短なわ 蹴球	一、寒稽古の計畫を立てさせる。 二、後追いは一組五乃至六人がよい。 三、長距離は男子約二〇〇〇米女子約一五〇〇米。 四、衛生指導を適切になす。
二月	極寒の乾燥期で埃がひどい外遊をせずに室内であそぶ者も出てくる。降雪がたまにはある。	救急處置 看護法	・押し出しあそび ・短なわとび ・ドッヂボール ・ポートボール	三 三 三 三	短なわ 排球 籠球	一、教室内の清潔整頓、及び作法に注意する。 二、手足のまさつをよくして、凍傷の豫防をなす。 三、運動は暖くなるように既習教材をくりかえす。
三月	春の訪れと共に卒業式も間近かである。色々の卒業行事で多忙である。	清掃	・長なわとび ・子とり鬼 ・ポートボール	六	長なわ 籠球	一、小學校生活の最後を充分に樂しませる。 二、既習教材を思い出深くたのしませる

體育科學習指導の具體的展開例

一、教材　ポートボール（九月教材）

二、取材の意義

球技は兒童の喜ぶ運動の一つである。それは實に樂しく實施し得ると共に、多くの體育的效果が含まれている。卽ち運動量は豐かである。協力し連絡を保たれば勝てない。瞬間瞬間のボールの動きに注意を集注し、自分で判斷し、直ちに行動に移すのである。

此の期の兒童は、身體的な發育は著しく、且つ相當高次な精神作用も營み得るようになつてきたポートボールは、バスケットボールの初歩的な運動であり、球に對する器用さと、機敏なる動作密接なる連絡の要求せられるもので、此の期兒童の身體的精神的發達の促進に充分效果があるものと考えられる。既に五年生から行つているのであるから、工夫研究し、大いに技術的に進歩せしめ得るものである。

ル鉄智

又は上から投げ、下から投げて練習する。

二列樹藤に、間隔七・八米に相對してならび、雨手で球を送り

· K K 媒質

相手に飼わたとき。

ポールを持つて三歩以上歩いたとす。

区則口相手が、

4指、 慈

3雑 儒 排述、及圧縮球、跳露、コート

2 時間配置 四時間

・楽しみしょ行わせる。

・充分思考研究させる。

1方針

四、指導

9 強匠藤厚や織ん。

1.辞用、機敏性を終ら。

溜 四 川

がボールは三歩まで最を新すとととする。

(組織の初出的取扱いとして、身體的按照は禁ずるも、キアリン協談の時間を、興味を削が知程度に於て設ける。

同連絡協同の精神や、思考研究内壁密膜医を強う感、酷し合いや

替し、各班共一時間の間に、ゲーム。基本線容共に質習し得らがゲームをすると合は、〇班に基礎線習をなし、更に順次に交進める篇一時限のちちには必ずゲームをとり入れ、人班とB班の総員四十五名を三ヶ班に分ち班別指導をなす。與味的に感習をも指導上の生意配

磨剣に對する態度の指導を行う。

なれたら見遊にも挙判させる。

充分活躍出來るようにする。

一組十人位で試合を行う。ロートを二つ程つくつて、各個人が

• 綜合練習

センターにほどんな人がよいか。 雨組とも相談の時間を設ける。

・投資液でしこと上来的なる。

200

一つのボールを二人で堅く保持し合ったともにジャップを行

・練習中氣のついたことを話し合せる。

領の基準により、兄童生徒の活動を主體とする單元學習の具體的指導計畫を意味する。千葉師範學校男子部附屬小學校は昭和二十二年度最初の仕事として實驗學校に依囑されたのは、各数科の學習指導の年次計畫である。それは學習指導要か研究學校とか呼ぶのは、質質上、この意味における試行學校にほかならない。

信する敎育を、謙虚に細心に試みるところの試行學校(trial school or try out school)である。われわれが 實驗學校とschool)でもなく、世間に見せるための公開學校(demonstration school)でもない。むしろ真摯な研究に基づいて異善とschool)とは兄童生徒を機性にして 敎育をもてあるぶ學校ではない。それはまた他に誇り示さるべき複範學校(model 村研究課の 主管する 實驗學校は、このことを 特に恋先して 實行することを 任務としている。 實驗學校(experimental 民主的敎育機構のもとに、何よりも必要なことは、不斷の研究による實践方策の反省と改善とである。文部省敎科書同教ごのようにして今や敎育法規は國民の織意により、その具體的實践方策は敎師の責任において規定せられる。こうした私書の如きも、この設計のもとに活用せらるべき「徳の方法的手段である。

はばならぬことを要請している。この最も具體的・實踐的な教育計畫こそ、日常の教育活動を規制する設計であつて、教準を、各地方の地域社會並びに見置生徒の實態に即應して具體化し、結局各壁校・各数師が自らの策踐的教育計載を立て起、敎科內容及びその取扱いについては、嬰智指導契領の栽準による」とあり、そして壁習指導契領はそこに示された基しく國會の審議を經た致育基本法及び舉校教育法が法律として制定せられた。その學校教育法の協行規則には「新科課題を支配したのである。然るに新しい日本においては、國民の總意に基づいて國會が議定した憲法の精神を承けて、ひと協行規則に敎科課程や各敎科の目的、內容などが示され、それが敎科書に具體化され、敎師用書に裏づけられて敎育の實遂行したければならない。かつては敎育物語が最高の經典であり、その旨趣に則つて動令としての學校令が布かれ、その日本敎育の民主化を、われれれは概念的に受け流してしまれないで、日常の實践において現實的に把握し、身を以つて

實驗學核における提案の意義

- 序言に代えて -

子薬師範學校男子部附屬小學校編

學

習各科指導計畫

研究報告 第四集 (中學一學年)文部省實驗學校

男子部附屬主席 村 寬 滅 不工業課組織學校 香 村 電

昭和二十二年五月

を厚く感謝する次第である。

最後に文部省数材研究課長石山脩平先生はじめ木宮乾峯先生及び各監修官の方々の一方ならぬ御指導御数示を賜つた事は實践の結果をまつて再び批判反省され、更によりよきものえ改善された時である。

教育はそれに向つて一歩一歩の前進であり、改善でなくてはならない。その意味に於てこの要目が真にその使命を果すの酸への構渡しとして最善の努力をした強りである。云ふまでもなく教育理念は永遠なるものを求めるのであるが、現實のの福全教官の協力により舉習指導計畫の要目が一應完成した。勿論不備不滿の點は多々あると思ふが、卑習指導要領の實當校に於ても先に文部省教科書局より實驗學校の依賴を受け新教育についての重大な實務を感じてゐたのであるが、こ立が急務になってくる。

終ってはならない。この様な學習指導の要請は當然,幾師にとつてはまづ見重の實態に卽した各科目の學習指導計畫の歯られたのである。兄童の學習が身についた力となり、生活態度としてあらはれる事が必要であつて、單なる知識の蓄積にの活動を知りその生活實態をつかまへ、兄童の自發性を喚起し、兄童自身の積極的な學習活動が行はれる様な指導へ改め従来の勢師中心、敎科書本位におちいりがちの學習指導は、兄童中心、生活重視の學習指導へ、卽ち兄童の興味や日常の具體的方針が明示されたのである。

至上主義の立場は地薬されて、新たける意圖のもとに敎育の構想が展開され、特に舉習指導要領の編纂によって敎育改革社會の形成者としての國民敎育にありと規定してゐる。従つて學校敎育に於ても、その內容及び方法について徒來の國家新憲法の精神に則り、新たに制定された敎育基本法は、敎育の目的を個人の尊重、人格の自由を基にする平和國家及び

T

教材研究課長 石 山 倩 平文部省教科書局 石 山 倩 平

N

昭和二十二年六月一日

とを希望するものである。

自由な意志と離虚な態度からこの種の提案がなされることを期待し、それに勤する一般教育界の際正な批判と自主的活用提案は本省自身がこれを世に問うとき、往々にして首従やĈ版を招來するおそれがある。そこでわれわれは、質験學校のが一般の學校に對する参考案(suggested plan)、として重要な役目を果すであろうことは十分に豫想せられる。この種の案単校自體の教育計畫であつて、他に强要したり、他から複倣されたりすべきものではない。それにもかかわらず、これにもとより直案であつて、質施の經驗と理論的反省とにより、不断に修正せらるべきものである。またこれは立

他の質験學校と同様に、本省と緊密に連絡し、熱心に研究を重ねて、ここに『單元學習各科指導計畫』を一應まとめられ

て計畫してあるが實際に於ては各校の實状に即して接排して觀きたい。

制約の爲、或月は理科に多大の時間を取り、或季節には體育にと季節による重點が當然産まれてくる。此の關係を考慮し季節や社會生活の制約を受ける児童生活乃至舉校の生活設計と、各科の學習素材の季節的制約乃至社會生活より受ける新な児童觀を持つと共に一年を通じての兄童生活の實態である。

せる為には、現實の兒童がどんは活動の在り方をしているか、各児はどの程度の能力を持つか、之等の動的は卖を把握し素材のもつ陶冶價値を把握することは薬材が促す兒童活動を把握することである。ここに酸想された活動を兄童に営ま

⑥ツードソ蛭にしつん

贈得するか其の内容を記載してある。

○見童活動とその成果の欄には主體的な見童の活動は如何に展開されるか、その活動の結果児童は何を自分のものとして○軍元との關係 此の欄は児童の活動形態から取材された素材が如何なる單元割ち指導目標を内在するかを示してゐる。含んでいる。此の兩者の相關を充分推察して欲しい。

〇生活環境には科目に於ける兄童の活動形態を記述してある。從つてこれは學習業材と密着するわけで自ら取材の意味も尚各科共大體同じであるが、科目の獨自性から多少變つているものもある。

にしたので意をつくせの點が多々あるが御読承を願いたい。

○形式については前述の如き、單元――見賞─―素材の相關關係を動的に打ち出すよう心掛けた。然し用紙の關係上簡略

9. 景

を通して加除訂正し、よりよき指導計畫とする企願であります。

「單元學習各科指導計畫」は以上の如き観點から生れて來た一年間の指導計畫である。勿論完全なものでなく、今後實識ここに於て敎科書に對する敎師の態度は自ら規定されてくると思う。

あり、表現と考えることも出來る。少くとも從來の如き知識の蓄積と見てはならない。
中學一年學習素材一覧中學一年學一年の部十二年第二年の部

即ち薬材は兒童の活動を躁想し、活動を理想的に嘗なませる窩にあるわけである。從つて敎科書は兒童の活動の記錄で要目に載せられた學習素材は此のように自分の手中に在る兒童の生活を理想化する設計が含まれている。

の材料が發見され、指導の場も、指導の具體的展開も立てられると思う。

状を動的に把握することが大切である。ここに敎育の出發があるのであつて、此の見重の活動形態が把えられて時、敎育從つて我々は自分のはじくむべき見重が現實には如何なる活動をしているか、如何なる活動能力を持つているか、その現此の指導計畫を規定するものは敎育の基本法であり、敎育法であるが、科目に於て之から流れ出に各科の單元である。なさなければならない。

し、人生に於て望ましいはたらきが効果的に養われるように現實の生活を補化し、補充し、助長する具案的な生活指導を然し見重の生活は故任すれば斷片的であり無系統であり、低次な生活線に沈潜する。ここに人生の目的によりよく合致活を通して、破等の知識や能力、態度、情操等を養い、「生活は胸治する」の真の舉習指導を建設しなければならない。ることにより遊び、歌い、作業する主體的な児童の活動を忘れ勝であつた。ここに我々は児童の活動を見つめ、児童の生後來の學校教育に放てに殺科書による聖智の面が大部分を与め、兒童という主體が自然並びに社會環境にはたらきかけ

◎單元——兒童——素材

◇ 要目について

衛生と理論	1	開	棋	火 偏	H B	機咖	世 年		山 山	部 國	過	月
熊禅の別定身 長 呼 駅 御 寛 関 関 関 関 関 間 によりない にょうない ままり 変	レジャベース			災災 が	解 團 梁 《	問むり日間同年が表れた。	〇〇〇〇〇〇〇〇〇〇〇〇〇〇〇〇〇〇〇〇〇〇〇〇〇〇〇〇〇一条 三十 と 種種 定策 十 の の 療状段 領 の の 掠状段 領 の の 抹 三 大 3 東 3 東 3 東 3 東 3 東 3 東 3 東 3 東 3 東 3	出土 おり に	ろ江江氏感 かぶど警校 いろす外 にいろす 活 活 るれたを	が雨 〈市 第 下・4早・・ - 私 - のを 道 - 私 - の を 道 - 私 の の 歩 後 が サ 後		В
繁年 路 寒瀬 海道	○緊張と弛緩へ大振り上りベントホール		ı.	回 国域人人版画 同 通数人 人 受	基本 のエ カス 東東 東東 東東 表 南 東 東 東 東 東 東 東 西 東 カ 南 田 田 田 田 田 田 田 田 田 田 田 田 田 田 田 田 田 田	回 鰻 回 リサ の ツェ ウ サ	〇 〇 〇 〇 『中島 芽種 の書 呼島 芋種 の書 吸植 と子 防虫 物 成の ぎと の 長嚢 方そ	7. 6. 5.4. 3.2. 例ろいころいの反て計比感 なろ なる計比と類例操 比い てい類例 の	ろむ々の影彩 ちにはは礬屋 かよど何す年 いっちゃる活 だす我もに	思 び 施 よ な ま ま ま ま ま ま ま ま ま ま ま ま ま ま ま ま ま ま		벼

目次

中學一年の部

中學一年學習素材一覽

月	週	國語	社會	數學	理科	音樂	圖工	家庭	英語	體育 運動	體育 衛生と理論
四		・雨にもまけず ・世界をつなぐ道 ・第一歩 ・私の家	學校生活を改善するにはどうすればよいだろうか	1. 力とその傳達 計算練習 〃 主食作物の統計	○わが郷土の山や川 ○品種改良 ・種まきと接木 ○郷土の氣象 ・氣象觀測	同 夕日 同 春が來た	圖案 家庭用品 混色練習	災害の豫防 萬一に備える節約と貯蓄 同 家庭生活		○基本態勢 ▲脚懸上り フットベースボール ▲斜(水平)跳び 各種走 前轉	身長 體重 胸圍 呼吸 脈搏の測定 靜止時の姿勢
五		昆虫記 おはよう ・施設	家庭生活に影響するものは何か　我々はそれらをどうしたらよいだろうか	2. 比例 3. 比例の擴張 4. 反比例 5. 比と計算 6. いろいろな比 7. いろいろな比例	○動植物の呼吸 ○種子と芽の發生成長 ○害虫とその防ぎ方	同 雲の色 同 カッコウワルツ	基本製圖 工具の取扱 備品	同 同 裁縫(ワンピース) 夏の衣服 同		○緊張と弛緩 中距離走 バレーボール ▲大振り上り ▲逆上り・け上	各種運動の解説 疲勞 運動時の姿勢

·(利)	•••••	•••••	· · · · · · ·	英語科學智指導取目	
·(川田)	•••••	· • • • • • • • • • • • • • • • • • • •	••••••	體育科學習指導要目と學習指導の具體的展開例・・・・・・・・・・・・・・・・・・・・・・・・・・・・・・・・・・・・	!
(III)·	•••••		•••••	家庭科學習指導更目と學習指導の具體的展開例	
(411).	•••••		·····	圖工科學習指導更目と學習指導の具體的展開例	ĺ
(MI)·			•••••	首樂科學習指導取目と學習指導の具體的展開例	ļ
(기숙)			•••••	理科學習指導要目と學習指導の具體的展開例	į
(川)			•••••	數學科學習指導要目と學習指導の具體的展開例	1
(11)				匹會科學習指導要目と學習指導の具體的展開例	1
· (\(\x)				7 字學習指導要目と學習指導の具體的展開例	i
(月)				◎ 語科學習指導要目と學習指導の具體的展開例	1
(1)				- 壓一年舉智素材一覽	}
學校	附屬中	五子部	即鶴田		4
癜	阆	拿	쒀		
R	徭	E	山	1験學校に於る提案の意義・・・・・・・・・・・・・・・・・・・・・・・・・・・・・・・・・・・・	喇
				囯	
	(1) (1) (1) (1) (1) (1) (1) (1) (1) (1)	(国) (三(三) (□) (□) (□) (□) (□) (□) (□) (□) (□) (□	(三) (三) (三(三) (□) (□) (□) (□) (□) (□) (□) (□) (□) (□	(三)	貝瞭學校に於る提案の意義・・・・・・・・・・・・・・・・・・・・・・・・・・・・・・・・・・・・

2

	4次平跳	故服の手入			〇品館政長	-			
沉 為性 一般 一般 一般 一般 一個 一個 一個 一個 一個 一個 一個 一個 一個 一個 一個 一個 一個	マン ス スル ス ス ス ス ス ス ス ス ス ス ス ス ス ス ド ボ ボ ド リ し コ・ド・ド レ し コ・ド・ド ル し り まか の り か り り り り り り り り り り り り り り り り	国国国民会議会の保護を	ツ國 予蝦 (This (This) (T	同 寛子 鳥 同 治察の緊	のの音・・ 終海の場合の の音・・ 終海の音・・ 終海 ・	表 2 形/ 単 2 2 2 4 4 7 7 7 7 7 7 7 7 7 7 7 7 7 7 7	がい条は救療数 るをど々のが だも人の特國 ろつな年色の ろつは第6 ろく関語と剣	対・・・・かいがったがいない。	2
扱金倉路の海難法及び	が は は は な な な な な な な な な な な な な な と な ストペース	題	を作る家庭用具 家庭用具 摩物電子	ボン (ネケン (なん) (なん) (なん) (なん)	〇 終 巻 次 〇 ② 終 茶 次 ② ② ※ ※ ※ ※ ※ ※ ※ ※ ※ ※ ※ ※ ※ ※ ※ ※ ※	館への記頭		できる 日本語 日本語 日本語	ci
を発送 は ない かい	〇章 D スペットボー	国 茲 不 關 迎	然后 \$\phi \ \$\	関しての発	関係 総総 の館・昭 明 十 第日 古遊館 の の かと け既 の の かん 今肉	超聲聲單 9. 9. 中 8.	るし家選に選 ちて韓に廃土 ないなど繰り な及んの自 だ田な設然	を図の祭史・留から、日間から、日間から、この選()との選()との選()を認い、関係を関係を関係を関係を関係を関係を関係を関係を関係を関係を関係を関係を関係を関	;

	○ 説 球 の 日本 ボール の アルドル タイプ・スティン・トル	व	房部沿海	(そつち)	〇品織段東	笛々の距距			
國民聚業	デース ベスヤシャギ な で か お	迺	影がいる。	同荒城の月	W 47 35 17 O	額々の問題		. ५५५	Section Control of the Control of th
類 遊 踏	イン・イン・ボット・エリリック なり アール しり アート エリリン・アン・アン・アン・アン・アン・アン・アン・アン・アン・アン・アン・アン・アン	同 同 同 高びと掲 生常壊気 用瘤無の 品類法環 と及防	登	河 中 回 演	では の の の の の の の の の の の の の	超落谷鸣 "" 追	のはいなられるなが、などなりなどの難能の体をも	語 ひせ の で 枚 な	Day's d
語 國際 整	●○●○●○ A A 公子のははははははははない。 ハンス は カールー は ステール は ステール は ステール に ステール に は れ に れ に れ に れ に れ に れ に れ に れ に れ に	回 回 国 を発 で の で の で の で で で で で で で で で で で で で	ツ夏 予察 - CE スス (A) (A) (A) (A) (A) (A) (A) (A) (A) (A)	回った。国によってファート	図 ○ ○ ○ ○ ○ ○ ○ ○ ○ ○ ○ ○ ○ ○ ○ ○ ○ ○ ○	四部 思 四	ってた 野袋 かい 利立 が い 利立 が い 利立 が い 利立 が さ 用 ど 関 ご さ は ひ の ひ や な 原	海海 ・ ・ ・ ・ ・ ・ ・ ・ ・ ・ ・ ・ ・ ・ ・ ・ ・ ・	
	7					数なりがいるいなく			

の関係に鍛まれ	制作化する。					裘し合う。 之・新しい進出に ・新しい進出に。 聖	1	第一击 票	ラミル	派に新る			Я	成である。	る。主題では別の主題の別別の主題の記述を
	よるたせて	生活 鹿座に自発を	自分の。ゆき方	〜ゆ〜。 自分の	駆動してをむけ、	研究をする。 ・作者の精神に ・関際關係に目	1	前がいいません。	してい	00	o- 12+ 1	- 	<u> </u>		では、 は、 は、 と、 と、 と、 と、 と、 と、 と、 と、 と、 と、 と、 と、 と、
こに生きてく	こを求める。	o銀近tr に気つ~	この型で	の、昆虫原産である。	よみとり	な眼をもつ。他の一般では、ない、人間と、人間と、ない、とし、この形態を		見虫記がは、	ている。初まかっている。	27円に	に対いるか	・基金	拼	7	30アープ・山村 春馬 四村 春馬 西尾 家田 二齢 野風
に落目する。	いることにこせてゆく。	そりつて をつけま 御解力。	銃い眼がお日記が出記・環度。	自然なるとよってゆく	し方に、大切に十、	奈良の情感に4・今方、あらわ・自分の生活をも分の生活を達得でけてゆく。		初日週の同時間に	ハの交にして	でいた。 なは先りにして、 とくのごとののこれのこれのこれのこれのこれのこれに	の奈卓観度は	・口がゆく	\ \ \	}	2.获原井泉小2日記載20年田道隆

たことの

中學一年國語科學習指導要目

- ロ 後期素材に決定的な配置とはいえず、一つの試みとして示しなれらいを求めたもの。
- 1齢的表現 3思索的 3物器健 4劇、○直接國語の基礎的
 - 4 單元・様式の棚の数字に

ことわりがき

	年 額 ない と な な と ひ と ひ と ひ と ひ と ひ と グ と ひ と グ グリーボール	回	(編 物) 型保全 校舎の修	(配 足) 同 帮 提		種々の問題計算年級習		۾ ٠ ٠	In
性 教 育えい	ハンドボールスピードボース スピードボー な ら と び 〇条 選 遅 毘 鹿 走	. 司 . 司 . 司	番の鑑賞 おり 本 本 も と と と と と と と と と と と と と と と と と		↑ ・・・・・・・・・・・・・・・・・・・・・・・・・・・・・・・・・・・・	/ 割掛掛引引/	かれどによいリ票 いちずしやエ会 だするいよーの がするしとリット のだにもロット		[1
公共 衛生ストンシャイン・アン・アン・アン・アン・アン・アン・アン・アン・アン・アン・アン・アン・アン	「印」 (印) (中) (トル・スンドボール (サール・スンドボール 長 ま か た と な り い ひ と い	国 国 公子 発展の 次際	番の鑑賞 材料回輸 本学回輸 本学の 本学の 本学の を ない ない ない ない ない ない ない ない ない ない	同 浄土	〇水の笛質	帝 / 號三 の三 変の 質 質 谷 白	ろさ 如都 5 8 何市 5 8 何市 2 8 改 3 1 4 1 4 1 7 1 4 1 7	される。	1

採によって個別路割をす。

- 共同的影智――相互に酸素し合う。児童自身で進行してゆく。必る。個人言が多い。個々の状況を記録する。
- し・わからない႞簡の・表し方、主題、感想、作者、自己等がとられ新星、郊外遊、の順にする。見恋の 企割 さ みる。恐らく、あらま
 - ・ 細別的な指導——

時配六十七時

五、適徭 準備除奪、要すれば金票、交路以続のもの

情、新鮮な生活態態に共鳴し、交の誤解力、鑑賞力を行る。

四、目的 作者の科昭的な儒匠、子ども、家庭郷土へむけられた愛妻男する。

- 無例別學習 作者の停記、作品をしらべる。作文に喚展して文プラ、しかも金銭のよみの姿を高めてゆく。
- よみしらべる。討談などが自然に限開される。お立の個性を生かし
- ハ 共同監督 各自の研究を素材にして、分回的に又単独全機でしらべる。
- ノートをしらべたり、語し合つたりして指導する。 園酔街などでもかみかた、文器短、文線式、作者の性格、各自の生活との比較等。
- ロ 個別舉習 終師に個々にもちよつて指導して貰ら。主題のつはぶく。之は家庭作業、自由研究時等にする。

数師に報告し表にかきとむ。計盤をよくみでやり、なるべく無駄をみ 濁自認智 自分で設定をたてて獨自でしらべる。しらべたら

二、指導統領

してみる。

い。又しらべたものを薬材にして討職、或は作文など必要に膨儿で

- ・見壺ぞ自の反省の釈記。
- ・作者の性格、生活態度はどうか。
- ・器句、文願、路法等、意味の正しき。
- ・主閥と太蝎とがどう一致しているが。
- ロ 次の様なことを一種に変成してみる。
 - イ 全指導過程中職務し記録しておく。
 - 大、副智慧品
- ・個別駆響。文によみいたる。作文に強風。て盛じてゆく。

る眞理への熱、更に作者や作品の研究、文語の関さ、架さについ続答花火・作者の鶏創を優する態度、連想の悪富新鮮さ、根柢にあし、表現の仕方を味ら。

した旅族の動き。之らのうちに作者の真實さ、慈明な知性に共鳴新星・原み藁の漁働的存在、家庭、子、總上への甕精、星を中心に

や、火鑾鑑賞力を行りたい。分園的に手別けをしてしるべるもよ

魔錦風であるが、欲々たるらちに薪離な鶴い變化にそんだ作者の風口 文章関から

題の方文體などに正しさができている。

衝攻ついてきて、本生徳に試みたととがも考えても、作者の性権のゆとうとする。生徳のよみの朦胧に個性的になつてくる。鑑賞力も的なものをゆりらごかしてぼやかならちにも文化的な気品を高めて文によつて科卓と交融の融合された、むしろとれらの竣生する地鑑り充實してくる頃、比較的生徒の身邊に近い素材を以て表わされた。 豊から初秋にかげて自然に済墜の氣も追つてくる。心身のひきしま

二、既花の娯機

イ 単金の単語素語から

1、 略劉縣 芝 中衆國語 | (ナーほく場)

おき、図書館なども利用させ之を絡にして作者や、文學史的なととる。それには、個別學習を十分にして全身を以て味らことに主服を賦解力を払り、慇懃を深めてゆくために、なるべく自發的にしらべい 専習の姿から

い、変型の姿がら

共服させ高めたい。

ら指導してゆきたい。科昭とか、交融をかのもとになる深いものにやかさの腕われる文である。番高い文のひびきの戯勁にひたりながの機に盛れ出ら味い、交鐙の与ちに人企へのまじばさ、愛情のこまに須つく、研究的な、感酵の深い一等というのがあつた加くに、泉い、よい文与しく見せようとしない、私たちの普通気がつかない點格がにじむ。生能の職徴にも「わざとらしくない、かざりつけのな

國語科學習指導の具體的展開例

仕方等、作者の婚地に即して感じさせてゆく。 ・比較的關心の深い世界だ繁材をもとめてある。物事のみ方、處理のの所能としての本文を味ら。 日としての鑑賞の仕方を預ら。又歴史的な背景もよく補助して文化・劇形式であるが、丙にこもる一種のユーモアの中に包まれて文點作	点み蓋末ひろがり	る。 ・自然現象にあをむけやや親しみに少い。 人的なものほのぞいて ・在青や監由に只参少

個	· · ·	2季田寅彦4月明京
して作文を指義する。 方をみつちりとして関摩力をわりつつ、他に源察記録などを業材にの変をたかめ、文懿品としての鑑賞の力を幾つてゆく。個別的なみ・りずをそだてた經際をよみとりつつ、科學的な概察の仕方、副物へ即して誤婚的に乗められてゆく。	7.単で小さ	とり扱わない。 軍に理角的な交として 原名艦できている。 原々動物を薬材にした	4	力をれつてゆく長文である。酸傑中西博堂

(13)

の比較に於て竪智する

篇	•	栄	0	凼	18	点	烟	標	iii	Л	苯	栅	D _Z	相
に一週三時間 同の時間配営 最初第一五時	─		A	き 〃 書きによつ	・記憶事・ろつし			Eをひとまど でる へに中壁なみ	1.74	DI .	(n)		9	道私
ると情難的であったのが最	體 字 活	語をえらび に所を補う	語がその下ら正しいまその様の無ばれ	いているがたい たいりょう かいしょう しょう しょう いいい いき から しょり から しょり から に 田 か と コール い カー アール い カー・スター・スター・スター・スター・スター・スター・スター・スター・スター・スタ	中半、大・中のよう。 はい という という という という という という という という という にき という にんしょ にんしょう はんしょう はんしょく はんしょ はんしょく はんしん はんしんしょ はんしんしん はんしん はんしん はんしん はんしん	2000 100 100 100 100 100 100 100 100 100	- よる様・	2の比較によるを譲行		н	(4)	殼		加
		F正しい位		れる語(特に新出語で文章を		٥	確實にする	の形と理解を2のと意介で		*	(2) (1) (1)	道	效の	富い商
	†	AS		容詞等の活單語の分解		買がる		副・形容詞の9雑成部分を版行) 	t t	(w)	の母詞	₩ 4	- ¤

中學一年ローマ字學習指導要目

・ 歯壁池法につついて職能を含く、 砂糖素方面のついて 藤龍を含く、 砂糖素方面のついて 砂糖素 を調査 しその那直を の現上 を発見する の 数主の しまな の 数 選 週程 についい	,语 <u>〔</u> 〕	(00) にいるだろうかな影響を及ぼした影響を及ぼし 業の酸準にどん郷土の自然は産	構築を成立に、 ・ ののでは、 ・ ののでは、 ・ ののでは、 ・ ののでは、 ・ して、 ・ となる。 ・ できる。 ・ ののでのでである。 ・ できる。 ・ できる。	t	らして活気 うれのかっては かってない で、ないながな かっていい いっぱい いっぱい いっぱい いっぱい は で で で で で で で で で で で で で で で で で で
 生活表を作り覚護する 家庭生活の政権(衣食住)について討議する 家の歴史について調査する(帰就と外國よりの影のの現状を考察しその關係について討議する 附近の家庭の様子を觀察記録し報告する 	六三、五、四、一、	1 . X = - C X . L	きている。 国難さけますます加わつているなに依然として額いてい促進がなされた 報報法質値による民主化の新額法質値による民主化の	呂	自然を歴史活けど、 海がからなられることがある。 ででならなっていなっていないないないないないないないないないないないないないないないない
る外國の摩抜生活を調査比較し適常な活動以を實施す登し比較する をし比較する ・過去の人たちのらけていた教育上の便宜について調・郷土における教育闘係の人の考をきく ・自分の摩抜の組織を調査する(財偶も含める) ・教育制度の改革について討談し駿沼太をつる	用、大田、二、田、二、田、田、田、田、田、田、田、田、田、田、田、田、田、田、田、	ればよいだろう	・自主的護度に懲いが起している。 不顧している。 不顧の僅在に大きな困難を。 弥散の傷色々な條件が整わ一年生である。 六・三側質施による最初の	頭	強かな祭日 にないな祭日 にたる場所を には、 は、 は、 は、 は、 は、 は、 は、 は、 は、 は、 は、 は、 は
學習活動とその成果	の顕緑調売と	學習 素材	生活環境	H	图 尼

中學一年社會科學習指導要目

- · 時間 三時間。
- 語形の理解を確實にする。
- a 動詞・形容詞のよみ方になれる。
 - 1 音節単語の分解。
 - 財短。

「ローマ字の時間」をよませ香館の構成を関にする。

医皿 田

の分解に容旨に出来るものと思う。

を終ってきたので需形もはつきりしてきた時期である。音節単語 てのローマ字を既覆している。ローマ字も所謂統一期の入門教育 との朝になると知識誤階も高いし、一方英語を表記する文字とし

・生徒の側ょり。

取材の腐値がる。

- ローマ字の時間にのぞむ生徒の氣持に嬉しいに違えない。とゝに らと意図した。
- ・単徳の具體的な生活に続びつけ醴醸を通してローマ字に懸ませま 樂しい學校の生活から取村したもので、
 - ・紫杉の上から。

11 限後の遺鏡

製脂素材 ロート字の役間(中一年七月)

- ・語の一部を込かして補う。
- ・一定の香節をひろい出す。
 - ・音節分解の結果参室
 - 完成的
 - 撰譯法
 - 再生法
 - ・よみ方

六 带渣法

- ・骨節の分解。
- ・動詞形容詞の活用。
- ・新語を中心としたよみからの練習。 務川帯 (IIII區-IIII區)
 - ・記憶費きする。
- ・音節の分解(未知の音節を変えて)。
 - ・新語を中心としてよみの練習。

第11 年 (11○四一111回)

- ・ちつし聲き、記憶繋き。
- ・新出籍を見えて文中工しい位置に入れる。
- ・既留の一定の語(新田語)を與えて支撑を組立てる。

 - ・よませる。(速さと確宜さ)新語の指導。

第一時 (一八頁—一九頁)。

田 學經療語

ローマ字學習指導の具體的展開例

化をけかるものとして真理であると珍える。

方向をはつきりょせ、且他教科學省の内容を採い開輸、連律の深

3、氣機と或食性の生活が如何に聯盟して過ぎれているかは生活の自然であり與味深いとそであるら。

る生能にとって更に鉄展的に投が関の氣像の特色を型褶するとは

の、知道や風雨の離離機器深等郷土の演録の變化について監督してい 取符した。

を遊成する篇に氣像の特色ある現象を呈する九月と闘聯してたを地方によつてどんな邀いがみとめられるか」という写売一の日標ユ、「日本列島の白絵環蔵にどんな歌譲であるか又産္墨の塗篋には

11、 結製器

か。 我が國の鎮佐の婚也と我々の生活 は ど ね 開 保をもつている一、嬰智霖社

- ・地勢の大阪について調査競技する。
- ・届國としての勢色も吟味し謂様する。

殿する。

- 経園を作成して四國を考察し、大平洋、支部大陸等の關係を對のその影響下にある数が風の地理的位置について調査する。
 - ・盟属の溶験等。
 - ・颱風港行の方向。
 - ・路風發生の原因。

問題子る。

〇九月における頻繁の特色について話し合い作物との翻除について四、指数の整項と関係。

線を考察し、生活が別何に適勝されているかを理解させる。 類像の特色について関充研究することによって自然的環境への影響

別。回窓

社會科學習指導の具體的展開例

●館考 生徒の自殺的協議によって「學習素材」の順序變更もあり得る。

方面に察員をだして調査し報告させる。金銀をどんな風に極しているかについているの人の側負に通しているかについているしたののでなってなどでの観査する。全代機器や開墾ボレクリエーションをどんな風に考る変を必然強和強敵について調査験をし対議する。現在の嫌疑について調査験をし対議する。サクリエーションとにどういるものが先生から話を	おいにはいれては、 五、一型までにほどろう。 自まるににほどろう。 自まるのに、 自動をのしてもらい、 自動をのしてもまる。 はいまる まんりょう アース・コング・コング・コング・コング・ロース・ロース・ロース・ロース・ロース・ロース・ロース・ロース・ロース・ロース		(11
---	---	--	-----

・設計技励の人を奉払てถしをきく・都市産活者の經際談をきく・各人の理想的な都市の設計を以て鋭起をつくる。炎迫組織の宜繇について調査する・納市の携帯と喚化について調充報告する・都市の携帯と壊化について調充報告する・近代幕中として見納すべき様件について討論を等しての生活を考察する。まなが國の官の都市と近代化される。我が國の官の都市と近代化されてある。我和国の背を考察する。現在の都市と記を表を表をある。現在の都市と記を記しまないな問を問なられる。	火、鱼、八	(8) だろうかに収容さらべきを指行が利用を指行は何何	ろ覚施に移ってきている・ ・主張市の都市計響してきているでいる。 でいる。 あるごとに直接認験してき・ 治療が、美としていてはといるのの表記をもつていいない。 の現状についてはる程度の現状についてはる程度	1	
・掩水の農業生産の方向について計談する・企業者を成らって「大銀路や見間をまとめる。にいかく。作物の生産過程、交易、磨毀の程度について調査し、発験を導行でいて、「大調査報告する。禁作はの歴史について調べるの選化をしる・農業と土地の開係について調査する。	出, 回	がない。 かなよってだろう 最業の特色にど	よくしつでいるの見間する機會が多いのでの見聞する機會が多いのでも 周島の劉啓は優隆を張し耳って アントンできてい 食糧場 ににかさいながら	11÷	でいるかららか とというというが できるとによい おもちゃとによい かれたものなれた。 別様であるなど かれたしなが かれたしなが かれたしなが かれたしなが かれたしなが かれたしなが かれたしなが かれたしなが からないないないが からないないないが からないないないが からないないないないが からないないないないないが からないないないないが からないないないないが からないないないないが からないないないないが からないないないないが からないないないないが からないないないないが からないないないが からないないないが もっないないないないが からないないないないが もっないないないないないないが もっないないないないないないないないないないないないないない。 とっないないないないないないないないないないないないないないないないないないない
・外風のそれと比較する。 のでれたと比較する。 を発売の方向(人口の急盟な精加等を考え)について計・遅地はどんなに生活に利用されているか調査する ・山麓地帯の様子を調査する。 ・低地ほど人な風に利用されているが調査する。 ・低地ほど人な風に利用されているが調査する。 ・平野と何川の開係、交通について調託報告する ・平野の分布釈迦を聞に舞いて調査する。	(三) 上	、(03) かているだろうなどなどを対した利用されるとを対して対対に対対に対対に対対に対しまない。	と大魃レつている。 東京の山手、下町について としつている。 武線の利用によって東る龍」常線を利用によって歌る龍」	1+	は、
該整を考察する 或以上本と契日本との領債の相視について調査しその 真とをの類別の相異について調査しるのはれているが計議でなる。 日本の自然的の機化に線上生活でほど人な過胞がな我があり自然的の機能をして減少、自己の主義を同人が登りした。 ままれ、もの月別はは、「四食家、は同母家、は同母のも関わなど、「四食家、「四月、「カシュ」、「カシュ」、「し、「カー」、「より、「し、」、「一個本である。表が関の地理的位はについて調査する。	JE JI	おおいているのである。(の) (の) (の) (の) (の) (の) (の) (の) (の) (の)	・地関でいる。地関でいるで、一般になる。上層に対るなど、ないるない。一般は、一般は多の、一般を会会について、一般には一般ない。一般は一般など、一般など、一般など、一般など、一般など、一般など、一般など、	ታ	いいるが、ことの表に登れるの生産生活に、このままには、このなが、関の生活に、自然が、関の、自然を知る、自然をおいる。

12 -

13

١
Н
O
1

「以上、「以上、「以上、「以上、「以上、「以上、「以上、「以上、「以上、「以上、	152
「京内が生じてくるの大通性を見出される。 の大通性を見出されるようののでした物の者。 ・単一様被を長期にわれて引きるのでとれ物の者。 ・単一様被を長期にわれて引きるのにどんな理様、仕事ののでした。 ・単一様被を長期にわれて引きるのにどんな理様、とは、といいのは、とれては、といいのは、とれては、とれては、とれない、とれない、とれない、とれない、とれない、とれない、とれない、とれない	2012
関向が生じてくる の、仕事 ② 三、四、大 ・ 軍地の働きを調べる事がら輪軸の仕事、力の同を発しているのでとれ場合を引きる。 三、四、大 型・機能を見出されるする。 (11、四、大 和を使って動きというのにどんな理法をもつ。 (11、四、大 単を使って物を持上げるのほどんな理法をもつ	を開いた。 一、一、一、一、一、一、一、一、一、一、一、一、一、一、一、一、一、一、一、
9年3	ること。 健して必要ののの とのなる。 上、比別・

中學一年數學科學習指導要目

だはしてもあげきれないので大型にとどめる事にした。単習に除し 従の活動を中心に考えればその方法の展開は種々様々であり、とと 具體薬としてもつと細かくのべなければならないかとも考えたが生

- ・表日本の代表的都市の調査。

風俗について探究し報告する。

- ○更に具體的に表日本、真日本の氣候の管異より生ずる種々の現象
- ○前に調べた材料によって夏冬の氣温の相異又は帰異性について計
- ・本國のそれとも出版して無候が共同に国俗に影響しているが考
- ・住生活――進物の様式の變遷について、建物の材料について等 法について。
- ・食生活――地勢的影響と闘聯して、常食について、食物の貯蔵
 - ・衣生活---和限と洋服、地方による着物の特色。

・権洋性氣候について氣づがせ、琵琶する。

(研究の方法に各型で路震工夫させる)

業も分換して研究する。

○氣候の相異について比較考察庁る。

○最後にそれ等を登者にして論文を作成する。

・これ等の相互比較 ・東日本の代表的特別の調査。

譲し報告書を作成する。

〇城土の衣食住について調査する。

別気温、雨豊、風向について、園を書きそれによって各班で作 ・ 光京、ロンドン、ワシントン、ヘルボヤンスク、パグピヤの月

テストにょつてその效果をみてゆくべきである。

たしたが、旅行時の態度にどうか等について具體的に観察し、又は はどうか、内容のまとめ方はどうか、生活の上でどれ程の變化をき てどれだけ理解したか設岡力の向上にどうか、調査比較研究の方法

ロ、政際の指導

昼について方向を考える部内があるが。

0 8

統計継で資源を十、一、の記録を用いて数わしたととがあるよ。

イ、始めの闘盗 遊びで十、一の記録を用いて表わした時がある

回、流域の鼠窩

三、能力素から ⑤ ①に認進をしてものである。

二、盟元 正教真数の統念を理解し去な用いるとと。

1、 母陋報 日の数金の載。

・前に分った事を一般化して計算練習

20100

○又引かれる数よりも引く数だけ小さい数を見つければよい事が △差は一つずつ小さくなつてゆく。

次にDを +6+5---と次於に小さくしていつた場合の計算から

2+=(3+)-(7+)=x

(+p)+x=+1 がは次のよのに野鮮する

よの式に於て b>a の場合は分粒に曜割した道りである。例えば参える。

・a+a=M(自つa>0, b>0, b<a, に続くせがに a の値を主義的に に

數學科學習指導の具體的展開例

The state of the s	4-101-3-1-1-1-1-1-1-1-1-1-1-1-1-1-1-1-1-1	THE RESERVE OF THE PARTY OF THE	PERSONAL DIVINISH AND	SAIR CHEST	
についてでのででる。年平均須温の求め方、紅ূ温陽差についてる。年平均須温の求め方、紅温陽差と左右事業への適用面を打る故自修的に又自謂自するようにしてる。總括的秘密、除法を張法に幾く欲的に、又被會ある毎に行い自分の力を自己	[1] [1].	・館々の問題 ②・野盆線型 ③	然と高まつてくるでわろうの整理への生徒の重談と自時場である。一年間の勉強ない期待である。しいりといいと、三月となりの一年間の総験・三月となり食一年間の総決	-[11]	
の仕方、交換額合せの法別の成立・正の数、食の数を管通の数のように考えて計算正の数負の数について加減の混合しているものする。正の数負の数の減法。減法を加法に競えて計算合せの注則の成立・事から同格號、異称號の場合の計算以交換組事から同格號、異称號の場合の計算以次交換組	11 1	4、日本 (金)	るの者を求めてくるようになびば尾に強してより高外数を用いて表題してより高水数を用いて表題したよろこむ 日常生活にふれるものを負	11	

1	・負の数をとりた希別の仕方を数直線上で考えず流にあらわすこと。 新徳をあらわすこと。 劉値のいか、3、正の数、負の数に裏の大・及び之等に直線上の點で数で良り、1、下、2、大大学でで調上の點で数でした。 こ、正・負の作器の表わし方、正の数、負の記・変際計で温度を調べる偈もを主説化して	11.1	2、帝雄 ① ユ、正食の枠器(②・正の敷食の数	るとともある 最影明で温度も機関下になる持行になる難さも「年中の、新年を迎えてすがすがしい	1	
F	48國による長さ、函数の計算 こ、投於國のかも方 目標の姿で・生活事会への適用面を繰る故自智的に、又目が出る事金への適用面を繰るな自智的に、又目の	日·日	・確々の問題(の	整型をのぞんでくる 埋せられる。今迄の処頭の・年末で一関すべての者は数	11+	
. 0	よらにする。加減乗除の認抗的練習・分散的に撤貨も多税に行い自分の力を自是する股長による測度 助上の注款 3、目測步測による測型 1、平板測度の器具の器具の名称、 収扱い方 2、ペート・・・・・・・・・・・・・・・・・・・・・・・・・・・・・・・・・・・・	11	型件學型。	智潔欲に愈高まつてくる正確なる効量へと生徒の影	1+	
Ĭ	究から・測度に出来るだけ正確になさなければならめば	园	□ 灣道、□	期。より正確な表現、より・一年年を通じて勉妥に最適		ること にしたを用い 機能を明らか 大、耳一様減の
[3	影局で質長を求める・	四、五	わし方(印	む傾向にあるるのでより正確な表現を認るとと活領域も高まつてきていい。生活領域を表現を認	+	
	2)言葉で表わせない者は按認園を使う、その二、三角形共の他簡単な簡形の争まる條件から、割

海星の位配の湖定、星の本線

る土の子供が生れたら親とどんな関係があるか聞べ究する。異つた品種の種をまき、接木を行つて品種改良を研り調解、沸點の實験をなし規膜を辿る、蒸散と濃度と過度とは何かを考えさせる、又	大 11・大 用・犬 11・11		▽山羊のせわり郷土の山や川・龍まきと桜木・田龍改良	を を を を を を を を を を を を を を	固	いるがた代でなって、全に役立って、空気にどん
生徒活動とその成果	新疆	問迴	學習題材と時間	金活環境	回	원 15

中學一年理科學智指導要目

Aから、5−7 で、可葉の存態を次に引く数の存態として、毎年の (2-1)+3=7-3

- ・以上の森から次の拳式が成り立つ
- ・ 野緯線層 上の事實

四、直接に量を測ること

五、投影で立體を表すこと

六、單一機械の機能を明らかにし之を用いること

九	・夏休みも終り愈々二學期である。海に山に鍛え日やけした顔で元氣溌溂と登校する。夏休みの自由研究も發表せられる。その自由研究より出發して各人自由に研究討議し合う	・夏休みの研究 1、茂の研究 ④ 2、秋子の研究 ④ ・計算練習 ⑤ ・形と圖	 四 四 二、三 五	・夏休みアルキメデスについて調べた事から密度發見の歷史、比重、更に浮力實驗の裝置の工夫 ・星の自由研究から北極星の位置の測定、星の高度の測定、更に進んで自分のいる場所の緯度の觀測 ・分散的に、機會ある毎に ・物の形を表わすのにはいろいろな仕方がある事から 1、三角形其の他簡單な圖形のきまる條件 2、言葉で表わせない者は投影圖を使う、その書き方 3、等角投影圖のかき方 4、道順を示す案內圖の製作 5、地圖の作り方
十	・生活領域も高まつてきているのでより正確な表現を望む傾向にある	1、いろいろな表わし方 ⑪ 2、投影圖 ⑧	五 四、五	・圖形の要素を直角三角形の一邊として表わす投影圖で實長を求める
十一	・一年中を通じて勉學に最適期。より正確な表現、より正確なる測量へと生徒の學習意欲は愈高まつてくる	3、測量 ⑬ ・計算練習 ⑤	四 二	・測量は出來るだけ正確になさなければならぬ研究から 1、平板測量の器具の名稱、取扱い方 2、實測上の注意 3、目測步測による測量 4、腕長規尺による測量 ・分散的に機會ある每に行い自分の力を自覺するようにする。加減乘除の總括的練習
十二	・年末で一應すべての者は整理せられる。今迄の勉强の整理をのぞんでくる	・種々の問題 ⑥	四・五	・生活事象への適用面を練る故自習的に、又目的解の姿で 1、投影圖のかき方 2、縮圖による長さ、面積の計算
一	・新年を迎えてすがすがしい氣持になる寒さも一年中の最寒期で溫度も氷點下になることもある	・正の數負の數 1、正負の符號 ⑦ 2、寄算 ⑥	 一二 一二	・寒暖計で溫度を調べる働きを主體化して 1、正・負の符號の表わし方、正の數、負の數及び之等は直線上の點で表せること 2、絕對値のいみ 3、正の數、負の數は量の大小增減をあらわすこと ・負の數をとめた寄算の仕方を數直線上で考える

二	・日常生活にふれるものを負數を用いて表現したよろこびは更に發展してより高次の者を求めてくるようになる	3、引算 ⑥ 4、掛算・割算 [illegible]	一二 一二	事から同符號、異符號の場合の計算及び交換組合せの法則の成立 ・正の數負の數の減法。減法を加法に變えて計算する ・正の數、負の數について加減の混合しているもの正の數、負の數を普通の數のように考えて計算の仕方、交換組合せの法則の成立 ・分散的に、又機會ある毎に行い自分の力を自覺するようにする。總括的練習、除法を乘法に變える事、累乘、逆數
三	・三月となり愈一年間の總決算期である。しめくくりの時期である。一年間の勉强の整理への生徒の意欲も自然と高まつてくるであろう	・計算練習 ④ ・種々の問題 ⑤	一二 一二	・生活事象への適用面をねる故自修的に又自讀自解の姿でやる。年平均氣溫の求め方、氣溫偏差について。

數學科學習指導の具體的展開例

一、學習素材　正の數負の數。

二、單元　正數負數の概念を理解し之を用いること。

三、能力表から　③ ①に關連をもつものである。

四、指導の展開

イ、始めの調査　遊びで十、一の記號を用いて表わした事があるか。

統計表で增減を十、一、の記號を用いて表わしたことがあるか。

量について方向を考える能力があるか。

ロ、實際の指導

・$a+x=b$ (但し $a>0,\ b>0,\ b<a$, に當てはまる x の値を主體的に考える。

上の式に於て $b>a$ の場合は今迄に學習した通りである。例えば

$(+5)+x=+7$ 之は次のように計算する

$x=(+7)-(+5)=+2$

次に b を $+6+5$……と次第に小さくしていつた場合の計算から

△差は一つずつ小さくなつてゆく。

△又引かれる數よりも引く數だけ小さい數を見つければよい事が分る。

・前に分つた事を一般化して計算練習

期である。 藤に山に震え目男子を終りを終りを認りの二撃	九	図るとと 国、直接に重め

らべる。家庭の食品貯蔵法のいろいろとその審虫についてしる。家庭の食品貯蔵法のいろいろとその審虫についてむ・作物と猟数との關係等に紹作と雨量について話し合・物土の親魚測定の結果をまきめも互に話し合う・人の蝕内に寄生する管虫についてしるべる若覚するかを調べて行き、掛け合せ方について研究・四月に많いた品種をも互に掛け合せてどんな種子が	四·六 1·1 比·六 比·H	4H	▽食品の貯蔵 ▽郷土の氣飲 ▽雲虫とその防ぎ方・掛け合せ ○品稿改良	くってる。これである。これである。これではいる。これをある。一人はおり、「おり」の一般を発展している。「「「「「「」」を表現している。	ᆉ	うに大力のかれてどのよう
・人・他の動物植物の呼吸について質酪するしらべる。 よ野法によつて植物の皮長と肥料・光・水との關係を・疾野法によつて植物の皮長と肥料・光・水との關係を・猛子の發芽に必要な條件を覚験によつてみつける・作物をいためる替虫をしらべその防ぎ方を研究する	1・耳・犬 1・11・耳 六	4 4 4 1	▽動物植物の呼吸 ▽種子の競弄と成長 ▽害虫とその防ぎ方	礼始める作物の害虫が現	Ħ	
いるが酷し合うの政員についてしらべる、人ほどんな動物を利用して動物の飼育にどんな注意が必要かを考え動物を利用して物を上の天然水、井戸水の分布深さ水量

ターのは タナロ 下郷しい母がむる。

△ と絶對値が同じで、辞號が反對である数を ーム で表すと、 上の左右の計算の仕方をくらべい

$$(t-)+(2+)=x$$

(y+)-(z+)=x

z+=x+(++)

z + = x + (y + 1)

- ・蜂式に高てけまる式の値の求め方を考える。
 - ・計算練習 上の事質を一般化して

大きい数を見つければよい

△負の数を引く計算では、引かれる殺よりも引く数の絶跡値だけ 行った評算から。

吹にいを3 としてた他のなの,ー1,ー2…と交第に小さくて

S+,=(L+)-(S+)=x

(+1)+2=3 火のスルに呼ばする。

(0>a,0>a)=x+a

ができるかどらなっ

規則が理解されているが、又正の数、負の数についての四則計算

・テストによって、正の戦、負の数について四則介法の基礎になる かお悶べる。

をしらべる。又負の数が救累列の中のものとして理解されている

・觀察によつて 日常生活に正の敷、食の製を用いているかどうか 後での指導

> ・ 計算練習 一般化して身につく迄やる。 △帝雄やげの式に書き直して計算する。

> > 符號が降されていると考えられる。

-119-

料水なる圏材を選びとれを駆得して行く間に「水圧どのように大掛つであろう。それ故見窮の生活に最も近い水道を中心として飲を以て健聯し之に調する疑問と之を発明して行とうとする讃欲を道の勝水蜂の為見並は人及び動植物の水との溶松不健の關係を身束ると地上のすべての物は水を飲する。後暑の傷水に濁し或は水・総縁匂やかな若葉が日一日と縁を蔑くし太陽が顕烈に照りつけて、取材の豪

一、 異智問符 会科水

理科學習指導の具體的展開例

A WALL TO A COLUMN A					THE PERSON NAMED IN COLUMN	
・しちらる。 ・企館との河流に開係さとめ氣像と人生との間保をまった強との一般を開展の一位、 ・皮強との一般をという。 ・ 皮膚、一般、一般の一般をとらいる。 ・ 上線としておいた「いり」でありを作ってみる。 とらいいり」でありを作ってみる。とらいないない。 とらいない 全部時間 の間保について一年中をまるととを理解をなる。 といれた とれた とれる 一年 ままらい といい といい といい といい といい といい といい といい といい と	• • •	下下下中中上上上 2 (2 2 2 4 4 4 2 4) 24	→郷土の領象・食品の気象・食品の気象をいるない。 ・ 動土の気象・ ・ と と が 作り・ ・ ・ な 作り・ ・ ・ な は 作り・ ・ ・ な は な な な な な な な な り と 、 な な な と と な な と と 実 楽 紫	察が近つくい頭であるの間であるのである。 の関であるのではないである。 なられるのではない。 ないないないない。 ないないないないないないないない。 ないないないないないないない。 ないないないないないない。 ないないないないない。 ないないないない。 はないないない。 はないないない。 はないないののは、 はないないののは、 はないないののは、 はないないののは、 はないないののは、 はないないののは、 はないないののは、 はないないののは、 はないないののは、 はないないののは、 はないないののは、 はないないののは、 はないないののは、 はないないののは、 はないないのののは、 はないないののは、 はないないののは、 はないないののは、 はないないののは、 はないないののは、 はないないののは、 はないないののは、 はないないのののは、 はないないのののは、 はないないのののは、 はないのののは、 はないのののは、 はないのののは、 はないのののは、 はないないのののは、 はないないないないないないない。 はないないないないないないないないないないないないないないないないないないない	ļu lu	で の の の の の で に に に に に に に に に に に に に
いて研究する・水の合成、電額分解蒸馏水の作り方とその競技につ	退•[]	6	マホの性質	水の鍛化の時	1	

のないなしな

諸四個語、川

①水の用途を開べ使用水煮の間番をなし日常生活に即何に水が必要

の性質、合成等について科歴的な態度能力を行りつと関元二水は

山庭に於て水道、水質格益、水と循色について研究し、一月に水・四月に踏上の山や川に拾て天然水、洋戸木の分布等について聞く

どのように大切かを金融的につかませるのである。

切か」と云ら単元を壁刻するのである。

・ は、	祖・大	7 7 7 7 4 5 5 5 2 2 5 3 2)	日間の の の の の の の の の の の の の の の の の の の	るし反命館の天 東大面に浅への 大部門に浅への 大部件館の 地の館の 地の 地の がの がが、 が成 がの で が の で で で で の の の の の の の の の の の の の	11+	ているかのように企う五、なや木にど
・こんろ、かまどの種類都強との関係をしらべ、大をどんなに使っているかしらべる	u•1•iri	22	▽熊科と防火			
・さつまいもをいけら・都や人造綿絲を作る工場を見襲し作つてみるべその性質を研究する・動権的が扱くの文類にどんなに役立つているかしらたかをじらくいその結果を整理して何なそりなつ・場け合せて結実した種子をしらべどんでなつたか	大・耳 耳・大	7 4 F	○食品の貯蔵・飲品の貯蔵・名称と水路でで、 ・ 名称とく 2 でんたい で を知らい 2 を超い 2 と間記し 2 と間観波 図 と	をもつれて類似に関心をもついい、就像時間を関われて対して、ないが、現象をはないない。	+	いか、けるべたらよ四、何をどれだ
臨降法別である。のか・しらみ・数について研究する、其の詞で特に、のみ・しらみ・取について研究する、其のに答をはす寄虫について研究する、、なのは生ましい、関査し合う、成員について調査した。天衆漢聯をする、風水のも近の線察測定の結果をよるよりがも地の線象記録をした。	代・ 用 1・11	G F	▽雲虫とその防ぎ方・投害的止・投害的止・天氣図 ・天氣図	の小奴が谷い書多い、関風の保で風水	ブル	
 動物の總額を水の開係を測定する 水質協差についてしるべ質験をする・水道についてかの海洋は、源泊法、温水町、水屋、しらくなる。原用は、原治は、温水町、水屋、毎年にの水の食用塩をしら、人動植物と水との開係を一般を実売の構造、始端の細胞分裂、呼吸、蒸散、吸水、造性をつて行われるからかられてして行われるれとして行われるほどんな権 	日・11・日		▽飲料水 にたらき ▽植物の糖造とその	おおいておおれる。 おななのののでののではなるのではなるのではないのではないのではないないなんだとれたものではないないないないないないないないないないないないないないないないないないない	ተ	よいからて使ったら三、火をどのよ

27 ---

— 120 —

	ı		1	. 1			1
○歌にもそれを表現するように努める。○静の内容と専業との關係についておぼえる。 分生かして。○作曲者ネグリーについて。	µ ••── ↓ •	# 4	D F	小山羊) (めえめた	体がよう。 ときらある。 ない、まならのの ととをとののの。 とをとのののでなられる。 とを終るるのでなられる。 とななののでなる。 となるのではなる。 といるなるのではなる。 といるなるのではなる。 といるなどのできる。	сt	(める と 總 び 律 る力 と 合 形 和 を の 的 式 既 高 え に の 及)
○二部合唱の美しさを味わいながら。○鍛캠を充	1						切りズム旋
○短旋法で作曲してみる。○發源の工夫。○短音階について。○短旋法の曲の感じを味わら○レコードによる磁覚(眠りの種)	h •• h •	4 4	ď	冥 恭	子供らある。なる。見を集めたりするなる。貝を集めたりする遊びらとの頃から盛んと癒に木腸に聴き、海岸の	K	を の の の が 、 小田 日 日 日 日 日 日 日 日 日 日 日 日 日 日 日 日 日 日
ブラームスについて。Oアンダンテの選צ。 ○弱起四拍子の感じをしつかりつかむ。O作曲者	11 ••• — >	4 4	F	眠りの器	くのどかな光景である。る、忙しい中にも何となら、忙しい中にも何となどこかで田植歌がきこえ		大学なが 関係を発 企 創作を発
の作曲を行う、〇作曲者ダンについて。					である。 邸のきこえるのもこの頃		91 25 W
律の美しさを味わいながら。〇ハ酮の短い旋律	> • • = =	4 4	С	雲の色	がつこうのなくのどかなられい、岩葉はそよぐ、	田田	ととだって、
き露を生かして。○曲の形式権成について○旋 ○二部合唱の美しさを味わら。○1かつとら1のな	₩••-→	₩ €	ਸ	たかるのでする	きが感ぜられる。小鳥は一歩夏に近づく天地の動しただっく天地の動いなれたかり、天地の動いなれたなり、生	۲,	お客祭的の話の内容
味わら。〇邦樂の鑑賞 ついて堅智する。〇律族法の他の曲と比較して		4 4	二年	霞む夕日	生活。した美しさにつつまれるや木をあたためる、ころ		おせる術を修得の表現の技
○日本客階の課話。○曲の感じと律勤との關係にと。○籤想の複雑○三拍子の氣持。○語の内容を寄樂的に生かす。○充分歌い味うと	>	۵ <u> </u> 4	a	春が赤た	き明がるい春の太陽が草で田殿する、榎の花が吹て田殿する、榎の花が吹べてのほとりと発望に満ち大野式も終り中學生とし	囯	を向いた。 を対した。 を記した。 をこした。
量元字習の寅頃	海 典	拍子	매		生活 福 语	E	單元

中學一年音樂科學習指導要目

出語水をとす方法を自分達の作ったもので質聴する、材料の配置を

砂穀菌法について、以上をしらべて旅て、

20水道の水源、上水の作り方。

四毎月の水道飲用量と水道の毎月の供給点。

・牧課後水道の作業場を見壁に行って次の事をしらべて来よう。

問題を堅智する計造を立てる。此の生徒だつたら次の様な問題が

・始の調査について生徒に話合いなさせ見真自ら問題をつかみその 田豊智の推物

- ・水道上水を清都にする方法に。
 - ・水道の源に何處だろう。
- ・

 励水しない様にする

 事に出来ない

 だるら

 の
 - ・水道に何故斷水するか、夏のみに。

的格の調査

四時間 七月中旬 22時間配置

①単備、イケッ、石、謀、砂、れんど、木炭、しゆる、木綿、

国、野智活動

る事をしらべ、物事を分析して見る顔度を辿り。

母動植物の重さと水との闘係を研究し、水が生活と密接な關係にあ とする態度を整ち。

②水質検査を行い下水と常生についてしらべ生活を合理的に行むの いるか研究し、科學的な物の見方考え方をれる。

②水道がどんな經路を穏て緊接へ来るか、どんな仕組みに作られて

具機的に割く為四の影智活動以後は指導目標の回について 書い 六、備者

三、飲料水の清淨法。

- ニ、役科水の殺菌法。
- 一、 騒水の 夏行われるわげ。
 - よつて考査する。

の次の尋項を再生法、 選擇法、 真偽法、 完成法、 訂正法、 作文法に 出唐海法の村科の配置の順序を排列法によつて考述する。

恋尺度法によつて考査する。

の濁水のੈ海洋はの質験でどんな點に注意してやったが熟練の度を記

又水の精浄法の實験の結果を提出ぎせて記述尺医法によって考室 **心格の調室の門間についてそれをどの湿まに側定調室観察したか、** 態を觀察し學習順をしらべ記述尺度法によって考述する。

らとする意志が遅いか、又すしんで色々調査研究を行らか等の状 ①子素の生徒の學習に積極的であるか、疑問を抱いて完別して行こ 五、指導結果の考査

回飲料水に適か不適か水質権益を行って開べる(水の型图へ)。 工夫する。

h ? 100

○愛ホ闕三部合唱の重厚な感じのする落ちついた曲でよく知られ め一件のつるへへつの極採り氏だった。

出が浮んでくる。今月にシューベルトの藍術的親品高いこの曲 めつて忙がしいが一年間の過去をふりかえるといろいろの思い 〇一年間もいつしかすぎて進級も目前に迫る。この月に撃撃會も

1、 取材の 賞 (三月、 菩提樹)

を明らかにする。

〇とれから菩提樹という三部合唱をおけいとするという堅智の目的 ○基礎研習、香階、強壓の練習

2、終一時の財産指導

山時間配當、四時限

二、嬰智指導の展開

○野元①、何、何を中心をして指導に置る。

音樂學習指導の具體的展開例

○單元は單元學習の要項というととろに具體化されている。 るかを考察してみた。

ちかを皆戻してみた。 〇生活環境は「子供らの監督が生活を地盤としているととから監督の素材が如何なる見益の生活環境に裏づけられてい〇餘し七夕祭、音樂會、單整會、ヨックールなどが各塁期にあるからそれらのため素材の融通性を考えてみた。〇七月、十二月、三月に夫々二週間として立案したので一つの素材に補充敵材として考えた。

財団でしているの数形

			48 48 0 71 7 0 11 2	n=
を作つてみる。いて。〇錦殿子るリズムの面白味。○歴映な曲の弱色二拍子の輕快な歌い方。○ドイツ民酷につ○三部合唱の美しさにふれる。	G ca 4 □-・・Ⅱ	(間 引) 排 恭 趙	りない。 いない。 いない。 いない。 とない。 とのいた。 とのいた。 とのいる。 とののない。 とののない。 とののない。 をでいる。 といるのでは、 のいるが、 のいが、 のいるが、 のいるが、 のいるが、 のいるが、 のいるが、 のいるが、 のいるが、 のいるが、 のい	-[1]
○ドイッ民籍について。 ○〈調終止形合唱の練習○弱起四拍子のうたい方力。 を生かして歌う。○シショベーションのうたいの俗親旋法について。○さわやかな変ふみの感じ	ロ 単一 イー・・ボニ 関 四 四 四 四 1 1 1 1 1 1 1 1 1 1 1 1 1 1 1	禁尺	りいようが感ぜられる。 人々ご月さずになると、撃 、京上、大権にはるの、節は上、、大者しの必然を踏むし、 であるとがを踏むり、大者しの変きするり、「朝がちて朝夕に発える。	l I

る。○鑑賞(ホルガの介敬)○ロシア民籍について。○鑁未罰の配唱に智熱す○こが合唱の力頭与美しさにふれなぶら敬う。「孫う工夫をする。○作曲者ヘイスについて。○後七、八小館目の音程を正しく。○表情を以つ	1		東欧 ボルガの舟を の 星 郎	紫かないい。 いの中に動きたい。 いの中に動きたい。 は、いの中に動きたい。 は、この中に動きたい。 を関しているのの間には、 をにはななるの間ではなななの間ではなななない。 をになるなない。 をになるなど、といるないないないない、といるないないないないないないないないないないないないないないないないないないな	l	解係の原発の原金を振されていません。
のうたい方に生態。入れながら歌い方を工光する。〇スヌッカートふれながら歌い方を工光する。○スヌッカートの纏口翮の腮唱辨習。○超帳なリズムの両白まに形式の美しき。○道熊太郎について。○田のの単純法の美しきについて充分味わせる。○由の	11.0一口際 2		(あられ) 実被の対	を持てして、 をおいるのでは、 をあるのでは、 をあるのでして、 をし、 をし、 をして、 をして、 をして、 をして、 をして、 をして、 をして、 をして、 をして、	11+	(b) 関 (c) の
程に注意する。Oシューベルトについての聯節○美しい歌いを方を工尖する。O第四小節目の音で。O三國の腮唱と曲の美しきにふれて。O曲の形式について。O作由者オードエイについ	44 + + + + +	7- .	子 守 敬 演 後	であれる。 できょう でんかい でんろう かいい とり とり とり とり とり ない ない し ない ない し ない から し た 窓 とが よう ちゅう の 別 とが ちょう ない の 別 と が きょう ちょう かん と の と で かん い し かん い し し かん い し し と と と と と と と と と と と と と と と と と	ļ <u>-</u>	(8) (8) (8) (7) (8) (8) (9) (8) (8) (9)
ズムを持つ=闘の蔵唱。 ○凡分休止符を歌い出しの百白さ。○變化あるリる失わいながら。○鑑賞(ローレテイ) ○作品者ジルヘルについて。○三部合唱の終しま○八朝終止形合唱の練習○京製出、指子の練習。	44 ・ ・		年に置かたローファイ	で、て、で、いいり、こと、こと、こと、こと、こと、こと、こと、ことを見て、いいいの上でのの一をできるで、「方で、「なり」と、「ない、「ない」、「ない、「ない」、「ない、「ない」、「ない」、「ない」、「な	+	本の下皮が 本の下皮が が担いの地 の の の の の の の の の の の の の の の の の の
にふれる。○三拍子の曲を作る○合豢へ。○三師の配唱。○三拍子の平坦的なリズム美しさて敬賀する。②然名する面白さ。○辞の内容と曲の結成につい○短旋弦の美しさを充分味いながら。○リズムの	4 • • 4 • \(•			かがよるながなられる。 あったした。 「子かんたる。 「まないがでして、 「一年代してでした。 「一年代のの気報を持つ、「「のでして、「人」となる。 「個人となる。」の、「人」と、「大のと、「人」と、「大のに、「人」と、「人」と、「人」と、「人」と、「人」と、「人」と、「人」と、「人」と	九	(6) 5層3成熟留 5期に形態 時的對式の 5組十構更

-122 -

1		
)
{		
١		
•		
	3	1.7

學習活動と其の成果	國際	弦	學 智 素:	生活 環境	E	片	Hes
・箱色踊保

間よりも、	12	L-4.0	直接 [

服を高める。	l	2	· 萨叻湾生	・休み中の計立としてお		295	젊면
よい。・枯得は何を使つ

○作曲者シューベルトについて發表し合い、シューベルトの生い立ち作品、作風などについても話す。
○既習、「子守歌」をうたってみる。
○樂譜をみて調子、拍子等について發表し合いなるべく生徒の力で視唱出來るように導く。
○三部合唱の基礎となる終止形合唱の練習へと導く。
○終止形合唱の練習、リズムを四拍子、三拍子へと次第に變化して菩提樹の曲へ發展する。
○曲の視唱、高、中、低音部とも全體で視唱してみる。そのとき、三連音符附點音符等に注意して指導する。
○組別唱により、夫々高、中、低音部を視唱練習する。
○階離にて合唱してみる。次第に發想を考えて立派なものにする。
○本時の反省と次時の學習について話し本時を終る。
○時間があれば既習歌曲を唱謠する。
○作曲者、音樂史等の詳しい研究は、自由研究の時間へ發展する。

3. 第二時、第一歌詞を中心とする合唱練習。
第三時、第二歌詞を中心とする合唱練習。
第四時、第三歌詞を中心とする合唱練習及び總括的指導。

三、學習指導結果の調査

本素材に流れる各單元がどのように見童にくみとれたか、そこに何らかの授業の反省がありそれが今後の指導法の參考ともなる。見童の側からみればそれが學習の參考となるのである。この素材に於ては

(1) 合唱をうたう力の程度。
(2) 變ホ調の視唱能力について。
(3) 表現的技術の程度。
(4) 音樂の歷史的發展についての理解、などが調査の對象として考えられる。

中學一年圖工科學習指導要目

單元	月	生活環境	學習素材	關聯	學習活動と其の成果
一 描畫	四	• 新生中學の一年として希望多い發足をした。 • 圖工は色と形からなる意味に於て色の基礎的なものをとる。	• 混色練習 4 • 家庭用品圖案 4	二 四	• 色の混色について加算混合と減算混合の比較をさせ實際に行うものには後者である事を學習する。 • 補色關係も理解する混色こまやカラホイルでするとよい。 • 混色練習の結果覺えた知識を利用して茶器や調度品の圖案をして配色する。
二 色彩	五	• 工具備品の基礎的な扱い方を充分訓練する必要がある。 • 製圖の基礎訓練をする必要がある。	• 工具備品の取扱い 4 • 基本製圖 4	八 五	• 家庭や學校で使っている工具や備品について取扱方や修理法を學習する。時計やラヂオや電氣器具等又自轉車の修理等も適當である。 • 基本製圖として知らねばならぬ點線寸法記入法一角法三角法投影圖等について學習させ家庭用具を作る學習の製圖をする
三 形體	六	• 學生の基礎的な訓練として行う必要がある。 • 製圖をしたり工具備品の扱いをした應用として取扱う。	• 靜物寫生 4 • 家庭用具を作る 4	一 六・七	• 構圖法遠近法透視畫法等について合理的に考えさせ色々と研究させる。此れは色々とモデルを使い討論しながらする。 • 寫生すると共に實際生活に於てそれをどう實用化して行くかを充分考える。 • 前時に設計したのに基いて家庭用具を作る。
四 圖案	七	• 休み中の計畫としてお家の役に立つものを作る。	• 靜物寫生 2 • 家庭用具を作る 2	一 六・七	• 名畫を見せて自分の作品と比較させ鑑賞眼を高める。 • 特に物の調和均衡と言う點では家庭調度品の置き方や室の飾りつけ等に大きな役割をもつものである。 • 材料は何を使ってもよいから丈夫で利用價値の大きいものがよい。

常に環境をよくする郵に闘心を持ち、それを達成する意念を
 - ・自分で目的を立てて製作する態度を獲り。

單元目標

單元「目的がきまり材料や組立方を考えて作る」に属する。

- ロ 緊密指導取領の面から
- 一案村目的を立てて作る。

るが、本學期に自由選翹で自分の作る目的を立てて製作する職一學期には主として課題的なものの製作が中心であつたのであ

- 2 子供の面から
- ・工夫考案の力を雖ら。

歴を斃ら襟にする。 昭智自治會や自由研究等で何を作つて見る

・材料利用の力を養う。

幾ら。

園

 よが配會人として立つた場合の欽養を持つために過去と現代をむすびつける意味に於て取り上げる必要があるらる交換・に美術鑑賞を多く取つたのは現代生活と美術とが單に切りはなされたものでなく堅明な消費者として吾そしてそれは唯基礎的な練習ではなく常に生活にマッチした所の實用性に立つ三面から必言う事を忘れてはならある。未工に於ても製圖に於ても手藤に於ても言えると思う基礎修練時代である。本學年に於て母習させる重點は下級中學の最初であると言う意味に於て凡てが基礎的練習の時代であると言う事で 						
 おと言ち箇末と於て兄父が基礎的東国の書先であると言ら答べ、 出來上つた編物は家庭に持ちかえり實際につかつてみる。 豫備調査をして必要な工具材料を聞べてから行う。 自盤的に一年の最後の奉仕として班に分けてする。 ・校舎が被損したりガラスや縄が取れて「新皇年から困るので 	「 大・ 大・ 九		の記されて下級に (締物) ・複字を ・核字のの修	の奉仕を行う。の奉仕を行う。迎える意味に於て校舎・新學年を迎え新人生を	III	十獨 細
又など好きかきらいかの理由を調べるのも面白い。日本人はどんなものが好くか語り合せ統計をとつてみる。編物が計書通りに進行し設け通りに出來るかどらか研究する出來上つたら自分の勉頭室で使用する様にする。どの位の本を入れるかどんな装飾をするか色々と研究させる	式 长• 力	4 4	・ 本語 (・歯に同じ	11	の総革化が対対対対対対対対対対対対対対対対対対対対対対対対対対対対対対対対対対対対

るし又自分の家にどんなものがあるが願べてみる。 ・日本盤や洋盤がどんな材料でかかれているか比較させ研究す郷下や手袋等がよい。 ・編みものはかぎあみ格あみ何れでもよいマフラやセーターや・本立はどうして作るか計畫をし工夫する。	九	2 4	整盤河 · 材料 · 在 · 本料 · 在 · 本學 · 在 · 本學 · 在 · 在 · 在 · 在 · 在 · 在 · 在 · 在 · 在 ·	のて扱う。館子教養館美大館の一般の一般の一般の一個人人の一個人人の一個人人人人人の「一個人人人」の「一個人人人」と「一個人」と「一個人」と「「一個人」と「「一個人」と「「「一個人」と「「「一個人」と「「一個人」と「「「「「一個人」」と「「「「「一個人」」と「「「「「「」」」と「「「「「」」」と「「「「「」」」と「「「「」」と「「「「」」」と「「「「」」」と「「「「」」」と「「「」」と「「「」」」と「「「」」と「「「」」」と「「「」」」と「「「」」」と「「「」」」と「「「」」」と「「「」」」と「「「」」」と「「「」」」と「「「」」」と「「」」と「「」」と「「」」と「「」」と「「」」と「「」」と「「」」と「「」」と「「」」と「」」」、「」」」、「」」」、「」」」、「」」」、「」」、「	l	ひる 参照 の なん
鑑賞する。用美一競のものが吾々の生活にあるだろうか。な美術品や現代の機械や自動車飛行機其の他のものについて宛するそして剛者が合致したものは一つの美である事を色々ければなら知ものはないか、形體と機能との關係について研り続し低いやすい形をしている物があるがもつと形を改良しな	+	22	・美術盤賞・銀行においる。 ・光館と栽り	行ら。代に於ける美術鑑賞をやて於ける美術鑑賞をその意味に於て過去現頂點は近代美である。不能と機能の合理化の	11+	八穀爛崙語
使用目的に沿つた一つの形艶を持つと言う事である。 ・實際に使われているものほどんな形をしているか、それは曽文学ばんにして押すのも面白い。 ・テーブル掛や風呂しきに閻楽し染色する襟にすると面白いし・球や圓錐や角柱や丸や三角や四角勢を使つて圖案をする。	II II	4 4	明成の記載の記述を表別を表別を表別を表別を表別を表別を表別を表別を表別を表別を表別を表別を表別を	る。 が形體と機能に發展す のとして行いその發展 ・ 闘楽學習の基本的なも	1+	中中 輟
作品を持ちより展聴會をしあら。千葉市の名所蓄跡のスケッチ歩きをすると面白い。途中で目的が變更した場合は材料が無駄にならの厳に變えるさせて作るようにする。決定したならばそれをどんな順序でどんな方法で作るか評査] 长·力	4 4	ッチ・風景スケーでで作る・目的を立	な感覺を行る。 なれさせる様にし敏顯 ・季節的な自然の表現に	+	К К Н
・物の特徴を敏靡につかんで選くかく事が大切である。・風景スケッチをさせ物を單化して表現する能を養う。・要求通りに出來ない物があるのでよく先生と相談して決る。る目的をきめそれを作らせる。自分が家庭や學校で生活して行く場合必要なものを考えて作り自分が家庭や學校で生活して行く場合必要なものを考えて作	1 ch•>}	4 4	ッチ・風景スケーロン(作名) 日日で作るとなる	れるために取扱う。・ 遠窩訓練の基礎技術を・ 遺窩訓練の基礎技術をする意味に於て取扱う。的を立ててそれを製作 競選をうまく利用し目	九	用數 履

5	2

30

生徒の活動と指導耍項	の関係買売と	3	器 超 概	祖祖田	uc	計 福
 家庭經濟を与り、公園報告的と、 展園經濟の受験を告めいるのの報告ののと、 展を登録い事配成家庭の管理となるので、なりの情報となるのでは、 とを写示等の態度なをとり、家族が互にわかり合うの、 の収入、文田には、中心、自物には物の合うの、 の収入、大田にいい、一句を一句を自動のでは、 の収入、大田にいい、一句を一句を一句でして行り、 に、一句では、大田に、 は、大田には、 と、「本田には、 、」、「本田には、 、 、 、 、 、 、 、 、 、 、 、 、 、 、 、 、 、 、	į	8	万一に備え 家庭生活	日間である。 の日間できてが受力ののではない。 の日間できてが、これを記述した。 には、これを記述した。 とに、は、これを記述した。 とに、は、これを記述した。 の事でに、当我のいまである。 の事のに、当我のいまない。 の事のに、 のを、 のを、 のを、 のを、 のを、 のを、 のを、 のを	II.	一次腦生活
いるいろな災害を調査し話し合う、そして火災について原因を質有する。扱いに發展する。小遺帳の利用法と、家計談の意味と利用法的話書の方法及大厦について理解し節約について影僧や遺具の演について線算生活、小さい金銭の扱い等について話し合う。	11	4	蓄る節治~野	国でられ、スポーツシーの岩菜の緑につくまれる 田し合われる。 年度の目あてについて		
仮利な型を定め用布を選んで話し合う、型紙の活用の理を習る製作員本或にスタイルブックにあつて自分に適し且つ活動におき質行する態度を読ら。防を話し合う、そして平素の生活についての用意を理解して担害等を配塞し強防について配し合う、又盗難についての製料等を配金した。	[1	8	夏着物の支災害の譲防	る。ろそろ汗ばむ 夢 も めの下涎動會も行われたし、スンとなり、。 五月明のであり、 スポーツシ	出	
話し合い科戯的な調型の認度を強う。の關係(生食、加傷食等について)健康指遣と食事等についてをの業然倒をしらべてかる。又消化吸收と調理・病気の強的保健の更作として食物研究へ進み難替又は給食の得する計畫をたてて實習する、表達技術の過步向上をほかる。	11	16	裁縫) スドレスの (ロンドー	要な時節となる。保健福生上の注意の肝みしい権間掲に入る、 〇連日間つてきのろうと	*	
酢の分量について研究しその手法について互に研究し話し合業し物の制理は引手魚の関連は割り食の境素し素し野菜の酢の物を質習し塩むとして逐汁味噌汁の質剤。 調理官看—味噌、露、箸油を中心としての味加減の研究を中・調理する前に心掛ければならに事を復習しておく、しる物の・	III	4	発送と調理	中心として野茶が出まの馬鈴薯、豆類、玉葱を開心に高まつている。 と起り易い食生活人の食物と開設し馬散し馬を	+	生活に一端えある
研究、煮汁の分量を中心として貨割する。煮汁の分量を中心として貨割する。 煮しめの調理質剤— 野菜の煮え方ときり方の研究、味つけのご	111	16	排水酮型	も店頭を飾るようになわって來る、又果質類		

中學一年家庭科學習指導要目

- ・目的通りに出來上つた人ほそれが果して最初に考えた際に出來
 - ・先生の許しを得た人は自由道度で作業を造めて行く。
 - 計建表が出來た人は先生に相談して見ていただく。

學客中心。

いて計<mark>な表を作り、協同でするか、個人でするかきめる、個別品は何を買らかとか光生に平慮つていただくものは何か等につ</mark>

- ・どんな順序でどんな材料でどれ位の時間で超遠ほどれ位で部分
- ・見蛮個々の懲求により、又は合議によつて製作目的をきめる。

準備 "計強浆,不企工具,材料,参考品過程時間配當 十時限

四段智の遊め方

- ・材料利用の巧拙、工夫考案の力を養ら。
 - ・計整通りに質行出來るかどらか。

常に環境をよくする事に関心を持ち、それを達成する意態を奏自分で目的を立てて製作する虚度を線で禁にさせる。三 卑習活動のねらい

元の目標とにらみ合せて素材を取り上げた次節である。を立てて完成させようと言う慇懃が強いためであつてい 學智單以上の機な完成の喜びを味う心理的な団に綯りで自主的に目的

8 雨面から見て

成の

喜びに違る様な傾向が悪厚になつて来ている。又中野の此の期の子供は自分で目的を立てそれを完成させ、完か決め合つてそれを安成させる様に指導する。

- 利用價値が大きいかどうか。
- 出来た作品が目的の要求通りに出来たかどうか。

08

- ・必要な材料を見つけ出し、それをよく利用する力があるかどうかを判定する。
- ・製作題目を生活環境の中から見つけ出す力に富むかえに乏しい

五 結果の闘を

ける酔が大切である。

自分で環境に適用し得る様に物を考え作る選更を纏う様に心掛

- ・唯作る事だけでなく、今後社會人として生活する場合に於て、
 - ・實際に使用出来るかどらか吟味する。

作過程を話し合い、拡評し合う。

たかどうかについて検討して見て、等級錢表會をし、苦心の製

をつゞけ、住生活、家庭經理、衣生活のあり方を堅智し来り、こ一段と深化せられ、常に計畫性を持つ熊鹿として、單元三の堅智小學級より中學級への造級について、家庭生活への理解の鷹鹿はである。

な家庭生活の大切な更點として、單元(二)備えある生活への關聯員のたゆみない心備えば、備えある生活の實踐の数として、堅實理への關聯を見出し、とうして常に生活に計載を持つ数、平生が理の顧度の實践であると思う。ととに單元(三)としての衆幾を調るを主傷の歴度であり、堅實な樂しい食事のととのえ方としての調想像するだけでも愉快な事である。

べあきた野菜を上手に處理し、意外の時節に卓上に供する喜びに余剛野菜の處置であり、野菜の切れる頃への考慮の姿である。食れいと思う。

とらした期間に私達はととに一つの食生活のあり方を研究してみ野菜類の山積されるのを見る頃である。

文郊外の家庭に於ては、喰べわきている壁と共に、土間の片隅に活に比し、この頃の安堵は濁り主縛のみの味いではない。

て来、お台所をうるおしてくれる舅である。不自由な毎日の食生丸月に入り、田畑の農作物の収獲もいよいよ本格的な歩みを示し事と思う。

い出そして又生活發表の話題として取り上げられて話し合われるの野外炊飯に得意の料理となり、又は失敗の調理として染しい思みの期間の家錦手像の貨習の姿となり、或は繰しいキャンナ生活の基本調理の學習によって得た手法の喜びは衣期に迎えた長い夏休

二、取材の態度

一、素材 食品の貯蔵 九月扱 十六時限

O貯蔵の方法の理解程度について。

四、蛮。定

○當番を中心として世話をして完成させて試食する。

てて質習してみる。

〇班別にて自分の好きな野菜で、自分違の好きな方法で、計畫をた

◎つけものの方法の乾燥野菜の方法

一層へわしく闘強する。

ではある。 ○この方法の中で、自分の家でよく行われるものについて話し合い

らとってしてい

○各々の方法について、その特點、梁整價の傾向、製法の原理につ

向その他いろいろの方法

凶冷疎冷臓の方法

砂縄づめ、ひんづめの方法

図っけものの方法

川乾燥の方法

○調査の分類から、食品貯蔵の方法を話し合う。

るかをしらべる。

○貯藏商品として、市場に出ているものを調査し、どんなものがある。

○貯蔵するにはどんな事に注意し、どうあらればならぬがを考察するせたい。

て、食生活のあり方を話し合い、食品の貯蔵について研究を強展○ゆたかな野菜を目の前にし、副食物に乏しい金の頃を想起比較し〇休暇中の食生活の經験について樂しい中に話し合う。

三個語

れた食生活を壁ぶわけである。

家庭科學習指導の具體的展開例

む。たかせてみる等を質習し正しい宵て方に興味と闘心を持たしなりせてみる尊を覚習して、食べさせてみる交、たび、くつ下等をあんでおもちやについての異へ方等を話し合う。おやつについて肝り、指導の要領を話し合う。 泣き方による扱いの相異とか、となる持ちよつて年令別に整理等幼見生活の大夏を知して壽珠交に近所の子供について、生活の施案をなし記録をも、子供遊園幼稚園託見所とかを訪問し、いるいろ經験する、そ	四	36	世話幼い家族の	な。 ・ ひなまのしい月であ ・ ひなまのり等行われ子 ことりの期前でわれる。 な。 寒さも争びしく念 家園鰈の田来る頃でも ちている月であり、一 新年を迎いて発記に消	11	の の の は の の の の の の の の の の の の の
し、自他の健康によく氣を配る態度を幾ら。いて研究する。又簡生用品について障べきもの扱い方を質脅を備えて置いたらよいかを考え、その効用保存取り扱いにつ場合を話し合い、主な敷急法を實施する。家庭にどんな薬品ついて種類とその適用等を研究する。又敷急な平賞を用するよの過延扱記を聞いたり、研究したりする、そして消毒法による。	11	24	縮いる 所名 所	・火をたく時節である。頃となる。 国となる。 くなり、風邪を引き易北風の吹きまく日も参・寒さも郷衣まして来、	11+	÷
 自分塗のしつている健康法について話し合う又傳染病、帝生身なりについて考える醴度を長する。ついて實育する。そして仕事をいらわない習慣を習い、真のめる選による洗い、解き洗い、毛織物、交織物、絹物の洗濯に方及び虫干したついて質習する。いては、その答器と防虫療について調査し話し合い、しまいの手入れ及び繕い方について話し合い質習する。又保存につまた、洗濯の質習又、たび、くつ下のいたみ方の觀察と、そ手入れ法として衣練の日常の手入れの事について復習する。 	- [1	16	れ保存衣類の手入	・おおある。とれている。のできました。ののできました。ののうないのののののなりなるというなりになるというなりに行わられた。をもっているというない。をなってである。ない、はないないないないないないないないないないないないないないないないないない	+	
する。 する。つけ物の効用を話し合い塩づけ味噌づけ等を質智をつくる。つけ物の効用を話し合い塩づけ味噌づけ等を質智貯藏の原理を考察する。そして野菜の貯藏法として乾燥野菜田、酸生物繁殖の條件を研究し、腐敗防止の方法を強見して不自由な食生活に動して食品貯藏の意味を把握し、腐敗の原	1111	16	食品の貯蔵	■年祭等の行事があるりの秋の訪れとなり、の製富な月であり、総・一年を通して一番野菜	龙	紫三食物と紫
し合ら、温食の食品について研究し、計蔵をたてて質智する炊飯の調理復習―米の構造を馴べ常食としての米について脂	,			來る。 る。 原料飯料水も出て		

ا 33

32

	二、既習飲材を思うように突続させる。一、各種変定を行う。	知りの事がなる。) t	・なわとび ・スピードボール ・スレーボール	救急處匯	れるときである。つてきた。凡てが整理され気も持して年の事が追	11-
	愛原させる。三、正課で堅智したスポーツを課外時にろっる。こ、スポーツを樂しませるように指導す二、スポーツを樂しませるように指導すし、禁別指導を大いにやる。	排 球 專 傳 傳 棒	10 10 10 10 10	・ ダッチフットボール・ ズレーボール・ バレーボール ②完成の月 ◇大振り上り	寒 流 衛 生 磨 排 混圆 群 混圆 群	思ら春分巡測が出来る。却つて疲勞を駆しないで観えるようになったので聞んないないないないないないないないないないないないないないないないないないない	1+
5	て跳び越ず練習から入る。四、仰向跳に手をつかずに脚を前に出し一個内線は手をつかずに脚を前に出しき指導する。三、進動量に比例して体楽睡眠の繋付け二、ギンスに実践して創作に準く。	ボダレ ろ/器 1 / / / / / / / / / / / / / / / / / / /		・・○・・○○ ボロッキペンの法 インシ論ス当中 リアカホケ誤器 ウー ッびび オーンボイ カー アブでで オー アブでで オー アブでで オー アブでで	運動練習法 國民 乾養 結 核	等がある。 行事としては湿動會遠足れた。 稔りの秋である。 のスポーツシーズンが訪 秋晴れの好天須が綴う秋	+
	までは許して線容をさせてらよい。 又最初はキャアリングボールも三歩位入るのにキャアリングボールも三歩位したまに、フドボールサッカーを課してそれからコ、スピー・ボジによる配合性の領突をほかる。	しる アン ゆ マ っ ら マ ボ エ 洪 洪 エ	100 100 100 100 100	・スピードボール・ハンドボールのはずかしい ・ソフトボール・ソフトボール	近 郎	いて美のいて、 のいれる。 のいれる。 をいいられる。 ないこしたる。 なのになる。 なのになる。 なられる。 なのになる。 なられる。 なられる。 なられる。 なられる。 なられる。 なられる。 なられる。 なられる。 なので、 なられる。 ないる。 なられる。 なられる。 ないる。 なられる。 ない。 ないる。 ないる。 ないる。 ないる。 ないる。 ないる。 ないる。 ないる。 ないる。 ないる。 ない。 ない。 ない。 ないる。 ない。 ない。 ない。 ない。 ない。 ない。 ない。 ない	九
	四、	器 離	tu [●記・水泳・夏り段○左きらら○脳立て禁目	ひしば食性療	康そらになる。が、人間も日にやけて他が、人間も日にやけて他作物はどん~~成長する像になる。太陽の茲みで梅雨はわけて夏らしい氣	ct Carried

中學一年體育科學習指導要目

②女子のか ○男子のか

は三歩以内でとまる。

らび、緩く走りながら球を受け、直ちにとまり次にパスする。最初 雨手、又は片手で上又は下から投げてみる。五、六歩間隔で横にな パス練習 約十米になれて二列にならび、正確に相手に投げ渡す。 ◎誘導的、補助的に取扱う。

年過程(約五十名)

③準備ホールニケ 競技場のライン引き。

四時 綜合練習及び反省的話合いによる規約の確實な習得 不明點の研究及び質問

三時 揺對抗練習試合の質値により、實際の場合に生じた疑點、 ついての相互研究、質問

二時 足によるドリブル練習、班別により反復練習、細い規約に

一時 バス練習、キック練習、基本的規約の智得、簡単な競技の 四時間 22時間配當

氣づかせ、相互研究及び質問等を多くする。

- ・自主的な練習を多くし、細部にわたる規約の不明な點や疑點に
 - ・基本的規約の智得を徹底させる。

口指導力針

四、舉習の展開

しきを味わせる。

社會性の領盤及び運動能力の増進をほかると共に、スポーツの架

頭四二四

季節に秋のスポーツシーズンの前期であり、生徒の運動複欲に旺盛 他つて技術も向上し、競技法の工夫研究も大いになされると思う。

キック練習 国陣をつくり大きくけり合う。二列に對して並び、相

以後課件の運動へ準へ。 12 8 c. ◎課題 前衛、中衛、後衛には、それぞれどんな人物が適任である て反省する。

綜合的に疑點、不明點に關し語し合い、更に攻撃法、防禦法につい ◎反省、整理、話し合いを行う。

同、果敢等精神面について話合いをなす。

◎綜合練習 班對抗試合 キックオフについての説明、決斷力、協

ペナルテイキックの場合、フリーキックの場合に何れに闖するか 葉 ーン内の反則及びエンドゲーン外の反則についての指導。

◎班對抗研究試合により、具體的例で聞則を示す、味力のエンドグ アイオフーツロン。

◎反則に練習中例を見つけて指導し、示す、パーナルフアウル、ヴ キック、スナルテイキック、フリーキックの場合の指導。

◎得點はどんな場合か、フイルドゴール、ダツチダウン、ドロップ ドライン外に出した場合。

キャアリングボール、ジャンプボール、スローイン、ボールをエン 同応リレーの形式でドリアル練習をする。

師に交互に指導し、質問に應じ、又課題を與える。

◎本運動に入る、班別指導により、研究及び相互鎮磨をはかる。数 10 F100

グランドボールの扱い方。ヘデイング、體で押す、足でドリブルす ロップキック

フライボールの扱い方。揺れてパスする、手でたょく、パンド・ド

◎基本的、規約の認明指導をなす、若干名に質施させ作ら嬰智を進 劉する者にけつて投る。

> 己の責任に於て實行するという理智的な面と、神經機能の鍛蓮を促 れば勝てない。園艶の一員として隣間的に正否を判断し、それを自 極めて蹬沓的効果をあげ作ら楽しむととが出来る。即ち協力しなけ 球技に體育運動のうち最も興味あるものである。一ケのボールで

> > スピードポール 一、数 拉

> > > (九月敎材)

二、取材の意義

く、精神的にも思考作用が盛んで、園體協同的精神に盆を旺虚した きく、連絡協同的な機會も多い。此の期の生徒に身體の 發 育 著 し ハンドボールにくらべて内容が襟匐で、巧ち的で、然も運動量が大 **梨 て ス カー ド ギー ラ に、 サ シ ゼー に へ 切 く 人 峰 黙 だ 枠 感 り 恒 ロ へ** えている。

つている。故に相當高次の運動の智得も容易であり、練習をつむに

造させるという身體的面と、リクリエーション的意義を完全にそな

體育科學習指導の具體的展開例

AND DESCRIPTION OF THE PARTY OF								
				lii.	●伸縮		きた権が咲いた。	
二、一年間の区省と赤年度への抱負。	3	4	枷	tit -	・なわとび		一年も終る。全に耐えて	tu
1、 血田にかわれる。	谋、	y 6	۲	ļu	△ダッチフツトボール		できたのは事質である。	111
	菜		华	ţū .	・ ス フー ボー ガ		来だ寒い然し大分和らい	
	、获	g v	٦	[II	・スピードボール	性 敎 育	埃が立ち暑い。	
三 三 三	珠珠	7	7	[II	· くンドボード ○サシゼー	看题法	加らるに空気は乾燥して	
		O1 &	, (111	○発訓	43994	聴しい寒さである。	11
	2	rt.	短	lil	・なからな	14 十一岁	氣候は一年を通して最も	
三、理論指導を多くする。	英	5	21.	[11	・インデポード		04	
二、衛生面の指導も踊くする。				[1]	△長距離走	4366	になると望つ風が吹き出	
行と。				,	●歸有	スポーシト	はきびしくなった。 午后	
一、寒さに耐え得るような意志的鍛錬を	2	ř	短	111	・なからび		新しい年を迎えた、実氣	

目要導計督學标語英平一學中

(薬立アノ4業発問部四既一)

The state of the s	.0D.—s'1I} {that's that's find {it's—.Co.	3	-							
	$ \begin{cases} \text{Is this} & ? \\ \text{Is that} & ? \\ \text{Is it} & ? \end{cases} \begin{cases} X^{\text{es, it is.}} \\ Y_{\text{o, it isn't. }} & \&_{\text{c.}} . \end{cases} $	τ	8							
	This is That's It's an, the, &c.									
	She has a knife. Have you—? Yes, I have. Yo, I haven't. Has he—: Yes, he has. No, he hasn't. Has she—? Yes, she has.		6.							
	l'ye a pen. Yeu've a bell. He has a note-book.	8								
,	Stand up! Sit down. Come here. Go hadk to your seat. Open the door (book). Shut the window. &c.	3								
	I'm Sato Who are you' You're Sato. He is John, She's Mury. Who is he (or she)? &c.									
	(憲式=韓○ ○蜀弘, 4 キ大/ء - 6 宝玉)									
	Good morning.	τ	Ţ							
	容 內 發 邊	開耕	噩							

38

7 1 4 1
滋文: は」「野藤プロ、ピズコ耳よ 選獎コ ぶや、 まば大コ 書杯 遠 ☆ 盆
一年にレイブラ。
ゴコ阿厩十~燈灰南コ中む藍ゔ Laro ヤひまくろなさよさ行まれ
のよう中間部ーようなたえ巻の Jehadel A oをを挙許コさよるを
目頃より traditional spelling & spoken words との裡關に熱達
甌九潔 。8七意式コ帶週歌,語鏨の晉,點時,看鐘。8七皆楙か
まコミよる來出く*樂コ由自ま丁1 多展装ひ器英多報意の文本日
、もつい間るよび間で需英。 たるコま夫工るやる な姑姫大法くる
るひ式替多制與 ovatioです figure 指金口需や支持るため I. NA
口頭鐙表をしつ

かりやつて、この期間中に Let's Learn English
、古鄭(そ交よ語本日月)アリハコ要心論成) ゔ dzilguA-dgroudT
で、言語教授の本質に立つて、始めの約 6-8 週間 English-
ム酷じせつ」、至ココ oを水で土羊一る来丁です多堂希がも大く
いれ見Jで管/早台コく。d」がa本出当なじたJ語/また。c
る、すのいますが語っな人は、る、各位需求。意下」場入コ效學中
始目更主

1 He rines very fast. Yesterday was Sunday. Today is Monday. Yesterday was Sunday. Today is Monday. Tomorrow will be Tuesday. She was sewing. He is Playing baseball. Tomorrow he'll come here. Days of a week, Four seasons. Shames of 12 months. He went there. The went there. The went there. A stanger, how. I didn't know. There did you go? I went to. Where did you go? I went to. Yhere day proverbs. &c.			
He runs very fast. Yesterday was Sunday. Today is Monday. Tomorrow will be Tuesday, She was sewing. He is Playing baseball. Tomorrow he'll come here. Days of a week, Four seasons. 1	Make a Passive Turn: He reads a drama. He read a drama.	2 3	L
He inns very fast. Yesterday was Sunday. Today is Monday. Tomorrow will be Taesday. She was sewing. He is Playing baseball. Tomorrow he'll come here. Days of a week. Four seasons. Shames of 12 months. Alames of 12 months. Begoes. He went there. He goes. He went there. I don't know. I didn't Know. Where did you go? I went to— Where and you go? I went to— Where and you go? I went to— Where and the core.	Some easy proverbs. &c.	₹	
He runs very fast. Yesterday was Sunday. Today is Monday. Tomorrow will be Tuesday. She was sewing. He is Playing baseball. Tomorrow he'll come hore. Days of a week, Four seasons. Days of a week, Four seasons. Days of a preferite forms. Shames of 12 months. Co. 1 Past or Preferite forms. By Hames of 12 months. Co. He went there. He went there. I don't know. I don't know. I don't know.	An extract from Asop, such as 'Fox and the grapes."		
He inns very fast. Yesterday was Sunday. Today is Monday. Tomorrow will be Tuesday. She was sewing. He is Playing baseball. Tomorrow he'll come here. Days of a week, Four seasons. Days of a week, Four seasons. Days of a preferite forms. Shames of 12 months. Co. 1 Past or Preferite forms. Ac. 1 Base it. 1 Saw it. 1 Saw it. 1 Bay it. 1 Bay it.	Where did you go? {I didn't go anywhere.		
He runs very fast. Yesterday was Sunday. Today is Monday. Tomorrow will be Tuesday. She was sewing. He is Playing baseball. Tomorrow he'll come here. Lumber(Cardinal and Ordinal) 1—12 13—19 20—60. Days of a week, Four seasons. Days of a week, Four seasons. Shames of 12 months. Co.	I don't know. I didn't Know.		
He runs very fast. Yesterday was Sunday. Today is Monday. Tomorrow will be Tuesday. She was sewing. He is Playing baseball. Tomorrow he'll come here. Thinber(Cardinal and Ordinal) 1—12 13—19 20— Days of a week, Four seasons. Days of a week, Four seasons. Shames of 12 months. Co.	Не goes, Не мелt there.		
He runs very fast. Yesterday was Sunday. Today is Monday. Tomorrow will be Tuesday. She was sewing. He is Playing baseball. Tomorrow he'll come here. Lumber(Cardinal and Ordinal) 1—12 13—19 20— Days of a week. Four seasons. Days of a week. Four seasons.	I see it. I saw it.		
He runs very fast. Yesterday was Sunday. Today is Monday. Tomorrow will be Tuesday. She was sewing. He is Playing baseball. Tomorrow he'll come here. The is Playing baseball. Tomorrow he'll come here. The is Playing baseball. Tomorrow he'll come here. Days of a week. Four seasons.	Past or Preterite forms.	I	9
He runs vory fast. Yesterday was Sunday. Today is Monday. Tomorrow will be Tuesday. She was sewing. He is Playing baseball, Tomorrow he'll come here. The is Playing baseball, Tomorrow he'll come here. Town ber(Cardinal and Ordinal) I—12 13—19 20— 30 &c.	Names of 12 months.		
He runs very fast. Yesterday was Sunday. Today is Monday. Tomorrow will be Tuesday. She was sewing. He is Playing baseball. Tomorrow he'll come hore. If a Playing baseball Tomorrow he'll come hore.	Days of a week. Four seasons.	8	
He runs vory fast. Yesterday was Sunday. Today is Monday. Tomorrow will be Tuesday. She was sewing. He is Playing baseball. Tomorrow he'll come here.	.o. 06	1	
He runs very tast. ** Yesterday was Sunday. Today is Monday. Tomorrow will be Tuesday. She was sewing.	-02 el-21 21-1 (Innibit Ordinal Jack Cardinal Anniber Cardinal	T	g.
He find vory fast.			
	Yesterday was Sunday. Today is Monday.	₹	
3 I like a dog. She likes to sing. I read my book.			
	I like a dog. She likes to sing. I read my book.	3	

de.	1	1
She is sleeping. I'm walking. They are running.		
"Get up", say she, "the sun is up in the eky."	İ	
"Are you sleepy", say mother.	1 3	
Where do Jon go? He lives— Where do Jon go? He lives— I go to——————————————————————————————————		
Yes, I do. No, I don't. Can you speak English? {Yes, I can. No, I can't.		
Do you like tennis? Do you go there?	T	₹
What a fine day! How fine the flower is! &c.		
.——968 I		
What do you see in the sky?	₹	
There're—. Is there—' Yo, there isn't, &c.		
Here's There's?	3	
I've a knite in my pocket. &c.		
A plate is on the table. The spoon is on the plate.	8	
These are Those are &c.		
We are You are They are	τ	8
- H		
My name is It's her bag. &o.		
This is my book. That's your ball.	₹	
He's a good boy. She's a protty girl. &c		

3 | This is a red book, It's a black cat.

8.10といったいを表れて中

會員番號 A119027

100 to 10	劉	から、	橋二ノ五(會十代田區)株	神田一ツ東京都一		明	銀行		
		本出版十代田區郡		絡元	門				
1		式會社立即工作權助		西河	四		桩	列	
華	类	٣	Н	刷人	巴		蘊	贸	
*	鏔	쐴	益	行人	錢		L		
1	山 本子部附屬	右代表者 薬師範男	+3	┷	磷				
画	價十五學	3.000							
200	神 計 书	科指道	學習 各單元 各	行刷	缀印	日十二日日十五日二十五日			

09		
も更變 以下 ○ 4 コ合農 11 南回 0 林邊 0 中既 8 逝 4 尚		
0.6.幾金交聯。		
全の中學一環ででから祇习遡お习更ま血や肉コのよれ		7.5
」 3条限プラ Into 与間監 8 温前コ玄巡路8. 森教以壓の 5		
traditional spelling との連盟を知得させる。		
リスプ、I.T.I.A.書棒簿内的資本×漁り1歳の既の5		π
。いなる人口可看棒券によるる磁子劃四 bodadqiA d		
込むから管動を預なさよい」、位やむや中の盗壓8−L		0T 6
		6
He is the best of us all.		
You are taller than me. He is younger than me.	₹	
Toricor torins (been?	2 I	
Perfect forms T have seen it. Where have

you	T	
Clock-reading.	τ	8

發行所 東京都千代田區神田 株式小 學 館

學習 各科 指導計畫 窓料二團單元 各科 指導計畫 處與二五團第四集【中學一年の部】

學習各科指導計畫窓料二個單元各科指導計畫版價二五圓

第三集【小學五・六年の部】

學習 各科指導計畫 沒料二 關單元 各科指導計畫 沒價二 0 圓第二集【小學三•四年の部】

學習完各形指導計畫沒料17團第一集[小學[-1]年の副第一集[八字]-11年の部

文部省實驗學校報告集 千葉師範男子部附屬校編

	*		

いだろうかという事は等しく感じているところであろう。直接子供と共に生きるわ現状を直視する時いわゆる新しいものが去來して應接にいとまがない。これでいるか。

シークェンスとは何か。如何なる手順によつて交叉せしめたらよき單元が設定されスコープとシークェンスの交叉点に設定されるという。しからばスコープとは何か單元とは現実の社会的な問題を解決する兒童の目的的な学習活動の系列であり、る。』と理論づけられたとしても、この具体化をどうするか。

コア・カリキュラムは『社会生活を綜合的に学習せしめようとする教育計画であところに、 積重なる教育は成り立ち、理論も実践もより向上するであろう。

率 的な指導、等多々ある事と思りが、こうした点が指摘さ

れ、加除修正されていくで、一年間もがいた実踐記録である。従つて、独断的な考え方、拙劣な計画、非能と の書は理論を述べようとしたものではない。切実な教育の実際問題と取り組ん

中

蓼 科 書 房

「年 指導の實踐記録ホッテンカリキュラムによる

長野師範學校女子部附屬小學校編

北	日暦と児童の動き・・・・・・・・・・・・・・・・・・・・・・・・・・・・・・・・・・・・	a ,	回,
53	϶(第三段階の展開──龍元「もちじき二年生」	_	
	♡ 第二段階の展開──「クラヌ文庫」「のりものどつと」	0	
ի	3 第一段階の展開	5	
川长	- 毘元段閑の三段略――一年生――	4	
川长	単元の展開	- E	ااار
114	□ 元 一 覧 表	8.	اار
111	の 仮スタンダードについて	c,	
11	り 軍元設定の基礎的課題表	л	
0!	# 中心学習と基礎学習	~	
ሃ	。 スコープとシークェンスをどのよろに交叉せしめたか	0	
×	3 シークェンスをどう考えたか	5	
4	→ スコープをどろ考えたか	- i	
ť.	単元をどのようにして 設定したか	면 .	. !
		7	Į.

目 实

長野師館学校女子部附属小学校

000 |

1 22

昭和二十四年六月

省である。

これから述べようとする事は能ではない。この根柢に立つた計画であり、実践で育実験の集積が、新教育を充実せしめる契機となるのである。

展せしめる実踐的研究でなければならない。とうした地味ではあるが、着実なる致

れわれの切実なる課題は、强力なる理論に支えられながら、逆にこれを裏付け且発

.51 	■ 学習舌肋蔑視で於する家庭値音	
	B 知的面に対する評價	
	4 児薫の生活面に関する評價	
	■ 評價についての通信	
	Ⅰ 新しい教育についての話合い	
	通信の内容	లు
	家庭通信を如何に計劃したか	cs .
	家庭通信の目標	. н
	通信による学習指導記録三三	六、家庭
	≅	i
	M 体育について──遊戯の創作──	j
	豆 工作的な面について	
	ロ 締めてついて	
	〇	
	0月 - 一年刊の画	
	A Mの推画	
	▼ 図工的な面に於ける基礎学習	ı
	B 数字を読むこと、書くこと――個別指導法――	
	A 数えること	
	1月 数について	
	四 作 文	
	□ 話すとと、関くとと	
	▶ 艶字力について	
	Ⅳ ひらがな文字の習得狀况	
	■ 誘字調査について101	
1	Ⅱ 効果測定の方法	
4	L 一人一人を生かす教育	
I	効果測定による学習指導・・・・・・・・・・・・・・・・・・・・・・・・・・・・・・・・・・・・	62
	▶ 個別指導と評價	
	■ 予備評價の考え方	ĺ
	■ 評價の対象 音	
	■ 学習即評價 。 。 。 。 。 。 。 。 。 。 。 。 。 。 。 。 。 。	
	評價について	
	学習の 發 達 過 程	五、基礎
	月暦と児童の動き一覧表・・・・・・・・・・・・・・・・・・・・・・・・・・・・・・・・・・・・	C1
	児童と教師の動き	ì H

見き

能とした。

等々いわれているが、社会科の学習指導英領とバージョヤ紫を参照して、スコープを、社会生活の主要なる機

- ・すべての人間に共通な社会生活の基本的必要
 - 人間生活の基本的機能
 - ・
 社会生活の第一義的機能
 - ・人間活動乃室は社会的経過の一大系列
 - ・生活の第一義的な場
 - ・人間経験の広き系列
 - ・人間経験を覆ろもの

スコープについて種々定義づけられている。即ち

1 スコー

プをどう考えたか

の概念規定である。

一般にスコープとシークェンスとの二次元的な交点に設定すると、いわれている。そとで問題になることはそ

.7

一、單元をどのようにして設定したか

	健康•社會心•独立心	01	
	どんぐりこ ぞろ	H	
	袭	《余	X
	体重・身長の変化と兒童の駒き(カリキュラム構成の一考察)	4	
	指關節の測定と足の測定・・・・・・・・・・・・・・・・・・・・・・・・・・・・・・・・・・・・	ಲ	
	Y・Aの病氣は予測された	63	
	一年生の校業時数	1	
	止及び観察によるカリキュラム構成の一者祭	. 氫	·4
	一年間の家庭通信を省みて	o	
	家庭通信と父兄	4	
	▶ 五日制と家庭通信三四		
	▶ 一般的連絡事項と家庭通信三三		
	ア 通信の具体例		
	D 効果測定の結果またはその方法の通信		
	ロ 学習に関する通信		
	〇 予備測定に関する通信		
	B 学習題目、学習目標の通信		
	4 單元展開と家庭通信10M		

内容をもつているかどうか、即ち、広く深く発展する可能性をもち、統一ある経験を得るのに役立つか、連続的名付け、これと、生活現実としての環境から生する問題を照臘させ、その解決すべき問題が必要にして十分なる――興味の中心――社会科学習指導要領補訛の主題――)との交点に生まれた課題を、單元設定の基礎的課題とこれを、更に具体的に述べるならば、先ず社会の主要なる機能(スコープ)と、シークェンス(挑義に考えたた。)との四つの柱によつて構成された立体的建築であると考えたのである。

ェンスの中に含まれるスタンダードと、環境(季節、社会的行事、学校行事、其の他具体的な生活環境 を 含 め軍元をスコープとシークェンス(とこでは、一般的な児童の心身の発達と経験の範囲)と、原則的にはシーク

3 スコープとシークェンスをどのように交叉せしめたか

標を明確にしたい立場からである。

るからである。更にスタンダードを別にとり出した理由は、兄童の興味や欲求に照臘させながら、しかも学習目生活を中心とする立場から、その生活環境(自然的、社会的)が、單元設定を具体的に行う最初の手がかりとなを生じ、環境に対する兒童の興味の中心もそれぞれ異る事は当然である。特に環境をとり出した理由は、児童のわけて考えてみたのである。即ち、児童の心身の発達段階によつて、兄童の能力とか興味、要求などに自ら段階を含んでいる。これ等は当然シークェンスとしてまとめて考ろべきであろうが、單元設定の具体的な方便として、そをんでいる。これ等は当然シークェンスとしてまとめて考ろべきであろうが、單元設定の具体的な方便として、

- ひ スタンダード
 - 2 環 萬
- 1 心身の発達段階

容を分析してみると、

しかし、このシークェンスの概念を分析的に捉えぬと、單元の設定が困難である。そこで、シークェンスの内などと、いわれている。

- 一般児童の心身の発達段階及び教材の配列
 - ・児童経験の発達段階
 - ・興味と活動を中心として動く段階
- ・ 児童の興味の段階である。 (興味の中心)

ツークェンスについ

てもいるいる定義づけられている。即も、

2 シークェンスをどう考えたか

をとつてスコープの軸としたものである。

ト 自然環境の理解

更に社会機能とはいえないが、社会機能に相助不離の関係にある。

- ら 美的、宗教的欲求の表現
 - 70 犀孔、蚓俄
 - 4 交通、通信
- ⇔ 物や施設の生産分配及び消費
- 3 生命、財産及び天然資源の保護保全
 - 1 人格の発達

l

9

a 単元設定の基

に系統づけ得るか等を吟味し、更にそれが、如何なる範囲に学習が可能か、知識、技能、態度の評價基準線をどこに引くか、（スタンダード）を勘案して單元を設定したのである。

4　中心学習と基礎学習

このようにして設定された單元の学習活動を中心学習としたのである。中心学習をすることによつて、生活課題を解決し、生活経験を拡充発展せしめていくのであるが、生活課題を解決するために、必要な不可缺の要素を一体どのように考え、どのように学習せしめたらよいか。

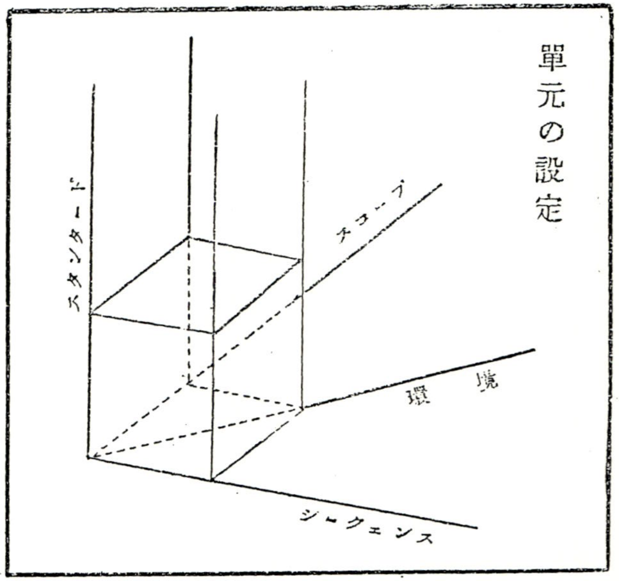

中心学習は、基礎的な不可缺の力によつて支えられることによつて、円環的に一層生活力を豊かに、しかも高めることが出來るのである。故に中心学習を包んで、常にこれを助長する位置にある基礎的な要素を特に修練することによつて、より高次の生活へ発展する事が出來るのである。これを基礎学習とした。しかし、中心学習と基礎学習とは相即不離の立場にあり、これを有機的に統合したところに生活経験は成立し、これを目的的に組織立てたところにコア・カリキュラムがあると思う。

5　單元設定の基礎的課題表

	學校・家庭・近隣の社會
人格の發達	1 學校はどんなところか（施設、組織） 2 學校ではどんな人からお世話をうけるか 3 學校にはどんなきまりがあるか 4 學校でよい子と思われるにはどうしたらよいか 5 當番はどんなにしたらよいか 6 おうちの人からどんなお世話をうけるか 7 おうちでよい子になるにはどうしたらよいか 8 近所の人によい子と思われるにはどうしたらよいか 9 お友達と仲よく遊ぶにはどうしたらよいか 10 目上の人に對してはどうしたらよいか
生命財産及び天然資源の保護保全	1 學校や家庭では私達が丈夫でいられるようにいろいろ心配している ・うちでは着物や食べものをととのえてくれる ・學校では給食や其他いろいろ心配している 私達はどうすれば丈夫でいられるか ・食物についてはどんな注意がいるか ・食事の時どんな注意がいるか ・体をきれいに保つためにはどうしたらよいか ・けがをしないためにはどうしたらよいか ・病氣に對してはどんな注意か必要か
物や施設の生産分配及び消費	1 家の人々はどんなにして働いているか 2 食物はどのようにして手に入れるか 3 學用品はどのようにして手に入れるか 4 學用品はどのように使用したらよいか 5 學校のものを使うにはどうしたらよいか 6 もちものに對してはどのような注意が必要か 7 配給品はどのようにして手にはいるか 8 學校や家庭ではどんな動植物を飼育栽培しているか 9 私達にはどんなお手傳いが出來るか 10 お花畠をどのように世話したらよいか
交通通信	1 登校下校の途中どんな注意をしたらよいか 2 道を歩くにはどんな注意がいるか 3 道路に立つている標識はどんな役目をしているか 4 のりものはどのように役に立つか 5 のりものの乘り降りにはどんな注意がいるか 6 車内ではどんなことに注意したらよいか 7 お使いに行くにはどんな注意がいるか 8 家庭通信はどのようにしたらよいか 9 おてがみを出すにはどうしたらよいか 10 校内放送やラヂオをきくときどうしたらよいか
厚生慰安	1 學校や家庭では私達の生活を樂しくするためにどんなことをしているか 2 おうちの近所にはどんな樂しみがあるか 3 學校にはいろいろな行事がある 4 運動會、遠足、音樂會、學藝會、映畫見學などにはどんな注意が必要か
美的・宗教的欲求の表現	1 教室をもつときれいにするにはどうしたらよいか 2 机の中をもつときれいにしておくにはどうしたらよいか 3 おうちをもつときもちよくするにはどうしたらよいか 4 ことばづかいにはどうしたらよいか 5 身なりを整えているにはどうしたらよいか 6 どのような時一番うれしいか
自然環境の理解	1 動植物にはいろいろの種類がある 2 季節によつていろいろ様子が違う ・動植物のようす ・氣候の變化 ・雪・雲・雨・水・霜・霜・風・雷・氷・などのようす ・日かげと日なた 3 日・月・星 ・月も日も東から出て西に入る ・日影の長さの變化 ・月は滿ちたりかけたりする ・星にはいろいろの名前がついている 4 植物が育つには、水、熱、日光が大切である

6　仮スタンダード

キルパトリックは「知性にめざめた新しい人間を作り上げることが初等教育の任務である。」といつている。知性は、判断し、推理し、抽象する能力である。困難な新しい問題を知覚して、それを解決する能力である。初等教育はこの能力を養う事が目的である。というのである。人間が知性を働かせて、一層立派な行為が出来るように、経験を獲得していく過程が教育である。だから知性は、其の行為に仕えて、また行為を限定する能力といつてもよいであろう。人間の知性は類型化されたものではなくて、もつと自由で、創造的で柔軟な而も絶えず成長していくものである。知性にめざめた人間を作り上げるためには、過去に於ける類型化された知識を興える事ではなくて、具体的な特殊的な現実に処し、合理的に事態を摑んで行為を完成する能力を培う事である。

教え込む事が教育の中心目標となる時、教え込まれた知識は、動かす事の出来ない真理とされ、それが如何に多く記憶されているかが教育効果の規準となり、すべての價値の規準ともなつた。であるから人間の評價は記憶力、理解力によつて決定され、自らの判断や推理を用いる余地がなかつたのである。

知性にめざめた人間とは、こうした知識の量ではなく、動的に事を処理し得る能力をもつた新しい人間である。

そこで「近代の教育は『全体の子供』（Whole child）の発達を目指している。」ということを、思い出すのである。単なる知的発達ではなく、人間性の調和的な発達をねらわなければならない。しかるに今迄はどうであつたろうか。子供達は教科によつて縦に切り刻まれ、形式的な段階によつて横に刻まれ、果して、全一体であり、其の発達が連續的であるという原理が、正しく生かされていたであろうか。そこで教科から離れ、子供達の生活

の中に問題を見つけその問題解決を通して、一切の学習活動をこれに統合して新しい人間を創作しようとは必然の経路であろう。しかし私が最も危惧した点は、新しい人間像の形成が、知識人の育成ではないにしても、知識技能は生活に於ける力であるという事である。ラッグが言つたように「エセンシャリズムは権威主義の最後のむなしい反抗である。」と言われながらも、なお且、バグリやヘッチンスの思想が、相当な重量をもつて対立している理由はここにあるであろう。

もちろん知識や技能は生活から離れたものではなく、生活に適應する事によつて自ら獲得出来るものではあるが、この力があればある程、生活の背景が豊かになり、学習が進み、判断力や、思考や創意が育まれ、経驗が拡充されると考えなければならない。学校という特定の社会に於ては、特有の任務がなければなるまい。とすれば單なる家庭生活の延長であつてはならない。学校はやはり、民主社会がより高次に成立するに必要な基礎的な知識、技能、態度等を学ばせなければならない。こうしてこそ、生活が高まり、社会的な遺産の保持と推進が可能になるであろう。しからば、知識の体系的な理解や、技能の系統的な修練は如何なる位置を興えられるべきか。社会人としての最少限の必要なる基礎的な学力は、如何にして習得せしめたらよいであろうか。コア学習に対する危惧がここにあつたのである。

一年生には最少限どれだけの事をマスターさせねばならないであろうか。われわれは口を開けば目標を叫ぶ。その通り、目標なくして学習指導は不可能である。しからば学習目標はどこから生れるか。残念ながら、其のスタンダードは確立されていないのである。スタンダードは、社会的要求、児童の要求、即ち、生活の必要と職能的必要とによつて、学習すべき内容を抽出して、それを児童の発達段階に應じ、学年に配し、これを実驗し、訂正する過程をくり返すことによつて、自ら構成さるべきものであつて、一朝にして出来るものではない。しかし

教科書、学習指導要領、其の他の文献を分析して、一應作り出そうと努力してンに終る時、児童は児童の道を歩み、指導面のあらわれた清掃は生れない。

そとには、高学年になる程、滑揺を嫌つたり、滑掃が下手になるという珍現象もなく

が出來れば指導の目標も明確になり、指導方法も、その評價と共に、工夫され、注意がくり返えされ、指導の発展がないから、使用法は少しの発展もない。

この箒

が出來なければ、一年生の指導と六年生の指導と同じになったり、どこの学年も、同じ

し

か。この問題解決のためには種々の活動が予想されるのである。

今、学校の淸孺を例にとつて蛇足を加えよう。「学校を美くしよう。」という課題解決の爲如何なる学習を展開
ムは具体的な展開迄も含めて、構成され

あげているのは、学習の抽象化を防ぐ爲である。いや、それよりも、カリキュラに総つたきらいは

構成單元学習云々と、研究は極めて活潑であつたが、デスク・プラン、ペーパー・プラン的であり、具体的な学習活動に発展的な指導がなされない

のない学習は自らその目標が淡然としていて、抽象不思議でたまらぬのである。他の教科に比し社会科がむずかしいとか、社会科の評價が困難

は成立しない。」とは常に叫んで來た言葉であるが今迄ほとんど省みられなかつた。いた暗霊となつた。

るととは許されない。そとに私は最大の関心が

ながら、現在確立されていないからといつて、何等の具体的目標を持たずして、くりかえしのない教育を実験す
			ポラ より ○ #v	をかく自分の名前	からきくお女達のおうちのようすを先生化生をおらちへ案内するしおりもくを表内するしおうちのことを話し合うをとつて飼う、とかげを飼り草つみ、草花つみ、弛の小御物を野外の観察	〇条落郡間

田

出

	れいた手をき	符選ニ山秋作あ 八度長普、詞め 四四調平作北ふ 9分2 曲原り 音4 中白	芹菜	かながなるからばの数をあれるなっているなってなるなってなる。とれる数られる。	「やゅ~」 で、こと 酷し や 「やし」 だり 「あいまり」	雨の日の登校下校 同県のしまつ 「雨降りしまつ 熱食について おひるのたべ方なったべ方	いたため)(特別一週間線)(開降リール・イル)	
-16-	でな こか線 ちお 集は 歩ら け棒 む鼻 るも へん り		かりらしのえを砂場あそび	を達え入が 方年四一 ぞのる勢ル 生、、 え入。を1 の五二 る数おおプ 呼、、 を友何の び六、	一	○○○○○○○○○○○○○○○○○○○○○○○○○○○○○○○○○○○○	○おべんとう	4月——月5
	などが	○ 関国 滅 議議の 関盟 議議による はいまない かいの かいかい かいり かいり かいり かいり かいり かい かい はい	加个才曾なえを		表するどんどん さたこと心態 自分のみて	飲場、井戸、給食室、小使室理、音など特別教室、離壁、水理、音など特別教室、離堂、水金(御挨拶)衛生室、闖、工、文庫室、態接室、電影室、高端屋、は一種を洗り、一下を洗り、「一種の便所と使い方		

- 18 -

- 19 -

	りつの結婚を	・ 一	が訳をする をなく 同路りのえ	お少のりろの智様の数になりまた。数に数に数に数に数になりませい。 数での十ポッ語のではないないないないないないできないできないできないないできないできない。	ていなれたみでしたのではなるできるともなるできるとものできます。 できまる できまる できまる できまる できまる できまる しょうしょう しょうしゅう しゅう しゅう しゅう しょうしゅう しゅう しゅう しゅう しゅう しゅう しゅう しゅう しゅう しゅう	○日本ではこの入権がすぎると樂・じゆくさぬ果物はたべない。れびえをしないようにするなどはずりなどはなったった。しかすい。これから問腸のびようきになによくない	〇代梅	THE PARTY CANADA IN THE PARTY CANADA THE PROPERTY CANADA THE PROPERTY CANADA THE PARTY CANA
10	でなっています。	・ 曲が述く外一作まり 表一度 表	へのえをか	を関する。というない。というない。というない。というない。これが、おいいないが、では、ないが、できました。これで、できました。これで、これでは、これでは、これでは、これでは、これでは、これでは、これでは、		○○○○○○○○○○○○○○○○○○○○○○○○○○○○○○○○○○○○	ごだしよう ○からだかだこ	(6月—6月下旬)
		ブ・・一ヶ・寒中	 (いう	が十年間が が難い にはいる。 ではして では、 でいった。 では、 でいった。	10	新文文というのでは、	,	だらかのちた

しい夏がくる(日本ではこの入権がすぎると樂)

し解 C サ リ リ リ ガ グ ガ グ	名でいたためでより と子」を略 「みんない」		部の宮 き数単 方だ、 方向 本	年 方名 連 、	・・・・・・・・・・・・・・・・・・・・・・・・・・・・・・・・・・・・・	() おべんきょう		
	第三治令/設備、第一級 原列 原列 原列 原列 原列 原列 原列 四 四 四 四 四 四 四 四 四	とばいには ななるなる。 ななられたのなられる。 ならればに ならればに ならればに ならればに ならればに ならればに ならればに ないない ない	数え方同匹という	トにてよむ 次をプリン 空のこいの	おうちからもかりて飾るグループでしまうで作る。どうして作ったらよいか。といのぼりを作ろうくといのぼりを行うらいて話し合う	で は の なの で の で の で の で の で の で の で の で の で		月六
	プ・•────────────────────────────────────	るの リャーグしかなコルイを 離ゴー ありのつ プー ありのつ プー び 端 ぼ 大 か	等、二等… 隠巣して一 やひった		紅白の鉢巻を用窓しようどんな用窓をしたらよいをのなひきなどをするゆうなりをなどをするかけっこうんどうかいにはなだをするか	ט		
		舗領の関係の関係の関係の関係の関係の関係と関係を関いては、	ぞえる十年までか		といのぼりを飾ろう・遊戯かけつこの練習をしょう・リレーの選手を選ぼらごろわけたらよいか	् ह		
		いのえをからんどうか		なららなるよんでいて来たである選の事	らんどらかいのえをかくついて話し合うたのしかつたうんどうかいにらかいをしようきまりよく、元業よくらんど	U		
		~			舌し合う 太天にしなければいけないことを たお友達について話し合う。体を ○病氣でうんどうかいの出来なかつ	75	t.	

			合うを替でみせる様々かのえ			運動會がまるり、お月見り、10年間では、10年間では、10年間にならべて話し合うならべておしまり。 そのしかつた夏休みの作品を	一点のこうに
— 121 —	創遊のか 作戲朝え のる	な自 ・・・・・・・・・・・・・・・・・・・・・・・・・・・・・・・・・・・・	かの夏裔 の今 のし くし休日 繋浴 えゃ いみ記 理の をぼ えの 作 やん やパ	た 調 お お な で あ れ 丸 た を 毎 父 口	作ど学よ自 記し虫締 させてくのしをばのし 文 のめみ な薬採口 せ、れ画とや坂び学やの 自なの ど概集記 る又ををん便扱ぶ ぼ 郷 曇いま 祭、、 作託見でんうべ ん な女だ 口お記 女させ行王 ぽ 玉	 ・・・・・・・・・・・・・・・・・・・・・・・・・・・・・・・・・・・・	○関係がいている。

- 20 -	アンメ 感たた ボデ のな ーツ 遊浜	深かなな た た た た た た た た た た た ん た ら た ら た ら し し し し し し し し し し し し し し	いいかたる窓 るがつ信され る参三 おけずの 声 年へらなん 参遊がけずの 声 年のらなん もびがれた ちゅう しゅつ ひなり くた しなり くだくかい くだく くだいもが へが	数三	を攻滅 キャダヤ からかい かん かん かん かいかい しんがい しんがい しんがい かん かん かん かん かん かん でん しゅうしん かん しゅうしん かん しゅうしん しゅうしゅう しゅう	・・・・・・・・・・・・・・・・・・・・・・・・・・・・・・・・・・・・	○ たなばたまつ ○ 北海球でまり	(6月下旬―8月下旬) 夏 い し め た	
--------	---------------------------	--	---	----	--	--------------------------------------	-------------------	-----------------------	--

— 143 —

匠

l	
13	
1	

			る場割に入	・お月さまのうたを願う	
·・・ - ィフ・ - 神美			さんのくだ」十八「お月こくごー、	・お月歳の廃籍とする・お月泉の応報をする・お月見のお話をする○お月さまのお話をする	○お月さん
徐尺尺 恵成四分香/東鵬の1年			を削着する のといの文	(機能して陶表を作る) (教師も入見下旬から継漢)	
不明作詞、作前、作前、おつきさま		十五次の月	用し、そら一つ日を思いますのひる	毎日の網察を画においておこのお月さんはだんだん形がある。	
・レー・ド音域 音域 符七二 説皮四分音	表にかく 月の觀問を			

文部省ら日本古真諸) ちさぎ			アイを	• 就中。 • 夕金 • 下校 • 密校	
			の生活を順までの一日朝かられる	・船(かん)・船(なって)・起(くれたちの一日を調べてみよう	
				たらよいか・お海豚を早くやるにはどうししたらよいか	
ಸ ••−ಸ •				おひるを楽しく頂くにはどろはどろしたらしたらよいか。禁しいおべんきょろをするに	
香城 谷一〇〇 速波四分音				・學校は同時にはじまるか出来る 出来る ○皆が時間を守ると樂しい生活が	
个				・ まずはいつも正しく合せよう 一口に二回時を知らせる。 校本ではモターサインンが	
作詞勝承夫ねむかえ				・ラジオの棒報へてはいけない	

000 100	子を合へにる早んみ時アンメ る早時のおよくだて記。ボデ く関係迄うなんだな。1ッ	、	話書き計が 時 しのりから 計 台種ぬかち を ら類さいの 信 を時で時 る	早入正字口 いれしをのひ夜午正午秒 這長ま1の時日 で入二本ルみ毎をまいれしをのひ夜午正午秒 這長ま1の時日 で入二本ルみ毎をまいるく15中る 後午前針針針で一女問は われ十年13にグわればあるでは 選手へ 特まへ) (板時十 3は袋種か谷之1の きで数) (板時十 3は袋種か谷之1の	でを花 よか晶 みへの 合っ で ろ皆文	○○○○○○○○○○○○○○○○○○○○○○○○○○○○○○○○○○○○	○ 葬骨の花屋のあとし	(8月下旬―11月初旬) 秋 い し の 1	
	WHILE THE BACK OF THE COMME		Th Tu's 1 - L-		をかく。皆	日まわりはすつかりみのつて花園の觀察をする花園のあとしまつをしより		0 75	,
			皆で語合うになるないたえや工でみれたかにか		ト語なる 中間につい	(〇二類別のどかとかのできた)をまたなどについて話し合うてんらんかい 遠足			ì

	フ(ソ リ大 C や)				est. N. D. S. C. S	・・・・・・・・・・・・・・・・・・・・・・・・・・・・・・・・・・・・・	
<u>- 25</u> -	だき合會 歩わせ樂 へいてだ		べかかく おま <i>ひひの</i>	イお だ 買 が 板 か 顕 か 顕 か 顕 か 表 で 悪 ひ ま 投 た 選 か と か し か し か し い て の だ の た て の だ	いの文をよっていまっています。	○ 個調動會に ○ 個調動會に ○ ● ● ● ● ● ● ● ● ●	こちらいらん
- F3 -	7	に 音符速へ以の作へ 域一聚長田と詞の 「	お金を作る	十一億に韓見小大日日をおいいさき日日をおいいさきつけ本本いなった。本本では、本本日の内で、本本日の内で	護 内 で 本 で を を を	・・・・・・・・・・・・・・・・・・・・・・・・・・・・・・・・・・・・	○ 團 後 火 活

詩を作るお

遊させ 要よよ のう とん	・音符進/民作作ち ・音符速へへ既作んぶ符進・音へ明作作は下坡へ販兵器出詞よ ソ域一度長 に	ついまなただ や騒 着きておねらやしたへ たかもいに へ に 物の、 回りの田では へ に デナカ 、 に 廻いま の	てる書でども流 蔵さ花製多こず花 うな十十へい数だち足 いた昌智いとの種 漸を 以注たた關もの せつのす少だわを 火に アとりた選の仕 まい大るいよけ同 坂十つしずりしな妖 いてき をりる数 扱数	やる用雨 やる用雨 ん?のつ かとて日 り」や りかま? 「か知	・・・・・・・・・・・・・・・・・・・・・・・・・・・・・・・・・・・・	○ (効果測定で) ○ (海澤 産産 を ままままままままままままままままままままままままままままままままま

たのしい夏（6月下旬—8月下旬）

○川遊び

○女鳥羽川へ行こう
・増水の様子を觀察する
・四月川遊びをしたあたりは水の中に入つてしまつている。
・雨ふりのあとは水がにごつている。

○大門澤へかに取りにいこう
・かにやどじようとりに行つた話し合いをする
・かにをとつて來て飼おう
・どんな用意をしたらよいか
・かにを入れるものやざるをループ毎に用意する
・ささ舟を作つたり紙舟を作つて流そう
・川遊びの繪巻物を皆で作ろう

○ねんどで魚や好きなものを作つてみよう

○たなばたまつり

○夕すずみのお話をする
○たなばたさまのお話を讀む
・たなばたの話をする
・天の川、ひこぼし　おりひめ
・たなばたの飾りをしよう
短冊をつくる
墨で字をかく
竹につけて教室にかざる

○お星さまのお話をきいたり話したりする
・北極星、大熊座、（北斗七星）
箏星座のお話

○夜星をみる
・家庭通信で星の位置を通知する
・近所の子供は學校へみにくる
・美しい大空の星にはいろいろな名前と神話のある事を學ぶ

たなばたの文をプリントにて勉強する
短冊にかく文を考え字を習う

とつたかにの數を數えたり、計いたりする
グループ毎にとつた數を比較する
ねんどで球を作り大、小の比較、まる、たまを學習する
幾何　四角、長四角
測定　遠い近い

川遊びの繪巻物をつくる
ねんどで好きなものな作る　球をつくる　立方体をつくる
短冊をつくる
たなばたの飾つけをする
たなばたのえをかく

たなばたの歌

たなばたの遊戯
メデシンボール

○夏の雲

○暑い夏について話し合う
・暑い日ざし
・涼しい室内、木蔭
・花畠の様子
・入道雲
・雷雨
・水浴び、夏のたべもの、のみもの

○たのしい夏休み

○しやぼん玉をつくつてとばそう
・しやぼん玉を作る用意をしよう
・しやぼん玉をとばせる
・いろいろ工夫してとばせる
・とばせ競争をしよう

○もうじき夏休みになる
・おべんきようについて話し合う

○夏休み

・作品を配りいろいろ話し合う
・たのしい夏休みを送るにはどうしたらよいか話し合う
・夏季學習帳のおべんきようをする
父兄と連絡をとりからだをきたえる事を第一として生活設計をたてる
宿題としては信教の夏季學習帳を補足して課する其の他各自自分の計画によつて、好きな學習をする
各自、適應障害をのぞく様な個別的な學習をする
親子一日一行日記を書く

しやぼん玉の字　ばぴぷぺぽを取扱う
しやぼん玉のとんで行く画を見せこれを話させ、又作文させる
繪日記、昆虫採集、おし葉觀察日記など
自分のまだよめない文字の自覺など
作文の導入

丸のかき方
高い低い
毎日續けてお父さんやお母さんの肩を百ずつたたくなど

しやぼん玉のえをかく
今迄の作品の整理
繪日記　夏休みのたのしいえをかく

しやぼん玉　變ホ調 $\frac{2}{4}$
かえるの朝
作詞サトウハチロー
作曲河村眞則
ハ長調 $\frac{2}{4}$
速度四分音符八四
音域 ・ド—・・ド
自分の好きな歌を歌う

かえるの朝の遊戯創作

○たのしい二學期

・たのしかつた夏休みの作品をならべて話し合う
・二學期について話し合う
お月見
おまつり
運動會

夏休みのえを皆でみせ合う

たのしい秋 （8月下旬—11月初旬）

○花畠のあとしまつ

○時計

遠足 てんらんかい などについて話し合う

○二學期のだいたいのおべんきょうの計画を話し合う
・花畠のあとしまつをしよう
・花畠の觀察をする
・日まわりはすっかりみのって葉はかれかかっている
・ほうせんかは大部分種が落ちている
・へちまは元氣で實をならせている
○ひまわりの種をとろう
○ほうせんかの種をとろう
○夏がすぎると草花などもだんだんかれてくる
だんだん日が短くなる
日ざしがやわらかくなって來た（月の繼續觀察をはじむ）
○サマータイムが九月十一日で終る。どうして夏時間など作ったのだろう どうしてもう終るのだろう
・時計は時間を知るためにある
・時計にはいろいろの種類がある
柱時計、置時計、懐中時計、腕時計、電氣時計、目覺時計など
時計の見方を勉強しよう
長針、短針、文字板（1—12）
時計はどうして動くだろう
ぜんまいの力
はぐるま、ふりこ
電氣時計は電氣の力
○時計はどこでも同じ時刻を示さなくてはいけない
・ラジオの時報
・松本ではモーターサイレンが一日に二回時を知らせる
・時計はいつも正しく合せよう

日記について話合う

花畠の作文をかく。皆でよみ合う

ひまわりの種をグループ毎に數えてみる 各グループから來年の種を二十粒袋に入れ他は皆でわける

一日は二十四時間、時計の文字板（1—12）まで
長針 短針 秒針 午前 正午 午後 夜 ひる
円の中へ數字を12まで正しく書き入れる
早い、遅い

夏休みにかいたえや工作を飾って皆で話合う

時計を作る

おうちの時計をかいてきりぬき時計の種類を話し合う

時計のうた 作詞不明、作曲外國民謠 ハ長調 4/4 速度四分音符一三二 音域・ド—・・ド

メデシンボール 時間をみてだんだん早くなるように教室への集合時間を早くする

○お月さん

○皆が時間を守ると樂しい生活が出來る
・學校は何時にはじまるか
・樂しいおべんきょうをするにはどうしたらよいか
・おひるを樂しく頂くにはどうしたらよいか
・お掃除を早くやるにはどうしたらよいか
○私たちの一日を調べてみよう
・起床 ・朝食 ・登校 ・下校 ・夕食 ・就床
○お日様は何時頃出るだろう
○お月様は何時頃から見えるか
・九月八日午後七時頃南南西の中空に見える
・毎日お月さまをみましょう
○お月さんはだんだん形がかわる
・毎日の觀察を画にかいておこう
（教師も八月下旬から繼續觀察して圖表を作る）
○お月さまのお話をする
・お月見のお話をする
・お月様の童話をする
・お月さまのうたを歌う

朝からねるまでの一日の生活を順序よく書く

五月のひるの月を思い出し、そらのといの文を復習する

こくご一、十八「お月さんのくに」の學習に入る

十五夜の月

月の觀測を表にかく

おむかえ 作詞勝承夫 作曲平井保喜 へ長調 2/4 速度四分音符一〇〇 音域・ド—・・ド

うさぎ 日本古童謠（文部省うたのほん） 2/4 速度四分音符七二 音域・レ—・・ド

おつきさま 作詞、作曲不明 へ長調 2/4 速度四分音符八八 音域・ファ—・・ド

月さんの

ことがわかる ○本をよむといろいろおもしろい

・ お月さんのうたを作る・ こくど一お月さんのくに○お月さんの文をよむ

ちん しいかい かいかい かいかい かって かってい かってい たってい てってい

		で 語 で 語 り べ	で の 調	である。 では、 では、 では、 では、 では、 では、 では、 では、	「東特による城く初歩の世界一週の東特による城へ初歩の世界一週のこれりたにかいたりする・鬼工來たことについて話し合・松本驛、松本機關庫を見窮す・横田から松本驛まで電車にの・横田縣「車乗を見廢・とるか話し合う。 「駅長路に行くるを注意してみているいろの主張となるとなってもとるを注明を見しまるとなる。」	
127	よい よい こ		成下語のまであっている。 ならしにも なられる。 ででででで ででで ででで ででで でで でで でで でで で で で で	いなどならればなるにはなる。などにはなるないなどなるないなどなるないなどものなるなどものなるなどものなるなどものなるなどもないないといいないといいないといいないといいないといいないといいないといい	・いろいろの役割をきめる、どってができるか話し合う・どっとがにしたら、いい電車でつこなする。 電車でつこなする。 のりおりのきまりを守る・もつがを買う。 といどうしたらよいだろうにはどうしたらよいだろういばす、電車、自動車などにのるびをする	
		が 変物 このの			○機型やおもちやによって交通遊方向指示器 方向指示器 インドライト インドライト インボライト 全部にあるる 海路観報 連路機能 ・交通とる ・交通をある。 ・交通なるなどいろいろの ・交通ないなった。 ・交通なるなどいろいろのもなどいろいろの	

	&び砂 を基 ナ 基		類様を の の の の の の の の の の の の の		子を作文する権利を作文を必須順や様本のおまで、次からまで、家から県安	いか。道をあるくにはどうしたらより広側を歩こう・はやさについて話し合う・はやさについて話し合う・での力でうごくだろう・大ていの原物には噛があるりりものは同の力でらごくかしまままままままままままままままままままままままままままままままままままま	
<u> </u>	を 単 り を 対 を で を で に で り で り り り り り り り り り り り り り り り	東 本 本 本 で で で で で で で で で で	な戯停家レ自汽配的い限 えの と「橋草 1 勤草草坂で開 を り を 場 ル車 扱の圏 かる ド い初に くの り 歩つ の	すた地東 する での は での に では では では でも でも でも でも でも でも でも でも でも でも		・ 「 「	
		感唱跳 化醇二酸二酯 化二二醇二醇二醇二醇二醇二醇二醇二醇二醇二醇二醇二醇二醇二醇二醇二醇二醇二醇二	このえをか くんどうみ	回ののよれを際の得選 -大結一に坂貞に点動 - 大國○賜故の紅表會 - 大國○賜故の紅表會 - 本の○進い宗白に館 - なののはして記のよ日	かくいの作文をろんどろか	「ひて話し合う。といのぼりの運動館のえと比りにのにりの題動館のえと比したり国にかいたりする。またからも元績でらんどらし、されからも元績でうんどらし、おもしろかつたと、よく出しなった点、ほかつた点、これによくできたかいはよくできたか	v

	っ 威かし	が、 で で で で で で で で で で で で で で で で で で で	をなず 紙にの合成分解 て切上二迄の数 のき	ì	○自分達はどんなお手様いが出来りたり画にないたりするいろのな道具について話し合いおらちの郊屋、家具、勝手道具、タテラについて話し合ら、グラフについて話し合うのなき、グラフを作るしなき、グラフを作る。		(11月中
) . 3 km				○うちら中の人の顔を画いてきり合うと中の人の顔を画いてきり。うち中の者のおしごとを話しまり。 もせきんのおしごとはどんないおきんのわしごとはどんなりおかあさんのわしごと		中旬——[5月下旬)
— 29 —	ት ትርህ	、さった	・ 対相とらと頃る必能の後いとの場のをはいる場のをはられる時の間の事を問題を事を問題を事をでして、 関 で の の ない 関 の の かい 恵 が や や		・お母さんは着物をつくつてい・野菜をむろに大れている・大説能い 菜洗いまくたおんだり まだいうちったかん カララカではどんなおしたくが始りようスポート・オラスがはいった・メトー・大・大がはいった。 実年以上の抜けらなた。 帰宅になって因ること	○私のおうち	of Or
S.	る際月たまお表で「た」月現たのたらに	04000		おはなしいという。	●近領のようすを話し合うこれから冬になるのとれから冬になる 供数数 投数できると比較する ・着物について話し合う しょうう		の数
					る 落葉のみもやさんどりこをす		

	「	なえをやく	かぞえる ○○○まで ○をにして	をあるなななかく、木の葉人形の石でもはなるかく、木の葉人形の石でもはならから、木の葉込むなってもおけるり、形によるを変しておける。 のの 選びなるする のの 選びなるする しょう ちゅう ちゅう ちゅう ちゅう ちゅう ちゅう ちゅう ちゅう ちゅう ちゅ
128				○多のおした~ ○選尾に行って見て来た事に行行して見てたに行うて見て来たい (注)ののり、 (計画所文の (注)の (注)の (注)の (注)の (注)の (注)の (注)の (注)

	りなど) ロ (で 眠どり	 ・春符速へ不作と ・・春符速へ不作日 ド域一度長期詞と ・ フ域一度長期詞の ・ 一四調 ・ 一分2 作5 一 四分2 作5 一 四分2 作6 一 四十十十十十十十十十十十十十十十十十十十十十十十十十十十十十十十十十十十十	暦を作る	るいの年の年の外では多さな。 この年の年の本のない。 からにいい 自しいい 自しらいのでいた でんりょうかん 人のへのへの	くよむかるたをよ かるたをよ 日記をつけ	●・一年は十二月あるとと称るなた歯をつくり、「三月まで)。 「本なるな歯をしてたのしく逃が、いちられたもたらしくといしたものからならならしくが、なららななのななならない。 ・・・・・・・・・・・・・・・・・・・・・・・・・・・・・・・・・・・・	
81	ぎののお ゆろIIE らた月			解数るが生 方圧生 何 の ラれ 、し年 年 合 フた 書い月 前 成 を月 きい日 分 作の 方いの		・・・・・・・・・・・・・・・・・・・・・・・・・・・・・・・・・・・・	◇○お正月のした

	ļ.	たお正月のう				おうちではその用意でいそが ○お正月が狂づいた
- 30			作動 工劇 ら火非電罪気 る物 大の のス社 展 の す舞 見ト 関 面 る台 や 関 を を ぐ ()	いった いなな いならな いのもも いたのもも いたのもも いたのもも いたのもも いたのもも いたのもも いたのもも いたのもも いたのもも いたのもも いたのもも いたのもも いたのもも いたのもも いたのもも いたのもも いたのもも いたのも いたの	題へ 資作みよのの ずるへむ剣文 る 行	・ おもってる。 ももっている。 ・ もを打り上でない。 ・ もを担け出れる。 ・ もを打り上では、 よいところは、 なりになって、 なりになって、 なりになって、 なりになって、 なりになって、 なりになるなどとなるなどとなるなどとなるなどとななを記るとしなりののあれば、 なりののもももなく しょうとももないに、 ないになるとしないないないないないないないないないないないないないないないないないないない
	And the second s		原地製作 原名をある。 もまでのの 所校からの	黑、 臣、 唇、	多	○砂場に駆破を中心にした地図機が、手で、町名、目安になるもの屋をかく、町名、目安になるもの屋・されれてのでは別をはつきりに自分のうちをえたいて、後表するし、たんのうちはどにかいてもしたらし、ととなり、たちもでなりしいととかのしいととかのしいととなった。
					作文にかくしたことをお手得いを	○おうちのたのしさについて 監し・自分のととは自分でする。 お手儚い 等が、 子守、 留守番、 お際手 の・お帯除、 おっかい、 まきはこるか話し合う

		・ 母子 選手 を			力、弾き力もの額みより、物質なの数を	がみする・数師プリントして、家へおてこめる。と称作に演表して批正し情です。今年に終まして批正し情でまりなイーでで結合しつて推謀する。作人が書くましたがなさったなさいかもとんなことを書いたらよいか	
		81 C- []		年年 "高","一","一","一","一","一","一","一","一","一","一	照いにや経 みたいた内 正も方句汚 はので、 であって であって であって	・案内状について話すりおんがく食に父母に来て頂こに許く に持く ○おんがく會の案内訳を、父母他・皆で批正し合う	
 co co 		hg グ・キャネ・ ・ ・ ・ ・ ・ ・ ・ ・ ・ ・ ・ ・ ・ ・ ・ ・ ・ ・ ・				・やる時の態度は ・見る時の態度は ・出入りはどろか に刻をつけたらよいか ・上手にやるにはどんなところ いことする	
		なが、発生には、発生には、発生には、発生に対し、発生などのできない。				△一郎けんめいやの〈作すくくおいの〈谷日、小んとしゆらする・ 間心なふうに勉強したらまい「人は希望者 クラインを三つ「オで三つ	
	ぎ のかい おろま	・	製造 る劇 を 作界 の 2 すを 面 3 5 5 7 7 8 7 8 8 9 8 9 8 9 9 9 9 9 9 9 9 9 9		これから、 と、 と、 を に、 を む に い で の で の で の で の で の で の で の で の の の の	A・A・E・Cには(よびかり)) 同様 一つ(粋を迎えた) りま) 配線會には(よい子のうた物館の栄器による音楽でよる音楽者による音楽を発展による音楽を発展した。	
			をかく豊峰りのえ		文をかく霊路りの作	どんなことをやったらよいか ○はつびょうかいのけいかく かしょう	

1 333	リ い筒のボド レ II 初 I ツ I	T 7	かくとまったをえば、実中体みの	三し五 鶴加二 歩りた今十かか 漢十 線フ璃河十かや 漢十 線フ璃河 対数 すを製でで入存 ので のでの間がた かんの間がん 海の リグつ	大、田野で大く、田野では、これ、日間では、これ、日間では、これには、これには、これには、これには、これには、これには、これには、これに	・ 「	
1		・	がい、田田の名を	ま出数と比 土月日―るの二三三―月―で一えめを 日火 週 日十十十ヵ 年で一さだひ 米 間 数八十一月 は 10 こしと 米 は が日日日に 十つとてま 会 七 坊 (表 た た お お 劇 c 葉 さ 六 て y c o l に 結 を e も、 へ y c o l 上 l 舎 す 禁 さ c l L l 舎 す 禁 さ c l L l 舎 す た c c c c c c c c c c c c c c c c c c	○・・・・・・・・・・・・・・・・・・・・・・・・・・・・・・・・・・・・	95 C.

調や減や選 川巻友鴻 再ルのそ 発子超が 第二郎 (金麗字の聚十六〇一名品の聚や梅聚で年至、 つ郷字の割用 三、 つ郷字の割用 へ適 たいき中観に 塚 アオなのしな	〈無 元原 す命ク やなテる花 かい 30万 第ビー 30万 第ビー 用ス めらプ が	数数十 いきりも十 母の年 後上国右漢 バー年 かわよかか 没、 等、 右記 て計画 りいんぞめ 数月 の下筒、 サコバ サババルロ 、	学が二1 昭江記 〈説 〈八c 「ついかく を持つ」 継 えるへつい (作き)	・・・・・・・・・・・・・・・・・・・・・・・・・・・・・・・・・・・・・
		音を作る 工夫して蔣			・こんどはどこに氣をつけたら省をする。 省をする。 音樂會、D・D・ 田・Aの反はどろしたらよいか
○24・14・14・4の時のお臘の言・数生の先生力もおよびしょうこと ひらいて下きつたものである	「おんがくなくない。 ・お支護(離し、 ・格官 世際に代表として、近、 ・名音 世世際に代表として、近、、のの、 ・のを選り、 ・を選がないいなってして述べる。 を選がないいなをきりのしかたを得るなり、 ・を自考えて批正しまった。 ・あららいでは、「皆でよいのあらいことなりない。」	・発発しているなどのでは、いれれるとのの、のののでは、いれれるなどのでは、いれれ、一般には、一般には、一般には、一般には、一般には、一般には、一般には、一般には

İ	E. MITO	中
67	の の の の できながら の の できながら の の できながら の できながら の できない の できない かんかい の できない かんかい の できない かんかい の できない かんかい アイン・アイン・アイン・アイン・アイン・アイン・アイン・アイン・アイン・アイン・	・ 中谷滋 巻/ ツ 美 天 田 1 1 1 1 1 1 1 1 1
教室内の映	現代 展題の がある と 単語 関連 は と 単語 関連 が を から と かっと かっと かっと かっと かっと かっと かっと かっと かっと か	高を作る
	な、人なり、	あるないでは、これの色を表れて、まない、これでは、これでは、これが、これが、これが、これが、これが、これが、これが、これが、これが、これが
お顔のこと	きて うはを自ば 方が こつき分 i マ ときとの i ときとの g の きつめあ	方氏自手き禁手衣名分類方が巣織ののの さなめのの さなめ 海肝的 のやん きぬん かん

○たのしいはつぴようかい

・お正月は一番はじめの月
・四季のおさらい
・七曜の理解
・三學期の理解と日數
・三學期のたのしい計画

○冬のおてんき
・冬の遊びについて話し合う
・霜氷などについて話し合う
・日なたと日かげ
・外の溫度と敎室の溫度

○かぜひき
・冬のびょうきについて話し合う
・私たちは今迄にどんなびょうきにかかつたか
・かぜをひかぬようにしよう
・ひびやしもやけにならぬようにするにはどうしたらよいか

○寒中休み
・寒中休みについて話し合う
△なんのための休みか
△寒いからおうちで勉強する休み
△風邪をひかぬように用心する
△自治會できまつたことはしつかり守る

○これからのおべんきようについて話し合おう
・寒中休みの反省とあと三十二日で二年生になること
・いろいろな發表會があること
二、一七　自由研究發表會
三、一一　音樂會
三、　五　學校P・T・A（親、子、敎師の會）
三、一四　學藝會
・私達もはつぴようかいになにかしよう

○はつぴようかいのけいかく
・どんなことをやつたらよいか
音樂會には
齊唱一つ（おもちやのきしや）
簡易樂器による合奏
學藝會には（よい子のうたおうま）
劇一つ（春を迎えに）
（よびかけ）
P・T・Aには
グループで一つ
クラスで三つ
個人は希望者
・どんなふうに勉強したらよいか
△毎日、れんしゆうする
△仲よくやる
△一生けんめいやる

○けいこをする
・上手にやるにはどんなところに氣をつけたらよいか
・出入りはどうか
・見る時の態度は
・やる時の態度は
皆で批正し合う

○おんがく會の案内狀を、父母宛に書く
・おんがく會に父母に來て頂こう
・案内狀について話す
・どんなことを書いたらよいか
話し合う
・各人が書く
・グループで話合しつて推敲する
・全体に發表して批正し皆でまとめる
・敎師プリントして、家へおてがみする

こくご二六、山びこ
きれいな言葉きたない言葉
劇をする
お話會
お正月一番たのしかつたことを發表する
こくご二六、山びこの劇化完本
雪降りの作文をかく
こくご㈢九、春をむかえに
案内狀のかき方句点の使い方、書いたものを讀み直すこと、拗音促音の讀み方、讀み方、書き方

一年は十二、月一カ月には三十一日三十日二十八日の日數がある
一週間は七日
月火水木金土日
五をひとまとめにして數えること
五—四〇まで
今迄に罹つた病氣のグラフを作り考察する
二十以下の加減法の準備
五を單位とした數え方
三十まで
年、月、日
午前、午後、
何時

正月のえをかく
寒中休みのことをえにかく
雪降りのえをかく
劇の画面を作る
背景を共同製作する

よいこのうた
ハ長調　4/4
・音域　ド—・ラ
木琴にて行う
ゆき
作詞、作曲不明
へ長調　2/4
速度四分音符九二
・音域
・ファ—・レ
おもちやの汽車
へ長調　2/4
速度四分音符一〇八
おうま
作曲松島つね、編曲山本榮
木琴、拍子木、太鼓、トライアングル
2/4、4/4拍子を正確にとる
たのしい朝
變ロ長調　4/4
速度四分音符一一二
音域・シ—・レ

ドッヂボール
初歩的の取扱い
リレー
おうまのゆうぎ

○P・P・T・A（親、子、教師の會）について話し合う
・P・T・Aでは私たちのためにどんな心配をして下さるか
・親子茶話會も私たちのためにひらいて下さつたものであること
・教生の先生方もおよびしよう
○P・P・T・Aの時のお禮の言葉を考えよう
・どんな事を述べたらよいか
・會のはじめのあいさつ
・あとのあいさつ
・各自考えて作る
・發表し、批正し、皆でよいのを選ぶ
・誰がよいかをきめる
・お禮のあいさつのしかたを習う
・當日實際に代表として述べる
○お友達（轉校したM、S宛）に、おんがく會、P・P・T・Aのようすを知らせる
・たのしかつたこと、おもしろかつたことについて話し合う
・M・Sさんにそのことを知らせてやろう
・どんなところを知らせてやるか
・グループで話し合う
・どんなふうにかいたらよいか話し合う、字をていねいに、きれいに
・各自が書いて皆で發表し合う
・原稿用紙にかく
・封筒（展開圖による）を作る
・宛名をかく
・話し合つて實際に發送する

お禮のことば
自分の考えをまとめてはつきり言うこと

てがみのかき方
友達あての手紙をかく、葉がきの書き方
手紙の宛名、自分の住所、氏名の書き方

四かく、ましかく、ながしかく、三角、まる、たて、よこ、かど（線）のおさらい
色板並べ

教室内の損箇所の釘打ち

展開圖を切りぬいて封筒を作る

P・P・T・Aに歌うため一學期から學習した歌を復習する

はるがきた
作詞、作曲、不明
變ロ長調 $\frac{4}{4}$
速度 四分音符一二〇
音域 ・シー・・レ

はるがきたのゆうぎ
創作

もうじき二年生

○がくげいかいをたのしくするにはどうしたらよいか
・音樂會、P・P・T・Aの反省をする
・こんどはどこに氣をつけたらよいか
・演出の練習、批正
・音樂はどのように入れるか
・擬音はどうしたらよいか
・動作はしつかり出來るか
・背景はどうするか
・仕度はどうするか
○城山へ行こう
春らしい氣配について氣のついたことを話し合う
・城山へ遠足に行つた頃の思い出を話し合う
・城山へ行こう
・春待つ自然觀察
・城山へ行つたことを作文にかく
○一年間の思い出
・作品を展覽して思い出を話し合う
・思い出を作文や画にかく
・一年間の思い出をグループ毎に相談して紙芝居を作る
・一年間の反省と二年生への希望
○皆そろつて二年生になる
・教室や机の中をきれいにして新しい一年生にゆずろう
・春休みの計画をたてる
・修業式

こくご二八 ゆめとつくえ

叙事文をかく

思い出を文に書き紙芝居を作る

こくご一、二をはじめから讀んで評し合う

遠近、高低、左右、東、西、南、北、上、下、前後等の復習

年、月、日、四季の復習

一から百までかぞえたりよんだり、きれいに書いたりする

一年間に缺席した日を數えてみる

工夫して擬音を作る

テープ色紙などで教室を飾る
クラス展覽會の用意をする

思い出をえにかく

紙芝居をつくる

一年生になつて勉強した歌の中の一番好きな歌を書いたり歌つたりする
獨唱、獨奏會を開く

遠足
城山へ約往復三粁

歯みがきの習慣づけを再確認

三、単元の展開

1　単元展開の三段階——一年生——

単元の展開とは如何に考えたらよいか。

単元には色々の定義もされているが其の設定（目標）展開、結果の処理(評価)までを含んだ一連の目的活動のまとまりであると思うのである。であるから当然その展開とは目標と評価とを結ぶ最も合理的であり自然な学習過程をいふのである。此の様な考えのもとに、実践した単元の展開の要点を述べてみたい。学習を合理的に展開するために最も重要なる規定條件は児童の実態でなければならない。従つて、低学年、高学年とでは其の展開に自ら差異を生ずる事は当然である。では一般的にどのような差異を認めてよいであろうか。学習は目標を達するための活動であるから、低学年、高学年を問わず目的的な学習活動をしなければならないが、その目的的な学習活動は児童の心身の発達の段階に基いてなされなければならない。しかしこの事は実に漠然とした抽象論に過ぎない。この原理を如何に活用したらよいかの立場に立つて私は先ず、一年生の単元展開の部面に於てなるべく自發的学習の型態に誘導しようと考えたのである。それがために家庭との連絡に於て児童の学習環境を整える事を最大の目標に置いた。デースチルウァィビの「最少限の拘束。」と、ロモスの「教師なくして巧に学習し得る。」という自發性原理を其の根柢に置いて。しかし一年生は一年生として一年の中に除々ではあるが発達向上している事を見逃してはならない。故に今の受持の児童をどうするというところに方法も自ら異らねばならない。私は自

分の実践過程に於て判然とまではゆかぬが三つの段階を考える事が出来るし、またこの根柢的な考え方が単元の展開に適合していたのではないかと反省している。即ち、

第一段階　主として教師の計劃に父兄の協力を得て環境設定をしながら単元展開をした時期である。

これは私が最初に立てた展開の考え方であつたが、其の後児童の進歩に即して第二期の段階に移行した。

第二段階　児童は教師、父兄による環境設定の中に於て、自ら環境設定しつつ自發性の展開をした時期である。

これは、身心の発達と極めて密切にマッチした取扱いであつたと思つている。

第三段階　教師、父兄の密切なる連絡によつて環境設定する事は、一、二期と同様であるが、あたかも児童が計劃し展開した如き目的的活動を加味した時期である。

2　第一段階の展開

第一段階は丁度第一学期に主として行われた展開であつて、家庭通信による学習指導の章に於ける単元「私たちのからだ」の展開に家庭通信が如何なる位置を占めているか記載してあるからそこを参照して頂きたい。即ち其の頃の単元の展開は計画者と学習者がはつきりわかれていたのである。児童は教師の計劃によつて学習活動をしている時期であつて過去に於ける與えられた教材を教師の指導計畫によつて学習したのと全く同一の状態であつたと言い得る。（もちろん何度も繰返して言うが、学習教材は教師の計画であつても單に教師の独断ではなくして、家庭の要求、児童の段階を考慮してきめられたものである）はつきりしている点は相対的にみて児童は受動的な立場に置かれていたという事である。こうした立場から一刻も早くぬけ出して学習の主体性を得させる事

が、教師のねらいでなければならない。中心学習のねらいは、主体的に物を考えて問題を処理する力を得る事にあると思うのである。であるから、児童の現実を直視することによって常に其の学習方法は向上して行かなければならない。児童の激進と方法の向上と相俟って、児童は次のゴールへの途をたどるのである。こうした必然的な発展によって次の第二段階に進んだのである。

3　第二段階の展開——「クラス文庫」——「のりものごっこ」——

私の組では九月中旬から順次この段階に進んだのである。この過程が低学年単元展開の典型と考えている。何故なら一年生の心身の発達に適合していると思うからである。即ち児童の興味や関心は少しのヒントによって容易に方向づけられるし、その興味や関心は持続性はないが目的的な活動がやや可能であるということである。短期間の目的的な活動はその興味と関心を持続し得るのである。そこで教師は見透しを以て目標を失わぬ様に糸をとり作ら、児童には眼前の欲求と関心に全我を傾注せしめ、其の活動によって一目標を達する様に立案し、それが直に次の必要と欲求とを起さしめる環境設定となっている。この様な発展過程がつまり私のいう第二段階である。

換言すれば串だんごの様な型態で学習が展開される事である。一つ一つのだんご（問題）を処理していく事によって遂には一串のだんご（単元）を解決する事が出来るのである。たくさんのだんご（問題）をつらぬいている竹串（目標を支えるもの）はあくまでもだんご（問題）の中心を貫ぬいていなければならない。最初のだんごを処分する事によって次のだんごを串から引きぬく事が出来るのである。つまり最初のだんごの処理は次のだんごの処理の環境設定となっていると同時に、次のだんご処理の必須な條件となっている。このように次々と順序よく自然に解決が行われる過程が単元の展開である。私は第二学期の計劃した単元のすべてに、こうした展開を実行した。その一、二の例の概略を述べよう。

題目「クラス文庫」

〇九月二十七日（月）——十月四日（月）六日間十時間
〇其の後毎週二時間宛文庫開設を行い継続的な展開をしている。

㈠　題目「クラス文庫」設定理由

A　児童の要求と実態

- 学習態度に落着きがあらわれて来た。
- 文字習得状況　九十九％
- 読書に対する関心の意欲が漸次高まっている。
- 児童間に本の借貸が行われるようになった。
- 休み時間などに本のみせ合いが始まって来た。
- 友達の本を非常に見たがる。
- 季節的にもこれから静かな室内での生活が近づいている。

B　家庭の要求

- 毎日本を読んでくれとせがまれて困る。
- 本を買ってくれと要求されるが適当な本の選択が困難である。
- 一度に何冊も買ってやれないから適当な方法を考慮して貰いたい。
- お互に家庭にある本をもちよって見せ合いをして貰いたい。

C　社会及び教師の要求

- 文字を殆んどが習得しているので、これを活用して読書力を育成したい。
- 適当な方法によって、読書生活に対する基礎を養いたい。

・適当なる本の選択によって健全なる思想を培いたい。
・民主的運営に参画させ漸次民主的生活技術を身につけさせたい。

㈡ 題目に含まれる問題

・本をよむといろいろおもしろいことがわかる。
・たのしく本を読むにはどうしたらよいか。
・お友達の本を見せて貰うにはどうしたらよいか。
・本を借貸するにはどんな注意がいるか。
・どんな本をよんだらよいか。
・本を買うにはどうしたらよいか。
・いろいろの本を読むにはどうしたらよいか。（児童文庫、図書館）
・クラス文庫はどのようにして作ったらよいか。
・クラス文庫の貸出しはどのようにしたらよいか。
・クラス文庫をどのように読んだらよいか。
・クラス文庫をこれからどのようにしていったらよいか。

㈢ 学習の目標

・クラス文庫を作る。（文庫の意義を理解する）
・民主的な文庫の運営をする。
・読書に対する理解、態度、技能を得る。
・リクリエーションを興える。

㈣ 学習の展開

1　今までに読んだ本について話し合う。…………（三時間）
・知っているお話について発表する。
・おうちにある本について話し合う。

・おともだちに借りてよんだことについて話し合う。

2　本をもちよってクラス文庫を作ろう。…………（四時間）
・どんなにしたら皆が楽しく本をよめるか。
・本をもちよって見せ合いっこをしよう。
・借貸はどのようにしたらよいか。
・本はどのように取扱ったらよいか。
・本の始末はどのようにしたらよいか。

3　楽しい文庫を開くにはどうしたらよいか。…………（三時間）
・借出当番はどのようにしたらよいか。
・借りるにはどうしたら早く借りられるか。
・本を読むにはどんなことに注意したらよいか。
・本を返すときにはどうしたらよいか。
・本をだんだんふやしていくにはどうしたらよいか。

㈤ 予 備 測 定

単元設定と展開とに有力なる資料を得るために行う。

1　児童の読書に対する実態調査
2　家庭に於ける読書の環境調査
3　家庭の読書に対する関心
4　家庭にある児童読物
5　クラス文庫経営に関して家庭への協力要望
6　家庭通信による連絡

この様な計画により一應クラス文庫を作り、以後大体毎週一時間宛文庫の開設を行い、漸次、より民主的な文庫の運営を、実践と反省から問題をもち、それを解決することによって高めつつあるのである。本の補充の点も家庭の理解と協力、及び兒童の社会性の萠芽によつて、現在約百五十冊が常備され、樂しい閲覽が行われている。なおこれと平行して雜誌「銀の鈴」「キンダーブック」各四冊が廻覽されている。このように、一題目として取り扱われながら、それが継続され、その都度評價され、改善せられているのである。クラス文庫が誕生して約半年、兒童は非常な喜びに滿ちて運営している。廻覽の雜誌については敎師が其の世話をしているが、クラス文庫は全く兒童の手によつて初めから運営されている。もちよつた本は、その大きさ厚さによつて、一円、五円、拾円と定價が決定され、それぞれの印が貼られ、当番は代金引換えに貸し出すのである。代金として兒童各自は、一円、五円、拾円の札が作つてあり、裏に名前が明記してある。この札を持つて行つて、本を借りるのである。

最初からクラス文庫の運営方法を規定して其の通り実行する事は一年生としてはとうてい不可能な事である。故に先に述べた第二段階の單元の展開が適用されるのである。大体の方法を話合つて、実行してみる、そこに問題（混乱）が起る。その問題を解決して、またやつてみる。又混乱が起る、それを解決してまたやる。この様な過程を積み重ねる事によつて一歩一歩目標に近づいていくのである。

次に十月下旬から実施した「のりものごつこ」の展開を第二段階の説明のため極く概略を示そう。

「のりものごつこ」の目標は

1 のりものに対する初歩的な理解
- のりものにはいろいろな種類がある。
- のりものは何の力でうごくか。
- のりものはどのように役立つか。

2 交通規則、交通道德に対する理解と実践
- 道を歩くにはどうしたらよいか。
- 交通安全のためにはいろいろのきまりがある。
- 交通安全のためにはいろいろの施設がある。
- のりものにのるにはどうしたらよいか。

これ等の目標を達するために、私はごつこ遊びをする事によつて、展開をしようと計劃を立てたのである。つまりごつこ遊びの展開はやはり私の考えている第二段階の方法が最も自然のように思われる。先ずごつこ遊びをさせる。するとより面白く遊ぶために必ず問題が生ずる。それを解決すれば又遊びは発展する。しかし又解決すべき問題が出現する。その問題解決に、こちらのねらう学習が存する。このように單元構成するのが理想的であると思う。

この様な実際の展開例として箇條書に「のりものごつこ」を記述すれば、

1 のりものの絵本を集めて、絵に書いたり、話し合つたりする。
2 家にあるのりものの玩具を、もち寄つて遊ぶ。
3 電車（展開図を切つて）を作る。
4 汽車（展開図によつて）を作る。
5 自動車（展開図によつて）（ジープ、乘合バス）を作る。
6 レールを作る。
7 砂場を作つて、電車、汽車、自動車を走らせる。
8 道路を作る。トンネル、橋を作る。
9 町を作る。……（家を展開図によつて作る）
10 駅を作る。（停留場を作る）。
11 両方の町を道路とレールによつて結ぶ。
12 交通遊びをする。

13 左側通行について話し合う。（交通規則）
14 道路標識について話したり標識を作ったりする。
15 電車ごっこをする。
16 駅見学の計画をたてる。
17 蒲田駅、松本駅、松本機関区を見学する。（各自切符を買って電車にのる）
18 見学したことを話し合ったり絵に画いたりする。
19 電車に乗って行う遠足について計画をたてる。

右は「のりものごっこ」を展開した概略であるが、児童は一つの遊びを解決することによって次の遊びが想起され、次から次と発展し前時の学習は本時の環境設定となり、本時の学習は次時の環境設定となるが如く企画され、一つ一つを解決する事によって、この学習の目標に到達するようにした。しかして、実地見学によって学習の効果測定は完全に行われたのである。

かくの如き単元の展開を称して私は第二段階と言っているのである。

4　第三段階の展開——単元「もうじき二年生」——

第三段階は前にも述べた通り、児童があたかも単元の設定、計画展開に参加した如き態勢の上に目的的活動を加味した展開方法である。これは低学年としては相当程度の高い展開法であって、単元の内容にもよるが私の立てた三学期の単元はこの展開を可能ならしめた。即ち身近な必要と欲求とによって目標が明確であり単純である場合には一年生も可能である。

三学期単元について詳述する。

単元「もうじき二年生」

(一)　単元の設定基盤

1　三学期の展望

皆揃って新年を迎えた喜びは、もうじき二年生になる喜びと希望に、直に結びつく。始めての学校生活を通した子供達にとって、二年生になるという喜びと希望は一入深いものがあり、心の躍動を感じていることであろう。此の喜びと希望とを思う存分表現させ、味わわせながら、一年間の反省と、二年生への自覚を高めることによって三学期は有意義になるであろう。

2　単元設定の基礎的課題との照応

- 学校や家庭では自分達の生活を楽しくするために、どんなことをしているか。
- お友達と仲よく遊ぶには、どうしたらよいか。
- 学校や家庭では私達が丈夫でいられるように、いろいろ心配している。
- 私達は、どうすれば丈夫でいられるか。
- 学校には、いろいろな行事がある。
- 運動会・遠足・音楽会・学芸会・映画見学等にはどんな注意が必要か。
- 学校ではどんな人から世話をうけるか。
- うちの人からどんな世話をうけるか。
- 季節によって、いろいろ様子が違う。

3　生活現実の要求

- 新年を迎え、希望ある出発をしなければならない。
- 冬は室内の遊びが多い故に、工夫と協力が要求される。
- 松本は特に寒気が厳しく、空気が乾燥するから、冬の衛生について指導を要する。
- 大寒・立春・ひなまつり（行事は四月三日の一月遅れであるが）・春分の日と、冬から春への歩みは早い。
- 三学期は学校の年末である。従って行事も多く、児童の学習の中心もここに集る。
- 入学以来一年間、無事に学ぶ事の出来た喜びと同時にP・T・Aへの感謝を忘れてはならない。

・一年間の生活を反省し、二年への覚悟を新にする。

4 月暦と行事

・元旦 ・召集日 ・あめ市 ・三九郎

・始業式 ・大寒 ・寒中休み ・節分

・立春 ・自由研究発表会 ・父兄懇話会 ・研究授業（一東）

・音楽会 ・P・P・T・A ・学藝会 ・修業式

5 兒童の要求と実態

・たのしいお正月を送りたい。・たのしい音楽会をしたい。

・P・P・T・Aをたのしいものにしたい。

・学芸会を立派にやりたい。・早く二年生になりたい。

このような希望とたのしみにあふれた喜びを心の中に持ちながら、表面にあらわれる彼等の行動は、必ずしも、よい方向とは言われない。一学期は道徳的な判断も出來ず、親、教師に言われて始めて自分の行為の良否を知るという状態で、殆ど自己中心的な行動が主であつた。二学期頃より、そろそろ物事の道理もやや辨え、自覚的な行動も、少しは見えるようになつた。然るに三学期に至り、学習にも遊びにも、落着を欠き、非常な変化を來している。（測定と観察とよりみたるカリキュラム構成への一考察 参照）

家庭に於ける兒童の現狀について家庭通信により調査したる結果（一月二十四日現在）

・親の言うことを聞かない。

・目上の者の言うことに反抗する。

・此の頃姉や兄の言うことを聞かなくて困る。

・よい返事が出來ない。

・冬休み後勉强しなくて世話がやける。

・ちよつとした事にふくれ顔する。

・いきなりで困る。

・字が乱雑になつた。

・あいさつがよく出來ぬ。

・兄弟げんかをして困る。

・言葉づかいがわるい。

・お行儀がわるい。

・お弁当を殘す。

・顔を洗わず世話がやける。

（この狀態は二学期の調査より著しい変化を示している。即ち五月十九日の同様の調査結果と相似かよつており、二学期より生活態度が荒々しい事を物語つている。これが原因を探求する事によつて指導方法も自ら生ずる事と思うのである。）

6 家庭の要求

生活現実の要求の中に合まるべきものであるが、特に著しい家庭の要求は、

・正月以後に於ける兒童の粗野な行動を憂慮している。

・一年生の最後のしめくくりを望んでいる。

(三) 予想されるいろいろの学習問題と單元設定

1 a 新年を迎えて、一つ年をとつたよろこびについて話し合う。

b もうじき二年生になるよろこび。

c 楽しいお正月についての話し合い。

d お友達の家へ行つた時またお客樣に対してあいさつがよく出來たか。

e 冬のおてんきについてしらべる。

f 冬にかかり易い病氣についてしらべる。

g 寒中休みをどう過したらよいか。

h 三学期にはどんなたのしみがあるか。

i 音樂会をたのしくするにはどうしたらよいか。

j　P・P・T・Aをたのしくするには、どうしたらよいか。
k　P・T・Aはどんなことを私たちにしていてくれるか。
l　学藝会をたのしくするにはどうしたらよいか。
m　城山へ行つて自然観察をする。
n　一年間の思い出を話し合う。
o　一年間の作品を展覽して話し合う。
p　一年間の思い出を作文に書いたり画にかいたりする。
q　教室や机をきれいにして、新しい一年生に譲ろう。
r　皆そろつて、うれしい二年生になる。
s　修業式をりつぱにやろう。

2　単元「もうじき二年生」の設定理由

予想される学習問題a項よりs項までを一貫し流れているものは、二年生になるよろこびと、ほのかなる自覚である故、主題を「もうじき二年生」としたのである。

3　題目「お正月」「たのしい発表会」「もうじき二年生」の設定

予想される学習問題を更に大別すれば
a項――g項までは「お正月」を中心としたもの
h項――l項までは「たのしい発表会」を中心にしたもの
m項――s項までは「もうじき二年生」を中心にしたもの
として学習をまとめ得る。故にこれ等の題目を設定したのである。

㈢　単元の目標

Ⅰ　新年のよろこび、進級のよろこびにひたらせながら、一年生のまとめをする。
Ⅱ　多から春への微妙なる、けはいを感得させる。
Ⅲ　表現技術の修錬をする。

1　題目「お正月」の目標と評價の観点

お正月を楽しみながら新年、三学期の意義を理解し兼ねて多特有の天氣、衞生について学習する。

理解	評價の観点
a　新しい年への希望をもつ	a　・年取りの日、元旦の家庭、隣近所、町の様子を話し合う ・今年はどのようにして送るか希望発表 ・一月一日より日記は毎日続けて実行している事について話し合う
b　三学期の意義	b　・一つ年をとつて、もうじき二年生になる ・一年生最後の学期であること ・三学期は四十二日しかない短い間に今迄の勉强をしつかり身につけなければならないこと ・こよみを作り、年、月、日、週の大要を知る
c　たのしく遊ぶにはどうしたらよいか	c　・お正月のあそびについて話し合う ・あそびの種類と遊び方 ・皆でかるた遊びをする ・工夫し、協力することの必要を知る。
d　多のてんきについて理解する	d　・寒いこと、風、雪、氷、などについて観察したことを話し合う ・室内の温度と室外の温度 ・寒暖計の零度より高いか、低いかの見分け方 ・教室の温度は十度以上でないと寒さを感ずること 日なたと日かげの観察
e　多の衞生について理解する	e　・今流行しているびようきについて話し合う ・今迄に罹つた病氣しらべをする ・ひび、あかぎれ、しもやけ、風邪、百日咳などについての体験談と予防法 ・寒中休の意義と活用
態度	**評價の観点**
a　希望をもつて生活する態度	a　・きめたことを実行するよろこび
b　話を聞いたり、したりする態度	b　・おもしろかつたこと、たのしかつたことを発表する ・それについて質問する

	評價の觀点
	• 一人でしゃべりたがらない
c 仲よく遊ぶ態度	c • かるた会など遊んだ時のことを話し合う • どんな遊びをしたか、其の時の様子を話し合う
d 病氣にならぬように積極的に努力する態度	d • 今迄に罹つた病氣の原因を話し合う • 風邪はどのような時ひき易いか • 汗をかいた時の処置 手や足をぬらした時の処置

技能	評價の觀点
a 話し合いによく考え、はつきり言い、よく聞く能力	a • はつきり皆にわかるように言う b • よく考えてから言う c • 考えながらよく聞く

2 題目「たのしい発表会」の目標と評價の觀点

発表会をたのしくしかも立派に行うためには、どうしたらよいかの問題解決の爲、皆協力して、計画し、練習する。それによつて生活技術と表現技術の基礎を養う。

理解	評價の觀点
a よい発表会について理解する	a • たのしい会でなければならない • 立派にできなければならない
b 音樂会について理解する	b • 自分達の音樂を立派に発表しよう • ひとの発表をよく聞く • 学校中樂しい時間をもつ
c P・T・Aについて理解する（P・P・T・A茶話会）	c • 学校や家庭でどんな世話になつているか話し合う（復習） • 自分達が毎日樂しい勉强が出來るのは何故か • P・T・Aとはどんな会か • 入学してからどんなお世話をうけたか • P・P・T・Aをどんなにしたらたのしく出來るか
d 学藝会	d • 自分達の勉强したことを立派に発表しよう • ひとの発表をよく見たり、聞いたりする • たのしい会をもつ

態度	評價の觀点
a たのしい会をもつために積極的に協力する態度	a • どうしたらたのしい、立派な発表会が出來るか話し合う • 自分の意見をはつきり言う • ひとの意見をよくきく • 決つたことに対しては積極的に協力する
b 共同して計画をたてたり実践する態度	b • 立派なはつぴようかいをするため計画をたてる • 計画に從つて、それを実践する • 眞劍に学習する、批判する、よりよくする
c 人の前で立派に発表する態度	c • 眞劍に、はつきり、堂々と発表する • 出場、退場は、きまりよく、靜かに、早くする
d 人の発表を眞面目に聞いたり、見たりする態度	d • 注意深く、見たり、聞いたりする • よい点、わるい点を批判する • さわいだり、けんかしたり、途中でやたら便所へ行かない
e P・T・Aに感謝し積極的にいい子になろうとする態度	e • 親や先生の言うことをよく聞く • 御手傳いや用事をよくたす • 毎日の経驗を親や先生にかくさず話す

技能	評價の觀点
a 計画し実践する能力	a • よい会にするために、順序よくきめる • どうしたらうまく出來るか工夫する
b 自分の思想、感情を表現する能力	b • 自分の思つていることを作文したり、画に画いたり実演したりする • 人の作文や、演奏、実演を鑑賞する • 案内状や手紙をかく • お禮の言葉を要領よくまとめて述べる
c 協力して演奏する技能	c • 樂器の扱い方 • 協力して合奏する
d 自分の力で必要なものを修繕したり作つたりする技能	d • 木琴の釘などとれたものは自分でなおす • 教室内の釘などでているところは自分でなおす • こわれたおもちゃは自分でなおす • 劇などに必要なものをつくる

3 題目「もうじき二年生」の目標と評價の觀点

春のいぶきを身近に感じながら、修業式を間近に控えた子供達の心は二年生になるよろこびにみちている。此のよろこびを一年間の反省によって更に裏付け、希望ある次への発展の基盤とする。

理解	評價の觀点
a 冬から春へ移り変りつつある自然の様子を理解する	a •氣溫の変化（冬のおてんきの学習結果と比較）について話し合う •自然の様子について感じていることを話す •城山へ行った事についていろいろ話す
b 一年間の学校生活を省みて自分の進歩に氣付かせる	b •今迄の作品（個人作、共同作）を展覧し話し合う •思い出を話し合う •思い出を作文にかく •思い出を紙芝居にして発表する（グループ毎に） •教師は、今迄の調査を整理し、見童にわかり易く、進歩のあとを話す •一年間に使った本や手帳其の他学用品について話し合う •一年間のいろいろな作品の処理について話し合う
c 二年生になるよろこびを感じさせる	c •登校日三十三日、無欠席で通学したものの賞揚 •近所の新しい一年生について話し合う •新しい一年生に対してどうしたらよいか話し合う •教室も机も、今迄自分達の世話になったものに対してどのようにしたらよいか話し合う •それをきれいにして、新しい一年生に譲る •修業式について話し合い、二年生になる喜びを作文にかく •春休みの計画を話し合う

態度	評價の觀点
a 自然を注意深く觀察する態度	a •氣溫の変化に対する觀察について話す •動植物の様子について話す •自然現象に於ける変化を話し合う
b 作品を大切にまとめ、保存する態度	b •作品の取扱い方について話し合う •作品を上手に展覧して、話し合う

態度	評價の觀点
	•一学期からの作品を家庭に保存してあるものの発表
c 公共物を大切にする態度	c •一年間世話になった教室、机、下駄箱、其の他について話し合う
d 式場に於て靜粛にする態度	d •修業式について話し合う •式場に於てはどのようにしたらよいか話し合う

技能	評價の觀点
a 自然を注意深く觀察する能力	a •氣溫・日ざし・晝夜の状況について話し合う •動植物の様子について話し合う
b 作品を上手に展覧する能力	b •一年間の作品をどのように展覧したらよいか話し合う •展覧した結果について話し合う •作品について話し合う
c 順序よく発表する能力	c •一年間の思い出を話し合う •それを作文にかく •紙芝居にまとめて発表する

（この單元の目標と評價の觀点から單元の展開が可能になるのである。普通考えられていることは、單元の展開の中に、評價の觀点を疑問質問の形式で入れてある。しかし私は評價の觀点を目標を達するための学習活動の觀点でそれを具体化することによって評價の道が目標に続いているものと考えたいのである。であるから、この單元の目標と評價の觀点とを同時に概觀出來得るようにした。結局この評價の觀点を具体化する事が單元の展開となり、しかもそれは目標への評價の觀点となるのである。

目標 ⇄ 評價の觀点 → 具体化 → 單元の展開

㈣ 單元の展開

單元一覽表の中心学習の事項が、およそ展開の順になっているので、ここでは重複をさける爲略す。

（展開したものを如何に学習せしめるか、そこに毎日の学習指導が行われるわけである。試みに第三期の教生諸氏の立案した学習指導案を少しく加除して記してみよう。）

○「たのしい発表会」の中の『おんがく会の案内状を父母宛に書く』学習指導案

二月二十四日(木)、二月二十五日(金)(三時間)

Ⅰ　本次の目標(中心学習のねらい)

1　話し合いにより案内状(人をおまねきするお手紙)を理解する。

2　三月一日の音楽会の案内状を父母宛に書く。

Ⅱ　評　価

理　解	態　度	技　能
a　案内状は人をおまねきする手紙であること b　どんな事を書いたらよいか	a　仲よく話し合う b　はっきりと皆にわかるように話す c　よく考えてから言う d　考えながらよくきく e　書いたものを読み直す	a　書きたいことをまとめてかく b　読み易いようにはっきり書く(句読点) c　字を正しくきれいに書く

Ⅲ　基礎学習のねらい。

1　必要なことはおとさぬように書く。

2　自分で書いたものをよみ直して、わるいところはなおす。

3　句読点に関心をもたせる。

4　文字指導

- 濁　音　ぎ(N・S)ぜ(S・A)べ(E・S)
- 半濁音　ぺ(N・S、N・O)
- 促　音　(N・S)
- 拗　音　(五名に注意)

Ⅲ　予備測定

読字力(二四、二、一五)	書字力(二四、二、一五)
・清　音　全部読める……………………………四〇名(全員) ・濁　音　全部読める……………………………四〇名 ・半濁音　全部読める……………………………三八名 「ぺ」の読めぬもの……………………………二名 ・拗　音　全部よめる……………………………三五名 まだ全部はよめない……………………………五名 ・促　音　全部よめる……………………………四〇名 句読点に対して二月十六日の作文「雪降り」の調査結果 大体正しく使用する者　一八名 不確実なもの使用しない者　二二名	・清　音　全部かける……………………………四〇名 ・濁　音　全部かける……………………………二四名 まだ全部はかけない……………………………一六名 「ぎ」「ぜ」「べ」……………………………各一名 (ぢづは取扱わず)……………………………一三名 ・半濁音　全部かける……………………………三八名 「ぺ」のかけぬもの……………………………二名 ・拗　音　全部かけるもの……………………………一六名 まだ全部かけないもの……………………………二四名 ・促　音　かけるもの……………………………三九名 まだよく了解しないもの……………………一名(N・S)

おてがみを書いて出した事のある者	書　き　方	話　し　方
・先　生　宛……………………四〇名 ・親せきへ……………………二三名 ・友　達　へ……………………一三名	・乱雑なもの……………………四名 ・中位のもの……………………四名 ・きれいなもの……………………三二名	・発言状況…………一般によく話す ・発音不明瞭……………………なし ・話し合にまとまった話が出来るもの……………………一九名 ・人の話をきかない……………………一名

Ⅴ　準　備　作文用の一センチ平方の原稿用紙　児童一人宛一枚及びグループ一枚宛

月日		学習事項（予備測定）	時間	学習の展開	基礎学習のねらい	目標（評価）
2月24日（木）	a	音樂会にお父さんお母さんに來ていただこう	一〇、〇〇	おもちやのきしやも上手に歌えるようになつたし、木きんで「おうま」も上手にひけるようになつたことの話合いからおうちの人たちにもきかせたい。それにはどうしたらよいだろう ・皆がうちへ行つて言えばよい ・是非來て頂くにはおてがみをやればよい		a、b、案内状の理解 人をおまねきする手紙にはどんなことを書いたらよいか 音樂会があること 日時 場所 やる種目 一生懸命練習したこと
	b	案内状（ひとをおまねきする手紙）について話す （手紙を出したことのある者 先生へ　四〇名 親戚へ　二三名 友達へ　一三名）	一〇、二〇	皆でお手紙をつくつて、是非來て頂くようにしよう 今迄にお手紙を書いたことのある人は発表する おてがみに書くことは、その時々によつて違わなければいけない		
	c	音樂会の案内状にはどんなことを書いたらよいか	一〇、四〇	グループ毎にどんなことを書くか相談してそれを用紙に書く 書いたものをグループ毎に読み合つて、いいかどうか話し合う		仲よく話し合い、きまつたことをまとめて書く
	d	グループ毎に書いた内容を皆で吟味する	一〇、〇〇	各グループの代表がよむ、それを皆で話し合い、音樂会に來て頂くにはどれだけのことを書いたらよいかきめる（教師はきまつたことを板書）	年、月、日 午前何時 午後何時 の書き方	考えながらよくきく。よく読むためにははつきり書く
			一一、〇〇 一一、一〇	やすむ		
2月25日（金）	e	各自案内状をかく（予備測定の文字、書き方などを個別的に指導する）		・必要なことはおとさないように書く ・字をはつきり、ていねいに書く ・句点に注意してかく ・書いたらすらすら読めるように読みなおす、悪いところはなおす	句点にきづかせる 文字指導 ぎ……（N・S） ぜ……（S・A） べ……（E・S） ぺ……（NS・NO） 自分の書いたものを読み直す	必要な内容をはつきり書く（内容、文字、其の他については明日までに作品を調べて効果測定をなし、明日の予備測定とする）
	f	案内状を集めて本時のまとめをする	一一、四〇	グループの代表が集める 今日の勉強についてまとめる 明日皆でおまねきする手紙を作ろう		案内状に対する理解については問答により再確認させる
	g	各自の案内状をグループ毎に読み合う（教師はそれぞれのものを調べて置いて）	九、一〇	グループ毎に読み合い、その中から、よいと思われるものを選ぶ（教師の予想したものと合致するかどうか、机間巡視）		書かれた内容を吟味し、選択するかどうかを見る
	h	グループでまとまつたものを全体に発表し批正し、皆でまとめる	九、三〇	グループ毎に発表する 教師の選択したもの（内容のはつきりかけているもの、不必要なものまでかかれているもの（二）を読ませ皆で吟味する。もしグループ毎の発表の中に教師の予想したものがない場合は、教師の指命で更に読ませる。皆でえらんだ一つの作品を更に皆で推薦する宛名、出す側の名はどうするか	ぜしをぜひに訂正 同じことをくりかえして書いてあるものに対して吟味 よみよく書けているのを皆で吟味する	書きたいことをまとめてはつきり書いてあるか よいお手紙についての理解
	i	出來上つた案内状はどのようにして家へとどけるか	一〇、〇〇	皆で話し合つて出來上つたお手紙をどうしたらよいか ・皆がきれいに書いて、もつていけばよい ・自分たちには印刷出來ないから先生にかいてもらつて、それをうちへ持つていく （結局、教師がプリントすることにする）		人をおまねきする手紙は皆同じ内容であつてよいこと（普通の手紙との相違）

j まとめ	j 音樂会に是非來て頂く手紙が立派に出來た。これを月曜日（二十八日）までに教師が印刷して置いてやること 來て見て頂くために、もつともつとしつかり音樂会の練習をしよう		j 音樂会に対する心構え希望をもたせる 案内状を書いた喜びを感じさせる

Ⅶ 反　省

1　本次の学習事項（中心学習）に対する評價

○案内状という名前を知らせる事は早いと思うが、「人をおまねきするお手紙」としてならば、無理はない。

○案内状を書くことによつて一層音樂に対する学習意慾を増した。

○必要事項をまとめて書くという事に対する指導としては適当な内容である。

○内容に対する推敲は教師の適切なる指導なくしては困難である。

2　基礎学習のねらいに対する評價

○文字の習得（読むこと）状況は十二月下旬の調査で百パーセントであつたが使用度の少い文字は忘れ易い。この様な小数者の個別指導は時に應じてなす必要があるが、本次のような学習に於いては個別の指導をするに好都合である。

○句読点の初歩的な取扱いは本次の基礎学習のねらいとして重要に考えたが、作品から考察して四十名中十一名は大体了解していた。この取扱いのあとの結果四十名中三十二名が習得した。

この学習中、書いたものを読み直すこと、自分の書いたものを人の前で読むことによつて、句読点の必要をおぼろげながら了解した。

○自分の書いたものを読み直すという事をあまり好まない。文字の批正をしたり、内容を吟味する態度は積極的ではなかつた。

○松本附近はぜひをぜしと発音しまたその通り書き易い。兒童の大部分は「音樂会にぜひ來て下さい。」とぜひを使つてあつたが、ぜしと誤つた者が相当にあつた。

使用したもの三十二名中　誤つて書いた者　二〇名
　　　　　　　　　　　　正しく書いた者　一一名

一度にひをしに変えようとすると当然しとすべきところをひとしてしまうような事も起り得るので、事に即して指導する事が肝要であろう。

拗音に対して取扱い前の一作文を通しての測定	使用者　正――三三名	誤――無
取扱い後	使用者　正――三六名	誤――無
促音に対して取扱い前の一作文を通しての測定	使用者　正――二八名	誤――二名
取扱い後	使用者　正――三二名	誤――五名（使うべきところに使つてないもの）

3　学習指導上の反省

○学習事項中、a、bの取扱いに於て目標の確認が充分なされぬ中に、グループ活動に入つた事は、学習の雰囲氣を作り出す上からまずかつた。

○学習事項gに於て兒童達の選出の仕方は、字がきれいだとか、すらすら読めた事によつた者が多く、内容の吟味に関する指導が手薄であつた。

4　作品の上からの反省

○兒童の作品から判定して、音樂会に人をおまねきする手紙の内容については、殆んど了解していたから、学習の展開は大体よいと思う。

○四十名中三十八名は音樂会に対する一貫した案内状が書けたが、二名のみ次に行われる親子茶話会と学藝会にまで言及したものがあつた。

○文字は一月頃の乱雑さからやや立直りをして來た。

5　綜合評価

○この単元の中に、音楽会の案内状を書く場を入れたことは、児童に自然に行われ、また結果からみて取扱いは大体成功したと思う。

6　教師がプリントして家庭に配った児童の案内状

おんがくかいの　おてがみ

三月一日はおんがくかいだから、こうどうへ　ぜひきてください。先生に　うたや、もっきんや、たいこなんかをおそわり、うたの　おもちゃのきしゃと、もっきんで　おうまのおやこを、やります。いそがしくないかたは、ぜひきていただいて、みてもらいたいのです。みにくるときは、げんかんやなんかを、あけっぱなしでくると、どろぼうやなんかが、はいってくるから、うちの中から、しんばりぼうを、あてておいてから、きてください。みんなまっています。

二月二十八日（月）　　　一年東ぐみ

おとうさんやおかあさんへ

以上、三学期の単元をやや詳述し、一部其の具体的な学習までも書いたのであるが、要は第三段階の単元の展開を如何にしたかを述べてみたかったのである。

此の単元を展開する為に教師は如何なる準備と注意をしたのであろうか。

1　父兄教師の密切なる連絡によって環境設定を行ったこと。

○三学期から木琴を主とした簡単楽器の演奏に移り、音楽会にもそれを発表したのであるが、これに対しては、十二月十七日（金）の家庭通信によって環境設定の準備にとりかかり、クリスマスのプレゼントとか、御年玉には三学期の単元展開に必要なものを購入して頂くよう予め父兄にお願いしておいたのである。その為非常にスムースに其の展開が可能になったのである。

○十二月二十七日（月）の父兄からの返信によって、新年を迎えるに当り、児童に如何なる期待と希望をもつかの調査として、三学期に対する環境設定の資料とした。

○一月　十八日（火）小単元「お正月」についての連絡

○一月二十一日（金）展開についての連絡

○一月二十四日（月）日程表についての連絡

○一月二十六日（水）最近の児童の実態についての連絡

○一月二十八日（金）授業中休業に於ける予備測定に対する連絡

○二月　七　日（月）終業式までの行事予定に対する連絡

○二月十一　日（金）小単元「たのしい発表会」に対する連絡

○二月十四　日（月）より七日間にわたって児童心理の段階について連絡

○二月二十　日（日）学習の展開に対する連絡

2　教師は如何なる観点から単元の展開を企図したか。

○一年間のまとめを如何にすれば合理的に自然に解決出来得るかを考慮した。

○一学期、二学期に於ける児童の動きと、三学期の児童の動きとを比較検討して時間割に考慮を加えた。

このように父兄との連絡と教師の準備とによって、確固たる見透しを単元の中に持ちながら其の展開に当っては、児童の自らの課題解決の立場をとったのである。

「たのしい発表会」に例をとるならば、児童は音楽会なら音楽会をどうしたら楽しく、しかも立派にやる事が出来るかの課題解決のため、自ら考え、自ら処理する活動をしたのである。殆んど毎日の時間割も学校から帰る直前皆で相談して立て、其の中に、けいかくの時間が必ずおかれた。この時間に目標を確認しながら一歩一歩学習計画を立て、児童自らの問題として、積極的な学習活動が展開された。一方父兄との連絡を密にして、巧に児童の自発性を誘発するような賞讃を与えたのである。

具体的に述べてみるならば、音楽会を立派に楽しくするためには、しっかり練習しなければならない。そこで何を音楽会にするかが問題になる。次に曲が決まる。（教師は予め音楽会を予定しているから、曲目や演奏に関しては教師の意図と一致してくる。）それをどんな方法で練習するかが討議され、計画立てられる。このようにして、児童は自らの問題として努力する。従つて上達も早い。これをどんな風に発表するかが問題となり、入退場態度が論議され反復練習される。こうして、児童達が自信をもつて来たところを、すかさず次の課題を投げかける。即ちこんなにうまくなつたのだから、おとうさんやお母さんにきいたりみたりして頂きたい。そこで案内状が問題になる。父兄は児童の案内状を受けとる（教師からの連絡はもちろんある）。音楽会には、半数以上の父兄が参観される。父兄は子供達の真剣な演奏ぶりに感激して賞める。三月二日の音楽会の反省に対して、児童達の叫びは全く嬉しい限りであつた。児童は二週間音楽会を生活の中心として、全力を傾注した。そして、種々なる生活技術と表現能力とを身につけたのである。

このような展開を私は第三段階と名付けたのである。

要するに低学年の学習指導に対する教師の位置は其の根底にはロモスの言う如く「教師なくして巧に学習し得る子供を作る事が最良の教育である」ことを置きながら、目に見えぬ糸をもつて、巧にあやつらなければならない。子供達の興味や関心は極めて浮動的でしかも瞬間的である。教師のわずかなヒントによつて、児童の指向する興味や関心の流れを自然に誘導し変える事が出来るといつても過言ではない。単なる児童の興味や欲求に流される事は、真の意味に於て、児童を尊重することにも伸長する事にもならない事を銘記しなければならない。

長々と述べて来たが要は児童をみつめ、一人々々の実態を適格に摑んだ時に学習指導の展開は自ら其の道が開けるのであつて、単元展開の公道はない。単元の展開の方法は教師の自由闊達な物の考え方の中に無数に存在する事を忘れてはならない。

四、月暦と児童の動き

1　児童と教師の動き

月暦は児童の生活過程をあらわすものであつて、子供達はこうした生活暦の中に成長したのであるから、この月暦と児童の動きを考察することは、カリキュラム構成に於てもまた単元の展開に於ても、一つの手がかりを見つけることが出来ると思うのである。今迄毎年多くの教師によつて一年生の指導が行われ、また行われつつあるのであるが、殆んど一般的抽象的な記録のみで具体的な生活記録がないのである。これでは、毎年新しい教師によつて新しく取扱われ、それは、その教師個人の研究に終り、積み重なる事がない。このような断片的な教育では、児童の成長も、教育の進歩も期待する事が出来ず、十年一日の如き状態を脱する事が出来ないであろう。我が国に、確固たるスタンダードの現在までなかつた理由も、うなずけるし、また今後も、今迄のような考え方で過す限り、永久に出来ないであろう。私は現在の教育研究所の機構の外に、もう一つの教育研究所を欲しいと思う。原理的な研究もちろん可、教育方法の研究もちろん可であるが、各学校の具体的な指導記録を集め、それを整理考察し、其の実践を通した貴重なる結果を、各学校に通達し、それを参考にした指導結果をまた研究所に集め、かくして、教育原理をほんとに具体化し教育的能率をあげると同時に、スタンダードを累進させたいと念願している。この様に、多くの教師の力を統合するところに、教育は向上するのであつて、如何に優秀な研究であつても、一、二の人によつてなされている断片的なものでは其の効果も少いと思うのである。私はこうした

62.

ı	
5	
٦٦	
1	
	1 22

で名がか	机等点	、ななっ	作、帽子	比る・下駄箱						(事)	始業式 (午前 中)	t5	H
),,	道作成	• 民連名 • 教皇教		2)					教宝整備	*	1	固
044	瘦	Э	語	樊	Uth	動	S	部	思	南	且	翻	Ш	正

2 月暦と兒童の動き一覧表

となる商芽を含んでいるならばこれに過ぐる喜びはない。

た一クラスの歩んだ貧しい記録であつても、多ぜい

検討され、修正されて、教育を具体化する基盤の教師の動きの中には、毎日必ず行われた明日の指導計画、教生指導、家庭通信の作成の時間は一切記入してない。) こうし動きも大事な点を見逃している事と思うし、教師の動きにも一般性はないと思うが、いつわらざる記録である。

太の一驚表は兒童の動き

児童の計画を具体化する近道である。

力をその具体的展開に傾注出來得るようにす礼ば、教師の生活にゆとりが生ずる事であろう。極所を持つ事とそ的な資料をもつていなかつた事が其の原因の主なるものである。ソースユニット的のものが早く出來て、教師の設定に極めて無駄な努力を費した事を思う。とれは

合理的な生活設計は教師の仕事を整理し偕素化することである。私は一年を省みて單元のそれが爲には、われわれは無駄な活動を除去して、しかも確実なる教育効果をあげ得るように、生活設計を変に喜びと希望と慰安を、求められるような社會でありたいと思う。

此の生活を、児童の動きの中に混然と融合せしめた時、教師としての生活は成立する

生活の中画を立てる。準備、測定、実践、評價、反省、勉強、この絶えざる時の經過が教師の生活の本体であろう。

たねばならないと同時に生活現実を摑まぬ事には一日として過ごし得

一年間(或は理想的な人間像)の見透しを持ある帳簿を開いて一日の業務が始まり、其の帳簿を閉じた時に一日の業務が終る』そのあとは完全に自分の時間教師はただ一日の授業をするのに、如可なる動きを要求せられているであろうか。『明細に間違いなく書かれて

を再生ごとすりできますらのに、中でする的をと言えたすられているであるのか。『月田と引皇のよく書いれて陶冶されるものではない。 教師の生活が極めて見重の陶冶に影響をもつものである。

常に着実に動いてい

生活が教育する。」とは有名な言葉であるが、見置は自己の生活のみ過去を忠実に整理し、これを活用して現在を充実せねばならない。教師

教師の動きは常に先の見透しを持たねばならないと同時に、としての生活があり人生が

教師が教育と生活とを二元的に考える時、教育活動は、教育技術は加い。児童の学習効果をあげようとするならば、教師は先本兄童の中に全生命を傾注せねばならない。ことに教師や児童の学習効果をあげようとするならば、教師は先本兄童の中に全生命を傾注せねばならない。ことに教師考えるのである。父兄の協力を得こうと思うならば、先本教師は自ら自己の主活を教育一本に確立せればならなり方が非常に安易なものであるが如き見方をされている。然しながら、私は教師の動きが教育を左右するとすら如何なる動きをしていたであろうか。一教師が子供と共に動いた生活の記録である。世の中から一般に教師の在をなを記したものである。ころした月暦の中に兄童の動きを見つめながら、教師はきを観察し、記録して置いたものなむにく

一鼈表は極めて、簡略なものである。昭和二十三年四月五日入学式より昭和二十四年の三月まで毎日児童の動考えの上に、誠に杜撰な記録ではあるが敢えて發表し、積み重なる敎育の捨石にならばと思つているのである。

- 66 -

・本日より学校に宿泊す	朝の話し合いに人の話を聞く態度なし	つばめ飛ぶ	匠	26
			ш	25
• 效生講話	出す者喧騒を極むられまいとしてかくすものとられて泣きカード遊びをかるたの如く扱いたるにと	谷口先生講演	Ĥ	24
数字の効果測定の返信整理	しなくなつて來た 大部学校に馴れて、徐々に單調な遊びを	谷口鑑修官來校俄雨、初雷	舲	223
午後家庭訪問カード作成の厚紙を切る	順序をまつことがなかなか出来ぬ	読字力調査を始む仝	*	64
• 午後家庭訪問・ 熊字 り調査 誤プリント	自分勝手にどんどん発言する見輩の姿校が遲くなつて來た	分 在	水	21
• 午後家庭訪問	砂造びを好む 互互は放課後帯できれいに教室を構く、	《 庭討問	火	20
家庭訪問の準備する関心調査整理する関心調査整理・身体の疲労程度・見重の学校に対	つよい 折紙などしても数師への依頼心が非常に 洗つて家事室へかえす MNはミルクの桶を] 人でもつていつて	父兄参鶴日	月	19
配給控作製公兄参観に対する準備		菜の花ざかり	ш	18
• 体重 • 尹長測定結果整理	小便のしくじりあり 千後になると自分勝手に出歩くもの多し 雨傘の始末が出来ない	体重、身長測定全、右	+	17
	父兄の見霊に対する関心やや鈍る	権の記念の木を植える 仝 右	静	16
記念の木の礼作り植樹の場所の文垣り	自分勝手を通そうとしてけんかをする	核庭の嬰殆んど満開 仝 右	*	15

• 賬 岷 伙	就学前の友達がやはり遊び友達二列に並ぶことがなかなかなかは外出来ない	4 在	水	14
・傘、カッパなどの治末	雨天泣いたもの三人、けんか二組動から弁当のことばかり氣にしている	室内での遊びに喧騒を極む。 同降る	火	13
こと・ミルク用のコップ数箇用意しおく	多し核外指導に於ても個々の行動をとるもの	ミルク裕與 (本日より)今日より弁学を持つてくる	且	12
.*		,	ш	11
• 教科打合会 • 水槽用意	川原からとかげをとつて來て飼育するすつかりじがれを出して來た一般占慾が强くあらわれる	女鳥羽川へ彼岸壁淵開 大山 華光故課	1	10
• 女鳥羽川下見分	たがる者五人室外で遊ぶ者が多くなつたが、室内にい	十一時二十分放課はじめて国(自由国)をかく	脸	9
• 体重身長劍定結果整理	厚着をむている者が多い並んで歩くことが出來ず先に走りたがる	午前八時十分妨業体重、身長測定	*	8
・職員会・見置の住所略地図整理	けんかはじまるそろそろ行儀がわるくなる	午前十一時十分放課	水	7
• 家庭環境調查表整理•

每日黑板化脍玄圃く	泣いた者一人 独りでぼつんとんている者四人	午前十時二十分放課	火	6
• 家庭通信(以後略) • 徽章用意 • 受什準備	NBは教師をおじさんと呼ぶ名前を呼ばれても返事の出來ぬ者一人	すいせん咲く学校の権満開 学校の権満開 入学式(午前十時)	月	Οī
・・・・・・・・・・・・・・・・・・・・・・・・・・・・・・・・・・		数室整備入学式諸準備	ш	4
・教室のうしろへも黑板をつける・異板を低くする・異板を低くする・人形芝居舞台修理・		#	H	ట

• 日食観測の為のガラス片用意	NO強情の通らぬ事を知る	あさがおの種子を鉢に薜く体重、身長測定	+	s	
• 砕麗台を二箇所作る	分勝手な行動をとる皆できめた事でも、いざやつてみると自げループ毎の話し合いにはじめて入る	終格を作る たれを帯ぐ 南窓に鉢置台を作る	金	7	
・職員会 ・じょろ用意(二箇) ・切りぬき絵を作成準備	いまだまだ他人のことなど考える余裕がな	たねまきの処蹟に入る	*	6	
 七種用意 ・学級園の準備		父兄郤会	水	οπ	
• 父兄潞会準備	來る サマータイムのはじめでの営校、皆運く	核医診断第一期教生受入	火	4	
・児童の小黒饭作成		小票板を作る憲法施行記念日	月	ယ	
・かるたの下絵をかく	つた者もある程度 果、殆んど遊び暮し、中には兎のえをと 二日間の休みを通信によって調査した結	サマータイムに入る	Ш	62	J
• 調査用紙 整理	に死す 男子のみ欠席、四人中様欠二、とかげ姦	る第二回目の自由画をかかせ	H	1	王
・職員会・出欠簿整理・日室の小黒板作成	話し合い先生対一人になり易い	連鳴へ 第二回目の雷	ト	30	
・重クロム酸、ログードエキス用意		火虯鷲出口	*	29	
教生指導打合せ会身長体電測定結果をまとめる	が離れないおれたいおたふく風流行三名隅柄まだ幼稚閣友達	身長、体重測定	*	SG	
	- 兎の折紙 人 人数師の確認をもとめる	映画見学 二年以上「手をつなぐ子等」	*	27	

1

69

			,	
する・

って来た	夕 立、	的	21	

C今後毎日) ・ 『国子の調査の準備		短文の指導に入る E)女子 発置しないもの(N 4、対	的	25
	り学習する 來たため参観謝絕の礼をかかげてゆつく 連日の参観者で見稟に落ち齎きをかいて	見重にて約金汁を配る数生地方参観に	K	24
	手帳の指導に入る教室

千代の場へ入浴交渉	歯みがきを替よろこんでやる	蛔虫飄除薬をのむ歯みがきの実育を変えがきの実育をはないま	*	16
・蛔虫驅除薬を準備・蛔虫・・・・・・・・・・・・・・・・・・・・・・・・・・・・・・・・・・・	¥以と日々けんかする	室に入る白い旗をふると元親よく教	*	15
研究と題して

六月

21	金	夕立、雷鳴	画の内容がやや豊かになつて來た	・読字調査一覧表作成
22	土	一齊に読字力調査 兒童六西授業見学	思つたより読字力がついている やはり取扱つた文字の成績はよい MOとKNは幼稚園友達でまだ行動を共にしている	・読字調査結果整理
23	日			
24	月	能力別にかるた遊びをする 教生地方実習へ	サマータイムの影響もあるがだんだん朝ねぼうになつて來た 遅刻者毎日あり	・兒童観察結果整理
25	火		晝食後皆そろつて「頂きました」をするようになる	・予防注射（チフス）に対する調査票整理
26	水	ポパイの映画見学	映画館（電氣館）への往復左側通行にて極めて列正しく出來る	・数字調査票整理
27	木	体重、身長、胸囲測定 チフス予防注射	級そろつて体育のとき、仲間入りの出來なかつたものYAとHA	・「私たちのからだ」予備測定票整理 足の形測定用墨汁其の他準備
28	金	夕立、雷鳴 足の形をうつし測定	はさみの使い方が四月より大分よくなる	・食べ物に関する調査票整理
29	土	文理大学生二十名参観 兒童次週の計画をたてる	教室にて大便のしくじり、JO 自分達でお掃除をしたいと言いはじめる	・姿勢・入浴に関する調査票整理
30	日			・足の形測定結果整理 折紙の鯉のぼり共同製作の準備
31	月	作文そろそろ持つてくる はじめて空の鯉のプリントをよむ	TTはどんぐり小僧の話をくわしく書いてくる 工作に依頼心まだ見える	・鯉のぼり製作用、紙、糊準備
1	火	こいのぼり製作 掃除をはじめる	紅白の鉢巻を非常によろこんで、いつも頭につけている 男は白、女は紅を多くつけている	・爪あかのバイキンを顯微鏡で見せて頂く 学校医に依頼

— 70 —

2	水	全家庭から借りたこいのぼりを飾る（節句人形）右 指測定	こいのぼりのグループ製作が大分よく出來るようになつて來た	・配給表に関する調査票整理 指測定票整理
3	木	こいのぼり完成 予防注射 顯微鏡にてバイキンを見る	作文してくる者次第に増す TT、MK、MS、KN、MN	・鯉のぼり用竹竿用意
4	金	教生再び実習 運動会予行、南日新聞社写眞をとる	グループ製作は長時間すると、あき易い者が出て來る	・運動会準備、腰掛に名札をつける
5	土	小運動会（午前七時五〇分）	かけつこの時の集合がまずかつた	・小運動会
6	日			
7	月	体重、身長測定 読字調査	今まで外の勉强が多かつたので室内での態度がわるくなつた	・体重測定結果整理
8	火	読字調査 私のからだの勉强に入る	指の長さの測定の結果、中指とくすり指の第三関節の長さは誰も同じになつている不思議だ	・読字力調査結果整理 職員会
9	水		友達と遊べないものが女子に四人いる（KM、MT、KM、MS）	・どんぐり小僧紙芝居作成、 ・研究授業批評会
10	木	一東の校内放送 附中運動会見学	運動会の見学よく出來た	
11	金	入梅	授業中さわがしいと、友達に注意する者が出てきた（MK）	
12	土		まだ教室内を出あるく者あり（HA、NS、SH、KN、HK）	・研究授業指導案を作る
13	日	彰風会	近頃忘れもの多くなる クレヨン（六）ハサミ（三）	・明日の公開授業の教案をプリントする

— 71 —

まだたくさんあり	BCGの注射 八時尘が禁となる 参観謝絶の礼をかかぐ	*	63
・職員会・める・める・四月以來の読字調査の結果をまと	AEDひたいにけがをする 校外指導中友人(ZEE)のあやまちから	大門沢へ川遊び	*	£3
大門沢へ下見分競字調を結果整理	で学習する学習に作業的なものを加える よろこん	読字調査し込む し込む 夏至、日光北側の窓からさ	月	21
• 大門沢へ不見分		終日雨	П	20
・DTAバ関する調査課盤理	をかいてもつてくる 先生におてがみといってぼっぽっ手がみ	終 日 雨体重、 事長測定	#	19
・粘土を上伊那伊那村へ注文す	樂しい小達足であった宿での行動はあまりよくない	梅雨堪様となる(夕刻より) 入浴実習に(千代の湯へ)	舟	18
• 卫卫人結成		学級アロム結成会全	K	17

発表・効果測定を中心とする低学年指導	参観者二百名以上、子供護つかれた熊子	豆颱風 歯の処理をする 公開接業	Я	14

73 -

- 74

	学習意欲の少い子(NS) 最近どんどん仲びてきた子(HA)	定、担任欠学級PTA地区世話係を決	Я	19
		短縮授業はじまる	ш	18
譲 ・学級代表と地区世話係について協・体重測定結果整理	いことがわかる無意味にばびぶべぼを数えても効果のな	体重、身長測定数生保育実別終り帰省	+	17
・夏休みに関する調査票整理	時との意見出る日姉部から一年生の帰る時刻が一番暑い	置 雨学級ALA開入	舟	16
	ばびぶべばを指導する	置雨 青木誠四郎先生來校	*	15
理・BTA参観日についての調査票盤	かげをつける信所依頼のびんとマッチの写生TWのみ	数生とお別れの会(和行堂)	水	14
	いかえるの遊戯創作させるが案外おもしろ猛暑のためか病欠が出て來た (三人)	かえるの朝の遊戲を作る全 石	火	13
・暫写力調査の結果整理	せ方の工夫をするしゃばん王を大へんおもしろがつてとば	ばぴぶぺぽの学習 しやぼん玉の勉强に入る	月	12
			ш	11
石けん、かんからを用意すむぎわらを用意す	(大月二十六日以來約二―三倍) 曹写力大部早くなった	教生告別式	H	10
• 数字調查結果図表に記入	前ではじめる(エマ、MI)伸のよい友達を作り、ないしよ話を皆の	文字・数字の調査をする	的	9
• 花鼻絵日記な整理	逃戯ささのは 兒童思いのほかよくやる	最近猛暑が続く	*	Ś

- 76 **-**

→ 髋字 謂 杳 罵 へ 記 入	る(返信調査) 次第に自主的学習が出來て來たようであ	號字調查	火	21
・ 田田制作のいての調査を発達	中秋の名月を殆んど全部観察した	発診チフス予防注射数生保育実習	月	03
			я ш	19
		第三三月上、日	+	18
	お月さんの詩の合作をやる	中秋の月鶴祭	台	17
	いて來た近頃、まんがや絵本のかりかしが目につ	アイオン颱風学級文庫の計画はじまる	*	16
	三名 三名 日本 日本 日本 日本 日本 日本 日本 日	をはじめるこぐご [[お月さんのくに]学級PTA	*	15.
		*,	*	14
調査票盤理 ・五日制の二日間の利用についての ・宿題を見て繋選す		発疹チェス予防注射入時十分的業となるお月さんの学習に入る教生講話開始	H	13
			ш	12
		出來ず雨及び曇天のため月の観測サマータイム終る	+	11
	と皆から言われたもの(立り)集合の時刻が遍れて、めいわくをかけた	4 在	的	10

9	*	月の観測継続	りに出た昨夜の月をみたもの半数月の観測を前に話してあつた爲、久しぶ	• 「私のからだ」へ記入父兄へ通知す
8	¥	南雨西中空午後七時日表をむち月まなあらわす	早くなる 廃から教室へ合図で集る時間、だんだん	• 月鶴卿記入表〈順次記入
7	*	熊字調查	撃された者(H4) 集合の白旗をいつわつて振つて皆から攻	• 読字調
6	J	める時計についての勉強をはじ	(XZ、XA)のみ時計の見方む大体承知している者二人	• 侑魈及び調査票整理
OT	Ш			
4	1	光 田制度		
3	的		数第の構能はあまり好まなくなつて來た	
Fo	*	入学以来 I CO日游校	くずれて、各自自由に遊ぶ入学前の遊び友達のがループはすつかり	(以後母木曜日) ・五日制に於ける宿間作成
1	*	月の観測を家庭に依頼す	一行位の作文を指導す	
31	火	短縮接業終り 花畑整理	夏休み直後のためか学用品を忘れるもの多し	
30	月	月の観測をはじむ	したもの 作事増加三二、滅五、同四、滅は病氣を	・月の観測の計画表を作る
6.7	ш		来なかった由 返信によると夏休み中自主的な勉強は出	
2 50	8 7 6 5 4 3 2 1 31 30	8 7 6 5 4 3 2 1 31 30 水 火 月 日 土 金 木 水 火 月	8 水 在馬西中空 日子 名名 第字調本 2 1 2 2 2 2 2 2 2 2 2 2 2 2 2 2 2 2 2	● 木 在馬西田中空 早くなる 原から数室へ合図で集る時間、だんだん 原から数室へ合図で集る時間、だんだん 襲き調査 集合の自様をいつわって振って皆から攻 自日 ゆる 中間についての勉強をはじ 時計の見方を大体承知している者二人 日 み 全 本 工 五日制実施 数第の構除はあまり好まなくなつて来た 女皇 東 「○○日登校 人学和の遊び支護のグループはすつかり 大 月の鶴捌を家庭に依頼す 一行作の作文を指導す 一行作の作文を指導す ・ 大 月の鶴捌を家庭に依頼す 一行作の作文を指導す ・ 大 月の鶴捌を家庭に依頼す 上行作の作文を指導す ・ 大 月の鶴捌を家庭に依頼す 上行作の作文を指導す ・ 上 大 月の鶴捌を家庭に依頼す 上 大 日の鶴捌を家庭に依頼す したもの といわらるの多し とたもの したもの したもの したもの したもの したもの したりの したもの したもの したり はは病気を

- 78 -

- 觀乎檔果麴題	

平均 一○二字最低 二四字 (HS)」四字(HS)裏点 二四字(HR) (HR) 最高 (LC) 東高 (LT)

運列する者多し(MO、FO、AO	・お倒にひいての闘神駅鉄車
	28	*	卿田興除

虫驅除雞用意
2	26	ш	₩		
7	25	+	会 第四回目出、日		
2	24	静	東京出張将関節測定	り学習する担任留守の高、自分達で描

十月

22	水	体重、身長測定 東京出張	二十四日の学習計画を皆でたてる	・体重、身長測定結果整理 ・金曜日の準備をなす
23	木	秋分の日 仝		
24	金	指関節測定 東京出張	担任留守の爲、自分達で樹てた計画により学習する	・大島技官に指関節測定を依頼す
25	土	仝　第四回目土、日		
26	日	仝		
27	月	ひるの月見える 第二期教生受入 学級文庫の学習に入る	ひるの月が見えたと報告するもの多し	・クラス文庫 ・本についての調査票整理 ・蛔虫驅除薬用意
28	火	蛔虫驅除薬をのむ	十八名の者は話し合いに非常に消極的	・文庫の書棚準備
29	水	学級文庫の本を集める	遲刻する者多し（ＭＯ、ＦＯ、ＳＨ） ＮＯはじめて本がよめるとよろこぶ	・お金についての調査票整理
30	木	仝　右	遲刻者四名 文庫の貸出し計画をたてる	・文庫の本を整理す
1	金	文化祭についての取扱い	自分達で文庫の貸出しをやる	・おまつりの小づかい銭についての調査を依頼す
2	土	松本市文化祭		・家庭通信の紙面を月曜日のみ半紙大とす
3	日	文化祭		

4	月	家庭通信月曜日増大する 文庫開く 運動会の練習に入る	自分達だけで学級文庫をひらく	・小づかい銭についての調査票をまとめる
5	火	教育委員選挙日		
6	水	雨のため運動会練習不能	選挙模擬をしてみる。おまつりの小づかい銭調査の結果平均三一、七円	・大球（紅白）修理
7	木	運動会予行雨のため中止	最近蛔虫の寄生が多いとの父兄から通信しきり	・腰掛けに名札を貼る
8	金	運動会予行	附中の庭まで道路を行く。左側通行よく出來る	
9	土	校庭運動会	腰掛をもつて校庭まで。相当苦労であつた。元氣よく運動会を終る	
10	日			
11	月	時計、お月さん、運動会の効果測定週間 グループの名前をつける 運動会の作文をかく	運動会の作文 最高　二〇八字（ＴＴ） 最低　二四字（ＥＳ） 平均　一〇二字	・読み調査表作成
12	火		鼻汁を出している者目につく（六人）	・最近のよい点、わるい点の調査票をまとめる
13	水	身長、体重測定 だんだん月の出おそくなる	校内放送の出演者を話合いの上選出する	・体重、身長測定結果整理
14	木		お月さまに大変関心をもつてよく観察している 自分の意見をまとめて発表するものが出て來た	・検便油紙用意
15	金	長坂端午先生來校 検便の油紙を渡す 読字調査	対話よみがだんだんよくなつて來た 自分の意見を主張しすぎるもの（ＹＡ）	・読字結果整理

16	土	長坂先生講演		
17	日	満月、快晴		・玩具少しく用意す
18	月	検便、和田先生來校 読字調査 のりものごっこ学習に入る	鉄棒のうまい者（KY、NA、MO） 女子の方がよい	・のりものに関する予備測定票整理
19	火	和田先生講演 紙の電車作る	他人のおせつかいをする者（MN） 学習の態度わるいもの（HA、JT）	・工作用の厚紙を準備
20	水	教室に砂場を作る用意をする 汽車を作る	指導の仕方によつては子供はよく動く	・教室に教壇を利用して砂場を作る
21	木	バス、ジープを作る	いつも発言しないNOが発言するようになつて來た 製作する時、あまり教師にたよらなくなつた	・ボール紙で停車場の模型を作る（教生）
22	金	家をつくる。一東校内放送 砂場をひろげる	児童に自覚ある態度がみられる（HK、WT、NO、MY、ST、TT、SY）	・砂場をひろげる作業 ・PTAに関する調査をまとめる
23	土	学校PTA世話係会 児童有志学校へ來る 砂場を大きくする	児童が全く自発的に登校して女鳥羽川から砂運びをして砂場をつくる	・PTA世話係会を午後開く
24	日	ひるの月見える		
25	月		人のさわぐのばかり氣にしている子HA 朝会の話をよくきいている	・交通事故についての調査票整理 ・研究授業のため教生徹夜
26	火	研究授業（小山）	毎日だまつているSAに勉強おもしろいかと聞いたらおもしろいと言う	・お手傳いお使いに関する調査票整理
27	水	MSは道路標識を写生してくる	皆で話し合つて行く態度がだんだん出來て來た 自分で研究するものも出て來た（MT TT MS）	・道路標識模型を作る準備

28	木	砂場が刻々整備されてくる	人の発表をきかずに手をあげる者（KN、ES、NM）	・「私のからだ」へ身長、体重を記入整理す
29	金	検便結果を通知す	遅刻者多し（一二）ごはんが遅い五、朝ねぼう四、人を待つていて三	・登校下校の時刻調査票をまとめる
30	土			・横田駅松本駅松本機関庫へ見学の交渉をなし内諾をうく
31	日			
1	月	横田駅、松本駅見学 登校百四十日	横田駅で各自切符をかう 松本駅でグループ毎に切符を買う	・児童に対する注意事項調査票整理
2	火	作品電車汽車などの修理	黒板に毎日画くのりものの画がだんだん細部まで画くようになつて來た。電車の修理に工夫が出て來た	・文化祭の諸準備
3	水	文化祭		・遠足に関する調査事項整理
4	木	遠足の計画をたてる	最近、放課後友人の家へ寄つて遅く家へかえる者が出てきた	・家族しらべの用紙整理
5	金	体重、身長測定 始業時刻九時十分に変る	児童の下校時刻は大体三時である	・体重、身長測定結果整理
6	土	遠足雨天のため中止 （種畜場）		・自由研究発表の原稿をかく
7	日	教生地方実習へ		・新潟出張の諸準備 ・出張中のプリント少し刷る
8	月	雑誌回覧始まる 新潟師範へ出張	急に出張の爲、計画を子供と相談する暇なく出発	・早朝出発

出張のため欠勤

9	火	仝　右	牛山先生、百瀬先生、田中主事先生にみて頂く	・出張、研究発表、討議
10	水	仝　右	教室への集り方が大変よかつたとのこと（白旗合図）（田中先生）	・発表会参加
11	木	仝　右	牛山先生の御感想 個性がはつきりしている	・午後帰校 ・夜宿題を印刷
12	金		書写力がある 嗅が割合によい のりものの画がますますよくなつてくる	・睡眠、お手傳いの調査票整理
13	土	赤穂小学校へ出張（第十回目土日）	土日の宿題を出してやれなかつた	・早朝出発赤穂へ
14	日	仝		・教生に随行小遠足
15	月	仝		・研究授業批評会
16	火	仝		・研究授業批評会 ・夜赤穂校職員有志と教育論
17	水	仝		・赤穂各機関へ挨拶廻り ・赤穂兒童とお別れの式
18	木	飯田市追手町校へ出張		・早朝出発地方参観へ（飯田市） ・夜七時過ぎ諏訪へ
19	金	諏訪宮川小学校へ出張	文庫を非常に静肅によんでいたとのこと（百瀬先生） 本日は全く兒童のみにて過す、YAをみんなでいじめた由	・早朝宮川小学校へ ・夜松本着
20	土			・学校にて諸事整理

←—

21	日			・家庭通信作成のため登校
22	月	南安梓小学校へ出張 ひるの月見える		・早朝梓校へ ・夜帰校
23	火	勤労感謝の日 映画見学（午前八時二〇分）	映画館内で子供達と遇う 皆よろこんで迎えてくれる	・兒童の使う悪い言葉の調査票をまとめる
24	水	三人の教生の先生と別れる会	一〇〇以上まで数字のかけたもの（三八） 旗を振つて教室に入る時間一分内外	
25	木	小中学校教生交替 体重、身長測定	手帳の使い方がわるい 画に生活表現が目立つてくる 教生の先生に謝辞をのべた（MY）	・体重、身長測定結果整理
26	金	読字調査	話し合いの整理がだんだん出來て來た	・読字調査票整理
27	土			・若槻校一年の図画と比較考察を行う
28	日	初雪舞う		・模型「家」の展開図の準備
29	月	私のおうちの学習に入る	停電の理由は割合よくしつている	・兒童のよいこと、わるい事等に関する調査票整理
30	火	登校百六十日	木の葉の歌をMKは自分で勝手なふしをつけて歌う	・五日制についての父兄の意見しらべをまとめる
1	水		病欠（三）最近の寒さの爲風邪	・教室の砂場を中央から北西へうつす
2	木	かいた家族の顔を切りぬいて貼る ストーブ火入許可	前日教師の言つた事をかなりよく復誦か出來た（HK） グループ活動よし	

かし出しが少しく乱れてきたので	冬休み学習の処理に入る	米	15
・BTA午後三時から開く	なって來ている 父兄の教育に対する関心が非常に世感に	父兄参隠日 字扱 A. H. A.	火	21
見慮の一日の生活調査契整理 調子調査結果整理	自主的な学習も短時間ずつなら可能	湖管諸字調连 背木誠四弟先生来校	H	50 .
· ·			Ш	19
・家庭通信に対する調査製造			1:	18
・ 民職会・民國国際理会がおせる。・ タイトへの住に関して名の教生館は、	劇的表現が大災うまいもの(エ、エ)	味噌汁用大豆であつめる 体質、全異側に	命	17
ラブ作成(剛富数生) ・赤麗校と当校の一年の暫字力のグ	た。そら、うずらがやや凶騅(アエてA)ケループの話台いがかなり

家庭の欲求(兒諡に対する)調査	他人の話をよく聞く様になってきた	友人の家の処理をする	*	9
	(Bo、戊戌) ひとのことをいい つけるものがまだあるあいきつはよく出來

・身長、体重測定結果整理	発表がかなり懸つて來た	体頂、身長測定	*	7
める • 厩服帝尉、勉強時門鵬査環をまと	どない(二〇) 自分の生年月日を知っているものは落ん	通信す 全紀にパージェヤブランセ	Ħ	0
・児道の家の所在地図を作る(和田)			ш	्ञ
			+	4
・校舎の機型図を作る(数生和田)	お月さんの挑戯よい創作だったなつたりでしているかってなりとであがかなりよく出来るように	作育で「月」の連盟創作 本日よりストープ族く	金	co

- 86 -

次	熙 具 余	ばしくらをする。 原日と同様清掃に籐組とけんか、水のこ	それを父兄へ通信準備・二七四日の父兄よりの返官惑理、
H	辰野小学校職員参閱	かに来る 清掃の時、韓組のNO様をもつて、けん	を大島技官に依頼す ・全校の専長、体重測定結果の考察
ш	國公縣真稔邁拳日		の考察をまとめる • 体電、専長の四月以来の測定結果
+			
角	永明校職員参観	釈して從わぬ傾向がみえるいろいろなきましなど、自分のすきに解	る。冬代み中の小道銭しらべむまとめ
*	樂氣嚴レ (○下九、五度) 學長、休惠測定	出來ないまだ机の配例を全体から案配することはになる。自分達だけで、かなりよく構除するよう	一学期からの測定と観察を考察する 体庫、身長測定結果の処理
水	もつきんの指導に入るる。	る 見運、一学期初めと同様蜂組とけんかす	信・三字期の字習内容の一部家庭へ通
火	職員会 てることにする 兄皇と明日の学習計画なた	票板にでて画をかくもの少し見能に落着さなし	兄に通信・単元「お正月」に対する記事な父・冬代み宿題の繁理
固	全校費字の調査始まるやや注意で鈍る 発工学期が出る	男女別にする事に反対のものもあったが男女別に二十名ずつする事に決定清傷の組別けを見霊がする	(十七日——十八日十日間) ・ 嵩宇 小濶 定結 発 地
ш	夜霏少しく淵う	で準備しないと初日が充実しない 教師は一日早く学校が始まると言う立場	・ 第三字 期 的 対 対 対 対 対 対 対 対 対 対 対 対 対 対 対 対 対 対
+			
常			
	月 日 土 金 木 水 火 月 日 土	日 図野小学校職員参館 企業 教職員総選挙日 東京明校職員総選挙日 永明校職員総選挙日 東京領域のつう、体展 (Mana) でした。 1 東京 (Mana) でした。 1 東京 (Mana) では、 1 東京 (Mana) でいた。 1 東京 (Mana) できた。 1 東京 (Mana) にいる。 2 東京 (Mana) にいる。 2 東京 (Mana) にいる。 2 東京 (Mana) にいる。 2 東京 (Mana) にいる。 2 東京 (Mana) には、 2	日 反野小学校職員参館 海部の時、鰊組のNO席立らつて、けん 開会議員総選挙日 別して従わぬ傾向がみえる シランではりのするに解 からいろなきましなど、自分のするに解 出来ない、本 実演験し (〇下九、五度) まだ机の配列を全体から楽配することは 東京、体重測に入る 自分選だけで、かなりよく構除するよう える しまくでしままして下さ 見職してって下さ 現板にでて国をかくもの少し 実験と明ら学習計画をた 現実に定対のもの少し 現実と明ら学習計画をた 現実に対して国をかくもの少し 現実と明ら学習計画をた 現実に対してはないとのよらったが 男女郎に上するずに対のもあったが 男女郎に上するずに対応 まなのもしくが 実に対して を禁に決さる してが 実に対して となり ときまり ときまり と 実際 としく と ないと ないと ないと ないと ないと ないと と ないと ないと ないと

			未	55	
		4	*	120	
			火	11	7
			J	10	大 好
			ш	9	中中
う ・ 年間の指導記録をまとめはじめ・ 月五日より学校に贈りと諸強に	宋たどろく 計画も自分箋でやり、作よく出五月のかるた取りに比し、その進步にお	カルタ会児温日県	+	8	H
		十四年 月十六日迄代	五性1		
			给	23	17
			*	30	1
・口外差の哲媒や繋んの			火	59	1
八十号まで終題す・ 家庭運自ご学期の九十三号から百	大分みえる一つ年をとって大きくなるという自覚が	登校百八十日 通信表を被す 第二学期終業式	×	58.	
まとめる・ 新年を迎えるに当つての調査課を	友人との別れに対し紫外平領	体重、身長、足のうら測定杉本美徴校東京へ轉校	H	r5	

- 總統是是就職・	欠けている デスカッションに、人の話を含く態度が	出席一三名 午前二時間接業 父兄製語会	舲	18
見重のえむ明る引事の一瞥凶表を作る	やる 然し依然違べずコ氏は学校給食を食べぬので本日かしくた分児裏落情いてくる	午後一時——四時全自由所先自由研究発表会	*	17
・一年生の見逾心理を父兄へ通護・父兄との懇談事項整理・父兄との懇談事項整理・研究授業批評会	よく見えて來た。計画によって兒童は行動するようすが	殿宣会	水	16
な作る ・簡易樂器台髪のため、リズム図表	簡易樂器合案大分上蓮子依然風邪による病欠あり	数字の暫字力調査参観 参観 成阜縣训子母小学校会職員	火	15
彩理 ・十一日、宿遡及び家庭よりの返信 ・研究授業批評会	になる。甲重やや浴精きなとりもどし自習も可能	朝 燚、 眥字力調查学年連合研究授業	Œ	14
			ш	13
		(約十七ンチメートル)雪路り 本冬で最大 <equation-block>雪量</equation-block>	+	12
西尾先生講演研究会思息急病の高標宅		西尾栗先生來校	的	11
足へ通信 ・單元「はつびょう会」の内容を父・捌宅結果の処理	批判力をもつている計画に於ける決定等項に関して相当鋭い	身長休重測定 野乳線し	K	10
其の結果を父兄へ通道「災中休み」の調べ通信整理	ている見談、小刀を大分持つて来て常能を削っ	課 の一人業の	*	9
・ 影中 作みる 宿趨 磐理	非常によるこぶ 風邪火二名、罹病者約三十名 見潔霉な	職 貞 会 尊隆る(午前十時)	火	8
を通謝 ・父兄へ三月末までの月暦行事予定・柴中休みの宿閥整理	一月に比しやや落青きと示す	参锟者二名 第三期效生受入	H	7

			П	6	
			#	٥٦	
		9	台	4	
		部(な	*	င၁	
			水	ţŞ	
			쑸	1	月二
			月	31	1 1
		新入学兒童抽籤	П	30	
		新入学兄當原體裤切	+	29	
める み中暫く 皆字力の総結果をまと ・「一年のまとめ」の原稿を幾中休	響字 力測 伝統 よっか 引き かいいい かいいい かいいい かいいい かいいい かいい かいい かいい か	第三期数生講話をする	的	228	
作る・戦中休みに対する父兄への通知を、アリントする。 夜二 時過ぎまで 戦中休みの 宿園を	黒板国共同製作多くなる見濾の田野な動き欝まらずれ日かんかしたもの三組 れ	뿘氣巖し金癬小学校職員参観	*	27	
	非常に乱れて來た輩子刀の選さをねらったため見麗の字が	寒氣嚴し 星丸の 午後七時頃非常に明るい流	⅓	26	

- 89 -

-/-					
- F	t5	米	雪 舞 う砂場をこわして舞台を作る数生地方参観	者がいる 共同作業まだ不完金、二、三協力しない共同(グループ)の絵をかく(音樂会の)	・舞台に繋むはる
11	1	火	配念写真攜影音樂会、寒し零下入度四分	よく出來た 簡易樂器の演奏もよく出きた 入退場も	会・刺の舞台考案、親子茶話会の打合・家庭よりの返售機理
	833	月	雪降る 寒気强し音樂会の出場、退場練習	風邪流行して病欠多し	• 教師祗駅
	27	ш			
	56	+	效生研究発表会		
	120	ト	春雨降る作る 作るおんがく会の案内状を皆で	にはむりである もつている。しかし作文の推議は一年生文の内容に対しては、かなりの批判力を	
	15	*	萨	研究拳鶴者約百名、見寅の動きにぶし	• 臣兇散業屛兇全
	13	*	職 員 会身長、体重測定	た。不

19	土	全　右　出席一六名	樂器に対する躾かなり嚴重にする	・懇談事項整理
20	日	全　右　出席一〇名（一名欠）	話し合いの時間二十分以上をこすと乱れてくる	・研究授業案檢討
21	月	繰替休業		・研究授業案プリント
22	火	書写（箇條書）に対する練習　研究授業（算、國）	拍子木、太鼓、木琴がかなりうまく合うようになる　樂器の躾もかなりよくなる	・測定結果のまとめ
23	水	身長、体重測定　職員会	予想されたように体重が平均増加して來た	・測定結果の処理、明日の研授に対する打合せ
24	木	研究授業（田中教生）	研究参観者約百名、兒童の動きにぶし	・研究授業研究会
25	金	おんがく会の案内狀を皆で作る　春雨降る	文の内容に対しては、かなりの批判力をもつている。しかし作文の推敲は一年生にはむりである	
26	土	教生研究発表会		
27	日			
28	月	音樂会の出場、退場練習　雪降る　寒氣強し	風邪流行して病欠多し	・教師病臥
三月 1	火	音樂会、寒し零下八度四分　記念写眞撮影	簡易樂器の演奏もよく出きた　入退場もよく出來た	・家庭よりの返信整理　・劇の舞台考案、親子茶話会の打合会
2	水	教生地方参観　砂場をこわして舞台を作る　雪舞う	共同（グループ）の絵をかく（音樂会の）共同作業まだ不完全、二、三協力しない者がいる	・舞台に幕をはる

3	木	教生地方参観　あいさつについての学習	まとめて言葉で発表する能力はまだ低い	
4	金	親子茶話会に対するあいさつの学習　教生の先生とお別れの会	発表会が連続しているためか兒童の行動がややうわついている	・P・P・T・Aに対する諸準備　・本年度学用品代の決算書を作る
5	土	P・P・T・A　雨降る	正午より、親子茶話会　出席父兄三五、兒童三八	・一、二、三期の教生諸君と教室に於て懇談
6	日			・書字力調査のプリントをする
7	月	寒氣嚴し、雪舞う　書写力調査、数字書字力調査	二十分間集中して字を書くことが前よりもよく出來るようになつて來た	・調査物整理、宿題整理
8	火	寒氣嚴し　劇の練習	劇をするたびに子供達の創意加わる	・面つくりの準備
9	水	寒氣強し　書写力調査	面つくりに、前よりも依頼心が大分とれて、工夫して作る態度がみえて來た	・調査物（書字力）整理
10	木	雨降り	氣温ゆるんだ為か、子供達の活動鈍し	
11	金	講堂の舞台について劇の練習　身長、体重測定	蜂ケ崎高校專攻科生三〇名参観、兒童劇の練習	・新年の身体検査及びテストの準備をなす
12	土	新一年身体検査及びテスト　午前劇の練習に來る	休日の学校に於ける子供達は殊更明朗にみえる	・午前中新一年の検査、午後劇の練習
13	日			・学藝会用のマイク準備
14	月	学藝会	学藝会が長すぎたため、見る態度がわるかつた	・一学期よりの共同作品整理、本校卒業生送別会

怨影爭鬥整理

果測定は吹への予備測定となる事がはつきりすると思う。

狭義に立てばもちろん学習効果の測定が評價であるが、私はもつと広く考えたいのである。広く考える時に効るものである。

評価するという考えから目標の裏返しが評価であると簡單に考えるなら、凡そ私の考えている評價の概念とは異る。しかし、私が把愛する事は、其の評價の概念である。これを單に、目標が逃せられたかどうかを、いわゆるは学習指導の進歩であると思う。 普通に目標を裏返したものが評價であると言われている。 全く其の通りであ妙な言葉であるため、当時は、誰からも認められなかつた。しかし、現在、少しの不思議もなく考えられて來た事し 撃智即評價 学習即評價とは一年生を担任する時に、学習指導の根低においた考え方である。あまりに奇

1 評価について

的な力を致料中心程、護い得ないと一般に云われている事に対して、自分の考えを述べてみたいと思う。心で行われた学級との優劣はどうであつたろうか。これ等に関し、集騰結果の二、三の例を挙げ中心学習は基礎ダードとして目標においたのである。中心学習に対して基礎学習はどんな位置を占めたであろうか、また飲料中して取り入れるかが非常に重要である事を述べたが、その最少限度の基礎的な力を私は一年生としての仮スタン前に中心学習を支えるものとして、最少限度の知識技能というものが考えられ、それを如何に、自然に学習と

五、基礎學習の発達過程

margament and complete extended to the stock of the stock	and the second representative the second of the second second product and the second s			erenam.
			H	50
			脸	ţ
・終日屏稿なかく	見誠三名召樂智能檢查	赵 後聚盟	*	t.o
の返信を繋埋・勘営会に出席、送州会、父兄より	兄鉱三名智能恢復式中驚く色酵癖に出来た	空氣酸し 体重、身長側定終し式、	水	1:3
見慮の宿趨整選 ・ 年間の反省を原稿にかく	智能検査をするをらながするようながずまながある。 ではながすまる態度悪く、二年生への自覚式線習の時の態度悪く、二年生への自覚	被 す 大掃除終業式、成績物短置通信表	六	15
• 家庭通信裝配入		挙分の日	足	12
・成績物及び調査研究物の整理	·	影送遣し	回	0.51
・		※さの中にも学校の権満開	+	19
・他校より死た調査研究物の緊盟	る。なな説んで叙述をひろう事はかなり出来	こくご二を金離よむれざらい及びテスト	金	0
・テスト結果の処理	らの落あり早いものは五回位よみ遅

いものは一回終一にくご一をはじめから三十分よませる	こくご一を金割よむおきらいおよびテスト	*	11
・他校より到着の調査物整理	関下をとばないことに皆できめる	二学期の共同作品を展示 木牧作業式	决	Lo
• 點 活 籴	よろこぶ。写真を携す、始めての記念写真を非常に	小数智能テスト展示 展示 一学期の共同作品を数第に	*	1

93 |

即ち生活であり、我々のねらう教育である。更に具体的に述べるならば兒童の現政階を知る事によつて学習効果るだけ簡明に確認してこそ、最も能率的な学習活動は成立するのである。こうした過程を蝶旋的に通過する事がる。 現実の子供が、経験するものを如何に経験し消化したら、如何なる變化をして、どれだけ高まつたかを出來経験活動を行うものは児童であるから、経験するものを帰成するには、児童を明確に捉えている事が肝要であ活動が常に評價の対象となるのである。

何に、最も有効に能率的に展開するかという具体的な問題にぶつつかるのであるが、このカリキュラムと、学習上に有効なる経験が能率的に進行し成立するのである。ことに我々はカリキュラム構成と其のカリキュラムを加は内容であり、経験することは方法である。内容と方法は即ちカリキュラムと学習活動とであつて、相互限定のない。其の有効適切な経験の根本條件となるものは「経験するもの」と「経験すると」である。経験するものばならない。即ち児童がよりよき経験活動をするために具体的な経験を有効適切に再組織してやらなくてはならいる。生活は経験の連続である。故に我々は先ず、児童のために最ら有効なる経験を最も能率的に提供しなけれり、事情評價の考え方、評個は児童の成長過程に行われる教育そのものである。兄童は生活を通して成長して

標に関連づけ、照臘せしめる事によつて、より効果的な学習に導くように考慮しなくてはならないと思うのであ元金体に対する目標を見失い勝ちになる。そとで單元の適否に対する評價以外に、毎時の学習を常に單元の大目る事は事実であり、またそうでなくてはならない。しかし、單元の展開即与学習にのみ評價の重点を置くと、單大に單元に対する評價である。每時の具体的な学習は、單元の目標へ如何なる断面をとつても、つながつている事によつて、仮スタンダードを更新させる手がかりも得られるのである。

事であつて、どうしても、いつでも、兒童の發達を鳥瞰しているような立場にたつた評價が必要である。こうすたのでは、こうした観点からの評價は出來にくいし、また單元間の有機的な連絡を考慮に入れる上からもますいて、一年生ならば一年生としての充分なる強達をなし得たかという事の評價である。單元毎の評價だけをしてい仮スタンダードに対する評價は、結局其の学年の目標に対する評價であつて、種々な單元を学習する事により上に必要である。

は一体的に考えなければならないが、やはり一つ一つにはつきりした考え方をもつている事が、評價を理解する一般に評價として論じられているのは、主として、第三の学習に対する評價である。もちろんとの三つの評價

⇔ 学習に対する評價

V30

- 67 單元に対する評價
- 1 仮スタンダードに対する評價

更に評價は大きく三つに分けられる。これが常に兒童の成長という点に於て統合されなければならない。れるように考える辜が大切である。これに関しての例は「家庭通信による学習指導」の中にやく詳述してある。

計價の對象 次に評價は斡師のみの評價に総つてはならず、児童自身及び家庭(社會)に於ても常に行わえ方に徹する時ほんとうの学習指導が自ら創造されると思うのである。

評價に始まり評價によつて進行し、評價に終る。即ち敦師の立場からは学習即評價といい得るのである。との考若し評價があいまいになつたらコア学習は全くとりとめのないものになる事は必然である。であるから、学習はに具体的な目標は出て來ない。抽象的な目標を掲げた時には、漢然たる学習に終つて、評價もあいまいになる。

要するに学習指導は現在の確認の上にのみ成立するといつてもよかろう。兒童の現在を知らずして、ほんとう

- 97 -

見違え化は関係を一層に致え込もらとするととらに形式化の前芽がある。教育の対象である児童を忘れるととらに形成化してしまらであるうる。教えは教育の形式化を恐れなればはなとさればなでも、一般ではないとは同意とはあるとならには、それに対臘する人々さ

も測定し得るのである。現段階を知る為に行われる評価を予備測定とか予備調査とか言われている。しかしこの予備測定（予備調査）も、一應吟味してみる必要がある。普通一般には、「学習を有効適切にする為の調査」というように考えられている。学習の為に予備調査をするという考え方と、私が考えている「予備測定も学習である。」とでは、非常な相異があると思うのである。即ち、單元設定理由の児童の実態や環境に対する予備調査や、学習の展開上必要とされる予備測定など、一般的抽象的であってみたり、単なる調査で其の活用面が欠けていたり、一つの單元を展開する度にあわてて調査してみるといった誠に泥縄式の向きが多いように思う。これでは今日の効果測定が明日の予備測定となっているという考え方、学習即評価の考え方ではない。學習自身が予備測定（実は学習の刻々の進展に評価はある。）になり効果測定になっている事が最も望ましい事であると思う。であるから測定は泥縄式であってはならず、一貫性あるものでなければならぬ。一時的な興奮や、一側面をとらえても彫刻にはならない。同様に教育も、思いつきや断片的な教師の氣まぐれでは成立しない。コア学習に於ては、児童の生活が中心となって学習が展開されていくのであるから、児童を統一性ある全一体の子供として、一貫した予備測定が常になされていなければならない。

IV　個別指導と評価　新教育は個性の伸長を眼目とする事は誰もが承知している事である。劃一的な教育が児童をそこなったと言われる事も、皆個性の尊重に対する強い反省であった。我々はこの反省を如何に具体化し、日日の実践に生かしているであろうか。

経驗するもの即ちカリキュラムの問題や其の展開に対しては相当な研究もし、工夫もされているが有効適切に再構成された経驗活動を行う児童自身の研究がなされているであろうか。我々は與える内容の構成、吟味は勿論必須要件であるが、その対象についての調査研究が不充分の場合は折角の内容も、其の価値を失うと言わなければ

ならない。如何に指導目標（実は抽象的たるを免れ得ない）は確立していようとも、的のない矢場に等しい。満を持した矢も的のある場所によって方向、高度、は異らねばならない。度々繰返して言う事であるが、児童の一人々々を適格に掴んだ時にのみ、教育は生々とした弾力ある活動が展開されるのである。私はコア学習とは、固定された概念でも、形式化された学習でもないと思う。即ち人間の全体的な陶冶が中心となり、それに対應する生きた全体的な現実即ち「生活から」と「児童から」とが原理とされるところにコアがあり、これでなければならぬと固定された時に教育は再び形式化してしまうであろう。我々は教育の形式化を恐れなければならない。一定の課程を一齊に教え込もうとするところに形式化の萌芽がある。教育の対象である児童を忘れるところに形式化は始まる。如何にすぐれたカリキュラムであっても、カリキュラム其のものでは死物に等しい。それが児童のアクティビィティに呼應し、具体化し、学習されて始めて價値を生ずるのである。要するに、一人一人に應じた教育をするためには個別調査が必要欠くべからざるものであるという事である。個性伸長と適應障害の除去とは表裏一体の関係にある。個々を種々なる角度から觀察し、調査し、しかも其の結果を固定化する事なく生々発展する全一体として、主体的に把握するところに個別調査は意義をもつものである。又、個性指導と個別指導とはもちろんその概念は異っているが、一個の人間を育てるという点からはこの両者を相関連させて考慮すべきである。性格というものは日常の永続性ある無数の反應（学習）が集積されて形成されて行くものであるとは、よく言われていることであるが、こうした性格を引出すにせよ、作られるにせよ、個々によって異る行為を限定する力であってみれば、其の指導もまた異らねばならない。

このように考えてくると個別調査は個別指導を行う為の根拠をなすものであって、この上に立った教育でなければ、教育の民主化も、教育の機会均等も空論に終るであろう。

学校という特殊な型態から、一齊的な取扱いは当然あり得るし、又必要でもあるが、そうした部面があればある程、一方に於て個別的な指導が重要となるのである。ここに至って、全体をみながら、しかも個々をみるという二つの仕事を同時に絶えず行わねばならない事になる。しかし一見矛盾しているようで矛盾していない。そこには創意と工夫が要求されるのである。

藝術は日々の自己創造である。教育もまた日々の自己創造である。動く対象に固定した教育はあり得ない。吾々は日に新なる創作活動を続けなければならない。教育的創作は、実証を掴った時に行われる。そこに評價があるのである。私はこのように個別調査までも含めて、教育活動の評價と考えているのである。

2　効果測定による学習指導

綜合教育とは何かという質問を常に聞くのであるが、私は綜合という概念が色々解釈されて誤解を招き易いので、私自身は綜合教育という言葉を使ってはいない。児童を全一体として掴み、児童の全体的成長を主眼とする教育と云う意味ならばよいと思う。單に教科をばらばらにして、それを綜合するという様な考え方に立つ、綜合教育ならば違うという事である。

然らば児童の全一体としての成長を主眼とする教育とは何か、と言う事になるが、私は結局児童の一人々々を生かす教育であるといいたい。如何なる教育理想も児童の一人々々に具現されてこそ、價値も意義もあるのである。

I　一人一人を生かす教育　一人々々を掴む爲に私は極めてありふれた、今迄誰もが行っていた方法を少しく計画的に実行してみた。この考え方の一番根抵には昭和十五、六年に北信濃N校に於て実践した算盤指導の時の

方法である。当時N校は定期的に四年以上青年学校、村の自治機関までも含めた算盤の競技会を行って、役に立つ算盤を目標に活潑な教育が行われた。その頃世間から牛日村と称され、児童達も氣力に欠けている事が、私には堪らなく残念な事であった。若い村長校長を中心に、この村を振興せしめようとする氣運が動きつつあった。私は児童に何か一事を徹底的にやって、自信と氣魄を持たせ、積極的に事を処理する力ある子供を育てようと考えて、その一つに算盤指導を選んだ。五年六年と受持って轉任してしまったのであるが、其の子供達は高等科の時も、更に青年学校に至っても常に一番よい成績を收めていたという事を聞いた。

五年生の一学期は全校で第二位の成績であったが、二学期から六年終るまで常に第一位を占めた。三郡聯合の珠算競技会がN町に行われたが、其の折も高等科青年学校、乙種商業学校の仲間に入り若冠六年生で学校の代表となり個人優勝二人を得た。これは、教師に珠算の実力があったのではない。教師は、算法の理解程度で、実用までの力はなかった。然らば何が児童を伸ばす事が出来たであろうか。私は児童の一人々々の力を毎日測定し、全体指導を行いながら個別指導を行った。実力に應じた印刷物は番号順に、幾種類も用意された。毎日の進歩が一目にしてわかる様にグラフ化された。児童も教師も一人々々の位置を知ると同時に級の位置を知った。当時は効果測定とか評價とか言う言葉は知らなかったが、児童の一人々々を確実に掴む事によって、効果的な適切な指導が生れる事を知ったのである。一定した指導方法があるのではなく、児童の実態、クラスの実態が方法を生む、その方法の実践結果が更に次の方法を生む、このようにして、日々の教育的創造が行われるという事が、私の学習指導に対する考え方となった。算盤の指導に於ても日々新しい方法を案出していった。これには二つの理由があるのである。

A　児童の実態が方法を更新せしめた。

B　児童は如何なる興味ある方法であつても、反復すると興味を失う。

少しく余談になるが如何によい指導方法でも同じ事を繰返えすと効果のない事を私はたび〳〵体験する。そのたびに自己の不勉強を感ずるのである。児童はすぐ倦怠する。興味を失えば、学習活動は停止する。無理にさせようとしても価値のない事である。然るに同一の反復練習であつても日毎に、どんな小部分でも新しい事項や方法が出て来ると、彼等の活動は極めて能動的になる。明けても暮れても「主題」「叙述」「構想」という国語の取扱いも新しい国語教育の立場ばかりでなく方法としても反省されなければなるまい。ここに教育的創造が必要になるのである。結局、児童の実態、クラスの実態を適格に摑んだ時に一人々々を生かす教育がなされるのである。

Ⅱ　効果測定の方法　評価について述べた折「予備測定も学習である。」と書いたが、評価を学習から別個に考える時、評価は重荷となつて手軽に行えないという結果になる。児童の学習しているところ常に評価があるのであるから、これを如何に記録しておくかが大切な事になる。しかもこれをただ記録して置くだけでは、学習指

—100—

導に効果的に活用するという事は困難になる。そこで私は出来るだけ児童の実態を目に見える形に変えて指導の手がかりにしようと考え、図表化を出来得る限り行つた。

A　測定の場

1　毎日の学習面から

2　児童の作品（手帳を含む）から

3　児童の観察帳により

4　家庭通信により（家庭通信による学習指導の項参照）

B　測定の時期

1　学習指導中

2　始　業　前

3　五日制の宿題を通じて

4　調査時間を設けて

これ等の実践結果を一つ一つ述べる事はとうてい出来ぬので、その二、三の例について述べよう。

Ⅲ　読字調査について　先ず、一年間継続調査をするために調査期日を記入出来るひらがな文字の清音、濁音、半濁音、拗音を書き込んだ一覧表を一人に一枚宛プリントして、定期的に調査をして、その結果を、個別指導はもちろん日々の学習指導に活用したのである。

この一人々々の調査票を大図表にまとめ、教師は指導の手がかりに、児童は自分の位置を知る為に教室に掲げた。それを調査毎に習得した文字を色別けに記入し、一字もおろそかにすることなく、一人も見捨てる事なく、学習の対象とした。

—101—

この図表から更に色々な図表を生み、それが、児童の発達を見守る有力な手がかりとなり、私にとつては貴重なものであつた。その図表をここに色別けにして記載する事が出来ない為其の価値を充分に述べる事の出来ないのが遺憾である。

第一表を縦に見る時は、誰がどの文字を習得していないとか、既に幾字習得しているとかがすぐわかり、横に眺めるときには級全体が「あ」なら「あ」をどの程度習得して誰と誰がまだ未習得であるという事が判然とする。従つて、学習指導の場合、これが直に学習の重点的な指導资料となつたり、個別指導資料に役立つのである。

次に第一表が生んだ第二表によつて、級全体の文字習得状況が、一目瞭然となり、何という文字は既に百パー

が出來ているかどろかの調査をしながら、取扱いの機をねらつていたのである。甲薫は家で、こくどの本を読んは五月下旬であり、文字を書く取扱いを始めたのが六月下旬であつた。それまでは同葉の椰子、つまり学習用意たり、又適当な文を

與えたのある。中心学習に出て來る事を話合つたり、掛図や、絵のプリントについて話させたり、作文したり、読み合うのくに」二課だけ、こくど二では五「おはなし」六「山びこ」八「ゆめとつくえ」九「春をむかえに」の同課で当だと思われる箇所を取扱つ

くど一では香樂として一の「みんないい子」と、十八の「お月さん私は言語に対する基礎学習として、阅語の教科書は殆んど使用しなかつた。ただ中心学習を進めて行く場合、悩む言語に対する基礎学習として、阅語の教科書は殆んど使用しなかつた。ただ中心学習を進めて行く場合、悩むららのないものに終り、知識的な面にてぬかりが生ずると

つた狀况を述べ、コア学習が、ともすれば漢然としてと生れる事を言いたいのである

く遥速を知る事によつて、指導は自ら一致し、又表現技術わけても描画などとも、大体一致した結果を得た。あとでいわゆる劣等見と

れは数字についても、数量的な学習結果についてもその調査が行く選連を知るのに重要

速度は、大体他の事を理解して行く速度と一致して來て、児童の物事を習得して明に第一表から文字の習得数を調査毎に棒グラフにした。第三表によつて、児童がどんな速度で

文字を習得しである。

セントア解しているとか、智得薬の悪い文字はどれという事によってやはり全体指導と個別指導に活用出来るの

すめず彼岸に到着させ得るという教育愛に生きなければならない。そとには指導力法も自ら生れてくるであろう。

第八回	第七回 9.7	7.25回	第5万里 7.6	彩四回 6.31	海河回	5.22	・ ・ ・ ・ ・ ・ ・ ・ ・ ・ ・ ・ ・ ・ ・ ・ ・ ・ ・	関係とは、	然四米
到 39 95.1	% :32 	- S2.	60.4	18 43.0	13 31.7	17.1	9.850		82003
	15 31	:1:3	12 3	10	7 20.8	9 21.1	0 9.8%	18文字 47字~ 全部議論める める者者	第四表ひらが次学
0		733	9.8	;; co	cs 4.	9.8	5 X	750:57~	(潘音)
0	0	2.1	9.8	15 51	es 4:	14.6			の習得過制
0	0	0	÷ 15	: cs	7.1	12 51	1 \ 10\ 17\ 2.4%21-4% 41.3%	10学~	
0	0	0	00	÷ to	16.6	10	17.7	7 (LZ) ((41 1/-)

児童の実態を正しく把握して、あせらず見がもならないし、過小に評憫してもならない。香々は児童を過太に評問してルビ人る二、三の兄童をよく見て取扱わなけむは、このような表を見るたびに、遅れてゴーの習得の惡いのは夏休のためと思われる。吾の光祭の節参照)なお七月から九月にかけて月にかけて、司得率がよい。(農繁休業に対すりて少人数であつたのであるが、五月から七かけての文字習得狀況は全部読める着別名と、四月下旬から五月初旬によると、四月下旬から五月初旬に

ひらがら大字が如何なる過程を経て全員習得したか。

供し1字1字を読ませると、實けていながら読めぬ者があり、字数の二十一名は金ヶ龍めぬという状況であつた。自分の名前の實けたもの 四十一名中 三○名(七十三%)入学直後即四月九日の調査によると

も格別な相異もない、全くありふれたクラスである。

このよろに特別な家庭によつても編成されておらず、兒童も一般の学級と何等の特異な点もなく、心身の発達あつた。

身長、体重の測定結果から見ても、瞬組よりも劣り、しかも前年度の一年生よりも悪いと養護技官から注意が智能指数の点に於ても七十台から百二十台というクラスである。

変りがない。私のわずれな経験からも、はつきり言える事であるし、剣生諸氏も一様にもらした言葉である。されているだろうと一般に考えられているであろうが、決して特別な縮成はされておらず、一般の学校と少しもその前に見董の集情について一言しておきたい。附属小学校であるから、家庭も児童も優れた者によつて編成してお沈定する事は困難であるが、ととに私の組の習得狀況を記して、一つの手がかりとしたいと思う。

▶ ひらがな文字の習得状況 女字習得の運速は、学習内容や児童の実情によって異るので、一概にスタンダる。平凡な測定結果を順次記述してみたい。

幾分効果があつた事と思つている。劇などの創作においても言語活動が適切に行われるようになつたと思つていこうした取扱いは、國語をいわゆる致科書から解放して、日常に生きた言葉としての修練する事に対しては、ないという事を確認したのである。

手間取つた事である。しかし其の後の度々の調査によつて、書写の点においても決して他校と比較して劣つていは、驚く指導をせずに、書いてくるのを待つていた形になつたため、錐順などでたらめでこれをなおすのに相当とのようにしていわゆる書く事は大変遅れて学習に入つたのであるが、ただ一つ、この方法で反省している事文は五月下旬から始まつて数名が毎日のように書いて来た。

だり、費いたりして來た。その書いて來たものを毎日嗣べ殆んど全員が書いて來たのが、六月中旬であつた。作

-104-

続

.001																								82.21
	_				100					100															er.21
		001	100	001	_	100	100	001		-	100	100	001	100	100					00!					12.11
100					_			-	001	-						100	001	100	100		001	100	100		2.11
86	62	$\overline{6}$	86	96	63	63	86	$\mathfrak{g}_{\mathfrak{g}}$	86	ϵ_{2}	96	92	06	86	96	c_{6}	06	${\bf g}_{\bf q}$	\vec{c} R	86	26	50	86	001	81.0
06	06	\overline{a} 3	gS.	88	$\vec{c}8$	-88	63	0 6	06	06	06	cs	68	ទូខ	48.	SS	88	_	88	28	63	88	ដថ	_	15.6
68	88	83	08	83	08	84	38	_	63	33	08	08	84	38	83	83	08	88	80	08	38	08	90	-	7.6
-			84		94	14	08	58	03	94		-	~	84	94	94	-	82	-	_		_	78		72.8
94	94	84	94	84	84	89	84	CS	34	23	94	23	14	94	84	23	94	83	94	94	03	84	68	90	22,7
LE	4C	65	93	34	64	23	61.	69	19	Θ	19	13	ដូច	99	69		56	89	69	e_9	99	93	14	03	9.7
				_	GF	1.1.	10	IJt.	99	9 z	84	11	tt	CO	នូវ	61	19	ដូរ	្តប្	94 ·	c_0	23	89	67	12.0
4 L	41	21	55	41	13	34	4g	63	5 C	6Þ	Ţ.	₽G	#G	23	lħ	6

第五表　ひらがな文字習得率

月日＼文字	あ	い	う	え	お	か	き	く	け	こ	さ	し	す	せ	そ	た	ち	つ	て	と	な	に	ぬ	ね
月　日	%																							
4.26	85	71	71	42	54	56	51	42	34	49	51	63	42	37	22	39	37	34	34	46	42	37	24	29
5.22	95	85	85	54	66	71	71	61	61	73	63	83	56	42	34	59	49	42	46	66	61	49	37	63
6.7	—	93	93	73	79	93	93	76	78	81	73	88	63	56	71	71	68	63	66	71	73	59	54	83
6.21	98	95	95	88	88	95	95	83	85	85	83	90	81	66	81	85	73	76	81	76	88	78	68	—
7.6	100	—	100	95	95	98	98	93	90	90	90	93	88	83	90	90	83	83	85	88	93	88	78	88
7.22		100		100	98	100	100	95	93	98	98	100	93	93	95	98	85	98	100	95	95	93	98	98
9.6					100			100	100	—	—		98	100	98	100	100	100		100	98	98	100	100
9.21										100	100		100		100						100	100		

月日＼文字	の	は	ひ	ふ	へ	ほ	ま	み	む	め	も	や	ゆ	よ	ら	り	る	れ	ろ	わ	ゐ	ゑ	を	ん
月　日	%																							
4.26	46	37	43	37	34	17	42	39	22	47	27	39	24	34	34	37	37	25	29	22	12	20	22	49
5.22	63	63	61	59	49	37	63	63	49	83	46	59	37	46	51	51	44	48	39	42	27	34	39	71
6.7	73	71	71	73	56	66	73	78	66	90	61	63	59	63	71	56	61	59	56	51	44	49	59	90
6.21	85	81	81	81	73	73	81	88	81	98	68	73	73	81	76	73	83	73	71	68	59	63	66	95
7.6	98	90	—	85	83	85	88	93	83	—	73	81	83	88	—	81	88	83	81	76	68	78	85	—
7.22	100	98	93	98	93	95	93	100	90	—	93	90	95	90	98	95	93	88	90	93	90	95	90	100
9.6		—	98	100	98	98	98		95	100	100	98	100		100	98	—	98	95	—	93	98	95	
9.21		100			100	100	100		98			100		100		100	100	100	100	98	100	100	100	
			(11月3日) 100						(10月15日) 100											(10月15日) 100				

月日＼文字	が	ぎ	ぐ	げ	ご	ざ	じ	ず	ぜ	ぞ	だ	ぢ	づ	で	ど	ば	び	ぶ	べ	ぼ	ぱ	ぴ	ぷ	ぺ	ぽ
月日	%																								
6.7	49	49	44	53	51	41	39	34	39	41	51	34	34	41	49	32	29	37	34	34	17	22	12	17	17
6.21	59	68	53	63	56	53	53	51	49	53	63	44	44	53	56	56	46	46	44	49	—	—	—	—	—
7.6	80	71	56	66	63	59	68	56	—	59	66	53	51	61	61	61	59	49	53	59	34	56	29	37	37
7.22	90	83	78	80	76	76	83	76	73	73	76	71	73	76	73	73	83	78	68	73	78	76	78	76	76
8.25	—	85	—	—	—	—	85	—	76	76	78	—	—	—	76	80	85	80	71	76	—	78	—	—	—
9.7	—	90	80	85	80	80	88	80	83	83	85	78	80	80	85	83	—	85	78	80	83	80	83	88	83
9.21	—	93	88	83	85	88	—	88	88	85	95	83	83	90	90	90	90	93	88	85	88	85	85	90	90
10.18	100	98	95	95	98	95	95	90	93	95	98	90	95	95	95	98	93	98	93	93	95	98	95	95	98
11.2		100	100	100	—	100	100	100	100	—	—	—	—	—	—	100	—	—	—	—	—	—	—		100
11.21					100					100	100	100	100	100	—		100	100	100	—	100	100	100	—	
12.13															100					100				—	
12.23																								100	

右の表によつて考察するに一学期即ち七月二十二日の調査に於て、清音文字は殆んど読めるようになり、二、三の児童が二学期まで、もち越したという事がわかる。つまり清音文字は大体一学期間に習得させたらよいのではないかと思われる。特別な指導を行えば、もつと早く習得するであろうけれども、中心学習を進めながら基礎修練をする立場から言つて、右に述べたような状況が無理のないところであろう。

濁音、半濁音はやゝ遅れて十月中旬で大体の児童が習得し、十一月には殆んど全部が読め、一、二の児童が十二月に及んだのである。これを要約すると、二学期までには、あまり無理せず自然にひらがな文字全部を全員が読めるようになつたのである。ついでに私の七月中旬行つた実験結果を述べてみよう。

右の表を注意深く観察された方は牛週音の習得率が、七月六日の調査の時より七月二十二日の調査結果が飛躍している事に氣付かれたと思う。即ち平均三十八パーセントが、七十七パーセントに増加し其の後の習得率は、週音とほぼ同様の結果である。

牛週音について習得状況が極めて悪い（使用度が少いため）ので何かの折に基礎学習として取扱う予定を立て、丁度七月中旬、しやぼん玉を取扱つたので、此の牛週音を「しやぼん玉の字」として五日間学習したのである。私の予想では少くとも九十パーセント位は習得させようと努力したのであるが、七月二十二日調査の結果は七十七パーセントという予想はずれの成績であつた。ここで考えられる事は、文字使用の必要観から出発しない学習効果は予想以上の非能率的であるという事である。

次に前出の第二表及び第四表から直観的に考察した結果を率直に述べるならば、農繁休業（六月初旬から七月初旬の間に行われる）は一年生の学習に極めて重大な影響を及ぼすのではないかと言う事である。（後出の数学の習得状況に於ける表も参照されたい） —108—

入学以来ようやく学校生活に馴れて、学習が軌道に乗つて来た時のこの休業は、一年生にとつて、予想以上悪い結果を齎すのではないだろうか。常識的に考えると、六月中旬から蒸し暑く七月は猛暑が続き、学習能率が低下すると予想されるのであるが、こうした基礎学習の測定結果からみると低下どころか、却つて能率的な学習が行われるのである。農繁休業は農村にとつて、必要欠くべからざるものである事は充分了承しているのであるが、教育効果の面からも再考するを要する問題であると思う。六月頃農繁作業のため参観者が多いのであるが、其の方々から、二週間休みだとか十日間休みだとか、聞いた時、私は、自分の組が今、二週間も休んだらどんな事になるかと考えてみたのである。私は少くとも一年生の農繁休業に対しては、家庭の実態をよく調査し、出来る事ならば、半日でも召集する事が、よいではないかと思う。若し、数名の児童を除いて他は休業の必要がないとすれば、その児童のみ休みにして他は登校せしめ、教師はその数名の児童に対する取扱いを考慮すべきであろう。全校が同一歩調をとるという理由からならば誠に形式的な考え方である。実態に即した教育こそが最も進歩的な在り方であろう。

Ｖ　書写力について　前にも述べたように、私は文字を書く事の指導に入つたのは六月の下旬である。それまでは児童の学習用意の如何を見守つていたのである。六月二十六日から文字を毎日書かせ、其の結果を測定した。方法は十八糎四方の方眼紙に十二字で総る短文を印刷して置き、それを書写する方法で六十字を書かせた。正確によく見てきれいに書かせたのである。

其の結果は次のようになり、二週間に相当な書写力がついた。即ちその中の初、中、総の結果を示すと

書写の速さ ＼ 調査月日	六・二六	七・一	七・一〇
最も早いもの	四分	三分	二分二十秒
最も遅いもの	十九分二十秒	十二分三十秒	七分四十三秒
平　　均	九分二十五秒	六分三十四秒	四分三十秒

こうした調査結果から綜合判定して一年生の一学期は一分間に八字乃至十字位即ち一字を六、七秒位の時間で書けるようにしたらよいのではないかと思う。單に速度のみを要求すると、字が乱れるから、きれいに、しっかり書く事を條件とすべきである。こうした基礎技術の修錬を継続してやる事は一方集中力を養う面からも効果があつたと思つている。 —109—

次に第二期の教生諸氏が測定した結果を記して、二学期の総る頃の一年生の書写能力について考察してみよう。

これを調査した教生諸氏の動機は、私の組で実習をして地方実習に出掛け、授業型態の違っている事から、調査し比較しようとしたのである。即ち当時私の組ではのりものごっこの單元で、毎日の学習に必ずしもいわゆる國語的な取扱いが出て來ず、算数にしても同様であったのに、地方実習校では、毎日國語を読んだり書いたり算数を教科書によってどんどんやっているから、きっと私の組の成績が悪いだろうと云う予想をもって調査したのである。

私はこの調査に早速賛成して調査して貰ったのである。この調査は、赤穂小学校・若槻小学校・須坂の小山・日滝両校の特別なる好意によってなされたもので感謝に堪えない次第である。私はこの調査を單に学校の優劣を見るというような

学級 校名 ＼ 書字数	年小上 山高 小井 学須 校坂 一町	日上 一滝高 年小井 学部	赤上 一穂伊 ノ小那 二学部	一全 ノ三	附属小 一東	A若上 槻水 組小内 学 校部	B全組	C全組
20字—70字							0.085	0.11
70—120	0.19		0.22	0.075	0.075	0.053	0.28	0.335
120—170	0.125		0.25	0.41	0.21	0.18	0.39	0.35
170—220	0.17	0.05	0.2	0.33	0.28	0.28	0.17	0.11
220—270	0.345	0.17	0.16	0.215	0.21	0.26	0.06	0.09
270—320	0.08	0.19	0.07		0.21	0.13		
320—370		0.33	0.05		0.015	0.11		
370—420		0.08			0.015	0.078		
420—470		0.05			0.015	0.04		
470—520		0.05			0.015			
520—570		0.05			0.015			
平均20分間書字数	221字	230.5	181.7	189.4	237	220.5	130.5	132.3

平均209字

観点から考察せず、一年生の二学期の書写能力の仮スタンダードを作りたいと考えたのである。調査結果は右の表の如くである。

これは十二月十三日午前十時を期し、とくとこの十八「お月さんのくに」を二十分間書写した結果である。日滝校の平均二百六十一字が断然多く、平均二百九字であった。

即ち、一年生の二学期においては二十分間に二百字位は書かせても無理ではないと思う。一分間には一〇字となりやや少いと思われるが、二十分間集中して書写させる事は一年生に於てはやや困難であるので、このような結果の出るのも致し方ないと思う。なお、日滝校の平均二百六十一字は極めてよい成績で、聞くところによれば、人数も少く且取扱い直後で殆んどが暗誦していた結果であるという事である。私の実験結果から見ると、

A　初見の文を一回読みすぐ書写させた時間

B　二回書写させた後読ませた時間

C　暗誦する迄読ませた後書写させた時間

とを測定し、考察した結果書写の速度に於てAとCとを比較すると約二・五倍の能率の差が出て来たのである。AとBとの比較によって、二回の書写によって読みの速度が二〇パーセント増した。以上から推理すると、一文を取扱うのに読むことと、書く事を適当に取り入れる事によって能率的な学習が可能であると言い得るであろう。であるから日滝校が殆ど全文を暗誦していたため、書写に極めて優秀な結果を得たのも当然であろう。

右と同様な方法に於て、三月七日午前十時を期し、前にお願いした学校に依頼し測定したのである。これによって一年生の第三学期に於ける書写力の仮スタンダードを作成しようとしたのである。

其の結果は次の表の通りである。

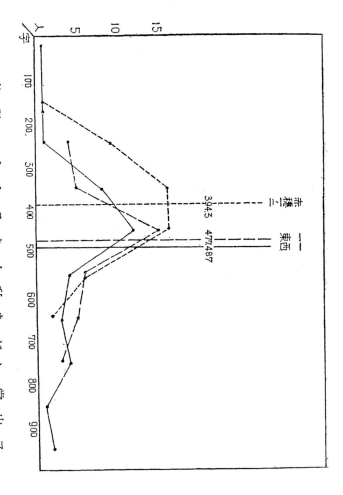

「こくご二」五おはなし」を二十分書写せしもの

書字数 ／ 学校・級名	最大書字数	最少書字数	平均書字数
上高井郡小山小学校一西	512	52	272
上伊那郡赤穂小学校一ノ二	672	198	394
仝　一ノ三	660	162	357
附小　一東	735	205	477
仝　一西	975	10	487
上水内郡若槻小学校一東	451	8	236
仝　一中	428	64	261
仝　一西	437	102	264

右八組の二十分間の平均書字数は三三九字となる。即ち十二月より平均百三十字増加している。平均必ずしも標準とはなり得ないが、一年生を終る迄には二十分間に約三百四十字、一分間に十七字位は書かせたいものである。

（附属校の一年が書字数が平均他校より百字多いのは、一月中旬から下旬にかけて、全校十日間書写力の継続調査を行つた影響によるものと思われる。これはあとで述べる事にする。）

なおここで右の調査結果をグラフ化して、其の考察について一言してみたい。

附小一西は書字数の最高実に九百七十五字、級の平均四百八十七字でトップである。一年生の書写力についての限度に関しては後に調査結果から述べる予定であるが、一分間に平均四十九字という事は驚異に値する。私の観察では七百三十五字を書いた児童は、殆んど本を見ず、二十分間よそ見をせずに、しかも鉛筆の停滞なく書写し続けたのである。故に九百七十五字の書写は一年生としては驚くべき事である。

さて特に、赤穂校一ノ二、附小一東、一西の調査結果をグラフ化して考察してみよう。

われわれは級の種々なる結果をグラフ化した場合、考察の一観点として、グラフの形に氣を付けねばならない。

先ず、書字數の最高を示した附小一西のグラフを考察しよう。このグラフの形は裾野の長い山形をしている。これは級の兒童の能力差が非常に大きい事を示しており、余程氣をつけぬと、いわゆる遅進兒を生む可能性が多い。しかしながら一西の場合は、二名をもう一寸向上させたならば、吾々の理想とするグラフになると思う。私は右のグラフで言うならば左の方の裾野はなくなり右の方の裾野が長くのびることが理想であると思うのである。次に赤穂校一ノ二組のグラフを考察してみよう。このすり鉢を伏せた様な形は、われわれとしては現段階として理想的な形としてよいのではなかろうか。この山形をこのような形に於て向上させる事は一人々々の兒童をよく見、手のゆきとどいた指導の時に可能であろう。われわれは左方の裾野の長く伸び易いのを常に警戒しなくてはならない。

次に一月十七日から二十八日迄の十日間全校

書写力の調査をした時の結果を記して、一年生の書写に対して、一應の考察をしてみたいと思う。調査の條件は、一年こくごの「くにおさんのしたおはなし」を五分間、毎日はじめから筆写させた結果である。

調査日 1月	17日	18	19	20	21	24	25	26	27	28
1分間平均書字数	19	21	22	23	25	26	25	28	28	30

初日五分間に百字以上筆写した者は四十名中十六名であつたが最終日には三十七名となり平均書字数も一・六倍となり、速度もかなり上昇したのであるが、一年生には一年生としての限度があり、一分間に二十五字以上書く事は無理であると思う。一月二十六日から三日間は環境を出來得る限り整えた結果であつて私の組の最大限度と思つている。

この十日間の継續筆写によつて二つの利害が生じた。よい点は精神集注の訓練をする事が出來た事である。一方、速度に重点を置いたため、字体の乱れたまま訓練を継續したという結果になつた事である。(但初日の字と最終日の字とを比較する時、字体が殆んど同じで速度が増していることはまだ研究の余置がある。)結論として、私は、手の巧緻性もまだ未熟な一年生(低学年)においては、早く書くという事も大切ではあるが、それ以上に正しく美しく書く事が大切であると思う。其の点でこの十日間の筆写訓練は反省すべきものを多分に含んでいる。

以上述べて來た書写について要約するならば

一学期の終り頃には　　一分間に八乃至十字位

二学期の終り頃には　　一分間に十二字位

三学期の終り頃には　　一分間に十七字位

が適当ではないかと思うのである。

前にひらがな文字を読む能力の調査結果を記述したので、次に書く能力についての測定結果を述べてみたい。これは第三期の敎生諸氏がそれぞれ自分の奉職校を調査し、それと私の組とを比較したものである。ここに其の調査を其のまま記載しよう。

1 調査期日　昭和二十四年二月十五日

2 調査学校　下伊那郡松尾、上村、泰阜南の各小学校及び附小一東

3 調査方法

(イ) 一・五センチ方眼紙(調査用紙形式略)を與え、一文字五秒位の速度で読みこれを書きとらせる。

(ロ) 読み方順序…清音　とりなくこゑすゆめさませみよあけわたるひんかしをそらいろはえておきつへにほふねむれゐぬもやのうち

濁音　がぎぐげござじずぜぞ、だぢづでど、ばびぶべぼ

半濁音　ぱぴぷぺぽ

4 調査結果

ひらがな文字(書取)習得率(%)

校名	清音	濁音	半濁音
附小	98	97	98
M校	97	95	90
K校	95	93	92
Y校	87	62	72
平均	94	87	88

5 考察

清音文字の習得率九十四パーセントは「ゐゑ」の如く全く日常使用されぬ文字も含まれているので、一年生の間に清音文字は殆んど書く能力を得させる事が出來ることを示している。

濁音の中にも、「づぢ」の如き使用されぬ文字を含むと同時に半濁音同様使用度が少いため習得率は清音より悪いのであると思われる。

6 感想略(附記今迄私達は附属小学校というところは、成績の優秀なしかも環境のよい家庭の兒童ばかり集まる学校であると思い込んでいたが、実際実習してみてそうではないことがわかつた。何事にも熱と努力の大切なことを

痛感した。）

右の結果から考察出來るように、ひらがな文字を書く能力に於ても一年終了の時には完全に習得せしめ得る事がわかる。故に吾々はひらがな文字に対しては、この一年間に読むことも、書く事も完全に習得させるというスタンダードの上に立つて、日常の学習計画の中に配慮すべきであろう。

なお句読点、促音、拗音の問題もあるのであるが、これに対してはまだ調査が完了しないので、極く大略、級の実情について述べるにとどめる。

句読点については作文を通しての調査であるしまた正確な使用は困難であるので、句読点に氣付いて勉めて使用しようとしている者迄も含めて三月十六日の調査では四十名中三十四名で、六名はまだ使つていない。

促音　読む事は全員出來る。（但し「ちょっと」というような場合、考えなければ読めぬ者が八名いる）

書く時いつもぬかしてしまう者が三名いる。

拗音　読むこと…四十名中三十六名、まだ四名は読めぬ拗音がある。

書くこと…二十三名は全部かける。作文を通しての觀察では、三十四名は正しく使つている。

以上のような結果で、私の組は、句読点はもちろん促音も拗音も、一年に於ては完了する事が出來なかつた。これ等に対する取扱いの反省もあるので、少くとも促音拗音は、一年で完了される事は困難ではないと思つている。

Ⅵ　話すことと聞くこと　話し合いの展開記録について其の考察をしてみよう。

話し合いの展開記録

問題　「どうしたらよいおそうじが、できるでしょう。」

日　時　昭和二十四年一月二十六日午前九時三十三分より十時十五分迄四十二分間

参加者　一年東組三十九名

方　法　司会者を設けず、発言した兒童が次の発言者を指定する。

時間	発言者	発言内容	備考
九、三三	教師	「どうしたらよいおそうじができるか、今日はあなた方だけで話合つて下さい。先生はあなた方の話すのを書いていますから。」と言つて最初の発言者をあてる。	問題に対する吟味もせずに教師言い終るや挙手多ぜい。
	治生	だまつておそうじをしつかりやる。	
	二郎	みんな力を合せてよくやればおそうじができる。	
	まき子	あそばなんでしつかりやる。	
	道雄	水をこぼさぬようにやればよくできる。	
	光弘	はじからすみつこまできれいにやる。	
	洋	ゆつくり水をもつていけばこぼれない。	
	直子	みんなできようそうくらい早くやればよい。	
	かよ子	先生のお机の上のものをみなんでやれば早くできる。	
	丈子	とんで歩かなければよくできる。	
	栄二	西組とけんかをやつているとおそうじをする人が少くなる。	
	光弘	おそうじの時にふざけて遊んでいるとまたほこりがでる。	
	栄二	皆で黒板やなんか見ていたり、自動車（玩具）などいじつていてはいけない。	
	修義	黒板にいたずらしないでしつかりやる。	
	勇治	人のことを言つていると出來ないからしつかりやる。	
	健彦	お話やうたなど歌わないでしつかりやる。	
	幸子	お掃除の時オルガンやなんかひいていてはいけない。	
	仲夫	ぞうきんをふり廻したりしてはいけない。	
	茂	先生のところをしないうちにぞうきんをゆすぎに行つてはいかん。	

痛感した。)

-116-

1	1		4 1			
ļ	1	パストーブへあれつていると駄目。	i 大郎	ili		
- 1		「ロルなりとはいすない。	3 治	립		
•	., .			j		
		先生のいない留守のときはうんとよくやる。	rn	424	田川	七、
		ふざけつこやると運くなるし

11	半		
		はやく一生けん命やる。	41	2200		
	2550	いたずらして (そんなこといったよ)	崇	清		
	前に出たのですぐ言いたずらというだった。	黑板でむだなことを聞いていると遅くなる。	120000	談		
	23.00 - 7611 2	まどへ登つ

4	洇		
		いい水が来た時は、並んでしぼること、こぼれたらふいておくだ。	喜	角		
1		お湯汲んで來てじつとあったかいあったかいといれ

4	淮		
-118		寒暖計などみでいると運くなる。	羰	额		
1	(石浜)	ぞうきんない人は構いて、ある人はさつさとかける。	쳸	Ħ		
		水くみはあわて

4	叡		
		みんな遊ばなんでやる。				
		お日をむすんでやること。(うるさい人にはあてないよ。)	H	I		
		ならぶら立

413			
	(で表)	やる前に時計を見ておいて何時までにやるかきめてやる。	南			
		「カルタ」(額に入っている)のところを見

い。	7万	光		
	1	人のお精除をやつている時、人の背中へのつてはいけない。	雄	道		

修子 あったかい お湯を ぬるい お湯だとだまかしてはいけない。

あそんでいると違くなる。

悪豚軒をみていてはいけない。

いい水を待つていると運くなる。

西組とけんかをしてはいけない。

時計ばかりみていると運くなる。

「かんないからしいした。」

そうきん投げちやいけない。

展 弘 そうきんがけでぶつかった時どつちが先にする。

お幕係の時、図画などみていてはいけない。

先生が用罪している棒様のでいてはいけない。

あそこの地図を見たりしてはいけない。

洋子一

いっちな

光阻

勇治

道 雄

東一郎

玉 쳸

えり子

洋子

伸夫

H I

直子

举手

煮 美

浴生

> H

| | 雲

清 美

容子

正被

害

本をみたりしていてはいけない。(いったよ、いったよ。)

ほうきでけんかしちやいけない。(いったよ。いったよ。)

人形芝居 (教室にあるもの) なんかみたりしてはいけん。

水汲みの時、二つばけつがいつしょに行ってはいけない。

きょみちゃんなんかお湯くんで水をいれすぎるといけない。

お講解の再溢んではいけない。(そんなことをいったいった。)

鎖(家族しらべの絵グラフ)はつてあるのを見ているといけない。

総やなんか見ていてはいけない。「多ぜい(そんなことをいった。)」

かけている人の邪魔してはいけない。 (いったよ)

机を違ぶ時僕が先だというとけんかになっていけない。

及ちゃんはいつも人の顔をぞうきんでこするがそんなことはいけない。

ぶつかった時じゃんけんなどしていると違くなるからやめた方がよい。

をひとに言われてしまつたから」と述べている。

参加者三十九名中発言しなかつた者男一名女二名であつて、発言しなかつた理由は三人とも「思つていること右はなるべく児童の発言通り記録したものである。

			-		
		それはお첌除のやり方ではないね。ではこれでやめましよう。	哥	敎	
	めることにかる	ことはきれないきれないと進んでいてはいけない。	4	辛	出し、01
	る方向をみぬいてや数師見違の考えてい	うんときれいにぞうきんしばつて力をいれてかける。	治	配	
	A WE THEN SHOW THE	しつかりぞうきんしばつて早くやる。	1	N	
	1	手わけでやった方がよい。	41	洋	
		かけてやればよい。	41	從	
		きある。	潋	H	
1		それはいけないことで、さつきでたでしょう。	部	敎	
12		チルガンなんかいびつていてはいけない。(そんなこと言つたよ。)		洋	
ī		やるどこみんなできめてやればよい。	415	Frot	
	教師設言また楽りなったがまた挙手九人あつたが	まだ出ないから、そういうことについて話して下さい。お帯除の時してはいけないことがたくさん出たが、お帯除のやり方については	部	敎	
	Date Co y E In Min 1171	そういうことを地にきめておけばよい。	沿	便	
		外ばかりみていてはいけない。	财	館	10.10
e .	∞.	人のところにいたずらしてはいけないし、ばけつをころばしてはいけない。	[]	米	
	70	一人の机の上ばかりよいていてはいけない。	沿	光	
	問題からはずれてい	あんな時計けつちん時計じゃれえかなんていつちゃいけん。		叔	
		机の上ばかかけていて、下をかけなくてはいけない。	瘦	H	
		あったかい水を汲んで来てそればかりいびっていてはいけない。(いったよ。)	4	會	
		そうきんないとうそなんかいつて進んでいてはいけない。	41	容	
		つべたい水なんてやだなんていってはいけない。	4	闸	
,		おなじところばかりかけていてはいけない。すみもしなくてはいけない。	4	刑	10. 1

	西組が農蓮の方へ水をとばして及機達がいってとはすと農蓮もわるくなる。	11	张
	百里が考慮して、くどは、ころからしばらないこと。	4	活
	「このえはうまいから消してはいけないよ。」なんていっていると運くなる。	沿沿	思想
	お痛除の時けんかなんかしちやいけない。(いったよ。)		
	太田さんいつもいいもきれいだといっている。	五事	Î
	て百ぎついつのかりというといってある。そのえを回いていると又遭くなる。	近五	-
	とのとど面 りているとて置く なる。 黒板の 面 なんか 見ていると 運くなる。	華	
	異反り可なわいもというと置くなる。しゃんけんなんかやっていてはいけない。(いった。)		
	こぞもすりなむかかっていてはいすない。へいっとってももさんを天井へなげてていると運くなる。		<u> </u>
		〈原	
	票板をぬらしてふいてはいけないおれるをれる人様、これはばつだとやつてはいけない。	機	
		40	
	遊んだりしていてはいけない。(いいました。)まい姿勢と貰いてあるのをじつと見ていてはいけない。	如	
		વાતા	-
	人の机にらく鬱をしてはいけない。 展子ちゃんとえり子ちゃんときようそうしてやる。(いいじゃん)	機	<u>ا</u> ا ـــا
		(1)	
	机を運んでいる時どこかへ行つてはいけない。	41	
	お幕除の時はぼんてにお傷をかえに行つた方がよい。 時計を何時だかみていると違くなる。 (いつた。いった。)	4	
		~	2
	そんなことないで一生懸命やる。	浴	,
	人の机をあけたりしていると遭くなる。	4	٠
	この面は上手だなんで進んでいると違くなる。	治	,
	あったかい、あたつかいとだまかしてはいけない。(そんなこといったよ。)	生	Ī
	むだがきをしてはいけない。	華	+
	お帯除の時そういうことをしてはいけない。	洍	ר
教師発言	と

かね。)ストープをあつたかいとだましてはいけない。教師(そんなこと、お掃除のこ	無	Î

-122-

と然みている。

0	12	江回
0	H	力回
1	ĭ	六回
ಲು	4	五 回
0	တ	回回
4	0	回川
4	රා	回 !!
OT	CT	回し
女	出	-

わかる。

発言回数は次の通りである。

	男	女
一回	5	5
二回	3	4
三回	0	4
四回	3	0
五回	4	3
六回	1	1
七回	1	0
八回	2	0

右のように殆んど全員が発言しているのであるが、話し合いの内容は極めて貧弱なものである。これに関して考察してみよう。

話し合いの内容

a　二、三を除いては大体主題から離れた発言ではないが、思いつきが多く断片的なもので、一つの問題を掘り下げていくという事はない。

b　発言の主なる内容は教室内で目にふれるものや、また実際の経験についての反省が主で「……してはいけない。」という消極的な面が多い。これ等に関しては知的に相当承知していることがわかる。しかしそれが具体的に行動化されぬところに問題がある。

c　他人の意見と全々関連性がないとは言えないが、自分の意見を単独に述べている。ここを見ても低学年の話合いには教師の適当なる司会がないと、皮相的な話し合いに終り、充実した話し合いが成立しないことがわかる。

d　同じ内容の発言がくりかえされても案外平氣である。それは内容が同じでも言葉のくり廻しに変ったところがあると違っていると認めている。このような時に聞き方の指導の場が開けるのである。他人の話をよく聞いて、その内容を一應自分の頭腦の中で吟味する事の指導が大切である。デューイの云うメンタルレジャー（心の閑暇）は学習の進行には常に考慮さるべき問題であろう。吟味する余裕を與えながらしかも間がぬけないように話し合いを進めるところに、低学年の教師の司会に対する工夫が要求されるのである。

以上を要約しながら意見を述べてみたい。

話し合いの主題を論理的に発展せしめる力は全くなく教師の適切なる指導を要する。巧みな教師の示唆があればかなりまで話合い得る。今迄一年生だからと見逃して来た向も多いがかなり鋭い批判力が芽生えている事を忘れてはならない。内容のくりかえしの発言が多い事と、他人は他人、自分は自分の意見を単独に述べるという事とは関連している。これは児童の発達段階から見て、社会性が未発達であるという事と具体的なものについて発言していながらそれが具体化されず、却つて抽象的な結果を招き易い一年生の特有なものを感ずるのである。私はここに非常に大きな教育の暗示をうけるのである。

吾々は低学年指導に於て口を開けば具体的な事物に即してというのであるが、言葉や形式上は具体的であつても児童の内面に反應した具体でない事が多いことを反省しなければならない。右の話し合い記録でもわかるように「何々してはいけない」と言う事が、ほんとに具体的な物に即し自分達の欲望に即して発言されていて、一見如何にも具体的であるように考えられるのであるが、実際には行動と離れた、抽象的な言事をもてあそんでいるに過ぎない。一年生から既にこのような、大きく言えば観念的な倫理の萌芽がある事を警戒しなくてはならない。

然らば如何なる指導を必要とするか、一言で言うならば「経驗の再構成を行動によつて話し合う。」という事である。

であるから私は低学年の話し合いを、学習を進める爲の方便と考えたり、話し合い技術の修錬とは考えず、即ち第一義的に話し合いを一つの方便と考えず、学習の一要素として、常に言行の一致の観点から指導したいと考えている。

Ⅶ 作文 文字を書くことの指導に入つたのが六月下旬であるから、從つて綴る事の指導に入つたのは九月初旬であつた。しかし、一学期の中にも綴る事に対する準備はしていたのである。即ち

1 自分の考えていること、見たこと、聞いたことを自由に話させる。

2 学校行事や社会的な行事其の他生活の中に題材を求めた画をかかせ、それについて説明をさせる。

3 掛図または教師の画いた黒板画、兒童のかいた黒板画（黒板の解放については後に述べる。）等について話させる。

4 適当な漫画・教師の作つた漫画などを見させ、（主としてプリントして與えた）それを順序よく発表させる。

5 簡單な童話をしてやり、それを話させる。

このように綴る準備として、順序よくまとめて話す事を事物に即して取扱つて來たのであるが、文字を習得している者や、またたとえ全部習得していないとしても、文字に対する興味が自ら生じて來て五月下旬頃から作文して來る者が次第に数を増して來た。六月下旬より「先生にお手紙」と称して、自分のしたこと、みたこと聞いた事などを紙片に書いて來て教師の机の上に毎日のつているようになつた。そこで、ポストの代りに小さな箱を備え付けて、子供達の氣持を生かすようにした。

夏休みには、大部分が文字を習得しているので、家庭との連絡の上に、「親子一行日記」を書いて貰う事にした。即ち、毎日、子供は其の日の出來ごとを一行書き、親は子供を観察して、その動きを書く事にしたのである。ねらいは、子供達には文字を使うことになれさせるという事と、父兄を通じて、休み中の兒童の動きを知つて二学期からの指導の資料とするためである。

ここに二つの例を記して、父兄に感謝したいと思う。

日記の形式（学校にてプリントして渡したもの）

月日		
(例) 7.25	（子の記事）文字、書き方を御指導下さい。がつこうで、ちやわかいをしておもしろかつた。	（親の記事）人中へ出るとはにかみやの子が今日の親子茶話会には元氣に歌をうたつておどろいた。
月 日		

Hさんの日記抄

七・二八 じようやまから まめを しよつてきました。

今日は祖母と山の畑へ行きました。收穫物を背負つて夕日をあびて帰つてくる姿は一寸ほほえましく、我子ながら可愛いいと思いました。

八・一 せんとらるざで えいがを みました。

孤兒や浮浪兒に比べるとうちのSなどは全く幸福なものです。しかし世界にはもつともつと幸福な社会環境と幸福な子供があります。

八・七 やきゆうを みにいきました。

けんかを强くしてやりたいと思いますが（粗暴な意味でなしに）どうも少し弱虫。家では强そうに言いますが外

まりよい結果を示さなかった。

文から入つて、次第に記述量を増す事に留意した。

これを前の黑板、うしろの黑板へ、書けたものから行つて板書させる。それを皆で読み合う。このような写生います。」

「へちまが、まどのうえまで、のびました。きいろいはなが七つさいています。ながいへちまが三つ、なつて「ぼくたちのぐるーぷのひまわりが、三十二さきました。」

めた。

た。夏休みですつかりあれはてた学級園へ、手帳をもつて連れだすと、あつちでもこつちでも、何やら嘗きはじ月初旬の作文の指導に其の結果があらわれた。一、二の見蓋を除いては、誰もが困つた様子もなく、短文を綴つ夏休み一カ月間、父兄の指導によつて、一行の日記が書き綴られた。文字を使う事

ための目標は九見えるけれども、校門を出る子供達には、それぞれ異つた環境が待つている。

子供達の具体的な環境や

子供護を見る目が違つたように感じた。机についた児童は培同じように夏休みの終つた日から私はこの親子日記をむさぼり読んだ。そして、親の愛に感謝すると共に、家庭における

んど手傳つてしまいました。種々手傳つたところも御座います。

だおわび申し上げます。これからどうぞよろしく御願い申し上げます。絵日記はどうもかけぬと初めましても殆目に入れます結果は、これだけをさせるのに一生懸命で御座いました。ゆきとどかなかつた私の毎日を先生にた

夏休みにのぞみをかけておりましたのに何ら得るところなく却つて退步の狀態です。申しわけ御座いません。お今日は珍らしく素直におとなしく過ぎました。おばあちやんの家の故でしようか。先生からのお話でほんとうに

八・二五 おべんきょうしないで しかられた。

思いもかすかな父親の墓前に一生懸命供物をしたり、墓標をなぜさする姿を悲しく見ました。

- 八・一六 おはかまいり

よるは おまつりでぶたいや おどりを みました。血臓する氣がまるきりなく、ひつばつてゆくのに一苦労です。どうしたらよいのか悲しくなります。
- 八・一二 あしたから おぼんだから おとうちゃんの のつてくる おうまを こしらえました。ようか。

他家の大きなお兄さんとターザンの映画を見に行きました。帰ってから庖丁等を持って真似ますけれどよいでし

八・ 三 たあさんの えいが

子供の遊び道具は我々の曹籍と同じ位重要なものでしょうが、仲々よいものを揃えてやることが出來ません。

八・二四 おとうさんと やきゆうを やりました。

必要を感じました。

難なようです。私が一しよに描いてそれを見てどうやらまねごとの絵をかきました。ある程度の指導はたしかに物事を正確に観察するけいこをする爲に、写生につれて行きましたが、仲々具体的に物の輪廓をつかむことが困

八・二〇 そつこうじょ へ おとうさんと しゃせい

ではどりでしょうか。腕力に自信がないと、どうしても他人の不正を見のがしがちになります。

-127-

-129

即ち一週間前の話であるから、思い出すてがかりに、極く簡単な漫画を書いてその話を作文させたのである。次のような形で問題を提出したのである。

次に二月七日に節分の薫話をして、二月十二十三日の休みの宿園として課した時の正さんのものである。

て遊びすぎ家へ帰る時刻が遅れ家の人に心配かけた児童があったので取扱った真話である。)

した。どんぐりこぞうは そのとのところへ なにか切がかいつて、ありました。(あと約七百語略)(おもしろさにひかれところへ ほたんがありました。そしてどんぐりこぞらは そこにあつた ほたん初 おしてみると そこがあかるくなりまのぞいたら あつとゆうまに そのあなのなかへ おもつて しまいました。とのところへぶつけて しまいました。そのだんしあと料 おいかけました。そしてだんだんいくとふかいあなが ありました。そして どんぐりこぞうは そのあなをべてしまいました。それから おきてみたらそのおかしは ないじやありません どんぐりこぞうは 切つくして そこにあおばあさんから いんだいた おかしお かかへて ねてしまへました。それから うさちゃんがきて そのおかしわ たんくりこぞうは、いいことをして おばあさんから おいしい おかしお いただきました。それから のはらへいつて

三十一日(月)に提出したものである。原文のまま書いて、三学期のと比較考察したい。

思われたそうであるが、殆んど一日それを書いていた機子である。千字以上の文であるからその努力が思いやられる。) 書いては五月二十九日に聞いたお話を三十日の日曜日に(おとうさんは、朝から机に向つて一心に何か書いている姿をふしぎにくる。決して種切れになるという事はない。寓話の本だけに頼る事はいろいろな意味に於て面白くない。 ヱさん児童は話をききたがる、材料は児童を観察することにより、また家庭からの通信により、新たなるものが出てをねること。

- 3 級の中に起った、どんな小さな出來事でもそれを童話化して、時をのがさず、児童の心情に訴えて判断力1 児童の心理を活用して聞き方、考え方の態度、能力を養うこと。
 - のである。

で、とるに足らぬものであるが、私は二つの理由から一学期は殆んど毎日同じ主人公によつて話を展開していた五月三十一日(月)に、はじめて書いてきたまさんの作文について考察してみたい。この寛話はもちろん拙作賞話を聞いて、それを書いてみる仕事

後にある子供達の感情の動きを常に読みとるところに作文指導の英訣があるのではなかろうか。

塩文であるが、との注射器を通して、病室のようす、作者の心境までも親い知る事が出來るのである。文字の背二月初旬風邪のため病欠した呂君は家庭にいても、とのような勉强をしていたのである。二百六十字ばかりの

を とすつてわります。おくすりを いれてから、うえにちょつと とばします。それで ふいて、手にします。してしまりておきます。それで にえたら あるこおるを、わたにつけます。それで えるすちんを やすりで えるすちんの がらす一ばんはじめは、まず ちゆうしゃ を だして おゆがにえたらその中にいれます。うんとあついおゆの中に 三ぶんいれちゆうしゃを するときの ようす

観察の鋭い作文としては二月のor君の次のようなのがある。

のである。

十二月中旬には千字を越える者が数人あり、最高一個八六字であつた。內容は自分の行動をくわしく綴つたも平 ― 均 一〇二字

みんな山おく利にげていってしまいました。むらの人たちは、どんぐりこそうの。かえりが、おそいので、みんなしんぱいいました。どんぐりこぞうは、さあ、はやくみんな用おくえいけ。といいました。

がいいました。おにたちはあんな大きなてんぐさまを、あんなに小さくするなんで、つよいこだと、おにたちは、はなしあめのように、小さくなつた、てんぐきまを、手のひらに のせて、きあおにども みんな川おく心にげる。とどんぐりこぞうれませんか。もつと小さくなれませんか。てんぐきまは、まめのように 小さくなってしまいました。どんぐりこぞうは、まなれ、ちいさくなれと、あおぎました。てんぐさまは、どんどん小さくなりました。 どんぐりこぞうは、もつと 小さくなか。(少し略されている)もつと小さくな礼ませんか。といいました。できるぞってんぐきまは、大きなうちりで、ちいさんた。(少し略されている)てんぐきまは、おれのはなを、ひつばるようではいけない。 ちがいます。 てんぐきまは大きいでおとうとだとうそない つたな。とあしでふみつぶそうとしました。 どんぐり こぞうは、ちょつとまつてください。といいましつれてきました。 どんぐりこぞうは、おおきな てんぐさまのまえにつれてこられました。 とんくところない ちょいちょし

うが 山のほう刈 いきました。おこりむしやなきむしの。おにたちが、いつばいでした。どんぐりこぞうがいくと、おにが、てくれるよ。じあかたなでも、もつていきなさいよ。ぼくはそんたあぶないものなんか、いらないよ。といつてどんぐりこそじしてくる。むらの入たちは、そんなちいさい人がいつたらひとつぶされにされるではないの。なあに、ほくがいつてたいじはそと、といつて おになおいはらつたのに このくにに おにがおしよせてくる。どんぐりこぞうが、ほくがいつて、たいの足をひつばつてきました。おじさんどうしたのですか。どんぐりこぞうがきぐと、おじさんは、せつかく ふくはうちおにみました。どんぐりこぞうがむらに いったら 人が大きわぎを していました。どんくりこぞうは、そばにいる おじさん どんくりこぞうは、二月三日に まめまきをしました。そしてまめな もつたまま ねてしまいました。それから もれな

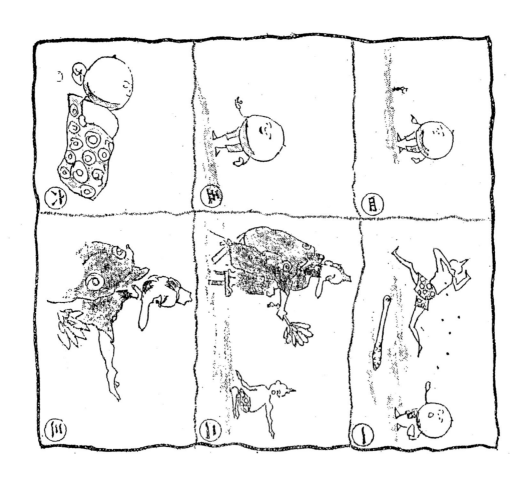

この文を学習させながら教師は次の点の調査を計画したのである。即ち

それでとりやけものたちは、あんしんして、みんないならちに、かえりました。

なるられの

て、それがとけて、おまえざんがたが、すの中からでてくるころには、わたしたちは、きつと、あたらしいきものなきている きものを みんなはいで、これから もたらしいきゅのの したくを しているのとっまあ、みておいで、いまに 撃力ふり 「あははははは。しんばいして くださつて ありがとう。 ひれども わたしたちは、びょうきでは ないのだよ。ふるい すると、木はわらいながら、

「あなたがたは、ぴょうとではないのですめ。 きゅのみ みんながいで しまうなんだ、一たいねっても あるのでする。」 [いろうなだの] か、] ぶろかから かいかいかが ここがした。

かいり みろなかんしん おみゃうご りなたもつだ。

[どうしたんだろう、びょうきではないのかしる。]

ではだかになっていきますので、とりやけるのは、ひつくりしてしまいました。

だのに、山の木のえだばかりは、さむくなると、せつかくきれいに、そまつていたきものを「まい」まい「よいなしし だんだんさむくなつてきたので、山のとりや けものたちは、みんな あたたかなきものな きるようになりました。

> 事为沙作 冬のおしたく

> > 調査研究の辞襲であり、それをのがしての調査は具体性を欠くおそれがある。

局、その学習の目標の具体化からと、児童の実態から生れるのである。そして更に児童の学習が教師にとつては は、 致師にとつても児童にとつても益はない。 即ち具体的な観点をもたなければならない。 具体的な観点は結晶 でなければならない事は当然である。私は時々教生諸氏に抗腎巡視の目標を聞いた。目標なくしての机間の散步

ろ評價があり、音々の指導研究がある。机間巡視一つを取りあげてみても其の通りである。目的のある机間巡視 同 別について 平凡な記録ではあるが永に削に対しての一例を輩げよう。私の持論であるが学習のあるとと り一人々々の状態をよく知って、毎日の学習の中に生きた取扱いをしなければならない。

していたり、たびたび一覧に取り並ら位のものであつた。しかし、これでは誤に、非能率的な指導である。やは、 私は過去において、作文指導の場合、文字や語法の違いは、個人的になおしてやるだけで、其の後の指導を意

で 落つが削縄いがない。

11

が、かなりよく表現されている。

ca 色にだを重要していている。

4 推験した標子もないのに、少しは略されている点もある

○ 田戸と同様がぎが使用されていない。ここに指導の観点

文字の使い方が殆んど正確である。ただ五月にへが使っ

- に 踏法に関連いがある。 表現されていない。
- A 医療にしてしているなどののではいいがあればいるとはいる。
 - 《語 「 やかど しこ ト こ 付 こ 。 001こりこうだ
- ca 句號点 句点は大きなまるなかいてある。読点はたびた
 - 1 文字のぼい方に開連いが多い。

H 五

五月の作品と二月のとなちよつと考察してみよう。

可能である。話を聞いているのは子供達だけであるから。

とした作文を通して、我々はいるいなな指導の資料を得るのである。これに関して、家庭での指導は全人不 し、なきむしのおには、一人もいなくなりました。

していました。そこ必どんぐりこぞうが かえつてきました。こうして むらには、せつぶんの日から、よわむし、おこりむ

-188-

— 199 —

015

-134-

くま「さんせい、さんせい。」 でずら組 からず 「めの木みてごのん、かだいそうだれ。」 た的を一分んなでおみまいにいきましょう。」 からだした、そろなだかろうこのだって ら かっけんきでせ ないのかしんっし うさぎ 「あの木びようきではないのかしら。」 山ばと「おりでもあるのかした。」 ふくろ「あの木におみまいにいこう。」 らさぎ 「おかしいな。」 はと「あの木かわいそうだね。」 Falt さくら組く ましあの木みていのじしゃい。」 とけい組をつるった。あの木はみんなきものをぬいでいる みんな「さあ、いきましょう。」 みんな「さあ、いきましょう。」 らさぎ 「さんせい。さんせいっし くま「おみまいにいきましたう。」 き じっかんなでおみまいにいってっし たぬき「ひょうきではないのかしらっ」 山ばと「びようきではないのかしらっ」 も るしどろしたんだんとっし きつれ「どうしたんだろう。」

たから組 さ る「あ、みんな あの木 みてごらん。」 は と「みてごらん。」

十二月十七日(金)各グループが、ぴつくりして、お見舞に出掛ける迄のせりふを考えた。衣に書いてみよう。である。

そして、グループほにこれを劇にしてみよう。との課題を投げかけて、教師はグループ毎の活動を注視したのいをさせ、自分の好きなとり、けものを選んで其の面を作ることにした。

とれ等動物にはいろいろ種類があるが、との文にあてはまる鳥や獣はどれかと吟味して、グループ毎に話し合んがるう。さる。

ん。ぶた。めんよう。おおかみ。ぞう。いのしし。きりん。しか。とら。ひよう。ねずみ。か

けもの………やぎ。万ま。万し。くま。ねこ。いね。りす。うさぎ。やまあらし。きつね。たぬき。らいおくろ。おおむ。かつこう

と り………たか。きじ。めじろ。からす。すずめ。とんび。にわとり。あひる。わし。はと。山ばと。ふを金部あげて、その中から選ぶ事にした。子供達は次の名を銀げた。

山のとりやけものたちとあるが、どんな鳥や獣にするかの話し合いとなり、結局、自分蓮の知つている鳥や獣なつた。

右のようにわけた。そとで、びつくりしたいは誰か、びつくりさせたのは誰か、と順次登場入物をきめる事に

あんしん (みんなおうちへかえる)

木のおはなし (みんなきいている)

おみまい (みんなで)

びつくり (とりやけものたち)

文の内容について話し合いをし、その結果子供達は文を凹つにわけて考えた方がよいという事になつての一人である。十二月十四日にプリントを渡し、十六日には九十パーセント迄晴誦してしまつたので、十六日・劇化にあたつて先ず文を読みとなしてからと考えて、皆で晴誦の競争をしたのである。もちろん敦師も其の中右の中の制化について少しく記録から橋出してみよう。

- 3 劇化の能力
- 31 暗誦の速度
- 1 読むこと、書くことの相関関係の調査(前に結果を述べてある)

```
じであった。
```

た。またこうした会話を通しての言葉使いは、全く自然で、いわゆる一年生の読み口調もなく、日常の会話と同の学廳会に、十二月作つたこの「今のおしたく」をしたのであるが、其の時には、動作がもつと惚雑になつていおもしろいことには、演するごとに、せりみは同じでも、いろいろと工夫され向上していくことである。三月

```
しゅるこ かるられ そくなるこう、これもの おさひ
                   なの一分置でし
                                            へましたが、ガルリガルでするり
けるのたちも見えなくなるまで手をふりなから「さよう
                                                        107r
(ゆうやけこやけのうたがきこんてくる。木も、とりや
                   う。けれども わたくしたちは びようきではないのだ みんな「さようならっ」
                             「おははははは、しんばいしてくださってもりがと大
                [ごは、されらないの]
                                        さる ついつたい、なってもあるのですからに
                  びに去いりますの一
                                     でくん 「きものかなった はいでしまったろしっ」
くましたれ、露がとけて、あたたかい難がきたら、またあそ
                    「っこかししか
                                                   「つんてふべ」
                                                            K
                                     ためを「あなれば、ひようきではないのですから」
「おりがとう。おまえさんたちもれ。また、あそびにい
                             长
                                         (木はそれにつれておじぎをする)
              いようにしてくださいれの」
                                                  そろな [いろでかだっ]
山ばと「木さん、だんだん さむくなるから、かぜでもひかな
                                                 三つさぎ「こうにちなる」
       でんた「おかへためやの、そろな やべらい。」
                                 (みんなほどれいなひとまわりして木のまえに行く)
                        107
                                               みんな「きあいきましょうし」
たぬきしおやおや、いつの間にか、お目さまがはいってしまり
                     みかな しそうなっし
                                              みんな「さんせい。さんせい。」
         からず 「びようきで なくてよかったなっ」
                                       へ ましなろなら はみまごに ひなたれん。」
                みんな「よくわかりました。」
                                             三元かしてももんりなってい
                                              山うさぎ 「このさむいのでなっ」
                      しっていい
                                            からすっけんらきではないかしらっし
くしたわは きつと おたのしいきものか きているだ
                                                  かんしょなしこなっ]
おまべからがたが、中の中やのでしくるころには、たた
                                                  107045d5
「まる、みておいで。いまに輝がふりて、それがとけて
      ふくろ 「せつかくきれいに そめたきものを 」まい一まいぬ 山ばと「あなたがたは さむくはないのですか。」
     しい きものの したくを しているのとっし
                                              山うさぎ [どうしたんだろう]
```

その中の一人が一枚の木の葉を拾り。

ででたたたってもりと逃げ置る。

しお行いろいたの、中の存んだく。おものかれたた。いも、そろな「かだがこう。かださこう」

やがて鬼がきまつて

お山の鳥やけものたちが仰よくじゃんけんをしている。

らひらとおとしている?

(原華の上に立ち両手や葬上に挙げ、小さく切つた色紙をひ からず「さお、なんだろうね。」

糞むの上中に木が付りた、ひのひのか薬や蒸りたいる。

さる「これなんだろう。」

そろなしかでなっかである]

100,041,54,5117 04 18

三浜かしおか、もの长れてよりいでろって

たいな「そうだ。大さんのきものだけら」

(みんなどの木むとみまわす。)

く まっこのきものを 木さんにとどけてあげよう。」

とのようにして決策にグループのよいところをとつてまとめ上げたものが次のものである。

二十一目には、二十日迄に出來た各グループのせりふをプリントして、少しのしぐさをつけて演出した。

たのである。

二十日(月)には前時のものを推蔵し、更に、木のねはなし、みんな安心しておうちへ帰るととろまで、作つ夏によく考えて作ることにした。

右のものを、グループ毎に発表したのであるが、さくら組のは、おかしいと言う事になつて、どのグループも

ころものこ

ふらせん組み るしもの木をどらん。 あんなにはをおとして

しかれている。これのこ

山ばと「おみまいにいころっ」

からす「ひようきではないのですか。」

へ # [ガクしたんだんらっ]

からたち組たぬき「あの木はだかになってかわいそうだ。」

みんな「さあ、いきましょう。」

-136-

(月) にもちこした。そら 組 宏組はいろいろ議論したが結局まとまらず二十日からす「さんせい。」は と「さあ、いきましよう。」うさぎ「みんなでおみまいに でかけよう。」き じ「あの木びようきではないのかしら。」く ま「どうしたんだろう。」

福別指導の要託はここにある。漢然と組の実態を瀕んでいる程度では、漢然とした指導しか出來ぬのである。まだ習得していないかを適格に把握し、指導の重点をつかんで、教室に歸んだのである。

港介		数をかそえる力	64		**************************************		_	1
HH	13日—17日	5月 8日—16日	6月 7日	125 G H D	7月	7月	五田	月 7月
10	100							
20	88	986	1	1	1	100	9	
30	78	Si	١	90	:03	100	0	0
01 [,]	68	73	١	80	85	98	00	8 100
50	56	71	78	١	80	95	31	100
6.0	53	68	1	1	71	95	٠, ا	100
70	51	56	61	1	63	93		95
80	44	558	56	59	1	93		95
90	41	46	ı	1	51.	93	ω	95
100	11	46	1	49	١	ું		95
ACTION OF COMPANY OF CHARGOS AND ACTION OF COMPANY OF C	A STATE OF THE PARTY OF THE PAR	THE REAL PROPERTY AND ADDRESS OF THE PERSON NAMED IN COLUMN TWO IS NOT THE PERSON NAMED IN COLUMN TWO IS NAMED IN COLUMN TWO IS NAMED IN COLUMN TWO IS NAMED IN COLUMN TWO IS NAMED IN C		-			ı	

2111

みんな「さあ、いきましょう。」
からたち組たぬき「あの木はだかになってかわいそうだ。」
く　ま「どうしたんだろう。」
からす「びょうきではないのですか。」
山ばと「おみまいにいこう。」
うさぎ「さあ、いこう。」
ふうせん組さ　る「あの木どうかしら。あんなにはをおとしているよ。」

く　ま「どうしたんだろう。」
き　じ「あの木びょうきではないのかしら。」
うさぎ「みんなでおみまいに　でかけよう。」
は　と「さあ、いきましょう。」
からす「さんせい。」
そら組　総組はいろいろ議論したが結局まとまらず二十日（月）にもちこした。

右のものを、グループ毎に発表したのであるが、さくら組のは、おかしいと言う事になって、どのグループも更によく考えて作ることにした。

二十日（月）には前時のものを推敲し、更に、木のおはなし、みんな安心しておうちへ帰るところまで、作ったのである。

二十一日には、二十日迄に出来た各グループのせりふをプリントして、少しのしぐさをつけて演出した。

このようにして次第にグループのよいところをとってまとめ上げたものが次のものである。

舞台の上手に木が立って、ひらひらと葉を落している。
（腰掛の上に立ち両手を斜上に挙げ、小さく切った色紙をひらひらとおとしている。）
お山の鳥やけものたちが仲よくじゃんけんをしている。
やがて鬼がきまって
「おにさんこちら、手のなる方へ。あちらでたたた。こちらでたたた。」わあっと逃げ廻る。
その中の一人が一枚の木の葉を拾う。

さ　る「これなんだろう。」
からす「さあ、なんだろうね。」
たぬき「そうだ。木さんのきものだよ。」
みんな「そうだ。そうだ。」
く　ま「このきものを　木さんにとどけてあげよう。」
みんな「それがいい。それがいい。」
（みんなどの木かとみまわす。）
山ばと「おや、あの木さんみてごらん。」

—136—

山うさぎ「どうしたんだろう。」
ふくろう「せっかくきれいに　きめたきものを　一まい一まいぬいでいるよ。」
さ　る「おかしいな。」
からす「びょうきではないかしら。」
山うさぎ「このさむいのにね。」
山ばと「ねつでもあるのかしら。」
く　ま「みんなで　おみまいに　でかけよう。」
みんな「さんせい。さんせい。」
みんな「さあいきましょう。」
（みんなはぶたいをひとまわりして木のまえに行く）
山うさぎ「こんにちは。」
みんな「こんにちは。」
（木はそれにつれておじぎをする）
たぬき「あなたは、びょうきではないのですか。」
木　「どうして。」
ふくろう「きものをみんな　ぬいでしまうなんて。」
さ　る「いったい、ねつでもあるのですか。」
木　「あはははははは。しんぱいして　くださって　ありがとう。けれども　わたくしたちは　びょうきではないのだよ。」
く　ま「では、どうしたんですか。」
木　「ふるい　きものを　みんなぬいで、これから　あたらしい　きものの　したくを　しているのさ。」
山ばと「あなたがたは　さむくはないのですか。」
木　「まあ、みておいで。いまに雪がふって、それがとけておまえさんがたが、すの中からでてくるころには、わたくしたちは　きっと　あたらしいきものを　きているだろうよ。」
みんな「よくわかりました。」
からす「びょうきで　なくてよかったね。」
みんな「そうね。」
たぬき「おやおや、いつの間にか、お日さまがはいってしまった。」
ふくろう「おそくなるから、みんな　かえろう。」
山ばと「木さん、だんだん　さむくなるから、かぜでもひかないようにしてくださいね。」
木　「ありがとう。おまえさんたちもね。また、あそびにいらっしゃい。」
く　ま「ええ、雪がとけて、あたたかい春がきたら、またあそびにまいります。」
木　「では、さようなら。」
みんな「さようなら。」
（ゆうやけこやけのうたがきこえてくる。木も、とりやけものたちも見えなくなるまで手をふりながら「さようなら」を言う。）
幕

おもしろいことには、演ずるごとに、せりふは同じでも、いろいろと工夫され向上していくことである。三月の学芸会に、十二月作ったこの「冬のおしたく」をしたのであるが、其の時には、動作がもっと複雑になっていた。またこうした会話を通しての言葉使いは、全く自然で、いわゆる一年生の読み口調もなく、日常の会話と同じであった。

—137—

IX　**数について**　数量形に関する基礎学習は言語と同様、生活の中に起る問題解決の形をなるべくとった。従って、数範囲を限定しなかったのであるが、指導要領や教科書などを参照として、一学期は主として数範囲二十迄を取り扱い、二学期以後は、次第に其の範囲を拡大した。これらに関する効果測定も、大体言語に関する測定と同様である。其の調査、測定の大略を次に示すにとどめる。

――何時も思う事であるが、測定や記録は時を失しては何もならぬという事である。一年の計は四月にあり。われわれは、時を失う事のない様に十分なる企劃をする要がある。私は途中で、何度企劃の不充分な事を後悔した事かわからない。――

A　数える事

二月末当校で新入学児童の簡単なるテストを実施したのであるが、そのテストの中に、おはじきを二〇数える事を実施した。その結果　四十一名中

一〇まで数える事の出来ぬもの　二
二〇まで数える事の出来ぬもの　三
二〇まで数えたもの　三六

次に文部省の新指導要領による一年の数をかぞえる事の範囲百迄、如何なる過程を経て、全員習得したか、測定結果は次の表の通りである。

次の表でわかるように一学期の中で殆んど全部が百迄数える事が出来るようになっている事がわかる。そして、二学期末までには、全員、一年の数範囲百に達しているのである。これをもってみるに、一年生の中に百までの数を数える事は決して無理でないことが了解されよう。

—138—

数をかぞえる力　習得率 %

数＼調査月日	4月13日—17日	5月8日—16日	6月7日	6月22日	7月9日	7月16日	7月23日	12月23日
10	100							
20	88	98	—	—	—	100		
30	78	85	—	90	93	100		
40	68	73	—	80	85	98	100	
50	56	71	78	—	80	95	100	
60	53	68	—	—	71	95	100	
70	51	56	61	—	63	93	95	100
80	44	53	56	59	—	93	95	100
90	41	46	—	—	51	93	95	100
100	41	46	—	49	—	93	95	100

B　数字を読むこと、書くこと――個別指導法――

前にも述べた通り一学期の数範囲は主として二十迄を取ったのである。数字を読むこと、書くことはどんな状態で習得されたであろうか。次の表は其の測定結果である。

次の表を考察する事によって習得状況の悪い数字は7・9である事がわかる。この様な測定を私は測定のためにしたのではない。これを直に学習指導に活用しようとして測定したのである。即ち組全体の習得率の悪いのはどれか、また誰と誰が何をまだ習得していないかを適格に把握し、指導の重点をつかんで、教室に臨んだのである。

個別指導の要訣はここにある。漠然と組の実態を掴んでいる程度では、漠然とした指導しか出来ぬのである。

—139—

調査月日 数字	4月13日—17日	5月8日—16日	6月7日	6月22日	7月9日	7月23日	8月25日
1	100						
2	85	93	100				
3	85	95	98	100			
4	80	85	98	—	—	100	
5	85	93	95	100			
6	83	85	93	95	—	—	100
7	78	88	90	—	95	—	100
8	93	98	—	—	—	—	100
9	76	85	88	90	95	100	
10	90	100					

調査月日 数字	6月7日	6月22日	7月9日	7月23日	8月25日
11	71	95	—	100	
12	63	93	—	98	100
13	71	90	98	100	
14	66	85	90	98	100
15	68	90	93	98	100
16	68	88	90	98	100
17	56	88	—	98	100
18	61	93	95	98	100
19	66	88	90	95	100
20	59	73	90	100	

1から20迄の數字（讀む）習得率%

今わかり易く説明するため、数字7と8を例にとってみる。調査表は、全くありふれた形式を使った。即ち名前の上部に方眼をプリントし横には調査事項の記入欄を設けたものである。調査毎に了解したものは其の方眼を色別（調査順）に塗りつぶし、一目に級と個人との状態を見る事の出来るようにしたのである。その図表を観察して、8は現在九十三パーセント即ち三人を除いては讀める。其の三人はY・N・Sである。7は七十八パーセント即ち二十八人しか讀めないと言う状態であるとするならば、7と8とは自ら学習に軽重が生じ、其の取扱いも工夫されなければならないのである。学習の中に8が出て來た場合は教師は四十一人全体を眺め、注意する必要はない。Y・N・Sを見れば足りるのである。そこに全体指導を行いながら個別指導が可能になるのである。7はその時間の重点的な指導目標になりその効果測定も学習中に出來得るだけする。併し、到底二十八名全部を其の時間内に調査する事は困難であるから、測定方法を工夫するのである。測定結果は図表を色どる。こうして、其時間の効果は直に図形に変り、次の学習への予備測定となつて活用されるのである。以上は簡単な数字の取扱いを述べたのであるが、毎日の学習指導には、少くとも、それだけの心用意がなされていなければ、いわゆる積み重なる学習は行われぬであろう。こうした評價の上に立つた（私は前にも述べた通り学習即評價の立場）学習は、其の時間の目標を具体的で、しかも極く小範囲にとどめ、学習を徹底させる事が出來る。

評價の上に立たない学習は、目標が具体化されずまた盛り沢山であつたりして、学習はしたが、何をやつたかわからぬという結果を招來するであろう。全体を見つめながら、しかも個別指導が可能であるというのは、着実な評價の上に立つて、始めて出來るのである。

学習内容が複雑多岐になるに從つて、この様に單純にいかぬ事は当然であるが、其の根底に常にこのような考慮が、拂われているならば、いわゆる遲進児も救う事が出來、それぞれの能力に應じた指導も、かなり具体化するのである。彫刻も感じて製作すれば生命が刻まれ、感じないで作つたものには、動きがない。教育もやはり藝術だと思う。

数字を書く事の調査結果を次に記そう。

調査月日 / 数字	4 13—17	5 8—16	6.7	6.22	7.9	7.23	8.25
1	88	98	100				
2	80	88	95	—	98	100	
3	73	90	93	100			
4	68	85	98	—	—	100	
5	85	93	—	—	—	100	
6	73	88	95	—	—	98	100
7	73	83	88	—	—	98	100
8	78	95	98	—	—	—	100
9	63	80	90	93	—	98	100
10	68	95	98	100			

調査月日 / 数字	6.7	6.22	7.9	7.23	8.25
11	71	95	—	100	
12	63	83	90	98	100
13	63	85	93	98	100
14	66	83	90	95	100
15	63	83	90	98	100
16	63	85	93	98	100
17	63	85	88	98	100
18	63	88	93	98	100
19	66	83	85	95	100
20	56	73	85	98	100

1から20までの数字（書く）習得率%

数字を読むことと書くことの表から、いろいろなことを考察することが出来る。

1　学習のねらい九十パーセント

一つの目標を立て、学習指導を行う場合、どの位習得させたら、其の学習は一應、習得されたものと認めて次に進むか、私は、大体九十パーセントを目標にするのである。――もちろん百パーセント達成を目指すのであるが、これは、後になつて達する目標とみる。――九十パーセント以下である場合は、学習内容に無理のある場合は別として学習指導に考慮すべきである。然らば九十パーセントとは如何なる理由から云うのかというと、どこの組にも、正常に遅れている児童が十パーセント位はある。これを、其の学習時に百パーセントにする事は、すべてからいつて非能率なことである。あとの十パーセントは、次の学習以後に於て、出て来た場合繰りかえし繰りかえししている間に、自ら百パーセントに達し、ゴールインに遅速はあるにしても所期の目標を完了したことになるのである。こうした、遅い者には遅いだけの配慮がなされぬと遂に学校は競技場と化し、遅れた者は、ゴールインすることなく途中で棄権するような結果となるであろう。それがためにも是非こうした一見たわいもない測定がものを言うのである。表の考察によつてこの事を証明立てよう。

数字を読むことも、書く事も六月七日の調査で、1から10までは、殆んど九十パーセントに達している事が了解されよう。一方11から20までは、六十パーセント台である。が六月二十二日の調査に於ては、八十パーセント台に飛躍している。これによつて、六月中旬は、数範囲が二十迄に拡大されている事がわかる。そうして、指導の重点が11から20までの間に移つてはいるが、1から10までも、個別的な指導が行われ、結局七月二十三日つまり一学期の終りには殆んど全員が了解し、八月二十五日の調査で全員ゴールインしている事がわかるのである。

2　農繁休業は再考を要す

前にひらがな文字習得の状況を述べた折にも書いた事であるが、この表からも、それが言えるのである。11から20までの習得状況は、読み書き共に六月中に二十パーセント飛躍している。これは、一年生にとつて大切な時期である事を物語つている。

われわれは今迄教科ばかりではない。大人の御都合主義で子供達を勝手に引き廻し、其の生活を切り刻んでいた。しかし今や、再慮を要する時に至つているのではあるまいか。鉄は熱している中に鍛えなければならない

幸い絕大なる御母意によつて、貴重なる資料を得る事が出來た。ことに感謝の意を表する

更に十二月調査を御願いした学校に対し再び三月七日午前十時を捌して調査数範囲は百まで数えたり、譬いたりす

むずかしい事ではない。

上の表で見ると、平均値は皆百の範囲を越えている。故に、一年生としてのび私の学級と

れは第三期の教生諸氏(研究生)の調査結果である。下伊那郡のY桜・瓦松込太にこれと同様な方法によつて調査した二月中旬の狀况を記してみよう。こ

り、三学期までに所定の数範囲に遠する事が、困難でない事を示して此の表によれば、両組とも、大部分二学期の中に

に遠している右の結果を更に▲校一ノ三と一東とについて考察してみよう。

百迄とした時、必要ではないかと思われる。

迄数えたり書いたりする事が、一年生の数範囲をこの表によつて見るに一年生二学期は大体九十

1

56

115

90.6

Y校

(50公)

17× (34%)

බිස

%>

€ € €

0

最高の数字

140

110

110

227

K校

日校

、 A 交 2

哥门

平均

孩

, 國田

1-49

0-100

100

101-149 150-199 200-299 300-349

-		
附1項	A校1/3	一档公
5 .5	13.0 %	100 まで書けない者の率
51.2	83.3 %	100 まで書けた者の率
46.3	3.7 %	100 以上書 けた者の率
115	93	漕けた数の 平均値
97.5	87.0 %	既に一年の数間囲に達している者の率

3 書く時間――二十分間

ユー十二月十三日、ひらがな文字測 定後直もに行う。測定條件

校である。

処にはそれを略する。

同様、上伊那郡赤穂小学校、上高井日滝・小山雨小学剛定を依頼した学校は、ひらがな文字書写力調査と

されていればよいかの仮スタンダードを示そう。

配して、一年生二学期の教範囲は大体どの位まで拡大ことでは第二期の教生諸氏が計劃し実施した結果を

が、ひらがな文字習得図表と同様な構成であるから此况が摑めるように大きな図表にして活用したのである

これ等に関する測定も個人別に、しかも級全体の現備をした。

を拡大すると共に十以下の数の合成、分解、加減の準で範囲に於て行つたのであるが、二学期からは数範囲一学期は事物に即して数える事や書くことが二十まと。時期を失する事を恐れるのである。

-144-

いる事に氣が付くのである。更に私は指画について、これと関連づけて考えてみたのである。

これを、文字の習得などと関連づけて考察すると、体重の増加と智能の発達とが同じカーブを画いて上昇して比し、体重が急激に増加している。

10.07	11.25	10.27	9. 99	8.28	7.17	£.19	5.17	4.17	
118.3	118.0	118.0	117.2	117.2	116.6	115.9	115.4	114.7	冲布
21.0	21.5	20.5	20.7	20.1	20.0	0.02	19.4	19.3	存型

て急に発達した。更に九月から十二月迄の身長の伸び方に殆んど、智的な発達を示さなかつたが六月から七月に至つ何等かの関係があるのではないかと思われる。別、五月は月に至つて急激に填加している。との辺も、智能の発速と別、五月は身長の増加に比し、休熏の増加なく、六月七四、五月は身長の増加に比し、休熏の増加なく、六月七

これを身長、体真の面から光祭すると、

継で這こしていっていたのである。

即ち、其の発達が一学期は実に遅ぇたるものであつたが十月頃より次第に伸びて、二学期末には他の見難に大なつた。しかも十二月二十七日の測定では拗音もすべて読み、数える事も書くことも百迄完了した。

では、ひらがな文字の清音は完全に習得し、十二月十三日迄には、濁音、半濁音まで一切読む事が出來るようにでの数字の中未料得はら、7のみ。このように順次発達し、十月初旬頃から其の沌腹を増し、十月十八日の測定がよくなつて、ひらがな文字は七月二十二日の調査結果は二十一字を習得し、教えることも三十九、1から辺まし、当、4、8、辺、の五字を習得した。六月も依然としてこの供態を鍛け六月下旬頃から、そろそろ物わかりては極めて遅れてあり、五月になつても、ひらがな文字は「う」一字のみ。教えることは二十に遠し、数字は、では体重一九・三キログラム、身長一一四・七センチィートルで設でも発育はよい方であつた。しかし智能に投

1を読んだり書いたりするようになつた。ひらがなは四月に「う」一字だけ習得した。身体は四月十七日の測定

MADER LINE HOLE					_		-	-
<u>।</u> हेर्न	时—75	R校	, Q	ង	W校A	ਸ਼	Λ校Λ	数質調用
0	3 ≻	10.\	7.	5.	15/	₹	ńλ	1 —99
11	17	01	S;-	27	91	经	√ 0ŀ	100—149
7	r i -	0	ప	œ				100—149 150—199
18	12	t9	. Fa	15		,		200—299
£5	ಬ					1.87		300100
189	156	98	1:6	121	88	101	93	数の平均

は数える事が出來た。四月一ぱいかかつて数字互は人学当時文字は一字も知らない。十三迄みよう。

ANの描画 先本特定の見道区について述べてて少しく別の面から述べてみたい。

内容については單元一階表を参照して頂くとし ≥ 圖工的な面に於ける基礎學習 実施したある。

上について極く簡單に其の一部を記述したので等に関しては二年への課題を沢山に残した。以加減の準備は大体完了する事が出來たが、これ十以上の数の合成分解を通して、二

十以下の突破する事が出來るであろう。

るかによつて、われわれは、一年生の最低線をる故にまだ百に達しない小人数を如何に指導す妻を考察するに各組の大部分は百を越してい次第である。

-149-

得

おおいり、回回となる。家一が、日園日ででるなり、の園を持ちらり、いからい、の園を開かるのではなったなり、の園をはりのではないないないないないのであるからなりのくらしなったないのではないのくらいない。

このように、身体の発達、智能の發達、描画の発達とを同時に考察すると、この間に極めて、密接な関係のある事を感ずるのである。――私はこの観点から、新入学児童のテストに課した正方形の描図結果と、他の測定とを考察して、益々この感を深くした――Nの描画について少しく考察してみよう。

四月　　十月　　十二月

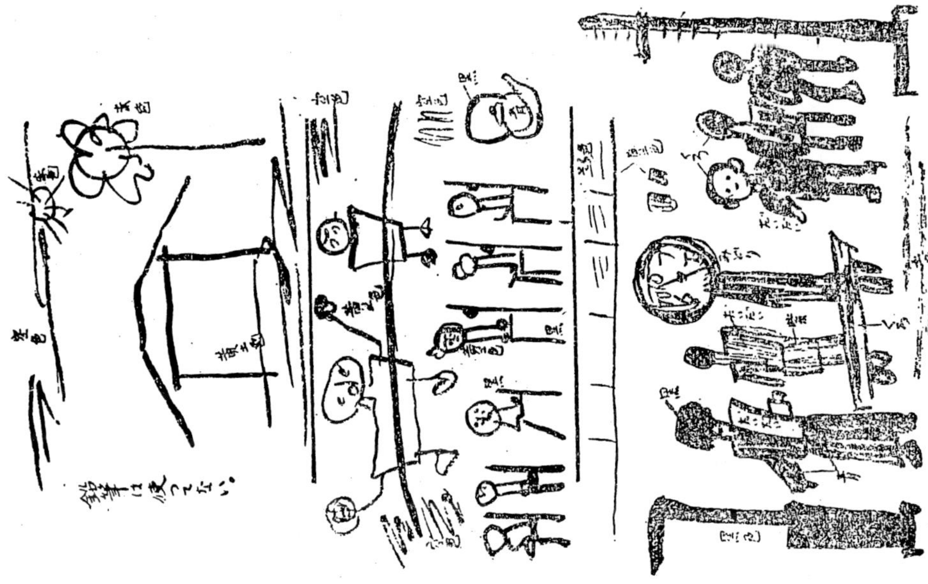

四月八日に先ず最初の自由画を書かせたのであるが、Nは遂に「かけぬから家で書いてくる。」といってかかなかった。そして翌日持って来た画は姉に書いてもらったものであった。先ず四月の

画を見よう。

これは四月十六日に画いたもので、十七日もまた十八日の日曜日に画いて来たのも、殆んどこれと変りないもので、三枚とも同時に画いたかと思われるようなものである。――生活の指導がないときはやはり画はのびない。一年生は生活を豊かにする事によって表現も豊かになる――

色彩も全く単純で三色使ってあるだけである。このような画が長らく続いて、画面に人物などは殆んど、かかれなかった。

これが十月の画になると、かなり生活が描写されている。

即ち十月の画は運動会の直後画いた画である。

皆腰をかけて運動会を見ている。中には腰掛の上に立ち上っている者もある。座席のうしろに、鉄びんがある。これは各クラスとも水を飲むために用意したものである。

今二人の走者が、ゴールのテープを切ったところである。一等の走者は両手を高くあげ満足そうな顔をしている。空はよく晴れて、運動会の様子が素朴ながら表現されている。

この画の描かれた頃は、ようやく、智能の発達も著しくなった頃で、一学期頃の静止した、統一のない画に比較すると、かなり画面が統一され、しかも生活が表現されて来ている。

更に次の十二月十七日の体重、身長測定の画を見よう。

医務室に於ける測定の様子が、よく表現されている。

ストーブが燃えている。大きなポンドに一人がのって、養護の先生がそれを見ている。身長計がある。順番を待つ者が、はかっているのを見ている。その次の者は、うしろを向いて友達と何か話している。その向うには着

車が描かれるようになりました。(よ初から次第にあらゆる方向へ走る自動

区物 恶)

ついても言えます。私の組では、一学期頃は、左側へ走る横向きのものが主として、指かれましたが、二学期当しかし、やはり、二学期頃から横向きの顔や、人体の動きも表現されて参りました。このことは、乘物の画にいものが多い。

例が無視されているものを真面目に平氣でかく。横向きの領

ない。即ち真正面を向いて動きのなり 人物を描く場合に次のえのように(図略)首がなく、顔から腕が出ているのが多く、人体各部の大きさの比ました。

の中頃から、記憶想像画の中へ、かなり写実的な表現が出てき、また純然たる写生画も二、三描くようになりま、絵は写実的ではなく、観念的であつて、記憶想像画が、其の主たるものである。私の組の様子では、二学期一年生の画の特徴

B 一年生の画 二月二十二日(火)第二〇三号の家庭通信で次のようなととを通知した。

やる事が大切な事である。

児童の画を見る場合、たとい一本の線でも忠実に、よく観察し、子供達が何を言わんとしているかを見ぬいてとらえて、児童を立体的に把握し、児童のよりよい成長の為に細心の考慮を佛わねばならない。

私はこうした観点で他の見置をも、見守つているのであるが、われわれは、あらゆる面から、あらゆる機会をこの画を描く頃は互の発達が目に見える程著しかつたのである。

の国に比較して、色彩や動かになっている。

入物の動きと言い、十月とは格段の進步をしている。物のつり合いなども、相当に考慮されている。前の二つ

物がぬいである。窓の外は、すつきりと曙れて、寒さが一入職しいようである。

153

ックへそれを模写した。――たびたび家庭通信へもかいて家庭へも知らせた。――

を加えて鼓舞する事を忘れなかつた。そして、彼等の発達の過程を記録するために、自分のインフォーマル・ブ誰のかいた画でも私は鄭重に取り扱つた。そして、話合いの材料にしたり、又どんなに簡単でも一寸した批評であるから子供達も、落書する事は殆んどしなかつた。

した。私は、のびのび育てようとした反面、きまりは嚴重に守らせようとした。

たり、またこれなら守れるという様な事は、きまりとして実行した。一たん決めた事は例外は許さぬように注意效師もまたこの点は嚴重に注意した。私は躾に於て、やたらいろいろ決める事は避けた。子供達とよく話合つに守つた。落書した者があれば、皆から攻撃された。

→張合いのない事であるし、落書に情する危険がある。黑板へは、落書はいけないのである。との点見童は酸密とこに重要なポイントがあると思つている。かいたものは、必ず友人も先生も見るという事にしないと、画いて見てやれない。そとで、画いたものは、支達も致師も見るまでは消さない事にしたのである。黒板画の指導は、見てやれない。そとで、画いたものは、支達も致師も見るまでは消さない事にしたのである。黒板画の指導は、

異板画は自由に表現出来ると同時に又消すのも極めて簡単であと少しものこらない。故に彼等の画をなかなかに大切な事があると思うからです。」

「私はむりと消さないのです。自分のかいたものは、消しておくという躾は大切な事であるが、私は、それ以上をつけた方がよくないか。」と。其の時私は次のように答えた。

「子供達は黑板へいろいろかくが、それを消さない。どういろわけか。自分の画いたものは消しておくという联一学期の中頃であつた。私は次のような質問を受けた。

ひな。

い時は十人位の合作が出て來た。とのようにして表現內容は次第に豊かになり、しかも、観察が細かくなつて行はじめは各自、別々に書いた。二学期頃から、共同作も出て來た。三学期に至つては、黑板一杯に、数人、多動かした。

來一年間、黑板に画のかかれなかつた日は一日もなかつた。 暇さえあれば、彼等は黑板に向つて一生懸命に手を毎日その画に少しずつ書き加えていつた。其の中に、子供達もチョークをもつて思い思いにかき始めた。それ以日は、5Lろの黑板へ 大きく一年生の男女が 元氣よく登校する図を画いて おいて、其の画を貼合いに使つた。休日に、正面の黑板を下げたり、5Lろへ四尺に一間半の黑板を取付けたりした。そして、四月五日の入学式当のよろとびを感じさせ、且表現技術を向上せしめようと考えたのである。四月五日の入学式に備えて四月三日の成りとなっている事、風にたにと、聞いたこと、何でも自由にかかせ、表現底的に解放した。のびのびと考えている事、感じている事、見たこと、聞いたこと、何でも自由にかかせ、表現

○ 黒坂画――呉坂の解放―― 一年間の私の学習指導の特色を申せば、其の一は呉板の解放である。私は徹びのびと表現さて、表現に対する喜びを味わせると同時に、表現內容を拡充する様に導かねばならない。

の生活を、思想を指導するという立場に立たなければならない。教師は基礎技術の修蘇など強要する事なく、の見置は、言語や、久字によつて、自分の考えている事を発表すると同様の意味で、画をかいている。故に彼等作びると私は考えている。

がする。ただかかせれば伸びるという考え方は、私はとらなかつた。一年生の面は生活を豊かにする事によつてしかし、私の観察では――独善的であるかも知れないが――其の画くたびに、非常な進步が目に見えた

ような氣私は一年間に絵を数える事の出來る程しか、描かせなかつた。だから不思議に思つて、尋ねた父兄もあつた。つてく上図は一月二十七日のT・W君の黒板画である。この画から色々な話し合いが生れる。

例えば

1　右の方につるはしをふり上げている二人は何をしているのか

2　その左の人は何をする人か

3　汽車は何をしているところか

4　どちらへ走つているのか

5　貨車につかまつて旗をもつている人は何をしているのか

6　シグナルの役目（赤、橙、緑の信号）

7　汽車を走らせるのにどのような人々が働いているか

等黒板を中心に話し合いが展開して、興味深い学習がなされる。

D　繪巻について　一学期は共同製作を五つしたが、其の中三つは絵巻である。私は、一年生の最初の共同製作としては、いろいろな意味に於て、この絵巻は適当なる学習材であると思う。

一番最初に製作した小單元たねまきの絵巻について説明しよう。

製作順序

1　小單元たねまきに関連づけ、十二人の種まきをしている様子をプリントにして各自に渡す。

2　それに色彩を施す（ぬりえ）

3　それを切りぬく

4　長さ二間巾三尺の図画紙に各自思い思いに貼る

さて少しく、これについて述べるならば、

1　に於て十二名の種蒔きの様子をしている子供をプリントしたのは、数範囲を10以上に拡大しようとする下準備があつたという事と、十二名ずつ四十名を切りぬいて貼れば、四百八十名となつて、附属小学校全員の生徒数になる。また二間に三尺の大きさの紙に貼るには、あまり小人数では、出來上りが面白くないと考えたからである。

2　についていわゆるぬりえであるが、私はこれ等のぬりえは、一つの考えの上に立つて実施した。世間で売つているぬりえに対しては、私は反対である。私は違つた目標をもつて、一学期は、度々実施した。即ち、第一の目標は手の巧緻性を修錬し、書写の準備とする事であつた。故に、ぬる大きさは、順次小さくして行つて、きめられた範囲内に早く、きれいに塗る訓練をしたのである。

3　切りぬく事、これもやはり、ぬる事と同様、目と手とが一致しないとよく切りぬく事が出來ないので、手の巧緻性を練るには好都合である。はさみは入学当初全員持つ事にした。手ばさみは、一年生には無理であるので洋鋏を特別買つて貰うように通信した。過去に於ては、子供達が使うのだから、古か、切れないのでよいと考えられていたが、私は入学当日学用品は教科書以上に重要なもので子供が使うのだから出來るだけ上等なものを買つて頂くように話をしたのである。

4　切りぬいたものを、上手に貼るためには、配置を考えたり、糊のつけ方に注意したり、友人と共同したりする事が要求され、色々な能力を練る事が出来るのである。そして、仕上つた作品は、個々のものは極くわずかで、あまり美しさも生じないが、多ぜいの力を集め、作品をつくると、予想もしない雄大なものが出来上つて、共同の力の偉大さを知らず知らずの中に感得するのである。

そうして出来上つた作品は単元展開に活用される。

この様に、一つの共同作品にも種々なるねらいをもつて、行われたのである。

二学期には、大きな紙へ、グループ毎の共同によつて描画を行つた。大きな絵をのびのびと、また友達とよく協力して製作することをねらつたのである。

画用紙の二枚切をグループ毎に渡す。それを、各グループは前後の黒板或は小黒板に、鋲で止め、立つたまま、皆で、話合いながら製作していくのである。中には、協同作業から離れてしまう者も出てくるが、教師はそれを適当に指導し、皆が楽しく画くようにしなければならない。二学期に描いた音楽会の共同作の時、うずら組などは三日間も眺めては描き足して、大人では、一寸考え付かないような構想で、立派に描き上げた。

ここでちよつと製作と習作に対する自分の考えを述べて見たい。製作は、あらゆる環境を出来るだけ整え、自己の最全を傾倒して自己を作り出す事であろう。習作は或る勉強の目標をもつて、創意工夫をこらし、或は指導を受けて作る事ではなかろうか。換言すれば製作は習作によつて体得したものを、最全に生かして作り出す事であると思う。私は子供達の画を指導する場合にこの二通りを考えて来た。習作の時には、画の内容についても、ヒントを与えたり、描くに困難している場合はちよつと線を引いてやつたりして、子供達が考えていること、感じている事を成るべく表現出来るような指導を加えるのである。そして、たびたび製作させる。つまり、自己の力で一つの作品を完成させるのである。その結果を考察することによつて次の習作の指導計劃が立つ。此の様な

—156—

進め方をして来たのである。

E　工作的な面について　中心学習と関連させて指導して来たのであるが、それ等一々について述べる事は紙面が許さない。ここで十月ののりものごつこ単元の展開の折に実施した展開図の指導について、箇條書的に簡単に述べよう。

1　簡単な電車の展開図を教師が中厚紙にプリントして与え、個別的に作らせる。よく図を読ませ、思つた通り、考えた通り実行させる。教師は児童の実況を記録する。児童が切り損んじたら、相談に應ずる。即ち、そこを貼つて修理してまたやらせる。結果（作品）をねらうと、子供達に製作意慾をにぶらせたり、創意を消滅させる。

結果は少々悪くとも、常に生き生きとした気分で、思う通り、おじけず実行させる。即ち児童の困難な問題にぶつかり、それを解決しながら進むところに、具体的な学習を見出すのである。社会生活に於て割り切れるものは、あまりない。割り切れるように出来ているものは教科書でのものである。割り切れないものに対して、善処する能力を養成しなければならない。私はこの展開図指導の背後に、

独立心の養成（依頼心の除去）

恐怖心の除去（大胆なる表現）

をねらつて指導した。

2　汽車をグループにて作る。前日の電車を作つた時の結果から、児童、教師の共同判定の上に、能力別グループの編成をした。即ち機関車はやゝ複雑で困難であるから、貨車、客車をつくる者とそれぞれ能力に應じた作業をする事を相談し、貨車、客車は前日の電車をやや程度を高めたに過ぎないから、グループ毎に

—157—

相談しながら作らせる。

機関車は指導すべき所があるので、各グループから選出された者を教師の大机のまわりに集め、機関車製作グループを編成して指導した。このように分業で製作し、出来たものを集めて、一組の列車を作り上げたのである。

3 次の日のジープ、バスを個別的に製作させた。今度のねらいは展開図の立体予想をさせ、製作順序を皆で話し合い、その結果を板書して、一人の例外なく、其の製作順序に従って作業させた。それに附随して、鋏の点を強調した。道具の使い方、糊のつけ方、あと始末等。

4 簡単な家屋の展開図を与え、直に自分の思い通りに製作させた。全く独力で、今迄の展開図の学習より得た立体を構成する能力の測定である。

こうして工作的な学習は単元終了まで継続された。ここでつけ加えておきたい事は、今迄の教育に修理とか、または一たん作ったものを更に後になって手を加えるとかいう事が欠けていた。私は、自分の製作したものが、こわれたら修理して使う。また完成したと思った作品も、また工夫し改善するという態度の養成が大切なことではないかと思うのである。そこで電車を修理改善した一例をあげよう。

一番最初に作った電車も、砂場で遊んだため大分こわれた。それを電車の実地見学の後に、修理の時間を設けた。私はこの時間は今迄にない楽しい時間であった。指導は教生のN氏が当った。砂場から自分の電車を席に持ち帰った子供達は、修理の話をきいて大喜びである。きっと子供達の頭の中には、目の前にある紙の簡単な電車が、実際に乗ったり、運轉したりした本物の電車に見えて来たのであろう。それからが創作の時間と化した。子供達は修理という消極的な作業と考えず、なおしながら、どんどん創作していった。ポールの上に輪が出来たり、それを上げ下しする紐が取りつけられたり、前方の網が出来る。思い思いの工夫がなされた。一たん出来上ったと思った電車も創意工夫によって面目を一新した。私は更に此の時感心したのは、教師の準備であった。修理や創意によって、児童が、どんな材料を要求するか予測も出来ない。ところがN氏は児童の要求に應じ次から次と何の遲滞もなく材料を供給した。この準備あってこそ、児童の生き生きした、創造的な学習指導が出来るのである。

XI **体育について**——遊戯の創作——「お月さま」の歌による表現遊戯について書いてみよう。指導を体育の大沢教官に依頼し、私は記録をとることにした。次に書いた記録は主として大沢教官の記録によったものである。

十二月三日（二十分間）

教師の問題なげかけの言葉「お月さまのうたをうたいながらおどりましょう。」教師は此の言葉以外に何も言わず、もちろん手一つ挙げて表現してみせなかった。言葉のあとすぐオルガンを奏く。

第一回……すぐ五・六人のグループ（男、女混じえて）が手をつなぎあって円周上を歩いていた。

第二回……円を小さくして中央に集合

（一）「でたでた月が」……円の中心から次第に開いてくる。「まるいまるいまんまるい」……円周上を廻手したまま歩く。

（二）「かくれた雲に」……円の中心に又次第に集合。

「くろいくろいまっくろい」……グループ全員が頭をつきだしう、

「すみのような雲に」……中央に集合したまま、足ぶみ。

（三）「また出た月が」……円の中心から、次第に廻手したまま開いてくる。

「まるいまるいまんまるい、ぼんのような月が」……連手の手をふりながら円周上を歩く。

第三回……グループから一人月を選出し、連手した円を雲と考え、一番の連手をといて円外に月が出る。二番で円内に入り連手をする。三番でまた連手をといて円外に出る。

十二月十日　七分間次のように変化して来た。

(一) 最初一人(月)を中心にグループ全員が連手したまま、小さく集まって月をかくしている。(全員が雲になっている)

「でたでた月が」……円が次第に中心から開く。

「まるいまるいまんまるい」大きく開いた円の中に月を加って更に大きな円(子供達は全員月になっている)をつくり円周上を歩く。

(二) 「かくれた雲に」…前の月が連手を解いて円内に入る。「くろいくろいまっくろい。」中心の月を囲むように、中央に次第に集合

「すみのような雲に」…月は小さく腰をまげる。それを全員で、つつんで、かくしてしまう。(全員雲になっている。)

(三) 「また出た月が」……一番と同様の動作をくりかえす。

十二月十七日五分間…殆ど全グループが同一の形態となった。即ち、月が出て、次に雲にかくれ、また出る。月は、自分で自由に廻って歩いたりするようになる。

十二月二十日前通り二回練習する。その中にＥが「先生いろいろの山や雲が作ったらよい。」と言った事によって、全員賛成して男女に分れて、やり始めた。

東　月→山→　　　　雲→(数人で連手して作る)　　　　西　山→月

(山を数人で作る、運動会の附中のタンブリンが影響している)

一番の歌詞が終るまでに雲に入り、三番になって雲から出て最後に西の山に入る。

このようにして、子供達は、月になったり雲になったり、山になったり、大人の世界で考えられないような想像力を以って創作していった。

XII　**音楽について**、一年間指導した事に対しては、仮スタンダードを参照して頂けば了解して頂けると思うので、三学期主として学習した、木琴、拍子木、トライアングル、太鼓等の取扱いについて、少しく記して置く。

よく自由と放縦と間違えると言われている。音楽は楽しく歌ったり、鑑賞したり、演奏したり、また創作したり、しなければならないが、其の目的を達するためには極めて厳粛なる道を歩まねばならない。ともすれば、終戦後の学校教育に骨がなくなった。

民主主義教育に於ては、学校に於ても、家庭に於ても厳格さがなければならない。民主社会に適應した社会人となるためには、身につけなければならない多くのものを持っている。子供達のいいなり放題になっていく事は民主主義教育でない事を銘記しなければならない。——いわゆる幼者の奴隷になってはならない。——デューイは“How we think”の中で、「教師は其の位置のためではなしに、より廣く、より深い知識と成熟した経驗との故に指導者である。自由の原理が子供に自由を與えるという事は、仮定されるが、教師が列外ですべての指導性を放棄せねばならぬという事は、ただただ馬鹿げたことである。」と言っている。

然し、この厳格さを強制の方法で子供に教育するという事は、放任と同様價値のない事である。われわれは、子供達の自覚心を育てていく方法をとらねばならない。その一つの方法として、その厳格さが極めて肝要な事である事を事実によって体得させる事が有効な事である。

そこでリズム合奏の指導に当ってはこの様な観点から考慮したのである——

合奏の美しさは正確なるリズムに其の大部分は負うといってもよいであろう。正確なるリズムを打つためには

のた時に、最も有効適切に行われるとは、既に述べたととのであるが、新しい学籍線の主旨も、ダイナミックなのである。何故なら、生きて動く見賞の動的な姿の把握が、毎日の学習を規定するからである。教育は実証を堪記入するための、毎日の実践記録や観察、調査の記録が奪いのである。要するに書かれたものより書く過程が違い、役立つように考えられて來た事は、進步であるが、まだまだ学籍鎌その

期待出來ない。学籍線へり、高まるような連絡を考えているのである。改正された学籍鎌の主旨も、過去帳の域から貼して、明日の指導給に全然富義を認めないというのではない。しかしもつと生くした、父兄も児童も教師も、共に心の底から溫まよく出されて週一回の通信(内容は一般的な傳述事項)程度のものではなかったろうか。もちらんとのような連ましたとも、全国信義、年に一・二回の家庭訪問・父兄懇話会(部落懇談会)月に一回のPind(父兄参欄目)まして如何なる具体的方法を講じて來たであららか。大部分は形式の域を脱してはいない。即ち、毎学期末の過果して如何なる具体的方法を講じて來たであらうか。大部分は形式の域を脱してはいない。即ち、毎学期末の過考えるであらら、しかし、私の考えている家路なる連絡をとる。」というようは同じないのである。なえるこれにある「しかし、私の考えている家庭は含まる遺信はないのである。また必要に贈して、一般的な事項を通知した、家庭通信をな民種信というと一般には、毎学期末一回形式的に行われる記載に難となに於ける状態を通知した、家庭通信を安度通信というと一般には、毎学期末一回形式的におれる記載の学来成調が必らたりな説を通信となる記載を選ればなどのである。

- 家庭通信の目標

六、家庭通信による学習指導記録

音樂美は自ら体得されるであるち。躾くべきものは、確実に熊ける。こうした教育の面を見逃し

樂器の取扱いに対する躾や嚴しいきまりは、美しい音樂の必須條件であり、それを、嚴格に行う事によつて、ズムは正確に打たれ、合業の美しさが生ずるのである

一人の例外も許されない。一糸乱れぬ秩序を以て、自己のパートを全責任をもつて演奏する事によつて、自らリー人の例外も許されない。一糸乱れぬ秩序を以て、自己のパートを全責任をもつて演奏する事によって、自らリ

-165-

十月から月曜日の家庭通信は、内容を拡大致しまして、御子様方の声や、父兄の皆様方の御返信、御意見などを順大御傳え致九、二八(火)家庭通信 一一七号

返信二回あり。四、十七、身体の疲労程度調査、四、二二、数字∞、○、いの効果測定について---

- 四、二五(日)家庭通信は一方的な学校からの通信ではなく、漸次、家庭からの返信を頂くようにしょう。――この日までにともつと、內容を拡大充果させ、効果を挙げなくてはならない。……
- ……連絡袋については、相当によい反響を興えている事を感じた。約平数の家庭では、毎日通信を綴じていて下さつた。もつ四、1111 (木) 家庭訪問最終日
 - 4 返信として、父兄からの希望、意見なより多く騙取するように仕組もう。
 - c 民童の実態を適格に摑んで、学習指導の手がかりを得るように考慮しよう。
 - ci 搾しい数輌への 理解を 深めるように 内容を 弱るう。
 - 4 父兄の児童への関心がやや薄らいだような氣がする。学校への関心をより高めなければならない。
 - 四、一八(日)家庭通信も昨日で二週間続いた。これに対する反應はどうであろうか。
 - この通信の発展経過を記録から拾つてみよう。

らなかつたなどというととは全くナンセンスである。---

いても、学校の狀態がわかり、適切な処置をする事が出來るようにした。――児童の無断欠席を敎師も親も知い日課の一つである。欠席した兄童に対しては、必ず、其の日の中に届けられた。父兄はたとい子供が休んで兄童は、この家庭通信を「おてがみ」と称して、毎日下校時、連絡袋に入れる事が、一日も欠かしたことのなたのである。

部であることと、連絡袋(布製教科書大)を毎日持参させることを依頼し協力を求めて、この家庭通信が始まつ四月五日入学式当日、父兄、教師一体になつて学級経営をしたい事を述べ、家庭通信が教育計劃の重要なる一

2 通信を如何に計劃したか

要訣は、そとにかかつこいると申しても過言ではあるまい。

た家庭通信について、やや具体的に次にありのままを記述してみよう。

父兄にとつては、学校と一体となつて実践した家庭教育の記録である。このような考え方の上に立つて、実施しる。家庭通信は、教育計劃の重要な一部であり、教育実践の記錄である。兒童にとつては、成長の記錄であり、

この動的な見董の実態把握と、彼等の環境統一とをねらつたととろに、家庭通信の根本的な目標があるのであてはならぬのである。即も動的な児童の研究に、静的な研究と同様に惜しみのない努力を捧げねばならない。ならない。言葉の上での教育計劃であつてはならないのである。謙虚な、地味な、容観的な事実が尊重されなくにとつては、実践から遊離した静的な研究は、学問の遊戲に過ぎない。理論のみに支えられたプランであつてはめいていた。基本的な学理の研究は、実践に決定的な迫力をもたらす事は明白ではあるが、われわれ教育実際家時か対象の児童を忘れ、教師は現実の社会から、生活から離れ空虚な教室の中には、生氣を失つた児童達がうど時か対象の児童を忘れ、教師は現実の社会から、生活から離れ空虚な教室の中には、生氣を失つた児童達がうどわれれれれ過去に於て、鮮的な研究には驚くべき努力を捧げて來た。日く、教材研究、日く哲学、何々学。何

ハーモニーの中に児童は豊かに育つのである。学校と家庭との密切なる調和を如何にしてはかるか。学習指導のての発達は環境の統一が最も肝要である。そとで必然的に考えられることは、学校家庭との同調である。環境の肯定するならば、子供達の現実を捉える事によつて、指導の適格なる方法も、自ら生れるであろう。全一体としとのような動的な児童の実態は如何にして摑まれるか。子供は全一体として、連続的に成長するという原理を

児童の実態の記録簿であつて、しかも、それが次の発展を予定される指導記錄でなければならない。

通信の形式は極めて簡単で、記事が自由に伸縮して書けるように考慮した。次に返信つきの形式を示そう。此のようにして通信の內容も、兒童の学習の発展につれて、成長する様に心掛けたのである。

う思います。)

い 子供が手紙に頼っているような氣がする。(この点、私自身警戒して参りました。通信の内容も、この点一層注意致したい次に大空結構な倒注意を頂き、恐縮やら有難く思って厚く倒礼鬼上げます。

- は、返信には一日位、間を置いて貰いたい。考えて譬かればならぬこともある。
 - は金銭のことがはつきりしてよい。
 - 3 他人の御子様まで可愛いくなる。
 - 1 他の子供の作文や画は参考になる。
 - 3 学校の様子教師の心持もよくわかる。
- 9 家庭に於て、反復練習すべき事な、又家庭学習の方法等知らせて貰いたい。
 - ∞ 家庭と学校が親しみを感するようになる。
 - r 個人々々の民黨の成長のあと、成績を個人紀に通信して貰いたい。
 - c 時々主任でない、先生の見た組の実態を知らせて貰いたい。
 - c 他クラスと比べて欠点など知らせて貰いたい。
 - 4 他クラスの教育方針、教育効果、現在の進度比較等を知らせて貰いたい。
 - co この通信はPHAの新しい一つの方向をもつ。
- 31 四人の方から「週一回、週二回、月水金と三回位がよかろう。」(理由、数師が骨が折れるから。)
 - 是非今迄通り通信を続けて貰いたい。読むのが樂しみである。

右調査人員四十一名(全員)皆様の通信に対する貴重なる御意見、御希望は次の牒にまとまりました。

記入なし 1 一週に一度位でよい 1 よその組と同じでよい 88	をあるない。 おもれ 大のあれ 大のもれ 人 なり ない ない かり の と なり は 自 と なり い い かっ こ かっ こ かっ こ かっ こ と し こ と こ こ と こ こ と こ こ と こ こ と こ こ と こ こ と こ こ と と に と さ に と さ に と れ に と れ に と れ に と れ に と れ に と れ に と れ に と れ に と か に れ に と か に れ に と れ に と れ に と れ に と れ に と れ に と れ に と れ に と れ に と れ に と れ に と れ に と れ に と れ に と れ に と れ に と れ に と れ に と れ に と に と	記入ないともあるとしたなしものが、記れなしあるのが、が、ないとをあるので、ないときに、いいないをして、ないないないない。ないないないないないないないないないないないないないないない	な あ 出 半 で し も も も も も も も も も も も も で し も も こ 1 1 2 57 b	語、 ある。 語、 でといい の 1 の 1 の 1 の 1 の 1 の 1 の 1 の 1 り 1 り 1	なくるよい あった方が よい まなった方が かられた たたただれた たたただがれた
方がよいかどうか今後通信は止めた	内容について 今迄の通信の	は無理か否か返信を書くこと	ありや通信の効果	でいるか通信を読ん	必要か不必要か家庭通信は

の努力を皆様に御誓い申上げます。

先日は家庭通信に対する御返信誠に有難ら御座いました。種々御意見、御希望、御注意を頂きまして御礼申上げます。一層[11、11〇(月)家庭通信 一七四号

今後の方向を得たいと存じます。誠にお忙しい事とは存じますが、一人残らず御返信をお寄せ下さるよう御願い申上げます。先頃御通知しておきました通り、家庭通信についての皆様の卒直な御意見を無臘して、一学期以來継続して來た家庭通信の一二、一六 (木) 家庭通信 一七二号

Aの話し合いのきつかけになることと思います。……

お互の反省やら、親睦に強し、少しでも御子様方の成育のために、荷用致したいと存じます。中略、この記事が、クラスPT御意見や其の他の事を記載させて頂き、今迄一方的になり勝なのを改めて、ほんとに学校を媒介にした御家庭のベージとし、数日前の通信で申上げておきました通り、適当な記事がございます時は、月曜日の家庭通信のページを大きくして、皆様の

したいと考えています。

□、 図 (元) 紫窟通信 [1] 中

— 216 —

-169-

以上簡単ではあるが家庭通信の性格を述べたのである。次に通信的容について述べよう。

は、私のねらつている家庭通信の効果は、全くないと言つてもよい。

家庭通信は日毎に、生きていなければならない。制りだめをして置いて、順次に渡すというような無情な事でに測定し得ない態度や技能の評價は、このようにして行う事が実の一方法である。

特に予備測定をねらつた調査は数カ月後に再び同一の調査を行う事によって、効果測定に極めて有力なる資料となる。 簡単り 調査結果はよく整理し記録し置くこと。

ろん通信効果は薄らぐであろう。

しむのでなければならない。そのように、返信が生き生きと活用されなければ、父兄は返信への期待を失い、教育効果はもち特に家庭通信に於て、父兄から返信を貰う場合は、その結果が、二、三日の中には、父兄に通達されて、共に結果の考察を樂必要な調査は自ら活用の必然性から生れて來るはずである。其のまとめと活用を長びかすことは、調査の効果を半減する。

4 調査結果は、出來得る限り、短期間にまとめて、有効に活用すること。

前述の事と密接な関連のある事であるが、まとめ方を予想していないと、要求する目標が選然としてしまう。

5 まとめ方を確立し置くこと。

砕るいか、皮癬である。

一つの調査に多くの目標を認ると、調査倒れてなりのい。即も複雑した結果が出て、鑑まらぬ事が多くまた、明確な結果を

67 調査目標を一時に沢山盛らぬこと。

何のためにこの調査を行うか、其の必要性とれらい。返信の場合は特に父兄に丁靡して貰う要がある。

4 調査目標は明瞭であること。

えることであるが、いわゆる調査のための調査に終ってはならない。

父兄の返信についての留意点を余談にわたるねそれがあるが、ここで述べておこう。調査はすべてについて言にも好都合である。

返信は、簡單に書き込んで貰うために項目を選んだり、又簡單な印で間に合うようにする。これは結局、整理記述上の注意としては、簡係書にして、しかも平易な言葉で、話し合いをするように書く。

١						
				e a		
		7	-4\ \frac{1}{2}		1	
	,		氏名の記述	「也」であっておった	〇〇調金(『	
				4 & 4 U 0 14 G 114		
					ااار ا	Zi _
					, ,	_ 课
					اً ا	中口
						声し

第一週は学校になれざせる事を主服と致しましたが第二週は一人々々の予供達の実態を調査することに主眼をおくと同時

- 四、一二、今日で入学以來第二週目に入りました。子供謹も学校に馴れて、すつかりありのままの姿をあらわず様になつてきた。
- 四、一〇、こくご一の新しい本が参りましたが、中略、東組は教科曹は参考曹の程度に使用していく予定ですから御了承下さい。目毎に体重、身長の測定を致します。
- 四、九、一年東組では子供達の学校生活の点に、今度の新しい勉强の仕方に無理があるかどうかを調べる一つの方法として、十月を差上げて書いて頂く子定です。

ていますので、御家庭でも子供の疲労の狀態と帰宅の時間をよく見て、この紙の余白へ書いておいて下さい。あとで用紙四、七、(入学後一週間目より弁当持参し、午後まで学習することに関し)右は今迄行われていた一年生の扱い方と大へん違つ次に通信記事のありのままを少しく記載して、新しい教育について話し合つた経過を述べてみよう。

な子供蓮の生活を中心に、お互い教育を理解し、高めようと念願したのである。

うな大それた考えからではなく、自分の教育感を自然の中に綴り、それに対し父兄からも意見を聞いて、具体的省するならば、出來ない理由を他に轉嫁してはいないだろうか。かかる観点から、私は父兄を啓蒙すると言うよから、家庭通信など骨折損だと、頭から否定する者の多い事を承知している。しかしその否定する心理を少しく反が一体となり、PTAも自ら所を得、教育効果は急速にプラスの方向をたどるであろう。田舎だから、農山村だがら、燃えずにいる、父兄の心に点火する仕事を先ず実行する事である。こうしてこそ、言葉通り、学校・家庭出する機会が今迄の学校と家庭との関係に於て、なかつた迄の事である。われわれは、この燃えるものを持らな处兄は子供の教育に決して無関心ではない。却つて心の中に燃えるような教育心をもつている。ただそれを表のである。全く頭の下るものがあり、私は絶えず自己反省をせざるを得なかつた。

であるという事である。子供を愛し、育てようとする敎育の根底に於て、父兄の浦切な叫びを謙虚に聞きたいも

たつた一年間家庭通信を実施して、つくづく思うことは、家庭が教育に理解がないということは、独善的な誤謬をとらなければならないが、出來ない。」という予盾の問題解決に今迄どれだけの努力をして來たであろうか。兄は教育に理解がないもの、無関心なものと最初から前提してよいであろうか。われわれは「家庭と緊密な連絡ている暇がない。」とか聞くのである。成程、大部分の父兄は教育理論には精通していないであろう。しかし、父者の知的な記憶学習にとらわれて、学校に協力してくれぬとか、父兄はなりわいのために、子供の教育に関現し誰もが考え、其の重要性を痛感していることである。よく、「父兄が教育に理解がないとか、日態依然として、

- 引い教育についての話合い 家庭通信の目標にて述べた通り、家庭との密接なる連絡の必要なことは、右に関し順次具体例を記述しょう。

 - 4 一般的連絡事項
 - ⇔ 学習効果の判定に関する事
 - 2 学習のための予備測定に関する事
 - 1 搾しい教育についての話し合い

即ち一年間の通信内容の目標は

たと考えている。

に、其の通信內容は一年間通じて一貫している。ただ兒童の成長につれて記事がより目標に近づく

ように進展し通信內容は家庭通信の目標の具体化に外ならぬ。即ち、われわれのねらつた家庭通信の目標を達成 する ため

8 通信の内容

の宿題が各個家庭で自由な計劃をたてるから、いらないと言う御意見が出るまで続けますから、不必要だと思われた時は是間宿題を無理にならぬ程度で出しますから、各個家庭の自由な計劃の中へこの勉强も加えて頂きたいと存じます。この学校ある様に思われます。特に一年生は自主的な生活計劃をたてる事はとうてい不可能で御座いますから、学校の方でも暫くの

九、三、明四日(土)は五日制実施の最初の日であります。生活様式の違う外國と同様に、この土曜日を考える事は少しく無理があります。

思います。無理のない仕事を継続的にやらせて頂き、それに対する子供の反應を記録して御提出願えたらすばらしい事で御願い致します。お家の方が一日に御子様を三十分問眺められたらきつと其の御子様は、見違えるような成長をする事とてこれをやりぬくという心持はまだ無理で御座いますから、結局お家の方々の御指導が必要でありますので、何卒宣敷くてこれをやりぬくという心持はまだ無理で御座いますから、結局お家の方々の御指導が必要でありますので、何卒宣敷く

七、二五、(当日学級PPAを行う親子会)昨日夏季学習帳を渡しました。一通り話し合いましたが、何しろ自分で計劃を立てに関心をもつて頂きたいと思います。智的な面ばかりで人間を評價する時代も過ぎました。

お渡し致しますが、過去の通信簿の観念を取り去つて見て頂き、たとえ能力が低いとしても、努力して少しでも伸びた点います。單に他の兄童と比較して、一喜一憂する事なく、あせらず眺めていきたいと思います。二十四日に家庭通信表で事であります。一人々々運連はあるにしても伸びていくという事は、親教師として、十分心得ていなくてはならないと思

- 七、二二、九十日間御子様方の成育する様子を眺めて参りまして、感ずる事は、皆それぞれ異つた速度ではあるが、伸びているめて樂しく学習しています。こうした御好意は必ず見霊蓮に通じ、極めてよい影響を及ばす事を信じています。
- 六、二、御願い致しました端午の節句に関する参考養料種々御貸與下さいまして誠に有難ら御座いました。御蔭様で兄童蓮は極エムの活動を活潑にして、兩親、兄童、教師三者一体のよき学級経営を致し、其の実を挙げたいと思います。

単に評價しているのでなく、其の民童を円満に育成すればよいのでありまして、今後とも積極的な御協力を得て、学級り庭が協力して育てようとするあらわれであると敬意を表します。私達は児童と靜かに、深く、厲く観察することによつて

五、二二、今度の御報告は大空正直に書いて頂いて、私の鶴察と大分符合して來ました。こうした御報告は児童を眞に学校と家

るときりがないので、各月の二三の例を挙げるにとどめたい。

- 大体との様な極く平易な通信によって、自然の中に学校の仕事を理解していく様に計劃したのである。一々挙げ動のはつきりわかるものであるて残念に思います。
- 五、四、五月一日提出して頂きました学習用意の調査は私の観察と大分稟違いがあり、一週間まとめて適当に印をつけられた証供達の教育上大切な事は依頼心を起させぬようにする事であると思います。
- ました。C一般に3、フがよく暫けていません。) しかし中に一、 二お家の方が手傷われたものがあつて残念でした。子四、二八、二十六日宿題としました数学ーからフまでの練習結果を一通りみましたが、皆様の御協力によつて大変よくやつて参り査を更に深め、学ぶ用意がどの位できているかの調査を致し度いと思います。

日けんかなどもももます。こうして子供達は除々に他入のことも考えるようになってきました。第四選目は今迄の個人課

- 四、二四、今日で三週間の学校生活が終り、学校生活にすつかりなれて参りました。しかし集團的な生活にはまだまだ遠く、毎によつてだんだんに出来て参ります。
- 四、二二、昆霊の身体状況についての調査紙、早速御提出下さいまして誠に有難ら御座いました。貴重な教育資料が皆様の御協力であります。

供との根類くらべで私蓮が子供に負けた時、教育は信潤すると思います。お互い子供達に負けない様に努力致し妻いもの有難う御座いました。労機の教育に対する御理解と御熟賞のあらわれであると深く敬意を表します。結局子供の教育は子

- 四、二〇、昨十九日第一回の父兄参観日には多数御来校下さいまして、御熱心に御子襟の学校生活三週間目の様子を御覧頂き、
 - 四、一七、身体の疲労程度調査、昆童の学校に対する関心調査たいと思います。御手数でも図示のように御願い致します。
- 四、一三、子供護の自治会で上は含には赤い印をつける事に決定しています。一年生には、含まりには素直に従う心を植えつけに、ぽつぽっ計画的な勉強に入る予定であります。

る。」と申上げましたが、 家庭と学校とが全くとけ合って、子供達の生活を見守っていきたいと思います。

成長となるわけであります。入学式当日「父兄の方は今日からこの組の先生になつて頂き、私は今日からこの組の親になして、敎室で一緒に遊んでいるような錯覚にとらわれました。一年東組をよくするという事は、その中に育つ御子様のよき容易な事ではありません。夜の更ける迄、樂レく読ませて頂きました。子供護の一人々々の顔や動作が目に浮んで参りま激しています。二週間も一片の紙もなくさずに、しまつて置いて下さつて毎日子供に聞いて記録するという事は、決して

二、二五、父兄の皆様から二週間の留守中の御子様を通した記録を頂きほんとに有難く思いました。父兄の皆様の御協力に感しています。

ります。こうした遊びの中に機会をとらえては皆様の此の学習に対する御意見や、こちらで立てた目標を生かす歳に学習を運び、現在のひろさに拡張したのであります。子供達が次から次と計画をたてて学習している姿は全く樂しいものであしたが、数生の三人の先生が子供達の相談にのり、結局砂場をひろくするため、女鳥羽川へ砂とりに行くことになつて砂という様な意見が続出して、窓に前述のように学校へ來ることになつたのであります。当日私は用事のため見られませんでそる仕事が活出ある事を感じての発言)

△この次に学校でやる事が多いから休みに学校へ来てやった方がよい。(次から次と砂場へ作るものが出来てくる の で△家で勉强してから学校へくればよい。(土曜日は家で勉强する日との意見が出たので)

4 皆で学校でやった方が面白い。

4 お 休み なんか やらない で、 相談した方がよい。

車、汽車、自動車などを作ったり、家や線路など順々に整備していく学習をしていたところ、

いため結局「学校へ來たい人はくる」という事になったのであります。それは敎室內に四疊敷ばかりの砂場を設け、電た事と思います。それは二十二日(金)の午後急に子供蓮が「あした学校へ來る」と言い出して、どうにも止めようがな一〇、二五、二十三日(土)の家庭通信で申上げておきませんのに、御子様方が「学校へ行く」といって出掛けたりして驚かれ

指導したいと思います。今日はその点について、少しく取扱っておきました。

はいつている玩具を創作させるように指導しているという事ですが、こうした点も心によめて、子供達のお金の使い方をフィリカの家庭では、出來上つた玩具はなるべく與えず、玩具を作り出す材料、道具を與えて、各自の頭の中に無限に二十四名のものはおこづかいを頂いているようで御座います。この使用法は相当考慮しなくてはならぬと思います。

□○、一、 松本市の文化祭がやつて参りまして、御子様方もおまつりに出かけることと思いますが、先頃のお金の調査によれば意見が生じているように思います。私の方と致しましても、これらの点によく注意して指導致し甦いと思います。養否の理由をよく吟味してみると、なかなか面白いと思います。父兄の皆様の子供に対する観点の相違で全く正反対の御

○吾子の勉强をみてやれる。………○二日間遊びくらす。

○御手庫、お構除が出来る。………○おやつをねだる。

○自発的学習の習慣がつく。………○自発学習が出来ない。

○身体のためによい。…………○朝ねぼうになる。

田田制についての養成二三、 反対九、 不明玉、

九、二二、十八、十九両日に関する御返信有難く拝見致しました。其の結果を申上げます。

略) …それぞれのもち味を正しく伸ばすために、学校と家庭がうそかくしなく運絡し合う事が最も大切であると存じます。ていくのに大空参考になります。昔は子供達の欠点をなるべくかくして表面だけ飾ろうとする傾向が御座いましたが(中

九、一四、…父兄の皆様の御意見が此の頃だんだん多くなり、御子様のかくしのないところを御知らせ下さつていろいろ考察しままの兄童の妻を掴んだ時、最も効果ある敎育が出来るのであります。

り考える力を滅ずるおそれが多分に御座いますから成るべく独力でやらせて下さい。私と致しましては、正直な、ありのわれる学習の予備測定と其の週行った効果判定に関するものであります。宿題をすぐ教えてしまら事は、依頼心を増長した非御通知下さい。そうなつた時こそ五日制が完全に実施された時だと存じます。なお学校からの宿題は主として永週に行

次に其の相違を申上げましょう。

て知的な面以上に今日の教育がねらつている生活への適應の態度を知る事が出きて、大切な効果測定であると思つて居ります。りまして、子供護の奏を正しくとらえる事は出来ませんけれど、私にとつては嬉しい事であります。こうした事の比較によりあるとすればどの程度までもち得るかをしらべる事も大きな課題であつたのであります。このかるた取りは、ほんの一例であ自分齢手の妻をとることが多い。と言われて來たのでありますが、私は、それを具体的にとらえ、ほんとに社会性がないか、自から一年生は心理学的に見て社会性がない、自己中心的な思考感情で行動して学級意識など未だみられず徒つて独善的なわるかを深く観察する事にあつたのであります。

111、去る一月入日集ワで新年のカルタ会を樂しく致しました。私のねらいは五月中旬に行ったかるた取りと、どの位の相違が見あります。)

度々申上げましたが、この調査はこれによりて御子様方を評價し固定化するのではなく、新しく仰すための資料とするためでがいろいろな資料を得るために種々な調査を致しますが、それが從來の考査と間違えられてはとその点懸念致します。前にもりません。つまらぬ歯栄心から子供ののびのびした生活をそこなわぬように、今後も努力致して行きたいと思います。(只私今迄の教育に於ては知識や抜龍面のみのつまらぬ競争心に見墜をかり立てた向もありましたが、学校は決して競技場ではある運進見を作らず其の進步は遅々たるものがあつたとしても正常に伸びるという事を確認出來たことを嬉しく思つています。しては御子様方がそれぞれ、異った能力をもっていられるのに対し、それぞれの立場において少しでも伸びている事と、いわゆあれから一年、御子様方の伸びる力を直に伸ばし得たかを考える時、誠に恥入る次第であります。しかしながら私と致しましましられておられた事と拝録して感無量のものがあります。

11、最近学校へ新入学の願曹手続の御紹介がしきりに参ります。それにつけても昨年一月の今頃、父兄の皆様が同じ御心持で御

」、晃

一九四九年一月十七日(月)家庭通信

第百八十一号

(発川外型岩巣田)

○○○○○○○○○○○○○○○○○○○○○○○○○○○○○○○○○○○○	○○○○○○○○○○○○○○○○○○○○○○○○○○○○○○○○○○○○	「のののののののののののののののののののののののののののののののののののの
--------------------------------------	--------------------------------------	---------------------------------------

に記します。

来なされ、希望されているかよくわかりまして、御家庭へも御通知して置く事が参考になると思いまして次〇去る九日御返信を頂きましたものをまとめてみますと次のようになり、御家庭で御子襟に対しどんな事を要

十二月十三日(月) 家庭通信 第百六十九号

-176-

たて続

大寮興味をもってやれた。

グラントも統領のいかない程にじゃんたろり、後めていた。

-

た。
- 4 を回が それがれいがいないないないのは一部だけ)

森车

(跖性1]酊)

一月入日(土)

- p

五月十日（月）　　（昭和二三）

條件

教師が七組の同一のかるたを作つて、それを七組のグループに與え、教師が讀んでグループ毎にとらせた。

當時習得狀況は約二〇パーセント、環境はかるた取りの正月氣分ではなかつた。

子供の動き

Ⅰ　自分達の遊びを自分達で相談してやるなどという態度は少しも見られず、從つてグループ活動はなかつた。

Ⅱ　よくとれないとすぐ仲間から離れて、全く自分勝手な行動をとり、皆で樂しくやろうという態度は全々見られなかつた。

Ⅲ　一枚のかるたに同時に手が行つた場合、すぐらばいあいをするか、よく出來た組でじやんけんをする程度であつた。

Ⅳ　興味もあまりなかつた。

一月八日（土）　　（昭和二四）

條件

1　各自がそれぞれ皆違つた種類のかるたを持つて來た。（同じのは一組だけ）

2　グループは欠席者があつたため編成しなおさねばならなかつた。

3　かるたの中には片假名のもあり、それは殆んどが字を知らない。

4　自分のかるたは家でやつているからよく知つているし、よくとれる。

5　文字の習得狀況は百パーセントで正月でかるた取りの環境は十分。

子供達の動き

Ⅰ　自分達でグループの編成から遊び方一切を相談して仲よく出來た。

Ⅱ　勝とうが負けようが、皆全力をつくしてやつている態度がよく見え、自分勝手の行動をとつたものは一人もなかつた。

Ⅲ　同時に手が行つたように見えて判定がむずかしい時には、皆でよく判斷して誰の方が手が下にあるとか、いろいろ話し合い

どうしても納得のいかない時にじやんけんで決めていた。

Ⅳ　大變興味をもつてやれた。

どんな風に遊び方を相談してきめたか。

△誰も自分のもつて來たかるたでやりたいから、誰のも一回ずつやるようにきめた。

△自分のもつて來たかるたはよく知つているので持つて來た者が讀み手になり、順にやつた。

△片假名のかるたで誰もよく字がよめないのは、工夫し、讀む方のかるたを一枚々々めくつてそれを皆がみて拾つていた。

二、一〇（木）私達は「子供を理解する。」ということを常に考えなくてはならないと、私はいつも思つています。人間はいろいろな段階を經て成長します。一月八日の家庭通信で「どんぐり小僧」の性格を申上げましたが、あのような具体的な人間こそ私はあるべき人間の姿だと思います。いわゆる聖人君子型の即ち『おとなしく理屈を言わず、言うことをよく聞き、勉强も靜かにしていて、物覚えがよい。』子が普通よい子とされています、がそこには子供らしさ、潑剌とした人間性が欠けては、いないでしようか。少し位の欠点はあつても、それをだんだん反省し、いいことをしようと思いながらも、惡いことをついしてしまい、絶えず誘惑に負けながらも、それに負けまいと努力している。こうした矛盾をもつた生活が、具体的な人の生活であり、また子供達の眞の姿ではないでしようか。

これが、ほんとの潑剌とした生活力に滿ちた人間のあるべき姿ではないでしようか。子供達が、けんかもするし、言うこともきかぬし、遊んでばかりいるいわゆる困つた子供の姿を毎日示していても、子供達は、そうした行爲をする毎に反省しては、人間性が形成されていく、そこにほんとの姿があると思います。ただ私は、そうした子供をよく理解した上に、反省の機会を多く與えるような指導が大切と思います。

たて續けの小言より見守る方がより効果的ではないかと考えています。明日頃から心理学上、一般に言われている一年生の心身の發達について、少しずつ申上げたいと思います。

二、一四（月）本日は子供達が、社会性（ここでは子供達の生活態度）について、どんな段階にあるかを、今迄に研究されてい

る、しかも一般的に、いわれていることを御通知申上げます。しかし、環境其の他の変化に従つて、児童の心理の発達も自ら異ると思いますので、もし御子様についてこのような点は、このような態度をあらわすとか、其の他御氣付きの事が御座いましたら、どうか左の御返信用紙へ御記入下さいまして、おもたせ下さい。

御家庭と学校との協力によつて、子供達を、より正確に掴むことが出来たら、教育への貢献は非常なものだと思います。

1 協同生活に対する態度は顕著ではない。即ち皆と仲よく協同して事を処理していこうとする態度は、まだ、あまりなく自己中心に物を考える。しかしだんだん身の廻りの社会を理解し、学校生活にも順應するようになる。

2 全般的に一人でいることを好まず、仲間を求める。しかし二三人程度の小さなグループであつて、多勢の仲間と行動を共にすることは、まだ出來ない。

3 子供達相互の結びつきは、一時的で極めてゆるい。どこでも友達が出來るが、またすぐ忘れてしまう。主として物を媒介とすることが多く、何か物がある中は遊ぶが、なくなると離れるといつた傾向を示す。

4 しばしば喧嘩をする。しかしたつた今喧嘩していた相手が、次の瞬間には大の仲よしとなる。

5 かなり長い間集團的に遊べる。夕方家へ帰ることも忘れて遊ぶことが多い。

6 生活環境に支配され易い。親、友達、隣近所の影響をうけて、いいにつけ、悪いにつけ、まねをする。

7 特に同年輩の仲間の言動に影響をうける。なお友達仲間の言動が子供達の行動の基準となる。

8 集團をくんで、いたずらをするようになる。此の時期の集團の指導者は力の強いものがなる。従つて、親にかくれても、その指導者の命に従うようなことが多い。

9 道徳的な悪の観念に対して、自己反省的なものは殆んどなく、大人の叱責にあつて、やめるという事が多い。悪いことをしても、大人が悪いと考える程悪いとは思つていない。

10 父母や教師に頼つた生活態度をとる。であるから、よいことでも悪いことでも、一々尋ねてみて、人に断定をしてもらい「そうか」とうなずく。大人はあまりうるさがらず適当な判断を、順次もつように指導しなければならない。

11 入学当初は学級活動は全く教師中心であるが、次第に自分達で判断して行動するようになつてくる。

12 しかし、学級意識は殆んどなく学級は全体として活動しない。

13 ほめられたり、賞讃されたりすることを好む。だから小言をいつたり、絶えず叱つているようなことは、子供の心に反し、伸すことにはならない。なるべくよい点を見付けて賞めて、子供達に満足感を與えることが必要である。

14 すぐおだてにのつたり、人に左右される。であるから、つまらぬおだて方は子供をそこなうことになる。正当なほめ方が是非必要である。

15 我を張つたり自己誇示の本能がつよく、自分の思い通りにならぬと、すぐふくれたり、泣きわめいたり、また小さな自己僅におちいりやすい。

16 競争心がやや<あらわれてくる。へんな競争心（親や教師の趣味やみえによる）を起こさせぬように指導する要がある。

17 一年生の終り頃になると、遊びも目的をもつてやることが、出來るようになるし、運動も競技的なものを好むようになる。

18 他人のことを言いつけることによつて、自分の行動の正しいことを誇示したり、いいつけることによつて、心に納得するようなことが多い。このとり上げ方は冷淡であつても、また其の逆であつてもいけない。

19 自分で自分の生活を反省することは殆んど困難である。であるから、どうしようという理由もなく、極く現実的である。だから予定をたてて、行動をするということは出來ない。

二、一五（火）昨日は子供達の明るい面についての御返信誠に有難う御座いました。私共は子供を早く、しかもよく成長させようとして、欠点や、悪い点のみ指摘して、注意したり叱つたり致しますが、長所やよい点を認めてやつて、それを発展拡充するということを忘り勝で反省させられます。

子供達の明るい清らかな心情、習慣、態度の面からもつともつと子供達をみて行きたいと思います。次に整理した結果をお知らせ致し参考に供します。

Tot

-180-

- お砕蒸くのおいかしだって田米や。(一)
 - ・夜のあいさつがよく出来る。(四)
 - ・ Φのあいさつがよくできる。(四)
 - ・ 朝神佛に礼拝する (三)

礼儀其の他に関する習慣態度

- | 正 | ロやの低ロロ門ややへ。(])
- ・勉强しないうちは、遊びに出ない。(一)
 - ・返事がはつきりしてきた。 (一)
 - ・ 非核く極くにこへ。(1)
 - ・ らそを言わない。(一)
 - ・本を読むこと、手組工が好き。(一

きく。 (一)
 - ・誰とでも氣軽に話が出来る。(一)
 - ・学校で言われたことをよく話す。 (二)
 - ・ を 単 下 往 意 深 ?。 (一)
- ・シャーレスソッチや裕りト校伸くかが下にあるされた。(一)

生活態度

- ・発はだまりて物を食べることがあるが、そうしたことはしない。(一)
 - ・ 毎日年 単 益 か 発 し ト へ ら 。 (!!)
 - 弁学をのこざない。 (一)
 - 食事について好き嫌いをいわない。 (二)
 - ・ こうかい を 欲しが らない で 罪金した がる。 (回)
 - ・無駄倒いをしない。 (11)

金銭・食事

お臨事語がよく田保め。(一)
-] つのきめた仕事をよく実行する。 (一)
 - お閼手のお手違いをよくする。 (五)
 - お雄深 かっく かい (日)
 - 楽姫の 声話を かる。 (11)
 - 用事や買物をよくやる。(八)
 - ・薪わりを手傳う。(一)
 - ・お子中をよくする。(国)

お手偉い

- おる時間的をきちんとたたむ。 (III)
- ・外出から属ると、他所行きの着物をきちんとたたむ。(一)
 - ・身仕度が独りでよく出来る。(一)
 - ・ 起きたらすぐ 着替えをする。 (二)
 - ・きまりょく床を敷いたりたたんだりする (三)
 - ・早起き早展 (六)

日常

習慣

- ・友達をよく雨具に入れてやる。(一)
- ・近所の人の買物の手属をしてやる。(一)
- ・母、氏、其、無、疾罪にかいしへ、思いかつだめる。(七)
- ・近所から珍らしいものを頂くと、少しでも家中の者にわけてくれる。(二)
 - ・肩たたきを非常によくやる(五

思いやり、やさしい心情

- !!、一年出の身体で関する一般的の発達段階
- して、私も今後追々活用の道を考えて行きたいと思っています。

ようにも思われますが、こうした環魔を作つておくことが、次の発達の準備として、必要な事と称じ、全く新しい試みと皮学級世話係ののさんが御出掛け下さつて、額々購入に関し、御世話下さいました。子供達に、今頃工作道具は早過ぎる

- 二、一八(金)一、今底、父兄の皆様の御蔭で、組に工作用具を備えつけさせて頂きました。厚く御礼申上げます。先頃亦、底
 - 一個動的で氣分が移り易い。だから、すぐはいたり失ったりする。
 - 好奇心が強く、数限りなく質問する。それから、それからと選発して継や、数師をこまらせる。
 - ロ間、あわれみ等も、だんだん分化してくる傾向にある。になる。

ている。それ故、母親の感情の影響を非常にうける時期で、母親が、やかましゃであると、子供はひねくれたり、神経質り 入学と共に両親に対する愛情が、漸次数師、友人、弟妹などに拡大していくが、一般に男女とも、母親に最も向けられつきりせず、恐怖心をもちながら、一方それに興味をもつ。こわい話を聞きたがる。

- 4 自己中心的で自我が強く、薦事心も出て来て、自分の氣にくわぬとすぐ感情を露出させ、喧嘩したり、すねたりする。やくをおこしたりする。
- 心に感じてる事は、すぐ身体的表出となって表われる。ちょっとのことで泣いたり、喜んだり、氣にくわぬと、かんしら。父母のちょっとした指導によって、のびのびと育ったり、こせこせしたりする。
- 3 大人の氣分変化に敏感である。父兄や数師の氣分に敏感で、甘く出ればすぐ甘える。ちょつと強く出ると、縮んでしま低学年では、この興味をつかまぬと指導が出来ない。
 - 1 感情の美出が著しく、情緒の動きがはげしい。何事も興味のある方向には、動くが、ない方向には動かない。從つて、
 - 二、一六(水)次に一年生の「情緒的発達段階」について申上げます。

きらわれ者ですけれど、こんな感心することが時々ございます。

びつくり致し、すぐ氏にもズボンをはかせましたけれど、とうとう次の日風別をひいてしまいました。いたずら好きで、

- F エ・Nさん…株がモンベをよごして困つていましたので、自分のモンベをぬいで、ほかせておりました。 傷つてみて、大根を洗ってくれば、自分でおろすとか女みたいに領がついて、姉さんと作っていればよいにと思います。
- 4 日・Nさん…私がお勝手にいれば、すぐ來て、何かしら、やると申して、よくやります。火を焚くとか、お餅を薦く、します。ふとんをたたんだり、しいたり、学校へ行く用意は独りでします。

の世話をします。一月一日から保旨日記をつけています。朝晩のあいさつがよく出来、佛様のどはんはいつもあげおろしい、まずいを言いません。弁当をのこしません。必ず洗つて帰ります。お使いや用覇をよくします。子守もします。家畜

3 M・耳さん…学校から先生に言われた事は必ず家に帰って言います。朝早起きです。食事の時、何でも食べます。うまるのを感じ、祈りたいような領持で御座いました。

しつつあるのだ。生れた時五体が揃っているのに安心したように、欠けているところのない感情を豊かに所有して來ていはこれを見ておりまして、グッと來るものがございました。彼は受けるだけの愛でなしに、則える憂が、興える愛が成長弟が進びから膿つて、それをもらい中を開けてみますと、ノート、鉛筆、絵本など、いろいろはいつておりました。私まに、小句を一人で作りまして、「これをうちゃんにやるんだっ」といって非常に購しそうでした。

3)8・耳さん…常日頃から比較的弟をやさしく可愛がりますが、先日も風邪をひいて床に乾いておりました時、退屈なまは太当に帰しく思います。

気持は、ほんとに、可愛いいと思います。其の上に「お母ちやんには沢山あげるわね。」と自分の分をわけてくれる心情し、 M・Nさん…どんな小さな物にかかわらず、他所から頂戴した物は、家中に分けて「配給ですよ。」とくれます。その

右の御返信の中から二、三記載させて頂きます。

-186-

- 4 字が乱暴であるからこの点注意して買いたい
- 4 食巣の場合作嬢がわるいがもつと離かにさせたい
- 三、一五(火)昨日の御返信の中「この点はこうして貰いたかった。」の欄の御記入をまとめてみますと、
 - の幸福をから得る人、これはわれわれのねらう最低線であるという事だけ述べておこう。

世のすべての親の誰もが持つ心からの叫びであろう。平凡な人間即ち誰もが人格として認められ、誰もが同等けます。

慣しているのかも知れません。どうだ離れな親心をお汲み取り下さいまして、何卒適切な御指導を下さいますよう御願い申上然し、それによつてわが子をスポイルする様な事は決して致したくないと思います。高いレベルによつて、Sをきびしく評非凡を希うは、あやまりでございましようか。私共の子供に希望するところは、あまりに高く大きいかも知れません。

には夢がございました。然し、その夢は平凡な人間の実現出来る夢ではございませんでした。自分が平凡なるが故に、子供のはずがない。」と或る人に語つたそうですが、平凡な人間の價値を狭して低く評價する考えはございません。然し先生、私達リンカーンが「神様は平凡な人間がお好きと見えるね。それでなかつたら、こんなに参く、平凡な人間はかりお作りになるにつとめたのである。私の書いた人間像に対する父兄の御意見を記してみよう。

父兄から打てばひびく様な絶え間のない返信を頂き、父兄と一体となつて、子供達の成長を立体的に把握する事で、父兄と共に研究し、また子供をどのように見ているのか、私の考えも御傳えしたのである。これに対して、

このようにして五回にわたつて見重の心身の発達段階について通信し、一月以来の子供蓮の行動の変化についなもつているのでしょうか。一般的なことについて、御傳を致します。(略)

そだい。」と言いながらも本当だと思っています。」と御座いました。一年生の子供護は一体どんなところに、興味と欲求

の屋根の上に輪をかいて、とんでいたよ。Mのことをよく見て、どんぐり小僧に話すのだね。」と言えば、ロでは、「ういさんも、たしかに、本当だと思つています。どんぐり小僧も、とびさんも、本当だと思つています。「さつきとびが家二、二四(木)先頃Rさんからの御便りに「Mはまだ想像的世界を多分に持つているように思われます。サンタクロースのおじ二、一年生の画の時識(発達段階よりみたる)を御通知致します。(描図多きため略)

0494

3の点については、湿速は御座いますが、幸のことに一東は一人残らず正常に発達しつつあるということを御傳えしておき徴であると思われるものが相当御座いました。

て、見守つて参りたいと思います。中には短所として、考えられていることが、実は子供の一般的な発達段階に於ける特身の点については、御家庭に於ける様子と学校に於けるとは、幾分喧濫いもありましたが、皆様の 御意見を よく 生か しものはありません。

- 1の点については、全般的に自己中心的な面が次第に影をひそめて、社会性が出て参りましたので、今のところ困るという

 - 57 数師からみた長所と短所
 - 1 学校に於ける生活ぶりと友人関係

皆様の御質問内容を整理してみますと、大体次の三点でありました。

ていられる匈子族に対する卒直な匈老えをお聞きすることが出来て、有意義でありました。

質問に対して、納得のいくような御返事が出来なかつたのではないかと、申しわけなく存じていますが、私は皆様の見え皆様が加何に御子様の成長に御関心をもつていられるのか、あらわれでありまして誠に有難い事だと思います。皆様の御

二、一二(火)」、父兄縁話会には御病氣の耳さんをのぞいて、三十九名(九十八パーセント)の方がお見え下さいました事はコーナノイン、先前も話のよう意見界について

二、一九(土)知的な面の発蓮段階について

選烈しました 泣きまっ ひきまゆし違い 少し違い ちょうどよい やや元 からりりりしりしまい ちょうぎょい かんこ で通り きます チェギュー・学校へ着く時刻が 二、学校へ着く時刻が

泣きましたしよんぼりしている元氣がありません やや元氣がないません ででででするな子 大弦元氣でするなど

模でどんな狀態であるかを知りたい事は必別、八、入学早々で、父兄は子供が学点 見重の生活面に関する評價面の記事を少しく拾い出してみよう。て頂くとして、全家庭通信を通した評價の

た時、常に、それは評價としての姿であると思うのである。評價については、基礎学習の発達過程の章を参照しの発展の土台ともなるのである。評價とは、より高次なものへ進む活動を言うのであり、その活動の断面を取りり、父兄は兒童の位置を知るととによつて一切の学習は、今日より明日へと着実な向上をなし、更にそれが次へないのである。との意味から、評價は教師のみの評價であつてはならず、兒童自身は、自己の学習の過程を知が、かかる観点からすれば、カリキュラムの構成も、其の展開も、すべて児童の学習活動は評價なくして成立しは、かかる観点からすれば、カリキュラムの構成も、其の展開も、すべて児童の学習活動は評價なくして成立しは、すでに述べたが、一切の教育活動を常に評價と結びつけて、考えたいのである。学習即評價と前にも述べたに、すでに述べたが、一切の教育活動を常に評價と結びつけて、考えたいのである。学習即評價と前にも述べたしまならとして概むためには、教師だけの評價であつてはならない事は明白である。評價に対する考え方しよう。

- 単 評價についての通信 通信内容の第二、第三の目標、学習のための、予備測定と効果測定とについて例示ることが出來た。即ち学校、家庭が一体となつて、子供達の生活に統一を與える事が出來たと思つている。
- よつて補正され一段と児童の現実の姿に適臘する事が出來、父兄も無計劃な断片的な家庭教育に一つの拠点を得大体右のような考え方のもとに內容を選擇したのである。これによつて、教師の一方的な学習計劃も、父兄に
 - 5 抽象的な教育論は選けて、具体的な事象を極く平易に書くよろに
 - 4 父兄の意見や希望が卒直に述べられるように
 - 3 教師の考え方指導の目標がわかるように
 - a 自然の中に新しい教育の考え方がわかるように
 - 1 父兄と氣軽に話し合いの出來るよう

立てだところで、どうにもならぬことである。私は敎育についての話し合いには次の事に注意して通信した。

以上は通信によつて、父兄と子供達の具体的な生活を通して話し合つた例である。むずかしい教育理論を書きとして、希望をもちたいと思います。

もつと程度の高いものを教える点についても反省しています。これも大変むずかしい問題ですが、私は二年生への課題何れ、等様に御報告出来る時期が来るとは思います。

んので、何とも申上げられませんが、これは結局教育に対する根底的な考え方の相違に基くものではないかと思います。・記憶力養成の点については、先頃の新聞に或る学校の実験が出ていましたが、私は、まだ、その方法を了解していませついて、てぬかりが沢山あつたと思つています。

例えば、物の整理、整頓、食事時の作法。提出物を期間迄に必ず出すこと。身体の健康維持に対する良習慣の育成等に

・巣の点を重要な鶴点としておきながら、てぬかりの点が多かつたことを反省しています。

誠に有難い御意見で、何れも、私のおろそかにしたような点を指摘して頂いて有難く思っています。

- ∞ もつと数える程度を高めたらどうか
- ト 社会のためにつく予夢を早くからもたせたい
 - こ 記憶力を養成するようにして貰いたい
-

c つめを切る、うがいをする事等言って貰いたい

-188-

- ・おかしかながつで
 - ・

五、一九

10, 20 ètte 21.

C I SHI

・大変明朗になった(3)

・お友謹とよく描ぶ

• 向やい跳になりた

・

定である。この願いを見越して通信することは大切なことである。

五、二五、学校に於ける御子様の状況は大体次の〇印に該当しています。

登校状況	友達との関係	元氣かどうか	團体行動がとれるか	話し合いができるか	学習状況
よい	友達と積極的に遊ぶ	毎日のようにけんかをする	よくとれる	よく意見を発表する	大変よい
	仲よく遊べる	けんかしてたびたび泣く	ややよい	たびたび発表する	普通
遅刻したことがある	普通		普通	きかれると発表する	きらいの方
	たびたび友達と遊ぶ		とれない	しやべらない方	自分勝手にしやべつている
たびたび遅刻する	ひとりでしよんぼりしている		全々とれない	全々発表しない	教室内を学習中によく出あるく

このような評價が家庭に通知され、常に子供の動きに関心をもつ事が出來るのである。また家庭からは返信として、兒童の実態が、手もとに集りそれを整理する事によつて、学習へのよいてがかりが生れるのである。一時的な興奮や一側面を捉えても彫刻にはならないと同様、教育も單なる思いつきや、一側面からの観察では成り立たない。いつでも、子供を立体的に摑む事によつて、指導が具体化されるのである。即ち、兒童の現実の姿をとらえた時に次への計劃が、具体的に樹立されるのである。

兒童の習慣、態度の変化を度々測定して、学習の中に生かすように努力してこそ、自らよき生活態度が身に着

くのである。こうした観点から度々この調査を行つて家庭より卒直な返信を得たのである。

五、一九、入学以來、現在迄に変つて來た点

家庭で困つている点

学校への希望

八、二七、夏休み中、よかつた点、困つた点

一〇、八、毎日きめられたお手傳いがあるか

一一、二五、四月頃と比較して、お手傳いやお使いが出來るようになつたかどうか

一一、二九、子供が最近したことでよいと思われること、悪いと思われること

一、二四、最近の子供のよい点、悪い点、困つている点

二、一四、子供のあかるい面

これらの中、五、一九。一一、二九。一、二四の返信を比較検討してみよう。

五、一九

よいと思われる点

習慣

- 寢起のききりがよくなつた（3）
- 自分のことを自分でする（2）
- 一人で服をぬいだり着たりする（2）
- 一人で床をとるようになつた
- 食事がきまりよくなつた
- 食前に手を洗う
- 歯をみがく
- おやつをねだらぬ

態度

- 大変明朗になつた（2）
- お友達とよく遊ぶ
- おとなしくなり兄さんらしくなつた（3）
- 言語、動作が共によくなつた
- わがままを言わなくなつた
- 自発的にお掃除をするようになつた
- お手傳いをするようになつた（5）
- 返事がはきはきできる
- ぐずぐず言わぬようになつた
- 何かと樂になつた

勉強について

- 物の成長変化等に興味を増して来た
- 草花や野菜をかわいがるようになった
- お話や本をみたりききたがる
- 勉強が少しずつ出来る
- 物を数えることが面白くなった
- 生活と勉強とが結びついて来た

悪いと思われる点

- 意地が強くなった
- 多少粗野になった
- いたずらで茶目になった
- 年下の者と遊ばぬようになった
- 言葉づかいが悪くなった
- 返事がよくできない

家庭で困っていること

- 物がいきなりで困る（4）
- 目上の者に口をきいて困る
- 元氣がよすぎて困る
- 弟とけんかして困る
- 親の言うことをきかぬ
- 強情で困る
- 氣分にむらがあって困る
- 時間の観念がない
- 病弱で困る

- 朝、目がさめなくて困る（6）
- 服装に往々文句をいう
- 弁当の小言をいう
- 登校前ぐずぐずして困る
- 夜尿して困る
- 夜、話をしてくれとせがまれて困る
- いわなければ勉強しない（2）
- 偏食で困る
- 甘えて困る
- 帰宅後着物を着替えなくて困る
- 登校下校の途中一人の子がいじめて困る
- 帰宅後友達がすぐ呼びに来て困る

学校への希望

- 下校時刻を知らせて下さい
- 宿題を出して貰いたい（3）
- 父兄会費が高くて困る
- 体重測定の結果を一人々々知らせて下さい

十一、二九

最近した事でよいと思われる点

- 前より自発的に勉強する（11）
- 最近子守や手傳いをよくする（12）
- 物の見方が段々細かくなって以前よりも質問する
- すべての点がよくなってきた
- 学校のようすをよく傳えるようになった

- 床を自分でとり、どんなに寒くもねまきを着る
- 理窟がわかるようになった
- お使いをよくするようになった（2）
- 返事がよくなった（2）
- 弟妹をいたわる
- 早寝、早起きがよく守れる
- 学習の進歩がみられる
- 大変素直になってきた
- 時計を正しく直す
- 遊びに行っても五時には必ずかえってくる
- 下の友達に本をよんできかせる

最近のようすで気付いている点

- とても元氣が出てきた（2）
- 氣がつよくなってきた
- 寒がりやで困る
- らんぼうをする
- よく話をききたがる
- 忘れものをする
- いきなり（5）
- 字が乱れている（2）
- 言葉づかいがわるい
- お行儀がわるい
- 友達と物を交換する
- おばあさんやお母さんに口をきく

- 学校へ早く行きたがる
- 焚火をした
- 企慾がなくて困る

学校または私に対する御註文

- 姉達の一年の時と比較して万事よい
- 教師の熱意に感謝（5）
- 一週間の給食の献立を知りたい
- 学校のかえりが遅くて心配することがある
- 文部省の理科、家庭科の実験学校としての結果の一端を適当の折発表されたい
- 新聞に附属校は、来年度から学区制を布くとあったが、現在と変化するか
- 宿題を出して貰いたい
- 冬の暖房はいつ頃か知らせて下さい

一、二四

最近の御子様のよい点

- 用事をよくする（4）
- きまりよくなった
- 早起きになった
- 自発的に勉強するようになった
- 物の区別がつくようになった
- 口答えることが、なくなってきた
- 子守、手傳いはよく出来る（7）
- 木琴をやっているためか、音楽に関心をもつようになった

こ)

-192-

-193-

五 知的面に対する評價

等の関係に関しては、測定及び観察によるカリキュラム機成の一光線の筆を参照されたい。

とうした様相の背後には、心身の発徳其の他、季節、環境等種々なる力が働いているものと思考される。これ

・見弟げんかをする ・多代本後勉強しなくて、世話がやける 出し、世話もやけない(cc) ・ちょつとしたことにふく礼顔して泣き ・近頃だだの子になった ・見姉の誓うことを含わぬ ・親の置うことを含わぬ

から考察すると、五月と一月はよく似てあり、十一月にやや落着き 一月…子中やお子醇い、用葉はよくできる。…(ナー)

ナー月…最近子中やお手虜

る。極く大略を述べるならば、一学期は西組との間に喧嘩が度々あつたが、二学期には、全くなくなり、三学期 みる時、 児童の生活態度に波のあることがわかる。 この考察は、 児童の動きを観察した私記録からも察知出来 態展(習慣)の面から考察すると、一学報、二学報、三学報と順次よい方向へ進んではいるが、全体を通じて 在の川回の内容を比較徳訂してみよう。

- 注意力 數 寅
- らいイトすぐずしている
- ・わがままになった
- ・寒さのためか、顔を洗りことまで世話がやける(4) やけずもてあましている
- ・ちょつとしたことに、ふくれ図して、立き出し、世話が
 - ・兄弟けんかをして困る
 - 活型だだりいになった。
 - ・此の頃柄や兄の言うことなきかない

(00) 5

- ・最近

になった

惡い点、困つている点

- ・ 腔のもいれしだけへできる(3)
 - ・ 小さな子供とよく遊ぶ (a)
 - ・日記をよくかく(41)
- ・ 自主的に注意をきらんとれたんでれる。(ロ)

- ・字が配雑になりました
- ・癖の多い見の指導法を御教示下さい
- ・木業ははと東田の時間をかえて置いたい
 - ・入学以来一度も配給物がない
 - ・学校の水魚がわるいがよくならないか
- ・学校では異々校医の診断をして遺えぬか

 - ・わがままな点を世話をやいて下さい
 - ・流鏑はよろこんでする 学校または私に対する註文

- ・しもやけ、あかぎれ、ひび挙出来て困る
 - ・おべんとうむいつも残す
 - ・疾暦づせしゃこ
 - ・いきなか (に)
 - ・字が

 和雑になった
- ・ 冬休み後処理しなくなり世話がやける(こ)
 - ・あいもつがよくできない、作儀がわるい

である事

大、二五(金)六月二十一日現在の龍字に対する御子様の整子を御報告申上げます。次の毎回は御子様の髭のも(髭めない)字

		11 1 1 位	二字書けぬ者一字書けぬ者	
2	五字以上辦け以指 五名	川十川省	全部書ける者	
	a, r, o, c	J €1 J #L	ຸຣະ , ເລິ່ງ⊢ະ	
	追って 書けてもほんとに 当けたととになりません)	ません (順序を	次の○印が書けま	1
	(元月二十五日現在)	भे १ १ ट	御子様は全部かけ	

が難にふれ取扱ったならば、一人の落伍者もなく進んでいけると信じています。

五、二八、今迄学習しました數字1からいまで得けるかどうか御通知致します。若し得けぬのがあったとしても、学校と家庭との通信となったのである。

此の頃は未だ父兄に調査の真の意味が了解されず、よい結果が出なかった。そこで前に記述してある五月川口

レマドさい 談学棚との引き						区、11万
						田、川、田
见翼氏名	や強のなう インでも インでも	よくわからない何のことか意味が	わかる怪政大体の意味が	婦えた やや正確に	傳えた正確に	日月日日日日日日日日日日日日日日日日日日日日日日日日日日日日日日日日日日日日日

つてむります。

⇒醤菜⟨御記入下さい。予供達には、『入学式の日に渡した平幌を描にして、てから了まで一種りずつ智ってくるよう に。』宮『今日、おうちで、どんなおべんきょうをどれだけしてこいといわれましたか。』 とお桑ね下さつて、その結果を調査用紙の該一例を示せば、

働へ、御記入おき下さって五月一日(土)に必ず連絡袋へお入れ下さい。

す。毎日大売舗送売とは存じますが、この調査が次の週の勉強の計画の重要な強料となりますので、何率別表調査用紙の該当四、二六、今週は皆様の御協力を得て、子供達が、学校で言われたことを、どの位、正確に、偉え得るかを調査取し度いと思いま法が生れてくると同時に、何別的た指導も可能になるのである。

児童の位置を簡單に知る事が出來るのである。とうした調査を整理するととによつて、永の月の指導の具体的方右は最初の測定に関する最も制歩的なものであるが、とれは教師の反省となるばかりでなく、家庭に於ても、

0506	775	(!!)	(3)	(用)	C(1111)	10
くり合う	拟冲塞	(河)	(ID	CH	CHD	: :
		CIIID	Ç1)	C:D	(> 1)	o
允	果	ぜんぜんよめない	よめないのがある	なっているなてか	०७५०५५	-

まだ致しません。)

を勉强し、二十二日は、aと地を取り扱う主尾ですから、o、pの読みが、できるか御試し下さい。(字を響かせる事は四、二二、誠に御手数ですが次の御返跡を頂きとう御庵います。指導の反省の資料を数すものであります。二十一日は、oの字その三、四の例を示そう。

.]

現在	3 3	ات ا	# -	20	tο	Н	回豐		5.0
現在の御子森の位置が〇四の御宮の		7.6	೧.೨1	a.7	5.22	4月下旬	習得文字数 調 香 月日	√ 03	100まで数え られる者
							11.21 15	C.1	80
	<u>;</u> 2	50	18	13	7	4 ×	28 年 培		溢
			10	11			50 35		70
		זכ	0		ອ	4	子. 子.以	Ċτ	25
	ະວ	+-	ಬ	£5	4	51	反 38		00
							4 +	4	12
	,_ 4						压 25		70
		4	- στ -	£5	G	1	4	ञ	121
								t:	30
資金	0	to	C:3	-1	- 7	10	10字		滔
週音文字は何れ9							11 10	13	03
は何は									120
4.50	0	0	c ₃	6	10	17	上所 46	1	13
H							1	,	滔

である。また父兄の中には、自分がその力なりに伸びている事を知るのは何らず勿中に、子供達が、が、ころした通知によって、父兄か、ころした通知に結れを通信した一部である以上は一学期間行われた文字に関りしたると思います。

た処頭をしたら、二学期の出発が樂しいしていない者はこの休み中に覚えるようるのも、其のためであります。淦部習得を聞いたり、知っている歌を聞いたりすを聞いたり、お方につきを書いたり、お友達の名るような処頭を希望致します。夏期学習婦会多くして頂いて、幾分でも使い得悪しますが、この夏休みに文字に挟する常に使い得るまでには、まだまだ時間をお切らせ致します。此の読める文字を目れ切らました。其の結果を次表によってた。其の結果を次表によってた。其の結果を次表によって

数えることの一年生の数範囲は官迄ですが

ってありません。) 全部で解してる者は四十一人中三十四人で、七人はまだ不充分な点があります。

七、一三(火)現在まで数の方はしからいまで、読んだり、書いたりすることを重点的に収扱ってあります。(加減はまだ取扱

ります。 入入から十人読めない字であ	Ċ	7	b	\$	364	29.	v	8	ರಿ¹	太字
七月六日現在	80	80	80	78	78	76	76	27	68	%

七、一二(月)七月六日現在で、一東の習得率の悪い文字は次のものであります。夕眞後でもちょつとお試し下さい。七、七(水)临日行いました平假名大字の習得狀況は次の如くでおりました。(略、基礎学習の発護過程参照)

大数	5.22	>>	. 0.	調査に対している。	狀記	続の	/ 渔小	ったっ	ነት ጥ ትረ	いと比較してい				ともく。下表に	
17.1	2 7	43.9		る字数四十八字全部	R*	364	5	34	2 3-	04	74	67	d	5	
21.1	9	10	10	巨十件叉州	9-	500	Ð	5	ゥ	&	8	G	4	¥#	
9.8	#		¢-5	三十字以上	PA .	>	ĝ,	Z	7	0	té	ğ	7	46	
14.6	6	12.2	Cī	二十字型十二	~	Ч	S	40	75	ψ	件	4	7	04	
12.2	OT .	-7 -00	ರಿಶ	十字汉上	N	4	^	40	4	},	<i>%</i>	Ŋ	5	OH.	
24.4	10	4.9	Ġ,	九字以下				(£ 44 £	(全部読				*	

『 最も違いもの 大字

| 企画に張る中いるの 回回学

況を創停と致します。

と漸次向上致しています。幾日位まで向上の途をたどるか、興味深い問題であります。昨日十九日の一東の様子と御子様の状

一月十九日 二天人

一月十八日 一八人

| 五十七日 | 大人

5+

われる予定であります。現在まで三回行いましたが、其の中間の結果を申上げますと、五分間に百字以上割けた常は、一束で1、11○ (木) 只今学校では一年生から大年生まで欠字の書写力の調査をしています。これは一月二十八日迄十日間にわたり行である。われわれは各学年のスタンダードが一日も早く確立される事を切望するものである。

このようにして、子供も親も一つの標準を示された時、渤格に自分の位置を知り、次への努力も生れてくるのどんぐりこそうは六ぷん、先生は一ぷんはんでした。

あなたはなんぶんでしたか。

ト れぶんかんかかることは ちょつとおそいれ

4 入ぶんかんかかった人は すこしおそい

※ 七ふんかんかかつた人は ふつう

a 大ぷんかんかかつた人は よいほう

1 五ふんかんのうちにかけた人は 大へんはやいれ

111、11五(土) てからのまで、はやくかいてみましょう

.

さて、あなたはなんぷんかんでよめましたか

回ぶんかかった人はよくよめない人です

三式んななった人は、よっちの人

ニふんかんでよんだ人は、よいほうです

一ぷんかんでよんだ人は、大へんよくよめる人

かったか時間をみてためしてみましょう

| I.I、| 八(土)今のおしたく(基礎学習の発売過程の演奏展)の文をなんどもよんでみましょう。 | 国よむのに、なんぷんか

下が中央がよく難な力	よわい普通	ういてやれば読む・教師がついて一字々々・一字々々ひろつて読む・まがりなりにも読む・まがりなりにも読める・すらすら読める・ならすら読める
級の中では	よ 水 討	2 % fr 42

に属するもの) ける宿題の中の効果測定の部たものである。(五日制に於夫ものである。(五日制に於共に判断出來るように計劃し夫の例は、子供達も父兄も

一のお月さんのくにを読んだ結果であります。)

□○、□□(月)今日御子線の学校に於ける読みぶりを東和の現状から判定してみますと、大体次のようであります。 (こくど更に三学期の二、三の例を示せば、

が、僕々、組全体の現状を通知する事によつて、子供達を正しく評價する様にもなるのである。

一年生であつた頃の事を忘れて、今の父兄の頭で判断し、子供護に無理を要求し、勉強を強いる向を感ぜられる

平均	二二字

御子様は　　字でした。

二、一五（金）今日から暫くの間、御子様が、どんな経過で一年間の中に現在のように発達したか、知的な面についての考察をお伝えして、一年間の思い出と致したいと存じます。教科書を使わなかったり、教科書通りしなかったので、父兄の皆様の一番御心配になった点は、知的な面がおろそかになりはしないかと言う点であったろうと拝察致しています。私もその点は懸念して四月以来一人一人の状況を常に測定して参りました。其の中の一部を三、四日続けて書いてみたいと思います。（六回にわたって通信した。内容略）

三、一六（水）昨日子供達は短時間或る文を読んで、どの位、文について了解しているか調査してみました。即ちこくご二の八ゆめとつくえ（一）を五分間読ませ、次の問題を出して筆答させました。その結果は次の通りでした。（調査人員四〇名）

1　わたくしはゆめをみました。いつみたでしょう。
- ゆうべ……二〇
- きのうのばん……六
- ねどこにはいってみました……六
- ばん……五
- 今日のよるのゆめ……一
- あしたのばん……一
- 不明……一

2　わたくしは、どんなことを考えているうちに、いつのまにかねむったでしょう。
- おとうさんやおじいさんのことです……二九
- ねむくなったから……四
- ひろいのはら……四
- おじいさんやちようちよです……一
- こんなことをかんがえているうちに……一
- 不明……一

3　ゆめにのはらをみました。どんなのはらだったでしょう。
- ひろいのはら……一五
- はなやちようちよのいるのはら……一〇
- ひろいきれいなのはら……一二
- きれいなところ……一
- 不明……二

4　そののはらをわたくしはどんなうたをうたいながら、あるいていたでしょう。
- みんないい子（おはなをかざる）……三五
- ちようちよのうた……二
- 不明……三

5　わたくしはおじいさんがあるでしょうか。
- あります……三二
- ありません（いません）……五
- 不明……三

6　ゆめにでてきたのはだれでしょう。
- おじいさんとおとうさん……一八
- ちようちよ、おとうさん、おじいさん、なのはな……三
- おじいさんとわたくし……一
- おじいさん……一四
- 不明……二
- のはら……一

今迄文章によって質問し、筆答させることをしませんでしたが、思ったよりしっかり答が書けていました。

右のような測定結果を通知することによって、家庭でも一層子供に質問してみると、すぐ、自分の子供がどの答の中にはいっているか、測定することが出来る。このように測定結果や測定の方法を通知する事によって、教師も父兄も児童も次への方法と希望が生れてくるのである。

Ⅲ　學習活動展開における家庭通信

A　單元展開と家庭通信　学習活動をより効果的に展開するために必要な條件は教育の対称である。児童の実態である。生きて動いている現実の姿である。これを動的に把まえてこそ、具体的な学習目標も設定され、

銀子 様 な日 本 と し た 。日 本 と し し た 。

— 234 —

-202-

はありますが、「私たちのからだ」について他强することにしたわけであります。保健衛生は単なる知識だけでは、どうにも年生の今の中が大切でありますし、これから鎮雨期に入りいろいろの粛道の発生が後えられますので、この期に、極く初歩で六、七、明入日から「私たちのからだ」についての強張妻子ことにしました。一生を通じて必要な保健に関する習慣の育成は一大、七、明入日から「私たちのからだ」についての強張妻子ことにしました。一生を通じて必要な保健に関する習慣の育成は一

女譲といくたびたび一人で 上人でいく 見弟姉妹といく 父母といく	で入るいつも自分のうちで入るでなった。これないない自分のを記されが自分の家屋ですかいの向という風呂	に 回また 週間 回り 週間 回り 週間 回り 週間 回り 週間 日 跳んだりする ねころんでかいたりたびたびたびたびたびないがあっていればればれても もでする	左方へまるまろ右方へまるまる うつぶせ うつぶせ	
ますか風呂に誰といき	風呂の種別	人浴回数	姿勢 際に急逼する時の	れる時の姿勢
	允	共 密	河河	五月二十九日(土)

すかりがありま 好みますか かっ順々におか ではどうなされてい る御意見 への御希望をいかありまき どんなものな 何がきらいです これに対して御家庭 おべんとうに對す 食事に関して学校 五月二十八日(金)返信、たべものに関する副金(ありましたから、まとめで取扱います。) 氏 名五月二十八日(金)返信、たべものに関する副金(ありましたから、まとめで取扱います。) 氏 名

名が、なっているであれた。となったしてなったしてなったとしてはないするとなったとしままない。	クレント からから ちゃく からり かりょう かん かっと かっと かっと かっと かい かん かい ひ かい ひ か 中 田 一 田 中 できる こう しゅう こう しゅう こう しゅう しゅう しゅう しゅう しゅう しゅう しゅう しゅう しゅう しゅ	なき。定説と姉父祖独り、一つ民な、、父祖り、一つ民な、、公司、一て野る弟母、で、「祖ない、祖ない、郡るが、妹兄母る。	様の は は は ない ままってい ままっつ しょく なり かい かい カーリン 大 な 引 する すま もま まま り まま もま まま もまま もまま もまま ちゅうきょう ままま しゅうきゅう しゅうきゅう しゅうしゅう しゅう	かい。 おかい。 なり、なりない。 おりなり、なない。 あれるなり、 はなるない。 ながら、という。 ながらない。 ながら、という。 ながらない。 ないない。 ないない。 ないない。 ないない。 ないないない。 ないないない。 ないないない。 ないないない。 ないないない。 ないないない。 ないないない。 ないない。 ないない。 ないない。 ないない。 ないない。 ないない。 ないない。 ないない。 ないない。 ないない。 といる。 といる。 といる。 といる。 といる。 といる。 といる。 とい	か洗るなたれいさたな自多力。いびてつれびく分いが、こびでもたたてたとで、 とびう注述でもいここ か洗。 関う注述わと あった おが、 まが、 あった かった あった かった かった かった かった かった かった かった かった かった か	が記れましている。 から はれいかく から もれ は あれいか かれ まるたっ さん さい きまん さい 世世 さっ たっ ちゃっ たっち さん さん さん さん さん さん さん さん さん さん さん しゃっこう いん ちゃく だん しゃっこう いん しゃん しゃん しゃん しゃん しゃん しゃん しゃん しゃん しゃん しゃ	5月27日(木) 返信
型略の疾夢	543.	就 床	用便	倒みがか	院 笛	起 床	

五、二六(水)次の靖垣の該当欄へ○印むして明二十七日に御提出下さい。予備制定であります。ありつまま御願い致します。茲したいと思います。順次調査裏が参ると思いますが御面倒でも御願い致します。

生活に対する実態を逐時お知らせ頂いて、六月上旬、学習する予定になっている單元「私たちのからだ」の予備測定の資料と五、二四(月)今週は、学校に於ける御子談の概子を御知らせする予定にしています。そして御家庭の方からは、御子線の健康先ず、單元「私たちのからだ」に関する通信

開に於て、家庭と如何に密接なる連絡をしたか、了解されるであろう。

との様な立場に立つて家庭通信を活用したのである。其の一、11の例を挙げて説明しよう。家庭通信が單元の展特に、現在の学習が常に次への環境設定の如き立場にある如く、組立てられるのが理想的であると考えている。そのものであり、次への環境設定であると言つてよいであろう。私は学習の展開というものは低学年に於てはり、効果測定である。更にこれを拠言すれば予備測定は学習への環境設定であり導入を意味し、効果測定は学習そこに、癖的な業質や環境調査の他に、動的な調査が必要になるのである。別な言葉で言えば、予備測定であ且有効なる活動も可能になるのである。

12041

< 	Carmer Cart		K< < <	みがかない 阪々みがく 色型みがく
ブラシの在無		選みがき		
五日二十七日現在			45	麹みがきについ

六、一五、1 明十六日から皆で歯を縢簿への手がかりと致したいと思います。とにょって、学習効果を判定し、次の指入して頂いている調査結果と比較するこ歯をみがくかどうかの結果を昨日から記

す。超ブラッのない匈子様には、どうか今日買りでやって頂きたいと思います。

大、一四(月)今日は学校で主として、歯の勉強をしました。歯みがきを御子様が始めれば、学習の効果があつたわけでありま

		原 時 時 存 分 分 分 分 分					一五五日	6
		基本 印			,		十回四	月21日
	2	域 基 基 中 市 市 市 市 市 市 市					コ川十	(月)
なること 其他参考に	入浴	略刻 起床、就床	手を洗りこと	歯みがき	光面	起床おこされた担保自分でおきた	田剛剛	返信

衞生に関する効果測定票

氏強

4\	16 \	20.\	5.27
10%	40%	50%	
いつも注意されて洗う	度々注意されて洗り	で洗ういわれなくとも自分	通明在

て二十一日の月曜日に連絡竣へ御入れ下さい。

つとめたいと思いますから、誠にお手数ながら明十三日(日)から二十日(日)まで、ありのままの実態を御記 入下さいましみますと、次のようです。これが勉強のあと、どう変るか効果測定して、取扱いの参考資料と致しまして、よい智償の育成に

> 5	10 >>	17 >	> ∞
なかおきない担こしてもなか	毎日起こされる	たびたび旭こされる	自分で起きる

耐に関する先頃の調査をまとめてての) を大体終る子屋ですが、洗顔に関する他通 (勿論一年生とした、11(土) 昨日今日で学校で

いと思います。光頃御願いした調査結果を御傅え致します。

子供護は日が長く疲れるためか、近舅朝からあくびの出る者も見えます。体の弱るこの期に注意して、順展を十分にとらせたました。学校では暑くなつて足など洗うにも、氣持よくなりましたので、時に膿じて洗わせています。

六、一一、昨日は足の勉強を致しました。今大空からだがよごれる時期になりましたので、特に注意してやる必要があると感じ分で注意して切るか(切って貰うか)など、見て頂き(何和調流表で御願い致しますが)たいと思います。

したら、どの毘庭園えているか、また手の衛生却も食前、用便後、仕事のあと、帰宅した時など、手を洗うかどうか、爪を目太、一〇、昨日は手について勉強致しました。指の名称、手の衞生、手の字など主な学習事項であります。もしお暇が御座いま

ならないのでありまして、兄弟を実践に違さたいのであります。この点御家庭の皆様の御協力な切に御願い致します。

F通信の具体例

Hr.

以上の留意点四項目に対し、二学期の小單元「のりものどつと」について、各項目一つ宛の頭信を例示してみ父兄にとつては、待遠しいものの一つである。

間にか、次の單元への予備測定または環境設定の役割をしているようにする事が望ましいことで、この通信が、

E時の結果またはその方法の通信 学習効果の判定結果または方法を絶えず通信することは、何時のれによって、学習能率は挙るのであるから、なるべく具体的な生氣のある連絡を考慮すべきである。

するかという事を、父兄が知る事は、学習を進める上にも学習効果の判断上からも欠くべからざる事であり、そ

ロ 墨習に関する通信 毎日どんな事をしたか、それがどんな結果をもたらしているか、それがどの様に発展ととが出来るのである。

よつてこそ、児童を動的に、立体的に捉え、しかも、父兄の切実なる叫びによつて家庭社会の要求を具体化するるかというところに学習指導が成り立ち、同意の生活を生かした展開が可能になるのである。故に家庭の協力に研究し、立案はするのであるが、生きた具体的対象はあくまでも同意である。斡師の案が如何に見童に具現され

〇 予備測定に開する通信 前に述べた通りである。教師はもちろん單元設定や展開には、可能な限り調査、の單元に入る頃には、大体児童に環境設定が出來ているような結果が実際にはあらわれたのである。

通達され、父兄はそれによつて、児童の偶察や取扱いの心機えをもつのである。これが自ら児童に影響して、某時によれば、父兄はそれによって、民童の観察や取扱いの心機えなもつのである。これが自ら見るこれによる

B 墨智麗目、學習目標の通信 電元学習をする場合、一週間或は数日前に次の学習個目と内容目標が家庭にみると、

感するのである。單元について一々かかる例を述べることは止めて、單元展開上特に留意してきた点を要約して後われれれが教科学習から、單元学習に移行する場合には、是非とも、家庭との連絡が必要な條件であることを福以上は、大体一つの單元を学習していくのに、家庭と如何なる連絡をとつて実践したかの一例である。特に今で、今後折にふれ取扱い、よい習慣をつけたいと思います。

一週間中にわたつた「私たちのからだ」の学習は、今日の効果測定で一塵終りますが、衛生生活は一生流くものでありますの時半帰模数しました。

次、一九(土)昨日予促通り浅間の千代の湯へ行きました。学校で二時間勉強して出掛け、おひるは懸営運動場で食べ、午後二やつて来た單元「私たちのからだ」のしめくくりで飲味もあるわけであります。

卵れませんが、どうぞ、手绒(出来れば石けんも)を用意させて下さい。この入浴は遊び半分でたく、六月八日から今日までり 明十八日は二時間学校で勉強してから、漢베へ入浴の勉強に行きたいと思います。天候の加減や真の他で変更になるかもります。

との生え変る陸期でもあり、もら六才日歯が二十三人も生えて來ていますので、この時から歯を守る習慣をつけたいものである. 歯ブラシ・歯膜き粉御用意下さいまして誠に有難ら御座いました。 曽葦んで歯みがきを練習しました。 丁咾乳網と永久歯ましたが仰何でしたか。 常生虫につい ての勉強を致しましたので、一東だけが飲んだわけであります。

六、一七、1 十五日行う予定でありました蛔虫驅除薬を昨日飲みました。二、三発熱し、具合がわるくなつた御子様も御彫いり 十八日(金)はもし交形がうまくゆけば、淺間へ行つて、二人でお風呂に入り洗う。」処強をする予定です。御出かけ下さいまして、御予様方の学習ぶりを見て頂きたいと思います。

3.明後十七日は、父兄参覰日であります。処頭は主として、偏金を取扱ら予定です。どうぞ一時間でも御都合のよい時刻にさい。

く練習を学校で致したいと思います。お手数でも、銅ブラン、南みがき粉を伝わずに、これから十九日追祷たせてよこして下

1209

-20S-

- 川、独りで除り物にのれる様に
 - 二、 重の 種類
- 一、左側通行の原行(交通規則)

父兄の皆様の返信に対する御意見は大体まとめると来のようでありました。

型な ○○、 11 (四) の 通信 かみると

この予備測定(父兄―社会の要求―の意思)がどのようにまとまつて活用されたか。

十月二十一日御返信(交通に関する御家庭の御希望) 民 遺霊

それを左の調査用紙に御記入下さいまして、連絡袋にお入れ下さい。

通うにも心配はいらない――都台がよい――とか、乗り物に対しても大變よいというような御希望がおおりかとも存じます。つきましては、前述の学習的祭の中に、またはその他の事で、交通に関し学ばせたい、例えば、こんなふうになれば、学校へ

- ・ 社会生活への一歩前進(独立心の臺成)
- ・お友護と仲よく協力して、作業する態度の選成

などから一年生らしい処理を遊びながら致したいと予定し、実施しています。なおこの学習の背後にねらつているものは、

- ・駅を中心とした地理模型製作(教室へ砂場)
 - ・腰の吼驴
 - ・電車、汽車、自動車などの模型銀作
 - 火油 当
 - ・汽車、電車、自動車などの乗り方
 - ・のりものに乗った経験発表
 - ・のりものの効用
 - ・のりものは何の力で動くか
 - 5 こ 4 ら ら 監 謹 7 形

学習に大へんよい顕巍を作ることが出来ました。この学習の主としてねらつているところは、

- 一〇、二〇(水)電車・自動車などの玩具を無借致して誠に有難ら御座いました。御藤様で多勢の力によつて、沢山な数になり
 - 〇・口とをかねた通信

としへの移行が自然の中になされるように考慮するのである。

入れ、且つ教宅に自動車・電車などの写真、絵などを用意し、徐々に環境設定がなされ、單元「のりものどつ交通に関するいろいろな話し合いが始まる。学校では学習活動の中へ、自ら交通の学習に入るような学習事項をか、おもちやを用意してくれるのである。親のこのような動きは直ぐ子供達に反映して、学習に入らぬ前から、

との通信によつて、家庭では交通に関する学習が始まることを知つて、交通に関する絵本などを整理する と

ン・はさみなどは伝わぬよう御彫意下さい。また汽車・電車などの見学も必要になってくることと予想しています。

やを拜僧するようになると思いますが、何分よろしく御願い致します。なお工作的な仕事が沢山ある予定

ですから、クレョー〇、一五(金)來週は乘り物に関する学習をする予定であります。必要に隠じては、おうちにある自動車、汽車などのおもち及に対する通信。

-210-

- 4 学校・学校・PTA

四、道路で遊ぶのはやめたい
五、通学の折の道草（道中が心配）
六、乗り物の乗り降り、車内の乱雑
七、一年生も遠足見学など乗り物を利用させたい
八、踏切をつけるわけ
九、自動車の方向指示器の見わけ方
十、交叉点の注意

右のような父兄の意見は、教師の目標を一層具体化する有力なる資料となるのである。また父兄がこの通信を書く事によって交通に対する関心を深め、児童もその観点からも見て貰える結果となる。更に父兄から重要なる学習を示唆して貰う事も出来るのである。一例をあげると、

父兄Hさんの御意見

一日位時間がありましたら、子供たちを乗物で世界一週させて下さい。極めて初歩の世界地理でよいのですが、未知の世界へあこがれ、外国の美しい風物の紹介、広い世界へむける眼、幼いながらも、世界への扉をひらいてやることによって、新しい賢い社会への子供の心の窓が開かれることと思います。幼い魂に植えつけられた夢のかなあこがれが、やがては大きなみのりとなって結ばれる日の来ることを信じたいと思います。

私はこの様な父兄の意見に励まされ、学習の充実を心掛けたのである。大分横道へそれたような気もするが次に

E効果測定についての通信

一一、二（火）昨日予定通り鎌田駅、車庫、松本駅、機関庫等の見学を往復電車にて行いました。鎌田駅の車庫では、くわしく電車の内部をみせて頂いたり、中には運転までさせて貰った者もありました。電車の切符も往きは一人々々購入しましたが一人の間違もなくよく出来ました。松本駅では切符売場など内部から詳細に見せて貰い、構内を通って機関庫に行き、汽車の入れ替え状況や大きな機関車の内部をみせて貰ったりして、帰りはグループ毎にまとめて切符を購入し、一人の事故者もなく無事見学を終ることが出来ました。途中は、左側通行、道路標識の学習、乗り降り、車内の態度、見学に於ける挨拶など極めてよく出来ました。何故五円もたせて頂いたかについては、ここでは説明が長くなりますので、明三日のPTAの折に御説明申上げます。

こうして、父兄、教師の協力した環境の中に、子供達は育って行くのである。地味ではあるが着実に。

Ⅳ　**一般的連絡事項と家庭通信**　低学年であるが故に一般的な通信事項が日々多く書かれたのであるが、私の家庭通信に対する目標からは重要な面として考えていない。重要ではないが必要であった。父兄の家庭通信に対する感想の中にも、「子供では要領を得ない事が極々あるが、いつもはっきりしてよい。」とか「金銭の事がはっきりしてよい。」とか喜ばれたのであるが、こうした低学年には一般事項の伝達がかなり必要であることは見逃せない。しかしながら、これを主目的にすることは、私の考えている家庭通信の意義を失う事になる。であるから、私は出来る限り、早い将来にこのような単なる伝達事項は、この家庭通信から、なくなる事を望んでいるのである。父兄からも、「子供が、手紙に頼っているような気がする。」と有難い御注意を頂いたのであるが、大いに考慮せねばならぬ問題である。

一般的な伝達事項として記載したのを分類してみると、

1　学用品・給食費・配給・PTA等に関する金銭上の通達
2　学校行事予定に関する通達
3　保険・衛生及び継続測定による身体に関する通達
4　学校・学級・PTAに関する通達

5　突発事項の通達

等であるが、其の例については、あまりに多岐に亘るのでこれを省略する。

V　**五日制と通信**　なお本年度特に教育上一大変化を来たしたものは五日制の問題である。客観的状勢もあり一個人のよく批判するところではなく、我々としては、五日制を如何に父兄と協力して最もよく生かし実行するかの点にあったのである。わが附属校では九月四日（土）から実施されたのであるが、私は家庭通信によって、この五日制に対する準備と実施を次の如くしたのである。

五、一（月）五月二日から八日迄一週間御子様が家庭に於て、どんな遊びやお手傳いをしているか、家庭での生活を調査して教育上の手がかりとしたいと思います。毎度誠に御手数ながら左の記入用紙に御記入の上五月十日に御提出下さい。

五月十日（月）返信

家庭生活調査（毎日御記入の上五月十日連絡袋へおいれ下さい）児童氏名				
月日	曜	お手傳い（用事）（時刻と時間も）	遊び（一人か、兄弟とか友達も時刻時間も）	其の他（映画施設、教会、塾など）
五月二日（八十八夜）	日			
三日（憲法施行記念日）	月（休）			
四日	火			

五、四（火）二日間の休みに於ける御子様方の家庭での生活は如何でございましたか。近い中に実施されようとしている週五日制（即ち土、日と休みとなる）学校生活をどのように考えなくてはならないか、また二日間の家庭生活を家庭でどう取扱ったらよいか、重大な問題であります。特に自主的な学習の出来ない一年生と致しましては大いに考慮を要する問題であります。一日に御願い致して置きました家庭生活調査は此の問題を考えて行く重要な資料で御座いますから何卒ありのまま御記入下さい。教育実践は生きて動いている児童の現実の姿を掴んで、はじめて効果を発揮するのであります。五月一日に提出して頂きました学習用意の調査は私の観察と大分喰い違いがあり一週間まとめて適当に印をつけられた証拠のはっきりわかるものもあって残念に思いました。

六、二六、学校は既に教師中心の学校から児童中心の学校に切り換えられました。と同様に子供を教育するためには、家庭生活を子供本位に切り換える事が大切な事だと思います。こうした考え方になれば、日曜やまた五日制実施の場合の土曜日の利用法なども案外面白く行くのではないかと思います。今日から二、三回にわたり附属の父兄の方の二、三の面白い家庭生活の例を御傳えします。なお皆様の御家庭の御子様も御知らせ頂けたら大変よい参考になると思います。

六、二八（月）明二九明後三十の両日は種々な都合によって学校がおやすみとなりました。五日制が実施されればこうした二日続きの登校しない日が出来るわけですが、此の使い方をお互い研究して、子供達に伸々した生活（学習も仕事も遊びも、休息も含んだ）をさせたいと存じます。つきましては此の度の二日間を各御家庭で如何に使われたか、ありのままの状況を御面倒でも左の調査用紙（略）になるべく詳細に御記入下さいまして七月一日（木）に連絡袋へおいれ下さい。

八、二六（木）夏休みについて左の表に御記入下さいまして連絡袋へお入れ下さい。これは今後の指導と九月行われる予定の五日制（五日制については二十三日から新聞紙上に長野軍政部提供の記事が連載されています）の資料と致し度いと存じます。出来るだけ具体的に御願い致します。（調査表略）

八、二八、九月から五日制となりますので今日は最後の土曜日の登校でした。

この様に五月以来、父兄に五日制に対する心構えをもって頂き、自然と五日制に入れる様な計劃的通信を行ったのである。

前に述べた九月三日の家庭通信は五日制に入る最後の返信となったのである。

五日制に於ける宿題の考え方は（家庭との連絡を密にする項の九月三日の家庭通信参照）私の学習指導に重要

214-

に、有効な殺育が行われることが了餅された。

われまいというような、考え方もないではなかつた。しかし、漸次子供達の実態を親も教師も正しく 捌ん だほ 祕密がない。最初の頃の返信には、子供のありのままを書く事は、子供の欠点を知られて、致師に子供がよく思 の狩しい方向」と誓いて下さつたが、私も、そう思っている。少くとも子供に関しては、父兄と教師との間には **蹈が出来る。また私に対して、卒直に希望や演見を寄せて下さったと自認している。或る父兄が「PTAの」つ** あつた。私は常に父兄と語る機会を通信によつて得た。幸にして、どの父兄に対しても、私は何の遠慮もなくお という結果で、大部分の者は全面的に協力して下さつたのである。私は父兄の返信を読む事が非常に楽しみで

記入なし

別に苦痛ではない HII

111 書くのが楽しみ

返信を書く事は無理かどうかの、間に対し

て一般に考えられていた事である。しかし、前に述べた調査結果にあるように、

ると思う。父兄にとつては誠に迷惑至極の事であつたに違いない。学校へは、まかせておけばよいとは過去に於 父兄の感想中にも、最初は、やがましいと思つたが、敎師の熟意に遂負けたとあつた。いつわらざる告白であ それを見るにつけ、父兄の努力に対し感謝せざるを得ないのであ

返信として父兄から書いて頂いたのは四月以來三月まで約五十回に及び、返信の山をなし

の一環として組立てられた教育計劃の一部である。

く、児童の学習が教師も父兄も児童も常に評價する機会であるという考え方に出発して

園も、里に児童の心頭の材料を勢師が作成して異えるという様な、立場ではな 導上に、非常な力となり有効な結果をもたらしたと信じている。

の宿題の終りに、必ず家庭からの返信を求めた。九月から三月迄二十数回の返信が父兄からとどけられ、学習指 繰返して言うが、コア学習の場合は学校と家庭との、緊密なる連絡なくして展開は不可能である。私は五日制 に新なる活動面を打開せしめる事にもなるであろう。

家庭通信は、PTAの新しい方向を示すとあつたが、單に、経済的な援助面のみに頭を使つている現在のPTA **事が出來ず、積極的な敎育への参加は期待出來なくなるであろう。されば

では父兄は児童の学習状況を知る この事は簡單の事のようである。しかし教科を中心にする学習から離れた場合には、父兄が児童の学習狀況を 出来るように考えたのである。

した。教師はもちろんこれを讃べる事によつて指導計劃の資とし、父兄はこれによつて、來週の予定を知る事の り、一石二鳥をねらつて問題構成をした。もう一枚には來過の学習事項に対する予備測定になる様な問題を作成 て効果を知り、父兄も其の週、大体どんな事を学習したかを知ると同時に、子供の習得状況を見る事が出來るよ たのである。一枚目の紙へは主として其の週の学習を中心に問題を作成し、勢師はその結果を考察する事によつ

な役割を演じてくれた。即ち予備測定と効果測定とが出來る様な内容を盛り、それによつて單元展開の資料とし

わないでも、よいでしょうか。からだについて別に突つところもありませんが。(以下三学期までの通信内容についての記在では心配ありません、今後からだの揺子の変化に御注意下さい)とありました。只今でも何の注意も致しませんが、かま七月六日(火)の通信に血沈一時間領十二種、ラベルクリン反應(2)、続陽性、レントゲン所見異常なし、注意(現五月五日(水)外診の結果、更に赤沈、入練写画の深ありとのこと、家でもいろいろ考えていましたところ、

(終属通信を保存していて下さる 関係属が約二十年かる)

んで見るようにしまって置きます。二年生になっても、今迄通り御無理でしょうが御願い致したいと思います。

ロ氏、〇氏、毎日の通信を頂きましたのは、一枚もなくさず、皆大切に保存して置きました。子供謹も大きくなった時に、柴し大党結婚な望で、この一年を通じての企画と努力に対して感謝致します。

思います。また毎日の「家庭通信」は大変有意義なことで、このクラスの大きな誇りであり、PTAの在り方の一つとしてばならない事など多いのですが、この幼い芽が今後、どのように成長して行く事か、先生とともに樂しみに見て行きたいと本当にこの子の一年間の発育は、あらゆる耐に驚く罹の変化を見せてくれました。まだまだ、いろいろな点で進步しなけれる罹傷しい事でありました。

と自主的に、海豚的に行うようになり、すべての恋化が、はつきりと次第に現われて來たのを見ることは、親として娘の出は親の私共の視像以上に、良い方に進み、毎日の領羅ぶりも始めは、手のつけようもなく、嫌がつていたものが、だんだんをして行く事だろうかと不安がつていましたが、親のそうした不安や合慣の念も、次第にうすれてきました。其の後の経過らせて同年生れの人達と進めるように、その間に準備させたものか、と心配をしました。入学させてからは、どういち発育はべて一年は後れている事、 甘えん坊で、きか知道で癖の多い事などを考えると、果してどうしたものか、それとも一年後れなかったので、不慣れな共同生活に、突然に入るという事、気早生れの子で、肉体的にも(知能的にも)他の子供たちにれたかったので、不慣れな共同生活に、突然に入るという事、又早生れの子で、肉体的にも(知能的にも)他の子供たちに

離れ、祖母の偏愛の中に育つていただけに、いざ入学という段になつてみると、田舎の疎開地にいて幼稚聞もなくてあげらり氏、入学に至る迄のこの子のたどつたュースとしては、父親の魔台、職災、疎開といつた多事多難な経路を経て、父母の手を点、動意と謝意を表する外ありません。

氏、四十名の兄童に対して全く完全の個人指導が行われ、子供の一人々々の進步が手にとるように膨然と父兄に博えられた先生の特別の努力、先生の血と汗の結晶によるものだけであつてはならないと信じます。

方法樹立の結果となると存じます。

ことと想像されますので、ここに留意して普通の勤務の形で、この方法が効果のあがるよう研究されるならば、今後指導のならば、教育の効果は数倍することと思います。ただこの方法を普遍的なものにするためには、先生の努力が、魔に大蛭な驚異的なもので、新らしい教育の時代を創造したものと思います。こんな方法が、単校と同じ様に家庭でも同時にどられる〇氏、最初教料書なしの新しい教育方法をとられる事を聞いて大きな期待と非に、一抹の不安も伴いましたが實際の結果は實に記述して父兄に感謝したい。

の意見、感想は当然記錄さるべきものと考えて、三月二十五日迄に集つた父兄の一年間を省みての返信抄を次にかくして、学校は父兄、敎師の共同の経営の形をとつた。今、ことに一年間の実践記録を書くに当つて、父兄は、父兄の返信によつて、常に励まされ、赖打たれた。

父兄は返信によつて、私の教育に鋭い批判の眼を向けて下さつた。鋭敏な反臘は教育のホルモンである。 私られる事のない事を家庭通信は知らせてくれたのである。

叱れない子供は一人もない。偏愛のあるところに真の教育は行われない。どんな欠陥ある子供であつても見捨てるものであるという事を理解した。教師には、賞むべき時に賞める事の出來ない子供は一人もない。叱るべき時数師とは、子供を評價して眺めているものではなくて、子供の異観を正しくとらえて、子供の異気の助成をす

州の)先生方のあり方について、ある点、非常に懐疑的なところがありました。これは私が受けた小学校時代のあまり労しを形入っている次第です。実はこんなことを申上げるのは、大処失礼なのですが、主私は、今迄のところ小学校の(特に信耳氏、私も教真のはしくれですが、全くの所、お世辞ぬきに先生の御祭力には文句なく敬歌を表し、先生の賃仰の出来ないことついてこられました。

と一緒に、少しずつでも数えなければ、先生に申訳けないと思いまして、先生の熱心に感謝しながら、どうやら一年皆様にD氏、学校へよる時には、一字もまた名前も数えてありませんでした。毎日の先生の通回に、せわしさに憲伝れ勝な勉強を先生もよく來たとはげましていただいたと、次の日元氣で出かけました。

五氏、私の一番感じた事は、子供が一日として不愉快な事がなかった事です。それから風邪を引いて遅刻した時、先生から遅く一安心し、子供も大逆処選が面白いようです。

て困つておりましたが、二学期、三学期とどうやら皆さんと一緒についていけるようになり、成績も向上して来て家の者も4氏、入学したばかりは泣きむしで、これでも、学校で処理出来るかしらと心配しておりました。一学期は本当に成績がわるくた野ですが、この点よくなつています。一日一日とよい方向へ進んでいくのな樂しみにしています。

最近は自発的に処蹟する。よそのお方にあいさつをする。ちょつとした難に泣かなくなつた。忍耐強くなつた蜂ちょつとしす。一年前にくらべて、自分のととは、きちんと、自分で始末をする。羆靼さを一人でして、顔光い、歯みがきを必ずする。入れ難はないかと、怖れていましたのに、どうしてどうして、和日塚様を薄んで張り切って参りましたことを暮んでいましたことを暮んでいましたことを称んで、また泣いて傷つて来るよほ、未子に対するお恥しい親心とでも申しましようか、とかく不安がちなのは、学校を魅わないか、また泣いて傷つて来るよとに、またといつもいつも感謝しています。

此の頃姉妹から「Nはこのどろ、とつても別らかにユーモラスになって来たわね。」とよく言われます。 ほ んとに有難いこと、いじらしく様がこぼれます。

学業成績はどうあること、これだけの成績を得られましたことは、出生のお骨折は中下に改はず、子供も大変活動したこと

淋しがらせまい、ひがませまい、直くあれ、他かであってほしい。ただそんなつもりで過ぎてしまいました。

に通われて、先生のお氣料にそい得なかつたことを申わけなく思つております。一年間重として、悲しませてはならない、に感じております。一生懸命、努力致しました限りでございますが、子供二人とそれに私も時々利利かちであつたり、家事で、子供の実力を知るにつけ、入学致しましてから毎日の家庭通信によつて、複楽参聞によって、母としての無能さを掲切ら、子供の力を知る由もない、ただ甘い母親であつたことを恥ずかしく思っているこの頃で御座います。日のたつ にっ れら氏、思いかえせば、昨年のちようど今頃どんなにか樂しく、大きな落望と霊想をもつて学校に逸り出したことでございましよ

いらつしゃつて、私差親子にむち打つて下さるように思いました。とかかさずのお似り、ほんとうに私も動かされました。日曜又は、長い夏休み、今休みの時でも、何時でも先生はおそばにます。理にあつたお話をします。演劇や唱歌も立派にやり、坊や親分が抜けて、兄さんタイプになりました。入学以来一日

丁氏、それが、今は立派に関体生活、勉強が身について、我ながらわが子の物質う事に耳をかたむけ、思わずほは笑む事もあり。家庭数育の指針と致しておりましたので、毎日連絡袋を見るのを、協一の楽しみに致しておりました。

▲氏、一日も欠かすことなく家庭への通信をして頂き、家庭では、この通信により、学校の様子が手にとるように到ると共に、約韶っています。

思う存分叫びたいような作びのびした元素な子供の劇、則かるいテラスの髪囲氣は、先生と兄墓のよくマッチしている事をめられて、爽際の面に馴れ、その懸念は先生の半苦に対しまして感謝と敬意に代りました。大空に向って手を挙げて、何かの氏、頭初、数科蘭を使用しない新しい試みに対して並だ心痛いたしました。然し、先生の信念と努力は二学期の初め頃より記り、ときたま参観にまいり家庭では見られぬ樂しそうな顔を見るにつけ、本当に子供の実園をのぞいた感じでした。

熟として、本当に危惧の益でした。しかしその危惧とか把愛とかが、見事に消しとんで、子供は学校へ行くのが大好きにならともしませんでした。そうした文字通り山出しの子が、どうして新しい製甕に順願し、真の生活を身につけて、行くかは、瓦氏、幼稚園教育も受けさせず、(別に理由のあつたわけではありません。)文字もお勘定も数えず、また本人も強いて求めよ

1 1313

日毎の評判も指導もしているのである。

という考え方には賛成しかねる。私は才能というものが或る程度まで供定しているという考え方の上に立つて、全面的に賛成である。私も才能は後天的のもので、その環境と指導如何によつて、新しい高い世界に到達し得ることは自分の考え方を述べる頁ではないが、他に適当な場もないので、述べる事にする。私は耳先生の意見に問参照)

よらもってた。端的に結論を申上げる、子供の頭をどしどし削減しらるような画において、盆々先生の御薫陶の効果のなのではないか。この両者が、弁証法的に総一されることによって質的な展開成長がより進むのではないか、こんな考えにかしその場合、ある風えられたものがあると同じ見方でも変って來はしないか、見方に対する電大な進んだとントも興えらかしその場合、ある風えられたものがあると同じ見方でも変って來はしないか、見方に対する電大な進んだとントも興えらす。勿論記憶一点戦りというわけではありません、自分で見、自分で考えることは、もとより根本的に必要なことでよったおれてであるとのを頭の中に残し得るのではないかといったような考えから、そのことを問題的に申上げてみたわけで挙ばえか予期されるという立場です。)小学校の低学年で 理論的にでなくて、動劇的に描えらけることによって、何かしらわけです。(たとえ飲えたことが百パーセント子供によって受容されなくても、何かしら退跡をの复換以上のものと思われるような研り業分大きな別になって実の子を作したらってはいから考えているとが、しばしばあります。それが出来るだけ年少期であればある経、よかつた標に思われるのです。その意味に於て、もるき女、しばしばあります。それが出来るだけにない。異似ちの思まれたはいかと残念に思うこれが成長した様な気がすることがあります。実はその裏まれた機会が必なすぎたのでした。もし似の年少時代によき師、よみは今になないなどともととならまないようによって、まばらしく自我ならればないままない、もっとして上来ないなら思まれた場合によって、ちょっとして表えてになってある名を取りたまないまった。といとしては、よばらしく自まりを名を見ておいてもおりてもももになったけである。

であるというのが後者の考え方のようです。私はどうも前者の方が正しいような考え方に似ております。それだけにまた後て何はせば伸はす程、興えられた子能以上のものを発揮する、つまり自分にも思いがけない新しい高い世界に到着し得るの何人にとつてもあるスタートラインしか興えられていない。どれだけ走りうるかは、その蝦焼と指導如何によるものであり三十パーセントから五六十パーセントしか出せないという考え方は前者になると思います。これに反して才能というものは各難條件が補うことによつて才能の百パーセントまでこぎつけることができ、各々の人は、磯嵬や経済や運不運のために二する私の老え方と、先生の御賞見をらけたまわりたく思って書いた事でした。人間は生れつき才能が決定していて幸運にもまたそのいずれかによって教育方針も余く根本的に対立することになります。先日申上げた記憶力箋成の問題はこの点に関またそのいずれかによって教育方針も全く根本的に対立することになります。先日申上げた記憶力箋成の問題はこの点に関連なたのいずれかによって教育方針もなく

という未完成の砂中から、つねにダイヤモンドを見つけて行こうとされていることに対しては、全く有難いことだと思つてあつたことは(実際の同一人の種々なる面の一つ一つであつたでしようが)ここから含ているのでしょう。しかし兎に角らにつくのがキズの方なのです。親馬鹿の証拠かも知れませんが、私の見ている8と先生の見て下さつた8の間にある距離のに立つようです。建設的に物を見てゆくことは、大変むずかしいことです。まして、自分の子供に対する時は、まづ先に目こんな親持でやつているのですが、仲々うまく行きまません。他人に対してさえ、常にダイヤモンドのあらさがしばかりが先言義なことである。」この言葉は今日の教育そのものにひつたりあてはまる言葉だと思います。私も常日頃生徒に対しては瑕霊をしことは有益なことに違いない。しかし砂の中からきずだらけのダイヤモンドを見附付出す方がはるかに有瑕を見つけ出すことは有益なことに違いない。しかし砂の中からきずだらけのダイヤモンドを見附け出す方がはるかに有るするアンスの実字者のギュイヨの誓いた「証女学上より見た鑿循」の中にこんな一節がありました。「ダイヤモンドの中からますらました。

持つて頂いて、こんなよかつたことはないという領持だけで一杯です。何卒來年度からもよろしく御願い致したく存じてい

からぬ思い出がそうさせているのかも知れませんが――しかしいまの氣持を卒直に申上げると実は附属に入れて、先生に受

の而者が弁証法的に統一されることによつて、質的な展開成

只その才能を、十全に発揮せしめる種々なる條件をどのように與えたらよいか、そこに教育があると考えている。教育は重油に点火する事である。即ち、彼等の才能を百パーセント発揮せしめるためには如何なる刺戟を與えるか問題である。私は誰もの才能が同一のスタートラインに立っているとは考えないし、ゴールに入る速度もまたゴールそのものも異っていると考えている。私が一人々々を生かす教育を強調しているのは、各人の才能はそれぞれ異っていると考えるのも理由の一つである。私は、いわゆる遅進児とは正常に遅れている児であって、其の児は其の児としての速度で、成長しているのだという考え方である。

また私は、才能というものは素質的なものであると同時に、発展性のあるものだと考えている。故に、H先生の両者が弁証法的に統一されることによって、質的な飛躍成長が、より可能であるという事に賛成するのである。私の考え方が、平凡な且つ具体的な人間育成に目標があるように見えるかも知れない。実際其の通りである。併し私はただそれだけではないのである。成長には時期がある。其の機を失する事なく、適切なる刺戟によって、驚異的な発達をも予想しているのである。――だからといって才能は後天的であるという理由にはならない。

――やはり私は教育とは重油に点火する仕事だといいたい。

A氏、永らく子供達と離れて暮し、また結婚してからも、職務の関係で時間的に触れ合った生活が僅少でありますが、私達の時代並に上の子供達と比べて、その率直な発言、創造的言動に於て隔世的なものを感じ驚きます。例えば、夜尿の粗相を告げて申しましても「今日は失敗してしまった。」「今日はよかった。」等と明らかに報告し、自分から、どうか失敗しないようにと、色々配慮している所など、なお一層素直に成長する事を祈っています。

R氏、Mの一年間を顧みて特に感じたことは、他の子供の時と異った特別深い関心を持って来たことであります。それは入学当初に授業参観をして異様な感に打たれたことから出発すると思います。卒直に言いますと、当時、自分の学校教育に対する見方、考え方が古い観念のからに包まれており、統制の下に於ける教育を是としていたのであったため、一見遊んでいるのか、学んでいるのか、解せない様な状態を見て、一種の不安に似たものを感じたのでした。けれども、それだけにまた一面大いなる関心を持ったのであります。そして、其の後子供の毎日を見、話すこと、その様子等観察して、また其の後の参観等によりまして、伸びやかに育まれつつある様を見るにつけ、段々好奇心を抱く様になりました。これが、他の子には持ち得なかった特異な処でありました。然し、これは教育方針が新しい試みであるばかりでなく、一つに先生の熱意が自分達親に通じ、及ばずながら、ほんとに先生と一緒になって、一生懸命やらなくてはならないと言う気持がそうさせたのであります。

次に特に感じた事は、明かるく伸々と育まれつつある事でした。従来の教育に於ての学校生活と家庭生活の関係は家庭生活が学校生活から開放された気持になり勝ちであり、極端に言うと、反動的生活態度すら見られたのでは、ないかと思われます。ところがMの場合は、家庭生活が学校生活の延長であり、家庭での言うことと、なすことの多くが極めて自然に教室のつながりを以て学んでいる処が見られました。それから、自発的に物を考察し、行動し、処理する態度が見られ、何となく楽しそうな感じを與えました。そして、時々私達を其の楽しさの中へ誘い込むのでした。

5　一年間の家庭通信を省みて

以上誠に断片的な記述ではあるが、四月五日入学以来、二百二十三号、一年間の家庭通信の大要である。

其の効果については、まだわからない。しかし、私は無形の反響が何処かに余韻をひいて、何時までも何時までも児童の心の中に残っているのではないかと、ほのかな望をもっている。

一年間続けているうち〳〵苦しい事もあった。研究会や、種々の用事で、翌日の指導案や家庭通信は大体真夜中になる事が多く、日曜日を家庭で過した事は殆んどなかった。しかし私はそれが楽しい自分の生活であった。今思い起して、最もつらかったのは、出張をして児童を見ていない日に、家庭通信を書く事であった。何日も遅滞なく書けた通信記事も、児童から離れた時には、記述に難渋を極めた。結局私は、此の家庭通信は、家庭との協同の上に児童を見る重要な目標を持つと同時に、教師のよき観察者であるという事を感じている。子供達をほんとに見つめた時に、家庭通信は、自ら生れるものであって、家庭通信を書く事によって、児童の一人々々をよく見る事が出来、常に学級経営、学習指導に専心打込む力を与えられたと思っている。

今一年間の家庭通信を静かに反省している。人間の力は有限である。この有限なる力を如何に教育実践に、適切に配分したらよいであろうか。自己の身体を犠牲にし、自己の家庭を省りみない者は、真の教育者ではない。人間らしい生活をもち、心にゆとりをもつところに、たくましい創造力も、日々に新なる教育実践力も生れてくるのである。

無理のある生活は、どこかに欠陥を生ずるであろう。教育は無理があっては成立しない。私は、誰でも、何処でも、何時でも、実践し得る研究即ち特殊な教育実践であってはならない、普遍性のあるものでなくてはならないと常に考えて来たのである。

たった一年間の通信で、結論的な事を言う事は早過ぎると思うのであるが、労多くして益少しとは思っていない。しかし、労と益とのバランスは、果してどうであろうか。

私はこの家庭通信を過大に評価しようとは決して思わない。しかし今、私は、コア・カリキュラムによって、学習指導を展開せんとするならば、少くとも週一回の家庭通信は必要にして欠くべからざる条件であると信じている。教科カリキュラムの立場ならば、教科書や科学的学問的体系が子供を掴み、学校での学習を理解する手がかりとなったのである。しかしながら、コア学習に於ては、何を以てこれに代うべきであろうか。私は、今後家庭との一体的な学級経営をなくして、学習指導は成立しないとすら考えるのである。ここに、私は過去帳の如き

家庭通信を脱して、生き生きとした通信をカリキュラム展開の一要素と考えたいのである。

即ち、通信日は、月曜日と金曜日（五日制を考慮）とが適当ではなかろうか。日曜日には（プリントは、土或は日曜の中になされる）前週の効果測定と、其の週の具体的な学習内容、金曜日には（木曜日にプリントをする）次週の計劃の大要と予備測定に関する通信がなされなければならないと思う。――私はこれだけではちょっと淋しい気がする。――週一回の家庭通信は、誰でも、何処でも、可能である。いやしくも教育者には、この位の努力を惜しむ者は一人もない。私は、学習指導の準備と研究の三十パーセントの時間を家庭通信にとってもよいと考えている。そして、今迄口頭禅に終っていた家庭通信との連絡を真に実現して、学校の社会化、家庭の学校化の実を挙げ、教育効果を一段と向上せしめたいと念願するものである。

七、測定及び観察によるカリキュラム構成の一考察

「心身一如」とか「健全なる身体に健全なる精神宿る。」とか、昔から心身の関係深い事については常に言われている。われわれも日常生活に於て、身体の変化が直に心の働きに影響する事を経験する。しかしながら、実際に教育上、これを如何に活用し注意深い取扱いが行われているであろうか。

精神衛生、身体衛生はそれぞれの立場に立つて、深く、詳細に研究されているが、両者を常に相関連させて、一箇の人間の心身の衛生を的確に摑んで、実際の教育に生かすという面が、極めて欠けていたと思うのである。最近児童の適應障害を発見し、これが除去のため適切な指導を加える事が、行われて来た事は誠に喜ばしい事である。

—228—

私は一年間、心身に何等かの相関関係があるであろう事を予想して、測定と観察を続けて来たのである。其の結果の一、二を記し、最後に、未だ客観性を得る迄に至つていないが、カリキュラム構成の一考察を述べてみたいと思う。

1　一年生の授業時数

身体の変化及び発達を、簡単に見るためには、身長、体重が便利である。そこで一年間十日間毎に測定して其の結果を考察した。先ず最初に幼稚園でも午後まで家に帰らずにいるのに、一年生は大ていニ、四ヵ月間、午前で、帰宅するというのは、どこに其の根拠があるのであろうか。指導要領に一年生は一週二十二時間と書かれてある。しかし私は、児童の生活に即した学習形態をとるならば、一週三十時間でも無理ではなかろうと考え、実際にそれを実験してみたのである。

即ち四月八月の家庭通信によつて、十二日（月）から弁当を持たせて貰いたい事を通知し、帰宅後の疲労状況の観察を依頼した。一方学校に於ける観察と、体重測定から疲労状況を見ようと試みたのである。

体重測定結果は四月八日に比し

四月十七日		四月二十八日	
増減なし	六	増減なし	四
増	一六	増	二七
減	一六	減	七

—229—

右によつて考察するに、入学直後は、生活の変化が身体に影響し、体重の減じたものが多いと思われ、更に十日後の四月末には、其れが漸次回復していることがわかる。

これに対する家庭の返信（四月十七日に依頼し、十九日にまとめた結果は次の通りである）

	非常に疲れた	少し疲れた	入学前と変化なし	不明
入学後第一週	3	9	19	10
第二週	1	9	23	7

即ち、第一週目より二週目は漸次疲労の度が減じ、体重が減から増へ向つているのと符号している。

学校に於ける観察に於いても、殊更疲労の徒が見えるという者は一人もなかつた。

家庭よりの返信によつて、特に疲労を感じた右の三人の状況を記せば

H・K……従來病氣以外晝寢をした事はありませんでしたが、入学後は、毎日晝寢を致します。（約一時間）上記のような疲労は、始めての團体生活と遠路（註約三粁）の事と思います。それで朝だけ電車を使用することにしました。

これからは次第に慣れれば、何でもありません。

Y・A……入学の三、四日は疲れた様子でしたが五日目頃からは、疲れた様子は見えません。

M・A……八日、九日には風邪氣味で、非常に疲れた様子で、食慾がありませんでした。九日、十日は帰宅して午睡をしました。これは平常なかつた事でした。

第二週目の非常に疲れたという一人は、矢張りH・Kである。其の後一・二度食慾の減退を訴えた事もあつたが、遂に一年間皆勤した。（昭和二十三年度、全校で皆勤者の数が一番多かつた）

四月中の病欠は男三、女二であつたが、其の理由は俗に言う、おたふく風邪が流行した結果で、疲労のためではない。

このように、測定と觀察を続けたのであるが、入学直後から一週三十時間の学習（五日制ならば二十五時間）をしても、子供達に、無理ではないという結論に達した。但し、机にきちんとつかせて置くような生活をさせたら、疲労の度が多いと予想される。子供達の入学前の生活を次第に秩序立てていく立場に立つて、無理のない指導をするならば如上の結論は正しいと思う。

2　Y・Aの病氣は予測された

Y・Aの体重測定結果は次の表のような変化を示した。

測定月日	体重 Kg	増減
4.8	18.0	
4.17	18.4	+0.4
4.28	18.4	0
5.8	18.0	−0.4
5.17	18.1	+0.1
5.27	18.3	+0.2
6.8	18.0	−0.3
6.19	18.0	0
7.5	17.7	−0.3
7.17	17.9	+0.2
8.28	17.5	−0.4
9.22	18.1	+0.6
10.13	18.6	+0.5
10.25	18.5	−0.1
11.5	18.6	+0.1
11.25	19.2	+0.6

Y・Aは体格もよく、従つて力も強く、どこか胆の太さを見せ、物に動ぜぬ兒童であるが、六月頃から顔色も悪く、他兒童に比し、殊更に疲労の様子が見え時々あくびをしたり、学習中に机にもたれて眠つてしまうような事もあり、体重も次第に減じて來たので、家庭通信の余白に其の旨を記し、なお一学期の家庭通信表に、「他兒童に比し、疲労の様子が見えます。」と父兄の関心を喚起し、自分の記錄帳へは、医師の診断を要すと書き入れた。

夏休みが終つて、出て來たY・Aは前よりも一層、元氣がない。八月二十八日の体重測定は、入学以來最も悪い結果を示した。再び家庭へ注意を要する旨通知した。其の結果十二指腸虫の寄生とわかり、九月初旬治療し其の後、順次回復し現在では、再び、彼の豪快な行動を見る事が出來るようになつた。一カ月に一度位の形式的な測定では、はつきりと、考察出來ない。最近モーニング・インスペクションが実施されるようになつた事は結構な事であるが、仕事を繁雜にしたりまた形式化して、活用の途を失う事のないように考慮する事が肝要であろう。

保健衛生に関する学習は六月実施した單元「私たちのからだ」によつて取扱い、其の後も絶えず其の効果測定を行い、このため父兄と取りかわされた家庭通信は十二回にわたつた。

健康生活の基本的な習慣の形成は、極めて重要な事であり、特に入学直後の指導は、ゆるがせに出來ない。具

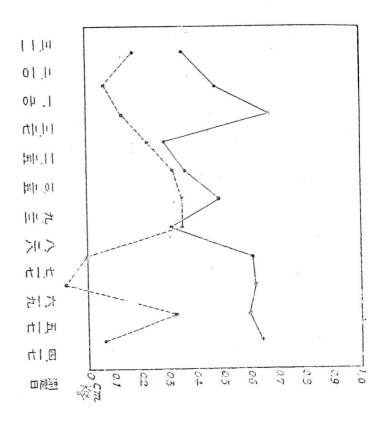

体的な生活の面に於て絶えず習慣化に努力しなければならない。

3　指関節の測定と足の測定

児童の身体の発達と学習との関係を見ようとして、現在行いつつあるものは、指関節の測定と足の測定である。六月初旬から始めたのであるが、これは今後の継続研究として残る問題である。身体各部の関節の長さの発達過程も測定し、それに應じた運動などもと導き得るのではないかと計画したが、測定の困難と、仕事に追われ、目的を達し得なかった。こうして、身体の発達と学習とが、如何なる関係があるか、指関節の発達と書写とは、何等かの関係があるかどうか、もしそれ等の結論が出れば新しい学習計劃の樹立に役立つであろう。

指関節は四カ月間に大体一ミリメートル伸びる、これと書写との関係などは今後調査を継続したいと考えている。

親指	〇・〇八ミリ
人さし指	〇・一一ミリ
中指	〇・一〇ミリ
薬指	〇・一一ミリ
小指	〇・一二ミリ

四ヶ月間に大体上の表の通りに指が伸びている。一番のびるのは、各指の中の関節である。

足は五月から十二月迄の七カ月間に平均〇・六センチメートル伸びているに比し、身長は平均三・二センチメートル伸びている。この大きくなるにも段階がある事が予想されるので、今後の測定に待つ問題である。

4　体重・身長の変化と児童の動き（カリキュラム構成の一考察）

測定月日	平均身長伸長数	平均体重増減数
四、一七	〇、六四cm	〇、〇五七kg
五、一七	〇、六〇	〇、三三
六、一九	〇、六二	マイナス〇、〇八
七、一七	〇、六一	〇、〇〇
八、二八	〇、三一	〇、三五
九、二三	〇、四九	〇、三五
一〇、二五	〇、三六	〇、三二
一一、二五	〇、二九	〇、三二
一二、二七	〇、六七	〇、一三
一、二〇	〇、四八	〇、〇五
二、一〇	〇、三六	〇、一九
三、一一		

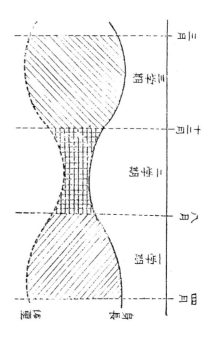

児童の心身の発達に対する研究は現在までにいろいろなされていて立派な結果も出ているが、身体と心の働きとを関連づけて研究してあるものはない。であるから心身の発達が具体的に研究されてあつても、それを應用し、学習能率を挙げるというような活用が極めて少ない。何等かの方法によつて、児童の動きを掴むことが出來たならば、ほんとに、児童の実態に即した教育が可能になる。即ち児童の動きに適したようなカリキュラム構成をし、これを展開する事が出來れば、教育効果は一層高まるであろう。

そこで、身長、体重を十日間毎に測定し、一方児童の行動を観察し、記録して其の相関関係を考察していたのである。これ等について少しく述べてみたい。

一表の身長、体重の平均増加値をグラフにしたものである。

先ずこのグラフを考察してみよう。

今迄に、身長の伸びる時には、体重はあまり増加しないといわれていたが、このグラフは、はつきりとそれを示している。

即ち四月から八月にかけて身長は平均〇・六センチメートル伸びているが、九月から十二月迄は、その伸び方が一学期に比し約半分に減じ、それに引きかえて、体重は、身長と反対のカーブを画いている。しかし、一月に至つて、体重の増加率は下降し、身長は急激に伸び背反向上をなしている。これがまた一月から三月にかけて、反対の現象を示している。

このようにあらわれたグラフと子供の生活態度の観察と如何なる関係があるか。現在まで考察したところでは、子供達の生活態度には波があり、之れが身体の発育と密接なる関係があるという事である。前のグラフを単純化して、相関関係を述べてみよう。

生活態度

行動が粗野で喧嘩などが多く、活動がはげしい。

落着いた學習をなし、喧嘩などがなく、いわゆるいい子の状態をあらわす。

再び行動が荒々しくなり、亂暴をし、言うことを、なかなかきかない。

身長、体重の変化及び児童の生活態度をまとめると、上の表になる。

即ち、一学期と三学期の前半は、全く相似た様相を呈するのである。児童の生活態度も、私の観察記録を要約したものと家庭に於ける観察（家庭通信参照）とをまとめたものである。

上の表より考察、推理すれば、次の二つの事が予想される。

1　一学期三学期の如く、身長の伸び方のはげしい時期には、子供達が、非常に活力が旺盛になつて、じつとしていられぬ状態にあるのか、

2　身長は伸びるが、体重がそれに伴わず、心身のバランスがとれないため、氣持が落着かず行動が荒れるのか、

これは全く、私個人の推理であつて、今後、こうした研究が継続され、あらゆる面から検討して、はじめて客観化される事であるから独断のそしりは免れない。しかし、この観点から三学期児童を觀察して、身長、体重の変化を予測する事が出來た。

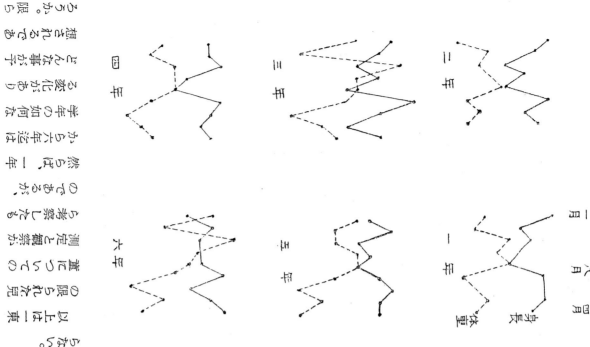

若し右の考察が正しく、児童の生活が波動的であり、身体の発達過程と密接なる關係があり、児童の心身の発達の週期的な波を確實にキャッチする事が出來るとするならば、学習指導上はもちろん生活指導に於ても、極めて有力なる原理となり、カリキュラム構成の一要素となるであろう。

こうした考えの上に、三学期は、此の波を利用して、効果を増進しようと計劃した。即ち、粗野で行動の荒れて來た時には、体育的、行動的学習と、情意的教育を適当に配して、一方彼等の勢力的な行爲のはけ口と、それを逆にセーブする学習とによつて、効果的な進歩が期待されると考えたのである。そこで毎日、相当活潑な体育と、一方木琴を主としたリズム合奏による心情陶冶と劇的表現を日課表に按配して、適当に児童の活動にバランスを與えるように工夫したのである。

はじめ、寒い体操場であるにも拘らず、子供達は喜々として飛び廻り、毎日の日課表に、必ず体育の時間を要求した。二月の中旬頃から、学校でも相当落着きを見せて來たし、家庭からの返信にも、大分よくなつて來たとあり、身長体重の關係を予想しはじめた二月下旬に近い頃から、子供達の大多数は、明日の計劃の中に体育を入れる事を要求しなくなつた。

この計劃が的中したから、児童が落着きを取りもどしたなどとは毛頭考えていないが、何か、この計劃が児童の生活に適合していたのではないか、と思われないこともない。

こうした短期間のしかも独善的な試みから、結論を出す事程、危険な事はないが、今迄のカリキュラムの構成についても、單元設定についても、主要條件の一として、考えられて來た児童の実態と要求というものが、案外表面的な興味に引きずられ、糖衣的な考えに惰し、児童の内に燃焼する、即ち、其の興味や行動を誘発する、児童の活動の由つて生ずるところに根ざした観点が、看過されていなかつたであろうか。

—236—

児童の内からの叫びを聽くところに、カリキュラム構成も、其の展開も、ほんとに、児童の心身の発達に即し、具体化されるであろう。換言すれば、児童の生活の波に乗つた学習活動が最も有効適切なものであると言い得る。特に可塑性の强い低学年に於ては、環境や、機会から受ける外的影響を、より受け易いと思われるから、心身の発達即ち、成長要因の上に、外的な影響を有効に與えるように、学習活動が組織され実践されなければならない。

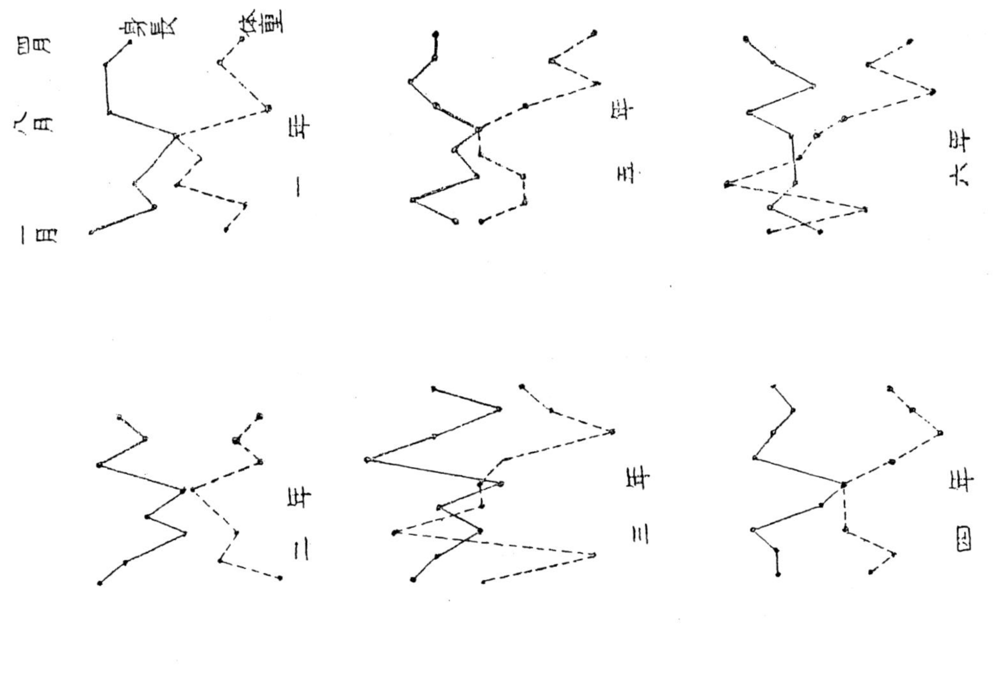

以上は一東の限られた児童についての測定と観察から考察したものであるが、然らば、一年から六年迄は学年の如何なる変化があり、どんな事が予想されるであろうか。限ら

—237—

り、見重の心身の発

一月八日の家庭通信(号外)で私はどんぐり小僧を次のある。

る。一年間、折にふれ、事に騰じて貼した魔點の主人公でれたねこ、にわとり、賜がいる。そして、玄甕に薦がいどんぐりこぞうの家庭は、おじいさん、おばあさん、そをあげた。

ご年生になる。」と答えた。子供謹は、「わあつ。」と観声に念をおした。私は即座に「そうそう、どんぐりこぞうもぐりこぞうも二年生になるね。」と少し氣になつたの か私供護は、二年生になる喜びを一ばいにたたえながら「どんに、成長して來たのである。三月二十二日の総業式に、子

私の組の子供達にとつて、一年間、これ程懐しい親しみ深い名前は、ほかにないだろう。入学以來子供達と共

こ どんぐりこぞら

八、余 鎌

具体的に一人の兄

観察と測定は「Dの措画」のところで述べてあるから参照されたい。私ばならない。

何れにしても、兒童の生活を、あらゆる方面から調査し、観察して、学習活動に、具体的に活用する事を考えるように思われる。

ている者と、荒れている者の雑居狀態で、両者の力の軽重によつて、級の傾向が何れかの極端に走る可能性があ一年中あまり見重の生活にはつきりと波があらわれず、絶えず動揺しているのではあるまいか。六年生は落着い大体似た形をしているが、三年と六年がや1波が荒い。私の推測では三年生は、一つの過渡期になつていて、なくなつてしまうが、説明の便宜上金学年とも男女

とつたのである。

一、11年は男女とも殆んど、身長体重の増加が似ているが三年から違つて來る。それ故、男女の平均は意味が右の略図は男女の平均を出したもので極く大体のものである。

賞つた。其のグラフを部を記載出來ない事を遺憾に思うが、各学年の略図を示し、考察を進めたいと思う

私た考察を容瀾的に眺めようとして、附属校全学年の身長、体重の関係を大島核官に依領し、グラフを作成して

1751

の創作には種切れという事がない。筆惡に対する適格な判断と行為は、このような具体的な生活の処理の中に育善首話の材料は、級の子供の実態から生まれたものであるから、極めて身近な關心事である。それだけに、曹ᄞの形態をとつたのである。であるから、時には子供達が、語の先を創作したり、結論を出した事もあつた。

しかも、一人の人物を主人公とした創作薫詣は一方的に聞く薫詣ではなくして、共に語り、共に考える節し方んでいると思う。

子供蓮の発蓮段階から見て、菫話を非常に好む。これを活用しての薫話による教育は、多くの教育的要素な含た、

このようにして、学習以外に突発的に生じた事柄に対し、道徳的倫理的な取扱いは時を失する事なく行わ れた。どんぐり小僧が思案している時など、あちこちから、助太刀の意見が出た。

子供護は同年輩のどんぐり小僧の行為に極めて深い関心をよせ、共に考え、共に判断し、共に処理していつじて、子供護に判断を迫つた。

動きを観察し、そこに現われた具体的な問題や、家庭からの通知によつて得た資料は、直に、どんぐり小僧を通ことをして子供護を悲しませた事もあつた。行動の基準ともなり、学習の目標ともなつた。敦師が組の子供遣の時メ子供護の氣の付かないようないい事をして、子供護をうならせたこともあつた。また失敗したり、まずい違のよき衣護として、共に成長して來たのである。

どんぐり小僧は、子供達の一歩先を歩んだり、時には一歩後れたり、また時には同じに、歩んだりして、子供信するし、また深く考慮し、規待もしているのである。

ば、それでよいのではない。この平凡な中に個々によつて異るにしても、必ず非凡なるものが増われている事を

われわれは、ほんとに具体的な社会人として、成長しなければならない。 といつて、私は平凡な人間であれた。

平凡な人間が果して幾人いたろうか、われわれは、似聖人を君子と誤った。無作法者を大膽な人格者と勘違いし ます。』どんぐり小僧は全く平凡な子供である。 これは私の考えている人間像かも知れない。 今迄にこのような る力を育でてやらればならないと思います。これな考え方で、これからも御子様と共に成長致したいと思つてい を解き、立派な人間に育つためには、魏、教師、社会はいるいろと面倒をみてやらなければなりません、特に考え ますが、あまり、そんな事には氣をとめません。このよろに概して能順で、よい成長をしていますが、其の疑問 と考えるようになつてきましたが、まだ時々甘える心が出ます。こうして將來立派な人間になろうと努力は致し ととを、いつも認識しています。だんだんと依頼心がなくなり、独立心が出て來て、自分の力で事を処理しょう な褒められ方でないと、却つて喜びません。誰とも仰よく仕事はしますが、しかし自分には、自分の考えがある ますが、却つて、それによつて成長し、公平な民主的な態態を育てていきます。薬められると喜びますが、正当 が、いつまでも持ち越さず、あまり苦惜をいいません。また自分勝手と思われるような主張をしすぎる時もあり には不機嫌な顔をすることもありますが、それには、それ相当の理由をもつています。不平をもつこともある も、優しいにしても、理窟にかなつている子供であります。遊ぶことも大変好きで、支護と仰ょく遊びます。時 あつても大体優しい氣立の子供であります。皆様の大部分が念願されている素直な子供であります。怨るにして 型、客想に近い人物ではなく、具体的な人間である姿に於て、子供達の最も身近な友人であり

ます。然るととは 『四月以來』への子供の像を心に回いて参りました。それはどんぐり小僧であります。どんぐり小僧は聞なる理 よりに書いた。

生と共に生きた、ありのままの実践記録である。

つのなるいの觀し出す繁囲魚の中に記載は喜くとして学校生活を送りたのである。

独立心とそ、新しい生活力ある人間の源泉である。以上総めて簡単に述べたのであるが、一年間、毎月ビの三要求する。

九月下旬から、児童の手によつて学級文庫が経営される等々、自主独立の心は、自発性を振起し、考える力を六月下旬から、当番のふる白い族を合図に教皇に入る。九月初旬以來時間によつて、生活にしまりが出てくる。始める、当番の活動が活譲になつて來る。六月下旬から、ミルク、肝油、お湯等は一切児童の手によつて配る。

一例をあげるならば、四月十二日から給食の福を洗う、五月からお福除の手嫌いをする、六月一日から構除をう力を養う事が、自主的に考え、計劃し実行する、生活力ある子供達を育成する事であると考えたのである。独立精神のないところには民主社会は成立しない事になる。私は一年生に、自分で出來ることは自分でするとい更に、依頼心のあるところには、自分の力で判断し、行為するという知性に目ざめた人間は生まれない。給局独立心――民主社会のよき一人となるためには、他人に迷惑をかけぬという事が要件である。

にグルーン活動を生わずように挙討を進めた。

四月五日のグループが抵払一年間同一であつた事もここに埋由がある。即ちグループ編成は、学習の方似としてではなく、道みた。 ――

れるか、どうしたらデモクラシーの基本的な生活態度を作り得るか。私は、自由と責任を含めた協同心を考えて

今ながらも一定の概念をもつととが出來ると思つている。然らば、子供ながらのデモクラシーは、如何に形成さ立があろうとも、乘りこえたところに、デモクラシーはある。子供には子供ながらの民主的な生活があり、不充と思う。敗戰後の日本をこれによつて住みよい所にする事が出來るという希望をもつている。如何なる思想の対クラシーを眞に掴んではいないが、デモクラシーは人間の基本的人格を実現しようとする最も正しい方向である社会心――心身の健康に裏付けられた社会心が日常生活の必須條件である事は言を代たない。私はまだ、デモ

しているのである。その生活の根柢には心身の健康がなければならない。人生は、健康の上に築かれた建築であて行くために必要な行為の限定、その行為から生れてくる思想等、すべて生活の中に培われ、それが自己を開拓身の測定や観察に常に留意するのも、ことに理由の一つがあるのである。日常の生活から生れてくる感情、生きびしたそれぞれの特性を生かし、生き生きとした生活態度にそ、自己をも社会をも明るくする原動力である。心校、下校、一日の生活の一切は健康に対する興である。更に心的な面の健康は生活を規定する。明明な、伸び伸べてが、言いつくされるといつてもよい。身体の健康を考えるならば、生活の躾は朝抱きるから残るまで、登べてが、言いつくされるといつてもよい。身体の健康を考えるならば、生活の躾は朝抱きるから残るまで、登るでか、高い自然は両の健康を考えているのである。低学年の疑、生活技術を考えてみると、健康の一字で総あるべき人間像を画き、それを煎じつめて、結局にの三つをねらりまに主服をおいたのである。

学習指導の如何なる断面をとつても、健康、社会心、独立心が常に動いているように計劃し、実践した。即ち、

2 健康・社会心・独立心

まれていくのである。

```
振蓉(長県) 

昭和廿四年七月一日　印刷
昭和廿四年七月五日　發行

小學一年　コア・カリキュラムによる指導の實踐記錄

定價二四〇円

版權所有

著者　長野師範女子部附屬小學校　代表者　田中富次郎

發行者　東京都中央區京橋三ノ二　林清市

印刷所　東京都中央區京橋三ノ二　中央印刷株式會社

印刷者　伊藤兼二

發行所　蓼科書房
本社　東京都中央區京橋三ノ二片倉ビル
營業所　長野縣岡谷市外三澤
會員番號　A二二〇二二
電話（岡谷）{二二五二 / 三一五九
振替（長野）一四七〇二

理科カリキュラム

長野師範学校女子部附属小学校

文 部 省 実 驗 学 校

٥.	323). 第六學年の單元目次	6.
, ,	281	. 第五學年の單元目次	57
-	201	第四學年の單元目次	1
4 6	202	. 第三學年の單元目次	ಲ
, ,	165	第二學年の單元目次	N
, •	67.1	. 第一學年の單元目次	<u>, </u>
	129	第五章 各學年の單元の各說	第五
	126	〔附う 單元の學習指導計畫案	
		問 題 學習活動 効果判定の觀点及び其の方法	
	122	單元の組織	ಲಾ
Ç	123	. 單元の目標	io
	12%	單元設定の理由	<u> </u>
, ,-	121	専四章 單元(ソースユニット)の設定	四第
•	611	. 郷土の季節曆	8
, u.	811	. 理科的環境の實態	.7
	115	(VI) 綜合考察表と其の考察:	
,,,,	114	(V) 保健衞生に闘するものの分野の調査と其の考察	
. •	109	(冊) 機械と道具に關するものの分野の調査と其の考察	
	103	(肌) 土と空に闘するものの分野の調査結果と其の考察	
7	97	(II) 植物に關するものの分野の調査結果と其の考察	
	91	(I) 動物に關するものの分野の調査結果と其の考察	
•	79	調査事項設定の根據の一例(動物に關するものの分野)	
~	78	調査の方法(イ)村料(ロ調査條件(八整理と結果	
~	78	. 豫想される學習活動に對する兒童の動的興味關心の傾向調査	G.
•	77	(VI)「からだ」についての調査の結果と其の考察	
	74	(V) 「レンズ」についての調査の結果と其の考察	
	72	(皿) 「星」についての調査の結果と其の考察	
33	68	(II)「水」についての調査の結果と其の考察	
	62	(II)「稻」についての調査の結果と其の考察	

いところであるということができる。 が、つまりはこのような實踐計畫をさすということができる。だからカリキュラ 指導下でなされる兒童の經驗と活動の全体であるといい,その計畫であるという てどうしてもこの計畫がなくてはならないのである。カリキュラムとは、學校の 實踐を目ざすものであるから實踐が大切であるのであるが,その實踐の基礎とし 歩みをふみ出すべきであることは、いうまでもあるまい。もちろん教育はすべて 4の研究は、新教育質陥の質質な進步をの求めるもの第一に考えなくてはなら

な 學習の指導によって, ある理解を成立させ,またある態度を形成しようとする それが目的的な働きである以上、まず計量をたてて、これに従って實踐の

の一つにあって、特に信州の地域性に即して構成された點において、信州の各學 これを構成し實驗して、一應の成果を得ることができた。ここに見るものも、そ だろうと思う。 **校聯盟から公にしたいという企圖のうちから,縣内に限っていたを頒だれる理由 校では多への参考を得られることと思う。これが,別に全國の實驗結果を實驗學** ムの構成をとりあげて、これを全國二十五の實驗學校がそれぞれの立場において わたくし達は、この意味に於て、今年度の實驗學校の課題として、 カリキュラ

縣下各學校に膨くこれをすゝめたい。 學校のカリキュラムの構成の参考として,あるいはその實踐の計畫の基礎として るカリキュラムとして、これ以上を望むことはできないようにさえ思われる。各 **成果を得られたのであって、わたくしをもってこれを見れば、** とを基礎として、カリキュラム構成のいろいろな問題を檢討を加えながら、この 女子部附屬の小中學校では、この研究の依囑をうけて以來、熱心な研究と調査 今日構成されてい

昭和二十四年三

一言序にかえて、本研究の由來とこれについてのわたくしの感想とをか きつけ

第3

1 3

文部省数科書局数材研究課長

* 類 E 四

# 第一章　新しい理科教育の在り方

昔から「可愛い子には旅をさせろ」ということが言われて來た。凡そ子をもつ親として我が子をどうか一人前の人間に育てたいと願わない親はないであろう。世の親達の心の中から，我が子の教育のことが忘れられる時とては恐らくないであろう。如何に熱心な教師の教育的熱情といえども，この親の子を思う心情に到底及ぶものではない。此の心情に發し，眞劍に我が子の教育を考える幾世代もの親達の多くの教育的經驗の結果，到達し得た結論として生まれた教科課程がこの「可愛い子には旅をさせろ」であり「可愛い子には他人の飯を食わせろ」であったのではなかろうか。

新教育の問題も次々と問題の中心が變って來たのであるが今日最も問題の中心となっているのは何といってもカリキュラムの問題であるであろう。併しながら現在のカリキュラム論は未だ實踐を通さない所謂ペーパープランの域を脫していないカリキュラム論であるだけに，教育實踐者としての吾々は何れのカリキュラムによるべきか，その去就に迷うのである。こゝに吾々は世の多くの親達が我が子を思う心情に發した教育實踐の結果を尋ねて吾々のカリキュラム構成の手がゝりを求めたいと考えた次第である。而してこの旅の課程に於てこそ吾々は新教育の眞髓を求めることが出來るのではなかろうか。

新しい教育計畫は學問体系による教育計畫から生活体係による教育計畫へ，教材カリキュラムから經驗カリキュラムへの移行にあることは既に大方の常識となっていると思う。要するに新教育は學問体係に從って子供達に知しきを詰め込むことではなくして，子供達を社會生活上の生きた問題に直面させ，その問題解決を通じて自主的實踐的な生活力と共に社會協同性を子供達の中に形成しようとする所にそのねらいがあるといってよいであろう。この様な新教育のねらいは旅の課程を通じて果し得ると思うのである。卽ち旅の過程は先ず目的地を定め，次に此の目的地に到達するためのコースを計畫せねばならぬ，次にはこの計畫に從って自分の足で歩いて行く道程に於て色々な自然の風物や，名所舊跡や人情やに接し，之を直接經驗する所に旅の意義があるであろう。この様に旅は目的を定めて計畫を自ら立て，その計畫に從って實際に自分の足で歩いて見る過程に於て遭遇する問題や經驗やに旅の面白味も亦旅の意義もある譯である。

新しい教育の課程は此の様に先ず教育の目的を確立し，此の目的達成のための計畫を教師と生徒とが共同で立て，これに從っての學習課程を兒童自らをして歩ましめるものでなければならないであろう。かくして新しい教育は正に旅の教育

であり，兒童生徒をして學習の旅を兒童自らの足をもって步ましめる旅の過程の中に近代社會が要求する實踐的な生活力を身につけた人間形成が可能となるのではなかろうか。新しい教育の一般課程が此の様なものであるならば新しい理科教育の課程も亦之と軌を一つにするものでなくてはならない筈である。

扨新しい理科教育の在り方について考えるに當って，吾々は一應之迄の傳統的な理科教育が如何にあったかについて反省してみることから出發しよう。之迄の傳統的な理科カリキュラムは之を教材習得主義として特徵づけることが出來るであろう。卽ち科學の學問体係を集約してそのエキスを教科書にもり，之を教師が實驗や說明やをまじえてやさしく兒童に敎え込むことが之迄の理科教育の常道であったと思う。このことは今日どこの學校の理科室へ行っても，こうした教師が理科の原理をやさしくわかりよく說明するための實驗機械や器具が理科備品の大部分を占めておるということを見てもこのことをよく裏書きしておると云えるであろう。なるほど之迄の理科教育に於ても兒童の實驗觀察の重要なことは大に强調されもし，又實際に實施されても來たのであるが，その動機が子供自身の必要から生れ，その自發性に發したものでなく，教師中心の教育の週邊に行われた教師の說明に代える程度のものに過ぎなかったために，觀察のための觀察，實驗のための實驗に終って子供自身の孕んだ問題解決の手段としての位置付けが與えられることなく終ったのである。併し乍らその後に於てこの教師中心の知識敎授はその非が悟られ之に對して兒童中心の考え方が著しくなって來たのである。從って教師の側は何等の個定したプランをもたず兒童の趣くがまゝに任せるといった傾向が著しくなって來たのである。卽ち兒童の興味・關心に立脚して兒童自らが自然に直面して取り上げた自然の直接研究が理科の中心に据えられ，自然の觀察と稱して兒童を野外に連れ出し，子供達がメダカすくいに興味をもてば之をとり上げ，ツクシ取りに熱中すれば之を兒童の自然學習の自然の姿と考え，之を少しでも教師の意圖する方向に誘導することは教育の冒瀆ででもあるかの如く考え全く兒童の趣くがまゝに任せられ，そこには何等にの指導も助言も與えられなかったのである。併し乍ら之は又余りにも行き過ぎた兒童中心の行方であって，こうした考えによる理科の授業は目的に於ても方法に於ても全面的に過發的，遇然的なものに終り，單なる兒童の興味以上に教育の社會的價値を達成するための計畫にそった理科教育の成果を收めることは到底出來なかったのである。この様な段階から吾々は今や更に一步前進を試みるべき段階に達していると考えるのである。卽ち新しく設計さるべき理科教育の計畫は子供達の興味・關心經驗と教師が目標として設定する教育的價値との相互作用に基づく所の理科教育として展開さるべきであるであろう。

扨て指導要領に示された理科教育の終極の目標はよりよき生活の建設にあり，

そのよりよき生活の建設は生活の合理化に依って可能となるのである。即ち新しい理科教育はこの生活向上を目指して生活を合理化するために如何に考え，如何に扱い，如何に創造するか，その能力を養い，態度を培い，理解を得させることを目標とするのである。この様な理科教育の目標を設定するに及んで學問体係に從って科學的知識を授けることを目的とした從來の理科教育の考え方は一應精算されなければならない。もともと科學は眞實の理を知ってこの理にかなった生活をしようとする人間本來の要求によって展開されたものである。從って理科教育はこの様な人間本來の要求から起る働きのあらわれる様な環境に兒童をおいてそのはたらきを直接指導することによって展開されなければならない。こう見て來ると，いかなる意味に於ても理科教育のねらいは科學的概念を言葉の上で述べることではなくして，その概念に對應する經驗を支える様な生活經驗を兒童のために用意することでなければならない。こうした生活經驗を通じて兒童は概念を理解し，身につけることが出來る様になり，又新しい經驗の解釋に役立てることが出來るようになるのである。即ち目標となるべきものは事實の記憶ではなくして深遠な科學的眞理の線に沿うての個人の成長である。

然らばこの様な生活經驗は子供達にどの様な形で提供されたらよいであろうか。それは兒童の欲求と關心とを一手に背負ってその解決を兒童に迫る問題として提供されねばならない。提供されるというよりも寧ろ兒童がその科學的環境との交渉に於て兒童自らの孕む問題として生れるものでなければならない。この様な問題解決の活動を通じてそこに養われる知識・技能・態度こそ日常生活の過程に於て遭遇する諸々の問題を科學的に解決し處理し得る實踐力なのであり，かくして兒童の生活は次第に合理的生活へと擴充發展して行くのである。この高い立場に立った兒童は自然環境との交渉に於て更に問題を孕み，その解決を通じて更に高次の合理生活へと發展し，円環的にその生活を高めて行くことに至るのである。（五頁の圖表參照）

惜此の様な過程を辿る新しい理科教育は然らば如何にその計畫が立てられねばならないであろうか，それは當然新しい理科教育の在り方に即した教育計畫即ち新しい理科カリキュラムが構成されなければならない。然るに新しい理科教育は先に述べた様に兒童の興味・關心・經驗と教師が目標として設定する教育的價値との相互作用として成立せしめられねばならないものであるとするならば，新しい理科のカリキュラムも亦此の線に沿って構成されねばならない。よって當校に於ては理科カリキュラム構成の基盤調査として先ず兒童がそれとの交渉，接觸に於て理科的關心・興味・問題を孕むであろう科學的生活經驗攝取の場としての自然科學的環境の實態調査を第一に行い，次には此の自然科學的環境に於て兒童は

どのような科學的生活經驗をもっているであろうかを調査することを考えたのであるが之には兒童生活の中核をなすものは何といっても遊びの生活であるので，彼等の理科的生活經驗の調査も兒童の理科的遊びの生活の調査によって最も具体的に把握出來るものと考え，兒童が自然乃至理法の中で，自然物や理法を含んだものをもって，自然や理法と共に遊ぶ兒童の遊び，即ち自然物・自然現象・科學的人工物を對象とする兒童の遊びの調査を行い更に併せて之等の自然物・自然現象・人工物に兒童がどのような働きかけをし，どのような興味・關心・問題をもつかを調査したのである。第二には教師の側に於て當地の郷土社會の要求に即して指導の具体的目標を設定するための基盤調査として教育の一般目標の分析は勿論理科指導要領の分析による理解の目標の吟味に併せて，家庭の理科教育に對する希望問題・又市内各機關・諸施設の理科教育に對する要求希望・關心の實態を調査し之等の基盤調査の上に立つて第二章に述べるが如きカリキュラム構成の手順によって當校の理科カリキュラムを構成したのである。

理科教育の体系と單元設定基準表

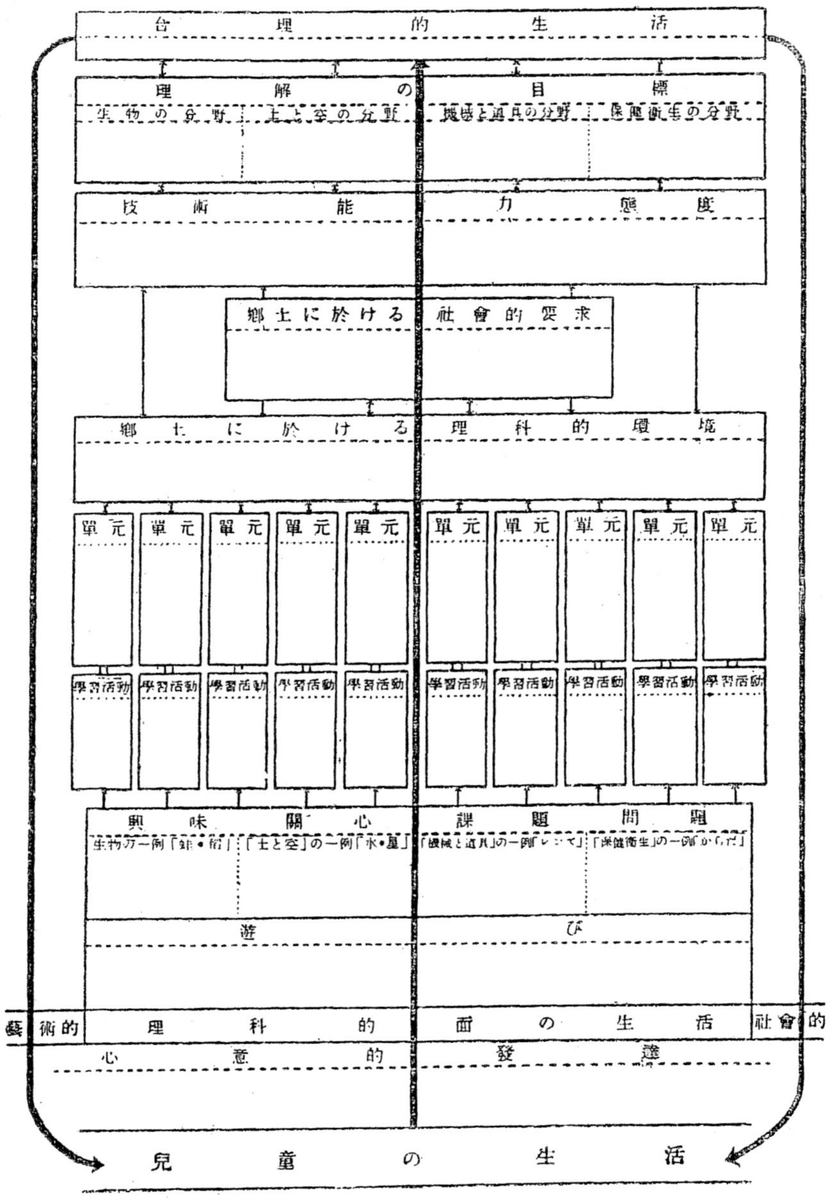

# 第二章　カリキュラム構成の要素と其の手順

## 1. 構成の立場

前述の理科教育の在り方から，理科の學習指導の計畫卽ちカリキュラムは，どのような立場で構成され，どのような手順で組立てられ，構成に必要な要素は何であり，又その構成の手順はどのようにしたらよいかを一層明確にしておくことが大切であろう。

カリキュラムを構成していく立場については現今，いろいろな考え方がある。即ち，それらは，教育の目標への到達の道を種々な教科の面に分けて企畫を立てる教科カリキュラムとか，教科的な考えを捨てて，兒童の生活經驗を擴充發展させるための全体的な指導によって目標に到達しようと企畫する種々な名稱で呼ばれる何々カリキュラム等々が考えられる。本校でこの理科のカリキュラムを構するに當っては，一應教科カリキュラムの立場をとったのであるが，それは從來云われてきた教材カリキュラムを指すのではない。どこまでも兒童の生活經驗の中におこる樣々の問題を解決し，生活の實踐を通じて教育の目的に到達せしめると云う「單元學習」の指導計畫の樹立を目指して構成していく立場をとったのである。從って，そこで問題になることは從來考えられていた狹い意味の理科の面にのみとゞまることなく，いかに他教科の面と密接に關連しつゝ發展性をもった廣い意味の科學教育の範圍を形作っていくかということである。

そこで，このカリキュラムを構成していくとき考えねばならぬことは「單元の構成」である。構成された單元は，具体的な目標や具体的な組織をもって設定されなければならない。そしてこの單元が一ヶ年間の季節暦や理科的環境と合せ考えられて，各學年の年次計畫として排列された時に，はじめてカリキュラムが構成されたと云い得るのである。

## 2. 要　　素

このような觀點に立ってカリキュラムを構成していく場合に，いったいどのような要素が必要で，それが相互に媒介してどのような手順によって行われるべきであるかが，次の問題となるのである。先ず單元を構成していく要素として考えなければならないのは次の如き基本的要素であろう。

(1) 自然の領域　(2) 學年の目標　(3) 郷土に於ける社會的要求　(4) 兒童の生活實態　(5) 理科的環境の實態　(6) 學習材と他教科との關連

## 3. 目標の實態

カリキュラムはどこまでも敎師の指導計畫の下になされる兒童の經驗の發展や學習活動についての全体的計畫でなければならない。そこで最も重要な要件として考えられるのは，目標と兒童の實態とであろう。

學習指導は，一定の目的をもった自發的活動を展開させることである。從って敎科過程は敎育の目標に向って學習活動が次第に發展していく樣な構造をもたなければならない。しかも，その學習は，常に兒童の生活から出發して，目標に向って一歩一歩向上しつゝ現實の兒童の生活の經驗を豊かにするものでなければならない。卽ち其の過程に於て彼等の理解を深めそれに含まれる技術・態度がより一層身につき，そのことによつて彼等の現實の生活經驗が擴充され，段階的に目的に向って發展していく生活活動の意圖が充分にもりこまれていなければならない。この學習の發展は兒童自身の生活なのであるから，そこでは兒童の心意的な發達を無視するわけにはいかない。卽ち兒童の現實の複雜な有機的な生活の實態や，それが常に働きかけの對象となるところの環境に對する科學的な考察が當然とりあげられて，計畫を構成していかなくてはならないのである。

この目標と兒童の實態とはその中に樣々な要素を含むものであるから，前述のような基本的な要素の觀點から考察を試みてみたいと思う。

### イ 目　標（學年の目標）

敎科過程は，兒童の活動が目的に到達するように設計されるものであるからには，その目的が如何なるものであるかを決定することからはじめなければならない。

理科という敎科の立場から，これを考えていくと先ず，學習指導要領に示されている理科敎育の目標をとりあげることができる。これは，敎育の一般目標を達成するために分擔された理科的面に關して定められたもので，これが理科に於ても，その獨自性を保ちながら，他敎科と相關連して敎育全般の目的に到達するように仕組まれているのである。この目標がその學年相應の實態に應じて配當されたのが，その學年の目標となっているのである。そこで，この學年の目標が果して理科の占める自然の領域とにらみ合せて適當に分配されているかどうかを吟味してみる必要が起ってくる。こゝに一應の檢討を加えて配置されたのが，本校の學年の目標となるわけである。（これについては章末に一覽表にして掲げることにする。）

敎育の究極の目的から要求される，敎科の目標は，一應これで一貫性をもって考えられるのであるが，敎育は現實の社會の動向に照合して社會建設の理想を考えるものでなければならない。換言すれば兒童を現實の社會に於ける實踐的公民としての姿をもつ理想に導いていくという性格をもっていなければならない。そして，それは，兒童の日常の生活に於ける環境としての地域社會，卽ち郷土の社會各樣の方面に關連をもつものである。從って，こゝで耳を傾けなければならないのは，郷土に於ける社會の敎育に對する要求である。

### ロ 郷土に於ける社會的要求

郷土に於ける社會的要求とは，兒童の直接的な生活の場であるところの家庭・學校・社會一般などからの科學敎育に對する希望・意見なのである。これは現實の郷土社會，若しくは廣く社會一般に於ける科學性の欠如點を指摘し，且つ家庭人として，職業人として，又社會人としての實踐的な公民の理想や課題を要請する具体的な要求としても考えられる。このような要求は如何なる地域に於ても，ほゞ共通に考えられるものであるが同時に又，この松本市の地域の共同社會の特性の反映されたものとして考慮に入れることも大切である。

これらは，廣くは科學敎育の一般的目標に包括されるべきものではあるが，併し敎育計畫を構成する上に特にその重點的な方面を示すものとして重要な役割をもつものである。從って，これらを調査して一つ一つ吟味を加えて，科學敎育の一般目標とにらみ合せて，科學敎育に對する具体的目標を設定していかなければならないのである。これについては第四章の實態調査の項で詳述することにする。

### ハ 實　態

學習指導の計畫は學習が目標に向って發展していく樣にすることであることは前述の通りである。その發展の過程は常に必ず兒童の心意的發達過程に即して構成されなくてはならない。兒童の心意的發達過程を具体的に取りあげてみれば，それは即ち兒童の生活の實態であり，能力である。

敎師が具体的に單元を設定して學習指導の計畫を進めていくには，兒童の學習に對する能力の發達や，經驗的背景を知ることが最も重要な要件となってくるのである。即ち，これによって具体的な學習指導の計畫の基礎が出來上ると云ってもよいのである。

併し，かゝる重要性をもった兒童の生活は，いわば樣々な環境に對して，有機的に且つ非常に複雜な關連をもって，時間的にも，空間的にも，あらゆる面に進展して營まれているので，その實態は實に多岐に亘っていて，その把握こそ簡單に行い得るものではない。然し教師はいろいろな觀點やいろいろな方法によって出來るだけ正しく，これを探ることにつとめなければならない。調査の方法はいろいろに考えられるが，よしそれが全面的に把握することは困難であるとしても，又たとい一面的であるにしても，或る特定の面から又或る一定の條件のもとに實態調査を行うことが大切であろう。そして深くつきつめることによってその現われた結果を考察し，全般的に欠けた面は類推的思考と教師の經驗と洞察とによって補うといったような方法も考えられるのである。

本校では次の諸點にその觀點を置いて實態調査を行い，その考察を試みて單元構成の基礎としたのである。

(1) 兒童のもつ疑問の傾向

(2) 自然を對象としての兒童の遊びの傾向

(3) 自然環境に對する兒童の動的興味關心の傾向

(4) 豫想される學習活動に對する兒童の動的興味關心の傾向

(5) 心意的發達の段階

これらの各項についての調査の方法や結果の考察については後に章をあらためて詳述することにする。これだけの調査で全般的に兒童の實態をつかみ得たとは勿論云い難いが，これによって，その學年，その年齢に相應した，心意的發達段階や，疑問・興味・關心の中心をなす傾向が示されてくると思う。

學習指導の計畫は，教育の目標に照らしてこれらの調査の結果によるところのそれぞれの兒童の經驗的背景や興味・關心・能力等を考え合せ，更にそれに適當した學習材を選定し，學習活動を具体的に目標に向って系統的に組織的に立てられるべきものであることは，前にも一應述べたところである。換言すれば，學習活動の選擇，即ち教育計畫の基礎を確實なものとするには，學習の範圍（スコープ）とその發展的序列・順序（シークェンス）とを明確に定めておかなければならぬことになる。

この「スコープ」と「シークェンス」の面は，學習指導要領に示された學年の目標を吟味する際に，當然考え合されているものではあるが，更に前記のようないろいろの調査の結果によって，重要な要素をなすこの兩面を裏づけていく事はカリキュラムを最も合理的に構成する上に主要な問題となるのである。

## 4 自 然 の 領 域

スコープとは學習の範圍を云うのであり，學習内容の大きな骨組みである。理科に於て，スコープとして考えられるものは，理科教育に於ける四つの分野，即ち「生物」「土と空」「機械と道具」「保健衞生」に關するものの分野がそれにあたり

これを更に分類して前述の自然の領域に分けてみることができる。（單元構成計畫表參照）

自然物及び自然現象に對する，兒童の働きかけの内容の範圍が，これによって位置づけられ，且つ「豫想される學習活動に對する興味關心の傾向の實態調査結果」と，にらみ合せて，その内に含むシークェンス的な面と共に學習内容を考察し學習の範圍を決定することができるのである。即ち，それによって兒童は科學的生活の重要な領域に間違いなく參加できるし，現實生活の重要な問題の解決に觸れることができるのである。

## 5. 興味關心の傾向

シークェンスとは學習の發展的序列や順序を云うのである。即ち兒童の心意的發達や，興味・關心の中心を調査して經驗的背景や能力等を考え合せて，大まかに學習の順序を見定めたものがシークェンスとなるわけである。從ってこの興味の中心，即ち兒童の問題は，各學年の兒童の能力や心意的發達に應じたものとなるわけである。學習指導の計畫を立てるために，各學年の活動を選擇する場合に重要な根據となるものは，この定められたシークェンスによるのである。これによって各學年の活動の重複や飛躍をさけて，單元に於ける學習活動の發展や，全体的學習の發展を有機的に圓滑に展開していくように計畫することができるのである。然らばこゝで，シークェンスの決定をどのようにして行ったらよいかが問題となってくるのである。

先ず兒童は，兒童自身の日常生活の中に於て常に様々の問題にぶつかっている筈である。これらの中には兒童が知りたいと思っている問題，疑問として懐いている問題，自ら研究し調査して解決しようとしている問題等種々雜多にあげてみることができる。これらの問題は大むね兒童の遊びや，既有經驗的背景や，心意的發達に應じて，その内容や程度が限定されてくるものである。故にこれを調査したり洞察したりすることによつてシークェンスの基準を決定するところの興味の中心課題を見出すことができるであろう。

本校に於ては，これについて，さきの五項目の實態調査を根基として，それらの總合的な考察を試みて決定したのである。（第三章實態調査參照）

シークェンスは，およそこのような内容をもつものであるから，調査の結果をそのまゝ固定的なものとして受けとらずに，スコープや目標と合せ考えて，大よその目やすとし，それらを基準として，指導計畫を立てる上の手がかりとしたのである。

さて，こゝまで述べてきたスコープとシークェンスの決定によって，兒童の學

習すべき課題が，ほゞ明確に表出されてくるわけである。即ち兒童が，この現實の理科的環境を媒介とする，兒童の主体的な要求とも考えられるシークェンスの面を「徑」とし，自然の領域によって分類された學年の目標や，社會的要求によって生れた內容をもつ教師の客体的な要求を「緯」として，其の交叉點に取り上げられる問題が「主要課題」となるのである。(單元構成計畫表參照)

これが指導全体の基盤となり，單元の骨組みとなるわけである。この骨組みを中心として，これに適當な學習材を選擇し，他教科との關連を考慮に入れながら內容を盛って，順序立てゝ統一づけたものが「單元」の內容となるわけである。

### 6. 單元の構成

上記の如き經緯によって構成された單元や，構成の仕方を具体的に表によって示せば，次の各學年の「單元構成計畫一覽表」の如くなるのである。

### 7. カリキュラムの成立

こゝに構成された單元がそれぞれに具体的內容を備えて，一年間の季節曆と時間配當とを，うまく合せ考えて，順序よく發展的に排列されて，年次計畫ができ上れば，こゝに，はじめてカリキュラムの成立をみるわけである。

13 頁～24 頁は原本において欠落しています。
（不二出版）

## 本校の理解の目標一覧表

| 學年<br>分野 | 一 | 二 |
|---|---|---|
| 動物の生活 | (一) 動物は區別のつく特徴を持つている。<br>(二) 動物はそれぞれ違つた種類の食物をとつている。<br>(三) 動物はそれぞれ違つた種類の巣をもつている。<br>(四) 動物は季節の變化に適應している。 | (一) 体の特徴を比べて或る動物を他の動物と見わける。<br>(二) 動物の成長には或る定つた型がある。<br>(三) 動物は生きてゆくのに食物と水とをとらねばならぬ。<br>(四) 多くの動物の子供は親の世話と保護をうける。<br>(五) 動物は自分を守る方法をもつている。<br>(六) 動物は巣をもつている。<br>(七) 或る動物は人の役に立ち，人の保護をうける必要がある。<br>(八) 動物は季節に適應した生活をする。 |
| 植物の生活 | (一) 植物には種々な種類がある。<br>(二) 植物は區別のつく特徴をもつている。<br>(三) 多くの植物は種子から成長して根莖枝花をもつている。<br>(四) 人は或る植物を食べる。 | (一) いろいろな種類の植物がある。<br>(二) 植物には根・莖・花・葉・種子がある。<br>(三) 植物は成長し繁殖する。<br>(四) 種子はいろいろな方法でまき散らされる。<br>(五) 種子が芽を出すためには水と熱とがいる。<br>(六) 成長には光と水とが充分に必要である。<br>(七) 植物は季節に適應した生活をする。 |
| 空と土の變化 | (一) 天氣にはいろいろな種類がある。<br>(二) 天氣は季節によつて著しく違う。<br>(三) 日なたと日かげ (1)太陽，熱と光を與う。(2)東より出西に入る。(3)いろいろな動物に日光必要。(4)方位が定められる。(5)日のあたらぬところは日影。(6)日影涼しい。(7)雲，木，建物は日光さえぎる。(8)太陽沈むと夜。<br>(四) 月 (1)東出西入 (2)月の光 (3)月は見えなくなる時あり (4)月は晝もみえる (5) 月は一ヶ月の中に形が變る。<br>(五) 星 (1)多くの星は夕方光り始める。(2)金星は特によく光る。<br>(六) 空氣 (1)空氣は場所を占める (2)空氣は見えぬが肌に當る。<br>(七) 風 (1)風は空氣の動き。(2)風は物に當る (3)風の利害。<br>(八) 水 (1)水蒸氣→空氣中へ。(2)雨雪霜氷露はその一種。<br>(九) 土地 (1)土地は石と土よりなる。(2)土はいろいろな種類がある。(3)流れる水は土をながす。 | (一) 天氣 (1)天氣にいろいろ種類あり。(2)雲に種類ある (3)雲はうごくし形が變る。<br>(二) 太陽は熱と光とを與える (1)日光を受けないときは暗い。 (2)雲は太陽の熱と光をさえぎる。<br>(三) 月は一ヶ月の間に形が變る。<br>(四) 風は空氣の動いているものだ。<br>(五) 水 (1)水は蒸發する (2)流れる水は仕事をする (3)水には色々な型がある。—雨—露—霧—雪氷 (4)雨と雪どけには川の水がふえる。(5)生物に水が必要。<br>(六) 土地 (1)土には植物に必要な水がある (2)植物は腐つて土になる。(3)地中には色々な生物が住んでおりそれが死ぬとからだは土になる。(4)岩石にはかたいものとやわらかいものとある (5)砂は岩石がこわれて出來る (6)土地は岩石と土とから出來ている。 |
| 機械と道具のはたらき | (一) 機械を使うと仕事が樂だ。<br>(二) 〃 〃 仕事が速い。<br>(三) 機械は人，動物，エンヂン，モーターの力で動かす。<br>(四) 車や簡單な機械が大變役に立つ。<br>(五) 電氣は力の源だ。<br>(六) 磁石が引きつけるものと引きつけないものとがある。 | (一) われわれの筋肉はものを動かすことが出來る。<br>(二) 動物で物を動かすことが出來る。<br>(三) 機械で物を動かすことが出來る。<br>(四) レンズで光を集めることが出來る。<br>(五) レンズは虫めがねに使う。<br>(六) 鏡は光を反射する。<br>(七) 磁石は金物の中の或るものを引きつける。<br>(八) 電氣は人のために仕事をする。 |
| 保健衛生に關するもの | (一) 食べ物に好き嫌いをしないことが身体の爲によい。<br>(二) 毎日齒をみがくと齒のためによい。<br>(三) 食事の時には，手や食器をきれいに洗うことが大切である。<br>(四) 食後暫く休むことが，身体に大切である。<br>(五) 病氣の時は家の人などの言うことをよく聞くと早く治る。<br>(六) 厚着をしたり，体を冷やしたり，運動した後汗をふかぬと体を弱くしたり病氣になりやすい。<br>(七) 口の中にやたらに物を入れると病氣になる。<br>(八) 寢る前に物を食べると，むし齒になりやすい。 | (一) 体を丈夫にするには，いろいろのものを食べるとよい。<br>(二) よく嚙んで食べるとこまかになつて，こなれがよい。<br>(三) 食べすぎ，飲みすぎは体の爲によくない。<br>(四) 水は飲んでよいのと惡いのとある。<br>(五) 入浴，着換は体のためによい。<br>(六) ねる前に齒をみがくとよい。<br>(七) よく熟さない果物を食べるとおなかをこわす。<br>(八) 蛔虫を退治するには虫下しをのむとよい。<br>(九) 身体を冷たくするとしもやけになりやすい。<br>(十) 病氣にかかつた時醫者の注意を守る |

て花が咲いて實がなる。	てる。 (1 光びちの大きさ・色・藪・波び方がちがつている。) 2 葉は大きさ・色・形がちがつて ている。 2 種物は大きさ・色・形がちがつ ている。 3

植物は大きさと発体の形がちがつている。 3 種物は大きさし木から新して被傷が田へ来る。	動物は類別することが出來る(魚虫・鳥・けもの) 動物は保護されている。 動物は環境に適應している。 動物は環境に適應している。 が成立ものは強くの方へ旅をする。 はるものは渡りにより或るものは後により季節に適應する。 はる動物は水陸両方にすむ。 はる動物は水陸両方にすむ。 はる動物は水で一年の間に型が選	やたらに水を吹むとおなかをこわす。 月, 鼻, 耳, 手足などをきれいに しておくことは身体の場に大切で ある。
II			LI EES B	
星は一定の秩序に従つて

勁へ。 星座は大体形を變えないから方向 知るのに役立つ。			生物にはいるいるの種類がある。 生物はいるいるの環境の變化の影響を与ける。 生物は季節によつて生活の様子がちがち。 住んでいる生物はどこでも同じではない。 生物はふえる。 生物はふえる。 子は親に似ているが全く同じではない。	と治りが早い。

の		「一门仮り居界は殺戮である。	
(1) 大脚は地球からずつとはなれ を廻っている。 たところにある。		かに ・ 選手でだす ロ	
(1) 大阪は地球からずつとはなれ を廻っている。		り、つぶしたりする	
(1) 大陽は地球からずつとはなれ を廻っている。		テコは物を築に動かしたり	
(1) 大塚は地球からずつとはなれ を廻っている。	0 4	人は水車や風車を使り	
(1) 大塚は地球からずつとはなれ を廻っている。	観察やおいずたは鶴治や使した	そのかめる。	, ;im
(1) 大野は地球からずつとはなれ を廻っている。	いろいるの物質が使われ	革を樂にするた	河
(1) 大勝は地球からずつとはなれ を廻っている。 たところにある。	機械や道具の各部分にはその働	人は仕事を築てするためで自然の十・世田十い	
(1) 大様 (1) 大陽は地球からずつとはなれ を超つている。	たる。	電氣は光・熱・力	
(1) 大塚は地球からずつとはなれ を廻っている。 たところにある。		地球は大きな磁石である。	, :
(1) 大様 (1) 大塚は地球からずつとはなれ を廻っている。 たところにある。 2) 大陽は地球よりもずつと大き る。 2) 大陽は地球よりもずつと大き る。 (2) 大陽は地球よりかさい。 (3) 月は大腸の光を反射している。(4) 地球は岩や石や土などからえる。 (4) 上は岩石がこわれて出来る。 (5) か・料土・普通の土は土の書 適の型である。 (4) 土は植物に必要である。 (5) 土は一つの所から運ばれて他 のところにたまる。川や谷は 形が纏つて行く。 (1) 磁石は金属の表るものをひき つける。 (2) 微石はいろいろな仕方で使わ どの影響を受けたりして質 れる。	そのよう ではばれて 美々類	磁石は方位を知るのに使う。	薄
日	てとがある	れる。	
(1) 大勝は地球からずつとはなれ を廻っている。	受けたりして質質	磁石はいるいるな仕方	
(1) 大陽は地球からずつとはなれ を廻っている。 たところにある。	物質は語の物質を作用したり、	v	
(1) 大塚 (北球からずつとはなれ を廻っている。 たところにある。	1. 1. 1. 1. 1. 1. 1. 1. 1. 1. 1. 1. 1. 1	磁石は金属の或るものをひき	
(1) 大塚 (地球からずつとはなれ を廻っている。 たところにある。	エネルギーはいるいるの形に變	磁石	-
(1) 大塚 (大地球からずつとはなれ を廻っている。 たところにある。		て行く	
(1) 大様 (1) 大塚は地球からずつとはなれ (2) 近週リ月は地母 (2) 大塚は地球よりもずつと大き (2) 大塚は地球よりもずつと大き (2) 大塚は地球よりかさい。 (4) 月は地球よりかさい。 (5) 星は非常に遠いからかさくみ える。 (6) 地下や海の資源は産業や日 (1) 土地 (1) 土は岩石がこわれて出来る。 (7) 地域は岩で石や土などから (8) 砂・料土・普通の土は土の普 (3) 砂・料土・普通の土は土の普 (3) 砂・料土・普通の土は土の普 (4) 土は植物に必要である。 (5) 土は一つの所から運ばれて他		とろだたま	
(1) 大塚 (地球からずつとはなれ を廻っている。 たところにある。 (2) 大陽は地球よりもずつと大き い。 (3) 月は大陽の光を反射している。 (4) 月は地球より小さい。 (5) 足は非常に遠いから小さくみ える。 (6) 北下や海の資源は産業や日 土地 (7) 上地 (1) 上は岩石がこわれて出來る。 (7) 上は岩石がこわれて出來る。 (9) が計土・普通の上は土の者			×
(1) 大塚は地球からずつとはなれ を廻っている。 たところにある。		土は植物に必要である	
(1) 大塚 (大地球からずつとはなれ を廻つている。 たところにある。		91	
(1) 大様 (1) 大塚は地球からずつとはなれ (2) 近のまわりを廻り月は地母 (1) 大塚は地球からずつとはなれ (2) 大塚は地球に大きな影響をい。 (2) 大塚は地球に力さている。 (4) 月は地球より小さい。 (5) 星は非常に遠いから小さくみ える。 (4) 地でや海の養源は産業や日 (1) 土地 (1) 土地 (1) 土地 (1) 土地 (2) 九い石は水や風の働きを現わ (1) 上は岩石がこわれて出來る。 (2) 加用されている。 (3) 利用されている。 (4) 地下や海の養源は産業や日 (1) 土は岩石がこわれて出來る。 (4) 地下や海の養源は産業や日 (1) 土は岩石がこわれて出來る。 (4) 地下や海の養源は産業や日 (1) 土は岩石がこわれて出來る。 (5) 地下や海の養源は産業や日 (1) 土は岩石がこわれて出來る。 (6) 地下や海の養源は産業や日 (1) 土は岩石がこわれて出來る。		砂・粘土・普通の土は土	
(1) 大塚 は地球からずつとはなれ を廻っている。 たところにある。			
(1 大陽は地球からずつとはなれ を廻っている。 たところにある。		丸い石は水や風の飼き	
(1) 天体 (1) 大塚は地球からずつとはなれ (2) 大塚は地球からずつとはなれ たところにある。 (2) 大塚は地球よりもずつと大き い。 (3) 月は大陽の光を反射している。(4) 地球の表面は何時も虁化し 4 月は地球より小さい。(5) 足は非常に遠いから小さくみ える。(6) 尾座という昆の一群がある。(6) 地下や海の資源は産業や日 利用されている。 初用されている。		土は岩石がこわれて出来る	÷č
(1) 天体 (1) 大塚は地球からずつとはなれ を廻っている。 たところにある。 (2) 大塚は地球よりもずつと大き い。 (3) 月は大塚の光を反射している。 (4) 月は地球より小さい。 (5) 星は非常に遠いから小さくみ える。 (6) 児座という星の一群がある。 (6) 地下や海の登場は産業や日	されてい		
(1) 大塚は地球からずつとはなれ を廻っている。 たところにある。 2) 太陽は地球よりもずつと大きい。 3 月は太陽の光を反射している。 (四) 太陽は地球に大きな影響をい。 4 月は地球より小さい。 (円) 地球の表面は何時も變化し4 月は地球より小さい。 (円) 地数は岩や石や土などからえる。	地下や海の査源は産業や日常生	程座という星の一群がある。	
(1 大場は地球からずつとはなれ を廻っている。 たところにある。	0	بند ه 0	
(1 大塚は地球からずつとはなれ を廻っている。 たところにある。	1	星は非常に遠いから小さくみ	-
(1 大陽は地球からずつとはなれ を廻っている。 (1 太陽は地球からずつとはなれ を廻っている。 たところにある。 何 太陽は地球に大きな影響を 2 太陽は地球よりもずつと大き い。 (8 月は太陽の光を反射している。	追談は岩や石や土などから田来	月は地球より小さい。	
(1 大塚は地球からずつとはなれ を廻っている。 たところにある。 何 大路は地球に大きな影響をい。	地球の表面は何時も變化して	月は太陽の光を反射している。	
 (1 太陽は地球からずつとはなれ たところにある。 は 大陽は地球に大きな影響を 2 太陽は地球にりもずつと大き 	000	50	<u>:</u> :-
 (1 太陽は地球からずつとはなれ を廻っている。 たところにある。 (回) 太陽は地球に大きな影響を 	4	太陽は地球よりもずつと大き	
、 ○	太陽は地球に大きな影響を興え	ころだある。	
天体 陽のまわりを廻り月は地角	るいなの	太陽は地球からずつとはな	
	まわりを廻り月は地球のま	天体	
		-7 Video of	

(二) 時は太陽と地球との關係で定めら (三) 地環が冷え間つて地環が出

1

29 -

禮	宋								р	Ì	lik		ſr-		*M*	75%										100			÷		(-	- 24	
(FH)	<u>iil</u>	\mathbb{C}	(-)		3		Œ		83			(H)		(F.4)		1			<u>jj</u>	No. ame .	I				Œ	SE.			(F)		(pq)		
とりなくては恒康は序ではVo 食物は、貯え方や料理の仕方が悪	2 K 2 C C C C C C C C C C C C C C C C C	to 5	日光・温氣・熱・水・温氣・土は 価値に影響する。	を通るとき吸収される。	光は物の面でまげられ光が物の口	などでまげられる。	光の進む方向はプリズムやレンズ	ごつて傳わるo	者は物の振動でよっておりり物に	ている。	に適したいろいるの勢質が使われ	機械や道具の各部分にはその働き	使らと安全で仕事の能率も上る。	機械や道具は木の性能を理解して	800	チャルギーはいろいろな形にかわ	旧來ない。	ギーよりも大きな仕事をする事は	機械や道具を使つて加えたエネル	合せで出來ている。	機械は簡單な働きをする部分の組			て 所 やっ	季節は太陽と地球との關係によっ	無候は地域でよって特徴がある。		サイナーニード・	天氣はいろいろに變る, それを子	ろな形をとる。	水は空と土との間をめぐりいるい	太陽は地球に大きな影響を興える。	れるっ
(b:4)	1	I II	I							Œ		Œ			(p:q)			1	$\overline{\mathbb{I}}$		I	Œ		Œ	(-i-)	. ((J.)	~ 7	3	(£)		Æ	(£
批 9	何ち・犬・鉛雞でして藤さら	運動は健康を増進する。	人の体の構造と働きとの研究が進むは耐食全体の健康が改變される。					ている。	通信や, いろいるの産業に利用され	百時	宮	電氣を起すには發電機を廻したり、	^ °	にしりぞけ合う力や引き合う力が働	電無や感無をおびたものの間には五	質が戀ることがある。	気・光などの影響を受けたりして 寅	したり熱	エネラギーはいるこのの形で變る。	を使う。	すのに人の力だ	通を観測して歴を作る。 	※ る。	星によって位置方角を知ることが出	太陽は恒星の一つである。		大路を	(100 mm	の思りを感味が廻っていて,		日本、又信州には地震・火山・温泉	大王は有一ともとの民日ので日

の下

いと祭整関値が減る。 食物の発養上の関値を充分に利用 するには正いし食べ方や無持ちよ (知) へ食事する事が大切である。	(五)	てこの力は或る程度頭 めることができる。 きる。 健康を増進するには自分の体の狀態をよく知 つ ておく必要がある。
するには正いし食べ方や無持ちよ	田	健康を増進するには自分の体の狀態
く食事する事が大切である。		をよく知つておく必要がある。
わずかの注意でけがが避けられ、	Œ	的 傳染病の予防は社會のすべての人が

4:

Œ

弱氣をまぬがれる場合が多いo

力を合せなければ完全にならない。

态

 (\pm)

第 亭 画 影 黑 [直

土り、観察や、調査によって實態を把握したりしなければならないのであるが、 の具体的な内容が必要となってくるのである。これらの要素は文献によって調べ 口調査條件と其の方法,(^)調査の結果及びその考察,(与結果の處理と單元構成の こゝでは、主として實態調査によって得た次の諸項目に亙って、イイ)調査の意義 位置等の立場から,調査事項每に大略述べてみたいと思う。 カリキュラムを構成していくためには第二章で述べたような、いろいろの要素

- 見重の心意的發達
- 郷土の社會的要求
- 見童の疑問
- 見重の遊び
- 窓「フッズ」のつろけ、〇「からだ」のつろけ (2)「結」につって、(3)「粘」につって、(2)「無」につって、(3)「水」につって 自然環境に對する見童の動的興味關心の傾向
- **豫想される學習活動に對する見童の動的興味關心の傾向**
- Ξ 郷土に於ける理科的環境の實態
- 郷土の季節暦

その一例や結果の老察等に重點をおいて記することにする。 は思うが、余りにも厖大なものであり、且つ制限された紙面の關係上、主として これらについては、實際のものを全部ことに掲げれば、具体的に明確になると

見強の心意的發達の調査

るものである。 単元を構成していく上の児童の能力を把握する手がかりとして重要な面を占め

を火に示すことにする。 達段階の面と情意的な發達の面とより各學年毎に規定したものである。その結果 よって調べたり、本校に於ける日常の兒童觀察の記錄をもとにして、身体的な發 これについては、心理學的な立場より考えられる兒童の心意的傾向を、文献に

凡童の心霊的發達狀態

もよくできるようになる。	なり、すじ道の通った老	30
が落しへなつて來、討聽など	が企費が稍々出來る様に	のすぐわかるものに向か
知らせたがる。發表的意欲	そつかみ、黙朴ではある	たり、作つたりして結果
△自分の研究や意見を他人に	味をもつ様になり、問題	りも直接集めたり、画い
られる。	△自然の環境に對しても興	い頭の中で考えることよ
質から殺する様な態度がみ	0	よりも動的なものへ向か
來て現實の事質を重んじ事	長く頷けられる 頼にな	△興味の中心も夢的なもの
實證的態度が著しく見えて	反へ観音、一つの湖びも	だい。
て確めないと承知しない,	様になり, 注意力も相當	興味のない方向には動か
△自分から實験や觀察により	的なものにも興味をもつ	も興味ある方向に動き,
ることが多い。	なるのばるかりでなくが	△情緒的動きが著しく何事
程度は表面的理解で滿足す	好奇心も强く働き、動的	えたりする傾向が著しい
なして來るが、併し、その	△興味の範閣が急に増大し	△物事を情意的に見たり考
が積極的に行なわれる様に	傾向が現われる。	得い。
强くなり、讀書や自由研究	出來る様になり、實驗的	さりせず、想像的活動が、
△知識的欲求や製作的要求が	△現實と非現實との區別が	△現寅と想像の區別がはつ
もまた相當著しい。	する傾は何残つている。	500
來て來るが一面直覺的思考	△粉事を行動によつて理解	理解することは出來にく
物事を普遍化する能力も出	O O1	抽象的に頭の中で考えて
緑的に思考出來る癜になる。	り谷製的に物を見はじめ	△物事を行動により理解し
て結論を出し,又抽象的演	じめ、單純な論理がわか	5,0
△分析的・総合的判斷により	己中心的な傾向を離れば	えるということは出来な
的に物事を考える様になる。	容の分化がはじまり、自	
△思考はすじ道を通して理論	△そろそろ自我が芽生え主	
なる。	能力が破壊され易くなる。	高麗的であり、自己中心
谷觀的に物事を考える様に	△今迄漿けられて來た態度	的直観的であり、思考な
て自他の區別をわきまえ、	0	れない時期で觀察は全体
△自己中心的な考えから脱し	△活動が

活發となり、導放	△この時期は主客が未だ分
える嫉になる。		茶ない。
△細かい筋肉運動が巧みに行	うんの製品ファベッo へ当ちで答を演奏す。 サガ	が細かい運動は巧みに出
が男子よりも一般に著しい。	△内臓(声・心臓器)が不	へたきい筋肉運動は 出 來る
發離に態がある。女子の方	特加が目立つ。	暑しくない。
然しいが見量によってその	しいが身長よりも体重の	しい、内臓の残酷はまだ
△身長・体重の發達は一般に	△身長・体重共に成長は著	△身長・体重共に成長は著
主谷分化の時期	主容分化移行の時期	主条未分化時期
五·六 年	川·園 牟	1.11
AND THE PERSON NAMED IN COLUMN TWO IS NOT THE OWNER, THE PERSON NAMED IN COLUMN TWO IS NOT THE OWNER, THE PERSON NAMED IN COLUMN TWO IS NOT THE OWNER, THE PERSON NAMED IN COLUMN TWO IS NOT THE OWNER, THE PERSON NAMED IN COLUMN TWO IS NOT THE OWNER, THE PERSON NAMED IN COLUMN TWO IS NOT THE OWNER, THE PERSON NAMED IN COLUMN TWO IS NOT THE OWNER, THE PERSON NAMED IN COLUMN TWO IS NOT THE OWNER, THE PERSON NAMED IN COLUMN TWO IS NOT THE OWNER, THE PERSON NAMED IN COLUMN TWO IS NOT THE OWNER, THE PERSON NAMED IN COLUMN TWO IS NOT THE OWNER, THE PERSON NAMED IN COLUMN TWO IS NOT THE OWNER, TH	ACTION OF A SECURITY OF A SECURITY OF A SECURITY OF A SECURITY OF A SECURITY OF A SECURITY OF A SECURITY OF A	THE CHARGE SHARE STATES AND ASSESSED AND ASSESSED THE PART OF THE PROPERTY OF

	いも多くなる。	
や喜びを感ずる様でなる。	來て來る。 併し又一面爭	出來るがすぐ又別れる。
して結論を出すことで興味	認める態度や魅力性が出	は透い、どこでも支蓋は
解決にしてた企職し、資級	又社會性が出て來て他を	△仲間の數は少へその交際
二自ら問題を見つけ、その	稍々深く又複雑となる。	△競争心が強い。
行動する様な態度が出て來	結奪の貨借等して交際が	△人の模放をし易い。
△次第に目的々に又計畫的に	△仲間の敷が増して來, 雜	する。
瀬 てなる。	続がぼしぼし田來る。	△智慣が生活の動きを左右
て, 活潑な活動が行われる	自由研究が始められる基	來ない。
た於ける飽力がよく行われ	△自覺的態度が高められて	又長期にわたる仕事は出
瀬下なる。 然し トグラーン	く事をする様になる。	△注意力も,長續さしない,
なり、全体の幸福を考える	的態度も出て來て根氣よ	わり, 衝動的な事を好む。
そ。又信人の感転万族殴爪	る態度も强くなり、創造	しとしていないで動きま
関係や義務がわめる様にな	△未知のものを探ろらとす	△遊びが全生命であり。じ
を考える様になり、自他の	て來る。	ない。
△社會性が發売し他人のこと	え方を好む療な傾向が川	△興味を感じても永續性が

郷土に於ける社會的要求の調査

要がおこってへら; もつ理想に導いていくには郷土の社會が見重に何を要求しているかを重視する必 って計畫されなければならない。從って、現實の社會の實踐的公民としての姿を 學習指導は兒童の實態と、現實の社會の動向に照合して、教育の一般目標に向

は、理科教育の目標を重點的に裏づけていることになるのである。 實の社會の科學性の欠如點を指摘しているものとみることができる。故にこれら 實の社會が最も重點的に科學教育に要求するものであり、これを裏からみれば現 調査の結果示されるものは、社會人として、職業人として、家庭人として、現

家庭から,職域から,又社會機闘からの,科學教育に對する要求事項を問うたの である。その結果をまとめてみれば、火の如くなる。 調査は文書をもって市内四十余箇所の各機關と見重の家庭に宛てて、 それぞれ

郷土に於ける社會的要求の實態調査結果

生物に關する分野

									4.	Çī	1 生物の飼育・栽培
%	海	3	Gr.	.3	Ü	7	網	mit.	%	高	^{機器} 松本市内各機闘よりのもの 政

1 35 1

	١	
0		0
	ı	

	愈	M
	Ch.	英
Ⅰ 郷土を主とした土壤•地形•地		松本市内各機關よりのもの
5		河
5 4. 2		%
		家庭よりのもの
		禪
		%

+
5
沿
ri
怒
4
671
5
理

	高	13
- 1	A	
	砂	英
Ⅰ 郷土を主とした土壤•地形•地		松本市内各機關よりのもの
5		河
5 4. 2		%
4		家庭よりのもの
		翼
		寶 %

9 1 1.04 9 1 1.04 9 1 1.04	-	-	-			
		0.8	<u> </u>	3 家畜と動物との相違点	13	
				火婦に興える		
ц ц ц ц		0	·	2 生物の繁殖より性の知識を	12	床
ч н н		0.8		家畜の飼育・管理	H	
ц ц ц		0.8) 家畜果樹の實際面の知識	10	
1 1 1 1		0.8	<u></u>) 簡單な加工質習	9	
		0.8		3 加工工場の見學	x	S
		0.8	·	『	-1	
		1.7	c.i	3 人間生活と動植物との關係	6	ĺ۳
	知識	.0		5 日常生活に關係ある動植物	٥٦	
	4 薬草・掃草についての	1.7		ている動植物 (鰡桑)		4:
н н	3 岐幅の驅除法		C.1	1 郷土の代表的産業に關係し	4	
н н	溶觀	0.8		3 郷土の生物の利用狀況	೭೨	\succ
	物種子について	3.4	4	2 動植物の利用價値	12	
-	1 動物を愛護する習慣	25		し動物変護精神の培養		
		0.8		2 郷土によく茂る植物	C3	分布
		1 0.8		に植物・昆虫の採集	Н	分類
		0.8		・ 質験質装置による生理の觀察	н	生理
		1 0.8	-	植物と動物との關係	4	
				の観合		
		0.8		生物の年齢による生活狀態	20	無應
		1.7		2 動植物の智性	to	部
				圳・環境・氣象・天泉との關係)		
		.A.	57	生物の生態觀察(場所・時		
		0.8	ь-1	動植物の形態につ

いて	<u>.</u>	形態
		0.8	-1	生物の野外觀然	÷	1
		0.8		3 丈夫に育つ動物について	:0	平
		.0		2 遺傳學の初步的取扱	23	幾任

(土)	化學	選 榜	領域	
 工場見學 家庭で日常使用する器具の 科學的知識 	1 薬品についての知識	1 簡單な機械器具の工夫考案 2 モーター組立ベル等の製作 3 各種機械の原理的知識 4 力學と電氣の知識 5 力の傳達方式(自轉草などで) 6 電氣器具の知識	松本市内各機關よりのもの	
ලා ලා	1	H H 62 -H H	解	l
61 62 63 63	0.8	0, 8 0, 8 0, 8 0, 8	%	
The state of the s	-			

機械を扱う技術 科學的玩具を與えたい

1 1.04 2 2.1 1 1.04

ラジオ修理の技術

修理と保存法

%

涌 97 Ø S œ 0

遍

%

電気についての一般常識と簡單な電気器具の

8.4

機械と道具に關する分野

nili	医床	Seal (s r-	無	>		账	}		2	뗈			心		K			عنا	3	事
	H	4	င္	¢3		~1	6		CT	#	t o	1	01	4	೦೦	23	_	4	ಬ	cs	
		照婚と年代 (大会任) との	査源と人類生活をの關係	後間と水利	井戸の分布と深さの測量	各月の風の強弱	郷土を本位とした氣象	適作)	植物と無象との關係(適地	生物の觀察による天氣予報	簡單な天氣予報	氣象觀測	天象と動植物との關係	天体觀測表をつくる	星圏の記入法	太陽・星などの観測	暦の問題	地型模型の製作法	山林と河川の關係	地質と作物の關係	質に對する知識
<u>03</u>	63	5	<u></u>			<u></u>	 4		6.3	щ	ඌ	1	c ₃	Н	_	ယ	1	1		te	
31 25. 9	1. '	1	0.8	0.8	0.8	0.8	0.8		1. 7	0.8	C.1	0.8	1. 7	0.8	0.8	C.5	0.8	0.8	0.8	1	
					H						,	1									
				的な感情の保存	自然現象に對する神話						の見分け方	水(主として飲料水)									
00					<u></u>							ш	-					_			
2. 1					11.04							1 1.04									

簡單な薬の調合

家庭用具の使用になれ

2 2.1 1 1.04

簡單な修理をさせる

- 39. -

1

6 16.7	16		6 13.4	16		<u> </u>
	-		0.0		械器具の知識と質用化	
			5	1	4 重要産業面に使用される機	
		使用法			的基礎	3 9
1 1.0	77	2 薪炭など燃料の有効な	0.8		8 第二大中の製層用用の草型	Įt.

宋
商
鏣
HF
75
TOTAL STREET
Lef.
01
公
Ħ

 \preceq

ENG.			***						疧	:		朱 阿	運動	#	* **	> 5	*	퍖		華	1	装	設計	發生	河 城
	10	9	œ	-1	6.	21		-	co	cs	1			c.s		Ę	-	Ł\$		н ;				1	
	病無と無線との關係	飲酒・喫烟の街	呼吸器系病氣に對する知識	結核に割する知識と酸肪	傳染料の強的	强健な身体の必要性	の常識	日常生活に必要な健康衛生	病院見學	病無と季節との關係	常地方の患者の病氣統計			一般家庭生活に闘する衛生	行間グラ	日常の衣食住生活の科學的	食生活の栄養學的知識	人体の脈剖生理	擂生	質生活に即した女子の生理				純潔教育の無施	松本市内各種鍋よりのもの
53		-	10		_	-4		_	-	ಬ	, ₁₄			_t:		ŧ٤	<u>н</u>	Н		-				1	河
21 17. 5	0. S	0.8	 ~1	0.8	0.8	0 8		0. S	0.8	63				1.7		1. 7	0.8	0.8		0.8				0.8	%
							5 写体を健康にする習慣	4 細菌にしいての知識	3 救给法の知識	2	醫學的常識		1 身体の健康法の常識	理解→偏食矯正	3 食物の祭料でしている	2 食生活の料學化	1 基礎的な衞生知識					1 身体構造の一通りの知	える態度	1 自分の体を科學的に考	※雇より 8 も 8
16							Н		<u> </u>		بنز	_	1		Н	6.0	A				ļ	н		to	A
11.7							1. 04	1.04	1.04	1. 04	1.04		1.04		1.0	1.5						1.04		i.s	10

1 0.8 1 物の質値を翻職し弊重する 1 1.0 1 0.8 1 物の質値を翻職し弊重する 1 1.0 2 2 2 2 2 2 2 2 2	00T96	96		120/100	-	要求數合計	
1 0.8 1 中の資価を設議し登員する 1 1.0 2 1 中の資価を設議し登員する 1 1.0 2 1.7 2 見護皮 (申ばすような計 2 1.7 2 見護の興味に主眼をおき枠 2 8.1 日際に印刷した形 1 0.8 3 日常生活の事気にな事質に 1 0.8 4 仕事に目的を建設をきせた 2 2 1.7 5 日常生活を担望した事質に 2 1.7 5 日常生活を担望した政策生活を科學的に 2 2 1.7 5 日常生活を担望してきせた 2 2 1.7 5 日常生活を担望的にさせた 2 2 1.0 8 7 季時・分類・臓用等の能力 2 2 1.7 統計・分類・臓用等の能力 2 2 1.1 期前生活幸に到する自然度 1 1.1 期前生活幸に到する自然度 1 1.1 期前生活幸に到する自然度 1 1.1 4 各方面の實地見學を重んに 3 8 2 4 年 2 1 1 4 各方面の實地見學を重んに 3 8 1 1 4 各方面の實地見學を重んに 3 8 1 1 4 年 2 1 1 1 1 1 1 1 1 1 1 1 1 1 1 1 1 1 1	66, 3	58	7	1 9.0	1	IIT.	
1 0.8 1 物の質値を翻議し弊政する 1 1.0 で見る態度 1 0.8 2 2 2 2 2 2 2 2 2 2 2 2 2 2 2 2 2 2 2	1,04	_1	研究が身たつくまたや				
1 0.8 1 物の價値を配職し弊政する 1 0.8 1 物の價値を配職し弊政する 1 0.8 2 見産の興味に主願をおき料 2 1.7 2 見産の興味に主願をおき料 2 1.7 2 見産の興味に主願をおき料 2 1.7 2 月産の興味に主願をおき料 2 1.7 2 月産の興味に主願をおき料 2 1.7 2 1.7 5 日常生活の専近に事實より 2 2 2 2 2 2 2 2 2 2 2 2 2 2 2 2 2 2			のまわりを整値する智				
1 0.8 1 物の質値を配職し弊政する 1 1.0 で見る態度 1 0.8 2 2 2 2 2 2 2 2 2 2 2 2 2 2 2 2 2 2 2	1.04		物ごとをきまりよく考え				
1 0.8 1 物の價値を配職し飲政・			4				
1 0.8 1 物の関値を認識し奪政する 1 1.0 で 1 0.8 2 態度 1 0.8 2 見意の興味に主眼をおき料 2 1.7 2 見意の興味に主眼をおき料 2 1.7 2 見意の興味に主眼をおき料 2 1.7 2 見意の興味に主眼をおき料 2 2.1 2 1.7 5 日常生活の卑近な事質より 2824.1 2 1.7 5 日常生活を超過度と技能 4 仕事に目的と計場性を持た 2 2.1 2 1.7 5 日常生活を超過的にさせた 3 3.1 2 1 2 1 4 2 2 2 2 3 3 3 3 3 3 3 3 3 3 3 3 3 3 3	1.04	ч	男子にも家事に				
1 0.8 1 物の関値を認識し象頭する 1 1.0 で見る態度 1 0.8 2 規度 (中にすような計 2 1.7 2 見意の興味に主眼をおき料 8 3.2 2 2.2 2 2 2 2 2 2 2 2 2 2 2 2 2 2 2	1,04	_					
1 0.8 1 物の関値を認識し尊重する 1 0.8 1 物の関値を認識し尊重する 1 0.8 該政 1 0.8 該政 1 0.8 該政 1 0.8 第四次を2 されたい 2 0元をの基礎的 1 0.8 3 日常生活の異球に主題をおき料 5 日強に砂臓した形 1 0.8 4 仕事に目的と對愛生活を持た 2 1 0.8 4 仕事に目的と計選性を持た 2 1 0.8 6 一つの現象を限く見つめて 4 行うこれ普長期間研究をつ 3 1 2 1 4 名方面の實地見事を重んに 3 4 2 4 4 4 4 4 4 4 4 4 4 4 4 4 4 4 4 4		_	自分の職業に打込める				
1 0.8 1 物の関値を認識し奪譲する 1 2.8 1 物の関値を認識し奪譲する 1 1 0.8 2 2 1.7 2 2 2 2 2 2 2 2 2 2 2 2 2 2 2 2 2 2 2			や丼でもる				
1 0.8 1 物の関値を認識し奪譲する 1 で見る態度 1 0.8 2 2 2 2 2 2 2 2 2 2 2 2 2 2 2 2 2 2 2			94				
1 0.8 1 物の関値を認識し奪政する 1 で見る態度 1 0.8 意度		ÇO	各方面の實地見學を		an rediction		
1 0.8 1 物の價値を認識し奪政する 1 0.8 1 物の價値を認識し奪政する 1 0.8 意度 1 0.8 意度 1 0.8 意度 1 0.8 意度 1 0.8 意度 1 0.8 意度 1 0.8 意度 1 0.8 意度 1 0.8 意度 1 0.8 意度 1 0.8 第四分な遊びをさせたい 2 1 0.8 4 仕事に目的と計畫性を持た 2 1 0.8 2 1.7 5 日常生活を起露した対館 4 仕事に目的と計畫性を持た 2 1 0.8 で 1			担留動もなら落		er flor i sammer i sam		
1 0.8 1 物の價値を認識し奪政する 1 0.8 2	1.04	Н	ものだとを科學的に影				
1 0.8 1 物の價値を認識し尊重する 1 0.8 2 規度 (中にすような計 2 1.7 2 見童の興味に主眼をおき料 5 2 2 2 2 2 2 2 2 2 2 2 2 2 2 2 2 2 2	1.04	1-4					
1 0.8 1 物の價値を認識し尊重する 1 0.8 2 規度 1 0.8 2 規度 1 0.8 2 規度 1 0.8 2 規度 2 0 元 2 0 元 2 2 元 2 2 2 2 2 2 2 2 2 2 2			好心				
1 0.8 1 物の價値を認識し奪政する 1 1. で見る態度 1 0.8 意度 (申広すような計 2 1.7 2 見査の興味に主題をおき料 3 8. 原庭に即應した形 1 0.8 3 日常生活の卓近な事實より 2324. 田殿に即應した形 1 0.8 4 仕事に目的と計畫性を持た 2 2. 「中心にさせるよう 1 0.8 セキン、 が持する態度と技能 2 1.7 5 日常生活を記述のにさせた 2 2. 「中國に登事習させ 1 0.8 6 一つの現象を深く見つめて 4 4. プける態度 万分から進んで眞理を愛好 7 7. 1 0.8 2 2 2 2 2 3 3 3 5 2 4 3 5 5 6 5 6 5 6 6 6 6 6 6 6 6 6 6 6 6 6	1.04	Н	都市生活者に到する				
1 0.8 1 物の價値を認識し奪政する 1 1. で見る態度	1.04		理科と女科の並行	ш			
1 0.8 1 物の関値を認識し奪政する 1 1. 1 0.8 1 物の関値を認識し奪政する 1 1. 1 0.8 2 見査の興味に主題をおき料 2 1.7 2 見査の興味に主題をおき料 2 2. 2 2 2 2 2 2 2 2 2 2 2 2 2 2 2 2			厥				
1 0.8 1 物の関値を認識し奪政する 1 1. 1 0.8 1 物の関値を認識し奪政する 1 1. 1 0.8 2 見査の興味に主題をおき料 2 1.7 2 見査の興味に主題をおき料 2 2. 2 2.4 1 2 2 2 2 2 2 3 3 3 3 3 3 3 3 3 3 3 3 3			之を探究し創造する				
1 0.8 1 物の関値を認識し参重する 1 1. 1 0.8 1 0.8 2 見童の関係に主題をおき料 2 1.7 2 見童の関係に主題をおき料 2 1.7 2 見童の関係に主題をおき料 2 1.7 2 見童の関係に主題をおき料 2 1.7 2 見童の関係に主題をおき料 2 2.1 2 2 2 2 2 2 2 2 2 2 2 2 2 2 2 2 2 2	7.3	7			-		
1 0.8 1 物の関値を認識し参重する 1 1. 1 0.8	-	6.5	科學的證物を與え				
1 0.8 1 物の関値を認識し参重する 1 1. 1 0.8	1.04	<u>н</u>	統計・分類・應用等の能				
1 0.8 1 物の價値を認識し奪政する 1 で見る態度			づける態度			たい	
1 0.8 1 物の價値を認識し奪政する 1 で見る態度		٠.	長期間研究を	0		生活に即した問題を學習さ	9
1 0.8 1 物の價値を認識し奪政する 1 で見る態度	. * 25	4	一つの現象を深く見つめ			女子の科學教育の重視	
1 0.8 1 物の関値を認識し参重する 1 で見る態度 1 0.8 意度 1 0.8 意度 1 0.8 意度 1 0.8 意度 1 0.8 意度 1 0.8 意度 1 0.8 意度 1 0.8 意度 1 0.8 意度 1 0.8 意度 1 0.8 高 日常生活の専近な事實より 232 日 1 0.8 高 日常生活の専近な事實より 232 日 1 0.8			5	0		家庭生活を科學化させるよ	8
1 0.8 1 物の関値を認識し参重する 1 で見る態度 1 0.8 意度 1 0.8 事的な遊びをきせたい 2 0 元 必の基礎的 1 0.8 3 日常生活の卑近な事實より 2 3 1 1 0.8 出發し現實生活を科學的に 1 0.8 解決する態度と技能 1 0.8 4 仕事に目的と計畫性を持た 2 1 0.8 せたい	3. 1	ço	日常生活を創萃的にさせ	1.7		7 実験見學に重點	7
1 0.8 1 物の價値を認識し参重する 1 で見る態度			やかい	0.		嚴補なる世界概を夾第に店	6
1 0.8 1 物の價値を認識し弊重する 1	2.1	10	4 仕事に目的と計畫性を持た			來役立つ知識	
1 0.8 1 物の價値を認識し勢疎する 1 で見る態度			外决する態度と技能	°.		質社會生活問題に即應した	OT

1 0.8 1 物の價値を認識し勢調する 1 で見る態度			出發し現實生活を科學的に			知識として	
1 0.8 1 物の関値を認識し参属する 1 1 0.8 1 物の関値を認識し参属する 1 1 0.8 1 0.8	24.0	232	日常生活の卑近な事實よ	0.8		一般文化向上のた	4
1 0.8 1 物の價値を認識し参慮する 1			學的な遊びをさせたい			宣传	
1 0.8 1 物の價値を認識し熔度する 1 7 見る態度 1 0.8 歳度		භ	見査の興味に主眼をおき	1.7		各人の個性を伸ばすよう	co
10.8 1 物の資価や認識し物質する 1			源 更			質地に研究して見る	£Ş
野子 ソン・6・ハ Fi / 70 25、 8元 9 1	1.04		物の價値を認識し弊重す	0.8		親察力を発	_
関すこのべの一種一心 一般 弄 しゅう しょう	1	(※ 素 よっ りゅう	3) Di	松本市内各機網よりのもの	

	96 100	96	120 100	120	mil.
	60. 3	58	9.0	11	一般照利
ð،	16.7	16	17. 5	13	生理 衛生
で、資	16.7	16	18.4	16	機械と道具
15		ts	25. 9	31	土 上 25

44	46	35	39	31	24	3 樂器券でる	
36	59	41	55	44	33	2番や田ヶ	叫
40	50	45	35	20	<u>න</u>	1笛ひへり	s
31	40	29	30	20	112	光	7光
17	15	12	11	11	0	2 4 9 高	海底
50	65	55

1 磁 石	6
36	62	40	46	38	36	co	存
30	55	45	6 0	50	30	E	Ж
43	67	47	63	61	55	1 大 %	5
70	68	44	.50	24	30	米 9	
27	37

13	5 編 柱	驗
20	52	28	25	15	15	4 億, 駅	思
15	30	30	25	15	1	· · · · · · · · · · · · · · · · · · ·	会
	4	co	22	ల	లు	2 頭	斑
36	56	42	57	47	38	1 \$	4
24	41	40	46	41	43	3 7k	Н
27	47	37	50	46	37	2 11	在三·
20	40	32	61	63	51	1 ±	ı
20

學
ಚ್ಚ	26	16	27	28	∞	1 飼 育(家裔)	to.
46	34 34	44 28	62	60 30	54 24

3	39	26	4 菜 集	
22	25	28	45	38	24	3花(寅)	描
15	24	45	43	51	40

総要求數に對する各分野の百分率

| 領域＼要求 | 機關 實數 | 機關 % | 家庭 實數 | 家庭 % |
|---|---|---|---|---|
| 生物 | 41 | 34.2 | 4 | 4.2 |
| 土と空 | 31 | 25.9 | 2 | 2.1 |
| 機械と道具 | 16 | 13.4 | 16 | 16.7 |
| 生理衛生 | 21 | 17.5 | 16 | 16.7 |
| 一般理科 | 11 | 9.0 | 58 | 60.3 |
| 計 | 120 | 100 | 96 | 100 |

考察

家庭からの要求は殆ど，社會各機關からの要求と合致するか，又は廣い意味で機關からの要求に含まれている。

尙要求の最も强いものは表によつて解るように，人間の生活に直接的に關係の深いものや鄕土的色彩を帶びたものであることが伺われる。

### 3. 兒童の疑問の調査

兒童の生活の中にある，いわゆる疑問をもつ事柄についての調査である。これについては廣く各地で行われているようである。兒童が，どんな面にどのような疑問をもつかを，平常の疑問帳に記録したものについて調査して，その實態を把握したものである。單元構成に直接關係ある生活上の切實なものとしての傾向は余り見られぬが，單元の內容を盛っていく上に大切な材料として，とり上げられている，結果やその處理については記載を略す。

### 4. 遊びの調査

自然物・自然環境を對象としての兒童の遊びには，どのようなものがみられるかの調査である。

兒童の生活の大部分は遊びが中心となっていると云ってもよい。その遊びの中から，さまざまな疑問や興味や問題が，それぞれの形となって生れ，生活の發展に，さまざまな芽生えを與えているのである。これは單元を構成していく上の重要な要素をなすものである。これについては紙面の都合上一つ一つ，あげるわけにはいかないが，こゝに方面と遊びの學年的傾向だけを數的に表わしておくことにする。

遊びの調査結果の考察

調査人員各學年約80名（數字は平均頻數）
數字の中太文字は最高を表わす。

| 種類＼學年 | | 1 | 2 | 3 | 4 | 5 | 6 |
|---|---|---|---|---|---|---|---|
| | 1 全体の中で遊ぶ | 47 | 53 | **55** | 40 | 37 | 33 |

| 種類＼學年 | | 1 | 2 | 3 | 4 | 5 | 6 |
|---|---|---|---|---|---|---|---|
| 1 植物 | 2 全部分を使う | 40 | **51** | 43 | 43 | 24 | 15 |
| | 3 花（實） | 24 | 38 | **45** | 28 | 25 | 22 |
| | 4 採集 | 26 | 39 | **53** | 30 | 47 | 30 |
| | 5 加工して音を出す | 43 | **44** | 41 | 28 | 26 | 28 |
| | 6 その他の加工 | 54<br>24 | 60<br>30 | **62**<br>40 | 44<br>28 | 34<br>34 | 37<br>**46** |
| 2 動物 | 1 飼育（家畜） | 8 | 28 | 27 | 16 | 26 | **33** |
| | 2 飼育（小動物） | 35 | 37 | **43** | 25 | 38 | 30 |
| | 3 採集 | 54 | **55** | 53 | 31 | 42 | 31 |
| | 4 解剖 | 8 | 15 | 18 | 18 | 18 | **20** |
| 1 石川土 | 1 土 | 51 | **63** | 61 | 32 | 40 | 20 |
| | 2 石 | 37 | 46 | **50** | 37 | 47 | 27 |
| | 3 水 | 43 | 41 | **46** | 40 | 41 | 24 |
| 4 氣象現象 | 1 雪 | 38 | 47 | 57 | 42 | 56 | 36 |
| | 2 雨 | 3 | 3 | 2 | 3 | **4** | 3 |
| | 3 露 | 1 | 15 | 25 | **30** | 30 | 15 |
| | 4 雹，霰 | 15 | 15 | 25 | **28** | 22 | 20 |
| | 5 霜柱 | 13 | 17 | 17 | 17 | **37** | 27 |
| | 6 氷 | 30 | 24 | 50 | 44 | 68 | **70** |
| 5 天体 | 1 太陽 | 25 | 61 | 63 | 47 | **67** | 43 |
| | 2 月 | 30 | 50 | **60** | 45 | 55 | 30 |
| | 3 星 | 36 | 38 | 46 | 40 | **62** | 36 |
| 6 電氣 | 1 磁石 | 40 | **80** | 40 | 55 | 65 | 50 |
| | 2 その他 | 0 | 11 | 11 | 12 | 15 | **17** |
| 7 光 | 光 | 12 | 20 | 30 | 29 | **40** | 31 |
| 8 音 | 1 笛づくり | 5 | 20 | 35 | 45 | **50** | 40 |
| | 2 音を出す | 33 | 44 | 55 | 41 | **59** | 36 |
| | 3 樂器奏でる | 24 | 31 | 39 | 35 | **46** | 44 |

太字は最高數

| | | | | | | | |
|---|---|---|---|---|---|---|---|
| 9 火 | 火 | 20 | 40 | 43 | 33 | 55 | 32 |
| 10 器玩 | 1 折紙，風車 | 70 | 70 | 75 | 50 | 50 | 25 |
| | 2 その他の玩具 | 29 | 23 | 41 | 23 | 41 | 20 |
| 11 その他 | | 40 | 55 | 66 | 50 | 73 | 60 |

5. 自然環境に對する兒童の動的興味・關心の傾向調査

前項3の自然環境に對する一般的疑問の調査は，兒童の疑問や興味・關心を一應は伺い知ることは出來るが，その中には，單なる思いつきや，疑問の爲の疑問や，單なる好奇心的なものが多分に含まれていて，眞に兒童が自然に對して「どんなこと」を「どの程度に」問題にしているかといったようなことを明確に把握することは困難である。そこで，本校では，自然の領域の各分野の中から或る特定の材料を兒童にぶっつけて，それに對する具体的な，兒童の問題を調査してみたのが，この動的興味・關心の調査である。

### 調査の方法

**イ 材　　料**

自然の領域の四つの分野から各々代表的なもの一乃至二箇の特定なものを選んだ。そして，そのものは，全兒童の遊びの中に直接的にあるもので，しかも最も身近に常に見られ親しまれているものという條件で，生物に關するものの分野からは「蛙」と「稻」，空と土に關するものからは「星」と「水」，機械と道具に關するものからは「レンズ」，保健に關するものからは「からだ」を選定したのである。

**ロ 調査條件**　　（「蛙」を例にとって説明する）

○問題　「皆さんは‘蛙，を知つていますね。今から蛙について理科のお勉強をしたいと思いますが，皆さんは，どんなことをどんなように調べたり研究したりしてお勉强をしたいと思いますか。」と口頭で提出する。

○期日，時間　九月十四日，第一時，約十分間

○半紙八ツ切りを各々一枚ずつ與えて箇條書的に，數を限らずに記入せしめる。

○調査人員　各學年男女別，各々約四〇名，全校約四八〇名

但し一年生は，問題提出後話合いにより擔任敎官の觀察による。

**ハ 調査の整理と結果**

調査用紙に記載された，兒童のもつ關心・興味等の「問題の實際」を，各學年

毎に自然の領域によって分類した。次に分類された各領域毎に兒童の問題の意味内容を吟味し整理して，「問題の要約」をおこない，更に，その問題の要約から問題の焦點ともなるべき，「問題の重点」を決定した。このようにして，各領域の，又各年の問題の重點を一覽表にしてその結果を出してみたのである。「稻」「水」「星」「レンズ」「からだ」についても全く「蛙」と同様の方法をとったのであるからこゝにはその實例としての「蛙」についてだけの調査を全面的に掲げて，代表し，他は調査の結果とその考察だけを載せることにした。

### 自然環境に對する兒童の動的興味と關心の調査の一例

**調査の實例**（蛙について）

**一 年 生**

(1) かいぼうしたい　58名　(2) おなかの中をみたい，食べ物の入つている樣子をみたい　12名　(3) おなかをふくらませてみたい。おもしろいから，赤いすぢがみえるから　42名　(4) おなかの中へ石ころを入れる　10名　(5) 蛙を飼いたい　54名

(6) おたまじやくしをとつて飼つてみたい　68名

**二 年 生**

| 分項目＼問題 | 問題の實例 | 男 | 女 | 計 | 問題の要約 | 男 | 女 | 計 | 問題の重點 |
|---|---|---|---|---|---|---|---|---|---|
| I 發生 | ○おたまじやくしが蛙になるまでをみたい。 | 4 | 3 | 7 | ○おたまじやくしが卵から出て大きくなるまでを見たい。 | 11 | 5 | 18 | 樣子を見たい。 |
| | ○おたまじやくしが卵から出るのがみたい。 | 2 | 0 | 2 | △卵の形や大きさ等をみたい又どうしてむけるか。 | 3 | 0 | | |
| | ○大きくなるところを見たい。 | 2 | 0 | 2 | | | | | |
| | ○尾の生えるところを調べたい。 | 1 | 0 | 1 | | | | | |
| | ○尾のとれる樣子をみたい。 | 0 | 1 | 1 | | | | | |
| | △卵はどうしてむけるか。 | 2 | 0 | 2 | | | | | |
| | △卵をみたい。 | 0 | 2 | 2 | | | | | |
| | △卵が蛙になるまでをみたい。 | 2 | 2 | 4 | | | | | |
| | △卵はどの位大きいか。 | 1 | 0 | 1 | | | | | |
| 外 | ○蛙の足の出ているところを見たい。 | 8 | 11 | 19 | ○まみえ・鼻・爪等があるか又，手や足・眼玉をみたい。調べたい。 | 25 | 28 | | |
| | ○蛙のくびはどうなつているか。 | 2 | 0 | 2 | | | | | |

| 分項 | 問題の實例 | 男 | 女 | 計 | 問題の要約 | 男 | 女 | 計 | 問題の重點 |
|---|---|---|---|---|---|---|---|---|---|
| II 形態 部 | ○爪があるか。 | 2 | 0 | 2 | △体はどんなになつているか，みたい書きたい。 | 8 | 5 | 66 | 器官の有無と形の様子 |
| | ○眼玉はどうしてとび出しているか。 | 2 | 1 | 3 | | | | | |
| | ○まみえはあるか。 | 0 | 1 | 1 | | | | | |
| | ○眼玉を調べたい。 | 8 | 8 | 16 | | | | | |
| | ○手を調べたい。 | 1 | 2 | 3 | | | | | |
| | ○おなかはどんなにふくらむかみたい。 | 2 | 4 | 6 | | | | | |
| | ○鼻はどこにあるか見たい。 | 0 | 1 | 1 | | | | | |
| | △おたまじやくしの体を書きたい。 | 0 | 1 | 1 | | | | | |
| | △体はどうなつているか。 | 4 | 3 | 7 | | | | | |
| | △大きな蛙はどの位か。 | 2 | 0 | 2 | | | | | |
| | △小さな蛙はどの位か。 | 1 | 0 | 1 | | | | | |
| | △背中を調べたい。 | 1 | 1 | 2 | | | | | |
| 內部 | ×解剖したい。 | 9 | 7 | 16 | ×解剖したい。 | 9 | 7 | 41 | 解剖して体の中をみたい。 |
| | ○蛙のおなかの中をみたい。 | 7 | 8 | 15 | ○蛙やおたまじやくしの腹や頭の中をみたい。 | 12 | 10 | | |
| | ○頭の中はどうなつているか。 | 4 | 2 | 6 | | | | | |
| | ○おたまじやくしのおなかの中をみたい。 | 1 | 0 | 1 | | | | | |
| | △盲腸があるか。 | 1 | 0 | 1 | △骨や肉や血や盲腸をみたい。 | 3 | 0 | | |
| | △血の動いているのをみたい。 | 1 | 0 | 1 | | | | | |
| | △がい骨をみたい。 | 1 | 0 | 1 | | | | | |
| | △肉をみたい。 | 1 | 0 | 1 | | | | | |
| III 生活習 生活 | ○どんなことをしているか。 | 1 | 0 | 1 | ○蛙はどんなことをしているか。 | 1 | 0 | 1 | 何しているか。 |
| 捕食 | ○食べ物は何か。 | 5 | 8 | 13 | ○食物は何か。 | 5 | 8 | 16 | 食物は何か |
| | ○どんな草をたべるか。 | 0 | 1 | 1 | | | | | |
| | ○水をのんでいるか。 | 2 | 0 | 2 | ○食物は草か水か。 | 2 | 1 | | |
| 運動 | ○蛙のとび方について。 | 0 | 1 | 1 | ○とび方はどうか。 | 3 | 2 | 5 | とび方，どの位。 |
| | ○どうしてはねるか。 | 0 | 1 | 1 | ○どの位とぶか。 | | | | |
| | ○どうやつてとぶか。 | 2 | 0 | 2 | | | | | |
| | ○どの位とぶか。 | 1 | 0 | 1 | | | | | |
| 呼吸 | ○どこで呼吸するか。 | 1 | 0 | 1 | ○どこで呼吸するか。 | 1 | 0 | 1 | どこで呼吸 |
| 發聲 | ○鳴き聲について。 | 1 | 2 | 3 | ○鳴き聲と鳴くところはどんなか。 | 3 | 5 | 8 | 鳴き聲と發聲箇所。 |
| | ○鳴くところはどこか。 | 1 | 2 | 3 | | | | | |
| | ○鳴く時のようすはどうか。 | 0 | 1 | 1 | | | | | |
| | ○どうして鳴くか。 | 1 | 0 | 1 | | | | | |
| 性 産卵 | ○卵をうむところをみたい。 | 4 | 2 | 6 | ○卵をうむところをみたい。 | 6 | 2 | 8 | 產卵の仕方 |
| | ○卵は田にいるか。 | 2 | 0 | 2 | | | | | |
| 住居 | ○どんなところに居るか。 | 1 | 0 | 1 | ○どんなところに居るか。 | 1 | 0 | 1 | どんな處。 |
| 冬眠 | ナ　シ | | | | ナ　シ | | | | ナ　シ |
| 保護色 | ナ　シ | | | | ナ　シ | | | | ナ　シ |
| 体温 | ナ　シ | | | | ナ　シ | | | | ナ　シ |
| 生命 | ナ　シ | | | | ナ　シ | | | | ナ　シ |
| III 分類 | ○種類はどの位あるか。 | 3 | 1 | 4 | ○種類はどの位か。 | 3 | 1 | 8 | 種類，名稱（標本） |
| | ○標本を作りたい。 | 1 | 1 | 2 | ○どんな名前や色のものがあるか。標本にしたい。 | 1 | 3 | | |
| | ○名前を知りたい。 | 0 | 1 | 1 | | | | | |
| | ○蛙にはどんな色があるか。 | 0 | 1 | 1 | | | | | |
| V 用途 | ナ　シ | | | | ナ　シ | | | | ナ　シ |
| VI 飼育 遊び 其の他 | ○蛙を飼つて調べたい。 | 2 | 3 | 5 | ○蛙や卵や，おたまじやくしを飼いたい。 | 4 | 4 | 19 | 飼つて，いろいろもてあそびたい。 |
| | ○おたまじやくしが水中にいるのをみたい。 | 0 | 1 | 1 | | | | | |
| | ○卵を飼つてみたい。 | 2 | 0 | 2 | ○尻から空氣を入れたり，皮をむいたり，殺したり，けんかをさせたり，泳がせたりしたい。 | 6 | 5 | | |
| | ○殺してみたい。 | 1 | 0 | 1 | | | | | |
| | ○尾に麥わらを入れてふいてみたい。 | 1 | 0 | 1 | | | | | |
| | ○皮をむきたい。 | 2 | 1 | 3 | | | | | |
| | ○けんかをやらせたい。 | 0 | 1 | 1 | ○およがせたり，お使いにいく處や，蛙の歌など歌いたい。 | | | | |
| | ○およがせたい。 | 1 | 1 | 2 | | | | | |
| | ○お使いに行くところをみたい。 | 0 | 1 | 1 | | | | | |
| | ○蛙の歌を歌いたい。 | 1 | 1 | 2 | | | | | |

## 三年生

| 分項題目 ＼ 問題 | 問題の實例 | 男 | 女 | 計 | 問題の要約 | 男 | 女 | 計 | 問題の重點 |
|---|---|---|---|---|---|---|---|---|---|
| | ○おたまじやくしから蛙になり方。 | 2 | 2 | 4 | ○おたまじやくしが卵から出て蛙になるまでの様子や日數。 | 4 | 6 | | |
| | ○卵からおたまじやくしになるまでの日數。 | 0 | 1 | 1 | | | | | |

| | | | | | | | | | |
|---|---|---|---|---|---|---|---|---|---|
| Ⅰ 發生 | ○卵から蛙になるまでの月日。 | 0 | 1 | 1 | ○卵や蛙はいつ頃からでるか。 | 1 | 1 | 14 | 成長の様子と日數，祖先 |
| | ○蛙から又どうなるか。 | 1 | 0 | 1 | | | | | |
| | ○蛙の大きくなるまで。 | 1 | 2 | 3 | ×蛙はどうして生れるか，又祖先は何か。 | 2 | 0 | | |
| | △卵は何時頃生れるか。 | 0 | 1 | 1 | | | | | |
| | △蛙はいつ頃出てきたか。 | 1 | 0 | 1 | | | | | |
| | ×蛙はどうして親から生れるか。 | 1 | 0 | 1 | | | | | |
| | ×蛙の祖先は何か。 | 1 | 0 | 1 | | | | | |
| Ⅱ 形態 外部 | ○爪があるか。 | 1 | 1 | 2 | ○爪，耳等があるか。又手・足・眼・耳・目玉の形や長さを調べたい。 | 2 | 5 | | |
| | ○足の形はどうか。 | 1 | 1 | 2 | | | | | |
| | ○蛙に耳があるか。 | 0 | 1 | 1 | | | | | |
| | ○蛙の足は何本あるか。 | 0 | 2 | 2 | | | | | |
| | △蛙の足はどの位長いか。 | 0 | 1 | 1 | | | | | 器官の有無と形や長さ |
| | △蛙の耳はどうなつているか。 | 1 | 3 | 4 | ○口・頭・体・眼・歯等を調べたい。 | 7 | 7 | 22 | |
| | △蛙の最大のものと最小のものはどの位か。 | 0 | 1 | 1 | ×足のあるわけ。 | 1 | 0 | | |
| | □頭を調べたい。 | 3 | 2 | 5 | | | | | |
| | □体を〃 〃。 | 2 | 4 | 6 | | | | | |
| | □眼やへそを調べたい。 | 3 | 0 | 3 | | | | | |
| | ×足のあるわけ。 | 1 | 0 | 1 | | | | | |
| 内部 | ×解剖してみたい。 | 10 | 5 | 15 | ×解剖したい。 | 10 | 5 | | |
| | ○胃を調べたい。 | 2 | 0 | 2 | ○胃を調べたい。 | 2 | 0 | | 解剖して体中の様子を調べる。 |
| | ○蛙のおなかはどうなつているか。 | 11 | 10 | 21 | ○体中の骨やおなかや口の中はどうなつているか調べたい。 | 16 | 12 | 45 | |
| | ○蛙の足の骨はどうなつているか。 | 0 | 1 | 1 | | | | | |
| | ○蛙の骨はどんなか。 | 2 | 0 | 2 | | | | | |
| | ○口の中を調べたい。 | 1 | 1 | 2 | | | | | |
| | ○体の中はどうなつているか。 | 2 | 0 | 2 | | | | | |
| Ⅲ 習性 生活 | ○どのように生きているか。 | 2 | 0 | 2 | ○どのように生きているか。 | 2 | 0 | 2 | 生きている様子 |
| 捕食 | ○蛙の食べ物は何か。 | 2 | 9 | 11 | ○食べ物は何か。 | 2 | 9 | 15 | 食物，食べ方。 |
| | ○蛙の虫の食べ方はどうか。 | 3 | 1 | 4 | ○虫の食べ方はどうか。 | 3 | 1 | | |
| 運動 | ○とび方はどんなか。 | 1 | 1 | 2 | ○蛙のとび方，泳ぎ方はどんなで，どの位とぶか。 | 5 | 1 | 6 | とび方，泳ぎ方，どの位か。 |
| | ○と込びみ方を調べたい。 | 1 | 0 | 1 | | | | | |
| | ○蛙の泳ぎ方はどうか。 | 2 | 0 | 2 | | | | | |

| | | | | | | | | | |
|---|---|---|---|---|---|---|---|---|---|
| | ○どの位とぶか。 | 1 | 0 | 1 | | | | | |
| 性 呼吸 | ナ シ | | | | ナ シ | | | | ナ シ |
| 發聲 | ○どの位鳴くか。 | 1 | 0 | 2 | ○鳴き聲はどうか。 | 3 | 4 | 17 | 鳴き聲，發聲箇所。 |
| | ○鳴き聲はどうか。 | 3 | 4 | 7 | ○鳴くところはどこか。 | 6 | 4 | | |
| | ○げろげろ鳴くわけ。 | 1 | 1 | 2 | | | | | |
| | ○鳴くところはどこか。 | 2 | 3 | 5 | | | | | |
| | ○夜田の中で鳴くわけ。 | 1 | 0 | 1 | | | | | |
| | ○がまがえるの鳴き方は面白い。 | 1 | 0 | 1 | | | | | |
| 産卵 | ○卵はどこへうむか。 | 0 | 1 | 1 | ○卵はどこへ産むか。 | 2 | 1 | 3 | 産卵の場所 |
| | ○卵について。 | 2 | 0 | 2 | | | | | |
| 住居 | ○蛙はどうして田舎に多いか。 | 1 | 0 | 1 | ○どんな處にいるか。 | 2 | 3 | 14 | どんな所，水中，草原にいるわけ |
| | ○蛙はどうして水が好きか。 | 2 | 1 | 3 | ○水中や草原にいるわけ。 | 5 | 4 | | |
| | ○蛙は水中がよいか，草原がよいか。 | 1 | 0 | 1 | | | | | |
| | ○どんところに棲んでいるか。 | 2 | 3 | 5 | | | | | |
| | ○水の中や木に居るわけ。 | 1 | 0 | 1 | | | | | |
| 冬眠 | ○冬はどこにいるか。 | 0 | 1 | 1 | ○冬はどこにいるか。 | 0 | 1 | 2 | 冬季の居場所 |
| | ○なぜ土へもぐるか。 | 1 | 0 | 1 | ○なぜ土にもぐるか。 | 1 | 0 | | |
| 保護色 | ○どうして背中が緑か。 | 1 | 0 | 1 | ○どうして背中が緑か，色を調べたい。 | 2 | 1 | 3 | 緑色のわけ |
| | ○蛙の色を調べたい。 | 0 | 1 | 1 | | | | | |
| | ○殿様蛙は大きくて青蛙は青いわけ。 | 1 | 0 | 1 | | | | | |
| 体温 | ナ シ | | | | ナ シ | | | | ナ シ |
| 生命 | ○何年ぐらい生きているか。 | 2 | 2 | 4 | ○何年位生きるか。 | 2 | 1 | 5 | 壽命と病氣 |
| | ○蛙の病氣について。 | 1 | 0 | 1 | ○病氣はあるか。 | 1 | 0 | | |
| Ⅳ 分類 | ○蛙の種類はどの位か。 | 11 | 6 | 17 | ○種類はどの位か。 | 11 | 6 | 20 | 種類，形（標本） |
| | ○蛙を標本にしたい。 | 0 | 2 | 2 | ○形はいろいろあるか。 | 2 | 2 | | |
| | ○形はいろいろあるか。 | 1 | 0 | 1 | ○標本にしたい。 | | | | |
| | ○青蛙という蛙はいるか。 | 1 | 0 | 1 | | | | | |
| Ⅴ 用途 | ○蛙は人の役に立つか。 | 1 | 0 | 1 | ○人の役立つか。 | 1 | 0 | 1 | 役立つか |
| | ×蛙ははしつこいがつかめい。 | 0 | 1 | 1 | ×蛙をとつてきて飼いたい。 | 0 | 3 | | |
| | ×蛙をとつてみたい。 | 0 | 1 | 1 | ○尻に空氣を入れた | | | | |

| 項目 | 問題の實例 | 男 | 女 | 計 | 問題の要約 | 男 | 女 | 計 | 問題の重點 |
|---|---|---|---|---|---|---|---|---|---|
| VI 其の他飼育遊び | ×蛙をかつてみたい。 | 0 | 1 | 1 | り，口の中へ棒を入れたり，つぶしたり，もつたりしてみたい。 | 8 | 4 | 15 | 飼つて，色色と，もてあそびたい |
| | ○蛙のお尻に麦わらを通して吹いてふくらませてみたい。 | 2 | 2 | 4 | □蛙はどうして話がわかるか。 | | | | |
| | ○蛙の口の中へ棒を入れたい。 | 1 | 0 | 1 | □蛙はどんなことを知つているか。 | | | | |
| | ○蛙を半分にしてみたい。 | 2 | 0 | 2 | | | | | |
| | ○蛙をつぶしてどんなものがあるかみたい。 | 1 | 1 | 2 | | | | | |
| | ○蛙をもちたい。 | 1 | 0 | 1 | | | | | |
| | □蛙はどうして話がわかるか。 | 1 | 0 | 1 | | | | | |
| | □蛙はどんなことを知つているか。 | 0 | 1 | 1 | | | | | |

## 四 年 生

| 項目＼問題 | 問題の實例 | 男 | 女 | 計 | 問題の要約 | 男 | 女 | 計 | 問題の重點 |
|---|---|---|---|---|---|---|---|---|---|
| I 發生 | ○卵から蛙になるまでの様子。 | 2 | 1 | 3 | ○卵からおたまじやくし，蛙になるまでの，月日やその様子。 | 24 | 21 | | 成育の様子，日數，部分的變化，祖先 |
| | ○おたまじやくしから蛙になるまで。 | 7 | 9 | 16 | | | | | |
| | ○卵からかえる月日。 | 5 | 6 | 11 | | | | | |
| | ○蛙の一生を研究したい。 | 10 | 5 | 15 | △足の生える所，尾のとれる處，どうやつてなるか，育て方。 | 1 | 4 | 25 | |
| | △何から蛙になるか。 | 1 | 0 | 1 | | | | | |
| | △蛙はおたまじやくしを育てるか。 | 0 | 1 | 1 | | | | | |
| | △足の生えるところをみたい。 | 0 | 2 | 2 | | | | | |
| | △尾のとれるところをみたい。 | 0 | 1 | 1 | ×蛙はどうしているか，昔からいたか。 | 1 | 1 | | |
| | △どうやつておたまじやくしになるか。 | 1 | 0 | 1 | | | | | |
| | ×蛙はどうして居るか。 | 1 | 0 | 1 | | | | | |
| | ×蛙は昔から居たか。 | 0 | 1 | 1 | | | | | |
| 外形部 | ○口や鼻はどうなつているか。 | 6 | 1 | 7 | ○口・鼻・眼玉・足・胴顔・耳，おたまじやくしについて又，蛙の大きさ目方。 | 32 | 14 | | 体の各部分の形態とその理由 |
| | ○眼玉について。 | 5 | 2 | 7 | | | | | |
| | ○蛙の大きさはどうか。 | 4 | 1 | 5 | | | | | |
| | ○蛙の形はどうか。 | 2 | 0 | 2 | | | | | |
| | ○蛙の足を調べたい。 | 4 | 3 | 7 | △足の細いこと，お腹の大きいこと，四本肢あり，へその無いこと等の理 | 3 | 1 | | |
| | ○卵はどんなようになつているか。 | 5 | 2 | 7 | | | | | |
| | ○胴はどうなつているか。 | 0 | 1 | 1 | | | | 53 | |
| | ○おたまじやくしや蛙の目方。 | 2 | 0 | 2 | | | | | |

| 項目 | 問題の實例 | 男 | 女 | 計 | 問題の要約 | 男 | 女 | 計 | 問題の重點 |
|---|---|---|---|---|---|---|---|---|---|
| II 形部 | ○蛙の足の長さを調べたい。 | 2 | 2 | 4 | 由。 | | | | |
| | ○耳はどこにあるか。 | 1 | 0 | 1 | ×蛙を顯微鏡でみたい。 | 3 | 0 | | |
| | ○卵からかえつた時の形。 | 1 | 0 | 1 | | | | | |
| | ○顔はどんな形か。 | 0 | 1 | 1 | | | | | |
| | △蛙の足はどうして細いか。 | 0 | 1 | 1 | | | | | |
| | △おへそはどうしてないか。 | 1 | 0 | 1 | | | | | |
| | △お腹はどうして大きいか。 | 1 | 0 | 1 | | | | | |
| | △どうして四本肢か。 | 1 | 0 | 1 | | | | | |
| | ×蛙を顯微鏡でみたい。 | 3 | 0 | 3 | | | | | |
| 内部態 | ×蛙の解剖をしたい。 | 9 | 5 | 14 | ×蛙を解剖したい。 | 9 | 5 | | 解剖して，内臟の形，大きさ，數 |
| | ○体の中はどうなつているか。 | 7 | 3 | 10 | ○体，おなか，頭，歯の内部はどうなつているか。 | 11 | 28 | | |
| | ○おなかの中の様子はどうか。 | 7 | 16 | 23 | | | | 74 | |
| | ○頭の中はどうなつているか。 | 2 | 6 | 8 | | | | | |
| | ○歯はどうなつているか。 | 2 | 3 | 5 | | | | | |
| | △骨はどの位太いか。 | 0 | 2 | 2 | △蛙の胃袋・盲腸・心臟・骨・血管・皮膚等の大きさ・形・數を調べたい。 | 13 | 8 | | |
| | △おたまじやくしの腹の中の黒いもの何か。 | 1 | 1 | 2 | | | | | |
| | △卵の形や色はどうか。 | 1 | 4 | 5 | | | | | |
| | △盲腸を調べたい。 | 1 | 0 | 1 | | | | | |
| | △胃袋の大きさはどの位か。 | 3 | 1 | 4 | | | | | |
| | △蛙の血のせん。 | 2 | 0 | 2 | | | | | |
| | △心ぞうの働きはどうか。 | 2 | 0 | 2 | | | | | |
| | △蛙の皮は何枚あるか。 | 1 | 0 | 1 | | | | | |
| III 生活 | ○どんな生活をしているか。 | 2 | 0 | 2 | ○どんな生活をしているか。 | 2 | 0 | | 生活と生態 |
| | ○おしつこして逃げるわけ。 | 0 | 2 | 2 | ○おしつこして逃げたり水の中へもぐるわけ。 | 2 | 2 | 6 | |
| | ○蛙の嫌いなものは何か。 | 1 | 0 | 1 | | | | | |
| | ○人をみるとすぐ水の中へもぐるわけ。 | 1 | 0 | 1 | | | | | |
| 捕食習 | ○蛙の食物は何か。 | 20 | 16 | 36 | ○食べ物は何か。 | 20 | 16 | 44 | 食物，食べ方，糞 |
| | ○蛙の食べ方はどうか。 | 0 | 1 | 1 | ○食べ方，糞はどんなものか。 | 3 | 5 | | |
| | ○糞はどんなものか。 | 3 | 4 | 7 | | | | | |
| 運動 | ○水に浮くのはどうしてか。 | 1 | 0 | 1 | ○とび方，泳ぎ方はどうか，又その速さ。 | 13 | 9 | 22 | とび方，泳ぎ方，浮き，速さ。 |
| | ○どうやつてはねるか。 | 8 | 3 | 11 | ○浮くわけ。 | | | | |
| | ○どんなとび方をしてどの位とぶか。 | 0 | 4 | 4 | | | | | |
| | ○どのようにして泳ぐか。 | 1 | 1 | 2 | | | | | |
| | ○とぶ速さ泳ぐ速さはどの位。 | 3 | 2 | 5 | | | | | |

| 項目 | 問題の實例 | 男 | 女 | 計 | 問題の要約 | 男 | 女 | 計 | 問題の重點 |
|---|---|---|---|---|---|---|---|---|---|
| 呼吸 | ○呼吸の數はどの位か。 | 1 | 0 | 1 | ○呼吸の數はどの位か。 | 1 | 0 | 1 | 呼吸數 |
| 發聲 | ○どこで鳴くか。<br>○夕方なぜ鳴くか。<br>○どの頃一番鳴くか。<br>○鳴き方はどうか。 | 4<br>2<br>2<br>3 | 2<br>0<br>2<br>2 | 6<br>2<br>0<br>5 | ○鳴くところはどこか。<br>○鳴く時期はいつか。 | 7<br>4 | 6<br>2 | 19 | 鳴き方と鳴く時期 |
| 產卵 | ○卵はどこから生れたか。<br>○卵はどんなところに生みつけられるか。<br>○どんなようにして卵を産むか。<br>○いくつ位卵を産むか。 | 2<br>5<br>1<br>2 | 0<br>1<br>1<br>2 | 2<br>6<br>2<br>4 | ○卵をどんなようにうむか。<br>○卵はいくつ位うまれるか。 | 8<br>2 | 2<br>2 | 14 | 產卵の仕方と卵數 |
| 住居 | ×どんなところに棲んでいるか。<br>×なぜ海にいないか。<br>×どこでねるか。<br>○どうして砂の上に出てこないか。<br>○田の様な水の中が好きなわけ。<br>○雨が降ると何故よろこぶか。<br>△水陸両方に棲んでいるわけ。 | 8<br>1<br>1<br>0<br>2<br>1<br>2 | 6<br>0<br>2<br>1<br>1<br>2<br>0 | 14<br>1<br>3<br>1<br>3<br>3<br>2 | ×どんな處に棲むか。<br>○水つぽい處を好きなわけ。<br>△水陸両方に棲むわけ。 | 9<br>3<br>2 | 6<br>8<br>0 | 28 | どんな處・水邊や兩棲のわけ |
| 冬眠 | ○冬は生きているか死ぬか。 | 5 | 2 | 7 | ○冬は生きているか死ぬか。 | 5 | 2 | 7 | 冬季の生死 |
| 性 保護色 | ○おたまじやくしから蛙になつた時の色の變化の理。<br>○どうして背中が綠か。<br>○色はどうしてつくか。<br>○いつ色が變るか。 | 1<br>3<br>1<br>0 | 0<br>0<br>0<br>1 | 1<br>3<br>1<br>1 | ○どうして背中が綠か。<br>○いつ色が變るか。 | 4<br>1 | 0<br>1 | 6 | 綠色に變る時期 |
| 体溫 | ○熱はどの位か。 | 3 | 1 | 4 | ○体溫はどの位か。 | 3 | 1 | 4 | 体溫どの位 |
| 生命 | ○蛙は何年生きているか。<br>○皮をむいてもどうして死なぬか。<br>○蛙は病氣をしないか。 | 8<br>1<br>1 | 5<br>0<br>1 | 13<br>1<br>2 | ○何年生きるか。<br>○皮をむいて死なぬわけ。<br>○病氣はあるか。 | 8<br>1<br>1 | 5<br>0<br>1 | 16 | 壽命と病氣抵抗 |
| | ○蛙の種類はどの位か。<br>○種類のあるわけ。 | 13<br>0 | 10<br>1 | 23<br>1 | ○種類はどの位か。 | 13 | 10 | | |

| 項目 | 問題の實例 | 男 | 女 | 計 | 問題の要約 | 男 | 女 | 計 | 問題の重點 |
|---|---|---|---|---|---|---|---|---|---|
| Ⅲ 分類 | ○王様蛙はいるか。<br>○どんな色の蛙がいるか。<br>○山のと里のとどちらが大きいか。 | 0<br>0<br>1 | 1<br>1<br>0 | 1<br>1<br>1 | ○どんな色の蛙がいるか。 | 1 | 3 | 27 | 種類，色，形 |
| Ⅴ 用途 | ナシ | | | | ナシ | | | | ナシ |
| Ⅵ 飼育 遊び 其の他 | ○かえるのお尻から麥わらを入れてふくとふくれるそのわけ。 | 1 | 0 | 1 | ○空氣を入れるとふくらむ。 | 1 | 0 | 1 | 遊び |

## 五年生

| 分項 項目 ＼ 問題 | 問題の實例 | 男 | 女 | 計 | 問題の要約 | 男 | 女 | 計 | 問題の重點 |
|---|---|---|---|---|---|---|---|---|---|
| Ⅰ 發生 | ○蛙の一生を調べたい。<br>○おたまじやくしから蛙まで何日かかつて，どんなようにして大きくなるか。<br>○卵からかえるのに何日かかるか。<br>○いつ卵からかえるか。<br>○あんな小さな卵からどうして生れるか。<br>×卵のもとは何か。 | 20<br>4<br>0<br>2<br>0<br>2 | 13<br>7<br>3<br>1<br>1<br>1 | 33<br>11<br>3<br>3<br>1<br>3 | ○蛙の一生 いつ頃から，どんな様に，何日かかつて，蛙になるか。<br>○小さな卵から蛙の出る理由。<br>×蛙の祖先は何か。 | 26<br>0<br>2 | 24<br>1<br>1 | 53 | 成育の變化の仕方，日數，時間，祖先 |
| Ⅱ 形態 外部 | ○体の形はどのようになつているか。<br>○体にはどんな役目があるか。<br>○眼の色はどうか。<br>○雌雄の見別け方。<br>○蛙の目方はどの位か。 | 4<br>3<br>0<br>1<br>1 | 7<br>0<br>1<br>1<br>1 | 11<br>3<br>1<br>2<br>2 | ○体の形や色とその働き（機能）雌雄別等について。 | 10 | 11 | 21 | 体の各部分の形態と機能(働き) |
| 內部 | ○眼の内部はどうか裏が口の中にある理。<br>×解剖して内部を調べる。<br>○舌が下顎の前方についている理。<br>○おたまじやくしにぜんまいの様なもののあるわけ。 | 0<br>28<br>0<br>0 | 3<br>26<br>2<br>1 | 3<br>54<br>2<br>1 | ×解剖して内部を調べる。<br>○眼の裏が口の中にあつたり舌が唇の先にあつたり体中にぜんまいの様なものある理由。 | 28<br>2 | 26<br>7 | 63 | 解剖して内臓の様子とその働き（機能） |
| 生活 | ○どのようにして生きているか。 | 15 | 6 | 21 | ○どのように生きているか。 | 15 | 6 | 21 | 生活の様式機能 |

ってきます	〇体の沿いわけ。	〇背中の終色は何の爲か。	○紫夏秋冬どこに棲むか。 ○冬は土中にどうやつている か。	〇冬はどこ

か。	〇四時期を底むか。 〇明をどうやつて産むか。 〇母は子をどう育てるか。	(A Cat	○鳴く解はどこ

から出るか。	時の様子はど	博は毎分どの位	〇尾吸はどによするか。 〇尾吸は鉛中が水中か。 〇水中でどうゃりて尾吸する	〇米ざ方はどうか。 〇どこではねるか。 〇米で選さはどの位か。 〇上ぶ遊さと距離はどらか。	の食物の物は谷内	○無の衝撃は何か。
	4 0	_63_		0 1	œ) ()	111	0 1 6	0 00	6	4	0 +	4 4	1146	н н	to ca
	10		<u>c</u> ა	<u> </u>	29_		7 18	4 4		0	cs .	13 C	cs cs c	0031	_ н н	11 33
	4 4	_ಲಾ_		4 &	11		OT 00	- 07 10	6.1	1 7	0	+ C4	4 20 00	107.7	L 10	<u> </u>
H H	○何年生きるか。	〇体の冷い理由。	〇背中の線は何に都 合よいか。	外は土中で	○四季とこた様れか~		间左	〇卵は、いつ産むか。	○卵はどこへどのよ うに産むか。	どんなにでるか。 〇鳴き壁はどんなか。	₩.	○呼吸、原の数、背中と水はどうか。	〇	〇だいねでがず、実際方、又なの過ぎ、四葉だつごと。	ベガはどらか 物は体内でど	○食物は何か。
но	4 0	34	0	1	9	1		12	c.s	-	10	20	6	12	0 1	22
н н	1 0	Н	ಲ		6_	0	4 -7	0	10	0	. co	ಲು	142		-	22 11
		_ c·ɔ	· 63	- 13			7 4 24		15	14			15	4 16	1 36	
辭條合作		冷山	線性	18 冬眠の仕方		74	どんな所, 水湯両様の	郡过	產卵化方	14陽〈馬の杯	發壓銜		早段敷, 水15中か船中か	解が、方葉である。	校	食物,
45 44		自ら	(E) (C)	元。		70	れる。	9	10 <u>10</u>	くまれ	高		早 現 敷	7, 75	===	, (g
2 外的)理由	澎	1		1	が、基本で		4.4	1 4 PT	質所,		が 中		7	今
		毌	適應	4			3 -3"		<u>رب</u>	1	. <u>.</u> .,		슈 구	機照外能離	1	2.

=					典				炭	7		=	71	2				并		Sign of the same o		(日間の日間の日間の日間の日間の日間の日間の日間の日間の日間の日間の日間の日間の日
	×原治	光月()	〇皮膚	〇手足	○無の	○無の	○無の	かっ	○無の	○報の	つ解り	役に	素素 ×	× × ×	る別で	× × A 和	ち形	△おた	77	〇鮭は	を調	्रवाह	耳
	× 解剖して体内を調べる。	日玉だついて。	〇戌晒れしこれ。	〇年尼のしへ歩につい	○幅の形下しいて	〇幅の必虫でしてて。	○鮭のからだにして「鱧		○蛙の頭部はどらなつている	○幇の水なやれていこれ。	○鮭にはなぜ~そがないか。	徴にしてて。	×雌雄の見別け方及び其の時	× 5 は新った角の話っろの5 1、1 写用	. 0	な離る	形のもの	サにやへ	して今の無になった	○無は何からどの	を調べる。	○明から無でな	題
	内を	5	9	1514	いての	5	だりい		E 5 t	70	747	0	1177	TO THE.	i i i	の食汁	80036	くしば、	なり	S		91	9
,	は、シー			ってって。	8	0	、て調		といい	って。	がない		火び其	H C	÷ -	(4 ()	なる		ったか。	なられ		またの順序	資
1 _	0			0			000		5		300		を奉	0	ř	ろ異	たかっ	どろい	0	に進化		河河	93
_	9		ಲ	0	0	-	C-3		-	0	0	t	5	-		_		0		23		10	墨
	9 12 21		¢:5	_	4	щ	9		Н	ч	ಲ		5	0		1		щ		_		102232	女甲
1 -	21	23	6	\vdash	4	C3	912		63	-	ಲ	0	0	-		63		_		ယ		32	nit
								٥ ۲	異、類似點等につ	雄別、形色の相	×人体や鮭相互、雌	〇へそなき理。	(機能) でしてん。	野祭の形を働き	跟出	○体の形・頭部・水	0	ひで通行したもろ	6 8	つまずださいころっ	や調べる。	○卵から揺べなるま	問題の要約
										H		0			[023				9		10 22		田田
-											1	co t			25			t	\$		13		X
								淵	対	h	*	7							منط	36	it.		7
								40	照相互の同		機能と人体	存の筆語の							進化	第一コックをして	は今ろ気の		女計問題の重點

N 飼遊其 育び他	A 用途	即 分類	, ware
○蛙のつかまえ方。 ○蛙という名をつけた人。 ○蛙の小便で人の眼のつぶれ ると云うわけ。	〇人間との關係。 〇人間にどう役立つか。	〇どんな種類があるか。	〇太陽にあたらぬと死ぬか。
0	ш —	15	<u></u>
1 0	C4	<u>F</u>	
<u> </u>	_೬೨_೮೨	26_	_н
I I 〇同	〇鮭は人	かったか	1 (1 () ()
Ħ	〇鮭は人に役立つか。 2 3 5 人間との	151126 〇どんな種類がある	拉
0 0	63	15	-
н н		<u>-</u> :-	0
to	- 01	26	-
報で書	人間との音	15 11 26 種類, 色 形, (生意	

>} 拼 用

	超 戸		際
第 包	户 当	生 符	뿅
〇曜のとぶ繋子ほどっか。 〇年はどうして逃げるか。 〇年はどうして逃げるか。 〇年の跳躍力について。 〇種の淡彩方について。 〇種の淡彩方について。 「○神網を測げきしてその反発	食物は何々か、まじゃくしの。	○鮭はどんな生活をしている ○鮭はどんな生活をしている か。 ○鮭は撥火をみつけて集まる か。	○ ○ 「
1 to 11 to 1	101525 1 0 1 0 1 1	0 0 8	
0 0 0 0 0 1 0	1 0 52	H 07 CC	0 0 0 0 0 0 0 0 0 0 0 0 0 0 0 0 0 0 0 0
1 21111	1 1 5	<u> </u>	u u u u u u u u u u u u u u u u u u u
○跳躍力, 泳ぎ方は どろか。○神經を期げきして その反射作用は。	○無やおさまでやへ しの食物。 ○離で願草ややつて する。	○どんな生活をしど んな性質があるか。 ○燃火に集まるか。	○語名語・音楽語・音楽語・音楽語・音楽語・音楽語・音楽語・音楽語・音楽語・画楽 (人間下のこの 東西 (人間での形象にはい 東田 (大田 東田 (大田 大田 (大田 大田 (大田 (大田 (大田 (大田 (大田 (大田
_ ~ ~	0 0	<u> </u>	3 9 19 19 19 19 15 19 19 15 19 15 19 15 19 15 15 15 15 15 15 15 15 15 15 15 15 15
0 1	1 5	<u> </u>	0 118 12
とび方、決て当方と條件反應。	27 食物と食物27の条件反應	12生活の特性	84 別型 の

	瀕	海里		争		#		帝 徐 韶	正新印	展	~	公	戸	4	日	H		育		**********		7	**************************************	早泉
	○食用語と靑語のもだい。	0		○駐は何ボルトの領法で早へ光思が。	〇蛙のどこを刺したら即死するか。	○解剖筬少しの間動へがそれにもいて。	どの位か。	〇鮭はさわつてもщくない型町。	〇無の体色について。	○無の展展だってた。		〇鮭の冬ごもりの様子につい	〇鮭は何松水中にいるか。 〇鮭は何松水陰兩方に棲むか。	○無の鰊を発列でしているの無は回按三端にて必ら	〇卵を顕微鏡で調べたい。	○卵を流む場所と時間。○卵の流み方尺ついて。	け。	○海は鳴へが鼎の鳴かないか	1		〇幅の場へ線上にしてた。	を出すか。	○無の驟はどこから出るか。	〇呼吸について。

-	11 0	0	11 16	Н	-	0	t-5		0	<u></u>		Ç7	ts o			⇔ ⊢	_		29 14				0 1	0
-	0 1	4 pm (763		0 1	<u></u>	CO CT	0 1	23	0.0	-	5 10	0 1	1 1		6 2	_		0 0				to 64	<u></u>
	○国城中,周,元0	○種類にしてん。			どろしたら即死するか。	〇解剖して死	○鄰命はどの位か。	〇体が温くないわけ。	〇体色だついて。		眠する	〇冬ごもりの燕子。	〇水陰雨方にいるわけ。	○旅客高三でした	〇卵の産み方。	〇卵を座む場別と時間。			種類別はどうか。	〇鳴へといるじ鼎雄,		〇鳥~平岡本いら風	〇鳥を螺はどこから	〇回 左
-		1 1 2				4	10	ಲು	0	-	63	OT	c _f	0 4		Н	_			٠			Öī	0
-		2 30	_		1		ಲು	0	_ 10	-	0 12	51		25	1 0	<u> </u>	-			2	14		_ O:	೮೨
	e (†	恒烈, 分和				ſ	場合と参布	8冷血の理由	2件色				の理由	どんな別		產卵仕方, 8				00	雌雄種別の鳴き古	發摩箇所と		呼吸作用

	The second second				類			悉			并		関係の
年	事	裕	無	兴			ļ-	퍉		*	半	織	(余)
	"	(54)	飼いたい		(54)	解剖したい	飼いたい		(54)	飼いたい	v (68)	かじまなけっ	一、年生
(16)	食物は何か	(1)	何している	(41)	5	の中を見た	解剖して体		(66)	大學の言語	(18)	歳子を見たい	二年生
(15)	食物,食べ	(2)	子をついる事	(45)	を調べたい	の中

を共れて	超先 (52)	皮長の療子日敷、早期	四年生
(34)	食物,食べ	(21)	生活の模式	たい (63)	き)を調べ	と機能(動	原型した, 水源の海小		館(働き) (21

数字/問題数)

用途	4	四分類		点			ど	=
裕	田	分類	片溫 生 命	冬 眠 保護色 体	即 伯 图	鏡 驛 庫	平泉	凹凹
						, .	4.	=
0	4

| | | | | | | | | | | | |
|---|---|---|---|---|---|---|---|---|---|---|---|
| V 用途 | ○蛙を利用して造ったものに、どんなものがあるか。<br>○蛙は薬用になるか否か。<br>○蛙と人間との關係について。<br>○蛙は益虫か害虫か。 | 1<br>1<br>1<br>0 | 0<br>1<br>0<br>2 | 1<br>2<br>2<br>2 | ○蛙を利用して作ったものはないか。<br>○蛙は益虫か害虫か。 | 2<br>1 | 1<br>2 | 6 | 人間の利用と利害 | | |
| VI 飼育遊び其の他 | ○一枚の田に蛙は何匹位いるか。<br>○いぼ蛙をつかむとかぶれるのは何故か。 | 0<br>0 | 1<br>1 | 1<br>1 | ○同　左 | 0<br>0 | 1<br>1 | 2 | 外からながめる。 | | |

## (I)「蛙」についての問題の重點一覽表　（數字ハ問題數）

| 項目＼學年 | 分項 | 一年生 | 二年生 | 三年生 | 四年生 | 五年生 | 六年生 |
|---|---|---|---|---|---|---|---|
| I 發生 | 發生 | おたまじゃくしをみたい (68) | 樣子を見たい (18) | 成長の樣子祖先，日數 (14) | 成長の樣子日數，時期部分的變化祖先 (52) | 成長の變化の仕方，日數，時期，祖先 (53) | 變化の順序進化 (36) |
| II 形態 | 外部 | 飼いたい (54) | 器官の有無形の樣子 (66) | 器官の有無形や長さ (22) | 各部分の形態と其れに對する理由 (53) | 各部分の形態と其の機能（働き） (21) | 細かい部分の機能と人体，蛙相互の同異點 (44) |
| | 內部 | 飼いたい 解剖したい (54) | 解剖して体の中を見たい (41) | 解剖して体の中の樣子を調べたい (45) | 解剖して內臟の形，大きさ，數を調べたい (74) | 解剖して，內臟の樣子と機能（働き）を調べたい (63) | 解剖して，內臟各器官の構造，機能條件的反應を調べる (64) |
| | 生活 | 飼いたい (54) | 何しているか (1) | 生きている樣子 (2) | 生活と生態 (6) | 生活の樣式と機能 (21) | 生活の特性 (12) |
| | 捕食 | 〃 | 食物は何か (16) | 食物，食べ方 (15) | 食物，食べ方，糞 (44) | 食物，食べ方，消化 (34) | 食物，食事の條件反應 (27) |

| 項目 | 分項 | 一年生 | 二年生 | 三年生 | 四年生 | 五年生 | 六年生 |
|---|---|---|---|---|---|---|---|
| III 習性 | 運動 | 〃 | とび方，どの位 (5) | とび方，泳ぎ方どの位 (6) | とび方，泳ぎ方，浮き，速さ (22) | とび方，泳ぎ方，機能速さ，距離 (16) | とび方，泳ぎ方と條件反應 (7) |
| | 呼吸 | | どこで呼吸 (1) | ナ　シ (0) | 呼吸數 (1) | 呼吸數（脈）水中か空中か (15) | 呼吸作用 (3) |
| | 發聲 | | 鳴き聲，發聲箇所 (8) | 鳴き聲，發聲箇所 (17) | 鳴き聲と鳴く時期 (19) | 發聲箇所と鳴く時の体の樣子 (14) | 發聲箇所と雌雄，種別の鳴き方 (14) |
| | 產卵 | | 產卵の仕方 (8) | 產卵の仕方と場所 (3) | 產卵の仕方と卵數 (11) | 產卵の仕方と時期 (15) | 產卵の仕方と時期と場所 (8) |
| | 住居 | | どんな處 (1) | どんな處，水中，草原にいるわけ (14) | どんな處，水邊や兩棲のわけ (28) | 水邊や兩棲のわけ (24) | 水邊や兩棲のわけ (15) |
| | 冬眠 | | ナ　シ (0) | 冬季の居場所 (2) | 冬季の生死 (7) | 冬眠の仕方 (18) | 冬眠の仕方と場所 (12) |
| | 保護色 | | ナ　シ (0) | 綠色のわけ (3) | 綠色の變る時期 (5) | 綠色の適應性 (3) | 体色について (2) |
| | 体溫 | | ナ　シ (0) | ナ　シ (0) | 体溫どの位 (4) | 冷血の理由 (4) | 冷血の理由 (3) |
| | 生命 | | ナ　シ (0) | 壽命と病氣 (5) | 壽命と病氣抵抗 (16) | 壽命と外的條件 (8) | 壽命と條件反應 (7) |
| IV 分類 | 分類 | | 種類，名前（標本作り） (8) | 種類，形（標本） (20) | 種類，色，形 (27) | 種類，色，形（生態） (26) | 分布，分類 (30) |
| V 用途 | 用途 | | ナ　シ (0) | 人に役立つか (1) | ナ　シ (0) | 人間との利害 (5) | 人間の利用害 (6) |

| | | | | | | | |
|---|---|---|---|---|---|---|---|
| VI 其の他 | 其の他 | 飼つて色々に，もて遊びたい (19) | 飼つたり，いろいろにもて遊びたい (19) | 飼つたり，色々にもて遊びたい (15) | 遊び(少い)みたい（觀察） (1) | 蛙と言い傳え (2) | 蛙を外的にみている (2) |

（1）「蛙」の調査結果に對する児童のもつ問題の傾向考察

1. 發　　生

一・二年生は，おたまじゃくしや蛙をみたいと云う斷片的素朴的な觀察で，三年生頃より日數を問題にし，四・五年生になればその部分の變化の仕方や，日數・時間・時期等を，六年生に進めば，系統的な變化の順序を考察し，更に進んで，進化の由來にまで問題をもつようになる。

2. 形　　態

「解剖したい」と云う問題は全學年を通じてみられるが，これは次の事柄より低學年は單なる好奇心によるもので，高學年は實際に内部形態に關心をもつものと推察される。即ち一・二年生は「解剖したい」「中をみたい」と云う以上には出ないが，三年生より「様子を調べたい」と云うのがみられ，四年生になると「内臓の數・大きさ」「内臓のある理由」，五年生になると「内臓の働きや各部の機能」に關心をみせ，六年生に至っては更に各部の構造機能を調べ，他の蛙や人体との比較，それに對する人爲的實驗の結果をみようとしている。

3. 習　　性

「蛙の生活」に關しては，一年生は飼って共に遊びたい，二・三年生は「何しているか。」の程度で，やはり共に遊ぶこと。併し四年生頃より生活様式に問題をもち，「逃げたり」「池の中へもぐることの理由」に關心をむけ，五年生になれば，「どのように生活しているか。」と云うものの中に食物・運動・呼吸・冬眠・住居等の問題を含めて生活様式を問題にしている。六年生に至れば蛙の性質と云うか，習性の特徴をつかもうとしている。

「捕食」，一年生は食物については余り考えぬ。二年生より六年生までは一應食物を問題にし，三年生より捕食法，四年生より糞，五年生より消化，六年生に至れば食物として煙草をやってみる等の實驗的考察を試みんとしている。

「運動」，跳び方については二年生より關心をもち，泳ぎ方は三年生よりである。併し，二・三年生は單に「どの位」であるが，四年生は「速さ」，五年生は「速さ・距離」の外に「どの部分ではねるか。」というような運動機能を問題にし，六年生では，其の他に筋肉の刺戟による運動實驗が一寸芽生えている。

「呼吸」，四年生までは殆ど問題として考えていないと見てよい。併し「住居」

の項で，兩棲の理由を相當數問題にしている點からして，これに對する端緒とも考えられるが，はっきりと「呼吸はどこでどのように行われるか。」は五年生より六年生にかけてである。これらは事象よりも推論を相當に含んだ問題である。

「發聲」，一年生より當然問題にするとは思われるが，こゝには出ていない。三年生までは「体のどこで鳴くか」と云うに對して，四年五年に進めば，鳴く時の様子や，時期を問題にし六年生に至れば，それが更に雌雄や種別の鳴き方に問題をもっている。

「産卵」，卵を產むことには全學年關心は多いが，二年生までは「産卵の仕方」三年生では「どんな處」，四・五・六年生となれば，「仕方と産卵數・時期・場所」などの問題を含む。

「冬眠」，冬眠の事實を知るのは，五・六年生からで，四年生は「冬季の越冬に死ぬか，生きているか」を問題にしている。從って三年生以下は，こうした事は殆ど無關心である。

「保護色・体溫・生命」，これに關しては一・二・三年生は關心がうすいが，四年生以上にはやはり同様の段階を示している。

4. 分　　類

種類に關しては，一年生は殆ど關心をもたぬ。二・三年生は「集めてみたい。」「標本にしたい。」と云う，單なる蒐集を欲求し，四年生よりは色や形で，五年生はその上に生態的なものを加味した立場から，分類を試みようとし，六年生では分布の問題まで考える様になる。

5. 用　　途

人生との關係を考えるのは五・六年生である。（利害・用途）四年生以下はこれについての問題を示さない。

6. 其　の　他

この項で面白いのは，一・二・三年生までは蛙を自分の友達と考えて，共に遊び又玩具の様に考えて「もて遊びたい。」と云う主体的欲求が强く出ているが，四年生になると，そうした事は果然姿をみせず，五・六年生ではむしろ外的に客体的にみて行こうという傾向である。

7. 總　　括

範圍の面から考察すれば，一・二年生は外觀的な形態や鳴くこと卵等の素朴的な直接的な眼に映ずるものに關心が多く，何れも單に「有無はどうか」「見たい」と云うに過ぎないが，三年生より稍ゝそれを詳しく觀ようとする傾向を示し，四年生以上になれば，習性・生態に關する面に問題を多くもち，五・六年生はやはり，これらの問題に深さをもっている。

心意活動の發達序列より考察すれば，一・二年生は「調べる」とか「研究する」とかでなく「共に遊びたい」と云う素朴的な行動的な働きかけで，三年生頃より稍ゝ「觀よう」とし，四年生になれば「ありのまゝの姿を詳しく觀察しよう」とし，五年生より，それに對する「因果關係」を考え，六年生に至れば，それらの「實驗的・理論的」考察に關心と問題をもつようになる。

## (Ⅱ) 稻についての問題の重點一覽表　（數字は問題數）

| 分類項目＼學年 | | 1 年 | 2 年 | 3 年 | 4 年 | 5 年 | 6 年 |
|---|---|---|---|---|---|---|---|
| 發生 | | (0) | 稻の出來るわけ (2) | 稻は何から出來るか (9) | 稻はどうして出來るか (9) | 稻はどこで誰がどんなふうにして發見したか (14) | 誰が稻を發見したか (2) |
| 形態 | 花 | (0) | 花があるか (2) | (0) | 稻の花の中をしらべたい (5) | 花の咲き方をしらべたい (34) | 花の中を詳しくしらべたい (27) |
| | 芽 | (0) | 芽をしらべたい (3) | 芽はいつでるか (1) | (0) | どこから芽が出るか (5) | (0) |
| | 葉 | 稻の葉をしらべたい (1) | 葉の形をしらべたい (18) | (0) | 葉をしらべたい (4) | 澱粉はどうして出來るか (8) | (0) |
| | 莖 | (0) | (0) | (0) | (0) | 養分はどこを通るか (1) | 莖をしらべたい (2) |
| | 根 | 稻の根をしらべたい (2) | 根をしらべたい (11) | 根をしらべたい (2) | 根をしらべたい (2) | 根の働きやはり方をしらべたい (19) | 根のはり方をしらべたい (3) |
| | 穗 | 一穗にいくつつくか，穗をしらべたい (3) | 穗をしらべたい (11) | 穗はどうなつているか一穗にいく粒くらいついているか (19) | 一穗にいくつぶくらいあるか，又どんなになつているか (21) | 一穗にいく粒ついているか (15) | 穗の粒數をしらべたい (16) |
| | 形 | (0) | (0) | 稻はどうなつているか (1) | 稻の先がどうしてまがるか (2) | (0) | (0) |
| 生態 | 成長 | 稻がだんだん大きくなるのをしらべたい (3) | 大きくなり方 (26) | 稻の成長をしらべたい（何日位） (30) | どの位ふえるか，又成長をしらべたい（何日かかつて） (21) | 成長の順序とふえるわけをしらべたい (55) | 成長の順序をしらべたい (51) |
| | 肥料 | (0) | 水を吸つて大きくなるわけ (1) | こやしが必要なわけ (1) | 肥料はどのくらいいるか (5) | どんな肥料が必要か (5) | どんな肥料が必要で何時やればよいか (2) |
| | 水 | (0) | 稻に水がいるわけ (13) | 水はどのくらい必要か (8) | どうして水が必要か (22) | どうして水が必要か，又時期は (13) | どうして澤山水が必要か (5) |
| | 結實 | 米はどうして出來るか (7) | 米になるわけ (14) | どうして米になつたか (24) | もみから米になるまでをしらべたい (9) | 秋になるとどうしてみのるか (8) | 刈つてからどうして乾かすか (1) |
| | 病氣 | (0) | (0) | 病氣のあるわけ (1) | 病氣をしらべたい (7) | 病氣はどうしてあるか (2) | 何故病氣になるか (5) |
| | 土 | (0) | (0) | (0) | 水をいれてどうしてふむか (3) | 稻に適した土をしらべたい (1) | 稻に適した土をしらべたい (5) |
| | 關係 | (0) | (0) | (0) | (0) | 日光，空氣，水の關係をしらべたい (3) | (0) |
| | 氣候 | (0) | (0) | (0) | (0) | 二百十日はどうして大事か (1) | 適した氣候をしらべたい (7) |

| | | | | | | |
|---|---|---|---|---|---|---|
| 色 | (0) | 何故黃色になるか (17) | 黃色になるわけ (4) | どうして稻の穗は黃色か (3) | どうして黃色になるか (2) | (0) |
| 栽培 | (0) | 稻の作り方をしらべたい (4) | どの位ずつうえるか (5) | 稻と稻との間や中はどのくらいか (2) | 稻の作り方をしらべたい (2) | どうすれば稻はよく出來るか (6) |
| 播種 | (0) | (0) | 種をまく時期 (1) | (0) | (0) | (0) |
| 種類 | (0) | (0) | 稻の種類をしらべたい (4) | 稻の種類をしらべたい (8) | 稻の種類をしらべたい (4) | 稻の種類をしらべたい (20) |
| 害虫 | (0) | 稻の虫をしらべたい (16) | 稻につく虫をしらべたい (3) | 稻にどんな虫がいるか (8) | 稻につく虫の種類をしらべたい (10) | 虫と虫の種類をしらべたい (17) |
| 收穫 | (0) | (0) | どの位うえてどの位とれるか何月にとれるか(量) (8) | どの位の廣さからどの位とれるか (7) | 收穫高をしらべたい (11) | 收穫高，收穫量の割合いをしらべたい (30) |
| 仕事 | 稻を作りたい (2) | 田植や稻刈りは何時頃か又それをしてみたい (22) | 米になるまでにどんな仕事をするか (10) | 米に作るまでの仕事と道具はどうか (8) | 精米法について (2) | 田植の時期や米にする世話をしらべたい (6) |
| 用途 | (0) | (0) | (0) | (0) | (0) | 米の用途をしらべたい (3) |
| 其の他 | (0) | 雑問 (9) | (3) | (0) | (0) | (3) |

## (Ⅱ) 稻の調査の結果に對する兒童のもつ問題の傾向考察

### 1. 發　生

一年生は發生に對する問題が見當らず，二・三・四年生では稻の出來るわけ，何から出來るかどうして出來るかということを問題にし，五・六年では誰がどん

なようにして發見したかという發見の糸口を知ろうとしている。

### 2. 習　性

「花」については，一年と三年生に問題がない。二年四年生はあつても問題數が少なく，その問題は單に漠然と「花をしらべたい」というに過ぎない。五年生六年生は問題數が急に增し，「花の咲き方」「花の中をしらべたい」「顯微鏡でしらべたい」という，その或る部分にたち至って調べてみようとする意欲が旺盛であり，他の項目に比し，問題數が多い。

「芽」については，全學年を通じて問題數が少なく，二年生三年生ではたゞ「芽をしらべたい」というのに五年生では「芽はどこから出るか」というように，問題をせばめて突き込んでいる。

「葉」については，二年生が最も多く葉について，どことはなしにたゞ調べたいという程度であり，五年では澱粉についてどうして出來るものであるかという論理的・學問的態度になっている。

「莖」については，一年生二年生三年生には問題がなく，五年で(1)六年で(2)という關心のうすいもので，「莖はどんなになっているか」という程度のものである。

「根」については，問題が二年生と五年生が多く他は少數である。一年生から四年生まではたゞ「根をしらべたい」というくらいで五年生六年生では「根の働き」「はり方」といった機能の方面を問題にし深まっている。

「穗」については，四年生が問題數一番多く，そこが山の頂點となって他の學年に至るにしたがつて低くなつている。「一穗の粒數と穗はどんなになっているか」ということが全學年を通じての問題である。

### 3. 形　態

「形」については，三年生と四年生に問題が一，二あるのみである。

「成長」については，學年が進むにつれて問題數が多くなっている傾向であり又他の項目に比し一番問題數が多い。即ち成長に對する關心が一番多いことを示す。低學年は「大きくなること」「どうして大きくなるか」ということを調べたい，四年以上では，「どのくらい成長したか」と數量化して成長を知りたい又五年生では「成長の順序」という論理的な整序の念も芽生えている。

「肥料」については一年生がなく，全体を通じて問題數が少く，二年生三年生は「肥料の必要のわけを知りたい」四年では「どのくらい」と分量を知り度い，五年生六年生は「肥料の種類」を要求している。

「水」は一年がなく，四年が問題數一番多く山になって他の學年に至るにしたがつて少くなっている。問題は全學年を通じて，「どうして水が必要か」ということで共通している。

「結實」については三年生が山で，他の學年に至るにしたがつて低くなつている。三年生迄は「どうして米が出來るか」四年生は「米になるところを觀察したい」。五年生は「秋にどうしてみのるか」となって季節と結實との關係を問題にしている。

「病氣」については一年生二年生と關心がなく他の學年も問題數が少い。「どうして病氣になるか」ということ，原因を問題としている。

「土」については，一年生二年生三年生がなく，他の學年も問題少い。「適した土をしらべたい」ということが問題になっている。

「氣候」については，一年生から四年生迄關心がなく，五年六年生では「適した氣候」を問題にしている。土と氣候を通じて高學年に問題を持っている。

「色」については，一年生にないが二年生が最も多く，三年四年五年六年生と少なくなっている 全學年を通じて「なぜ黄色になるか」という問題で共通している。

「栽培」については一年生はなく，二年生は「稻のつくり方」三年四年生は「どのくらいずつ植えるか」又「稻と稻との巾」とか，「數量化」を要求にうつし，五年六年生は「どうすればよく出來るか」という技術的方面又理智的方面を問題としている。全体に問題數が少い。

「播種」については，三年に一題あるのみ他は關心ない。

4. 種　　類

一・二年生はなく，四年生以上六年生まで「稻の種類」を問題にし六年生は急に問題數が多くなっている。

5. 害　　虫

一年生はなく，二年生になって相當みられ問題は二年三年生はたゞ「虫をしらべたい」という素朴的な要求であり，四年生以上は「虫の種類」を問題にしている。

6. 收　　穫

一・二年生はなく，三・四年生と學年が進むにつれて，問題數が多くなっている。三・四年生は「一定の面積からどのくらいとれるか」といった小さいせまいところのものであり，五年六年生は日本．世界の米の產地收穫高を問題としている。

7. 仕　　事

二年生に一番問題が多く，四年五年生はなく，六年生にやゝ出ている。一・二三年生はその仕事を「やってみたい」という行動的な遊びを中心にしたものであり，六年生はどんな仕事か「仕事の種類」をしりたいことを問題としている。

8. 用　　途

六年に一題あるのみ他に關心なし。

9. 總　　括

○低學年では二年生頃からどうしてか，なぜかという疑問を發する傾向がみられる。

目に見えるもの，又變化して行くもの，等に心をひかれる。又田植をしたい稻刈をしたいといつた遊び，行動に興味がある。

○中學年ではどうしてかという疑問の中に現象を觀察し，このところからこうなるまで觀察したいといつた限定する氣持や，どのくらいあるかといつた數量化の傾向がみられる。

○高學年ではその關係，原因を調べたいという論理化することや，分析する傾向や，社會的關係の方面からも考察しようとすることや，又どうしたらよくなるかといつた理想を持つような，そうした芽生が一部にみられる。

### (Ⅲ) 水についての問題の重點一覧表　(數字は問題數)

| 分類 | 項目＼学年 | 一年 | 二年 | 三年 | 四年 | 五年 | 六年 |
|---|---|---|---|---|---|---|---|
| 成因 | 出る場所 | 水はどこから流れてくるか (9) | 水はどこから流れてくるか (60) | 水はどこからくるか (30) 水道の水はどこからくるか (21) | 水はどこからくるか (28) 水道の水はどのようにして家にくるか (28) | 水はどうして土の中から出てくるか (21) 水はどのようにして家庭にくるか (18) | 水はどこからでるか (5) 水道の水はどのようにして家へくるか (18) |
| | 水 | 水はどうしてできるか (5) | 水はどうしてできるか (5) | 水はどうしてできるか (9) | 水はどうして作られたか (4) | 水のもとは何か (5) | 水はどこでどうして作つたか (18) 水は化學的に作られるか (1) |
| | 雨 | 雨はどうして降るか (3) | 水はどうして雨になるか (2) | 雨はどういうふうにふってくるか (1) | 雨はどういう時にどのようにふってくるか (20) | 雨はどうしてできたか (10) 空からなぜ雨がふるか (4) | 雨が降るに至るまでの經路 (7) |
| | 氷 | | 水から氷のできるわけ (10) | 水が氷になるわけ (1) | 水が氷になるわけ (6) | 氷はどうしてはるか (2) | 水は何度になつたら氷になるか (12) 氷はどのようにしてできるか (8) |
| | 水 | | 水は日にあてるとなぜ | | 水蒸氣はどうしてでき | | 水蒸氣はどうしてでき |

| | | | | | | | |
|---|---|---|---|---|---|---|---|
| 蒸氣 | | | なくなるか (2) | | るか (8) | | るか (1) |
| | 雪 | | 雪はどうしてふつてくるか (2) | | | 雪は何からできるか (1) | 雪はどうしてできたか (2) |
| | ひょう | | | | | ひようは何からできるか (1) | |
| | くも | | | | | | 水がくもになつたか (1) |
| | みぞれ | | | | | | みぞれはどうしてできたか (1) |
| | つゆ | | | | | | つゆはどうしてできたか (1) |
| | 霜 | | 霜はどこにできるか (1) | | | | |
| 成分 | | 水は何からできているか (2) 水の中に何があるか (2) | 水は何からできているか (11) 水の中にどんなものが入つているか (10) 海の水はなぜしよつぱいか (4) | 水の中にばいきんが入つているか (13) 水の中に何が入つているか (6) 海水はどうして塩からいか (3) | 水は何からできているか (7) 水はどうしてきたないか (5) 海水はどうして塩からいか (6) | 水は何からできているか (9) 水には榮養があるか (4) 海水はなぜしよつぱいか (4) | 水を分解してみると何になるか (26) どんな水に榮養があるか (3) 海水に含まれているもの (27) 雨中に 〃 (12) 井戸水に 〃 (6) 水道の水に 〃 (5) 溫泉 〃 (1) |
| 性 | 色 | | 水の色をしらべたい (6) | 水の色をしらべたい (1) | 水はどうして青くみえるか (5) | 水はどうして青いか (8) | 水に色があるか (5) |
| | | | 水はどうし | | | 水には形が | |

| | | | | | | | |
|---|---|---|---|---|---|---|---|
| | 形 | | て色々ないれ物に入るか (5) | | | あるのか | |
| | 溫度 | | 水はどうしてつめたいか (5) | 水はどうしてつめたいか (17) | 水は季節によつて溫度がちがうか (19) | 水道・井戸の水の溫度が季節によつて違うのはなぜか (13) | 水はなぜつめたいか (15) 水道・井戸水の溫度が季節によつて異るわけ (8) |
| | 力 | | 水車はなぜまわるか (1) | 水はどんな力をもつているか (1) | 水はどうして力がつよいか (4) 水にうかべる力があるか (7) | 水はどれだけの力をもつているか (8) | 壓力の大きいものは何か (1) |
| 質 | 臭 | | | 水はどうして臭があるか (1) | | | |
| | 味 | | | | 水はどんな味があるか (1) | | |
| 量 | | 水はなぜへらぬか (1) | | 水はたくさんあるものか (6) | 水はどの位あるか (4) | 世界中にはどの位水があるか (1) | 世界中の水はどの位あるか (1) |
| 利用 | | | | | | 水はどの方面に使われているか (12) | 水の用途 (9) |
| 歴史的關心 | | | 水は何時頃からできたか (1) | | 水は誰が作り誰が發見したか (3) | 水の祖先は何か (2) 水を使いはじめたのはいつか (4) 何時頃から井戸や水道ができたか (4) | 水は昔からあつたか (1) |

| | | | | | | |
|---|---|---|---|---|---|---|
| 人間との關係 | | どうして水をのむか (4) | 水がないと生き物は死ぬか (2) | 水がないと生き物は生きていかれぬか (4) | 水は人間にどのように役立っているか (28) | 水は人間の体になぜ必要か (1) 水は人間にどのように役立っているか (7) |

## (Ⅲ)「水」の調査結果に對する兒童のもつ問題傾向の考察

1. 成　　因

「出る場所」について，各學年共に問題數が一番多く，一・二年生では大部分單に「どこから來るか」と場所のみに關心をもっているが，高學年になると「どうして土の中からでてくるか」と，出てくる理由にまで關心をもっている。一年を除いて各學年共水道に關心が深いのは都市生活をしている兒童に身近なものだからと思われる。

「水の成因」について，低學年では「どうしてできたか」という理由のみであるが，高學年になると「化學的に作れぬか」と自ら水を作りたいという段階にまで進んでいる。

「雨」については，一・二年では「どうしてふるか」という理由のみであるが三年生以上になると「どういう時にどのように」と雨のふる時期及び狀態にまで關心をもっている。

その他氷・水蒸氣・雪・ひょう・くも・みぞれ・つゆ・霜等については六年生が最も關心が深いが，何れも「どうしてできるか」の理由にのみとどまっている。

2. 成　　分

「水は何からできているか」については全學年關心をもっている。海水の鹽からいのにも二年以上關心がある。海のない縣ではあるが間接的に關心を低學年からもっていることが判る。低學年では「ばいきんが入っているか。」「きたない」等衞生方面から，何か入っているのだという事を知り，五・六年では榮養方面から見，更に分析してみたいという方面に進んでいる。

3. 性　　質

「色」については，一年にはなく低學年に於ては「水の色をしらべたい」。中學年では「水はどうして靑く見えるか」高學年では「水に色があるのか」と，單にしらべたい欲望から，どうしてとその理由をさぐり，更に根本的原因を探究する樣な段階をとっている樣に思われる。

「形」については二・五年しか關心なく，二年では疑問をもち，五年では解決せんとしている。

「溫度」について一年になく，二年以上各學年共つめたいことに關心をもっており，四年以上季節によって水の溫度の變化することに關心をもっている。

「力」については一年になく，二年で水車のまわるのは水の力であることを知り，三・四・五年でどれだけの力をもっているか，六年では水壓について知ろうとしている。尙四年で浮力についての問題がでている。

「臭・味」等については殆ど關心を示していない。

4. 「量」について，低學年では使っても使ってもへらぬことに關心をもち，中學年ではどの位あるか，高學年ではもっと廣く，土の中，海・川卽ち地球にはどの位あるかと範圍が廣くなって行く傾向がある。

5. 水 の 利 用

「水の利用」については一・二・三・四年迄關心なく五・六年のみ關心がある

6. 歷史的關心

「歷史的關心」については一・三年になく，五年が一番關心深く，存在，使用についてが主なものである。

7. 人間との關係

「人間との關係」については一年になく，二年では水の必要なこと，三・四年は「水と生死の關係」五・六年では「人間の体に如何に役立っているか」ということに關心をもっている。

8. 總　　括

總括的にみて一・二年生は素朴的な問題をもち，二・三年生は，なぜどうしてと云うような原因を調べようとするが，五・六年生になればその因果關係を考究しようとする傾向を示している。

## (Ⅲ)「星」についての問題の重點一覧表　（數字は問題數）

| 分類 項目 ＼ 學年 | | 一　年 | 二　年 | 三　年 | 四　年 | 五　年 | 六　年 |
|---|---|---|---|---|---|---|---|
| 太 | 水星 | (0) | (0) | 形・大いさ (4) | 朝何故出るか (1) | (2) | 發見等 (3) |
| | 金星 | (0) | 金星について (1) | 形・大いさ色 (5) | 見える時季 (2) | 成因，何故早く出るか (5) | 性質・形・大いさ (6) |

| | | | | | | | |
|---|---|---|---|---|---|---|---|
| 太陽系の星 | 火星 | (0) | 火星は何故赤い (3) | 形・大いさ表面・距り (8) | 大いさ・熱 (4) | 成因・表面生物 (20) | 生物にはどんなものがいるか大いさ溫度 (11) |
| | 木星 | 木星について (1) | | 大いさ・形 (4) | (0) | 成因 (3) | 大いさ・發見 |
| | 土星 | 土星について (10) | | しらべたい (3) | 輪・しらべたい (2) | 成因・環 (9) | 發見 (2) |
| | 流彗 | 流星を見たい。どうしてか (6) | 流星はどうしてか見たい (36) | どうしてか (3) | どんなものか (4) | 流星の因・大いさ・出る時・彗星は何か (2) | 流星の因・數・出る時歴史 (13) 彗星の因・軌道 (7) |
| | その他 | (0) | お月様 (1) | (0) | (0) | 惑星と太陽との關係 (5) | 惑星の運動太陽系の因 (13) |
| 名稱 | 名稱 | 名前をしりたい (3) | どんな名があるか (4) | どうしてつけるかおぼえたい (19) | どんな名前があるかどうやつてつけるか (28) | 名前はどうやつてつけるか おぼえたい (45) | 誰がどうしてつけるか (19) |
| | 星座 | 熊はどこにある (10) | | 形をしらべたい (4) | 名前をおぼえたい (7) | おぼえたい (39) | 季節毎の星座をおぼえたい (22) |
| | 神話 | お話をききたい (3) | お話をききたい (11) | お話がききたい (3) | お話をききたい (6) | お話をききたい (4) | 傳説をききたい (19) |
| 光 | 光の因 | なぜ光るか (6) | なぜ光るか (23) | なぜ光るか (9) | 何故光るか (12) | どうして光るか (16) | どうして光るか (7) |
| | 夜る見え因 | (0) | 何故夜見えるか (12) | 何故夜見えるか (2) | 夜光る因 (90) | (0) | 出る時と出ない時のある因・自光反射光 (23) |
| | 晝見えぬ因 | (0) | 晝何故見えぬか (9) | 晝見えぬのは何故か (4) | 晝見えぬ因 (2) | 晝見えぬ因 (6) | |

| | | | | | | | |
|---|---|---|---|---|---|---|---|
| | ☆形 | どんな形か (7) | ☆形は何故か (4) | 光り方はどうか (50) | (0) | 何故☆形に見えるか (3) | 本當に☆形か何故か (8) |
| | 等級 | (0) | どの位の光か (5) | 星の光の大いさ (2) | どの位の光か (7) | 光の大小 (5) | 等級はどうしてか (11) |
| | 色 | (0) | 何故色があるか (7) | どんな色があるか (6) | 色はなぜか (4) | 色はどうか (7) | 何故色があるか (2) |
| 位置 | 移動出入 | (0) | 出入のところをしらべたい (7) | 出る場所・位置 (7) | 出る所を見たい，動くかどの位か (16) | 出入し方・動き方 (15) | 位置・運動 (17) |
| | 距離位置 | (0) | (0) | (0) | 距離はどの位か (16) | 位置・距りは (26) | 距りはどうか (7) |
| 成因構造引力 | 成因 | (0) | どうやつて出來たか (7) | どうして出來たか (5) | どうして出來たか (8) | 星の出來方 (22) | どうして出來たか (10) |
| | 內部 | (0) | 何からどう出來ているか (8) | 何から出來ているか (4) | 何から出來たか (5) | 何から出來ているか，溫度 (12) | 何から出來ているか (9) |
| | 表面 | (0) | (0) | 中はどうか人がいるか (7) | 表面はどうか (5) | 星の生物はどうか (7) | 表面には生物がいるか (12) |
| | 大いさ形狀 | どんなに大きいか (1) | 大小はどうしてか (9) | 大いさはどの位か (11) | 大いさはどうか (18) | 大いさはどれ位か (18) | 大いさはどれ位か，形はどうか (22) |
| | 數 | (0) | どの位あるか (3) | 數 (2) | 數 (12) | 數 (20) | (0) |
| | 引力 | どうして廻つているか (1) | なぜ落ちないか (2) | (0) | 引力 (8) | どうして落ちないか (8) | 引力關係はどうか (9) |
| その他 | 人生との關係 | いつて見たい (17) | 星と親しみたい (10) | 親しみたい，しらべている人，しらべたい (7) | 人生との關係 (11) | 人生にどう役立つか (7) | 人生との關係はどうか (11) |

## (Ⅲ)「星」の調査結果に對する兒童のもつ問題の傾向考察

1. 太陽系の星について

「火星について」一・二年生では數も少し「どうして赤いか」程度の簡單な內容である。三年では「周りはどの位あるか」「どんな人がいるか」又「ロケットで行くとどの位かゝるか」と云う樣な空想的なものが出る。四・五年生では,「どうして出來たか」と成因を問い,「熱はどの位,草木,動物,人間がいるか」又「どんなものがいるか」という問の數が急に多くなる,六年生へ來るとそれに加えて「溫度・空氣引力關係はどうか」「更に最新の學說はどうか」となる。

「流星」について,一・二年生では「見たい」と云う程度が非常に多い。三・四年生に到ると「どうして流れるか」と云う樣な成因に關する樣なものが,現れ始める。五年生になると之に加えて「その距離はどの位か」という內容を問うに到り,六年では「どんな時多いか」という數に關するもの,又その速度・歷史とか「どの邊に多く流れるか」「長い尾を引くがどうか」と云う樣に實質に關する問が發せられる。

2. 名稱に關して,傳說

四・五・六の高學年に於て「どうして名をつけるか」「どんなものがあるか覺えたい」と云うもの多く,二年生を中心とした低學年(女子にては高學年)に於ては「お話をききたい」という樣な空想的ロマンチックな世界にひたろうとする傾向が見られる。

3. 光について

「何故光るか」「どうして夜見えて晝見えぬか」という種の問は,一・二年より既に現れ,五・六年生に到るも未だ現れている。唯六年では自光・反射光の因を問うものが出ている。所謂☆形に見える理,色等に關しても同樣全學年に現れている。等級,星の大小についての問は六年あたりに到って最高を示している。

4. 位置・移動關係

位置・移動・關係については,低學年に少く,四・五・六年に到って多く現れている。

5. 成因・構造・引力

成因・構造・引力等については,低學年に少く,中・高學年に進むに從って漸次增加し何れも五・六年に到って最高數が現れている。

6. 人生との關係

低學年一・二・三年迄は「親しみたい」という樣なものが多く,高學年に到るに從って「人生にどう役立つか」という樣に利用・活用方面に關心が向いている。

7. 總　　括

總括して一・二年生は,素朴的な關心であり,三・四年生は,空想的な問題や何故かと云うような不可思議感をもち,五・六年生に至れば,その因果關係を究めようとする傾向をもつ。

## (Ⅴ)「レンズ」についての問題の重點一覽表 (數字は問題數)

| 分項目＼學年 | 一年 | 二年 | 三年 | 四年 | 五年 | 六年 |
|---|---|---|---|---|---|---|
| 構造 | (0) | レンズの形や中のことについてしらべたい (13) | レンズの形についてしらべたい (2) | レンズの特有の形や質についてしらべたい (2) | レンズの特有の形や質についてしらべたい (18) | 色々なレンズについて構造のちがいをしらべたい (15) |
| 機能 | レンズで紙が燃えたり物が大きく見えるわけ (12) | レンズで物が燒けたり見えたりするわけ (68) | レンズでものを燒いたり見たりする時の色々なちがいについて (75) | レンズでものが燒けたり色々に見えたりするわけと光との關係 (90) | レンズでものが燒けたり色々に見えたりするわけと光との關係 (129) | レンズで物が燒けたり見えたりするわけと光及焦點巨離の關係 (67) |
| 種類 | (0) | (0) | レンズの種類 (1) | レンズの大小 (1) | 凸レンズ凹レンズとのちがい (1) | 凸レンズと凹レンズとのちがい (9) |
| 利用 | (0) | 望遠鏡・眼鏡をつくりたい (3) | 望遠鏡・顯微鏡を造ったり,しらべたい (4) | 望遠鏡・眼鏡のレンズをしらべたい (5) | 望遠鏡・双眼鏡・顯微鏡・寫眞機などについて色々しらべたい (30) | 望遠鏡や,眼鏡などについてしらべたい (16) |
| 製法 | レンズはどうして作るか (3) | レンズの作り方をしらべたり作ったりしたい (3) | レンズは何からどうして作るか (10) | レンズは何からどうして何處で出來るか (31) | レンズの製法・原料・製作場所をしりたい (36) | レンズの製法 (21) |
| 社會的關聯性 | (0) | レンズのあるわけ (50) | (0) | レンズの發明,よいレンズについて (9) | レンズの歷史と普及狀態 (22) | レンズの發明,よいレンズについて (4) |

| | | | | | | |
|---|---|---|---|---|---|---|
| 實驗及び遊び | レンズで何かしたい (73) | レンズで遊んでみたい (115) | レンズで色々したい (25) | レンズでものを燒いたり物をみたりしたい (8) | レンズで燒いたり見たりしたい (8) | レンズで見たい (3) |
| 其の他 | | | | | | |

## （V） レンズの調査結果に對する兒童のもつ問題傾向考察

1. 構　　造

三年生頃までは只漠然としてレンズの形・大きさ・ガラス等について，調べたいと云うに過ぎないが，四年生になると眞中の厚い凸レンズの構造に問題をもちはじめ，六年生は厚さと，焦點距離の關係，レンズの度の事について問題を持っている。

2. 機　　能

(イ)　「燒ける事」一・二年生は只燒けるか，燒けないかに問題があるが，三年生に到って，燒け方に色々の相違のあることに着眼しはじめる，六年生頃になれば燒ける事についての興味は他に比して少い。

(ロ)　「見える事」一・二年生は見えるとか，大きく見えるとかについて，疑問があるが，三年生に到って見え方に色々の相違のあることに着眼しはじめる。(イ)(ロ)に關連して，四年頃よりレンズを通る光についての關心がみえはじめる。

3. 種　　類

一・二年生は問題をもたず，三年生も少い。四年生になって，大小凹凸の違いなどに問題をもちはじめる。

4. 利　　用

三年生までは少いが四年生より問題をもちはじめ，五年生が非常に廣範圍に亘って關心を示している。

5. 社會的關連性

四年生より歴史に關することや，すぐれたレンズを持つ國などに關心をもつ。

6. 實驗及び遊び

二年生が最も關心多く，レンズを，もて遊びたいというような興味が多方面に亘っているが高學年になるにつれて少くなる。五年生頃より燒いてみたいことには興味が少くなる。

7. 總　　括

全般を通じてみるに，低學年はレンズを使っての遊びに中心があり，五年生頃よりは，レンズを使用した機械器具に深い關心をもち，その構造や機能を調べてみることに強い興味・關心の傾向を示している。六年生はレンズと社會的關連に關心を向けている。

## （Ⅵ）「からだ」についての問題の重點一覽表　（数字は問題數）

| | 一　年 | 二　年 | 三　年 | 四　年 | 五　年 | 六　年 |
|---|---|---|---|---|---|---|
| 出生 | どうして生れるか (2) | どうして生れるか (27) | どうして生れるか祖先は何か (4) | どうして生れるか (16) | 生れるわけ人の祖先 (21) | どうして生れるか，歴史・進化は (10) |
| 成長 | 背ののびるわけ (1) | どうして動くか (3) | 体の力や働き (6) | 身長ののびや，動くわけ (9) | 体内の働き (10) | 体の働き (34) |
| 全体 | 体の中はどうなっているか (3) | 体の形や，体の中を調べたい (24) | 体の中の様子をしらべたい (34) | 体の內外の形や種類 (32) | 体内のしらべ，体のつくり (38) | 人体の構造と働き (26) |
| 五官 | 目・鼻・耳の形や，聲の出るわけ (6) | 目・鼻・耳口の形や，あるわけ (37) | 目・鼻・耳口の形や，その働きのわけ (38) | 目・鼻・耳口の形や，その働き (24) | 目・鼻・耳口の形や，その働き (14) | 器官についてその働き (36) |
| 皮膚 | 毛のはえるわけ (1) | 毛・爪のはえるわけ (36) | 同　左 (23) | 同　左 (27) | 毛・爪のはえるわけやその様子 (16) | 毛・爪のはえるわけや皮膚の構造や形 (15) |
| 四肢 | 手・足のまがるわけ (2) | 手足のあるわけ，動くわけ (48) | 手足の形や動くわけ (15) | 手足の形や動くわけ (12) | 指の五本あるわけや働き (17) | 手足の動くわけやつくり (10) |
| 消化 | 腸のあるわけ (5) | 食物はどこを通るか (19) | 胃や腸のあるわけと，中のようす (15) | 胃や腸の形とその働き (31) | 胃腸の位置や形と消化の様子 (19) | 胃腸の形態とその消化の様子 (29) |

| | | | | | | |
|---|---|---|---|---|---|---|
| 呼吸 | ナシ | 息をするわけ (1) | 息をするわけ (2) | 肺はどこにあるか (6) | 肺の形と呼吸のし方 (4) | 肺の形とその働き (16) |
| 循環 | 血のあるわけ (1) | 血や，心臓のあるわけ (7) | 心臓の樣子血のできたわけ (15) | 心臓の形や血の働き (7) | 心臓や，血の働き (22) | 同左 (38) |
| 筋肉 | ナシ | ナシ | 肉はどうして出來るか (5) | 肉はどうしてやわらかいか (2) | ナシ | 筋肉の働きについて (19) |
| 神經 | ナシ | ナシ | 神經はいくつあるか (1) | ナシ | 神經はどんなものか (2) | 神經とその働き (14) |
| 腦 | 腦はどうなっているか (4) | 同左 (1) | 腦の形はどうか (5) | 腦の形と働き (13) | 同左 (6) | 腦と神經の構造と働き (29) |
| 排泄 | 便の出るわけ (2) | 同左 (1) | 同左 (3) | 生後すぐ便の出るわけ (1) | ナシ | 腎臓の働きと尿の出るわけ (9) |
| 骨骼 | どうしてあるか (1) | どうなっているか (13) | 同左 (9) | どんな形か (14) | 骨の形・位置・種類 (10) | 骨の成因・構造・働き (15) |
| 病氣 | ナシ | 病氣になるわけ (30) | 病氣になるわけと樣子 (5) | 病氣のわけ (39) | 病氣のわけと種類 (29) | 病氣の原因種類・樣子 (20) |
| 寄生虫 | 虫をしらべる (5) | どうしてわくか (7) | 場所・種類わく理由 (6) | 場所・種類食物 (8) | 同左 (12) | ナシ |
| 保健 | ナシ | 丈夫になる運動のし方 (8) | 体に強い弱いのあるわけ (4) | 健康になる方法 (20) | 健康と体重運動榮養氣候など (20) | 健康と睡眠食物のとり方 (5) |
| 熱 | ナシ | 体温のあるわけ (2) | ナシ | 病氣と熱 (2) | 体温のしらべ (2) | 發熱と病氣 (3) |
| 生命 | ナシ | 死ぬわけ (1) | 生きているわけ (1) | 死んだり長生きしたりするわけ (2) | 生きているわけ (4) | 死ぬわけ (3) |
| その他 | 耳あかは何か (1) | 耳あか・ばいきん・咳あくびの出るわけ (6) | 年寄りになるわけ (2) | 耳あか・しびれのするわけ (3) | 耳あか (1) | 魚の目・色盲・汗・しやつくりなど (8) |

## (VI)「からだ」の調査の結果に對する兒童のもつ問題の傾向考察

1. 体についての疑問關心は，表を一見してわかる樣に先ず外面的に表われた身体全体に關すること，細かくは目・耳・鼻・皮膚・毛・四肢等である。それも一・二・三年生の低學年に於ては，「外形的な形」や，その「存在する理由」などに問題をもち，四年生後より，それらの詳しい「形態」や「位置」及び「働き」に心を向け，五・六年生に至ればその「構造」「機能」等を詳しく調べてみたいという意欲を持つ樣になる。
2. 內部的なものに對する消化・呼吸・循環・筋肉・骨骼・神經・腦・排泄などに關しては全般的に問題は少く，一・二年に於ては問題をもたぬものさえある然し，高學年に進むにつれて，問題數を增し，特に消化と循環については關心が多く消化系・循環系の構造・機能に非常に多くの問題をもつようになる。
3. 病氣と保健については，生活に直接關係が深いだけに全般的に關心問題が多い。これについては低學年は比較的少く，且つ「どうして病氣になるか」とか「体に強い弱いのあるのは何故か」等の消極的面を表わしているのに反して，四年生，五年生になれば「病氣の原因とその種類を調べたい」という意欲の上に更に積極的な「健康法」を究めようとしている。即ち「健康と運動・食物・睡眠・住居・氣候」などの關係はどの樣にすればよいかと云った樣な傾向を強く表わしている。
4. 呼吸・神經・熱・生命等に關しては問題數は少いがやはり低學年より高學年への傾向は，同樣な動きを示している。
5. 總括して一般に一・二年生は体の器官や現象に對して單に「どうして」と言う疑問をもっているのに對して三・四年生はそれらの樣子はどうか，又どうしてかという因果關係に多少觸れて考え，五・六年生になればその因果關係を深くつきつめていきたいという心意的傾向をもつ，從って保健衞生に關する「からだ」の科學的考察は四年頃よりそれが芽ばぶ, 五・六年生に至り,驥闍になってくる。低學年はむしろ襲けられて,自覺するということになろう。

予想される學習活動に對する與求關心の傾向調査

前項5の調査によって、児童のシークェンスの面を把握する材料を得ることはできるが、興味・關心の範圍即ちスコープの面が未だ明確にならない。そこで本調査では様々な學習活動に對する興味・關心の傾向を調べてスコープ的な面を規定しようとしたのである。この調査だけでは勿論スコープの面は完全に明確にはならないのであるが、學年の目標と共に一應その範圍を規定することが出來るし又、同時にシーケンス的な面の傾向をも前調査5と共に更に憂づけていくことができるのである。

引 査 方 法

イ 調査事項設定の根據

全學年に亘る「理解の目標」より「學習すべき事項」が考えられる。そして、 その事項から、いろいろの具体的な學習活動が譲想される。この「譲想される學 習活動」は兒童の遊びや、疑問の調査や、平常の觀察等からも考察して教師が臻 想して決めたものである。この様々な活動を兒童に理解し易い平易な言葉で表現 して、各分野毎に半紙一枚ずつの紙に番號をつけて列撃したものを印刷し、調査 用紙としたのである。

3 調査條件(動物の分野を例にとつて説明する。)

〇間 題(次の事柄を調査用紙にも印刷して讀んでやる。)

「動物に関係した理科のお勉强には次にあげてあるようなことがいくつも考えられます。あなたが今の舉年で、四月からこの一年間に、やってみたいと思うのに二〇ヶ位〇をつけて下さい。この調査用紙を一人一枚ずついたゞいたならば、先生から一通り、ゆっくり護んでいたゞきます。意味のわからないところは、お尋ねして考えます。護んでいたゞいている間に "これは面白いなあ,"やってみたいなあ," と思われるのには一寸印をつけておいて、後で最もやってみたいと思うのだけ番號を〇で包んで下さい。そして、それは、あなたがほんとうにやってみたいことで、自分に出來そうなことでなければなりません。」

問題數 100 ヶ前後の中,選擇數50ケを選んだのは約四分の一として大略の傾向。 だらにさく

、 結果の製油及びれの地路

學年毎にその結果を集計して,統計的にグラフ化してその結果を出し,それだれの分野毎に考察したのが後に掲げるところのものである。尚**全分野に亙っての**

co

綜合考察の一覽と結果の考察を試みてシークェンス的なものも出してみた。 次に示すものは調査事項設定の根據と調査結果とその考察及び全分野綜合考察 いてもみ

調査事項設定の根據の一例

)―||夜|| (慰物に騒するものの分野)

角

1

	The state of the s	
		している。
(2)、上門・グロ野・飛びるの	₹	3
(19) 下間の消費と奪むる	各季節毎に動物を観察したり	(四) 動物は季節
(18) 蜂の娘を歩しけい観察する。		
(17) ありの異をみつけて観察する。		
(16) へもの現を觀察する。		:
64		猫の笛やゃし
(15) 鳥の巣箱を校隠にかけて観察す	1. H	が労組しが
(14) 鳥の巣の鰈本や質物をみる。(5)	猫々の間物の斑を調発する。	(三) 動物はそれ
たついて話合う。		
(13) いろいろの動物の食物の食べ物		
(12) ほたるを飼う。		
(11) あお虫・け虫・などを飼う。		
(10) 

かぶと虫・かまきりを飼う。		4
(9) おたまじゃくしを飼してみる。		J ト ミ ベ ・
80		類の食物をと
(8) かえるを飼つて、犬をたべさ中	食物の食べ方を觀察する。	ぞれ違った種
(7) はつかねずみを飼つてみる。	1	
(6) みみずを飼ってみる。	猫をの動物を飼査して食物を	(一) 恒型イドで
(5) 鳥や、鳥の災の鰈本やみる。		
などと飽う。		
(4) 会無・メダカ・ふな・たにし・		
(3) 慰物の箔眞や簪を集める。		なっている。
てある動物をみる。	本を見たり、飼育したりする	のしへ転後や
(2) 公開を動物間・牧場などに飼っ	And the second of the second o	
(1) 學校で飼つている動物をみる。	描るの壁をの解をも確め、調	石 当 上 圣 高 下 一
衆 想 これる 學 習 活 動	目標より考えられる學習事項	理解の目標
		THE STREET OF STREET STREET, S

11

\mathcal{I}	
体の特徴や	ATTENDED TO SELECTION OF THE PERSONS
古の再鎖が 個人の慰をが記るを終を賦外	THE WORLD CONTINUES AND AND AND ADDRESS OF THE SECOND SECOND ASSESSMENT ASSESSMENT OF THE PARTY
(20)	į
	-
物・標本・	- HOOSENSON -
・無害などで感・	Contract of the Contract of th
归	-
	J

でた動物の行籍日記にする。	季節の折々に無付い 動を響きとめたり繪	(3.3)	各率節係に動物の生活を觀察 して季節との關係を考察する	(A) 動物は季節 に適した生活
				i
(25)	ひよこを飼う。	(37)		5, 又役に立
(24)	うさぎを飼う。	(35)	つていることを観察する。	これ できまれる
觀察する。	つばめの生活を觀	(35)	動物が人に愛育され,又役立	出 ある動物は
(15)				
を観察する	いるいるの鳥の巢を觀察す	(34)	している様子をみる。	8 J 1 5 3 0 0
ばち・くる・あ する(16)(17)(18)	みつばち・あしながばりなどの巢を觀察す	(33)	積々の動物が巣をもつて生活	
				そっている。
て、観察する	かたつむりを飼つ	(32)	動物の護身法をみる。	知 動物は自分 を守る方法を
01	がて原立しのをみ			をうけている
子を育てや	めの卵を生み	(31)	を概然する。	円點と保闕と
などでみる。	小鳥の生活を映畫な	(30)	小鳥などのひなを育てる様子	国の多くの国物
・たにしなど	さんぎょ・めだか・を飼つて観察する。	(29)		
の卵や青虫を飼 (11)	もろしるもよろの! ひれ観察する。	(28)		
つご餌を食べ	なしかながみを定しされてみる。	(27)		
館して質を食(9)(32)	お方まじゃくしを	(26)		なくてはなら
7	ひよこを飼つて餌を みる。	(25)	64 0	ā
かたくさもし	らさがを飼して餌を みる。	(24)	動物を飼育し食物の様子をみ	(三) 動物は生き
	生の膨化やみや。			
行の中観の一	観を飼してまるなど	(23)		
成長の順序をみる	観を飼育して成長		BESSE 9 € O	した過がめる
飼りて成長を	じゃくしを	(22)	動物を飼育して成長の順序を調みよっ	
しめら、策下	いろの虫をあてみる。	(21)	3 0	と見別ける。
サト国別す	さ。(5)(14)		で観察してその特徴を属別す	元人八以る動物や名の動物

さずる。

(39) っぱめの生活を打ゃみる。 (40) 秋の終り谷の間など枝について いるまゆ・さなぎ・虹の巣など

を取つてきて飼っておく。

111

中

			%に適應する
			展示よりた外
描い観察する。			見るののは少
かえる・いもりなどの冬眠を水	(57)		成ってより、
つばめの觀察日記を書〈 (31)	(5 ₀)	動物の冬越しの様子をみる。	製る
級する。			f
居なくなったりするのを観然記し		6000	94 44 44
どの近田		% t	遠への方へ旅
らべいす・めじろ・もず・つば	(55)	動物の移動して生活する様子	(2) 或るものは
や、ひさぎの体の色をみる。			3°0
繪や腺体に関き外のひいわれる	(54)		ひり翻合や
されるの存の句の類なのちなる。	(53)		色は季節によ
たりする。		のの理解の形然でもの	(1) 或る動物の
動を書きとめたり、穭日記にし		t :	万適している
季節の折々に氣付いた動物の行	(52)	動物の生活で体の形色と発館	(三) 動物は環境
すずめのひなを育てる。	(51)		
樹にかけた巢箱を觀察する。	(50)	長するのを形然する。	はたているが
觀然日記を書く。			オースな
にわとリが卵を抱いている時の	(49)	動物が愛され保護されて,成	(二) 動物はどん
でろいろの鳥の卵をあつめて繁理する。	(48)		
猶を原本なころころの馬の口ば つを爪ややる。	(47)		
繪で猛駅類の歯や爪をみる。	(46)		
緩の小魚や小動物を飼う。	(45)		
貝がらを集めて整理する。	(44)		
めだか・どじよう・ふななどを 水槽で飼う。	(43)	て対象でいる。	でできる。は、は、は、は、は、は、は、は、は、は、は、は、は、は、は、は、は、は、は、
からへ。		1	1 (1
〜水中の小動物をと	(42)	つかり、 猶を窓回らやかりつ	することが出
動物の繪・標本などにより,けるの・鳥・虫に分類整理する。	(41)	積々の動物を採集したり飼育	(+) 動物は類別
			· · · · · · · · · · · · · · · · · · ·

1
Ç
4:
1

		(2) 生物1123 〇	四年、 2年、 六 (1) 生物ではい い ろいろの種類 簇 がある。 の	(ii) 動物は身を 動 護る方法をも 損 つている。	知 成の同物は 動光の一生の間に形が纏る。	(生) おる動物は 類 水陰両方にす む。
)カダツュリ・ナメクツは鑑した再によく殆魅する。	大戦の闘所できる。は、あなりに、あなりに、あなりにあなったである。	Oハイやカは吸がい年に早へ でてくる。	大年 いるいる

水陰西療や調へる。
(78)	(76) (76)	(73)	(69) (70) (71)		(60) (61) (62) (63)	(58) (59)
生活や聞くてなる。	語路や明しに無まつてへの動物 語路や明しに無まつてへの動物 や調べる。 土の中や時いところにすむ動物 を調べる。(ナメクジ・セグラ・ ケラ・ミミス等) カタッムリをナメクジの単語や 超べる。(22)	なったいいなりにいることに	いろい

| | | |
|---|---|---|
| (4) ある動物は水陸両方にすむ。 | 動物の水陸両棲を調べる。 | (58) かえるは陸地や水中にいるのを観察する。<br>(59) かにの住んでいる場所や様子を調べる。 |
| (4) 或る動物はその一生の間に形が變る。 | 動物の變態を調べる。 | (60) 虫の一生を，標本・繪にまとめてみる。 (11)(28)<br>(61) おたまじやくしを育てて觀察日記を書く。 (9)(22)(26)<br>(62) あをむし・けむしを育てて觀察日記を書く。 (11)(28)(51)<br>(63) はちの巣を觀察して，記録をとる。<br>(64) ありの巣を砂箱の中へつくらせて觀察する。 |
| (5) 動物は身を護る方法をもつている。 | 動物の保護色・警戒色・擬態擬死などによる護身法をみる | (65) 近づいたとき毒や臭を出して，身を守る動物を調べる。<br>(66) 近づいたとき，死んだまねをする虫を調べる。<br>(67) まわりのものと，まぎらわしい色や形の虫をあつめて標本にする。<br>(68) かめの頭や尾足をちぢめて，身をまもるのを觀察する。 |

四年，五年，六年

| | | |
|---|---|---|
| (1) 生物にはいろいろの種類がある。 | いろいろの動物を集めたり觀察したりして形や生活の様子のちがいによつて分類してみる。 | (69) いろいろの虫を集めて標本を作る。<br>(70) いろいろの鳥の生活を調べて，そのちがいをみる。<br>(71) いろいろの，けものの生活を調べてそのちがいをみる。<br>(72) 海にすむ動物を調べて，そのちがいをみる。 |
| (2) 生物はいろいろの環境の變化の影響をうける。 | ○ハイやカは暖かい年に早くでてくる。<br>○ハイはくさいものによく集まる。<br>○昆虫は天氣の關係で盛にふえること。<br>○動物には，あかりに集まるものがある。<br>○動物には暗いところを好むものがある。<br>○カタツムリ・ナメクジは濕つた時によく活動する。 | (73) ハイやカの生活の様子を調べる<br>(74) アブラムシ・ウンカ・カ等の發生と天候との關係を調べる。<br>(75) 電燈や明りに集まつてくる動物を調べる。<br>(76) 土の中や暗いところにすむ動物を調べる。(ナメクジ・モグラ・ケラ・ミミズ等)<br>(77) カタツムリやナメクジの生活を調べる。 (32)<br>(78) 蛙の生活を調べてみる。 |

| | | |
|---|---|---|
| | ○アマガエル等はまわりの色によつて体の色が變る。 | |
| (3) 生物は季節によつて生活の様子がちがう。 | ○えちごうさぎや雷鳥が季節によつて毛の生え方や色に變りのあることを調べる。<br>○小鳥は季節によつて棲む場所を變えることを調べる。<br>○昆虫が卵や蛹で冬を越しているのをみる。<br>○かえるやへびやいろいろの動物の冬眠を調べる。<br>○魚は季節によつて棲む場所のかわるのをみる。 | (79) やまうさぎや雷鳥の生活を調べる。<br>(80) 渡り鳥について調べる。 (54)<br>(81) こうろぎの一生を調べる。<br>(82) かえるの一生の生活の様子を調べる。<br>(83) へびの一生の生活の様子を調べる。<br>(84) サケ・マス・ニシン・タイ・カツオ・マグロ等の一年間の生活やすむ場所を調べる。 |
| (4) すんでいる生物はどこでも同じではない。 | ○川・海・沼池・平地・高山等の動物は各々特徴がある<br>○地域によつて棲んでいる動物が同じでないことをみる<br>○特別な土地でなければみられない珍らしいものがある | (85) 川・海・平地・高山・沼等の動物を調べてそのちがいをみる。<br>(86) 暖かい地方，寒い地方にすむ動物のちがいを調べてみる。<br>(87) 各地の天然記念物，特有動物を調べてみる。 |
| (5) 生物はふえる。 | ○動物が子や卵を産んでふえるのをみる。<br>○動物が子や卵を育てるのを觀察する。<br>○一年に何回も子や卵を産む動物をみる。 | (88) ツバメの子を育てる様子を觀察する。 (31) (55)<br>(89) うさぎの子を育てる様子を〃〃。<br>(90) にわとりのひなをかえして育てる様子を觀察する。 (49)<br>(91) ハイやカの一生を調べてみる。<br>(92) こうろぎの卵からでるところをみる。<br>(93) くもの卵や，卵から子の出るところをみる。 |
| (6) 子は親に似ているが全く同じではない | ○動物の親と子の似たところやちがいをみる。 | (94) うさぎ・にわとり・犬・ねこなどの親と子のちがいを調べてみる。 |
| (7) 子はきまつた發育をして親になる。 | ○動物の成長の變化を觀察する。<br>○動物の成長するまでに育つた場所のちがいを觀察する | (95) アオムシ・蠶・オタマジヤクシ等を飼育して体の様子の變り方を觀察する。 (11 25 59)<br>(96) セミ・トンボの成長を觀察して大きくなるにつれて棲んでいる場所のちがいを調べてみる。 |
| | | (97) 蛙の体の様子や生活を調べてみ |

| | | |
|---|---|---|
| (8) 生物はある構造をもつている。それにはそれぞれの働きがある。 | いろいろの動物の体の形態構造と生活上の機能とを調べてみる。 | る。<br>(98) へびの体の様子や生活を調べてみぬ。<br>(99) こうろぎの〃 〃 〃 〃<br>(100) 蜂の 〃 〃 〃 〃<br>(101) 魚類の 〃 〃 〃 〃<br>(102) くも類の 〃 〃 〃 〃<br>(103) 鳥類の 〃 〃 〃 〃<br>(104) ねずみの 〃 〃 〃 〃<br>(105) 家畜（牛・馬・山羊・ねこ・うさぎ犬・豚等の体の様子と生活を調べてみる。 |
| (9) 生物は互に侵したり助け合つたりして自然のつり合がとれている。 | 動物相互や動物と植物との相互關係を調べる。 | (106) アリとアブラムシの生活を觀察する。<br>(107) 森林や草むらとそこに棲む動物を觀察する。<br>(108) アブラムシとテントウムシの生活を調べる。<br>(109) 動物と植物の酸素をとる上の關係を調べる。<br>(110) 動物の死がいや糞と植物との關係を調べる。<br>(111) 草木や野菜を食う虫を調べる。<br>(112) 害虫とその驅除法を調べる。 |
| (10) 社會生活をする動物がある。 | 社會生活をする動物の生活狀態を調べる。 | (113) アリの生活の樣子を調べる。(17)(63)<br>(114) ミツバチの生活の樣子を調べる。(76) |
| (11) 地球の永い間に棲んでいた生物の種類は同じではない。その形はだんだんに變つている。 | ○昔の動物と今の動物とに，どんな變りがあつたかを調べる。<br>○大昔の動物は亡びているが化石を調べてその動物を知る手がかりとする。<br>○大昔の動物の亡びた原因を調べる。<br>○動物の種類や形や性質を人の力で變え得ることを調べる。 | (115) 參考書で昔の動物の樣子を調べてみる。<br>(116) 化石を調べて昔の動物を考える<br>(117) 氷河・地殼の變動・氣溫の變化で亡びた動物を調べる。（參考書で）<br>(118) 參考書で動物の形や性質を人の力で變えられるかどうか調べる |
| (12) 生物は必要な物質を取り入れて体内で變化して生きている。 | 動物の食物と消化について調べる。<br>動物の呼吸について調べる。 | (119) 前記のいろいろな動物飼育に兼ねて，消化や呼吸について調べる。 |

| | | |
|---|---|---|
| (13) 人は動物を利用して生きている。 | ○人が食用に利用している動物を調べる。<br>○人が衣料に〃 〃 〃 〃<br>○人が建築・機械に利用している動物を調べる。<br>○人が勞役・運送・交通等に利用している動物を調べる。<br>○人が愛がんして樂しんでいる動物を調べる。 | (120) 人は動物をどのように利用しているかを調べる。 |
| (14) 生物を適當に保護しなければ利用價値がへる。 | ○鳥や魚や昆虫などで人の保護をうけて利用價値を增しているものを調べる。 | (121) （森林の）小鳥を愛護すればどのように役立つか調べる。<br>(122) 鮭やフナを池や沼や，どぶに飼つておくとどのように役立つか調べる。<br>(123) テントウムシを愛護すれば何か役立つことがあるか調べる。 |
| (15) 生物は人の健康と關係がある。 | ○ハイ・ノミ・カ・ネズミ等が病氣の仲だちをすることを調べる。<br>○寄生虫が人の健康を害するのを調べる。<br>○毒をもつ動物と人への害について調べる。<br>○微生物と人の体への影響を調べる。 | (124) ハイ・ノミ・カ・ネズミ等はどのように人に害するか調べる。<br>(125) おなかにたかる虫はどのように人に害するか調べる。<br>(126) ダムシ・ハチ・サソリ・フグ・ヘビ等はどのように人を害するか調べる。<br>(127) 傳染病のバイキンはどのようなもので，どのようにうつつてくるかを調べる。 |

**註**

以上は動物に關するものの分野だけについて,「調査事項」であるところの「豫想される學習活動」を導き出して設定した根據を示したのであるが，他の「植物」「土と空」「機械と道具」「保健衞生」に關するものの分野も全くこれと同樣の方法を用いたのであるからこゝに各分野に亘つて示さなくても理解してもらえることを考えて以下記載を略し，たゞ調査の結果と其の考察だけを各分野に亘つて記載することにした。

に集まる動物調べ		0000000000 00	0000000	000000000	000000	0000000000	00000000
土の中及び暗所に住む動物調べ		0000000000 00	000000	000000	00000	000	000
川・篠・高山・平地の動物の相景研究		000000000 000	o	00000	000	000000	00000
暖かい地方と痰い地方に住む動物調べと相暴	O1	000000000	00	00000	0000000	000000000	00000000
層の関を観察	6	0000000000	000000	00000	0000	00000	0000
小川の劇物採集と研究		0000000000 000	000000	0000	00000	00000	0000
単校の何育動物の観察	œ	0000000000	0000000000	00000	0	0	00
あお虫・けむしの飼育	9	0000000000	00000000	0	0	0	0
おたまじゃくしの個育	10	0000000000	00000000	00	00	0000	000
猫々なる虫のなかまの採巣	11	0000000000	00000	00000	0000	00000	0000
野菜につく害虫の繭べ	12	0000000000	00000	0000	000000	00000	000000
箱の奔虫について調べる	13	0000000000	00000	000	000	000	0000
縮や課本による動物の分類	14	0000000000	0000	0000	0	0000	00
水中の虫の飼育	15	0000000000	000000	000	0000	00	00
茶や草むらの動物館へ	16	0000000000	00	000	0000	00	000

輸及び標本により夏冬の曹島や兎の体色變化		00000000	000	000	00	000000	000
小鳥の渡りたついての謂べ	ž	0000000000	00000	00000	000000	000000	0000000
蠶の倒育とその一生の研究		0000000000	00000	00	00	0000	0000
にわとりの即を抱かせてかえらせる	20	0000000000	0000000	000	0000	000000	0000
蛙の生活の様子調べ	121	0000000000	00	00	0	000	0000
いもりの生活調べ	C3	000000000	00	0	0	00	
へだの生活調べ	23	00000000000	00	00	0	00	o
即物の熱や紅真の集め	42	0000000000	000000	000000000	00000	00000000	00000
ひょこの世語	64	0000000000	0000000	000	0000	00	0000
かぶと虫・かまぎりの飼育	26	0000000000	000			О	0
ほたるの飼育	27	0000000000	000000000	00000	000	00000	00000
動物の食物につきての話合い	28	0000000000	oc	000	00	00	0000
くもの巣臓祭	20	0000000000	00	0000	00	000	000
ありの巣觀察	30	0000000000	00000	000000	00000	00000	00000
動物同志おたがいの關係調べ	21	000000000	0	00	0	000	00000
植物・動物の關係調(32	000000	00	00	0	000000	000000
人間と動物との關係調べ	<u>င</u> ္သ	00000000	00	0	0	000	0000
公園・動物園・牧場にて飼育している動物調が	34	,00000000	00	0000	00	0000	000
みょずの側首	35	0000000000	000		0		b

- 0/

かたつむりの何音	36	0000000000	0	0	0	00	00
緒でけるのの歯や爪

をみる	C	0000000000	00	000	00	000	00
つばめが子の世話する状態を觀察する	38	0000000000	0000	00000000	000	0000000	000
磯(淮邊) の小動物の飼育	39	0000000000		00		00	
小鳥の卵の採集		0000000000	0000000	00000	00000		0000
蜂の生活状態調べ	41	0000000000	00	0	000	00	00000
ありの生活状態調べ	42	00000000	000	000	0000	0000	000
こうろぎの生活状態調べ	43	0000000000	00		00		000
あぶらむしの生活の映態調べ	44	0000000000	0	0		0	
てんとら虫の生活状態調べ	45	0000000000			0	0	0
かやはいの生活状態調べ	46	00000000		0		00	0000
くもの生活状態調べ	47	0000000000	00	0	00	00	0
種々なる動物の住居及巣調べ	48	0000000000	000	000	000	000	0000
季節により變化する動物の様子調べ	49	000000000	00	0000	0	000000	00000
うさぎの世話	50	0000000000	000	00000	0000	00	000
きぎの世間	51	0000000000	00	0	0		00
牛・馬・めんよう・犬・猫の世話	55	0000000000	00		00	00	00
小鳥の飼育	On Co	0000000000	0000000	00000000	00000	0000000	00

きんぎょ・めだか・どじょうの飼育	Ž,	000000000 000000	000000	00000	000000	00000	000
焦鑁ロ	55	0000000000	00000	000	0000	00000	0000
貝取りと貝製採集	Ž.	0000000000	00000	00000000	00000	000000000	0000000
めだかすくい	57.	0000000000	00000	000	00		000000
各地の天然記念物や特有の動物調べ	8	000000			00	0000	000
兎・ねこ・犬・にわとり等親子の相異闘べ	59	0000000000	00	0000	0000	00	000
せみ・とんぼの改長の決態觀察	60	0000000000 0	0000	00	0000	000	000
害虫とそのたいちの方法考察	18	000000000	00	0	0	0	000
ゆず虫の飼育	62	0000000000	0	0	0	00	0
ぎすの飼育	63	0000000000	000000	0000	0000	00	ao
か調べ動物の形態及び性質を入の力で變化し得る	64	0000		0		00	000000
調べはい・のか・かの加き入間に有害なる動物	65	00000000	0	00	0	00	000
人体寄生虫の青につき調べる	66	0000000000	00	00	0	0	000
す幣調べたむし・はち・さそり・へびの人間に改ぽ	67	0000000000		0	0	0	00

鳥の黛を庭にかけての観察	68	0000000000	0000	000	0000	00000	00
点類の生活状態の調べ		0000000000	00	00	0	0	00
小鳥類の生活状態の謂べ	70	0000000000	000	00		00	00
家畜の生活状態調べ	71	00000000	0		00	o	0

2 ねずみの生活状態の調べ	1	0000000	0	0	0	0	0
2 ばいきんの様染紅路の調べ	5	000000000	00	000	000	000000	0000
は 動物の謎身方法につき調べ	7	00000000	00	000	0	000	000
3 化石による大音の動物調べ	77.7	000000000		000000	00000	00000	000000
- リ鵬べる- 眼状でを規杖につくまゆさなぎ虫の巣を取り	1		000000	0	00	0000	00
	1	0000000000	0000000	0000	000	00	000
2 かえるの体色變化の狀態調べ	7	0000000000	00	0	000	0000	0
い 動物の運動につき調べる	79	000000000	0	00	0	0	00
5 動物の食物とその食べ方を謂べる	_	0000000000	00	000	0000	000	0000
5 動物の呼吸のし方につき調べる	2	0	000	000	0	00	0000
御物の鳴き方につき謂べる	82	0000000000	000	00000	00000000	0000	00000
動物の体の中の様子を調べる	30	000000000	0	00	00	00	000
、兎の解剖と中の様子謂べ	84	0000000000	00	0	00	000	00
にわとりの解剖をなし中の様子を謂ぶ	80	00000000	0		00000	00	00
かえるを解剖して中の機子をしらべる	86	00000000	00.	0	00000	00	00
こいの解剖と体内の様子調べ		0000000000	00000	00	000	000	000
虫の体内各部分を翻かく調べる		000000000000000000000000000000000000000	000	00	00	0000	000
人間に有盆なる動物につき謂べる		10000000000	000	0000	00000	000000000	000000

動物に關するものの分野の調査結果の考察

やってみたいという一年生特有の關心傾向と考えられた。それでも「動植物相 **でる。然し、これは興味に對する自覺的なものは乏しく、單に面白いだろう、** 表を一見して気グく様に、 あらゆるものに對して一應の興味と關心を表わして 互の關係」とか「天然記念物」「動物の人工的變化」の如き複雜な程度の高いも

二年生

のに對しては、さすがに關心度はべっと數を減じている。

念物「動物の生活狀態を調べる」等の繼續的で理論的なものに著しく關心が少 あるものに興味と關心が多く,一年生と同様やはり「生物の相互關係」1天然記 こ、鶏、ほたる等の飼育」「めだかすくい」等、直接的・行動的なもので身近に 「學校で飼育している動物の観察」「あおむし、けむし、おたまじゃくし、ひよ

やはり二年生と同様な直接的・活動的なものを好む傾向は見られるが更に「動 り「野菜の害虫」等のやいつき進んだ觀察的方向に關心が表われてくる。 物の鳴き方』つばめの子を育てる様子を調べる」「ありの巣をみる」「小鳥の波 三年生, 四年生

五年生, 六年生

學習にも興味と關心を持つようになる。さりとて低學年の好も行動的直接的な 分析的・綜合的・繼續的に調べてみなければならぬようなものや複雑な文献的 ものには興味が少いとは云いされない。 や形態の人工的變化」「はいきんの傳染經路」「有益動物の調べ」等の如き論理的 「暖地・寒

地の動物」「蛙の生活の様子』「季節の變化と動物の様子』「動物の生活

- 想される異智活動	H	208	11 年 22	11 第一世	2007年	片 年	大 年

金
単校の庭や畑にある花を見て歩く	<u>_</u>	000000000	00000	00000000	0000	0000	00
車花を花畑や循座にちえる		000000000 000	00000000	00000000	000000	000000	00000
いろ~な花や葉をあつめてままどと遊び	బ	0000000000	000000	00000000	0000	0	0
野原へ花や草つみに行きたい	4	0000000000 0	00000	00000000	0000	000	000000
松葉柳工をしてあそぶ			00000	00000000	0000	000	00
さしの葉の帆かけ舟をつくつて造ぶ	6	0000000000	00000000	0000000	00000	00	00
葉で笛をつくつてならす	7	0000000	0000	000000	0000	0	00
木の葉の上に紙をあてく木の葉の形を作る		0000000000 000	000000	000000000	0000	00000	00
入壁記念の木をらえる	9	00000000	000	00	0000	000	000000
くりやごんぐりたどの質をひろう	_	0000000000	00000000	00000000	0000000	000	000
百月草などの種をまいて花を吹かせる	11	0000000000	0000000	000000	00000	00000	00000
八百屋にどんな野菜があるかしらべる	20	00000000	00000	000000	0000000	0000000	00000
野菜を果物の繪を書く	13	0000000000	000000	000000	00000	00000	0000000
自分の家でつから野菜果物をしらべる	14	000000	0000	000	000000	0000000	00000
かぼちやを育てる	15	00000000	00	00	00	0	0
きらりむ育でる	16	000000000	00	00	00	0	io

もろとしを育てる	17	00000000	000	00	00	00	0
いねを育てる	18	0000000	000	000	0000	00	00
じゃがいもを育てる	19	00000000	00	0	000	0	
らて異なる。	20	000000	00	00	00	00	0
大根を育てる	13	0000000	0	0	0	0	
さつまいもむ育てる	61	000	00	0	0000	00	0
おじぎそうを育てる	29	00000	00	000	0	00	co
季節だよりを響く		0000	000000	0000	00000	00000	000000
窄の野で花をあつめる	Ç4 70	00000000000	000000	0000000	0000	000	00000
靍を水にひたしたものとひたさないもの間者	26	00000000	000	00000	000	00000	0000
芽の出たもの~日なたと日かげの調査	27	00000000	000	000	000	00	000
草や木の一年中に纏る様子の間盗	28	0000000	000	000	000	000000	0000000
花や草のおし葉おし花を作る	29	0000000000	00000	000000000	0000000	0000000	0000000
いろいろな花のちがいをくらべる	30	0000000	000	0000	0.	000000	oooo
いろいろな花の咲く時刻をしらべる	31	0000000	00	000	0000	000	000000
花や葉をあつめてもようを作る	32	000000000	0000	00000	0000	000	000
花別をつくる	ဗ္ဗ	0000000000	000000	0000000	0000	000	000
花畑の日記をかく	34	000000	00000	0000000	0000	0000	000

-. 95

の意本をある	54	0000000000 00	000	00	00	000000	00
根わけをする		0000	0			00	00
竹やはすはどんなようにしてふえるか	56	00000	0	00	0	000	0
バクテリャはどんなよらにしてふえるか	57	000		000	000	0	0000000
種が風で散らされるものをしらべる	58	000000000	00	0	0	000	0
額が水で運ばれるものをしらべる	59	00000000	00	00	0	00	0
種が動物の体について散らされるものを	60	00000	0	0	0	000	0
種が動物に食べられて散らされるものを	61	000000	0	00	Q -	00	00
種がはじけて散らされるものをしらべる	62	00000	00	0	00	00	
風や虫のなかだちで質を描ぶものをしらべる	63	0000	0	0	0	00	00
よい種とわるい種をまいて生長の観察	64	0000	00	00	000	000	0000
植物は親とちがつた葉や花が出来るみの調査	65	00000	00	000	0	0000	000
植物についてかけあわせて新品種の實験	66	00000	0	0		000	0000
根のはたらきのしらべ	97	000000000	0	00	000	00	00
迩のはたらきのしらべ	68	000000	0		1.	0000	0
花のはたらきをしらべる	69	0000	00.	000	0	00000	0
種や質をしらべる	70	0000000	000	0	0	0	0
葉のばたらきをしらべる	71	0000	0	0	0	00000000	0

櫻はどのようにしていきているか調べる	72	00000000	000	000	000	000	00

おも繋はかれてどりなるか	7	00000000	000	00	00000	000000	00
たい問名しへひてかる			00	0	lo	0	
一概のあつまきとらすまきの時の間登		000	000	00)	0	co	000
- 化石で大曹の航物についてしらべる	7 0.	00000000	0	00000	000	0000000	0000000
: 背の草や木にはどんなものがあつたか	1	000000	0	000	000	000000	0000000
: 大昔の草や木は今どらして育たないか	700	000000	000	000	000	000000	00000
「植物は炭酸ガスを出す時があるかしらべる」	79	00	0	0	0 .	0	00
る植物は炭酸ガスを吸つて酸素を出すかしらべ	80	0	0	00		00	000
葉で澱粉が作られるかどらかしらべる	81	0	0	00	00	000	0000
肥料はどとから吸いとられるか	00	00000	000	0	00	0	00
人はどんな植物を食べているか	SS	000000	00	000	000000	00000	00000
旗物から出來た藥をしらべる	\$4	0000000	00	0000	0000	000000000	0000000
源屋 そしわべる	85	0000000	000	0	00	00000	0000000
人は木や草をどのように利用しているか	86	0000	00	0	0	0000	00000
私たちの衣類の原料はどとから得られるか	Si	0000	00	00	000	000	0000
森林は人にどんな利益をあたえているか	88	0000	00	00	0	0000	000
植物で手入れをしたものとしないもの、闘査	63	00000	00	00	0	QO	00
野菜・果物などと健康との關係	90	00000	0	00	0	0000	000
公尉・鎌地帶鐸の人に對するえいきよう	91	00000	000	00	0	00000	,000

植物に關するものの分野の調査結果の考察

直接的で情意的である。 花が目だたないようなものや,生で食べられないものには關心が少い。何事も をまいて育てたい傾向が多分に見られる。自分達が直接食べる植物であるが、 ものについては興味が少い。植物の中でも花の咲くようなものであるならば種 る……といった行動的なことで、直接理解の出來るようなものに興味が多い。 かほちゃ、きゅうり、もろこし、いね、じゃがいも、……を育てるといった 花や見て歩く,草花やらえる,細工やして遊ぶ。質をひろう,もし葉をつく

結果を書くようなことには關心もうすく興味をもたない。 どうなっているかとか、特別なものを調べるとか、はたらきを見るとか、實驗 して見るとか……というような、繼續するもの、分析的に思考するもの、調査 實物を調べるとか、日記を書くとか、生長を觀察するとか、名前を知るとか

一年生は、二年生に出して一般に興味の自覺が少と。

三。四年生

C1

學年に出して興味・關心が多る。 草や木の名前を知りたいとか, おつ薬・おつだを作るというようなことが何

や地質するといった傾向は余り見られない。 分析的に、論理的に見ていく傾向は稍く見えて來た。人間生活に對する關係 箱底やしへ
る、木の
質や
いろう、と
とっ
方
行
動
的な
遊
び
の
興
味
も
競
っ
に
て
る
。

五·六年生

のに關心が多くなっている。 自分達の生活と關係のあるもの、即ち、人はどんな植物を食べているか、食べ 物と健康,毒草を調査する,公園・緑地帶の人に對するえいきょうといったも 化石等で大者の植物を知りたい、植物の機能や生理を知りたいといった分析 一・二年生の様な花を見て歩く、物を作って遊ぶという傾向はべっと少く、

的に論理的に追究する傾向が著しい。

知の物に對する調査・研究の關心は一般に强く。 きゅうり、いね、いも等を育てるといった既知のものには興味がうすく、未

は全學年を通じて一番旺盛である。植物の分類とか,特衡を知る傾向が目立っ 實驗をする,觀察する,調査する,記錄するといった客觀的に考察する傾向

ている。

		92.					
予想される影響活動		4: 4: 20%	11 年金	三年名	四 2007	田 年 208	六 年208
飛をみて石や土がまざつているのを見る	-	000000000	0000	00000	00	00	
するのをみる日でりがつづくと補物がおれたり枯れたり	23	000000	000	00000	000000	000	00
あそよ 箱座をつくって山や谷川を作り水を流して	င္၁			0000000000	00000000	00000	00
川あそびして土が水に流れるのを見る	4	000000	0000	000000000	0000	0	00
いるいろな土を集めて土の標本を作る	51	00000000	0030	00000000	000000	00000	00000000
みる花肩を作る時土の中から石の出て来るのむ	6	000000	00	00000	0	00	
))元氣がなくなるのをみる練らえに水をやらないと花いて植物がだん	~1	0000000	00	00000	000	Ó	0
なるがみるわらや枯れ草をつみごえにしておくとどら	ဘ	00000	00	00000	000	0	o
ちがいをみる。いろいろの石をたたきわつて硬さや構造の	9	00000000	0000	000000000	000000	0000000	00000000
いて沈むのをみるいろいろの土を加えておいろいろの土をびんに入れて水を加えてお	10	0000000	0000	0000000	0000	00	00
をみつける地中のありの巣・おりじごく	11	000000000	00000	000000	00000	0000	0000
けてみるっかこみ箱の下などの虫をみつっかこえの下やごみ箱の下などの虫をみつ	12	000	0	0000	0	o	0
焦がくづれて次路に土にかわる様子をみる		000000	00	000000	0000	0000	000
きれいな石をあつめる	14	0000000000	00000	0000000000	0000000	0000000	0000000
川床の丸い石や小石の流れる様子をみる		0000	00	00000	000	00	
らべる顔のみちひは月の引力によつて起ることをし	16	0	0	000000	000	000000	0

					1	1	1
らべる棚のみちひによつて洗れがおこることをし	17	00	00	00	000	000	000
とをしらべる棚のみちひの幸は月や日によつてちが52	18	0	0	00	00	0000	0000
ぶことをしらべる 風は地表をけずり土砂をその他の場所へ選	19	000	0	00	0	00	0
ぶことをしらべる流れる水は陸地をけづり石や砂や土をはこ	50	00000	0	000	00	00;	0
たりするのを調べる地震によって斷層の出來たり土地の高まつ	21	Ō000	0	000	000	0000000	000000
だん大きくなることをしらべる火山は噴火すると岩や灰をつもらせてだん	22	00000	000	0000	00000	00000	0000
土や砂が長い間に岩になることをみる	53	00000	0	000	000	0000	000
岩はくだけて砂や土にかわるのをみる	24	0000	0	000	00	0	0
すことをしらべる火山は地球の中のとけた岩や灰やガスを出	25	00	00	00	00	000	000
火山の近くには温泉のあることをしらべる	92	000	0	oọ	0000	0000	0000
の様子を調べる温泉の温度やとけているもので恥かくの中	27	00	0	000	00	000	000
地震の原因をしらべる	83	00000	00	0000	00000	000000000	0000000
地震の振動によって内部の状態をしらべる	29	0.	00	0	0	0000	00
渋水等の災害を軛くする方法地震・火事・律改・颱風・霄・霜・ひでり	30	000000	00	0000	00	00000	000000
藤や切り通しで地暦を調べる	-	00	00	00	00	0	0

化石によつて生物の歴史をしらべる	32	00	00	00	00	0000000	0000
石炭石油はどうしてできるかしらべる	ట	000	00	00	0000	0000000	000
つくる地下からとれるもの及びその利用法を表に	34	0000	0	0	00	00	000
強からとれるもの及び利用法

を表につくる		0000	00	00	00	0000	0

大陽の田大の方角をしむべる	:6	000000	000	000	000	0000	C00
び鏡あそびする日なたにからかげふか、レンズ道日なたほつとしながらかげふか、レンズ道	97	0000000000	0000000	0000000	000000	000	0
改と熟はどらしてあるか悶べる	38	000	00	00000	00000	000000	00
お月見をして月の形のちがう様子をしらべる	99	00000	000	0000	000	00000	00
お月様は何時見えるかしらべる	40	00000	0	00	000	00	0
七夕祭したり星のお話をきいたりする	41	0000000	00000	00000	00000	000	000
見みつけ(一番二番三番・・・・・・・・・・・・・・・・・・・・・・・・・・・・・・・・・・	42	0000000000	0000	00000	000	00	0
たこあげしたり風重をまわしてみる	43	000000000	00000000	00000	0000	0	
しらべる月が形をかえるのに何日かゝるか毎日みて		000	00	000	000	00000000	00000
野だるまを作る	45	0000000000	000000000	0000000	0000	00	0
撃りさぎを作る	46	0000000000	000000000	00000000	0000	00	0
太陽や月やお黒様の聞へいつて見たい	47	0000000	00000000	00000000	000000000	0000000	.0000000
水は雨や雪その他のものになるのをしらべる	48	0000000	00	0	00	0000	00
雨や水のはたらき(盆・背)をしらべる	49	000	o		00	000	00
一年中毎日の天氣の様子をしらべる	50	00000	0000	00	00000	000000	000000
天氣の虁る一番の原因は何だかしらべる	51	000000	00		000	000000	000000
製の種類や成因をしらべる	52	00000	000	0	00	000	0000
風についているいろしらべる	53	000	0	0	0.0	0	000

天無強難はどらやってするかしらべる	54	0000	000	00	00	000	000
べる地球上各地の氣候のちがいその原因をしら	55	000	0	0	00	00	000000
などをしらべる日本(実表)の氣候のちがい、季節風梅雨	56	0	O	0	.00	000	0000
風麗についてしらべる	57	00000	000	00	00	0	00
四季(発夏秋冬)は何故できるかしらべる	58	000	0.	00	00	000000000	000
無機と然の造り方服裝との關係をしらべる	59	oo o	0	co	o	00	00000
日本での水の利用についてしらべる	60	00	0		00	00000	00000
星をみてその移りかわりをしらべる	61	0000000	0	0000	000	0000	000000
容里秋冬の空の黒がどら鱧るかしらべる	65	0000	00	00000	00000	0000000	00000
來たかしらべる大陽系にはどんな星があるか又どうして出	63	00	0	0000	000	00000	00000
惑星の色大いき形簡星などをしらべる	64	o	0	00	00	00	00
らべる惑星の位置を観測して公轉週期軌道等をし	65	ģο		00	0	00	0000
韓見をみたりしらべたりする	66	000	00	00	0000	00	0000
流星を観測したり何であるかむしらべる	67	000000	00000	000	000	000	0000
潮のみちひきは何故起るかしらべる	68	00	00	0	0	00	00
月は何故地球の別を廻るかしらべる	69	000	0	0000	00000	00000	000
らべる地球や惑星が大陽の周を廻るのは何故かし	70	0	1	000	00	00000	000
風速についての神話を聞いたりしらべる	71	00000000	0	000	00	000	0000000
黒座の形をしらべたり見ておばえたりする	77	0	00	0	00	000000	00000

			and the second s			
C らか(E・望遠鏡·銘真)をしら

| | | | | | | | |
|---|---|---|---|---|---|---|---|
| 73 | 星の大小はどうしてあるか何等星まで見えるか（目・望遠鏡・寫眞）をしらべる | | ○○ | ○○○○○ | ○○○ | ○○○○○○ | ○○○○ |
| 74 | 星は一日にどのように動くかしらべる | ○○○ | ○ | ○○○○ | ○○○○ | ○○○ | ○○○○○○ |
| 75 | 北極星はどのように動くかしらべる | ○○○ | ○○ | ○○○ | ○○ | ○○ | ○○ |
| 76 | 北極星を見つけるにはどうするかおぼえたい | ○ | ○ | ○○○○ | ○○○ | ○○○ | ○ |
| 77 | 星座表を見て何月何日頃どんな星が見えるか見方をおぼえる | ○ | ○○○ | ○○○ | ○○○ | ○○○ | ○○○○ |
| 78 | 望遠鏡で見たらどんな星が見えるだろう（一番大きい望遠鏡では何がわかるかしらべたい） | ○○○○○○○○ | ○○○○○○ | ○○○○ | ○○○ | ○○○○ | ○○○○○ |
| 79 | 太陽の出没の方位時刻などを一年中しらべたい | ○○ | ○ | ○ | ○ | ○○○○○○ | ○○○ |
| 80 | 日時計を作って時刻をはかって見る | ○○○○ | ○○○ | ○○ | ○○ | ○○○○○ | ○○ |
| 81 | 太陽の黒點を觀測してその表面の變化をしらべたい | ○ | ○○○ | ○ | ○○ | ○○○○ | ○○○○ |
| 82 | 月の出入の位置時刻を毎日記錄していく | ○○ | ○ | ○○○ | ○ | ○○○ | ○○○ |
| 83 | 月のみちかけの樣子原因をくわしくしらべる | ○○ | ○ | ○ | ○ | ○○○ | ○○○ |
| 84 | 月を望遠鏡で見てくわしくしらべる | ○○ | ○○ | ○○○ | ○○ | ○○○ | ○○○○○ |
| 85 | 日食や月食について觀たりしらべたりする | ○ | ○○○ | ○○○ | ○○○○ | ○○○○ | ○○ |
| 86 | 時刻時間はどうして定めるかしらべる | ○ | ○ | ○ | ○ | ○○○○○ | ○○○ |
| 87 | 一年平年うるう年はどうしてきめられるかしらべる | | ○○ | ○ | ○ | ○○○ | ○○○ |
| 88 | 氣溫の變化を觀測してその原因をしらべたい | ○ | ○○ | | ○ | ○○○ | ○○○ |
| 89 | 氣溫と生物との關係をしらべたい | ○ | ○ | | ○○ | ○○○○ | ○○○○○ |
| 90 | 日なたと日かげにおける植物の成長の關係をしらべる | ○○○ | ○○ | ○ | ○○ | ○○○○ | ○○○○○ |
| 91 | 太陽面の變化が地球の氣候やその他にあたえる影響についてしらべる | ○ | ○○ | ○○○ | ○○○ | ○○○ | ○○○○○○ |

## (Ⅲ) 土と空に關するものの分野の調査結果の考察

1. 全般的にみてこの分野に關する學習の關心は低學年は比較的少く三年生頃より次第に多くなり，五・六年生が最も多くなっている。

2. 一　年　生

「箱庭作り」「石あつめ」「地中の動物取り」「日なたほっこ」「星みつけ」「たこ上げ」「雪だるま」「雪うさぎ作り」等直接的な行動的な學習に關心を多くもち，且つ星や，月に關する神話などを聞く事に深い興味と關心を示している。

3. 二　年　生

一年生より關心の度は減じているが，傾向は殆ど同樣である。

4. 三　年　生

此の面への關心が次第に多くなり，「箱庭作り」「石あつめ」「土あつめで標本作り」など土・石等の直接經驗に關連したものが多く，空に對する空想的な興味が最も強く「お月さまのお國へ行ってみたい」など最高を示して，この學年の心意的傾向を表わしている。

5. 四　年　生

三年生とほゞ同樣の傾向を示している。やゝ「火山・地震についての調べ」や，「季節・星などの移り變り」などに興味を出しかけてきている。

6. 五　年　生

「地震の原因」「化石・石油の出るわけ」「潮のみちひ」等の間接的に調査研究する樣なことや，「季節の變る理」や「星の移り變り」等理論的な學習に關心を多く向け，この方面の關心は次の六年生と共に比較的多くなっている。

7. 六　年　生

五年生と同樣の傾向であるが，「天氣の變る理」「月を望遠鏡でみる」とか「太陽と氣候との關係を調べる」とか，生活に直接した問題に關係の深い學習を研究しようとする意向を示している。

の傾向であるが、「天氣の變る理」「月を望遠鏡でみる」とか「太

練想される異なが副	1	12年	20年	11 12.03	国 体。	15 At 15	· 在是
かってでどんなおもいるのがらどかせらか	4	000000		00	00	000	.00
ってこはどんな時つからか	s	0000		0000	00	000	0
こ てこをつかった道具や機械をしらべる	0	00000	0	00	00	000	0000
はかりをつくってしらべる	-	0000000000	000000000	0000000	0000000	0000	00
シーン遊びむする	л	0000000000	00000000-	0000000	9000	00	0
の重いものをひく時どうすればよいか	2	00000	0	00000	00	00000	00000
いなってまるちょうといい	1	000	00	00	00	00	0
寒物のはやさをしらべる	8	(If If If If If If If If If If	0000000000	00000	000000000	000000	000000
来物の種類をしらべる	0	000000	00000	0000000000	000000	000000	000000
薬物は何の力で動くか	10	00000000	00000	000000	000000	0000000000	00000000
- 機械はどんなに仕事をするか	1	000	00	00000	000	00000	000
模様は何のわて動くか	1 5	00000	00	0000	00	000000	0000
工場で機械を見る	55	000000000	0000000	000000	00000	00000	000
機械道具の後明者年代をしらべる	14	000000000	00000	000000000	00000000	0000000000	000000000
機械のおかげで生活がどうなつたか	15	000000	000	000	0000	00000000	0000000
おうらにある道具の役目をしらべる	16	00000	000	00000	0000	0000	000

自分のまわりにどんなどうぐ機械があるか	17	00	0	00000	000	000	0000
背の道具をしらべる	18	00000000	00000	00000000	0000000	0000000	00000000
道具や機械の上手なつかい方をしらべる	19	00000	000	000	0	000	0000
道具や機械の手入れや修理をしらべる	20	000	0	00	00	000	000
風車や色々な車をつくる	13	0000000000	000000000	00000000	000	0	ÓO
色々な車をしらべる	63	00000	00	000	000	0	00
自轉車のしくみやはたらきをしらべる	23	000		00	0	0000000	00
時計のしくみゃはたらきをしらべる	24	000000	О	000	000	000000	0000000
ふりこだついて色々しらべる	25	0000	00	00	0000	0000	000
ミシンのしくみゃはたらきをしらべる	26	00000	0	0	0	000	0000
殺電機とモータードついてしらべる	27	0000	0	0000	0	0000	000000
紫熊機闘ションについていいしらいる	28	000000	0000	00	00	00000	00000
汽車ボスイッチバック・ループ線をつからわけ	29	0000	000000	00000000	00	000000	00
電照でらどくものをしらべる	30	00000	0000000	0000	00000	00000000	000000
モーダーやおもちゃの電車をらどかす	31	0000000	000000	000000	0000	00	00
キーダーをつくる	32	000000	00	000	00	00	0000
電氣はどうしておきあかしらべる	ဗ္ဗ	00000	000	000	0000	000000000	000000
電池についてしらべる	34	0000	0	00	00	00000	0000
電池で豆電球をとるす	9	000000	00	0	0	00000	0

数中電機はどうなつているかしらべる	36	0000	0	00	00	00	00

電腔の光るわけ電熱器のあつくなるわけ	37	00000	О	00	000	00000000	000
電無はどんなことにつかわれるか	38	00	0	000	00	000000	00000
臨版石をつくる	39	000000	00	00000	000	000	0000
電話機について質験したりしらべる	40	0000	00	00	00	00	000
配信機をつくつてしらべる	41	000000		00	o	000	00
電紙パン燃器をつくつてしらべる	42	0000	00	00	00	0000	0
るがらしますべき	43	000000	00	00	0000	00000	0000
電熱器や電無コンロをしらべる	44	00000	00	00	0	00	0
おうちの電無はどこからどらして来るか	45	000000	0000	00	00	00000000	00000
どろして停電があるかしらべる	46	000000	0000	000	00	000	000
電鈴をつくつてしらべる	47	00000	0	00	00	000	0
館だついてしらべる	48	000000	000	000	000	0000000	000000
セルロイドで頭や眼をとする	49	00000000	00000	00000	0000	00	0000
磁石でどんなものがひきつけられるか	50	000000	0000	0000	0000	000	0000
磁石と磁石ではどんなようにひきあらか	51	0000	0	00	0	ÓO	0
磁針はどろして南北をさすか	52	00000	00	00000	000	00000	000000
極石をつくる	53	00000	000	0	co	000	000
破石はどんなことにつかわれるか	54	0000	Q	00	0	000	00
磁石をつかつておもしるいことをする	55	0000000	0000	0000	0000	00	00
レンズで紙などをやく	56	00000000	000000	000	0000000	000	0

レンズで色々見る	57	00000	00	000	000	0	00
レンズの種類や働きをしらべる	58	00000	o	000	00	00000	00
眼鏡のはたらきをしらべる	59	00000		0	00	0	00
望遠鏡・双眼鏡をしらべる	60	000000000	000	00000	0000	00000	000000
顯微鏡をしらべる	61	000000	0000	00000	oco	0000	0000
寫眞機・幻燈機・映寫機をしらべる	62	0000	000	0,000	000	00000	00000
針穴寫眞機をつくる	63	00000	00	00	0	0000	0
鏡で大陽の光を反射させてみる	64	00000000	00000000	00000	0000	000	0
万華鏡をつくる	65	00000	000000	00000000	000	00	o
のとらしていっている。	66	0		00000	0000	0000	00000
虹についてしらべる	67	00000000	000	00	0000	0000	00
紫外線や赤外線についてしらべる	68	0		00	0	000	0000000
光の出るわけや性質をしらべる	69	00	0	a	0	000	00000
音の出るわけ、関こえるわけをしらべる	70	000000	0	00	000	0000	0000
米電話をつくる	71	000000	00000	000	0000	0	0
色々な樂器をつくる	72	00000	0	000	0000	c0000	0000
色々なものが燃えることをしらべる	73	0000	0	0	0	00	000
酸素炭酸ガス水素などのガスをしらべる	74	00	0	0000	000	000	0000000
鮑や水や空氣は熟するとどうなるか	75	00000	0	0	0	000	00000

楽暖計について質験しでみる	76	0000	000	00	00	00	0

パ アイスキャンデーのつくりかたむしらべる	1	00000	0000	co	00	,00	
3. 会物の性質や使い途をしらべる	0 (0000	0		0	00	000
2 織の言びることについてしらべる	3	00000	o	000	00	000000	00000
3 セメントゲハングの働きをしらべる	00	0000	0	0		0	o
5 布・ゴム・車の性質使益をしらべる	2	00000	o	0		0	þ
3 ガラス・樹戸物の性質便逸をしらべる	00	0000	0	0		0	0
3 バネ・ゴムののびちじみと利用法	20	000000	0	00	00	000	o
3 硫酸・苛性ソーダ蜂薬についてしらべる	2	00	0	000	0	000	0000000
8 澱粉について寛殿する	22	0	òο	0	000	00	00
3 味噌・甘酒をつくる	200	000000	0000	000	000	0	00
5、拍をしぼったり削で戴鵬子る	27	00000	00	00	0	000	00
- 俄玉鉄砲・水鎚砲・ポンプをしらべる	88	00000000	000000	000	00	00	
3 水の中で物がらくわけをしらべる	89	000000	00	000	00	000	0000
2 戦水をやつて色々しらべる	90	00000	00	000	000	00	
* 健康 でっこて 対感して みる	3	0	0	000		0	00
- しらべる電車・汽車がとまると乗谷がたおれるわけを	92	00000000	0000	00	000	0000	00
パケッやコップに水を入れてふりまわす	95	00000	000	00	00	o	00
物が落ちたり倒れたりするわけをしらべる	94	0000	oó	0	0	000	0000
スキーや、そりがらまくすべるわけをしらべる	95	00000000	0000000	0000	0000	ÓC:0000	000

機械と道具に關する分野の調査結果の考察

の轉換が見られる。例えば色々な車を作る(21)とかモーターやおもちゃの電車 が似かよっている。只四學年は低學年型より高學年型に移行する中間的な傾向 を示している。即ち、作業的な遊び中心の學習より原理究明的な論理的學習へ を動かす(31)等は興味がうすれている。 全般を通じて見るに一・二年、三・四年、五・六年と二學年ずつ關心の形式

平

62

學習が可能と考えられる。 な直接的な學習に關心がある。教師の暗示や環境設定によってあらゆる行動的 果だけでは明確な傾向は示さないが、主として作るとか動かすとか云う動作的 この學年では、自分の接するもの總でが興味・關心の對象となり、調査の結

ಲು 11

ので而もそれが、遊びの中心となり、行動的であるものに強い関心を示してい 鏡の反射とか、おもちゃを作るとか、學習の範圍は身近な經驗を土台としたも **一年生に似て行動的學習に關心はあるが傾向は定まってへる。アンズ遊び,**

11!

年 生

り出す事などに関心をもっている。 柄に關心を示してくる。完成されたものより昔のものとか、自分で工夫して作 27 一・二年生の傾向を踐してはいるが、種類を廣く調べることと、起源的な事 1

三年生の傾向から稱い既して、多少原理的なものの発明に關心が向いてくる。

7. >+ 币

ç,

五

俑

半

電氣の發電・送電の原理,

質の理や自轉車時計の構造機能など、原理の発明

ÇT,

事にに關心がな強くる。 や稍く複雑な機械に對する興味を示し、又、家庭生活に關係ある機械器具や物 五年生と傾向は似ているが機械や道具の發明・

發見者を調べたいとか化學力 生

;	-	-

予想される緊智活動		1 年 808	11 年78名	三 年20名	四 年 20分	五年名	大 発 80 80
呼無・吸氧のちがいをしらべる	-	0000000	000	000	00000	000000	000
消化器のある順序その他について	22	000000000	00000	0000000	000000000	00000000	000
消化器の働きについてしらべる	ಲ	0000000	00	000000	0000	000000	00
血液の作用についてしらべる	4	000000000	00	00000	000000	00000000	00000
汗・小便のでるわけをしらべる	oı	000000	000	00000	000000	0000	00
体の形、骨格についてしらべる	6	000000	0	0000000	000000	0000000	0000
皮ふの棒造作用をしらべる	7	00000	0	000	00	00000	0000
目でものが見える理由をしらべる	œ	0000000	000	0000000000	0000000	0000000000	00000000
近視・遠視についてしらべる	9	000	00	00000	000	00	000000000
耳で音のきこえる轢をしらべる	10	00000000	0000	000000000	00000000	000000000	000000
聽覺の測定をする	11	000000	00	00	0000	000000	0000
日當りのよい所、惡い所と健康との關係	12	0000000	0000	00000	00000	000000	000000
夏・冬に色めがねをつからわけ	13	0000000	0000	0000000	00000	000	00000
謂やけ、ひとのできるわけと予じ	14	000000	000	0000000	0000000	00000000	00000000
一日にのむ水・湯の量をしらべる	15	000000	00000	00000	0000000	000000	0000
水中の微生物をしらべる	16	00000	000	000000	000	000000	0000000

: しめ切つた室炭火の窪についての空氣の調	17	0000	00	00000	00	000	0000
かびの観察をする	18	0000	000	0000000	0000000	000000	00000
かびの多く皆生する場所	19	0000	000	000000000	00000	00000000	0000
一家のむきと日常り採光通風について	20	00000	00	00	0	0000	000000
不露なきるの換具の寄について	21	000000	000	000	0	0	0000
宿物につく虫の調べとその予め	22	00000	00	0000000	0000	000	000
席食の部にひさて	22	0000	00	00000	0	00000	000
食料品の分類をする	24	000	00	00000	0000	00000	000
食物に含まれている紫葉素をしらべる	25	0000000	000	00000	0000	000000	000
食物の腐敗するわけ	26	0000	000	0000000	000000	00000	0000
食料品加工々場の見墅	27	00000000	0000	0000000	00000	00000000	000000000
家で貯蔵の食物をしらべる	28	00000	000	00000000	0000	000	0000
又その貯蔵の方法をしらべる	29	00000	0	000	0	0	00
食事の仕方について	30	00000	000	0000	0000	0000	000
ばいきんはどこにもいることをしらべる	31	0000	00	00000	0000	00	0
運動後の身体の變化についてしらべる	ည်	00000	000	0000000000	000	000000	00000
過勢の害についてしらべる	္မ	000000	0 .	0		0	00
政勢をいやす方法についてしらべる	34	00000	0000	000000	00	000	0

- 110 -

				1		1	1
傳染病の種類とその症狀	40	00000	00	000	000	0000	000000
傳染病の予助と治療法	41	0000	000	00	0	000	00000
消毒法についてしらべる	42	0000	0	0000	00	00	00
寄生虫とその形をしらべる	43	0000	0	0000	0000	000	000
又その予防と解除法について	44	00000	0	0	0	00	000
交通事故の統計とその原因	45	0000	0000	00000	00	00000	00000000
双物をかい道具は使方でけがをすること	46	000000	0	0000	0	0	0
家庭常備薬をしらべる	47	00000	0000	00	000	00000	000000
學校の虫歯の統計をとる	48	00000	000	00	0000	00	00
虫ばになる原因について	49	000.	000	00000	0000	00000	00
歯をみ料けばよいわけとそのみがき方	50	0000	0000	00000	00	000	00
ちがいのきょめとその方法	51	00000	00	00	Ō	00	000
ちがい水をつくつてみる	55	0000	000	000	000	000	00
食物のくさる機子をみる	53	00000	00	00000	00000	000	0000
みる 乾いた布と濃つた布とが熱をろばら懐子を	54	0000	00	00000	00	00000	0000
シラミの酸生たついてしらべる	55	00000	00	00	00	0	00
病親や傷を直す力について	56	0000	00	00	00	00000	000000
祭業と視について (その關係をみる)	57	0000	o	00	0	00000	0000000
予防往射竣明の話をきく	83	0000000	000	00000	00000	00000	0000000
予盼往射する病氣ときゝめについて	59	000	0	0	0	00	0000
出血の手觜法についてしらべる	60	00000	00	00	00	0000	00000
やけどの手當法について	61	00000	00	000	00000	000	0000
虫にさゝれたときの手當法	62	0000	00	00000	000	000	0000
骨折・脱臼のときの手當法	63	0000	000	000	000	000	000000
病氣の時の身体の懐子について	64	0000	0	0	00	0	0
早く醫師の手當を必要とする病氣について	65	0000	000	0000	00-	0000	0000
		l.	1	1	1	1	1

000000000 第 歴史時間の調査を

する

0000 路 熔染病のらつるすじ道について

00000 2 産業の前や原区でしいた

0000 器 最近の傳染病發生の統計

00000 8 競賣の様子をしらべる

0000 8 存留版はくを削ってかる

0000 7 又その退治する方法

7 000

00000 6 体腫の弾痕とこの原因について

000 7 保恵者の危険について話合う

0000 5 解鉄底線組の器の調調にひこと

0000 25 嶋・蚊・なずみのいる場所について

0000000 応 國・敷・なずみ・しらみと健発者との關係

0000 の 揺棄と体温脈はくとの關係をしらべる

規則正しい健康生活について話合う

,0000

保健に關する分野の調査結果の考察

面に関しては問題をもつ事が比較的少く。 それでも食べ物とか眼・耳等に關する直接的な事には關心が多い。從って衞生方 全体に亘って興味と關心は表われているが、はっきりした傾向はみられない。

11 件 生

闘しては闘心が少い。 一年生に比して關心度は少いが、傾向はよく似ている。やはり病氣・衞生等に

[1] 平 生

豫防・寄生虫・正しい健康生活と云った方面には極く關心が乏しい。 食物・食事・運動に關した方面に對する問題が多くなっているが、病氣・保健・ 一つの傾向をはっきり表わしはじめる。眼・耳の働きや、「かび」に關すること

日 年 生

題をもちはじめている。 豫防法とか,運動後の身体の變化,食物に關する消化・廢敗,体のしくみ等に間 傾向は一・二・三年生に似ているが、それ以上に病氣にやゝ關心をもちはじめ

五 年生

生について科學的に調べようとする學習に關心をもっている。 化・傳染病に關する事・病氣・しもやけの直し方等身体に關する機能・保健・衞 目・耳の働き・血液の作用・消化のし方・食物栄養・加工・運動後の身体の變

가 升

かといった様な相當に理論的に調べて、いこうとする傾向がみられる。 水中の微生物・交通事故・近視・遠視の調べから,規則正しい健康生活はどうす 五年生の傾向につけ加えて、病氣激防法の發見者調べ、榮養と病氣・食品加工

従って保健衛生を生活上の問題として考える傾向にある。

- に直接的な問題でないとみえて、關心がうすい。 全般的に、過勞の時の害・病氣の時の様子・食物の貯蔵法等は兒童の生活
- て問題をもつのは四年生で少々と五・六年生が一番多い。 休の構造機能に對しては全學年それ相應の關心をもつが、保健衞生に關し

各分野の調査結果の綜合考察 吵 震震波

1

Ħ	帝 国	用 川	11 余	A l	年 男
生物相互の關係。 動物と氣候地域 の關係。	動物の生活の様子,鳴き方・と子,鳴き方・とび方の觀察。 科々繼續的・分類的な傾向が出る。	一・二年の傾向 ※含む。 動物の単語の 乗物の単語の 平を護察。 昔の動物を見る にと。	同 上 虫・小動物を飼育すること。 首すること。 直接的・行動的 なもの。 闘心粉と自覺的	いるないないのではないののないのでのないのでののののできる。。 ののまましての前側でと あるのの のもまました いいっち おき いい いい いい いい いい いい いい いい いい いい いい いい いい	動物に關するもの
生物相互の關 係。 植物と氣候地	同 上 食べられる草 木を調べる。 稍々繼續的・ 輪選的。	ー・二年の個回を含む。 回を含む。 おし葉・おし 花を行ること。 は木の名を知 りたい。	同 上 調心粉 > 白盛	する はらい のの など など など ない ない はい はい はい はい ない ない ない ない ない ない ない ない ない できる できる できる できる できる できる できる できる できる の物接とら の物接とら (の物なとら)	植物に關するもの
地殻の變化の原因。 原因。 鉛の移り變り。	回上の仮向の名に大口・店の大口・店の大口・店の大口・店の表でしている。	石・土・엺の石・虫の 東京 報報を出り、 1 を 1 を 1 を 2 を 2 を 2 を 2 を 3 を 3 を 4 を 4 を 4 を 4 を 4 を 4 を 5 を 5 を 5 を 5	同 上 (比較的闘心 少い)	1・・日日、日本・五日、日本・土・日日、日本・土・日にには、日にには、一日の一般、大学では、日本、日本、日本、日本、日本、日本、日本、日本、日本、日本、日本、日本、日本、	始と土下盟ナ
春造・機能の 調べ。 原理の究明。	ー・二・三年の商回を合む。 の商回を合む。 多少の原理的 なものの発題的 なものの発現。 群な譜理的・ 分系の領面・	起頭的な事柄 下ついて。 計つもの下つ いて。 1大して作り 日子とと。	国国に逃避をついて、日間を見ば逃避して、しなどには、現場をなって、これにには、となって、となって、となっと、となっと、となっと、	被務をを動いるととに、いっとと、作りののあるのであるのでした。これを必要のである。でしているでは、ののでであるののである。	
身体の構造・機能の調べ。 食物の栄養・油	ない ない ない ない ない ない ない ない のい のい のい のの のの のの のの のの のの は の 変の 変の 変の 変の 変の 変の 変の 変の の ない の ない の な	である。 とと、動脈によるである。 にはなるである。 にはなるである。 にはなるである。 にはなるである。 となるには、 となるとは、 となるとなるとなるとなるとなるとなるとなるとなるとなるとなるとなるとなるとなると	同一年生より関心ウント)	第1、1、1、1、1、1、1、1、1、1、1、1、1、1、1、1、1、1、1、	三

1

115 -

: ip		Ť
人間生活と動物 との關係。	J	到的と人工的樹 さかけ。 動物の採集分類。 論理的・分杯的。
と動物		
人間生活 %との闘 総合的。	3	域よの関係。 被物の利用に関した。 関した。 統物の採集・ 分類。 跨週的・分茶
お別と係る。	H	孫 田 ・
土・4 20 人 A	亘	発館の離后の鑑賞的・ の鑑賞的・ 選的・禁命 (闘ウガ 例 なる
なた。多が	; . .	命・記念・金剛のよう。
競明・發見者 調べ。 化學的方面の 調べ。 人生との關係。	国	家庭生活に関係あるものに 係あるものに 関心の 関心・分類 的・総合的。
後見光方面の高い。	7:	店ののの前に、「おり」という。
療無強助法の 一般に表現・傳染病 病無・傳染病 に闘すること 規則正しぐ健 悪圧治。	回	江のにと。 保健・輸生/ 関するにと。 分析的・続待 的・精理的の
が 一 の で の の の で が 深 深 で の の で 深 突 で の っ 様 と の の で で き り の で り り り り り り り り り り り り り り り り り	! -	金銭の金銭の金銭の金銭の総合のである。

四 姚

前記の各分野に於ける調査結果の綜合一覽と、次に述べる、その考察にとよって、各學年に於ける様々の學習活動に對する兒童の動的興味・關心は一應具体的に其の傾向を示すことが出來るが更に之を全分野にわたって綜的に考察を試みて見ると次の如く表わす事が出來る。即ち、

1. 一作生

児童の興味・闘心の對象となるものは、自然物・自然現象の極く身近な範圍のものに限定され、日常眼にふれる直接的な、然も外面的に感覺的に明確につかみ得るものであることが考えられる。そしてそれらへの働きかけの興味はそのものを手に觸れて、いじって見るとが、動かして見るとか、取り集めて見るとか、飼育・愛育したり、これを材料として何か作って見たり、その中にとけこんで遊んだり、それに關する話を聞くと言った様な直接的な、行動的・情意的なものであることがわかる。尚、一年生としての面白い特徴は、その學習活動がどんな程度のものか自覺が乏しい故か、鬼に角やって見たいという好奇心的興味が旺盛で、手あたり決第手を出してみたいと云う傾向を示している。

二二年生

概して一年生と同様な範圍を出ないが、興味に對しては稍*自覺的になっている事を示している。

3. 三年生

一・二年生の傾向を多分に含んではいるが、次第に身のまわりのもの↓範圍が 歳まり、草木・動物・岩石等を集めたり、名前を聞いたり、夏に昔の機械や道具 の起源を知りたいという意欲が芽ばえ、同時に空想的な事柄に興味を感じ、工夫 創造的な心意活動が目覺めかけている事がうかがわれる。

四年生

自然物・自然現象の直接的なものをや1時して,自己の經驗を宏くおしひるめ、そのもの1狀態・様子を詳しく調べたり、それに類するものを宏く觀察・採集したり、現象の原因・結果を稍く繼續的に調べようとする傾向を示している。 治理的・分析的・綜合的に考察する芽ばえが多少ほのあいて來ている。

5. 五年生

五年生になれば、自然環境に對する範圍を廣く伸展して、生物相互の關係、生物と自然環境との關係、地殼の變化、季節の移り變り、自然物の構造と機能。原理究明といった標な因果關係を論理的・分析的・綜合的に究明しようとする傾向が表われ、人間生活との關係をも考察しようとするほのかな芽ばえも 示 して いろっ

6. 六年生

五年生と槪して同様の傾向を示しているが、それが更に深さを増し、人生との関係、社會生活に及ぼす影響等に関心の傾向をみせている。

總括

以上を總括してみれば、低學年(一・二・三年生)はどこまでも遊びが中心で然も直接的行動的なものであり、中學年(三・四年生)は五・六年生の論理的・分析的・綜合的考察への過渡的な段階を示している。従って、この關心・興味の傾向は生活中心の經驗カリキュラム構成上の、大切な基盤をなす一要素として重要視されねばならない。即ち各學年に於ける學習の主要課題がこの興味・關心の調査の結果によるスコープ的な面とシークエンス的な面との考察よりして、大かた決定づけられてくるのである。

松本市に於ける季節層

|予与無温季節行專は昭和二十、| |二十一,二十二年の觀測の平均|

船

館

口

華

张

雪

行

華

ばならない。調強した主な項目を擧げれば次のようである。 把握は單元構成の上に叉學習材選擇の上に重要なものとして位置

大170居英部 H 压 耳 F E 開催する。971四日日できる名称夏子の参加を発わる関係の10日日ののとと、「ない電気をの見ばるなど、「なが新漢後はなななななななない。「ない者自生のなななない。 ス

姓次へ 200 110晚類明 190 中生桑發生 苗代はじま 馬鈴薯植付 柿彼岸櫻開花 H. # 信 開發 行 錠 <u>~</u> 碘 生るりげ 花生芽 7 田 耳 田 1 二百十日 税 の 開 北 1

場 へ大根榕輝 1160数歳をなづす 表とんぼ殺年 今 端 闘 花 が発生が 予選が記記 230 250 199 のようが開い、場合である。 おいまん おいまん おいまん おいまん おいまん はまる 日 短点 44 合むっても皮勢 秋 8 日十百二 41 曾 政場 行 A) 學 +140 + 压 月 耳 月 11 中海沿地沿 の名別に変 10.結 ಜ

> 資物好等 古 枯 塔 楽 ぶんゃんまと 80 んぼ終見 10 でおろぶん 栗甘俗桔 メデュ 那 謎 益 冬 H 、 操全落 **ろしる**転終 露 結の凶 掃 臣 湿 ・ブ使用 4 吹 付買覆り… 災 94 1 HH 霜水見見 葉凤 り薬児雪 米 噫 ы 111 月 田 月 田 11 **华** 经。 省で必要 20 解米はじま ట్ప င္ခ 64 なば 証 黄 ÷ Ħ K 水ば 孆 が 194 2, 6 仰め積ふ 草 全 臣 嶽 紫 開見 茶 聚

## 7. 理科的環境の實態

具体的な兒童の生活は，郷土に於ける自然科學的環境，即ち理科的環境を媒介として，そこに様々の問題を生み出し，問題を解決して生活を擴充發展させているのである。故にこの環境こそ兒童の理科的生活の場である。故に，この實態の把握は單元構成の上に又學習材選擇の上に重要なものとして位置づけられなければならない。調査した主な項目を擧げれば次のようである。

A 生物（動植物一般の分布）
B 地質（地形・地質・水質）
C 天象（太陽系・宇宙）
D 氣候（氣温・地温・水温・濕度・雨量・積雪量・霧・霜・氣壓・季節暦）
E 農園栽培物
F 飼育物
G 天然記念物
H 博物館
I 水道・貯水池
J 發電所・變電所
K 電話局
L ガス會社
M 交通機關（驛）
N 工場・製作所
O 醫師病院の施設
P 科學的機械器具商店
Q 庭家の機械器具
R 科學讀物　　詳述は略す

これらは下記の如き分布圖にまとめる。

(イ) 學校内（校舎・校庭）の理科的自然環境の分布圖（小學校一枚）
(ロ) 松本市内及びその附近の理科的自然環境の分布圖（小・中學校共同製作）

## 8. 郷土の季節暦

次の如く松本市に於ける季節行事暦を一覽表にまとめて，單元の構成及び排列の基準とした。

### 松本市に於ける季節暦

（平均氣温季節行事は昭和二十，二十一，二十二年の觀測の平均）

| 月 | 平均氣温 | 季節行事 |
|---|---|---|
| 四月 | 7° | 梅彼岸櫻開花 晩雪 馬鈴薯植付 |
| | 9° | すみれたんぽぽ開花 染井吉野櫻開花 八重櫻開花 蛙なく |
| | 11° | 苗代はじまり 晩霜明け 中生桑發生 |
| 五月 | 13° | 八十八夜（種下し） もんしろちょう飛散 菜の花開く れんげ滿開 |
| | 14° | 麥の出穂 炬燵をとりはずす 蚊をみる 郭公なく 春蝉なく |
| | 15° | わらび成長 初霜雹がふる 夏衣に着替る くもの巣目立つ 蠅發生 |
| 六月 | 17° | 柿開花 蚊發生 里芋發芽 梅雨入り |
| | 19° | 田植 栗開花 梅 いちごさくらんぼ結實 夏至 |
| | 20° | ほたる發生 蚊張をつる 麥刈り 甘藷植付け |

| 月 | 平均氣温 | 季節行事 |
|---|---|---|
| 七月 | 21° | 油蝉鳴く こおろぎ發生 あんず結實 馬鈴薯開花 昆虫類多數發生 |
| | 23° | とおもろこし開花 胡瓜成熟 馬鈴薯收穫 入道雲目立つ |
| | 24° | トマト色付く かぼちゃ開花 きりぎりす鳴く 大根播種 |
| 八月 | 24° | 茄子成熟 こおろぎ鳴き始む かぼちゃ成熟 |
| | 23° | こすもす開花 馬追い鳴く もも結實 稻の出穂 |
| | 23° | みんみん蝉鳴く 秋菜播種 こおろぎ盛に鳴く 朝霧發生 |
| 九月 | 21° | 二百十日 稻の開花 二百二十日 りんご結實 |
| | 19° | |
| | 16° | 秋分 蚊帳をはづす 秋とんぼ發生 小菊開花 |

| 月 | 平均氣温 | 季節行事 |
|---|---|---|
| 十月 | 14° | 栗結實 甘藷の收穫 稻刈り 柿色付く |
| | 12° | 秋のとり入れ 麥播種 冬着に着替 こたつを作る |
| | 10° | 初霜 初結氷 雨蛙終見 燕終見 |
| 十一月 | 8° | 甘柿落葉 ぎんやんまとんぼ終見 こおろぎ終鳴 立冬 |
| | 6° | 漬物始まり 紅葉 蟻終見 初雪 |
| | 4° | もんしろ蝶終見 紅葉全落葉 蜜蜂終見 |
| 十二月 | 3° | 雁・鴨渡る ストーブ使用 |
| | 1° | 積雪 結氷 霜柱 |
| | 0° | 冬至 |

| 月 | 平均氣温 | 季節行事 |
|---|---|---|
| 一月 | 1° | 小寒 |
| | 2° | 大寒 |
| | 3° | 黄水仙發芽 |
| 二月 | 3° | 立春 |
| | 2° | 解氷はじまる |
| | 1° | |
| 三月 | 1° | 福壽草開花 蟻を見る |
| | 2° | ひばりなく 蜜蜂をみる あかたては蝶發生 蛙なく |
| | 4° | 春分 黄水仙開花 つばめ見る 終積雪 麥ふみ |

# 第四章　單元（ソースユニット）の設定

カリキュラム構成計畫の手順によって構成された單元は，どのようにして設定され，どのような具体的內容をもつものであるかについて，明らかにする必要がある。

こゝに設定された單元は，いわゆる敎師の敎育計畫の下になされたもので，その基本的單元であるから，それがそのまゝ敎室で取り上げられるのではなく，こゝから，その土地の社會や，クラスの兒童の實態に則した「學習單元」を選擇し，立案していかなければならないのである。從って，この單元は，學習單元を生んでいく源泉をなすものであるから，これは源泉單元（Source units）と呼ばれ，又基底單元（Basic units）とも呼ばれている。故にこのソースユニットは兒童や敎師のために，さまざまな參考となるべき，いろいろの問題や，學習活動や，効果判定の觀点や其の方法等の參考資料を豊かに具体的に備えていることが望ましいのである。

次にソースユニットを設定していく基準として，次のような形式をとって，その各々の項目に該當する具体的な事項を排列した。これが本章に詳しく後述される各學年のソースユニット（源泉單元）となるのである。

## 單元（ソースユニット）の設定基準形式

單元名　　季節　月　旬～月　旬　　所要時間

1. 單元設定の理由　（　）は要点の說明
   - A　社會的要求……（敎育一般の目標・鄕土の社會的要求・職業人・社會人・家庭人として該單元に要求される內容）
   - B　理科的要求……（科學敎育獨自の立場から該單元に，一般的に，關連的に發展的に，總括的に要求される內容）
   - C　兒童の實態……（兒童の心理的發達・自然に對する興味・關心・疑問・問題の傾向・能力・遊び等の內容の實態）
   - D　理科的環境の實態…（鄕土或は兒童の生活の中に於ける自然物・現象・器械・器具・施設・工場等々單元に關係ある實態）
2. 單元の目標………（單元の學習に對する總括的な具体目標・主要課題の統合的具体物）
   - A　理　　解……（該單元の學習によって到達すべき具体的な理解の目標）

   - B　能　　力……
   - C　態　　度……

   （理解の目標に到達する過程に於て展開される學習活動によって養わるべき能力と態度の具体的目標）
3. 單元の組織

| 問　題（問題の末に番號をもつて目標を示す） | 學　習　活　動 | 効果判定の觀点及び其の方法 |
|---|---|---|
| (1) ……………………<br>……………………<br>（3,　8,　7,　9,） | …………<br>………… | …………<br>………… |

このようなソースユニットを設定していく場合に，この單元が如何なる目標と實態のもとにとり上げられ，どのような發展性や，關連性の要求の上に設定されているか，又その單元が具体的にどんな目標と組織とをもって編まれているか等を明確にしておかなければならない。これらは各々の單元の內容を見れば明らかになるとは思うが，こゝに各々の設定項目の內容について述べることにする。

### 1.　單元設定の理由

#### A　社會的要求

敎育の一般目標を基準として要求されてくるもの，即ち兒童が社會人として活動し現實のいろいろの社會的な問題を解決して，合理的・文化的生活を擴充していく上に重要な要素として要求されてくるものが，これである。言葉を換えて言えば，社會人として，職業人として，又家庭人として，當然身につけなければならない事柄の內容の，その單元に該當する事項である。鄕土に於ける社會的要求や，兒童が社會生活を營む上に必要なものとして考えられる，理科一般の理解の目標より特に强調されて單元設定の理由の要素として考えられるものが，こゝに示されることになるのである。

#### B　理科的要求

その單元の內容の骨筋を決定していくところの，科學敎育獨自の立場から要求される具体的內容をもつもので，單元それ自身の內容は勿論，その單元がこゝに設定されるまでに學年的にどのような發展・連絡を取ってきているかの系統を明らかにし，且つ單元相互の關連や他敎科との關連をも位置づけているものである。

#### C　兒童の實態

單元は兒童の自らの問題をさぐって，その解決への，過程としての學習を內容にもって作られるものであるから，兒童の實態は，單元構成の重要な要素であることは前述の通りであるが，それが又，單元を設定していく上に大切な內容をなすものであることは今更述べなくても明らかなことゝ思う。然し，前にも述べたように兒童の實態を全面的に，あらわにすることは困難である。そこで次の四つの点に重点を置いて，該單元の設定理由の內容としたのである。

(1) 兒童の心意的發達

心理學的にみた兒童の情意的面の發達程度を文献や觀察によって考察したものである。

(2) 動的興味・關心

自然物・自然現象に對する，兒童の動的興味・關心の傾向を前章の實態調査に基づいて考察したもので，この中には兒童自身の大かた共通した興味・關心・疑問・問題等が含まれ，その要求している內容の程度によって，兒童の能力の一面をも洞察することができるのである。

(3) 予想される學習活動に對する興味・關心

理解の目標に到達するために選擇されるだろうと予想される，さまざまな學習活動に對する兒童の興味・關心の傾向を前章の實態調査に基づき考察したものである。これによって兒童の問題はどの範圍のどんな事柄に，どの程度の深さをもつ興味・關心が働いているかという，スコープ的なシークェンス的な傾向を示している。

尙上記二項に亘っての興味・關心の中には「人生との關係」「產業に及ぼす影響」等の様なものがみられる。これは現在のところでは社會科の方面に發展するものとして，理科的生活の面から一應限定されているのもあるが，やがては理科・社會科一体としての中心教科的取扱いによって，相互に密接な關連をもって單元の目標を定めていかなければならない必然性をもっているのである。

(4) 遊　び

前章で調査した遊びの內容である。

D 理科的環境の實態

兒童の理科の學習活動は常に兒童の身の廻り，或は生活の中に於ける自然物・自然現象・及び機械器具等の人工物，又は工場・製作所・博物館・交通通信機關等の各々の理科的環境を媒介としての問題解決の立場で成立するものであるから，これらの實態を把握して該單元に關する環境を考察して單元の內容を盛ってくる事が重要である。これは前章の實態調査の結果を考察してみると具体的に把握することができる。

## 2. 單元の目標

單元は，さきにも述べたように，兒童の主要課題に具体的な學習材や具体的な

環境の材料を盛って他教科との關連を考察して構成されたものであるから，單元の內容や目標は，具体化された目標と，兒童の具体的な問題とから設定されなければならないわけである。從って單元の目標は何をどのように學習して，どんな問題が解決されるかが，明確になるような具体性を具えていなければならない。

こゝでは一應，單元全体の總括的な目標を示して，次に，理解・能力・態度の三つの面にわけて，いくつかの具体的な目標が掲げられている。

A 理　解

該單元の學習によって到達さるべき具体的な理解の目標を示している。

B 能力　C 態度

理解の目標に到達する過程に於て行われる學習活動を通して養われるべき具体的な，科學的技術・技能・考察力等を含めて「能力」とし，科學的な習慣・行動等を含めて，「態度」としたのである。これ等の各目標には通して番號をつけてあるが，その番號を○で圍んだものは特に重点的な目標となるわけで，他は輕く觸れて行く程度に考えられるものである。

これらの目標は裏がえしにしてみれば効果判定の觀点ともなり得るのである。

## 3. 單元の組織

前述1のような理由で設定された單元が2のような具体的目標を備えてくる時この單元がどのような內容を中に含む組織をもって組立てられなければならないかが次の問題となってくるのである。これを「單元の組織」という形で設定したのである。單元の組織の中には，「問題」と「學習活動」と「効果判定の觀点及び其の方法」との三つの面よりの組合せが考えられてくる。

A 問　題

單元は具体的な目標をめざしての一つの問題であるから，その中には兒童が日常，疑問として懷いている問題，知りたいと思っている問題，興味や關心をもったり生活上の要求を感じたりするような問題等，いろいろのものが含まれている筈である。これらが單元の組織の中に系統的に設けられたものを，こゝでは「問題」というのである。これらの問題は調査や觀察によって見出すことができるが，どんな問題でもよいというわけにはいかない。こゝで選ばれた問題は，その問題解決によって，さきに設定した，單元の具体目標が達成される様に仕組まれてきていなければならない。そして，この問題は具体的に，いくつかの目標に直結しているように編まれてこなければならないのである。このようにして，これらの問題はいろいろの學習活動を通して，その解決が計られ，學習の目標が達成されるのであるが，問題は個々別々のものであってはならない。問題相互の間には，一

つの發展的な關連をもった一貫性がなければならない。單元の總目標即ち單元の內容が一つの大きな主題的な問題であるとするならば，こゝに選ばれた，いくつかの問題は分節された構想的な問題と考えることができるのである。即ち學習活動の發展によって，小さな問題が解決され，更に發展的な關連によって大きな單元としての問題が解決されて學習の目標が達せられることになるわけである。つまり全体の學習が有機的に彈力的に發展的に展開されるように問題の構想を位置づけているのである。

B　學習活動

單元の內容として含む，いろいろの問題は，相互に發展性と關連性とをもつことは，さきに述べた通りであるが，これを發展的に解決していく活動が即ち學習活動となるわけである。從って，いろいろの學習活動相互の間にも亦具体的に目標に連なる發展的段階が考えられて排列されなければならない。即ち單元全体の問題解決の立場からしても，又分節された個々の問題解決の立場からしても，それぞれに端緒としての活動・研究理解としての活動・及び整理發展としての活動といったような順序の構想をもった排列がなされていなければならない。故にこゝでは，兒童の日常懷いている疑問・關心・興味・特に遊び等から考察して予想される學習活動や目標に到達するのに最も有効と考えられる活動を選擇して前述のような立場で排列したのである。

學習活動を選擇するに當っては，遊び・觀察・實驗・栽培・飼育・工作・分類採集・記錄・繪を書く・掛圖をみる・標本，模型を作る・話をきく・見學する・調査する・參考書，敎科書を讀む等，いろいろの學習活動が計畫されるわけであるが，こゝに注意を要する点は，これらの活動が，よく單元の目標に合致するものであり，同時に兒童の能力の範圍內にあって，しかも理科的環境の實態に相應したものであること等である。

自然環境に對する兒童の働きかけの姿を考察してみると，一つの問題解決は又次の問題を生み，一つの學習活動は又新しい問題を孕んで活動に移るといったように，次々と發展するものである。こゝに設定した前記のような「問題」と「學習活動」との發展は，勿論兒童自身の興味や關心が中心となって展開されていくものであるが，それには常に敎師の，巧みな環境設定や質問等による刺戟や，好奇心の誘發等によって兒童の欲求を起させる等の考慮が必要である。そして，それによって兒童の興味を發展させたり，のぞましき技術・能力や習慣・態度が養われるように，敎師は兒童と一緒に學習活動を工夫したり計畫したりすることが

大切である。こゝに排列されている問題や學習活動は，これらの源泉をなしていることを知らなければならないのである。

C　効果判定の觀点及び其の方法

學習指導計畫は前述のように，一方からは，一般目標から具体的な目標を設定し，他方からは，兒童の生活をもとにして，單元を構成して，この具体的目標を達成するように學習活動を展開させてあるのであるから，この單元の學習にあたって，その結果が果して効果をあげることができたかどうか，又どの程度に効果をあげ得たかを判定する觀点とその方法とを單元の組織の中に編んでおかなければならない。効果の判定は學習が具体的目標に，どれだけ達成したかを判定するのであるから，その判定の觀点は單元の目標の立場にあることは當然のことである。そして，それらは理解の程度について調べ，能力の成立狀態について調べ，又態度の形成の如何を調べることになるのである。これらの目標達成の効果を調べる方法については，兒童に質問したり，話し合ったりする等の「面接」によるものや，兒童相互の話合いの狀態，程度や，實驗・觀察の仕方，飼育・栽培の樣子等を考察して行う「觀察」によるものや，調査したり，記錄したり，圖に書いたり等した「ノート」によるものや，標本・模型を作ったり，グラフを作ったり，工作したり等する「作品」によるものや，問題を與えて解答させる「テスト」によるものや，「作文」「發表」等によるものなど，いろいろの方法が計畫されているが，この中から學習材と學習活動等とを合せ考えて具体的に適切な方法を決めて判定すればよいわけである。

## 〔附記〕　單元の學習指導計畫案

以上のような內容をもった各學年のソースユニットは，次の章に學年毎に編成して，その取扱う時間や季節を配當して示してあるが，このユニットは，學習の實際指導にあたって，どのように研究され，どのように取上げられて，學習單元を生み出し，日々の指導計畫が立てられていったらよいかが，實踐面としての大きな役割をもつ問題として殘されるわけである。これについてはカリキュラム構成の研究とは別に，考えられるのであるが，その發展としてこゝで，その「學習指導計畫案」の形式のみを附記して參考に供したいと思う。

單元の學習指導計畫案（形式）

單元（單元名）

1.　單元の研究

元 (單元名)

1. 單元の研究

- 1 單元設定の理由
- 社會的要求と實態
- c 理科的環境の實態 理科的要求と實態
- 單元の概觀

- a 問題と其の意義 緻
- a 理 單元の目標
- 品 更 Ł
- (5) 評價(効果判定) (4) 予想される學習活動
- (6) 備拷 (基礎的研究其の他)
- 2. 指導研究
- (1) 指導目標(2) 予備調査
- (2) 予備調査(3) 準 備(4) 時間配當及び主要事項(5) 指導上の注意
- 6) 指導過程

品

導

崮

程)

整理發展	発	庠	UŽ	谱	學習
					癜
					ء
					噩
					海
,					主要事項
					指導上の注意
		,			極
					凾
					裕
					包
					鉄形式態
					時間
	,				ш
					鯨
					4
					平
					寙

دن য় 溢

- 127 -

第 東 正 各學年の單元の各説

第 ! 學 年

膃 元 9 Щ 卖

161	のりものしらべをしましょう	16	元	串
159	6 磁石あそびをしましょう	15	· ·	栅
157	4 雪なけをしましょう	14	H.	柵
156	8 動物園を作りましょう	13	元	冊
154	2 秋の山で遊びましょう	12	77.	冊
152	1 今どんな野菜や果物があるでしょうか	11	K	珊
150	0 お月見をしましょう	10	l.	畑
148	風車を作って遊びましょう	9	IL	冊
146	七夕まつりをしましょう	00	JI.	, ##
144	

135	体を丈夫にしましょう	ಲು	元	冊
133		24	· 元	圕
181	學校のお庭を見てあるきましょう	,	H.	疅
130	單元の季節配當並に時間單元		9	單元

16.のかものしらべない

70

16. 磁石あそびをしまし

12

|III

記記 學校のお庭を見てあるさましょう。

100 機械と道具 **以他依生** | 單元設定の理由

社會的要求

中

: 井内のお庭を見てあるさましょう

2. 赤の野で近びまし、 図5

3.体を支担にしまし

10

3

第一学年

單元の季節配当並に時間

(数字は時間数)

中江

3.小川の砂御なとって 20回いましょう

所要時間 3時間

季節

4月上旬

- 現象に興味、關心をもち、素朴的に觀察し、之に順應して行く能力、 養うことは社會生活を進展して行く上に極めて重要なことである。 活を豊かにし、向上させて行く上に極めて必要なことである。それ故に自然 ころである。而して又我々が自然現象を有効に利用して行くことは我々の生 自然現象が、我々の生活に及ぼす影響の大なる事は今更言うまでもないと 態度を
- 大なる要求がある。(實態調査) 一般父兄の要求として自然に親しむ又愛好する心を養ってほしいという絶

理科的要求

- 中で遊ばせ、自然から直接學ぶ第一步を踏み出させ、二・三學年の季節だよ り、更に上學年の自然の觀察の基盤たらしめたと。 自然の觀察は先ず自然の中で遊ぶことに始る。入學兒童に先ず春の自然の
- 煮ったい。 遊ばせ、學校にある動植物に親しみと愛好の氣持をもたせ、動植物の生活の 様子に注意し、 **入學當初の兒童にとって最も身近な校庭を一まわりして,** その形態、特徴を素朴的に理解し、自然から直接學ぶ態度を 春の自然の中で

-316 -

見童の實態

7

4

+ + +

13. 以の山て遊びましょ

13.動物図を作りましょ

1-11

c.

- H I

14.質なけをしましょう

+

ZZZZ-

11. 4 どんな野菜や果物 | 3図があるでしょう

10. お月見をしましょう

œ

7 7

ZZZ3-

9. 風車を作って設びま 2 しょう 2022

=

1-3

にいろいろの由を見る ましょう

7. 旧あがりを見てきま
図 しょう

& とタまつりをしましょ 図8

4

10

- 行動的性質が著しく、動的のものに興味を有し、興味・關心によって行動し、 は非常に興味、關心を有するけれど長期に亘る觀察或は作業は困難である。 行動を通して全体的直觀的に觀察,理解する時期であり,自然現象に對して 心意酸達については所謂主客未分化の時代であり、自己中心の傾向が強く
- い」とか

 諸理的分析的の

 もので

 なく「共に

 遊び

 だい」「

 作って

 みたい」と

 民 (實態調查) 5遊び作業を通しての素朴的、断片的な働きかけに興味、關心を有している。 自然物に對する興味、關心は非常にあるけれど「調べる」とか「研究した
- ている。(實態調査) 學習活動に於ては直接行動, 作業を通して理解する様なことに關心を有し
- くの遊びが見られる。(實態調査) 遊びについては自然物を相手とするもの、 自然環境を利用するもの等數多
- D 理科的環

校庭のまわり，校舎のまわりには兒童のよく知っている様々の草，木があり，農場花畑も經營され，校門の近くの池には種々の小動物もおり，學校には山羊，にわとり，うさぎ等が飼育され，校庭には兒童の遊び道具も備えられている。

Ⅱ 單元の目標

學校の庭を一まわりして春の自然の中で遊び，又入學記念の木を植えて新しい環境になれ，學校にある動植物に親しみと愛好の氣持をもち，動植物の生活の様子に注意し，その形態，特徴を素朴的に理解し，自然から直接學ぶ態度を養う。

A 理　解

① 學校にはいろいろの草木がある。

② 山羊，うさぎ，にわとりはいろいろの物を食べる。

③ 動物の形には夫々特徴がある。

4 池にはいろいろの虫がいる。

B 能　力

⑤ 自然物をありのまゝに見る能力。

6 動物の特徴を直觀的につかみ，發表する能力

7 動物を繪にかく技能

⑧ 自由に發表する能力

C 態　度

⑨ 動植物に興味，關心をもつ態度

⑩ 自然物に興味，關心をもつ態度

⑪ 動植物を愛好する態度

12 入學記念の木に關心をもち愛育する態度

Ⅲ 單元の組織

| 問題（番號は目標） | 學習活動 | 效果判定の觀點及その方法 |
|---|---|---|
| 1 學校の庭にはどんなものがあるだろうか。 | ○校庭にはどんなものがあるか見てあるく。 | ○學習に對して興味・關心が換起されたか（觀察） |
| 2 校庭にはどんな草木があつたか。（1．6．8．10．11） | ○校庭にある草木について話し合う。<br>○自分の作つている草木を發表する。 | ○學校にはいろいろの草木があることがわかつたか（面接）<br>○自然物をありのまゝに見ているか（觀察） ○自由に發表しているか（觀察）<br>○自然物に興味・關心がもてたか（觀察） ○植物を愛好しているか（觀察） |
| 3 學校ではどんな動物をかつてあるだろうか。（2．3．6．7．8．9．11） | ○學校でかつている動物について話し合う。<br>○何を食べるか話し合い，食べさせて食べる種子をみる。<br>○動物の形について話し合う。<br>○動物の繪をかく | ○學校でかつている動物がわかつたか（面接）<br>○自由に發表しているか（觀察）<br>○動物の食べ物がわかつたか（面接）<br>○動物の特徴がわかつたか（面接）<br>○うまく繪がかけたか（作品）<br>○動物を愛好しているか（觀察）<br>○動物に興味・關心がもてたか（觀察） |
| 4 池には何がいるだろうか。（4．8） | ○池には何がいるか見に行く。<br>○どんなものが見えるか話し合う。 | ○池にいろいろの虫がいるかわかつたか（面接）<br>○自由に發表しているか（觀察） |
| 5 入學記念にどんな木を植えようか。（12） | ○入學記念にどんな木を植えたらよいか話し合う。<br>○記念の木を植える。<br>○今後の世話について話し合い，世話をする。 | ○入學記念の木に關心がもてたか（觀察）<br>○よく世話ができたか（觀察） |

## 單元　2　春の野で遊びましょう。

季節　4月下旬　　　所要時間　5時間

Ⅰ 單元設定の理由

A 社會的要求

單元 1 に準ずる。

B 理科的要求

1. 單元 1 に引き續き校庭より廣い春の野に出て春の自然を見させ，「單元12」に於て秋の自然を觀察し，更に二學年の季節だよりに發展せしめ自然觀察の基礎としたい。

2. 春の野山に出て，廣々とした野山の自然に接し，自然と共に遊ばせながら，自然のうつり變り，美しさ，季節の特徴を理解させ，又自然物を愛好する態度を養いたい。

C 兒童の實態

1. 心意的發達は單元1 のこの項に準ずる。

2. 自然物に對する興味，關心は單元1 のこの項に準ずる。

3. 鳥，虫，その他の動物をつかまえたり，花をつんだり，葉を集めたり等行動を通して直接理解できる様な學習に興味がある。（實態調査）

4. 自然物を用いての遊びには，まゝごと遊び，木の葉ならべ，おし花等多種

類ある。(實態調査)

D　理科的環境の實態

1.　學校の西方に城山があり兒童が遊び自然を觀察するのに適しており，途中にも田畑があり，自然から直接學ぶのに好都合である。

2.　動植物等の季節的變化は家庭，學校附近の田園，河川等極めて觀測に便である。

Ⅱ　單元の目標

狭い校庭という自然から春の野山に出て，廣々とした野山の自然に接し，自然の中に遊び，自然のうつり變り，美しさ，春の季節の特徴を理解し，又自然物を愛好する態度を養う。

A　理　　解

1　自然は季節に應じて移り變る。

②　草木の葉，花，莖等にはいろいろな形がある。

③　春の野にはいろいろ小さい動物がいる。

④　春の野にはかげろうがたつ。

5　春の風は肌に軟くあたる。

⑥　遠くの山はかすんで見える。

B　能　　力

⑦　自然の有様をありのまゝに見る能力

⑧　いろいろな花，葉等を集めたり，おし花，おし葉を作ったりする能力

C　態　　度

⑨　自然のものに興味，關心をもつ態度

10　自然物を用いておし花，おし葉を根氣よく作る態度

⑪　自然物を愛護する態度

12　危險なことをさける態度

Ⅲ　單 元 の 組 織

| 問題(番號は目標) | 學　習　活　動 | 效果判定の觀點及その方法 |
|---|---|---|
| 1 城山に行く途中に何が見えるだろうか。(1. 3. 4. 5. 6. 7. 9) | ○城山に行った經驗を話し合う。<br>○城山に行って何をしてあそんだらよいか話し合う。<br>○行く時の注意を話し合う。<br>○城山にでかける。<br>○途中の田畑の様子を見て話し合う。<br>○空の様子，空とぶ鳥，ちょう，遠くの山の様子，など見て話し合う<br>○肌にあたる風の感じを話し合う。<br>○冬とちがっている様子を話し合う。 | ○學習に對する興味・關心が換起されたか（觀察）<br>○注意事項が理解されたか（面接）<br>○春の野にはいろいろ小さな動物がいることがわかつたか（面接）<br>○春の野にはかげろうが立つことがわかつたか（面接）<br>○春の風は肌に軟くあたることがわかつたか（面接）<br>○遠くの山はかすんで見えることがわかつたか（面接）<br>○自然は季節に應じて移り變ることがわかつたか（面接）<br>○自然のものに興味・關心がもてたか（觀察） |
| 2 城山でどんなあそびをしましょうか。(1. 2. 3. 7. 8. 9. 11. 12) | ○どんな遊びをするか話し合う。<br>○花摘みあそびをする。<br>○とつた花を見せ合う。<br>○いろいろな葉をあつめる<br>○おおばこの角力あそびを競爭してやる。<br>○なづなのがらがらを作つてあそぶ。<br>○まゝごとあそびをする。<br>○いろいろの虫を見つける<br>○まわりの景色を見て話し合う。 | ○自然物を用いて興味深く遊んでいるか（觀察）<br>○いろいろな葉や花が集められたか（觀察）<br>○自然のものに興味・關心がもてたか（觀察）<br>○自然物を愛護しているか（觀察）<br>○草木の葉・花・莖等にはいろいろな形があることがわかつたか（面接）<br>○自然は季節に應じて移り變ることがわかつたか（面接） |
| 3 取つた花や葉はどうしましょうか。(8. 10) | ○城山でとつたものを學校に持ちかえる。<br>○集めた花・葉で，おし花おし葉を作る。<br>○作つたものを見せ合う。 | ○おし花，おし葉を工夫して作つているか（觀察）<br>○根氣よく作つたか（觀察）<br>○おし花，おし葉がよくできたか（作品） |

## 單元　3　体を丈夫にしましょう。

季節　4月下旬—3月中旬　　　所要時間　5時間

Ⅰ　單元設定の理由

A　社會的要求

1.　我々が社會生活を營んで行く上に最も大切なことは身体の健康ということである。社會上のあらゆる活動は健全なる身体の上に行われているのである。それ故食物に氣をつけたり，食べ方を考えたり，怪我や病氣にならない様にして自分の身体の健康を保ち，更に進んで立派な身体を形成して行く様に，身体の健康について關心を深め，基礎的知識を養い，之を實行する態度及びその能力の養成は文化國家建設を目指している現在の日本にとっては極めて大切なことである。

2.　一般父兄から健康の保持，增進について一通りの常識を得させたいとの要望が強い。(實態調査)

B　理科的要求

1.　本學年では躾を中心とした保健について取扱い，二・三學年で更にこれを深め，四學年に於て保健衛生について概略的考察を行わせ，五學年では衣，食，住と保健生活との關心を科學的に考察させ，更に六學年に至り，身体の構造，機能や公衆衛生に發展するように系統づけられている。

2.　季節に應じて躾を中心とした保健衛生について學習させ，身体の健康に關心をもたせ，身体を健康にする能力，態度を養いたい。

3. 社會科「がっこう」「おうち」体育科と密接な關係を有する。

C 兒童の實態

1. 心意的發達は單元1 のこの項に準ずる。

2. 「からだ」については「どうなっているか」「どうしてあるか」等の素朴的な疑問を發する傾向が見られ，身体についての關心が深い。（實態調査）

3. 遊びとしてはまゝごと遊びをしたり，お醫者さんごっこをしている。木の實，青い果物等を食べることが遊びの中に見られる。（實態調査）

D 理科的環境の實態

1. 學校では身体檢査，毎月の体重身長の測定，蛔虫の驅除，豫防注射等を行い，運動會，遠足等の行事も行い，衞生室，給食等の設備もあり，兒童の衞生について多大の關心をよせている。

2. 學校附近には國立病院，醫科大學等があり，市内には病院，醫院，保健所等又兒童の家庭にも醫師もある。

Ⅱ 單元の目標

季節に應じて躾を中心とした保健衞生について理解し，身体の健康に關心をもち，進んで身体を健康にする能力，態度を養う。

A 理 解

① 食事の時は手，食器をきれいに洗うことが大切である。

② 食後暫く休むことは大切である。

③ 口の中にやたらに物を入れたりすると病氣になる。

④ 毎日歯をみがくことは歯のためによい。

⑤ 寝る前に物を食べるとむし歯になりやすい。

6 食べ物に好ききらいをしないことが身体の爲によい。

7 おやつは定った時間に食べないと身体の爲によくない。

⑧ やたらに生水をのむとおなかをこわす。

9 夏など戸外で遊ぶには帽子をかぶるとよい。

⑩ 運動した後汗をふかないと風邪を引き易い。

⑪ 目，耳，鼻，手，足などをきれいにしておくことは身体の爲に大切である

12 あまり厚着をすると身体が弱くなる。

13 身体を冷やす様に寝ていると寝びえをする。

⑭ 病氣の時は家の人などの言うことをよく聞くと早く直る。

B 能 力

⑮ 歯をきれいにみがく技能

⑯ 手，食器等をきれいに洗う技能

17. 健康を保ち進める能力

⑱ 危險から身を守る能力

C 態 度

⑲ 食事の時手，食器をあらう態度

20 繼續して歯をみがく態度

21 進んで身体を丈夫にする態度

㉒ 病氣の時家の人の言うことをよく聞く態度

㉓ 常にハンカチ，手拭，鼻紙をもっている態度

㉔ 常に自分の体に關心をもつ態度

Ⅲ 單元の組織

| 問題（番號は目標） | 學習活動 | 效果判定の觀點及その方法 |
|---|---|---|
| 1 自分の体にわるいところがあるだろうか。（4. 5. 11. 17. 20. 21. 23. 24） | ○身体檢査の結果について話し合う<br>○毎朝顔をあらう<br>耳あかをとつておく<br>紙を用意して常に<br>鼻汗をかんでおく<br>等を話し合い實行する<br>○むし歯で痛かつた時の經驗を話し合う。<br>○どうしたらむし歯にかゝらぬか話し合う。<br>○歯のみがき方を話し合いみがいてみる實行表をつくる。 | ○自分の体に關心をもつたか（觀察）<br>○目，耳，鼻等きれいにしておくことが身体に大切なことがわかつたか(面接)<br>○歯をみがくことと身体のためによいことがわかつたか（面接）<br>○毎日つづけて歯をみがいているか(觀察調査)<br>○歯のみがき方がわかつたか（觀察）<br>○常に手拭，ハンカチ，塵紙をもつているか（觀察） |
| 2 ごはんをいたゞく時にはどんな事が大切であろうか。（1. 2. 3. 7. 16. 17. 19. 21. 24） | ○おべんとうをいたゞく時の注意を話し合う。<br>○手，食器のあらい方について話し合う。<br>○口の中にやたらに物を入れると傳染病その他の病氣にかゝることを話し合う。<br>○ごはんの食べ方について話し合う。<br>○蠅などはばいきんをつけているから追つたりとつたりする事を話し合う。<br>○食物のすききらいを話し合う。<br>○すききらいなものを書き出してみる。<br>○おやつを食べるかどうか話し合う。<br>○おやつは何時いただいたらよいか話し合う。 | ○食事の時手，食器を洗うことが大切であることがわかつたか又よく洗つているか（觀察）<br>○口の中にやたらに物を入れないか（觀察）<br>○食物のすききらいを言わないで食べているか（觀察）<br>○おやつを定めた時間に食べているか（面接調査） |
| 3 夏休中体についてどんなことを | ○暑い時はどんな水をのんだらよいか話し合う。 | ○生水をのむと腹をこわすことがわかつたか又注意しているか（面接觀察） |

| | | |
|---|---|---|
| 注意したらよいだろうか。(8. 9. 17. 18. 21. 24) | ○水泳の時の注意について話し合う。<br>○暑い時外に出る時の注意について話し合う。<br>○寝びえをさける方法を話し合う。 | ○暑い時帽子をかぶつて外に出ているか（觀察）<br>○寝びえをしない様に氣をつけているか（觀察） |
| 4 風邪をひかない様にするにはどうしたらよいだろうか。(10. 12. 14. 17. 18. 21. 22. 24) | ○欠席をしているお友達をしらべる。<br>○どうして休んでいるかしらべる。<br>○どんな時風邪をひきやすいか話し合う。<br>○ひいた時はどうしたらよいか話し合う。<br>○風邪をひかないためにはどうしたらよいか話し合う。<br>○冬はどんなあそびをしたらよいか話し合う | ○運動した後汗をふいているか（觀察）<br>○厚着をしない様になつたか（觀察）<br>○進んで体を丈夫にしようとしているか（觀察）<br>○病氣の時家の人たちの言うことをよくきいているか（觀察）<br>○元氣よく遊んでいるか（觀察） |
| 5 今年は丈夫でくらせただろうか(21. 24. 17. 18) | ○欠席の有無をしらべる。<br>○一年中病氣にかかつたかどうか話し合う。<br>○何の病氣にかかつたか話し合う。<br>○來年は丈夫で休まない様にするにはどうしたらよいか話し合う。 | ○常に自分の体に關心をもつていたか（觀察）<br>○進んで体を丈夫にしようとしているか（觀察） |

## 單元 4 種まきをしましょう。

季節 5月上旬—10月中旬　　所要時間 5時間

Ⅰ 單元設定の理由

A 社會的要求

1. 植物は個人生活と社會生活とを問わず，衣，食，住の問題から産業，燃料，保健衛生，娯樂等に至るまで非常に密接な關係を有しており，我々が文化的生活を擴充，發展させて行くにはこの植物をよりよく利用して行かなければならない。それには植物の生態．栽培法，利用法及び環境との關係などあらゆる方面からこの植物に對する正しい理解をもつことは大切なことである。

2. 植物を栽培することにより愛育の念を養わせたいという要求がある。（實態調査）

B 理科的要求

1. 植物を栽培したり觀察したりすることにより，植物の一般的生態についてふれ，四年において人間生活の中の食生活に最も重大な意義をもつ稻の栽培

の基礎を養いたい。

2. 土にまいた種から芽が出て，日の光をあびて育ち，土に養われて茂り，やがて花が咲いて實を結ぶことを理解させたい。

3. 植物を栽培させて，繼續的に觀察記録す能力，態度を養いたい。

C 兒童の實態

1. 心意的發達は單元1 に準ずる。

2. 植物については，芽はどうしてでるか，花はどうして咲くのか，葉はどうしてあるのか等の疑問を起し，目に見えるもの，又變化して行くものに心を引かれる。（實態調査）

3. 植物に關する學習では種をまいて育てたい傾向が多分に見られ，直接的行動的により理解のできるようなものに興味が深い。（實態調査）

4. 遊びには花とりや，葉・莖・花等を使い賣りやさんごっこ，配給ごっこ，まゝごと等植物を用いたものがたくさんある。（實態調査）

D 理科的環境の實態

1. 一年生の敎室の前に一年用の花畑があり，種まきや毎日の世話，觀察等に便利である。

2. 都市のため，草花等を作っている家庭は少い。

Ⅱ 單 元 の 目 標

種まきをし土に親しませ，芽生えてすくすくと伸びて行く植物の姿を觀察させ，一般的生態を理解させ，繼續觀察をし，記録することにより科學的態度・能力を養い，愛育の念を深める。

A 理　解

① 植物は種をまいて芽が出て花が咲き實を結ぶ。

② 水をやらぬと植物は枯れる。

3 日光をうけて植物は育つ。

4 土地は石と土からなっている。

B 能　力

5 植物を栽培する能力

⑥ 植物の成長を繼續的に觀察したり世話をする能力

7 植物の成長を觀察したのを記録する能力

8 植物の成長の姿をありのまゝに見る能力

⑨ 觀察，記録を發表する能力

C 態　度

10 根氣よく世話をし觀察する態度

(11) 花畑を作り，種をまいて世話をするとき協力して作業する態度

12 植物を愛育する態度

Ⅲ 單元の組織

| 問題(番號は目標) | 學習活動 | 效果判定の觀點及びその方法 |
|---|---|---|
| 1 草花の種はどの様にまいたらよいだろうか。(4. 11) | ○種まきをした經驗について話合う。<br>○どんな種をまいたらよいか話合う。<br>○種・道具を用意する。<br>○土をほり土くれをもんで崩させまき床を作る。<br>○種について話合う。<br>○まき方について話合い種まきをする。 | ○學習興味の換起がなされたか（觀察）<br>○協力して作業しているか（觀察）<br>○土地は石と土からなつていることがわかつたか（面接）<br>○種のまき方がわかつたか（面接） |
| 2 草花はどの様に大きくなるだろうか。(1. 2. 3. 5. 6. 7. 8. 9. 10. 12) | ○どんな世話をしたらよいか話合い，當番をきめて世話をする。<br>○繼續して世話をし，觀察したり記錄する。<br>○葉・莖・つる・花等を觀察して記錄する。<br>○記錄したものを發表する。 | ○種をまいて芽がでることがわかつたか（面接）<br>○水をやらぬと植物はかれることがわかつたか（面接）<br>○植物を愛育しているか（觀察）<br>○花が咲くことがわかつたか（面接）<br>○實を結ぶことがわかつたか（面接）<br>○根氣よく繼續して世話し，觀察，記錄できたか（觀察面接）<br>○うまく發表できるか（觀察） |
| 3 どんな種ができたろうか。(11) | ○種とりをする。<br>○各草花の種を觀察してちがいを話合う。<br>○種を袋に入れ，保存しておく。<br>○畑の整地をする。 | ○種のちがいがわかつたか（面接）<br>○協力して作業しているか（觀察） |

## 單元 5 小川の動物をとって飼いましょう。

季節 5月下旬　　所要時間 6 時間

Ⅰ 單元設定の理由

A 社會的要求

1. 動物は我々人間生活に影響を與えるもの大なるものがあり，我々祖先は原始以來動物を飼育し利用して來た。動物の生活作用が自然に於ていかに行われているか又人間生活といかなる關係があるか等動物に對する理解を深め動物を利用する基礎を作ることは意義あることである。

2. 動物に對する愛好の念，殊に飼育することにより，動物を親しみ愛する心をもたせることは當學年としては重要なことであり，一般父兄からの要求も強い。（實態調査）

B 理科的要求

1. 動物飼育は二・三・四・五年の各學年に於ても取扱われるので飼育の初歩的技能を得させ，高學年の飼育實驗の基礎としたい。

2 小川の小動物を採集してそれを飼育することにより，動物の生態について初歩的に理解させ，動物に關心をもたせ飼育する態度を養い併せて川の水の作用について理解せしめる。

C 兒童の實態

1, 心意的發達は單元1 に準ずる。

2. 動物については飼って共に遊びたいという素朴的で然も斷片的な働きかけが見られる。（實態調査）

3. 動物に關する學習に於ては採集したり，飼育したり，身のまわりのあらゆる動物に直接的に行動を通して行うのを好む。（實態調査）

4. 動物に關する遊びには魚とり，魚つり，貝とりその他水中の小動物をとったり又それらを飼育する等の遊びが多い。（實態調査）

D 理科的環境の實態

1. 學校の西方500m のところに池があり，いろいろ水中の虫がすみ，淺いので兒童が入って採集するのに適している。

2, 學校の校門の右側に池があり小動物がいる。

3. 學校の東方200mのところに女鳥羽川があり，水も少く砂原もあり，川あそびするのに適している。

Ⅱ 單元の目標

川あそびすることにより水邊の自然に親しませ，小川にすむ魚や虫を採集し，飼育することにより，愛育の念を養い，併せて水の作月を知らせる。

A 理　解

① 池や小川にはいろいろの魚や虫がいる。

② 小川の動物はいろいろな形をしている。

③ 動物の泳ぎ方にはそれぞれ特色がある。

4 動物はそれぞれ特定の場所にすんでいる。

5 流れる水は土を流す。

6 土地は石と土からできている。

B 能　力

⑦ 動物のありのまゝの姿をとらえる能力
8 魚や虫を比較觀察する能力
⑨ 動物を採集する能力
⑩ 動物を繼續的に飼育していく能力
11 觀察したことを發表する能力

C 態　度

⑫ 根氣よく世話をする態度
⑬ 動物を愛育する態度
⑭ 動物に親しみや關心をもつ態度
15 危險のところをさける態度

Ⅲ 單元の組織

| 問題（番號は目標） | 學　習　活　動 | 效果判定の觀點及びその方法 |
|---|---|---|
| 1 小川にはどんな動物がいるだろうか。（15） | ○小川で動物をとつたことがあるか經驗を話し合う<br>○取りに行く場所，もつて行く物をきめる。<br>○注意することを話し合う。 | ○學習に對する興味が換起されたか（觀察）<br>○目的を把握したか（面接）<br>○注意事項が理解されたか（面接） |
| 2 動物はどんなところにいるだろうか。（1.2.3.4.7.8.9 11.15） | ○池や小川に入り自由にいろいろの動物をさがしてとる。<br>○小さい池を作つて取つたものを放して飼う。<br>○形や泳ぎをくらべてみる<br>○とつた動物について話し合う。 | ○池や小川にいろいろの魚や虫がいることがわかつたか（面接）<br>○魚や虫にはいろいろの形があり泳ぎ方もそれぞれ違うことがわかつたか（面接）<br>○動物の姿をありのまゝにとらえたか（面接）<br>○魚や虫を比較觀察できたか（面接）<br>○危險のところをさけているか（觀察）<br>○觀察したことを發表したか（觀察） |
| 3 動物のいた川はどのように流れているか。（5.6） | ○流れる水が土や石を流すのを見て話し合う。 | ○土地は土と石とからできていることがわかつたか（面接）<br>○流れる水は土を流すことがわかつたか（面接） |
| 4 取つた動物はどのように飼つたらよいだろうか（10.12.13.14） | ○取つたものを學校にもちかえり，當番をきめて飼育する。 | ○根氣よく世話をしているか（觀察）<br>○動物に親しみ關心がもて，愛育の念がもてたか（觀察） |

## 單元　6　いろいろの虫を集めましょう。

季節　6月上旬―10月上旬　　　所要時間　6時間

Ⅰ 單元設定の理由

A 社會的要求

單元5 に準ずる。

B 理科的要求

1. 動物を採集し飼育することは，二・三年に於ても取り扱われ，五・六年に於ては，人生との關係，利用方法等について學習するので，動物に對して興味・關心を深めさせ研究の基盤としたい。
2. 昆虫を採集して，それを飼育することにより，昆虫の生態・習性について素朴的に理解させ，動物に關心をもたせ愛育していく態度を養いたい。

C 兒童の實態

1．2．3 は單元4. に準ずる。
4 遊びにはとんぼ，ちょうちょ，せみ等昆虫を採集する遊びが多い。（實態調査）

D 理科的環境

都市ではあるが學校が市の北端に位し，自然に接する機會が多く，昆虫採集に適當な原野が城山岡田方面にある。

Ⅱ 單元の目標

いろいろの昆虫を採集し，それを飼育することにより，昆虫の生態，習性を素朴的に理解し，昆虫に興味・關心をもたせ，愛育していく態度を養う。

A 理　解

① 虫にはいろいろ形のちがったものがある。
② 虫はいろいろな場所にすんでいる。
3 虫には舞うのと舞わないとある。
4 虫には鳴くのと鳴かないのがある。

B 能　力

5 虫を採集し，根氣よく飼育する能力
⑥ 虫を比較，觀察する能力
7 虫を繼續して觀察する能力
⑧ 虫を觀察したことを發表する能力

C 態　度

⑨ 昆虫を愛育する態度
10 根氣よく世話をする態度
11 昆虫に興味・關心をもつ態度
12 危險なことをさける態度

Ⅲ 單元の組織

| 問題(番號は目標) | 學習活動 | 效果判定の觀點及びその方法 |
| --- | --- | --- |
| 1 野原にはどんな虫がいるだろうか。(1.2.3.4.5.6.8 11.12) | ○虫を取つた經驗について話し合う。<br>○取りに行く場所，用意するものを話し合う。<br>○注意することについて話し合う。<br>○虫を集める。<br>野原にいる虫<br>枝や葉の上にいる虫<br>地面にいる虫<br>岩にいる虫 | ○虫をとる事に興味・關心がどの程度もてたか（觀察）<br>○注意事項が理解されたか（觀察）<br>○虫の形はいろいろあることがわかつたか（面接）<br>○虫のいる場所がわかつたか（面接）<br>○虫に興味・關心をもつたか（觀察）<br>○虫を比較觀察できたか（觀察） |
| 2 とつた虫はどの様に飼つたらよいだろうか。(5.7.8.9.10) | ○取つた虫を飼う。<br>○えさを與えて世話をする。 | ○根氣よく世話をしたか（觀察）<br>○愛育する態度ができたか（觀察）<br>○觀察したことを發表できたか（觀察） |

## 單元 7 雨あがりを見て來ましょう。

季節 6月中旬　　所要時間 4時間

Ⅰ 單元設定の理由

A 社會的要求

天氣・天候等氣象は產業上又保健衞生上人間との關係は極めて密なるものがあり，又氣象によりうける自然の災害のために莫大な生命と財產の損失をみている。從って昔より人間は氣象に多大の關心をもち，良くこれを利用して，その災害をさけんとしている。よりよき社會を作りあげていくためにはこれら自然現象に對してよりよき理解と，能力態度をもつことは大切なことである。

B 理科的要求

1. 季節の特徵，自然現象等を素朴的に考察させ二・三學年の季節だよりに發展し，更に高學年に至り氣象現象の移り變り，人生との關係を學ぶ基礎たらしめたい。
2. 梅雨の晴れ間に雨の晴れた情景，土が雨のために姿を變えた點を見させ梅雨の季節の特徵を理解させ，自然現象に關心をもたせる。
3 「單元13体を丈夫にしましょう。」その他社會科，体育科に密接な關係をもつ。

C 兒童の實態

1. 心意的發達は單元1 に準ずる。

2. 雨についてはどうしてふるかという疑問をもち，その成分についても關心が深い。（實態調査）
3. 學習活動に於ては直接的に働きかける，毎日の天氣をしらべる等に興味がある。（實態調査）
4. 遊びには池つくり，川あそび，水でっぽう，傘で雨をとばす等水や雨についての遊びが多い。（實態調査）

D 理科的環境

1. 市內に測候所があり，天氣豫報が行われ，又見學することもできる。
2. ラジオや新聞で天氣豫報に接している。
3. 女鳥羽川や學校附近の川は梅雨時にはんらんする。

Ⅱ 單元の目標

梅雨の晴れ間に雨の晴れた情景や雨のために土地が姿を變えた點を見て，梅雨の氣象の特徵を素朴的に理解し，天氣に對する興味と關心を深める。

A 理　解

① 梅雨の頃は雨がふりつづく。
② 雨は水の一種の型である。
3 水蒸氣は空氣中に出て行く。
4 雨がふると川の水はふえてにごる。
⑤ 梅雨にはかびが生えやすい。
6 雨後の景色ははっきり見える。

B 能　力

⑦ 雨後の景色をありのまゝに見る能力
8 觀察したことを發表する能力

C 態　度

⑨ 天氣に興味・關心をもつ態度
10 大水の川で危險をさける態度

Ⅲ 單元の組織

| 問題(番號は目標) | 學習活動 | 效果判定の觀點及びその方法 |
| --- | --- | --- |
| 1 雨はまだふるだろうか。(1.2.3.6.7.8.9) | ○この頃の天氣について話し合う。<br>○晴れるか，まだ雨が降るか話し合う。<br>○外に出て，空，雲の樣子 | ○雨後の景色ははつきり見えることがわかつたか（面接）<br>○水蒸氣は空氣中に出て行く事がわかつたか（面接）<br>○雨は水の一種であることがわかつた |

| | | |
|---|---|---|
| | をみて話し合う。<br>○風の强弱，方向などに注意を向ける。<br>○遠くの景色をみてどんなに見えるか話し合う。<br>○庭の土，屋根，塀から湯氣の立つ樣子をみる。 | か（面接）<br>○景色をありのまゝに見ているか（觀察）<br>○天氣に興味・關心をもつたか（觀察） |
| 2 雨で庭や畠はどんなになつたであろうか。<br>（7. 8） | ○庭に出て川を作つたり水たまりであそんだりする<br>○土や砂の流れた跡、雨だれの跡、草の倒れたところ 等をみて，雨のために色々變つたことを話し合う。 | ○觀察したことをよく發表しているか（觀察）<br>○雨のために自然が變つたことがわかつたか（面接） |
| 3 川の水はどうであろうか。<br>（4. 8. 10） | ○川に行つて，川の水の變化について話し合う。<br>○川の水の流れについて話し合う。 | ○雨がふると川の水はふえてにごることがわかつたか（面接）<br>○危險をさけているか（觀察） |
| 4 かびはどんなところに生えているだろうか。<br>（5） | ○かびの生えているものをさがす。<br>○食べ物についての注意を話し合う。<br>○どんなところにあるものにかびが生えているか話し合う。<br>○かびくさい臭いをかいだり，かびの生えた樣子をみたり，かびをおとしてみる。<br>○衣類がしめつぽくなる事を話し合う。 | ○かびの生えるところがわかつたか（面接）<br>○かびの臭い，色がわかつたか（面接） |

## 單元 8 七夕まつりをしましょう。

季節　7月上旬　　　　　所要時間　3 時間

I. 單元設定の理由

A　社會的要求

1. 星に對しては昔よりその限りなき神秘に深い關心を向け，又眞理探究の對象として取扱われて來ている。今後複雜繁忙を極める現代社會を營む我々も神秘美妙な世界に憧憬の念を抱き，深い關心を向けると共に眞理探究の對象とする生活態度は社會を科學的に向上させる上に極めて大切なことである。

2. 星座に關して神秘的な感情を育てていきたいという一般父兄からの要望がある。（實態調査）

B　理科的要求

1. 七夕まつりの神話・傳說的內容をもつ學習をさせ，星座に關心をもたせ，上學年に於て學習される星座に發展させる基礎を養いたい。

2. 七夕まつりとして，その神話・傳說を聞き牽牛，織女の位置をさがし，更に一番星，二番星，天の川等を見つけ星座に關心をもたせ，星座に注意する態度を養いたい。

C　兒童の實態

1. 心意的發達は單元1に準ずる。

2. 星に關する興味・關心は「お星樣のお話をきゝたい，」「お星樣へ行ってみたい，」「お星樣はなぜ光るのか」という樣な方面に數多く見られる。（實態調査）

3. 星に關しての學習は七夕まつりをしたり，星の神話，傳說を聞いたり，星を見つけたりする學習を好んでいる。（實態調査）

4 遊びとしては一番星を見つける等星さがしが見られる。（實態調査）

D　理科的環境の實態

1. 家庭に於ては8月7日に七夕祭を行っている。

2. 信州は空がすっきりすみ星を觀測するのに適している。

II 單元の目標

七夕まつりをして，その神話・傳說を聞き，牽牛・織女・天の川等はどゝにあるかその位置をしらべ，又一番星，二番星等を見つけ，星座に關心をもち，星空に注意する態度を養う。

A　理　　解

① 多くの星は夕方から光り始める。

② 金星は特によく光る。

3 星は晝間も光っているが太陽の光のために見えない。

④ 牽牛・織女は天の川の兩側にある。

B　能　　力

⑤ 星をさがす能力

6 七夕まつりをする計畫をたてる能力

C.　態　　度

⑦ 星座に關心をもつ態度

8 繼續して星を觀測する態度

III 單 元 の 組 織

わかつたか(面接)	合して星を	が	のなる。	な星が見える
○星に興味・關心がもてたか(觀察)	万してい語	上いる星	つさり	2 夕大型にはどん
○學習に對する興味が換起されたか(觀察) ○七夕まつりの計畫がよくたてられたか(面接) ○七夕まつりが上手にできたか(觀察) ○七夕まつりの神話・傳説がわかつたか(面接) ○旦座に關心がもてたか(觀察)	りをした総験を りをする計畫を いたないるの外 になればひかるの外 であればひかる かからないるの するのであると であるないのの であるない。 であるないのの であるない。 である。 であるない。 であるない。 であるない。 であるない。 である。 であるない。 である。 でも、 である。 である。 である。 である。 である。 である。 である。 である。	しひしひし合く商教験やし。	○ ○ ○ ○ ○ ○ ○ ○ ○ ○ ○ ○ ○ ○ ○ ○ ○ ○ ○	1 七夕まつりはど のようにしたら よいだろうか。 (6.7)
效果判定の觀點及びその方法	 哲	図	遍	問題(番號は日標)

單元 9 風車を作って遊びましょう。

單元設定の理由

社會的要求

- 單元7に進ずる
- 2. 兒童の日常用いている種々の玩具類や,我々が日常使用しておる機械や道具の日常生活及び社會生活に占める役割は極めて重要なものであり,これら機械や道具の操作になれるせ、これらに對する興味・關心を高めることは極めて大切なことである。

出文三次

- 「空と土」に關する系統的發展は單元7に準する。機械と道具に關しては 單元16にてのりものをしらべ更に上學年での學習の基礎をつくりたい。
- 2. 風車をよくまわる標にいろいろ工夫して作り、まわして遊び、風に關心をもたせ、風の起きる原因を素朴的に理解し、風を利用する態度を養い、季節の特徴をしらせ、自然現象に關心をもたせる。
- 見童の實施

0

148 —

1

- 心意的發達は單元1のこの項に進する。
- たこあけをしたり、風車を作ってまわしてみたり、風についてしらべる等行動的作業的の事を通して學習する事に興味・關心をもっている。(實態調査)
- 3. 遊びには風車を作ってまわしてあそぶ、たこあけ等の遊びが多い。(實態

理科的環境の質態

- 松本地方は八月下旬から九月にかけて颱風におそわれる。
- 市内に測候所もあり、又新聞、ラジオ等で天氣쒏穀を知らされている。

| 單元の目標

風車をよくまわる様にいろいろ工夫して作り,まわして遊び, 風に關心をもち,風の起きる原因を素朴的に理解し、風を利用したり風の災害に關心をもつ態度を饗い季節の特徴を知り,自然現象に關心をもつ。

理解

-)風は空氣の動くものだ。
- 風は物にあたる。
- 別は役に立つこともあるし、害になることもある。
- 4 空氣は見えないが肌にあたる。
- 5 9月頃は大風が吹くことが多い。

超力

- 風車を工夫して作る能力
- いろいろ工夫して風車をまわず能力
- 季節の特徴をつかむ能力

態度

- 風に興味・關心をもつ態度
- 10 風を利用する態度

軍元の組織

〇いろいる工夫して風車をまわしてい るが(観祭)	〇作つた風車をまわして遊 ぶ。	2 風車はどんな時 よくまわるか。
	○風車を工夫して作る。	6
〇鳳車がよくできたか (作品)	のを話し合い用意する	あるうか。
〇風車を工夫して作つているか(観祭)	○風車を作るのに必要なる	TT / C 5 4 4 . C
か(糖剤	(中) (で) (で)	
○風車を作るのに興味・關心をもりた	○風車を作りた細疇を話し	1 層面はどの源下
效果判定の觀點及びその方法	型 活 動	問題(番號は目標)

表し (0)岬話 (1) 時間を関ぎ、カツ連13 かを観光 6 だせだい。 (2,7.11.13)
--

0 0 0 0 0 0 0		コマリ 〇それらの機械を見たり, 動かしてみる。	(3.10)
○と乗っていて果やして今 ○注数は見えないが肌にあたることのにからませしてみる。 ○風の吸いてくる方を向いてませしてみる。 ○風の吸いてくる方と反響 ○風が頭(吹く時よくまむることの声を向いてませしてみ 数) ○風は独貌の動くものであることもから。 ○二百十日頃頭・風の吹い赤おと、風の吹く嫌ず, 風の吹く嫌ず, 風の吹く嫌ず, 風の吹く嫌ず, し合ち。 ○風は常になることもあることがであた。 一位方。 ○人が風を担用している場合について話し合う。 かつため (面接)		(風叫・下口・尾・りと 七・隠風嶽・とのみ・扇	0
○と乗っていて味わして今 ○ 20 数は見えないが肌にあたることであってはおしてみる。 ○ 風が照(吹く時よくまわることでまわしてみる ○ 近の吹いてくる方と反響 ○ 方を向いてまわしてみる。 ○ での場合―はたよくまわしなか 数) ○ 真体製砂して風車を動かしてみる。 ○ 二百十日 [5] 「一日 「日	〇人は属れての族内虫り (こらかがら もりため (国報)	〇人が風を利用してこる 合にしてて指し合う。	4 風やどの痰下匙
○と来っていて果わして今			(3, 5, 8)
○たまつていて味わして今 ○治敷は見えないが肌にあたるこのにんはまむしてみる。 ○風の吸いてへる方を向いてはれしてみる。 ○風の吸いてへる方と反響 ○風が照(吹く時よくまむることの声を向いてまわしてみが、 かつため(面接) ○風は独似の動くものであることもを聞いるの 「一時の動かして風中を動かして風中を動かして風中を動かして水が、 風の吹く嫌子。 ○日中十日気闘・風の吹く嫌子。 ○風は地でなることもあることが、 かかと、風の吹く嫌子。 ○風は地でなることもあることが、 こので、ずめて、風の吹く嫌子。 ○風は地でなることもあることが、 こので、ずめて、風の吹く嫌子。 ○風は地でなることもあることが、 こので、ずめてからには、 こので、ずめているので、 ○風は地でなることが、 ○風は地でなることが、 ○風は地でなることが、 ○風は地でなることが、 ○風が、 ○風が、 ○風が、 ○風が、 ○風が、 ○風が、 ○風が、 ○風		し合う。	うか。
○と乗っていて果やしてや ○ 22数は見えないが肌にあたること。 ○ 20 0 0 0 0 0 0 0 0 0 0 0 0 0 0 0 0 0		ためっ、風の又へ楽土, 国のでこれやマや回し宅	い風が吹へだる
○経験は見えないが肌にあたるに わかつたが(面接) ○風が頭へ吹へ砕よへまわること かつたが(面接) ○風に興味・調心さもつているが 数) の風に現味・調心さもつているが 数) の風に発味の動へものにあること かつたが(面接)	779997	一百十百二百二	3 この頃どんな頭
○ 公敦は見えないが肌にあたるに		00 C C C C C C C C C C C C C C C C C C	
○記覧は見えないが肌にあたるに わかつたが(周接) ○風が頭(吹く呼ょくまわること かつたが(面接) ○風に興味・調心かもつているが (別に興味・調心からつているが (別に受けるのにあること ののに対象の動くものにあること がっため(面接)		してゆる。	
○ 公覧は見えないが肌にあたるに もかったが(面接) ○風が頭へ吹へ砕よへまわること かったが(面接) ○風に興味・闘心さもつているが 級) ○風に対象の脚へものにあること がったが(面接)		○子を動かして風車を動か	
○ 公覧は見え

| | | |
|---|---|---|
| (1.2.4.7.9) | ○よくまわすにはどうしたらよいか工夫してみる。<br>○とまっていてまわしてみる。<br>○とんでまわしてみる。<br>○風の吹いてくる方を向いてまわしてみる<br>○風の吹いてくる方と反對の方を向いてまわしてみる。<br>○どの場合一ばんよくまわるか話し合う。<br>○手を動かして風車を動かしてみる。<br>○下敷で風車を動かしてみる。 | ○風は物にあたることがわかつたか（面接）<br>○空氣は見えないが肌にあたることがわかつたか（面接）<br>○風が强く吹く時よくまわることがわかつたか（面接）<br>○風に興味・關心をもつているか（觀察）<br>○風は空氣の動くものであることがわかつたか（面接） |
| 3 この頃どんな强い風が吹くだろうか。<br>(3. 5. 8) | ○二百十日頃强い風の吹いたあと，風の吹く様子，風のふいたあとを見て話し合う。 | ○風は害になることもあることがわかつたか（面接）<br>○季節の特徴はつかめたか（觀察） |
| 4 風をどの樣に利用しているだろうか。<br>(3.10) | ○人が風を利用している場合について話し合う。（風車・たこ・扇・うちわ・扇風機・とうみ・鳴子等）<br>○それらの機械を見たり，動かしてみる。 | ○人は風をどの樣に使つているかがわかつたか（面接）<br>○風を利用する態度はどうか（觀察） |

## 單元 10 お月見をしましょう。

季節 9月中旬　　　所要時間 3時間

### Ⅰ 單元設定の理由

A 社會的要求

月に關しては昔より文學に音樂に又繪畫に數多く表現され，或は信仰の對象として我々の生活に深い關係をもって來ているが，それらは何れも美的或は宗教的感情のものであって、科學的に究明しようとする態度は見られない。

從って月について科學的に研究理解し，古くから言いならわされている迷信を打破して行くことは近代社會を營んで行く上に極めて大切なことである。

B 理科的要求

1. お月見の行事を中心として，月に對する關心を養い，上學年に於ける天体に關する學習の基礎を養いたい。
2. お月見の行事をし，月に關しての神話・傳説を聞き，月の運行，形を觀察させ，月に對しての關心をもたせたい。

C 兒童の實態

1. 心意的發達は單元1のこの項に準ずる。
2. 月に關する興味・關心はお月樣のお話をききたい，お月樣へ行ってみたい，お月樣はなぜ光るのかという樣な方面に數多く見られる。（實態調査）
3. 月に關しての學習はお月見をしたり，月の神話・傳説を聞いたりする學習を好んでいる。（實態調査）
4. 月夜の影ふみ，月を繪にかいたり，月の歌をうたったり，月に關しての遊びも多い。（實態調査）

D 理科的環境の實態

お月見の行事は各家庭に於て行われ，歌や遊び等から月に關心を向ける機會が多い。

### Ⅱ 單元の目標

お月見の行事をして月についての神話・傳説を聞き，月の運行・形の變化等を觀察・理解し，月に對して興味・關心を深める。

A 理　解

① 月は東から出て西に入る。
2 月は光を與えてくれる。
3 月の見えない夜もある。
④ 月は一ケ月のうちに形が變る。
5 三日月は夕方西の空に見え早く沈む。
6 滿月は夕方東の方に見える。
⑦ 月夜は星空より明かるい。

B 能　力

⑧ 月の形を比較する能力
⑨ 月の形をありのまゝに見る能力
10 月の形の變るのを記錄する能力

C 態　度

⑪ 月に興味・關心をもつ態度
12 繼續して月の形の變化を觀察する態度
⑬ 月に親しみをもつ態度

### Ⅲ 單元の組織

| 目標（番號は目標） | 學習活動 | 效果判定の觀點及びその方法 |
|---|---|---|
| 1 お月見はどのようにしたらよいであろうか。<br>(2.7.11.13) | ○お月見をした經驗を話し合う。<br>○お月見の計畫をたて準備する。<br>○お月見をする。 | ○學習に對して興味・關心がもてたか（觀察）<br>○お月見の計畫がたてられたか（觀察）<br>○よいお月見ができたか（觀察）<br>○月夜は星空より明かるいことがわか |

| | | |
|---|---|---|
| | すゝき等かざる。<br>野菜・果物をかざる。<br>月見をする。<br>お月見のことを作文にかく。<br>○お月様についての話を聞く。 | つたか（面接）<br>○月に對して興味・關心親しみがもてたか（觀察）<br>○お月見についての神話・傳説がわかつたか（面接） |
| 2 月は何時も同じところにいるだろうか。<br>（1.3.5.6） | ○三日月は夕方どちらに見えるか觀察する。<br>○滿月は夕方どちらに見えるか觀察する。<br>○月は動くか，動かないか話し合う。<br>○觀察し記録して話し合う | ○三日月・滿月の夕方の位置がわかつたか（面接）<br>○月は東から出て西に入ることがわかつたか（面接）<br>○觀察したことをよく記録しているか（作品） |
| 3 月の形はどのように變るだろうか。<br>（3.4.8.9.10 12） | ○月の形について話し合う<br>○月の形の變るのを觀察して記録する。<br>○記録したものを見せ合つて話し合う。 | ○月の形の變るのを繼續して觀測しているか又よく記録しているか（觀察・作品）<br>○月は一ケ月の中に形がかわることがわかつたか（面接）<br>○月の見えない夜もあることがわかつたか（面接） |

## 單元 11 今どんな野菜や果物があるでしょうか。

季節　9月下旬　　　　所要時間　3時間

Ⅰ　單元設定の理由

A　社會的要求

單元4に準ず。

B　理科的要求

1.　季節に出る野菜・果物をしらべ人間が植物を食べることを理解し，更に四學年に於て實際に自分達の手で稻を作ってみることに發展させる。

2.　家で作ってある，又八百屋にある，或は繪本にある野菜・果物についてしらべ，種類・形態を理解し，それらに對して關心をもつ態度を養い季節の特徴を摑ませたい。

C　兒童の實態

1.　心意的發達は單元1に準ずる。

2.　植物に關しては葉・根・種等を調べたい，米はどうしてできるか等，どうしてか，なぜかという素朴的な疑問を發する傾向が見られ，植物に對しての關心が深い。（實態調査）

3.　學習活動に於ては八百屋か自分の家の野菜・果物をしらべたり，繪をかいたりする等行動的で直接理解するものに興味をもつ。（實態調査）

4.　遊びには寶やさんごっこ，配給ごっこ，まゝごと等植物を用いてやる遊びや，植物を採集する事に興味をもつ。（實態調査）

D　理科的環境

1.　食糧事情が豊かでない折，各家庭に於ては，野菜・果物を作る家が多くなって來ている。

2.　市街地のため八百屋が數多くある。尙學校は郊外にあるので附近に畠も多く見られる。

3.　家庭には繪本が多くある。

Ⅱ　單元の目標

家や，學校附近の畠に作ってあったり八百屋に出ていたり，或は繪本にある野菜・果物を見たり，繪にかいたりすることにより，どんな野菜や果物があるか，又その種類・形態を理解し，それらに對する關心を深め季節の特徴をつかむ。

A　理　解

① 季節毎にちがった野菜・果物がでる。

2　野菜・果物には夫々ちがった大きさ・色・形がある。

③ 人は野菜や果物など植物を食べる。

B　能　力

4　野菜・果物の特徴をつかみ，又描く能力

⑤ 切った繪・描いた繪を整理する能力

⑥ 野菜・果物等をありのまゝに見る能力

7　野菜・果物を比較する能力

C　態　度

⑧ 野菜・果物に關心をもつ態度

9　八百屋・畠を見學する時注意を守る態度

10　野菜・果物を愛育する態度

Ⅲ　單元の組織

| 問題（番號は目標） | 學習活動 | 效果判定の觀點及びその方法 |
|---|---|---|
| 1 お家では今どんな野菜や果物を食べているだろうか。 | ○お家で作つている野菜や果物をしらべて繪にかいてくる。<br>○それら野菜・果物の利用法について話し合う。<br>○葉・根・實・皮をむいて， | ○野菜・果物の特徴をつかんでかいたか（作品）<br>○野菜・果物の性質・形態がわかつたか（面接）<br>○人は植物を食べることがわかつたか（面接） |

| | | |
|---|---|---|
| (1.2.3.4.6.7.8 10) | 或は割つて食べるもの等に分類する。 | |
| 2 近所ではどんな野菜や果物を作つているだろうか。 (1.2.3.4.6.7.8 9.10) | ○學校の近所の畠の野菜・果物を見てあるく。<br>○どんな野菜・果物があるか話し合う。<br>○種類・形態について話し合う。<br>○八百屋を見學する。見學する時の注意事項を話し合う。<br>○見てきたものを繪にかく種類・形態について話し合う。 | ○季節毎にちがつた野菜・果物がでることが理解されたか（面接）<br>○野菜・果物に關心をもつたか(觀察)<br>○八百屋・畠を見學する態度はよかつたか（觀察）<br>○注意は守れたか（觀察） |
| 3 まだどんな野菜や果物があるだろうか。 (1.2.3.4.7.8) | ○野菜・果物のかいてある繪・本をあつめて切りぬく。<br>○種類・形態について話し合う。 | ○多くの繪本が集められたか（觀察）<br>○種類・形態がわかつたか（面接） |
| 4 描いた繪・切りぬいた繪をどうしようか。 (5) | ○描いた繪・切りぬいた繪をはりつけて帳面を作る<br>○できた帳面を見せ合う。 | ○かいた繪・切りぬいた繪をよく整理できたか（作品） |

## 單元 12 秋の山で遊びましょう。

季節　11月上旬一中旬　　　所要時間　5時間

Ⅰ 單元設定の理由

A 社會的要求

單元1に準ずる。

B 理科的要求

1. 「單元2春の野で遊びましょう」に引きつづいて秋の自然を見させて，季節の特徴を强く印象づけ，二年生の季節だよりへ發展せしめたい。
2. 秋の山で遊び，自然のうつり變り，美しさ，季節の特徴を理解させ，又自然物を愛好する態度を養いたい。

C 兒童の實態

1. 心意的發達は單元1に準ずる。
2. 自然物に對する興味・關心は單元1に準ずる。
3. 木の實をひろう，細工をして遊ぶ等行動を通じて直接理解できる様な學習に興味がある。(實態調査)
4. 遊びにはどんぐりひろい，木の實で笛を作る，葉で模様を作る等が見られる，(實態調査)

D 理科的環境の實態

單元2に準ずる。

Ⅱ 單 元 の 目 標

野山に出てあそび，木の葉，田畑の様子，秋の空，山の美しさ等廣く晩秋の自然の姿を見たり，自然物を使って，玩具を作ったりして季節の特徴を理解し，工夫考察する能力，態度を養い，併せて自然に對する親しみを一層深くする。

A 理　解

① 秋空はすみ切っている。
② 秋になると木の葉は紅葉する。
③ 紅葉した葉はおちる。
4 木には落葉樹と常綠樹とがある。
5 山の雪は季節を知るのによい手がかりとなる。
6 ヌスビトハギ，イノコヅチ，センダングサ等のように着物などについて遠くに運ばれる種子がある。

B 能　力

⑦ 自然物を利用して玩具と模様を作る能力
8 玩具・模様を作るとき工夫考案する能力
9 自然を直觀的に見る能力

C 態　度

⑩ 自然のものに興味・關心をもつ態度
11 自然物を用いて玩具・模様を根氣よく作る態度
12 危險なことをさける態度

Ⅲ 單 元 の 組 織

| 問題(番號は目標) | 學習活動 | 效果判定の觀點及びその方法 |
|---|---|---|
| 1 城山に行く途中の景色は春とくらべてどんなに變つたであろうか。 (1.5.9) | ○春城山に行つたことを思い出して話し合う。<br>○城山に行くのに注意すべきことを話し合う。<br>○城山にでかける。<br>○城山に行く途中田畑の様子，空の様子，遠くの山の様子など春と比較して話し合う。 | ○學習に對して興味・關心が換起されたか（觀察）<br>○注意事項がわかつたか（面接）<br>○秋の自然が春と異なることがわかつたか（面接） |
| 2 城山でどんなあそびをしようか (2.3.4.6.9.10. 12) | ○色々のきれいなもみじを集める。<br>○どんぐり栗の實等木の實を集める。 | ○秋になると木の葉は紅葉しておちることがわかつたか（面接）<br>○落葉樹と常綠樹のあることがわかつたか（面接） |

| | | |
|---|---|---|
| | ○鬼ごっこ，かくれんぼをしてあそぶ。<br>○草の實をあつめてあそぶ<br>○まわりの景色をみて話し合う。 | ○着物につく實のあることがわかったか（面接）<br>○注意事項が守れているか（觀察） |
| 3 取った葉や木の實はどうしようか。<br>（7.8.11） | ○城山でとつたものを學校にもちかえる。<br>○もみじで模様をつくりはりつける。<br>○木の實で，こま，笛を作ってあそぶ。 | ○工夫して模様を作つたか（作品）<br>○玩具がうまくできたか（作品）<br>○根氣よく作つたか（觀察） |

## 單元 13 動物園を作りましょう。

季節　11月下旬―12月中旬　　　所要時間　7時間

I　單元設定の理由

A　社會的要求

單元5に準ずる。

B　理科的要求

1.　動物についてその形態や特徴を素朴的に理解させ，二學年に於て色々な種類分けする基礎たらしめたい。

2.　繪本・繪葉書等より資料をあつめて動物園を作り，動物を愛好する態度を養いたい。

C　兒童の實態

1.　2.　は單元5に準ずる。

3.　飼育動物をみたり，動物の寫眞をあつめる等，直接的・行動的な學習を好む。（實態調査）

4.　色々珍らしい動物をあつめることに興味をもっている。（實態調査）

D　理科的環境

1.　學校に兎・山羊・鶏等が飼育されているし，各家庭にも飼育されているものがある。

2.　學校にはいろいろの動物の標本がある。

3.　家庭には都市なので各種の繪本・繪葉書等がある。

II　單元の目標

動物を直接觀察したり，繪本や繪葉書から切り抜いて動物園を作ることにより，その形態・特徴・食べ物等について素朴的な理解をし，愛好する態度を養う。

A　理　　解

①　動物は區別のつく特徴をもっている。

②　動物は夫々違った種類の食物をとっている。

B　能　　力

③　物動の繪や繪葉書等をあつめる能力

④　他の動物と比較して特徴を知る能力

5　動物の特徴を素朴的に描く能力

C　態　　度

⑥　動物に對し興味や親しみをもつ態度

7　協力して動物園を作る態度

⑧　動物を愛好する態度

III　單元の組織

| 問題（番號は目標） | 學習活動 | 效果判定の觀點及びその方法 |
|---|---|---|
| 1 家にはどんな動物がいるか。<br>（1.2.3.4.6） | ○家で飼っている動物について話し合う。<br>○繪にかいてくる。<br>○動物の形や食べ物について話し合う。 | ○動物の特徴がつかめたか（面接）<br>○動物は何を食べるかわかつたか。（面接）<br>○動物の特徴が描かれたか（作品） |
| 2 學校にはどんな動物がいるか。<br>（1.2.4.5.6） | ○學校で飼っている動物をみる。<br>○繪にかいてみる。<br>○動物の形や食べ物について話し合う。 | |
| 3 ほかにどんな動物がいるか。<br>（1.2.3.4.5.6.7.8） | ○動物の標本をみる。<br>○繪本や繪葉書にある動物を切り抜く。<br>○動物の形や食べ物について話し合う。<br>○グループで切り抜いた動物をはりつけて動物園を作る。 | ○たくさん集められたか（觀察）<br>○興味・親しみがもてたか（觀察）<br>○動物の特徴がわかつたか（面接）<br>○動物の食べ物がわかつたか（面接）<br>○協力して作業をしているか（觀察）<br>○動物を愛好する態度ができたか（觀察） |

## 單元 14 雪なげをしましょう。

季節　1月中旬　　　所要時間　5時間

I　單元設定の理由

A　社會的要求

單元7に準ずる。

B　理科的要求

1. 系統的發展は單元7に準ずる。

2. 冬の自然の中で遊ばせて，雪・氷・霜柱等眞冬の著しい事がらについて直接經驗をさせ，考察させるとともに冬の自然の特徵を理解させ，自然現象に關心をもたせたい。

C 兒童の實態

1. 心意的發達は單元1のこの項に準ずる。

2. 雪・氷等に關する興味・關心は兒童全般を通じて相當に强い。當學年に於ては雪や氷でいろいろ遊ぶことに關心をよせている（實態調査）

3. 雪・氷に關する學習活動に於ては雪なげ，雪だるま作り，氷すべり等遊びを通しての學習に關心をよせている。（實態調査）

4. 冬の自然現象に於ける遊びは雪なげ，雪だるま，雪うさぎ作り，氷すべり等の遊びが多い。（實態調査）

D 理科的環境の實態

1. 信州は冬寒氣きびしく一般に雪が多く殊に十二月下旬から二月にかけて多くふる。お堀，練兵場跡の池等氷すべりに適當である。

2. 市内に測候所もあり，又ラジオ・新聞等で天氣豫報に接している。

Ⅱ 單元の目標

雪を丸めて投げあったり，池の氷を割ってみたり，冬の自然の中で遊び，直接經驗をし考察することにより，雪・氷の形態その他いろいろの冬の自然の特徵を理解し，自然現象に關心をもたせる。

A 理　解

① 雪・氷などはとけて水になる。

2 水蒸氣は空氣中に出て行く。

3 雪には粉雪，ぼたん雪等がある。

④ 雪にはにぎると固まるのと固まらぬのとがある。

5 寒い日には氷がはる。

B 能　力

⑥ 冬の自然現象をありのまゝに見る能力

7 觀察したことを發表する能力

C 態　度

8 冬の自然現象に興味・關心をもつ態度

9 雪なげを協力してやる態度

Ⅲ 單元の組織

| 問題（番號は目標） | 學習活動 | 效果判定の觀點及びその方法 |
|---|---|---|
| 1 雪はどのように降ってくるだろうか。(3.6.7.9) | ○雪の降るのを見ながら觀察する。<br>○雪空は重苦しくあたりは靜かであることを觀察する。<br>○口をあけて雪をうけてみる。<br>○雪の中であそぶ。<br>○雪の降る樣子を話し合う。<br>○黑い布を廣げて雪をうけてみる。<br>○雪の形について話し合う。<br>○地におちた雪の樣子をみる。<br>○吹雪の經驗を話し合う。 | ○冬の自然に興味・關心をもっているか（觀察）<br>○冬の自然をありのまゝに見ているか（觀察）<br>○觀察したこととことをよく發表しているか（觀察）<br>○雪の形がわかつたか（面接） |
| 2 どのようにして雪なげをして遊ぼうか。(3.4.7.8.9) | ○雪なげの計畫をたて，注意事項を話し合う。<br>○雪なげをして遊ぶ。<br>○どんなところにある雪を丸めたらよいか話し合う。<br>○雪の手ざわり，冷たさ，重さ，かたまり具合について話し合う。 | ○雪なげの計畫がよく立てられたか（觀察）<br>○協力して雪なげをしているか（觀察）<br>○注意事項がよく守れているか（觀察）<br>○雪によって固まり具合がちがうことがわかつたか（面接） |
| 3 降った雪はどうなるであろうか(1.2.6.7.8) | ○屋根・塀・木等に雪がふんわりと積つている樣子を見て話し合う。<br>○どんなところの雪が早くとけるかさがす。<br>○湯氣が上つて行くのをみる<br>○木から雪がおちる樣子をみる。 | ○雪はとけて水になることがわかつたか（面接）<br>○水蒸氣は空氣中に出て行くことがわかつたか（面接） |
| 4 氷すべりにいこう。(1.5.8) | ○氷すべりに行き，氷すべりをする。<br>○氷のかけらを日なたにおいてとける有樣をみる。<br>○氷を割つたりすべらしたりして遊ぶ。<br>○小川や池の氷のはり方をみる。<br>○つららの下つているところをさがす。<br>○つららをとり，なめたり割つたりしてみる。 | ○氷はとけて水になることかわかつたか（面接）<br>○氷の厚さ，硬さ，冷たさ，手ざわり等がわかつたか（面接）<br>○つららの形がわかつたか（面接） |

## 單元 15 磁石あそびをしましょう。

季節　2月中旬　　　所要時間　2時間

Ⅰ 單元設定の理由

A 社會的要求

1. 日常生活に多く使われている電鈴，電話，電信或は磁針や海上交通に大切な羅針盤その他多くの電氣機械に磁石の性質を利用したものがすこぶる多い。こうした磁石に興味・關心をもち，その性質について素朴的に理解し，その取扱いになれる事は近代社會を營む社會人として極めて大切なことである。

2. 科學的な玩具を與え，遊びをし，機械・器具を取扱う等に對する一般父兄の要求は强い。(實態調査)

B 理科的要求

1. 當學年に於ては磁石あそびをさせて，磁石に興味・關心をもたせ，二年に於て磁石の性質，三年の磁針，四年の電磁石，六年に於ける電磁石の利用による機械・器具へと一連の系統をもっている。

2. 磁石でいろいろのものを引きつける遊びをさせ，磁石の性質を素朴的に理解させて磁石に興味・關心をもたせたい。

C 兒童の實態

1. 心意的發達は單元1のこの項に準ずる。

2. 機械・器具に關しての興味・關心は實驗したり操作するより，その物を使って遊びたいところにある。(實態調査)

3. 磁石に關しての學習では磁石で物を引きつける，磁石で面白いことをする等實際にやってみる即ち直接的行動的のものを好む。(實態調査)

4. 遊びについては磁石でいろいろなものをつける，砂鐵あつめ等がある。(實態調査)

D 理科的環境の實態

1. 大部分の家庭には磁石があり，市內の店にも多く見受けられる。

2. 學校設備として種々の磁石が備えられており，本學習には好都合である。

Ⅱ 單 元 の 目 標

磁石でいろいろの物を引きつけさせる遊びをし，磁石が引きつけるものと引きつけない物とある事を知り，磁石の性質を素朴的に理解し，磁石に對して興味・關心の念を高める。

A 理 解

① 磁石が引きつけるものと引きつけないものとある。

2 磁石には馬蹄形磁石と棒磁石とある。

B 能 力

③ 磁石を使う能力

4 磁石があるものを引きつけるという性質を推論する能力

C 態 度

⑤ 磁石に興味・關心をもち大事に扱う態度

6 面白いあそびを工夫する態度

Ⅲ 單 元 の 組 織

| 問題(番號は目標) | 學 習 活 動 | 效果判定の觀點及びその方法 |
|---|---|---|
| 1 磁石あそびをしよう。<br>(1.3.5.6) | ○磁石であそんだ經驗を話し合う。<br>○砂場で砂の中をかきまわして遊ぶ。<br>○砂鐵を紙の上にのせて磁石を下からあててあそぶ<br>○磁鐵鑛で砂鐵をすいつけて遊ぶ<br>○釘などいくつぶらさげられるか試みる。<br>○足に鐵片のついた豆人形を紙の上にのせて下から磁石をあてて遊ぶ。 | ○磁石に興味・關心をもつたか(觀察)<br>○磁石を大事に扱つているか(觀察)<br>○磁石をよく使つているか(觀察)<br>○面白い遊びを工夫したか(觀察)<br>○磁石が引きつけるものがわかつたか(面接) |
| 2 磁石はどんなものを引きつけるだろうか。<br>(1.2.3.4.5) | ○磁石の形について話し合う。<br>○磁石はどんなものを引きつけるか試みる。<br>○木・草・紙等について<br>○石・硝子・土・砂等について。<br>○いろいろな金物について。<br>○その他のものについて。 | ○磁石の形がかわつたか(面接)<br>○磁石があるものを引きつけるという性質を推論することができたか(面接)<br>○磁石が引きつけるものと引きつけないものとがわかつたか(面接) |

## 單元 16 のりものしらべをしましょう。

季節 3月上旬　　　所要時間 4時間

Ⅰ 單元設定の理由

A 社會的要求

1. 近代社會に於て我々の生活を最も能率的にするものは機械である。特に交通機關は兒童の生活に最も身近かなものであり，そのもつ役割は極めて大きく，陸上に海上に，又空中にと，その範圍は廣められて，生活をよりよく合理化し，その利用はますます高められて來ている。こうした交通機關に關心をもち，素朴的に理解することは社會人として極めて大切なことである。

2. 一般父兄からも日常接する機械に對する常識や簡單な技術を敎示してほしいという要求がある。(實態調査)

B 理科的要求

1. 當學年に於ては種々ののりものをしらべ遊んで 二學年の動くおもちゃ，更に上學年に於て機械の構造・機能の理解又その取扱い等へ發展的系列をもっている。

2. いろいろのおもちゃののりものを集めて遊んだり，又のりものの繪を集めたりして，のりものの種類・速さ，及び原動力について素朴的に理解し，のりものに興味・關心をもたせ，危險をさける態度を養いたい。

C 兒童の實態

1. 心意的發達は單元1のこの項に準ず。
2. 機械や器具の分野では「レンズで何かしたい」と機械を使って遊びたいという興味・關心の傾向を示している。（實態調査）
3. 學習活動では「のりものの速さをしらべる」「のりものをしらべる」「のりものは何の力で動くか」等に關心を示している。（實態調査）
4. 遊びには「汽車ごっこ」「電車ごっこ」等が數多く見られる。（實態調査）

D 理科的環境の實態

1. 市外に汽車・電車等が走り，市内にはバス・トラックその他大小さまざまののりものが通り，常に目にふれたり，又全兒童がのった經驗を有している。
2. 各家庭にもおもちゃののりもの又のりものの繪本が數多く見うけられる。

Ⅱ 單元の目標

いろいろのおもちゃののりものを集めて遊んだり，又のりものの繪を集めたりして，のりものの種類・速さ及び原動力について素朴的に理解し，のりものに興味・關心をもち，危險をさける態度を養う。

A 理　解

① のりものにはいろいろの種類がある。
② のりものは人・動物・電氣・石炭・がそりんの力で動く。
3. のりものには陸上水上を走るもの，空中をとぶものとがある。
4 機械を使うと仕事が樂だ。
5 機械を使うと仕事が早い。

B 能　力

⑥ 危險に注意して身をさける能力
⑦ おもちゃや繪本をあつめる能力
8 注意深くありのまゝに見る能力
⑨ のりものを繪にかく能力

C 態　度

⑩ のりものに興味・關心をもつ態度
⑪ 危險から身を守る態度

12 おもちゃや繪本を大切に取扱う態度
13 のりものを見學する態度

Ⅲ 單元の組織

| 問題（番號は目標） | 學習活動 | 效果判定の觀點及びその方法 |
|---|---|---|
| 1 どんなのりものにのつたことがあるか。（10） | ○のりものにのつた經驗を話し合う。<br>○どんなのりものにのつたか發表する。 | ○學習に興味・關心が換起されたか（觀察） |
| 2 どんなのりものがあるだろうか（1.3.4.5.7.10.12） | ○おもちゃののりもの，のりものの繪本を集めて見たり動かしてあそぶ。<br>○どんなのりものがあるか種類をしらべる。<br>道の上を走るもの。<br>線路の上を走るもの。<br>水の上を走るもの。<br>空をとぶもの<br>○これらののりものにのれる人數を話し合う。<br>○荷車に友達をのせて引つぱつて遊ぶ。 | ○おもちゃや繪本が多く集められたか（觀察）<br>○おもちゃや繪本を大切に取扱つているか（觀察）<br>○のりものにはいろいろの種類があることがわかつたか（面接）<br>○のりものには陸上・水上を走るもの空中をとぶものがあることがわかつたか（面接）<br>○機械を使うと仕事が樂で早いことがわかつたか（面接） |
| 3 どんなのりものが一番速いだろうか。（6.8.9.11.13） | ○見學する時の注意を話し合う。<br>○驛・道路上でのりものの走るのを見る。<br>○どんなのりものが一番速いか話し合う。<br>○速い順に繪にかく。 | ○危險から身をさけているか（觀察）<br>○注意を守つて見學しているか（觀察）<br>○注意深くありのまゝにのりものの走るのを見ているか（觀察）<br>○うまく繪にかけたか（作品） |
| 4 のりものは何の力で働くだろうか。（2） | ○のりものは何の力で働くか話し合う<br>○人の力<br>○動物の力<br>○電氣の力<br>○石炭の力<br>○ガソリンの力 | ○のりものは人・動物・電氣・石炭・ガソリンの力で動くことがわかつたか（面接） |

目標)

332 -

2,第二學年

第二学年 單元の季節配当並に時間(数字は時間数)

單元の目火

擂	雷	100	雷	冊	問	冊	lms	lma	fmp	hen	ler.	l-m		l	!_=	HE .
							- 107	雷	軍	恒	一曲	掘	曹	冒		元の
元	元	元	元	元	元	17	元	元	元	元 元	元	元	北	元	元	₩
16	15	14	ಪ	12	Ï	10	9	∞	7	9	OT	1	ಲು	2	<u></u>	德
動くおもちゃで遊びましょう 199	磁石 じゃろ いろなものをつけてみましょう 197	雪だるまを作りましょう 196	レンズ遊びをしましょう193	日向ほっこをしましょう191	草や木の實を集めましょう 189	お月さまをみましょう187	虫を集めて

季節だより167	單元の季節配當並に時間 166

		,											
がいまた	[1]	111	1	11+	(+	+	. 九	>	C†	3 +	Ħ.	E	[B]
	기 표 1-	네 마 :-	기타는	커를		그 급 는	기급는	ナーサト	7 4 1	게는는	기문는	一一一一	5
13	<u> </u>				223- · · ·	2200	553	1 0		5	7		1
-	w				-		2777	# · · · · · · · · · · · · · · · · · · ·				- 3	里
-		1					1	3.		10年 日本 日本 日本 日本 日本 日本 日本 日本 日本 日本 日本 日本 日本		74	1
		1					CINITY OF	5		7.1	2000	5	
4							60	Christ.		. 5	1 2 4 4		艺
1							-	1			- (b		
			1	1	11. 年						ga Tr	7777	雷
-			į.	1	* * * * * * * * * * * * * * * * * * *		£23				事務圏を行わましょ	eZZZZ	102.
					777777		-		-		2 2	2.30	-
			İ	}	が現代を見る。		1				# C	で作る様かまったったっと	老
-		-	=							<u> </u>	5	O. Pr	
-		,	Z. 2011-21	2 日前は5000円でした。			105A		± 27777	1. 調のお茶はどんなでしょう			
1			77.7	Z.					辞 2	のお茶用とんなでしょう			ra
1:2			*	(1		- 2	60 A		77777 +	其			0
13			5.	1			を見ましょ		5	2 2			+
			المن				4.5		Ü	5,3		1	
22	16.既公共65.	15. 競者でいろいろなりのそつけてみましょう	ľ	13.レンズ接びをしまし									
1	ZZ 9+	125 A	1	· 622.4	}								機械と道具
	υ σ.	0 d5		a C									17
::	すで強ひま	4.5		4.								2	歐
	5.0	20		5.7									1
												ω	1
												大きまり	派
α	72	7773	†			6222				23	THE STATE OF THE STATES	3.4	華
									-	-	80	17.5	商
								,			2 .	大東なからだじなり まとっち 1	.HF
70	6	5	ω	~	51	,es	-1		30	100	9	- 7	開作

## 單元 1 季節だより。

季節 4月～3月　　　所要時間 12時間

### Ⅰ 單元設定の理由

A 社會的要求

1. 自然現象が人間生活に多大の影響をもつことは言を俟たない所であって我々が社會生活・文化生活向上發展の爲には之に對する盛んな研究がなされなければならない。しかし乍ら複雜多岐に亘る自然現象の究明には幾多の艱難辛苦と長期に亘る，撓ゆまざる努力とを覺悟しなければならない。季節によっての變轉きわまりない自然現象に對して興味をもち，關心を寄せ一樣の理解と之に對する觀察の技能及態度を修得させることは社會生活に順應し，之を進展していく上に極めて重要な事である。

2. 一般父兄の要求として「自然に親しむ」「自然身邊に於ける現象の理解」「觀察の態度」「分類統計等の處理能力」「長期に亘る觀察研究」等々本單に關連しての絶大な要求をよせている。(實態調査)

B 理科的要求

1. 第一學年に於ける自然現象の斷片的な觀察について本學年では一年間を通ずる始めての長期繼續學習であり之が更に三年の内容を高めた季節だよりに發展し，第四學年よりの自然現象に對する分析的な觀察考察へと發展をもつ。

2. 天候生物等の季節的變化の樣相に對する一樣の理解と自然現象に對する興味・關心の念を高めつゝ長期繼續觀察の技能・態度を養いたい。

3. 理科他單元を始めとして社會・國語・体育・算數等々全教科に亘っての關連が極めて濃厚である。

C 兒童の實態

1. 心意發達については所謂主客未分化の時代であり，動的なものに興味を有し，興味・關心によって行動し，自已中心的傾向が強い，行動を通して全体的・直觀的に觀察理解する時期であり，自然環境に對する之等現象には興味を有するも長期に亘る觀察作業は困難である。

2. 鳥虫其の他の動物をつかまえたり，花をつんだり實をとったり，或は環境を利用したり等季節によって變化する自然環境に對しての遊びには多大の興味と關心をもつが，その變化に對しては何故だろうとの一樣の疑問はもつものの進んでしらべて見ようなどの傾向は極めてうすい。(實態調査)

3. 遊びについては自然物を相手とするもの，自然環境を利用するもの，自然現象に適應するもの等の遊びかつ多種類に亘って行われている。(實態調査)

D 理科的環境の實態

1. 動植物等の季節的變化は家庭・學校内・學校附近の田園・河川等々極めて觀察に便である。

2. 天候に關しては學校の近くにある測候所や新聞・ラジオ等を通じて學習に好都合である。

### Ⅱ 單 元 の 目 標

季節による動植物の變化の狀態，天候の現象及び我々人間の季節に適應する生活事象等々を觀察することによって自然現象に對する理解をはかり季節歴を通して繼續觀察の初歩的態度技能を養い，自然への親しみと一層の關心を深める。

A 理　解

① 季節によって動物の樣子は色々ちがう。

② 季節によって植物の樣子はいろいろちがう。

③ 天氣には色々あり季節によってちがう。

4 季節によって我々の生活のしかたはいろいろちがう。

B 能　力

⑤ 季節によって動植物・天氣等の變化を觀察する能力

⑥ 季節暦作成の技能

⑦ 季節に適應した生活をする能力

8 自然現象と我々の生活とのつながりをみる能力

⑨ 繼續觀察する能力

C 態　度

⑩ 季節による自然現象に興味・關心をもつ態度

11 根氣よく觀察して記錄する態度

⑫ 共同して學習する態度

### Ⅲ 單 元 の 組 織

| 問題(番號は目標) | 學　習　活　動 | 効果判定の觀点及びその方法 |
|---|---|---|
| 1 一年の間で天氣や生物はどんなに變るだろうか (1.2.3.4.10.12) | ○春夏秋冬等一年間の季節の特徴を話合う。<br>◦天氣について。<br>◦鳥や虫などについて。<br>◦その他動物について。<br>◦學校や家庭の草や木について<br>◦野原やたんぼ等の樣子について。<br>◦我々の生活について。<br>○之等のことを一年間通してう | ○季節による然然現象への興味・關心の程度はどうか(面接)<br>○季節によつて生物・人間・天氣等の樣子の違いが解っているか(面接)<br>○共同して學習する態度はどうか(觀察) |

| | | |
|---|---|---|
| | まくしらべることについて話し合う。<br>○季節暦の様式や記入方法その他の注意について話し合つてきめる。 | |
| 2 天氣や生物などの變る様子はどんなだろう。(1.2.3.4.5.6.7.8.9.11.12) | ○毎日の天氣を觀察して記錄する。<br>○一ケ月毎に天氣の統計をとる(暖さ寒さ　季節のうつりかわり)<br>○天象現象に變つた事があつたらその様子を話し合つたり記錄したりする。<br>○虫や鳥などを始めて見た時，その様子等について話し合い記錄する。<br>○時に應じて草や木・果樹・作物等の播種・發芽・開花・結實收穫等の様子を話し合い記錄する。<br>○自分たちの衣食住について變つたことなどを話し合い記錄する。 | ○季節暦作成の技能はどうか。(作品)<br>○長期繼續觀察する能力はどうか(觀察)<br>○根氣よく觀察したり記錄する態度はどうか(觀察)<br>○季節によつて天氣や生物の様子の變化が解つたか(觀察・面接)<br>○共同して學習するか(觀察)<br>○季節に適應した生活が出來たか。(觀察) |
| 3 天氣や生物などについて一年間をとおして見てどんなことがわかるだろうか。(1.2.3.4.8) | ○一年間の天氣を類別して合計を出して話合う。<br>○各季節に於ける天氣の特徴を話合う。<br>○各季節に於ける動物の様子についてその特徴を話合う。<br>○各季節に於ける植物の様子の特徴について話合う。<br>○季節による自分達の生活の様子を話合う。 | ○季節によつて生物の様子に特徴があることが解つたか(面接テスト)<br>○季節による天候の變化が解つたか(面接・テスト)<br>○季節によつて自分達の生活が變ることが解つたか(面接・テスト) |

## 單元　2　丈夫なからだになりましょう。

季節　4月～3月　　　　　所要時間　8時間

Ⅰ　單元設定の理由

A　社會的要求

1.　食物に氣をつけたり，食べ方を考えたり，怪我や病氣にならない様に注意したりして自分の健康を保ち更に進んで丈夫な立派な身体を形成していくことは，唯個人としての幸福にとゞまることばかりでなく，社會生活文化生活の向上進展の上にも極めて重要なことであり，殊に衣食住の困難なる現下の狀勢に於てはかゝる保健衛生面に於ける研究改善は極めて緊要なことと言わなければならない。健康の保持增進に關心をもち，進んで之を實行する態度及びその能力の養成は極めて肝要な所である。

2.　一般父兄からは「偏食の矯正」「健康の方法及習慣」「基礎的衛生知識」等

々强力な要望を寄せている。(實態調查)

B　理科的要求

1.　一年に於ける學習を更に深めて積極的に健康の保持增進に對する良習慣を形成させると共に，對人關係に於ける保健衛生の面にも觸れて三年への展開をはかると共に，更に四年の「健康」五年の「食べ物」「住居や着物」の考察，六年の「身体の構造と機能」「傳染病」等の考察へ一連の發展的系統を持たせたい。

2.　食べ物及び食べ方，怪我病氣等の一般的な理解をはかると共に，之等に對する良習慣を養うことによって，益々健康の保持增進をはかる能力・態度を養いたい。

3.　本單元は社會科・体育科其の他の全教科及學校諸行事・養護教育等々と關聯が極めて濃い。

C　兒童の實態

1.　心意發達については單元1の此の項に準ずる。

2.　身体の諸器官殊に外部的なものについて何故あるか等の興味・關心が最も多く一部分に於てはその構造・機能の一端に興味・關心を向ける面が見られる。(實態調查)

3.　木の實を食べたり青い果物を食べたり等が遊びの中に見られ又高い所へ上ったり等の危險な遊びを多くしている。尙お醫者さんごっこなどもごっこ遊びの一種としてやっている。(實態調查)

D　理科的環境の實態

1.　學校に於ける定期身体檢查(校醫の檢查を含む)呼吸器關係檢查・月例体位測定・口腔檢查及その治療，蛔虫驅除或は運動會等の体育諸行事・學校給食等々保健衛生面に於ける行事施設等多種類にわたっている。

2.　家庭に於ける關心も高く尙市内に醫科大學各種病院・保健所・細菌檢查所等あり，保健衛生施設には惠まれている。

Ⅱ　單　元　の　目　標

食べ物や食べ方・怪我や病氣等保健衛生に關する一般的な理解をなすと共に，健康の保持增進に對する能力・態度を養い良習慣の形成につとめる。

A　理　　解

①　身体を丈夫にするには色々なものを食べるとよい。

②　よく嚙んで食べるとこまかになってこなれがよい。

③　氣持よく食べるとこなれがよい。

④　食べ過ぎや飲み過ぎは身体の爲によくない。

と。

- よく繋さない果物をたべるとおなかをこわす。
- (5) 水には飲んていいのと思いのとある。
- 目・鼻・耳などをいためない様に注意することが大切である。 雪虫を退治するには虫下しをのむとよい。
- 身体を冷たくするとしもやけになりやすい。
- 入浴・着強は身体の馬によい。
- 病氣にかかった時は醫者の注意を守ると治りが早い。
- 厥や河に歯を磨くと歯の底によい。
- 食べ物を上手に咀嚼する能力
- **でめてめな食物や適度にと**の能力
- 食べ物飲水などのいい悪いを見分ける能力 目・耳・鼻などをいためない様にする能力
- ひびしもやけ等から皮膚を守る能力 入浴着換などして身体や衣服を清潔に保つ能力
- 齒を磨く技能及繼續實行の能力

- 進んで色々な食物をとろうとする態度
- 氣持よく上手に食事しようとする態度
- 食物飲水等に關心をもつ態度
- 蛔虫などに對して關心をもつ態度 目・耳・鼻など危險をさけ大切にしようとする態度
- 身体衣服の清潔で闘心をもつ態度
- よく醫者の注意を守る態度

單元の組織

雪

「耳」と語り、四一	M	E	并	動	効果判定の觀点及びその方法
i					
ゆらだを丈夫に	〇岁存态	査の結	果自分。	の単体の	〇いろいるな食物をたべると身体
1 1 1 1 1	ここだ	いけな	い所等	内頭地を	たよいことが解したか(面
するたなとんぶ	先生や	火の氷	やら関	ô	テスト)
様に食べたらご	0856	たら大	夫ないい	つからだ	〇ぱつ髭ろかがんるちつ
こがんろかっ	スなない	となる	シンス	は立つの	いことが解つたか(面接・テスト)
	0 とから	200	アンス	N X X	
(1.2.3.12.13.)	からな	たなれ	るかん	とって語	W N
14 90 91	命50				ブスト)
	つさめて	おなな	を対対に	ると必不	05
	かしか	n先生	から居	外関への	フル(観光・別国)
	○自分の好きなものきらいなも	好きな	る。	なないる	○食べるのや上手で田殿する技能はでは、では、ご覧後・監検)
	9	5	,		

・窓どの			2 とん) イカな(4.5. 23)	
・しって			なといる事がたり	
5 7 14		5	22 b 5 7 h	
自な自り合金が合金をが	○ ○ ○ ○ ○ ○ ○ ○ ○ ○ ○ ○ ○ ○ ○ ○ ○ ○ ○	○ ○ ○ ○ ○ ○ ○ ○ ○ ○ ○ ○ ○ ○ ○ ○ ○ ○ ○	〇 〇 〇 かっておって物でまな合と物となりなうした	○ ○ ○ ○ ○ ○ ○ ○ ○ ○ ○ ○ ○ ○ ○ ○ ○ ○ ○
が目のを思えているというなりしなりしなり	aむ ベラベいん語虫。虫を虫んご水 過い過とな合の の閉退でって ぎてぎと時ら出 こく治薬を電 を話ををに。た と。のを	け罪ど洗いををか生食ばら	1, 14 M 24 24 24	き額に合とよい家法賴大合歯てれい歯者ら験いろのくないを決ち破大合の工力いの類にいを食。位か先輩話様な。贈つ前に大方式音事 かむ生核合奎い きたにつ切開るしの んとかでろのい 方り歯いなっ
どてな話のみい合	な を託ををにった こ。のをごって合す先食 經 に 方のをごってるを生気 線 に 方のをにた おっち生べ 験 つ 法心に おっとか過 に い をだ	くて食を配ん合いらにらてみべります。 ないりょう はるるしらお ないいいい 降でいい ときてい ちゃくしい トマン	いいか いない かしと また また 野ば 野が とない かん 野ば また かん ちゅうしょう ちゅうしょう ちゅうしょう かんしょう かんしょう しょうしょう しょうしゅう しゅうしゅう しゅうしゅう しゅうしゅう しゅうしゅう しゅうしゅう しゅうしゅう しゅうしゅう しゅうしゅう しょうしゅう しょうしゅう しょうしゅう しょうしゅう しょうしゅう しょうしゅう しょうしゅう しょうしゅう しょうり しょうしゅう しょうり しょうしゅう しょうしゅう しょうしゅう しょうしゅう しょうしゅう しょうしゅう しょうしゅう しょうしゅう しょうしゅう しゅうしゅう しょうしゅう しょうしゅう しゅうしゅう しゅうしゅう しゅうしゅう しゅうしゅう しゅうしゅう しゅうしゅう しゅうしゅう しゅうしゅう しゅうしゅう しょうり しょうり しょうしゅう しょうしゅう しょうしゅう しょうしゅう しょうしゅう しょうしゅう しょうしゅう しょうしゅう しょうしゅう しょうしゅう しょうしゅう しょうしゅうしゅう しょうりんしゅう しゅうしゅう しょうり しょうりんしゅう しょうり しょうり しょうりゅう しょうりゅう しょうりゅう しょうりゅう しょうりゅう しょうり しょうり しょうり しょうり しょうり しょうり しょうり しょう	のあ仕 でなら上。結婚 をすをて事をう方 たせ話手 果に やるみ記み
ないない。低いなどではなったなどである。これによるできる。これにおいているとのにはなっているというというというというというというというというというというというというというと	いんし 身らぎ つって 語りに だん 体話を い 先 作をして 光 くをして 生 つるす	い。時て。ないたてとけ、よく、ない、ないなっない。なり、気となった。ない、ない、ないないなど、ないないない。	總をのでつば、 べと どて	たった ベ東をに をすっていった 八年を おってい つった 本事をに を外関値 話る てっか合う 部を 合方 み ちょう ちゅう くら ちょう ちょう ちょう ない いっと ない いん と しょう ない ない ない ない ない ない ない ない ない ない ない ない ない
がなれる。	節細に関る部かたの食験(くい)と	いしる と 合るつつ果 らこ わ つ。けい	ってをん話い、お話な合	様 話 合に vo oを り 故 幹に し su 方 語 見 よ 離
のののよれほどりなるよう	ののののでは、大学ののののでは、大学のでは、大学のできる。	(文) (文)	のだんいかい (画)	海に 単い おおい おおい おおい おおい おおい おおい おおい おいい おもをを おい まかい またり またり またり またり またり またり またり またり またり またり
大空や第した。 大空や第した。 はいでいる。 では、これに できく。 では、 できく。 できく。	○食物・飲水ない食物・飲水ないをもの態度調光) 関連的・過ぎの書子スト) の 過虫を 退治する ことが 解った (面接・ 観察))食べ物飲水; 分ける能力!	どんな果物 こわし錫い テスト) 飲水のいい (面接・デフ	を担じています。 自動を () とから () とかい () とかい () とかい () はまままままままままままままままままままままままままままままままままま
. 5 9 7	な関 害 すたを引 どは が るかる	لائا ئو بى	をかるい。食解るい	食製 手祭 もつ 能 織 / 、祭 んつ 曜た は 賞
なるでは、大ななど、大なでは、大なでは、大はないでは、大なでは、大なでは、大きなでは、大きないない。	おってのでは、その学のでは、その学のでは、その学のでは、「大田」では、「は、「大田」では、「日」では、「は、「日」では、「は、「は、「は、「は、「は、「は、「は、「は、「は、「は、「は、「は、「は	ので、	るた がとか 倒	とぎ 中 関語かど
なごとが ・テスト) る館力は	い思いて閣・ ・ (のいい惡いを見らか(面接調査)	おななで、後をしてなったったったったったったったったったったったったったったったったったったった	する。調展は、は、は、は、は、は、は、は、は、は、は、は、は、は、は、は、は、は、は、
94 U %	NH · SEE	∵ e ^{uu}	2 14	UT H M

	でつ。 ○風邪を引かない様にするには どうしたらいいか話合う。 ○番物を何枚着てるか歳る時は どうか等しらべたり話合つた リオる。	
	し者がらての思	
	を射物しなったした。	
	に躓る熱り者かを	25, 26)
○醫者の注意を守る態度はどらか (調査)	合ら。 病無や早へなおずにほどの	らいいだろうか。 (0.10.11.17.18
〇麝者の注意を守ると病気が早く なおることが解つたか (面接)	○自分の欠席や級の欠席狀態を しらべて話合う。 ○風邪やその他でねた經驗を話	4 早へ病氣をなお すにはどろした
	ラインとなっていると	
○危險を避ける態度はどらか(觀 祭)	○奥のかみ方について話合う。 ○遊んだり運動したりなどする 時密我をしない機にするには また1 するにない物にするには	
のなみ(祭)	○鼻がでていたり、つまつていたりするとよくないことについておうのたり先生から聞いたりする。	
○鼻を悪くしない様にすることが 解つたか(面接・テスト)	こってて割合り以目をしている	
意樂	大人きれる	
○耳を犬切にする態度はどうか	いたりする。 〇耳の病氣について先生から話	
〇耳の手入の仕方はどうか(觀察)	n 5 n	
〇目を既へしない練にするにはどうすればよいや解っため(画椒チェー)	いの台ょへ開えた色々なりため	
	マンと	
	見へ。 に据合れの他手	
	いれるないし	
	11	
〇目を大切にしようとする態度は どうか (觀察)	ら聞いたりする。 ●本を見る場合 •目を休める(睡眠時間と關 

∵は)	やだろうか。 (8.16.24)

○入浴や清拠などして身体を清潔だしておく能力はどらか(觀察)にしておく能力はどらか(觀察)の身体の清潔に關いをもつ態度はどらか(觀察・面接)のにどがジャキケになどなるか解ったが(面接テスト)	を踏ついると身体でよくない単元のいくに割ったりまたのでのにかりまる。 の関いたりまる。 の関いたりまる。 のフェイジッシュは沿い身体や消 ただ踏物につきやすい事につ され話し合う。 になるにところいて話を聞く になるにとってのしてな るや話合う。 のににもじませずのもの のににもじませずのでしてな るが話合う。 のににもじませずのでのでのでは るがおかがませずにのいて話合 のににおいておなにないるが のににおいてがない。	
○入浴や満潔な衣服は身体の爲r よいことが解つたか(面接)	○5年曜の〈せをつけたリタドをファンカリ時々入俗したリをファンカリ時々入俗したリナると風邪を引かない事等の時を選へ。 ○身存が汚れていたり汚れた物	

單元 3 春の野で花を集めましょう。

季節 4月中旬~下旬

所要時間 4時間

Ⅰ 單元設定の理由 社會的要求

我々が自然環境に適應してそれを有効に利用していくことは、生活をゆたかにし向上させていく上に極めて必要なことは今更いうまでもなく、植物にあっては品種の改良、栽培法の研究等今後の研究にまつものが甚だ多い。従ってこうした植物に闘する單元を設定することは又社會の要求する所である。

. 本單元ではいろいろの花を集めたり觀察させることにより,自然環境への 關心をもたせ,研究的態度の基盤をつくることによって,社會的要求にこた える一端としたいのである。

3 理科的要求

- 1年では春の野で遊び乍らひばりの鳴くのをきいたり、 花をみたりとったりする學習であるが二年では花を集めることに集中し、 更にそれが三年では花のおしばに發展していく。
- ・ 春の野にでて先ず目につくのは花である。いろいろの花を集めてそれを觀察理解しながら自然環境に興味・關心をもたせると共に、研究的な態度をつくっていく端緒としたい。

見童の實態

- 未分化の児童なので觀察することは全体的直觀的であって、分析的に見ようとする傾向は見られない。
- 草花をうえるとか花を集める等行動的なことで直接に理解のできる學習活動に興味をもち關心がふかい。

1

- 

3. 植物の學習ではどうして大きくなるのか又葉や根・穂についてしらべてみたい傾向が強い。(以上實態調査)

4. うりやさんごっこ，ままごと遊び，花で色水しぼり，花とり，花の首切り等の遊びが多い。

D 理科的環境の實態

1 學校には櫻・梅の樹木多く又學級園にはだりや・日まわり・こすもす・百日草等の草花が多い。

2. 學校近くに野原があり，そこには春は，たんぽぽ・すみれ・つくし・なずな・れんげそう・菜の花等が多く咲く。

3. 市内には各種の草花をうる店が多い。

Ⅱ 單元の目標

春の野原へ行って，いろいろな花を集めてその色や形を觀察理解したり，比較觀察したりすると共に，自然に對する興味・關心の態度をもたせていく。

A 理　解

① 春になるといろいろな花が咲く。

② 花にはいろいろな種類がある。

③ 花にはそれぞれ區別のつく特徴をもっている。

B 能　力

④ 他の花と比べて觀察する能力

⑤ いろいろちがった花を集める能力

⑥ 花の色や形をありのままにみる能力

7 おしばなにする能力

C 態　度

⑧ いろいろの花を集めたり，春のたのしさを味わったりして，自然環境に興味をもつ態度

⑨ 野外に出ても危險をさける態度

Ⅲ 單元の組織

| 問題(番號は目標) | 學習活動 | 効果判定の觀點と方法 |
|---|---|---|
| 1 花は咲きだしただろうか。(2.9) | ○咲いた花を見たことについて話し合う。<br>○野原へ出て花をあつめる話合をする。<br>○いく場所や氣をつけることについて話合う。 | ○どの程度の關心をもつてるか(觀察)<br>○興味が喚起されたか(觀察) |
| 2 たくさん花が集められるか。(2.5.8.9) | ○うららかな春の野に行っていろいろの花をあつめる。<br>○集めた花でいろいろの遊びをする。 | ○色々ちがった花が集められているか(觀察)<br>○注意がよく守られているか(觀察) |
| 3 どんな花が咲いていたか。(1.2.3.4.6.8) | ○あつめた花の名前をおぼえる<br>○花の色や形についてしらべる<br>○ほかの花とくらべて氣のついたことを話し合う。<br>○季節によりそれぞれの花が咲くことを話し合う。 | ○花にはいろいろ種類のあることがわかつたか(面接)<br>○それぞれの花の特徴が理解されたか(テスト)<br>○比較觀察する能力はどうか(觀察)<br>○春に咲く花がわかったか(面接) |
| 4 集めた花はどうしたらよいか。(7.8) | ○いたんでいない花を本等の間に入れておしばなにする。 | ○きれいにおしばなができたか(觀察)<br>○環境に興味をもつたであろうか(作文) |

## 單元 4 學級園を作りましょう。

季節 5月上旬—10月下旬　　所要時間 4時間

Ⅰ 單元設定の理由

A 社會的要求

1. 單元3の1に準ずる

2. 植物を栽培することにより土に親しむ心，植物を愛育する心を養わせたいことの要求がある。(實態調査)

B 理科的要求

1. 1.2年では種まきをしたり學級園の世話をするが，3年ではそれらの日記をつけていく。

2. 學級園を作って，草花を栽培しながら植物の一般的生態を理解すると共に，土に對し作物に對し親しむ心をもたせていきたい。

C 兒童の實態

1. 單元3のこの項に準ずる。

2. 身体的の發育が充分でないので永續する作業は困難である。

D 理科的環境の實態

單元3に準ずる

Ⅱ 單元の目標

學級園を作って草花の世話をしながら，發芽して成長していく樣子や生態を，觀察し理解し，世話する能力を養うと共に，土や作物に對し親しみの心をもつようにする。

A 理　解

① まいた種が芽を出すには水と熱がいる。

② 植物が成長していくためには光と水が十分にいる，

③ 植物には根・莖・葉・花・種がある。

4 草花にはいろいろの種類がある。

5 土はよく耕すと作物の爲によい。

6 作物のためにいらない草は取らなくてはならない。

7 土には作物に必要な水がある。

B 能　力

⑧ 種をまき草花を栽培する能力

9 道具を使う能力

⑩ 草花の様子をありのまゝに觀察する能力

11 繼續して觀察する能力

C 態　度

⑫ 根氣よく世話する態度

13 道具を整理整頓する態度

14 根氣よく觀察していく態度

⑮ 協力して作業する態度

⑯ 土や作物に親しみの心をもつ態度

Ⅱ 單 元 の 組 織

| 問題(番號は目標) | 學　習　活　動 | 効果判定の觀點と方法 |
|---|---|---|
| 1 どんな學級園を作ろうか。(4.5.9.13.15.16) | ○作物を世話した經驗を話し合う。<br>○他の學級園の様子をみてみる。<br>○分担や作るものについて話合う。<br>○土をおこし小石を拾い整地する。<br>○種をまく。 | ○興味は喚起されたか（觀察）<br>○道具の使い方，整理のし方はどうか（觀察）<br>○種のまき方はどうか（觀察）<br>○協力して作業しているか（觀察） |
| 2 どんな樣に世話をしたらよいか。(1.2.6.7.8.10.11.12.14.16) | ○どのように世話をしたらよいかを話合う。<br>○給水當番をきめて給水する。<br>○發芽の狀態をしらべて繪日記をつける。<br>○給水したものしないものの發芽について調べる。<br>○日向と日影では成長がどうちがうかみる。<br>○草をとる。 | ○よく世話をしているか（觀察）<br>○觀察記錄はつづけられているか（觀察・面接）<br>○發芽や成長の比較ができたか（テスト） |
| 3 どんな花が咲きだしたか。(2.3.4.8.10.11.12.14.16) | ○發芽後ののび具合，葉の出方等を觀察する。<br>○花の咲き出す樣子をみる。<br>○咲いた花を繪にかく。 | ○植物には根・莖・葉・花のあることがわかつたか（面接）<br>○それぞれの特徴がつかめたか（テスト） |
| 4 實をむすんだ樣子はどうか。(4.9.10.13.14.15.16) | ○實をむすんでいく樣子を觀察する。<br>○みのつたものから種をあつめてしまつておく。<br>○草花をとり，土をおこして學級園の整理をする。 | ○花が咲いて實を結ぶことがわかつたか（面接）<br>○よく整理ができたか（觀察）<br>○作業する態度はどうか（觀察）<br>○植物への關心が深まつたか（作文） |

## 單元 5 おたまじゃくしをかいましょう。

季節 5月上旬—下旬　　　所要時間 4時間

Ⅰ 單元設定の理由

A 社會的要求

1. 人と動物は昔から幾度か闘争をくり返したり，又多くの利用方法が人間に考えられてきたりして誠に關係深いものがある。現在の社會生活にあっても，動物の飼育利用の方法，優良種の改良等研究さるべき部門は多くあり，從ってこれらに關心をもち研究されることが強く要望されている。（實態調査）

2. 現在の我々は總ての面に於てゆとりのない生活を余儀なくしている。もっと豊かなうるおいのある生活こそ望ましい。その意味で，動物を飼育してこれに親しみと愛育の心をもつことは誠に意義のあることである。

B 理科的要求

1. 1年では小川のいろいろの動物を飼育するが2年ではその一つのおたまじゃくしがえらばれ，更に4年では蛙になるまでの繼續的な觀察になってくる。

2. おたまじゃくしのかい方を學びながら動物に對する親しみと愛育の心をもたせていくと共に觀察力をねらせていく。

C 兒童の實態

單元6に準ずる。

D 理科的環境の實態

1. 學校の池にはいろいろな小動物がおよいでいる。

2. 學校の西方 500m 近くにある池にはおたまじゃくし・けんごろう・たにし等がいる。

3. 學校の位置が市の北方郊外近くなので，川あり日ありで自然環境には惠まれている。

Ⅱ 單 元 の 目 標

おたまじゃくしを世話して様子を觀察すると共に，動物への親しみや愛育の心をもたせる。

A 理　解

① おたまじゃくしから蛙になる。

2 おたまじゃくしはいろいろな餌をたべて成長する。

③ おたまじゃくしの形はいろいろにかわっていく。

B 能　力

4 他の動物と比較觀察する能力

⑤ おたまじゃくし等の小動物を飼育する能力

6 生活の様子を繼續的に觀察していく能力

7 成長していく様子を記錄する能力

⑧ 形が變って成長していく事實から推論する能力

9 おたまじゃくしをとらえる能力

C 態　度

10 自分たちの環境に興味をもつ態度

⑪ 根氣よく飼育觀察していく態度

⑫ おたまじゃくしをかうことにより動物に親しみや關心をもつ態度

Ⅱ 單元の組織

| 問題（番號は目標） | 學習活動 | 効果判定の觀點と方法 |
|---|---|---|
| 1 おたまじやくしはどんな所にいるだろうか。(2.4.9.10) | ○おたまじやくしをとらえたことや，その他の水中の小動物をとらえたことについて話し合う。<br>○おたまじやくしのすんでいる場所について。<br>○うまくとらえる方法を話し合う。<br>○學校の池にいる動物をしらべてみる。<br>○おたまじやくしを學校近くの池にとらえにいく。 | ○どの程度の關心・興味をもつているか（觀察）<br>○すんでいる場所についてどの程度關心をもつているか（觀察）<br>○とらえる技能，態度はどうか（觀察） |
| 2 からにはどうしたらよいだろうか。(2.5.11.12) | ○おたまじやくしを入れた水槽のおく場所，水のとりかえ，くれる餌等かい方について話し合う。<br>○飼育する。 | ○飼育する技能・態度はどうか（觀察） |
| 3 形はどうなつてきたか。(2.3.4.5.6.7.11.12) | ○大きくなつていく様子や習性等を觀察する。<br>○形を繪にかいてみる。 | ○つづけて觀察しているか（面接觀察）<br>○觀察はどの程度に記錄しているか（ノート） |
| 4 おたまじやくしからどうなるだろうか。(1.2.8.10) | ○おたまじやくしから蛙になることを話合う。<br>○ほかの動物も同じように型のきまつた成長をしていくことを話し合う。 | ○おたまじやくしの成長には定つた型のあることが理解されたか（テスト）<br>○飼育への興味や關心は深まつたか（作文） |

## 單元 6 動物の仲間を集めましょう。

季節　6月上旬　　　所要時間　4時間

Ⅰ 單元設定の理由

A 社會的要求

1. 單元5の設定理由(1)に準ずる。

2. 我々の身近かに飼育されている動物やその他の動物の種類を理解することは，動物への關心が深まり視野も廣くなることで，研究の端緒をつくることになるし，且又家畜に對し愛育の心をおこさせることは飼育利用の上から見て大切のことであって，これらは何れも社會から要求されていることである。

B 理科的要求

1. 兒童達の身近かに飼育されている動物や，繪本等にでている動物等の種類を集めて，その形態や特徴を理解すると共に愛好の念をもたせる。

2. 一年ではいろいろの動物を集める學習活動があり，それが發展して動物の特徴を理解し分類する。更に三年になると今迄の形態から生活の方へと發展するし，又小さな虫の仲間を集めることに進んでいく。

C 兒童の實態

1. 未分化のこの期の兒童は直接的行動的であるが永續的な作業，觀察は困難の期である。

2. 學校の飼育動物の觀察・おたまじゃくし・ほたる・青虫・毛虫の飼育等に興味をもち，又色々の動物の繪・寫眞を集めることにも興味がある。

3. 動物の學習については器官の有無や形の様子を知りたい，解剖して体の中を見たいという傾向が多い。

4. 遊びでは，とんぼ・ちょうちょ・蠅・蚊・おたまじゃくし等の採集，おちゃがら虫・ぎすの飼育が多い。（實態調査）

D 理科的環境の實態

1. 學校では兎・山羊・雞を飼育しており，これらは家庭でも多く飼育している。

2. 學校近くに小松養雞場がある。

3. 兒童の家庭には動物の繪本・寫眞が殊に多く，幼時よりこれらに親しんでいる。

Ⅱ 單 元 の 目 標

動物を觀察したり，資料を集めて模型の動物園をつくったりして，その形態や特徵を知ると共に，ひいては愛好の氣持を起させる。

A 理　解

① 動物は區別のつく特徵をもっている。

② 動物は生きていくのに食物と水をとらなくてはならない。

3 動物は自分を守る方法をもっている。

4 或動物は人の役に立ち，人の保護をうける必要がある。

B 能　力

⑤ 動物の寫眞や繪はがき等をあつめる能力

⑥ 他の動物と比較してその特徵をみる能力

7 いろいろの動物を特徵によって分類する能力

⑧ 動物の特徵を正しく描く能力

C 態　度

⑨ 動物に對し興味や親しみをもつ態度

10 にわとり・兎等の世話をしようとする態度

11 資料を集めたり動物の特徵をみようとする態度

Ⅲ 單 元 の 組 織

| 問題(番號は目標) | 學 習 活 動 | 効果判定の觀點と方法 |
|---|---|---|
| 1 家ではどんな動物をかつているか。(1.2.4.9.10) | ○家で飼つている動物を繪にかいてくる。<br>○たべ物やたべ方，なき方や動物の形について話合う。 | ○興味・關心の程度はどうか（觀察）<br>○どの程度かけたか（作品） |
| 2 學校ではどんな動物をかつているか。(1.2.3.4.6.9.10) | ○學校の飼育動物についていろいろ觀察したり繪にかいたりする。 | ○特徵がどの位につかめたか（面接）<br>○どの程度親しみをもてたか（觀察） |
| 3 その他どんな動物がいるだろうか。(1.2.5.6) | ○繪はがきや本にある動物を見る。<br>○特徵をみて分類する。<br>○紙に動物の繪をかいて，それを切拔く。 | ○蒐集・分類の能力はどうか（觀察）<br>○正しく描かれているか（作品） |
| 4 動物の形はどうだろうか。(3.6.7.8) | ○それで動物園をつくる。<br>○自分のかつてみたいと思う動物について話合う。 | ○動物の特徵がつかめたか（テスト）<br>○動物の世話をしようとする態度はできたか（面接） |

## 單元 7 夏のお空はどんなでしょう。

季節6月上旬—7月中旬　　　所要時間 4時間

Ⅰ 單元設定の理由

A 社會的要求

天候と作物・天候と人間生活は密接な關係をもっている。夫々の土地の云い傳えとしてあの山に雲がかかったからとか又雲がどう動いたから天氣が變るとか等色々云われているが，今後は之らの天候の變化に科學的な考察がなされなければならない。そしてよく天候に氣象に順應し利用する能力・態度を養っていくことが要求されている。

B 理科的要求

1. 1年に於ける雨上りの學習・三年の季節だより，五年の天氣の變化についての考察等々に極めて關聯深く系統づけられている。
2. 色々變化する夏の空の樣子を觀察しながら素朴的考察をしていくと共に，自然環境への關心をもたせていきたい。

C 兒童の實態

1. 心意的發達については單元1に準ずる。
2. 雲はどうしてできるか，どんな形の雲があるかについて學習したい興味・關心をもっている。
3. 雨を傘でとばしたり露ころがし等の遊びがあり，雲を對象としたものは見當らない。(以上實態調査)

D 理科的環境の實態

1. 松本に於ても六月頃から七月にかけて梅雨といわれる陰雨がつづく。
2. 夏の空にうかぶ入道雲の雄大さ，湧いて出る雲のあざやかさ，西空の夕燒の美しさ等は信州高原の特有のもので頗る印象的である。
3. 學校の近くに測候所があり又新聞・ラジオ等により天氣予報にも接せられるし，學校備品として雲の寫眞集等がある。

Ⅱ 單 元 の 目 標

梅雨時や梅雨明けの空の樣子や，いろいろな雲の樣子や天候との關係等を觀察しながら自然への關心を持たせる。

A 理　解

1　天氣には色々な種類がある。
② 六月は他の月にくらべて雨の降る日が多い。
3　夏の空には入道雲が多く出やすい。
④ 雲は動いて色々な形に變ったりする。
⑤ 雲には色々なものがある。
6　天氣が變るときには色々な雲が出る。

B　能　　力

⑦ 雲を色々比較觀察する能力
8　雲と天氣の關係を見る能力
9　雲量を比較的に見る能力
⑩ 雲の形を記錄する能力
11　雲の寫眞や繪を集める能力
12　天氣曆を見る能力

C　態　　度

⑬ 自然環境に興味をもつ態度
14　根氣よく觀察する態度

Ⅲ　單　元　の　組　織

| 問題(番號は目標) | 學　習　活　動 | 効果判定の觀點及びその方法 |
|---|---|---|
| 1 この頃の天氣はどうだろうか。(1.2.12) | ○雨の降りつづく此の頃の天氣について話合う。<br>○天氣曆を見ながら話合う。 | ○六月は雨の多いことが天氣曆から理解されたか(觀察)<br>○天氣曆を見る能力はどうか(觀察・面接) |
| 2 夏の空の樣子はどうだろうか。(1.4.7.9.13.14) | ○つゆ明けの郊外へ出て空の樣子を見る。<br>○雲の形を見たり動く樣子や變っていく樣子を見る。 | ○雲への興味の程度はどうか(觀察)<br>○雲の形が色々に變る事が解ったか(面接) |
| 9 どんな形の雲があるだろうか。(4.5.7.9.10.11 13.14.) | ○雲の寫眞を集めて空の雲とくらべて見る。<br>○雲の形を繪にかく。 | ○雲には色々な種類があることが解つたか(テスト)<br>○雲を比較觀察する能力はどうか(觀察)<br>○雲の形を記錄する能力はどうか(作品)<br>○雲の寫眞や繪を集める能力はどうか(觀察) |
| 4 天氣によつてどんな雲が多く出るだろうか。(3.4.6.8.13.14) | ○晴天の時に多い雲をしらべる<br>○天氣が悪くなるにつれ雲の變っていく樣子を見る。 | ○雲と天氣に關係のあることが解つたか(テスト)<br>○根氣よく觀察する態度はどうか(觀察)<br>○自然への關心をもつようになつたか(觀察) |

# 單元　8　川遊びをしましょう。

季節　7月中旬　　　　所要時間　4時間

Ⅰ　單元設定の理由

A　社會的要求

自然科學の進歩は電氣を發明し，發電は水力の利用に俟つ所多い今日，今後一層水力の利用や水質の研究がされるのは當然である。又地下資源の開發は工業方面への寄與が大きく社會發展の重要な役割をもっており，之等水といい地下資源といい我々が關心をもたねばならぬもので，社會的にも亦強く要望されている。

B　理科的要求

1.　一年の砂遊び，夕立から三年ではいろいろの石を集めましょう，四年では土はどのようにしてできたかと發展していく。

2.　川遊びをし乍ら水についての觀察をしたり，色々な石や土を集めて，それらについて觀察理解すると共に，之等に對する關心の糸口をつくっていく。

C　兒童の實態

1.　この期の兒童は遊びが全生命であり，じっとしていないで直接的行動的である。

2.　水車を廻したり，砂を流して遊ぶことに多くの興味•關心をもっているが，石や土について調べることは一般に關心はうすい。

3.　學習活動では，水はどこから流れてくるかが最も多くの關心をもっている，又水の中にはどんなものが入っているかがこれに次ぐ。

4.　遊びには，川遊び・ささ舟遊び・池作り・その他石けり・石並べ・石かっちん・石投げ等が非常に多い。(以上實態調査)

D　理科的環境の實態

1.　學校東方200m附近に女鳥羽川が流れ，石遊び・水遊び・砂遊びには好適である。

2.　淺間方面には岩石の露出があって，岩石や土砂の樣子を觀察するに便利である。

Ⅱ　單　元　の　目　標

川遊びをしながら水の性質を理解したり，その利用法を考察し，又河原のいろいろの石や土を集めてわって見たり，くらべて見たりして石の形や色や堅さや土などを考察し理解すると共に，自然環境に關心を持たせていく。

A　理　　解

① 流れている水は水車を廻したり色々の仕事をする。
2　雨が多く降った時には川の水もふえてくる。

③ 水は平地にくる程流れがゆるやかになる。
4 水は飲み水になったり田へ引かれたりその他色々利用されている。
⑤ 岩石にはやわらかいのとかたいのとある。
⑥ 土地は石や土や植物の腐ったものから出來ている。

B 能　力

⑦ 石の形や色などを比較觀察する能力
⑧ 石や土を集める能力
⑨ 雨と川の水量，石と土の關係を見る能力
10 事實をありのまゝに見る能力
11 水車を作る能力

C 態　度

12 注意深く觀察する態度
13 環境に興味をもつ態度
14 危険な遊びをさける態度

Ⅲ 單元の組織

| 問題(番號は目標) | 學習活動 | 效果判定の觀點及びその方法 |
|---|---|---|
| 1 川でどんな遊びをしたらいいだろうか。(1.2.3.4.8.9.10.11.12.13.14) | ○川遊びの經驗を話し合う。<br>○水車を作る。<br>○川遊びについての注意を話し合う。<br>○川原へいつて水車を廻したり砂を流したり等の川遊びをする。<br>○水は色々利用されていることを話し合う。 | ○興味の喚起はどうか（觀察）<br>○注事事項は守られているか（觀察）<br>○水の働きが理解されたか（テスト）<br>○水の利用が理解されたか（テスト）<br>○水車を作る能力はどうか（作品・觀察） |
| 2 石にはどんなものがあるだろうか。(5.6.7.9.12.13) | ○川原から色々な石を集めて見る。<br>○色々の石をわつてかたさを見る。<br>○形・色のちがつた石を集めて觀察する。 | ○石には色々なかたちがあるのがわかつたか（面接）<br>○集める能力はどうか（觀察）<br>○比較觀察の能力はどうか(面接) |
| 3 土はどんなものから出來ているだろうか。(6.7.8.9.10.11.12) | ○川の上流の岩を見に行き岩がくずれて砂になりかけた所や木の葉やごみがくさつて土になりかけた所をみる。<br>○いろいろな土を集めて觀察する。<br>○それをビンに入れて水を加えてふつて見る。<br>○土地は土と石からできている様子を見たり話合つたりする | ○土はどうしてできるか解つたか（テスト）<br>○充分な觀察をしているか(觀察)<br>○實驗觀察はよく出來たか(觀察)<br>○自然への關心はどうか（作文） |

## 單元 9 虫をあつめてかいましょう。

季節 8月下旬―9月中旬　　所要時間 4時間

Ⅰ 單元設定の理由

A 社會的要求

單元5に準ずる。

B 理科的要求

1. 一年では色々の虫を採集するが二年ではそれを飼育し，三年になると更にどんな仲間がいるかと特徴をみて分類する方へ發展していく。
2. いろいろの虫を採集飼育しながらその習性・形態を知り，又親しみの心をもたせていく。

C 兒童の實態

單元3に準ずる。

D 理科的環境の實態

1. 學校には學級園があり，又樹木が多いのでいろいろの虫が見られ，且周圍は野外に續くので採集には便である。
2. 家庭ではきりぎりす・すず虫・螢等飼われる。その他學校には昆虫の標本がある。

Ⅱ 單元の目標

いろいろの虫を集めて世話をしながら飼育の方法態度をねったり，虫の形態・習性を觀察したりすると共に，親しみの心をもたせていく。

A 理　解

① 虫はいろいろ區別のつく特徴をもっている。
② からだの特徴をくらべて他の虫と見別けることができる。
③ 虫は食物をとるのに適した口をしている。
4 地中にもいろいろの虫がいる。
5 虫はとんぼ・せみ・こおろぎ・はち・ちょう等非常に種類が多い。

B 能　力

⑥ 他の虫と比較觀察する能力
⑦ 虫を採集し，飼育する能力
8 虫の様子を繼續觀察する能力
9 虫の形を正しく記録する能力

C 態　度

⑩ 根氣よく虫を飼育する態度

11　環境に興味をもつ態度
12　野外にでて危険をさける態度
13　虫をかうことにより親しみをもつ態度

Ⅲ　單　元　の　組　織

| 問題(番號は目標) | 學　習　活　動 | 効果判定の觀點及びその方法 |
|---|---|---|
| 1 どんな虫がいるだろうか。(5.7.11.12) | ○虫をかつた經驗を話合う。<br>○どんな虫がないているか話合う。<br>○虫を採集する方法や氣をつけなければいけないことを話合う。<br>○虫の採集にいく。 | ○經驗の程度はどうか（觀察）<br>○興味は喚起されたか（觀察）<br>○注意が守られているか（觀察）<br>○採集する能力はどうか（觀察） |
| 2 かうにはどうしたらよいだろうか。(3.5.6.7.8.10.11.13) | ○虫を飼育する方法やどんなものをたべるかについて話合う<br>○世話をする當番をきめて飼育する。<br>○たべる樣子・遊ぶ樣子を觀察する。 | ○虫を飼育する能力はどうか根氣よく飼育しているか（觀察）<br>○親しみを持つようになつたか。（觀察）<br>○口が食べるに適していることがわかつたか（面接） |
| 3 どんな形をしているだろうか。(1.2.6.8.9.11.13) | ○虫の形をみたり，他の虫とくらべて觀察したりする。<br>○それぞれの虫の習性を觀察する。<br>○虫を繪にかく。 | ○區別のつく特徴をもつていることがわかつたか（テスト）<br>○比較觀察する能力はどうか（觀察）<br>○注意して觀察をしているか（面接）<br>○正しく記錄されているか(作品) |
| 4 土の中にも虫はいるだろうか。(1.2.3.4.6.8.11) | ○石やごみの下，土の中等にみみずやよと虫等のいるのを觀察する。<br>○土の上をはう樣子や土の中へ入る樣子を觀察する。<br>○とんぼやせみとどんな所がちがうかを話合う。<br>○蟻の巣をみたり蟻の働く樣子を觀察したりする。 | ○地中にも虫のいることがわかつたか（テスト）<br>○地上の虫と形や習性がちがうことがわかつたか（面接）<br>○環境に興味をもつようになつたか（作文） |

## 單元 10 お月さまをみましょう。

季節　9月中旬—10月上旬　　　所要時間　3時間

Ⅰ　單元設定の理由

A　社會的要求

社會生活が進む割合に一般は月とか星等に對し神祕的なものを感じており，それが亮もすると迷信的なものにさえなり易い。月や星に對して神話的な感情をもつはよいが，もっと科學的な見地からこうした迷信的なものを打破して行かねば

ならない。

B　理科的要求

1.　一年ではお月見をして月への關心をもたせ二・三年になってそれが素朴的な考察へと進み，更に四年では月や星はどの樣なものかと探究を進めていく。

2.　月の形の變る樣子や月の動いていく樣子を繼續的に觀察し考察すると共に月への關心をもたせていく。

C　兒童の實態

1.　この期の兒童は物事を情意的に見たり考えたりする傾向が著しく觀察も体的・直觀的であって，理論的・分析的に考えることは出來ない。

2.　星についての學習では流星はどうしておきるか見たい，何故星は夜光るのかしらべたい等の傾向が多い。

3.　月を望遠鏡でみてしらべる，月のお話をきく，月の形の變る樣子をしらべることに兒童の興味・關心はあるが一般に關心はうすい。

4.　遊びでは，影ふみ・お月見あそびが多い。(以上實態調査)

D　理科的環境の實態

1.　一般家庭では多くお月見の行事をしており，一般に神祕的なものとして月を考えている。

2.　學校には望遠鏡が備えられている。

Ⅱ　單　元　の　目　標

月の形の變っていく樣子や動いていく樣子を觀察したり記錄したりしながら，月が一ケ月の中の間に形の變ることを理解すると共に，月に對し親しみをもたせていく。

A　理　　解

①　月は東から出て西へ入る。
2　月のでない夜もある。
③　月は一ケ月の間に形が變る。
4　月の形はまるい。

B　能　　力

⑤　月の形の變化を比較觀察する能力。
⑥　月の形を記錄する能力
7　月の形をありのまゝに見る能力。

C　態　　度

⑧　注意深く觀察し記錄する態度
⑨　月に親しみをもつ態度

### Ⅲ 單元の組織

| 問題(番號は目標) | 學習活動 | 効果判定の觀點及びその方法 |
|---|---|---|
| 1 お月見はいつだろうか。(4.9) | ○十五夜には家でどんなことをするかについて話合う。<br>○お月さまのお話をする。 | ○月に對しどの程度の興味・關心をもつているか(觀察) |
| 2 月はどう動いているだろうか。(1.8.9) | ○月の位置を立木か，屋根で見定めておいて時間の立つにつれ動いていくことを觀察する<br>○觀察したことについて話合う | ○月は東から西に動くことが分つたか(觀察)<br>○觀察の能力・態度はどうだろうか(觀察) |
| 3 月の形は變るだろうか。2.3.4.5.6.7.8.9) | ○繼續觀察して月の形を記錄する。<br>○觀察し記錄した月について發表し話合う。<br>○月の出ない夜もあつたことについて話合う。 | ○正しく觀察し記錄されているか(ノート)<br>○月の形の變ることが理解されたか(テスト)<br>○新月のあることが理解されたか(面接)<br>○月に對し親しみをもつてきたか(作文) |

## 單元 11 草や木の實を集めましょう。

季節　11月上旬—下旬　　　　所要時間　4時間

### Ⅰ 單元設定の理由

A 社會的要求

單元3の1の項に準ずる。

B 理科的要求

1. 一年では秋の山で紅葉や木の實の樣子を見たり，取ったりしたのであるが，二年になっては色々な實を廣く集める事に進み，之が更に四年の稻を作って籾の收穫に發展していく。

2. 色々な木や草の實を採集して其の散布の方法をしらべたり，形，大きさを比べたり又分類したりして，自然環境に對する關心を深めると共に研究的態度をつくる端緒としたい。

C 兒童の實態

1. 單元3の1．2に準ずる。

2. 色々な木の實・草の實を拾う樣な行動的な事で理解の出來るものに興味や關心が深い。(實態調査)

3. どんぐり拾い・あけびとり等を喜んでするし又木の實で笛を作って鳴らしたり，女子はほおずきをつくって鳴らす等の遊びが多い。(實態調査)

D 理科的環境の實態

1. 心意的發達については單元3の1．2に準ずる。

2. 學校の西方(約1km)にはなだらかな小山があって木の實拾いには便であり，又北方(500m)の縣營運動場附近には栗の樹木が多い。

### Ⅱ 單元の目標

色々な木の實・草の實を採集し乍ら其の散布する樣子を見たりその方法をしらべたり，又形や大きさによって區別したり整理したりする事等によって，自然環境に對する興味・關心の態度を養う。

A 理　解

① 秋には色々な木の實がみのる。

② 植物は成長し繁殖する。

③ 種子は色々な方法でまきちらされる。

④ 種子には色々な形や大きさのものがある。

5 人は或る植物の種子を食べる。

B 能　力

⑥ 種子を色々と比較觀察する能力

⑦ 木の實や草の實を集める能力

⑧ 種子を形・大きさによって區別する能力

9 事實をありのまゝに見る能力

C 態　度

⑩ 自然環境に興味・關心を持つ態度

11 注意深く觀察する態度

⑫ 危險な所を避けようとする態度。

### Ⅲ 單元の組織

| 問題(番號は目標) | 學習活動 | 効果判定の觀點及びその方法 |
|---|---|---|
| 1 どんな實が集められるだろうか(1.4.5.7.8.10.11.12) | ○木や草の實がみのつている樣子について話合う。<br>○野山にきて木や草の實のみのつている樣子を見たり集めたりする。 | ○興味・關心の程度はどうか(觀察)<br>○採集する能力はどうか(觀察)<br>○危險な所を避ける態度はどうか(觀察)<br>○食べられる實のあることが解つたか(面接・テスト) |
| 2 形や大きさはどうだろうか。(4.6.8.9.11) | ○色々集めた實の形や大きさをくらべてみる。<br>○形や大きさによつて區別してみる。 | ○比較觀察する能力はどうか(觀察)<br>○區別する能力はどうか(觀察)<br>○色々な形や大きさのあることがわかつたか(面接) |
| 3 實はどんな方法 | ○どんな方法でまきちらされる | ○注意深く觀察しているか(面接) |

寅はどんな方法	3 演はどんな方法 ○どんな方法でまきちらされる	かいされる	○注意深く觀察しているか(面接)

(2.3.8.10.11)るのだろうか。 ○その他の方法でまきちらされることについて話合う。 200 ○植物は成長し繁殖することが解 のたか(面接) ○自然環境に興味がもたれたか。 (觀察・面接) ○色々な散布方法のあることが解 つたか (テスト)

第元に 2 Ш 向限っこをしましょ V

半節 12月上旬

> ယ 邢

單元設定の理由

社會的要求

所要時間

要なことである。 關心をもち,研究態度の素地に培うことは近代社會の向上發展にとって極めて重 極的に之を利用活用していくのでなければならない。この太陽の光と熱に興味と 生活をきずき上げていく爲には、この太陽の光と뾌とに對しての研究によって積 及ほす影響と恩惠の甚大なることは多言を要しない所である。我々が高度の文化 太陽の光と熱が、凡ゆる動植物の生存に氣象現象に或は又我々人間生活の上に

理科的要求

- 万華鏡、四年の太陽・月・星の考察・五年の四季の起因・六年の天体學習等 へ一聯の展開的強展系統をもっている。 .等の他單元と相俟って太陽の光と熱に關する一般的性質を觀察し,三年の 一年の雪なけによる素朴的考察について本單元に於てはアンズ遊び雪だる
- 念に揺いたい。 目向ほっこをしながら太陽の光と熱に對しての素朴的考察を通して、 般的性質を觀察理解し考察する能力・態度を養い乍ら, 之に闘する闘心の 63

見重の實態

- 心意發達については單元1のこの項に準ずる。
- C. んどを占めている。(實態調査) 興味・關心については太陽の光や熱を利用した色々な遊びをす (1) Qr とが殆
- ಯ 陽の光を反射させる等が極めて多い。(實態調査) 學習活動についてはかけぶみをしたい、アッズでいろいるしたい。 館で大
- 遊びについては所謂日向ほっこ ・影ぶる・日向に於てのくに とり。石けり

石かっちん其の他多種類にわたってやっている。(實態調査)

- J 理科的環境の實態
- ほっこには好都合の環境がある。 十二月上旬頃より晴天の日が續き學校の中庭や石廊下など北風を防ぎ日

雷 9 Щ

初步的な面を理解し、之等に對する興味・關心を高めると共に器具取扱の態度を養 についての素朴的考察をすることによって、 向ほっこや影ぶみをしたり日光を鐔で反射させたりしながら、 その一般的性質及び鏡のも 分機能の 太陽の光と熱

O

山

太陽から熱と光の恩惠を受けている。

 Θ

- 日光をうけない時はうけた時より暗い。
- 目向は日かけより暖かい。

(3)

- 太陽が雲にかくれると熱と光の一部がさえぎ 61160
- (5) 鏡は光を反射する。

力

- (d) (e) 明るさ・くらさ・暖かさ・寒さ等の比較觀察する能力明るさ・くらさ等の事實をありのまゝに見たり感じた 1に見たり感じたりする能力
- すじ道の通った考え方をする能力
- 鏡で光を反射させる技能

9

ဘ

度

注意深く觀察する態度

(0)

H

- 自然環境に興味・關心をもつ態度
- 12 きまりを守る態度
- 鏡等の器具を大切に扱う 態度

(3)

- 危險な事を避けようとする態度
- **いろいろ工夫して實験する態度**

5

雷 元 9 趙 海

関額(番號は目標) 學 酒 前 効果判定の觀點及びその方法 1 どんな所が目向 (うち) 〇月向ぼつこの經験について話 合う。 〇どんな時が目向ぼつこにいい ろうか。 〇だので話合う。 〇月向ほつこにいい場所につい て話合う。 〇月向ぼつこにいい場所につい で話さり。 〇月向ぼつことする場所をさが 〇月向ぼつこをする場所をさが 〇日向ぼつこをする場所をさが 〇日のぼつこをする場所をさが 〇日のほうことでいる場所とさが 〇日のぼつこをする場所をさが 〇日のほうことでいる場所とさが 〇日のほうことでいる場所とさが 〇日のは、観察 〇日の思味・関心の程度						
職 蹈 活 動 ○日貞元つこの舘巖下のいて 合う。 ○たが時が日貞圧つこにいい かについて 結合う。 ○日貞元つてている場所でついて について について について について について について について に	(觀察) ○自然環境への興味・關心の程	所をさが	あるこの	は日日は、	171回回	
際 智 活 動 ○日向ぼつこの総験でついて指 今5。 ○どんな時が日向ぼつこにいい かについて話合ち。	はどりか(観祭・回接) 〇注意深く觀察する態度はどうか	別でしい	ないいが	ころられて	四田口の開かれ	(1.2.6.7.10.11)
際 智 活 動 ○日向ぼつこの総験だついて話 今5° ○どんな時が日向ぼつこにいい	明るさ)等を比較觀察する能力		話命らの	言しいて言	かたっ	
○田向所のこの舘畷でのいて貼	〇日向と日かげのわがい(殿から	いとだいい	画画系し	に時が F	() にんと	
琴 智 活 動 効果判定の觀點及びその方	〇日向は日かげよりめれたないこった悲しゃも(唐椛)	いって黙	の組験で	ر ا ا ا	〇月向日	1 どんな所が目向
	の觀點及びその方	動	活	超	續	門額(番號は目標)

1 192

	○ 日ガ たり光化にや日とまが、 大切なことについて話合う。 ○ お日さまという題で作文をか へ。	(I)
○生物や人間が太陽の光と熱の恩 恵に浴していることがわかつた か(面接・作品)	はまは動物や植物の腐石いることでしたこれにいて記れていることでしたである。	ないないないないないないないないないないないないないないない
〇麒は光を反射することが解つたか、「面接・テスト)か、「面接・テスト)の館で光を反射させる技能はどうか、観察)の館を大切に扱う態度はどうか。 (観察) (○ 危険をさける態度はどうか (親察) (※ 条)	〇鱧で光を反射させる時の注意を話合う。 を話合う。 〇鱧で光を反射させてみる。 〇場所をきめてそこへ光をあて たり又友人と競争してあてたりする。 〇鶴の向け方について話合つてやつてみる。	3 おHさまの光を 酸にあてるとど うなるだろうか (5.9.14.15)
○かげができないことが解つたか (回接) ○大陽が雲にかくれるとその光と 熱の一部がさえぎられることが わかつたか (回接) ○すじ道の通つた老え方をする程 展 はどうか (面接) ○きまりを守る態度はどうか (観察) ○注意深く觀察する態度はどうか (〇かげふみ遊びについて話合い 注意やき まりをきめる。 〇かげふみ遊びをする。 〇かげふみ遊びの蕨子について 話合う。 ○たんな時にかげが出来ないか について話合う。 ○たんな所がかげが田来ないか について話合う。 ○父そのわけについて話合う。	2 どうしてかげが 出来たり出来な かつたりするの だろうか。 (2.4.6.7.8.10. 12)
はどらか(観察・面接) 〇日光をらけない所はらけた所よ 

り晴いことが解つたか(画接)	○何故日向ぼつこはいいか話合 5。 ○日向と日かげとどんなちがい があるかしらべたり話合つた リする。	

明光 13 アンズ海びをつましょう。

季節 12月中旬

所要時間 3時間

單元設定の理由

社會的要求

- 我々日常生活及學術振興上に占める位置は實に顯著なものがあり、社會生活 興する所甚大なものがある。 光學及器具機械等に對する初坡的な研究態度の涵養は社會生活向上進展に寄 具機械の中心をなすレンズについての理解を圖り、その取扱の技能・態度等 向上への大きな貢献をなしていることは言を俟たない所である。之等光學器 眼鏡・鏡・双眼鏡・望遠鏡・寫眞機・映寫機・顯微鏡等々光學器具機械の
- 10 に關する一般父兄の要望は極めて强いものがある。(實態調査) 「科學的な遊びをさせる」「科學的玩具を與える」「器具機械の取扱」 等々

B 理科的要求

- 元でレンズによる光の屈折を學習し更に 「三年の万華鏡」 「四年の望遠鏡」 に雪だるまに於ては進んだ観察によって光の進路に関心をもつに到り、本單 「五年針大寫眞懋」による光の學習等へ一聯の系統をもっている。 前學年に太陽光線についての素朴的觀察をなし本學年に於ても日向ほっこ
- 態度を懸いたい。 の機能・性質の初歩的な理解をもたせると共に、光學器具操作に於ける技能・ 本單元では物を擴大して見たり、燒いてみたり等の操作を通して、レンズ
- 体育(殊に自己の衞生)社會科(お店)等と關聯深い。
- 〇 児童の實態
- 心意發達は單元1に準す。
- 見られる。(實態調査) レンズを使っていろいろやって見たい等の興味・關心は本學年に一番多く
- やけるかしらべたい等は見られない。(實態調査) 學習活動ではレンズで物を見たい、物をやって見たい等が斷然多く、何故
- 黑で紙をワンズで燃へ遊び等を多へやっている。(實態調査)
- 理科的環境の實態

殆んどの家庭にレンズがあり,市販品にも惠れ叉理科室等の設備も極めて好適

- 347 -

II 單元の目

これる。

の經驗を体得する。 の機能を理解しユレンズ操作の初步的技術・態度を饕うと共に,光現象に就いて 色々な物を見たり,燃いてみたり箏のレンズ遊びをすることによって,レンズ

- ァンバで光を集めることが出來る。
- (1) レンズは虫めがねにつかった0その他色々な器具機械に使われている。 ッッズで物を擴大して見ることが出來る。
- 太陽と我々との間に霊がくると太陽の熱と光が一部さえぎられる。
- レンズで光を集める技能
- レンズで物を擴大して見る技能

٩ (3)

- 實驗を工夫してやる態度
- こまかに観察しようとする態度
- 0 器具等を丁寧に取扱う態度

194 —

フソバ

(2,6.7.8.9)
て遊ん	○レンメでだんな単をしてだか問しあら。 ○レンメでだんな単をしてびたいか問しあら。 ○レンメでなんないろいろなものでなってがないのではない質やものかないのではないとう。 ○日本ないのではの治療は つべいとの治療は から。 ○にしないのでは、の質ないでは、の質ないでは、のでしてものでは、できないのである。 ○中のひらへ

10　危險を避ける態度（眼の衛生）

11　レンズに興味をおこす態度

Ⅲ 單 元 の 組 織

| 問題（番號は目標） | 學習活動 | 効果判定の觀點及びその方法 |
|---|---|---|
| 1 レンズを使つてどんな遊びが出來るだろうか。(9.10.11) | ○レンズでどんな事をして遊んだか話しあう。<br>○レンズでどんな事をしてあそびたいか話しあう。<br>○レンズで遊ぶ時氣をつけることを話しあう。 | ○レンズ遊びに對する興味はどうか（面接・觀察）<br>○器具を尊重しようとする態度はどうか（〃）<br>○危險を避けようとする態度はどうか（〃） |
| 2 レンズでどんなものが燒けるだろうか。(1.4.5,7.8.9.10) | ○レンズでいろいろなものを燒いてみる。<br>•色々な質や色の紙<br>•色々な木<br>•色々な色や質の布<br>•其の他燒きたいもの<br>（大きいレンズで／小さいレンズで）<br>○どんな物が早くやけたか話しあう。<br>○レンズで燒く競爭をする。<br>○どんな時早くやけるか話しあつてやつてみる。<br>○手のひらへレンズで光を集めてみる。<br>○やけるわけを話合う。 | ○レンズで物が燒けることが解つたか（觀察・面接）<br>○どんなものがうまくやけるが解つたか（テスト）<br>○大きなレンズは小さなレンズよりうまく燒けることが解つたか（テスト）<br>○色々工夫して實驗する態度はどうか（觀察）<br>○こまかに觀察しようとする態度はどうか（觀察）<br>○太陽が雲にかくれるとうまくやけない事がわかつたか（面接）<br>○レンズの向け方，きよりなどと燒け方がちがうことがわかつたか（觀察・面接）<br>○光を集める技術はどうか（觀察）<br>○レンズでやけるわけが解つたか（面接）<br>○レンズを扱う態度はどうか（觀察）<br>○危險をさける態度はどうか（觀察） |
| 3 レンズではどんなに見えるだろうか。(2.6.7.8.9) | ○レンズで小さい色々なものを色々にしてどんなに見えるか話し合う。<br>○どんな時にうまく見えるか話し合つてやつてみる。<br>○レンズで遠くの方を見て話し合う。 | ○レンズで擴大して見得ることが解つたか（面接）<br>○擴大して見る技術はどうか（觀察）<br>○レンズによつて擴大がちがう事が解つたか（面接） |
| 4 レンズはどんなところに使われているだろうか。(3) | ○レンズがどんな機械につかわれているか又どの部分につかわれているか話し合う。<br>○實物を先生から見せてもらう。 | ○レンズが虫眼鏡やその他色々な所に使われていることが解つたか（面接・テスト） |

# 單元 14 雪だるまを作りましょう。

季節　1月中旬一下旬　　　所要時間　3 時間

Ⅰ 單元設定の理由

A　社會的要求

雪に對して我々は今迄余りにも消極的であり過ぎた，殊に積雪の多い信州では今後雪害對策を大きく考えねばならないのは勿論であって，その意味で積極的に雪になれ親しんでそれに關心をもっていくことは肝要のことである。

B　理科的要求

1.　一年では雪うさぎをつくり乍ら雪への關心を深める。

2.　雪だるまを作って遊び乍ら雪についての理解を深め，素朴的な考察の能力態度を養うようにしたい。

C　兒童の實態

1.　心意發達については單元7のこの項に準ずる。

2.　雪だるまを作る等雪と遊ぶことには非常な興味•關心をもっている。

3.　學習活動では雪はどうして降ってくるのかに關心をもっている，その他單元8の3の項參照

4.　遊びには雪だるま作り•雪なげ•雪すべり•雪トンネル作り等が多くしられている。（實態調査）

D　理科的環境の實態

1.　スキー場は遠いが當地はそこへの玄關口であり，又スケートは天守閣の堀や縣營の池等で盛んに行われている。

2.　一般に雪が多く殊に十二月下旬から二月にかけて多くふる。

Ⅱ 單 元 の 目 標

雪だるまを作って遊ぶことにより雪に親しませ，雪について色々理解すると共に自然環境に對して素朴的な考察の技能態度を養い關心を深めていく。

A　理　　解

①　雪•氷等はどれもとけると水になる。

②　水は蒸發する。

3　雪は美しい形で結晶している。

④　日向や黑い物のある所の雪は早くとけ易い。

B　能　　力

5　とける様子を比較して觀察する能力

⑥　雪だるまを作る能力

⑦ 雪・氷と水との關係をみる能力
8 物指・レンズを扱ったり實驗する能力

C 態　度

⑨ 注意深く觀察する態度
10 環境に興味をもつ態度
⑪ 雪に對して關心をもつ態度
12 雪を扱った後で注意深く手足をふいたりあたためたりする態度

Ⅲ 單 元 の 組 織

| 問題(番號は目標) | 學　習　活　動 | 効果判定の觀點及びその方法 |
|---|---|---|
| 1 雪だるまがつくれるだろうか。(3.6.8.10.11.12) | ○この頃の雪の降り具合を話合う。<br>○積雪を物指で測つてみる。<br>○雪の質をしらべて見る。<br>○雪の結晶をレンズで見る。<br>○雪をころがして雪だるまを作る。<br>○南向にして目鼻口をつける。<br>○作つた後手足等をふいておくことを話合つておく。 | ○興味が喚起されたか（觀察）<br>○物指を扱う技能はどうか(觀察)<br>○雪の結晶がうまくわかつたか。（面接）<br>○レンズの扱いはどうか（觀察）<br>○元氣よく雪だるまを作つているか（觀察）<br>○うまく作れたか（觀察）<br>○手足を充分ふいたか　（觀察）<br>○何故ふかねばならぬか解つたか（面接） |
| 2 どんな所が早くとけ出すだろうか。(4.5.9) | ○雪だるまのとけ具合を色々觀察する。<br>○日向と日かげ黑い物のある所などのとけ具合をみる。 | ○日向や黑い所は早くとけ出すことが解つたか（テスト）<br>○とける樣子を比べて見る能力はどうか（觀察・面接）<br>○注意して觀察する態度はどうか。(觀察) |
| 3 とけた雪はどうなるだろうか。(1.2.7.9) | ○雪や氷をあたためてそのとける樣子をみる。<br>○とけた水をどんどんあたためてみる。<br>○水はどうなつていくかについて話合う。<br>○湯氣の出る所へコップなどをかぶせてみる。<br>○ガラスへ息を吹きかけて見る。<br>○雪だるまを作つた作文をかく | ○觀察する態度はどうか（觀察）<br>○水がだんだん蒸發していくことが解つたか（面接）<br>○雪や氷はとけると水になることがわかつたか（テスト）<br>○環境に興味はもてたか（作文） |

## 單元 15 磁石でいろいろなものをつけてみましょう。

季節　2月　　　　所要時間　3時間

Ⅰ 單元設定の理由

A 社會的要求

1. 我々日常生活に廣く使われている磁針や海上交通に必須な羅針盤等，或は又電磁石として電鈴・電話・電信其の他諸機械等々，磁石の性質の應用利

用が近代に於ける產業・交通・通信等に占める役割は絕大なものがある。磁石に對して興味・關心の念を高め，その性質を理解すると共に之に對する取扱になれさせる事は，近代社會の一員として極めて肝要なことである。

2. 一般父兄の要求は單元13に述べた如く極めて强いものがある。(實態調査)

B 理科的要求

1. 一年に於ては磁石遊びによって素朴的に磁石の性質に觸れたのであるが本學年に於ては更に一歩進めて磁石の性質を考察し之に於ける磁針・四年の電石・五年の呼び鈴更に六年に於ける電磁石の利用による器具機械へと一聯の系統をもっている。

2. 本學年に於ては磁石がひきつける金物とひきつけない金物とがある事，ひきつける力が磁石の部分及磁石によって異る等の理解によって，磁石の基礎的性質を知らせその取扱の技能態度を養いたい。

3. 社會科「お店」「郵便」等と關聯が深い。

C 兒童の實態

1. 心意發達については單元1に準ずる。

2. 興味・關心についてはひきつけたか，ひきつけなかったか等々の事實に興味・關心が深くそれの原因とか磁石の構造利用等はうすい。(實態調査)

3. 學習活動についてはどんなものが磁石でひきつけられるかが最も多く興味關心の中心をなしている。(實態調査)

4. 遊びについては磁石でいろいろなものをつける，砂鐵集め等があり全學年を通じて本學年が最も顯著（實態調査)

D 理科的環境の實態

1. 兒童の多くは磁石をもっており尙市內玩具店等にて多く目にふれる。

2. 學校設備として種々の磁石が備えられ本學習に好都合である。

Ⅱ 單 元 の 目 標

磁石でいろいろな金物をひきつけてみる操作によって，磁石は金物の中のある物はひきつけ或る物は引きつけないという事及び磁石の距離や磁石によって引きつける力に相違のあること等，その一般的性質を理解しその取扱に對する技能・態度を養い，磁石に對する興味・關心の念を高める。

A 理　解

① 磁石は金物の中のある物はひきつけある物はひきつけない。
2 磁石はその端に近い程よく引きつける。
3 磁石の働きはその距離によってちがう。
4 磁石によって引きつける力がちがう。

B　能　力

⑤　磁石は金物のあるものはひきつけ，あるものは引きつけないことを見わける能力

⑥　色々な實驗より結果を出す能力

7　磁石を圖に畫く能力

8　色々な金物を集める能力

C　態　度

⑨　いろいろな實驗を興味をもってやる態度

⑩　磁石の働きに關心をもち且丁寧に扱う態度

Ⅲ　單元の組織

| 問題(番號は目標) | 學　習　活　動 | 効果判定の觀點及びその方法 |
|---|---|---|
| 1 どんなものが磁石につくだろうか。(1.8.10) | ○一年の時の磁石遊びその他の經驗などについて話し合う。<br>◦木・草・紙等について。<br>◦石・硝子・土砂等について。<br>◦いろいろな金物について。<br>◦その他のものについて。 | ○磁石につくもの，つかないものが解つているか(面接・テスト)<br>○磁石の働きに對する興味・關心の程度はどうか（面接） |
| 2 金物につかないものはないだろうか。(1.5.9.10) | ○いろいろな金物を集める。<br>○磁石の取扱いや實驗の仕方等で注意することを話合う。<br>○くつつくもの，くつつかないもの，にげてしまうもの等にわけて記帳する。<br>○どんなものがくつついたかくつつかなかつたか等話合う。 | ○色々な金物が澤山集まつたか（觀察）<br>○しらべた結果の處理力はどうか（ノート）<br>○磁石を扱う態度はどうか(觀察)<br>○つく金物とつかない金物とが解つたか（面接） |
| 3 磁石のどこでも金物はつくだろうか。(2.6.7.9.10) | ○磁石の色々な所で金物をつけてみる。<br>○つくところつかないところ一番よくつくところ等を話合う。<br>○磁石の繪をかいて上の事を色で印をつける。 | ○磁石の端程よくつくことが解つたか（面接）<br>○興味をもつて進んで實驗しようとする態度はどうか（觀察）<br>○結果を出す能力はどうか(面接)<br>○磁力の圖に畫く能力はどうか（ノート） |
| 4 磁石をどの位近ずけるとつくだろうか。(3.4.6.7.10) | ○實驗の方法を話し合う。<br>○金物磁石を近づけてついた時の距りを測る。<br>○色々な磁石でやつてみる。<br>○結果を記帳して話合う。 | ○磁石の働きは距りによつて違うことが解つたか（面接・テスト）<br>○磁石によつて引きつける力の違うことが解つたか（面接・テスト） |

## 單元 16 動くおもちゃで遊びましょう。

季節　3月　　　　所要時間　3時間

Ⅰ　單元設定の理由

A　社會的要求

1.　子供の身邊にある幾多の玩具類や我々が日常使用する諸種の機械や道具をはじめとして，凡ゆる產業に交通・通信に或は學術進興の上に機械・道具の占める役割は極めて重要なものがあり，近代文化推進の一大原動力をなしているといっても過言ではない。之等機械や道具の簡單な構造・機能を理解させ，その操作になれさせ，之らに對する興味・關心を高めることは高度の文化社會建設に極めて肝要な所である。

2.　一般父兄の要望については單元13の此の項に準ずる。

B　理科的要求

1.　一年に於けるのりものしらべをうけて本學年では玩具によって實際に機械を操作し，三年の磁針や電燈・電氣コンロ・四年の懷中電燈・望遠鏡，五年に於ける針穴寫眞機・電氣パン燒器・自轉車，更に六年の交通機關の考察等豐富な內容を以て系統的に展開する。

2.　本單元に於ては子供達が日常遊んでいる玩具をいろいろ操作させ，その簡單な構造・機能を理解させ取扱いの適正をはかり進んで我々の日常生活に直接役立っている諸機械・諸道具について簡單な考察をさせ之ら機械・道具に關する興味・關心を高めたい。

3.　社會科「お百姓さん」「お店」「消防夫さん」等々に極めて關聯が深い。

C　兒童の實態

1.　心意發展については單元1の此の項に準ずる。

2.　一般に玩具に關しての興味・關心は高く，殊に本學年では動くおもちゃ，機械を使用してある玩具等に興味・關心が向いてきている。(實態調査)

3.　のりものの早さをしらべたい，どんな所に機械が使ってあるかしらべたい，電氣の働きを（利用）しらべたい等が予想される學習活動の面として見られる。(實態調査)

4.　遊びについてはゼンマイの力で動く自動車・電車等の動く玩具で遊ぶ遊びが多くみられる。(實態調査)

D　理科的環境の實態

1.　家庭には殆んど機械で動く玩具があり市販品も極めて豐富である。

2.　學校設備として模型電氣機關車等あり本學習に好都合である。

3.　市內に多數の工場・試驗場・交通諸機關等がある。

Ⅱ　單元の目標

動くおもちゃでいろいろして遊んだり，いろいろな機械や道具を見たりしらべたりすることによって日常接する機械や道具などの簡單な構造や機能を理解し，

之に對する取扱いの技能・態度を養い，興味・關心の念を高める。

A 理　　解

① われわれの力で機械・玩具や道具を動かすことが出來る。

② 動物の力で機械や道具を動かすことが出來る。

③ 機械で物を動かすことが出來る。

4 電氣の力で機械を動かすことが出來る。

5 機械は無理をして使うとこわれやすい。

B 能　　力

⑥ 機械を上手に扱う技能

7 すじ道の通った考え方をする能力

⑧ 機械をその種類によって分類する能力

9 いろいろなおもちゃを集める能力

C 態　　度

⑩ こまかによく觀察する態度

⑪ 色々工夫して實驗する態度

12 玩具などを大切に取扱う態度

13 機械の働きに興味・關心をもつ態度

⑭ 危險をさける態度

## Ⅲ 單元の組織

| 問題(番號は目標) | 學　習　活　動 | 効果判定の觀點及びその方法 |
|---|---|---|
| 1 動くおもちやにはどんなものがあるだろうか。(9.10.11.12.14) | ○動くおもちやで遊んだことについて話合う。<br>○動くおもちやをいろいろ集める。<br>○遊び方（上手に遊ぶ，注意事項）について話合う。<br>○かえつこしたり，競爭したりしていろいろ遊ぶ。<br>○うまく動く樣にいろいろ工夫してやつてみる。<br>○模型電氣機關車・扇風器・モータ等を先生に手傳つてもらつて動かしてみる。 | ○いろいろおもちやが集められたか（觀察）<br>○機械玩具などを上手に扱う技能はどうか（觀察）<br>○色々工夫して實驗する態度はどうか（觀察）<br>○おもちやを大切に扱う態度はどうか（觀察）<br>○こまかに觀察する態度はどうか（觀察）<br>○玩具を扱う時危險をさける態度はどうか（觀察） |
| 2 どうして動くのだろうか。(2.3.4.5.12.13 8) | ○どうして動くかいろいろなおもちやについて話合つてしらべてみる。<br>○なんによつて動くかおもちやをわけてみる。<br>・手で動くもの<br>・ゼンマイなどで動くもの<br>・電氣の力で動くもの<br>（どんな機械などが使われているかどの部分に使われているか。） | ○われわれの力で機械・玩具を動かすことが出來るか解つたか。（面接・テスト）<br>○機械で物を動かすことが解つたか（面接・テスト）<br>○電氣の力で機械を動かすことが解つたか（面接・テスト）<br>○機械は無理をするとこわれやすいことが解つたか（面接）<br>○すじ道の通つた考え方をする能 |

| | | |
|---|---|---|
| | ○どんな風になつて動くかしらべたり話合つてみたりする。<br>○うまく動かすに注意することなどを話合う。<br>○手入のしかたなどについてしらべたり話合つたりしてやつてみる。 | 力はどうか（面接）<br>○機械の働きに興味をもつ態度はどうか（觀察・面接）<br>○おもちやなど大切に扱う態度はどうか（面接・觀察）<br>○機械を種類によつて分類する能力はどうか（面接・テスト） |
| 3 のりものやいろいろな機械や道具はなんの力で動くだろうか。(1.2.3.4.8.14) | ○のりものやいろいろな道具や機械は何の力で動くか分けて繪にかいてみる。<br>・人の力で動く<br>・動物の力〃<br>・機械の力<br>・電氣〃<br>○いろいろな機械や道具をじつさいに見にいく（電車・自動車・工作機械等） | ○人の力・動物の力・機械の力・電氣の力で動くものが解つたか（テスト）<br>○色々の見學の際に危險をさける態度はどうか（觀察） |

234	232	231	228	226	224	222	219	217	215	213	209	207	205	204

第三学年 單元の季節配当並に時間数 (数字は時間数)

各軍元 の時間	년 교 교	1 4 1	기구는	11+	1+	+ + + +	144	_ >	수 기타	가	H H H H	네 田 日	月的
7	<u></u>						<u></u>			<u></u>			9
9 6						8.動物はどんなくらし をしているだろう		<u></u>	独にはどんな仲間があるだろう	13	中でで	(音) (大) **	-
5	i.				63			13	がなる		腎虫を飼って見よう	5	僻
5					□						ب ج	2. 行	高
5					_						なり	花畑の目記をつける □3	
_			_									* # #	物
-			2. 打月槟(8. 量を見	6	7. 5.55		- 5			胎
33		Ċ	12. お月株の 関へ言った			程を見て語を聞こう □3	6 Pr	なななな					4
G:	1		11. 14	iō		3	Ü,	3					H
-	14.万寨政争作。	ダーン選	R	方位を表	", e							*	機械と道具
12		£ C	の問題に入りま	10. 方位を終えてくれる ――――――――――――――――――――――――――――――――――――								9	追具
	05+	-		.до								ب با	和
12				-			6		_	D		3. 丈夫な味になる	流解狂
				* *								***	111
=	z .	5.	-	. 51	6	6	9	ıs	7	+	84	9	明

## 單元 1 季節だより

季節 4月上旬～3月下旬　　所要時間 7時間

### Ⅰ 單元設定の理由

A 社會的要求

1. 我々の生活は自然との關係を度外視しては存續不可能である。こうした見地に立つ時自然的環境に關心を持ち，之に順應し，之を活用して行く態度・能力こそ，我々の生活にとって緊要の事と云わねばならぬ。季節に從って變化して行く自然現象を理解しようとする學習は，廣い社會生活の面から要求されていることである。

2. 一般父兄より，自然に廣く親しませたい，日常身邊の現象に關心を持たせたり，長期に亘る觀察をさせたい等々の要求が强い。（實態調査）

B 理科的要求

1. 前學年よりの繼續的な學習であり，低學年理科學習の中核をなすものである。そして，それはやがて次學年よりの自然現象に對する分析的な學習を圓滑に展開させる爲の，具体的・基盤的な体驗となるものである。

2. 此の單元の學習により，動植物の季節的變化や成長の樣子及び氣候變化に對する理解と繼續的觀察の能力・態度の養成や自然に對する愛好の情を養いたい。

3. 社會科「動植物と私たちの生活」「松本市の生活」等の單元，國語科作文音樂や圖畫に密接な關聯を持つ。

C 兒童の實態

1. 心意的には，そろそろ自己中心的な傾向を離れて，單純な論理がわかり，科學的な實驗などを通じて，物事を客觀的に見ようとする方向に向かうが，まだ行動を通じて理解する面も多分に殘り，一種の分裂期に當る。從って今まで無批判的に從って來たしつけなどのくずれ勝ちな時期である。又興味の範圍が急に增大し，色々珍らしいものに接したいと云う要求が强くなって來る。

2.
3.　生物・土と空・保健衛生の各單元の此の項に準ずる。
4.

D 理科的環境の實態

1. 春夏秋冬を通じて動植物等自然の移り變りには學校や家庭に於て常に接する事が出來る。

2. 天氣に關するラジオ放送・新聞の季節的記事や天氣豫報などにも接する機會が多い。

3. 測候所が近くにあり兒童にも關心を持たれている。

### Ⅱ 單元の目標

季節暦を中心として，季節による動植物の變化，氣候の變化，特徵等を觀察記錄することにより，日常の具体的經驗に一連の系統を與え，自然現象に對する科學的研究の基礎的体驗たらしめると共に，自然に對する愛好の情に培う。

A 理　解

① 季節によって動植物や天氣の樣子から大變違う。
② 天氣がかわる時には，何か前ぶれがある。
③ 夏と冬で太陽の位置がちがい，從って天氣にもちがいが出來る。

B 能　力

4 季節暦を作る技能
⑤ 每日の天氣や氣溫を觀測して記錄する能力
6 生物の變化を觀察して季節との關係を考える能力
⑦ 天氣の變化について，その條件を考察する能力

C 態　度

⑧ 自然の季節的變化に關心を持つ態度
⑨ 天氣の變化や生物の變化を根氣よく觀察し，記錄する態度
10 共同して學習を進める態度

### Ⅲ 單元の組織

| 問題（番號は目標） | 學習活動 | 果効判定の觀點及びその方法 |
|---|---|---|
| 1 どんな季節暦を作ったらよいか（4.10） | ○昨年の季節だよりの學習について反省する。<br>○季節暦に書きこむ事柄をきめる。<br>○季節暦の形式を話しあってきめる。<br>○分擔して季節暦を作る。 | ○季節暦の使用目的が理解されたか（面接）<br>○各月の日數や七曜がわかっているか（面接・テスト）<br>○共同して學習する態度はどうか（觀察） |
| 2 天氣や生物は一年のうちにどんなように變っていくだろうか。（1.2.3.5.6.7.8 9.10） | ○每日の天氣を觀察して暦に記入する。<br>○每日きため時刻に氣溫を測る。<br>○天候等の自然現象に珍らしい事があった時，その樣子や原因等について話しあう。<br>○梅雨・二百十日・夏至・秋分・冬至春分等についてしらべて話しあう。<br>○草や木の發芽・開花・結實等を觀察し暦に記入する。 | ○根氣よく觀察したり，記錄する態度はどうか（觀察）<br>○生物の變化や天氣の變化に注意しているか（觀察）<br>○季節によって太陽の位置がちがうこと。動植物のちがうことがわかったか（テスト） |

時間 OT 邢

盟

單元設定の理由

社會的要求

- 抵でめり, 色々な植物を栽培する事は, その的識・技能の如何は直ちに我々の生活に影響を持つ。 我々が自然を利用 して生活する上に重要な事
- N 般に亘って必要な事であり、 自然を愛好する事, 及び根氣强く科學的に研究して行く態度は社會生 一般父兄の要求も強い。 (實態調查 :活至

理科的要求

- 更に幾分繼續的・計畫的な觀察をさせ高學年に於ける植物に關する分析的 系統的學習へ發展する。 一・ 二學年を通じて花畑を作って、 色々植物を育てて來たが、 大場年では
- N 植物の酸生・成長・繁殖等についての初步的な理解と, て行く態度をつくりたい。 繼續的に研究記錄
- cw ける草花栽培の記錄文等と關聯を持ち, 社會科「動植物と私たちの生活」 「いなかの生活」 向理科單元4と關係を持つ。 等の單元・國語科に於

Ω 見童の實態

心意的傾向は單元1の此の項に準ずる

- છ 見たいとか、相當行動的な傾向を持つ。(實態調査) 學習の興味・關心は, 色々なものを育てて見たいとか, 草花で色々やっ
- いる。 知りたい等が最も多く, 學習活動の範圍は草花を植えたり, おしばをつくる, (實態調查) 花や草をつかって遊びたい等にも相當關心を示して 珍らしい草花の名を

ಲು

んごっこ・花色水しほり・首かざり・はかり作り・かご作り等が多い。 遊びに於ては、 木の實治い・花とり・おしばつくりや木の實投け・賣屋

理科的環境の實態

態調査

J

- 學校に各學年に配當された理科園を持っている。
- 家庭に於ても花畑を作っているものが相當多い。

S.

ಯ 市内に花屋 • 種もの屋があり、 見重に關心を持たれている

花類の 歯話を で

雷

元

9

Щ

植物愛育の態度を養う。 繁殖等について極めて初步的な理解を得ると共に, その日記をつける事に いって 繼續的に觀察記錄する態度 草花・野菜等の發生・成長・

曲

草花や野茶は、種や球根などから芽が出て大き くな

94

354 -

- (2) 植物は大きくなって花が咲いて質がなる。
- (03) 植物が大きくなるには水と光と熱がいる。
- 植物は種類によ S ű 葉や花の形がちがう。

四万 七

ಹ

草花や野菜を栽培する能力

(5)

草花や野菜の成長を觀察し記録する能力

6

7

- 花畑を設計したり、 耕す技能
- 草花などの成育について大体の結果を類想して花畑を經營する能力

Ω 度

 ∞

- 草花や野茶等に關心を持ち愛育する態度
- 根氣よく觀察記錄して行く態度

0

- 友達と仲よく作業する態度
- 作業をき 雷 元 9 94 9 謟 97 ~ 鏣 る態度

12

207

(ノート) ○草花が緬や球根から成長して結 質することを理解したか(面接 デスト) ○後焙末を共同してきまりよくす ることができるか(観察)	る。 〇花畑の後始末はどうするかを 研究する。 〇難地作業	どうし だみち (7.11.
〇棚祭・記録が根氣よく出來たか	○記錄したものを整理し後妻す	5 花畑の後始末は
○草花の成長・開花・結賞等下器 心をもつているか (観察)	記録する。	2 U.
	名類旅っ門及斯提,資の形	、どんな質
○花を葉の形のちがいやつき方に、注稿)といるか(ノート・テス	日及び蕾が開く	かた大きくより
〇芽の出方や葉の形に注意してい るか(觀察・ノート)	○發芽の時期, 子葉の様子, 伸 び方等を觀察し記録する。	花はどんな
來るか		(3.5.9.11)
		だろうか。
,	〇花畑の世話の甘方でしてい話し合い日記(魏祭帳)の響き方	なにしたらよい
はいうだりできて国力	0	記の書方はどん
○給水・除草等、花畑の曲話の仕一	花が大きくなるの	3 花畑の世話や日
(T)	○殺丼實験やする。	
○神だり後丼も皮皮で光っ紫っぷっぱれ合んせるとしませんしません	○おずらしい丼の出方をするも	(1.3.4)
炭がもがらこ(層葉)	のも五たへるいとだしごと	ろらか。
種類によって芽の田	○草花が潤子の他に球根などや	から出て來るだ
○草花は燻や球根が芽が出ること		2 新しい草花は何
3		
つうなが、語祭)		į.
〇作る草花を考えて花畑の設計を		7 8 11 19
〇共同して計畫を作業をしてこる	の影響	へひたらよい
○興味を以て話しあつているか。 (観察)	〇花畑の分擔, 作業計畫につい ア芸1 ある。	1 どんな花畑をつ
効果判定の觀點及びその方法	學 習 活 動	問題(番號は目標)

單元 3 丈夫な体になろう。

季節4月下旬一3月中旬

所要時間 12時間

單元設定の理由

社會的要求

1. 人間生活に於て、健康な体はその基盤をなすものであり、健康な体なくしては、個人は勿論社會も完全な發達は望めない。從って身体について一應の

理解を持ち、保健衞生に關心を持ち更に健康帰進の爲必要な知識・能力を身につけることは、社會發展の上から考えて重要なことと云わねばならぬ。

一般父兄より,健康の保持増進について一通りの常識を得させたい,病氣(殊に傳染病)に關聯して,細菌の學習をさせたい,食生活の科學化偏食矯正等々の要望が强い。(實態調査)

中个行为状态

- 第一學年より連續して,健康の保持增進に關する,一般的常識と習慣の養成につとめて來たが,此の學年に於ても更に反復して良い習慣と一般的な常識を得させ,第四學年以後に於ける,身体の構造・機能或は榮養に關する學習へ發展する。
- 此の學年では保健衞生に必要な賭除年について、身体との關係を多少考慮に入れて理解させながら、之を習慣化にまで到らせる所に中心をおきたい。

()・見董の實態

- 心意的傾向は單元1のこの項に準ずる。
- 2. 身体に闘する學習の興味關心は、体の中をしらべたいとか、働きを知りた い等漠然とした興味中心的なものである。(實態調査)
- 學習活動の範圍は、消化器の順序, 目耳のはたらき, かびの多く出る所, 運動による体の變化。骨格について, ひびなどの出來る譯や쒏防法等に關心が多く向いている。(實態調査)
- 4. 遊びに於ては、まりつき・縄とび・野球・ドッチボール等相當活動的なものを好んでいるが、運動後に於ける体の調整などの面には比較的無關心である。(實態調査)

) 理科的環境の實態

- 學校に於ける保健的行事としては、月例の体位測定・校醫による身体檢查 治療・蛔虫の驅除等があり、健康增進に闊しては、体育諸行事・給食等が行 われ、常に兒童の健康に智意している。
- 3. 家庭及一般的環境に於ても此の方面に關する關心も高まり,施設の改良もなされて,兒童は常時こうしたふんいきに接することが出來る。然し又一面市街地で食糧難住宅難等から保健上憂慮すべき點も見られる。
- 市内に保健所・病院等衞生施設が多い。

單元の目標

健康の保持培進に大切な諸條件に對する一應の理解を持つと共に,自分でなし得る方法を

話 食子を質 水 夏て 傳し 清る をやた 病い マて 手ら 一な 保くま聡し ペペ話行 泳 はಪ 染あ 物方 かすり 氣か ス話 拭か 年つ 健出だ理あ 物きしす の やに 病う や法 かい表 にに クし やし 間た 上来出す	○ 身存接強の結果、
○連製

A 理　　解

1　食物は口でよくかまれておなかに入る。
②　良い姿勢で食べ，食後適當に休むとこなれがよい。
③　蛔虫をたかさない様にすることは，体を丈夫にするのに大切である。
④　むし歯は早いうちに治療することが大切である。
5　寢る前に物を食べると胃を悪くする。
6　食べ物がかたよると，体の爲によくない。
⑦　食べ物は時間をきめたり，量をきめて食べることが大切である。
8　水は体に必要である。
⑨　程よく運動したり，日光に當ると体の爲によい。
⑩　手拭やハンカチをいつも清潔にしておくこと，マスクやうがいをすることは病氣を防ぐのに大切である。
⑪　水泳の時など急に冷い水に入ると危險なことがある。
12　着物やふとんなどは時々洗濯したり，日光に當てたりするがよい。
⑬　傳染病のはやる時は豫防注射をしてもらうことが大切である。
⑭　身体檢査の結果悪い所があったら早く手當をすることが大切である。

B 能　　力

⑮　健康な体になる爲の條件を考察する能力
⑯　健康な体について調べる爲に色々材料を集める能力
⑰　集めた材料をもとにして色々比較して，結論を考え出す能力
18　集めた材料をつかって圖や表をつくる能力
19　けがや危險を注意してさける能力

C 態　　度

⑳　健康な体になるのに大切なことを實行する態度
21　病氣などになった時，家の人や醫師などの云うことをよく聞く態度
㉒　食べ物などに注意して病氣にならぬ様注意する態度
㉓　傳染病にかからぬよう豫防注射などをいやがらないでうける態度
24　自分の体に關心を持つ態度

Ⅲ 單 元 の 組 織

| 問題(番號は目標) | 學　習　活　動 | 効果判定の觀點及びその方法 |
|---|---|---|
| 1 身体檢査でどんなことがわかるだろうか。 | ○身体檢査の目的について話しあう。<br>○身長体重等をグラフに描いたり標準児とくらべて見る。 | ○自体檢査は体を知るのに大切であることがわかつたか（面接）<br>○自分の体に關心を持ち，病氣など治療しようとする態度はどう |
| (3. 4. 14. 17. 18. 21. 24) | ○身体檢査の結果，病氣などあつたら，どう云う病氣かどうすればよいか話をきく。<br>○むし歯の數をしらべたり，歯の圖を見てどの歯がいたんでいるかしらべる。<br>○むし歯の豫防や治療について歯科醫の話をきく。<br>○蛔虫の害について話しあつたり，標本や寫眞などで蛔虫を見る。 | か（觀察）<br>○圖表を描く能力はどうか（觀察・作品）<br>○むし歯は早く治療することが大切であることが理解できたか（面接・テスト）<br>○醫師等目上の人の云うことを聞く態度はどうか（觀察・調査）<br>○蛔虫をたかさないことが体に大切であることがわかつたか（面接・テスト） |
| 2 病氣にならぬ爲にはどんな注意がいるか。<br>(1. 5. 8. 10. 11. 12. 13. 15. 16. 17. 18. 19. 20. 21. 22. 23. 24) | ○夏かかりやすい病氣について話しあう。<br>○食べ物・飲み物について注意すべき事（量・時間・行儀等）を話しあい，實行表に書いて實行する。<br>○水泳の注意を話しあう。<br>○夏はやりやすい病氣をしらべて表にかく。<br>○傳染病を防ぐに大切な事を話しあう。<br>○着物やふとんなどを清潔にする方法を話しあう。<br>○冬かかりやすい病氣，はやりやすい病氣について話しあつたり表にかく。<br>○病氣になつた時どうすればよいかについて話しあう。<br>○マスクやうがいのし方について話しあい實行する。<br>○手拭やハンカチがきれいかどうかしらべあう。<br>○一年間にどれだけ体が大きくなつたかを調べて圖にかく。<br>○保健上大切な事で一年間によく出來るようになつたこと，まだ出來ない事について調べ整理する。 | ○夏の病氣は主に食物が原因であることがわかつたか（面接）<br>○食物は口でかまれておなかに行くことがわかつたか（面接・テスト）<br>○水が体に大切であることがわかつたか（面接・テスト）<br>○寢る前に物を食べると胃によくないことがわかつたか（面接・テスト）<br>○水泳の時急に冷い水に入らぬ等水泳の注意がわかつたか（面接テスト）<br>○傳染病豫防には豫防注射の大切であることがわかつたか（面接テスト）<br>○着物やふとんは時々洗濯したり日光にあてることが大切であることが理解できたか（面接・テスト）<br>○保健衛生上の諸注意を實行する態度はどうか（觀察・調査）<br>○圖や表をかく能力はどうか（觀察）<br>○病氣の時は醫師や家人の云うことを聞くことが大切であることがわかつたか（面接・テスト）<br>○マスクやうがいは病氣を防ぐに大切であることがわかつたか（面接・テスト）<br>○手拭やハンカチはいつも清潔にしているか（觀察）<br>○自分の体に關心を持つ態度はどうか（觀察）<br>○保健上大切なことを實行する態度はどうか（觀察・調査） |
| 3 運動力などして丈夫な体になるにはどうしたらよいか。<br>(2. 6. 7. 9. 15. 16 17. 18. 19. 20. 24) | ○運動會の目的について話しあう。<br>○運動する時の注意準備体操けがをせぬ等を話しあう。<br>○体力測定をする。<br>○測定した結果を表や圖に書き標準児とくらべる。<br>○体力を増進するのに大切な事（運動・日光・食物等）につい | ○運動や日光が体の爲に大切なことがわかつたか（面接・テスト）<br>○けがや危險をさける能力は身についたか（觀察）<br>○表や圖にかく能力はどうか（觀察・作品）<br>○健康な体になる爲大切なことを色々考えることが出來るか（觀察） |

| | | |
|---|---|---|
| | て話しあい實行する。 | ○食物について量や時間をきめたり，色々たべたり良い姿勢でたべて食後の休息をとる等が体に大切であることが理解出來たか（面接・テスト）<br>○体に關心を持つ態度はどうか（觀察） |

## 單元 4 色々な花のおしばを作って見よう。

季節 5月中旬—7月中旬　　所要時間 5時間

### Ⅰ 單元設定の理由

A 社會的要求

1. 兒童が日常行っている，家畜の飼料とりや，畑の雜草とり等は，植物分類の學習と密接な關係を持つ生活である。こうした生活より考えて，植物分類に關する一應の理解と能力を持ち，植物に對する關心を持つことは，やがて我々が植物を利用して生活をよりよくして行く基盤として重要なことである。
2. 一般父兄の要求として，毒草・藥草に對する知識を得させたり，植物に親しむ心情を養いたいとの要望がある。（實態調査）

B 理科的要求

1. 一・二年に於て野の草花を相手として遊んだり，採集したりして親しみを持って來たが，此の學年に於ては採集の範圍を出來るだけ廣め，標本作製の初歩的技術も身につけさせ，高學年に於ける分析的・系統的學習の基盤的・具体的經驗たらしめたい。
2. 色々珍らしい草花を集めたり，標本を作ったりすることを通じて，植物の特徴卽ち花や葉の形，ならび方のちがい植物全体の形や大きさのちがいに氣づかせたい。
3. 社會科「動植物と私たちの生活」の單元，作文・圖畫等と關聯を持ち，尙理科單元2に關係がある。

C 兒童の實態

單元2の各項に準ずる。

D 理科的環境の實態

1. 家庭に於ては割合市街地生活者が多く，花に接する機會は少いが，郊外には十數分で出られ校地內に於ても相當種類採集が出來る。
2. 措葉については器具の必要はあまりなく簡單に出來る。

### Ⅱ 單元の目標

色々な草花を集めて名前をしらべたり，似た仲間に分けたり，おしばをつくる等の學習を通じて植物の採集分類に關する初歩的な解理と技術を得ると共に自然愛好の心情を養う。

A 理　解

① 草花は花や葉の形・つき方・色などがそれぞれちがう。
② 草花は大變に種類が多い。
③ 草花には似たところを持った仲間がある。
4 草花の中には藥になるものや，毒になるものがある。

B 能　力

⑤ 色々な草花を集める能力
⑥ 集めた草花について比較觀察して似た仲間に分ける能力
⑦ 集めた草花を標本につくる技能
8 措葉器具を使用する技能
9 毒のある草を注意してさける能力

C 態　度

⑩ 採集や標本作製を根氣よく續ける態度
11 採集を通じて植物に關心を持つ態度
12 作業を注意深く丁寧にする態度

### Ⅲ 單元の組織

| 問題（番號は目標） | 學　習　活　動 | 効果判定の觀點及びその方法 |
|---|---|---|
| 1 今はどんな花が咲いているだろうか。（2.3.4.11） | ○家や學校などで見た花について話しあう。<br>○見た花や知っている花についておしばや圖鑑と見くらべてみる。 | ○植物の名前について既有の知識はどの程度か（面接）<br>○草花を集める事に興味をもっているか（觀察） |
| 2 花を集めるにはどんなことに注意したらよいか。（2.3.4.5.9.11.12） | ○花のとり方について話しあったり，先生から聞く。<br>○花をむやみにとらない事など採集態度について話しあう。<br>○毒草について注意することを話しあう。<br>○どんな所に花がたくさん咲いているか花を探す場所について話しあう。<br>○校地內の花を採集する。 | ○草花をとる時葉や莖もとるなど採集方法がわかつたか（面接）<br>○草花をとる時手などなめぬ事等毒草についての注意點がわかつたか（面接）<br>○採集方法や諸注意を實行しているか（觀察） |
| 3 集めた花はどうしたらよいか。（1.3.6.7.8.11.12） | ○採集した花になまえをつける。<br>○藥草・毒草について先生から聞いたり本を見る。<br>○花をくらべて似た仲間に分け | ○藥草や毒草のあることがわかつたか（面接）<br>○花や葉に似た所のあるのに注意して分類しているか（觀察・面接） |

| | | |
|---|---|---|
| | る。<br>○雑誌の間へはさんだり，措葉具を使っておしばにする。<br>○おしばの世話をする。<br>○出來たおしばを台紙にきれいにはりつける。 | ○措葉のし方は上手に出來るか。（觀察）<br>○作業を根氣よくていねいにする態度はどうか（觀察）<br>○措葉器具の取扱い方はどうか。（觀察） |
| 4 どのくらい多くの草花が集められるか。<br>(2.10) | ○家のまわりや，近郊の草花をあつめて標本をつくる。<br>○出來た措葉の展覽會をする。 | ○どの位の種類があつめられたか（作品）<br>○措葉の出來榮えはどうか（作品）<br>○草花は天變種類の多いことがわかつたか（面接）<br>○どの位植物をおぼえたか（テスト・面接）<br>○草花に對する關心が深まつたか（觀察） |

## 單元 5 青虫をかって見よう。

季節 5月下旬—6月中旬　　　所要時間 5時間

### Ⅰ 單元設定の理由

A 社會的要求

1. 人間生活と自然環境の關係に於て，原始以來，人類が動物を飼育し利用して來たことは，人類發展の上から考えて非常に意義のあることである。こうした動物利用の面と，又一方には自然に對する愛好の情，殊に動物の飼育を通じて之に親しみ，愛する心情を持つことは現代社會に於て強く要望されねばならぬことである。

2. 一般父兄より動物愛育の態度，自然愛好の情を養いたいとの要求が強い。（實態調査）

B 理科的要求

1. 動物飼育の一部として，昆虫飼育が考えられるが，一・二學年の虫を集めたり飼ったりする事の發展として青虫の飼育をし更に四年において我國の產業上重要な蠶の飼育實驗を行い，五年の動物相互の關係，六年の動植物と人間生活との關係の學習へ發展する。

2. もんしろちょうの幼虫を飼う事によって，動物の一生に於ける形態變化と動物の生態（護身・環境適應等）に對する初步的な理解を得させると共に自然（昆虫等）に對する愛好の態度を得させたい。

3. 社會科「動植物と私たちの生活」の單元，國語科作文・圖工科等と密接な關聯を持ち，尙理科單元6と關聯する。

C 兒童の實態

1. 心意的傾向は單元1の此の項に準ずる。

2. 動物の學習に對する興味・關心は，どんな所にいるか，色々仲間を集めたい，解剖したい，飼って見たい，手足はどこかと云った樣な事で行動的な中に幾分原理探究的な傾向をもっている。（實態調査）

3. 學習活動の範圍は，色々の虫を集めたり，動物の寫眞や繪を集めたり，鳥や虫を飼ったり，その巢を調べるなどに深い關心を持っている。（實態調査）

4. 遊びに於ては，とんぼ・ちょうちょ・おたまじゃくしなどをとる，青虫やゆず虫を飼ったりすることが他學年に比して多いが，繼續的・系統的に飼育觀察する等の經驗はあまり持っていない。（實態調査）

D 理科的環境の實態

1. 學校の理科園・家庭の花畠・菜園等に於て幼虫や卵には常時接する事が出來，又捕集も極めて容易である。

2. 學校の飼育箱も利用出來，又各人の工夫により，飼育箱は簡單に製作できる。

### Ⅱ 單元の目標

もんしろちょうの幼虫或は卵を採集し飼育觀察する事により，動物の形態變化，生態に關する極めて初步的な理解を得ると共に，動物飼育の態度・技能と繼續的に觀察する根氣強さとを身につける。

A 理　解

① 青虫は，その一生の間に形が變わる。
② 青虫は体の色が，菜の葉とよく似ていて身を護るに都合がよい。
3 虫には人の役に立つものや害になるものがある。
4 虫には色々種類がある。

B 能　力

⑤ 青虫の幼虫や卵を採集し，飼育する技能
⑥ 飼育している昆虫を繼續的に觀察し，記錄整理する能力
7 色々な虫の幼虫や卵を見分けたり，虫と食物や周圍との關係を觀察判斷する能力
⑧ 虫の自然な生活狀態を飼育法に利用する能力
⑨ 幼虫より成虫までの過程を豫想して實驗を進めて行く能力
⑩ 飼育箱を作ったり，飼育箱に色々工夫を加えたりする技能

C 態　度

⑪ 飼育觀察や記錄などを根氣よく續ける態度
⑫ 昆虫に興味を持ち，問題を發見しようとする態度
⑬ 昆虫飼育をしとげる目的に向かって計畫的に注意深く行動する態度
14 飼育法をいろいろ工夫する態度

15　飼育を友達と共同してやる態度

Ⅲ　單 元 の 組 織

| 問題(番號は目標) | 學　習　活　動 | 効果判定の觀點及びその方法 |
|---|---|---|
| 1 蝶や蛾は何から出て來るのだろうか。(1.4.12) | ○きれいな蝶や蛾の標本や繪を見る。<br>○蝶や蛾が青虫や毛虫から成長することについての話合い。 | ○學習・興味の喚起がなされたか(觀察)<br>○蝶や蛾に種類の多いことがわかつたか(面接・觀察)<br>○青虫から蝶になる事の既有の知識はどうか(觀察・テスト) |
| 2 青虫はどうやつてかつたらよいだろうか。(2.3.4.5.7.8.9 10.13.14) | ○青虫など蝶・蛾の卵や幼虫採集についての注意を話しあう。<br>○人の役に立つ虫，害になる虫ついて話しあう。<br>○飼育の計畫を立て，必要な設備をする。<br>○幼虫・卵の採集<br>○青虫が見つけにくかつた事について話しあう。 | ○採集飼育についての注意事項が理解出來たか(面接)<br>○虫には人の役に立つもの，害になるもののあることがわかつたか(面接)<br>○飼育箱を作つたり，工夫したりする能力態度はどうか(觀察・作品)<br>○幼虫，卵の見わけ方や採集技能はどうか(觀察)<br>○青虫が自分の体を護るのに都合よくなつていることがわかつたか(面接) |
| 3 青虫は何をたべて，どんな風にして大きくなるだろうか。(1.2.3.5.6.7.8 11.12.13.14.15) | ○幼虫や卵を飼育計畫に従い飼育觀察する。<br>○自然の場合と飼育する場合のちがいを考えて飼育法の工夫を話しあう。<br>○觀察したことを記錄する。<br>○觀察記錄を發表する。 | ○根氣よく觀察したり記錄しているか(ノート・觀察)<br>○青虫は一生の間に形の變ることがわかつたか(面接・テスト)<br>○青虫を殺したり，逃がしたりせぬように注意深く，行動する態度はどうか(觀察)<br>○青虫の食物などについて，自然の樣子を飼育に活用する事がどの程度出來るか(觀察)<br>○飼育法を工夫したり，共同してする態度はどうか(觀察) |
| 4 蝶や蛾はこれからどうなるだろうか。(2.5.6.12) | ○成虫の生活について時時觀察し，季節暦に記入する。 | ○昆虫に對して興味・關心が深まつたか(觀察)<br>○昆虫についての問題疑問を解決しようとする態度はどうか(觀察) |

## 單元　6　虫にはどんな仲間があるだろうか。

季節　7月下旬—8月下旬　　　所要時間　6時間

Ⅰ　單元設定の理由

A　社會的要求

單元3に準ずる。

B　理科的要求

1.　一・二年に於て色々虫を集める事をやって來たが，本學年では，仲間に分けたり標本を作ったりすることの大要を學習し，次學年よりは更に進んで動物（昆虫など）と人間生活との關係についての學習へ發展して行く。

2.　昆虫を採集分類する學習を通じて，自然に對する親しみを持ち，科學的な研究の能力・態度を養成したい。

3.　理科單元5と密接な關係があり，他教科との關聯も同單元に準ずる。

C　兒童の實態

單元5に準ずる。

D　理科的環境の實態

1.　都市的な性格を持っている場所であるが，郊外に近く，十數分で昆虫採集に適當な野原（縣營グランド・城山等）に出る事が出來る。

2.　學校の庭には樹木が多く，之等の木や花畑に集る昆虫だけでも百種内外のものが採集出來る。

Ⅱ　單 元 の 目 標

色々な昆虫をあつめて仲間に分けたり，標本に作ったりする學習を通じて，動物の生態・分類整理法の一部についての理解と技能を得ると共に，自然に親しみを持ち科學的に研究する態度を養う。

A　理　　解

①　虫には色々ちがった種類がある。

②　色々な虫は身のまわりのものをうまくつかったりして自分を守る力を持っている。

3　虫の仲間は一生の間に形が大變に變る。

B　能　　力

④　昆虫の習性を利用して之を採集する技能

⑤　採集した，昆虫を比較觀察し似たものをあつめて名前をつけたり，標本につくったりする能力

⑥　殺虫劑を使用したり，標本製作の爲の器具を使用する技能

C　態　　度

⑦　分類整理等を根氣よくやりとげる態度

⑧　注意深く觀察したり，作業したりする態度

9　昆虫採集を通じて自然に親しみを持ち，科學的に研究しようとする態度

10　分類・採集等に於て，自ら工夫し發見しようとする態度

Ⅲ　單 元 の 組 織

| 問題(番號は目標) | 學習活動 | 効果判定の觀點及びその方法 |
|---|---|---|
| 1 虫にはどんな仲間があるだろうか。(1.4.5.6.8.9.10) | ○色々な昆虫標本や圖鑑を見る<br>○昆虫採集の經驗を話しあう。<br>○昆虫採集具及採集法について指導を受けたり，本によつてしらべる。<br>○色々な虫を集める。 | ○昆虫を集めることにどの位關心があるか（觀察）<br>○昆虫の分類はどの程度に出來るか（觀察・テスト）<br>○昆虫採集の方法（捕虫網や薬品の扱い方等)が理解出來たか．又實際に出來るか(觀察・テスト)<br>○昆虫の居る場所を深したり，捕えたりする技能はどうか(觀察) |
| 2 集めた虫を標本にするにはどうしたらよいだろうか。(1.2.4.5.6.8.9.10) | ○採集した昆虫の標本製作整理保存法について指導を受けたり，本や既成の標本により研究する。<br>○標本を作つて見る。<br>○作つた標本を似た仲間に分けたり名前をつける。 | ○昆虫の標本製作・整理の能力はどの程度か（觀察）<br>○昆虫分類の能力はどうか(觀察・面接)<br>○注意深く觀察したり，工夫して作業したりする態度はどうか。（觀察） |
| 3 どんなにたくさん虫が集められるだろうか。(1.2.3.4.5.6.7.8.9.10) | ○習得した方法により色々な昆虫標本を作る(夏休みを利用)<br>○昆虫標本を似た仲間に分け，名前をつけて整理する。<br>○採集した昆虫標本の展覧會をする。 | ○澤山あつめられたか（作品）<br>○根氣よく丁寧に仕事が出來たか（作品）<br>○分類・整理はどの程度出來るようになつたか（觀察）<br>○虫には色々ちがつた種類のあることがわかつたか（面接） |
| 4 虫はどんなくらしをしているだろうか。(2.4.9) | ○昆虫採集中氣のついた事の發表<br>•それぞれの虫がよく集まる場所について。<br>•なかなか見つけにくい虫について。<br>•近づくと死んだまねをしたり，いやな臭などを出す虫について。<br>○昆虫はどんなように大きくなつて行くかについて話しあう。<br>○昆虫を利用して圖案を描いたり，虫についての唱歌を集める。<br>○昆虫を採集して氣のついた事を文に書く。 | ○昆虫が環境に適應し身を守ることがわかつたか（面接）<br>○昆虫は一生の間に形がかわることがわかつたか（面接）<br>○昆虫に對する關心がどの程度深まつたか（觀察） |

## 單元 7 色々な石を集めよう。

季節 9月上旬　　　所要時間 6時間

### Ⅰ 單元設定の理由

A 社會的要求

1. 近代社會發展の基盤は，天然資源（殊に地下資源）の開發利用にその多く

を負っている。又土地と我々の生活も農業生産を始めとして，あらゆる部面に於て密接な關係を持っている。こうした見地に立つ時，土地や地下資源に對する一應の理解・技能を身につけ，資源愛護の態度を養うことは，社會發展の上より考えて誠に緊要な事である。

2. 一般父兄のこの方面に對する要求は少いが，風土の愛好，實地見學をさせたい，生活の科學化，水の良否の見分け方等，關係の深い事柄についての要求を提示している。(實態調査)

B 理科的要求

1. 第二學年の川遊びから發展して，岩石土地についての初歩的な學習を行い第四學年「土はどの様にして出來ただろうか」第六學年「地殼はどのように變るか」等の單元へ一連の發展系統を持っている。

2. 此の學年に於ては，主として岩石の種類や性質・岩石の變化・砂礫の移動堆積・土と植物の關係等に關する極めて初歩的な理解や，それに關係ある技能態度を養いたい。

3. 社會科「いなかの生活」「松本市の生活」等の單元に關係を持つ。

C 兒童の實態

1. 心意的傾向は單元1の此の項に準ずる。

2. 學習の動的興味・關心は，どこから來るか，中に何があるか，なぜ水はつめたいか等成因・構造・性質に對する素朴的な興味を示している。(實態調査)

3. 學習活動の範圍は，箱庭をつくって山や川を作る，きれいな石を集める，川あそびをする，いろいろな石の硬さや中をしらべる等行動的なものが非常に多い。(實態調査)

4. 遊びに於ては，石けり・石投げ・石かっちん等が多いが，石集めも他學年に比し，その數が多い，(實態調査)

D 理科的環境の實態

自然環境に於て，此の學習をするのに極めて惠まれた場所である。即ち學校の東北方1km附近に第三紀層の露出あり，更に北方4km附近には，同層中に化石も含有している。南東には袴腰山，鉢伏山等の山塊も近く接し，安山岩・汾岩・閃綠岩等の火成岩もこれら山塊中より採集できる。更に斷層線に沿う淺間山邊溫泉の湧出・安山岩採石場・鑛山等も近くにあって，地質學的な學習を廣く發展させて行くに好都合である。

### Ⅱ 單元の目標

石を集めたり，崖を見たり，川を作って遊ぶ等の學習を通じて，地表が除々に變化して行く事，岩石の種々な性質，岩石・土砂等の人間生活に對する關係等につ

いての極めて初歩的な理解と技能を得ると共に，地下資源の開發的利用に對する關心を深める。

A 理　解

① 石には色々ちがったものがある。

② 岩は水・風等の働きによって，次第に土に變る。

③ 土は植物にとって大切なものである。

④ 土は水に運ばれて，他の處にたまり，川や谷は形が變わって行く。

B 技　能

⑤ 岩石を集め比較觀察して，似たものを集めたり，標本を作る能力

⑥ 崖のくずれた樣子を見て，土・砂・礫等が何からどうして出來たか等を推論する能力

⑦ 川や池をつくって實驗することから，地形變化を推論する能力

⑧ 川の土砂や礫が流れて，他の處にたまる事を實驗化する能力

9 野外の見學や實驗の要點を記録する技能

C 態　度

⑩ 崖の見學や川の實驗などより自然の輪廻に對して關心を持つ態度

11 石の中に色々な自然の節理を發見し，之を究明しようとする態度

12 川原の石がどうしてあるか等に對して，科學的に問題解決をしようとする態度

⑬ 實驗を注意深くする態度

Ⅱ 單元の組織

| 問題(番號は目標) | 學習活動 | 効果判定の觀點及びその方法 |
|---|---|---|
| 1 川原にはどんな石があるだろうか。(1.5.11.12) | ○色々な珍らしい石の標本を見る。<br>○川原遊びの經驗を話し合う。<br>○川原に行って石を集める。<br>○採集した石について，硬さ色等によって分類整理する。 | ○興味の喚起がなされたか(觀察)<br>○石には色々ちがつたもののあることがわかつたか(面接・テスト)<br>○石の見分け方，整理のし方はどの程度か(觀察)<br>○石について問題を持つ態度はどうか(觀察) |
| 2 川原の石や砂は何處から來たのだろうか。(2.6.9.10.12) | ○川原の石や砂がどうしてどこから來たかについて話しあう<br>○川の上流の崖を見に行く。<br>○崖の岩がくずれて，砂・礫になつている樣子を寫生し，氣のついたことを書きとめる。<br>○岩層の間隙に成長している草や木を見たり，その根をほつて，根が岩の割目に深くはいつていること，根のまわりが土に變化していることを觀察し記録する。<br>○崖を流れ落ちる水が次第に岩をくずす樣子を觀察する。<br>○崖の下にたまつている土をほつて木の葉やごみのまじつていることをしらべて記録する<br>○見學してわかつた事(岩石の變化)について話しあう。 | ○見學の目的がわかつているか(面接)<br>○科學的に考えて話しあいをしているか(觀察)<br>○岩が土砂や礫に變化する樣子が觀察できたか(觀察・面接)<br>○要點を摑んで記録しているか(ノート)<br>○岩は水・風等によつて，次第に土に變化することがわかつたか(面接・テスト)<br>○上の事柄を推論する能力はどの程度か(觀察)<br>○自然の輪廻に關心を持つ態度はどうか(觀察) |
| 3 川原の石や砂はどうなるだろうか。(4.7.9.10.13) | ○川原の石はどうなるかについて話しあう。<br>○川原で小さな川や池を作つて石や砂が流れて池にたまる樣子を觀察する。<br>○學校の池にたまつた泥について，どこから來たか話しあう<br>○谷や川の形が次第に變ることについて話しあつたり寫眞などを見る。 | ○土砂の運搬・堆積等の實驗が出來るような川や池を作つているか(觀察)<br>○土砂や礫の流れ方を注意深く觀察しているか(觀察)<br>○土などが水に運ばれて他の處にたまり，川・谷の形がかわることがわかつたか(面接・テスト)<br>○上の事柄を推論する能力はどの程度か(觀察) |
| 4 石や土はどんな役にたつだろうか。(1.3.11) | ○土が植物にとつてどんな役目をしているかについて話しあう。<br>○土を使わないで植物栽培をして土のある場合と比べる。<br>○石が色々に使われていることについて話しあう。<br>○そのほか役に立つ地下資源について研究したいことを話しあう。(研究は自由學習へ) | ○土は植物にとつて大切なものであることがわかつたか(面接・テスト)<br>○學習に對して關心か深まつたか(觀察) |

## 單元 8 星を見て話を聞こう。

季節 10月中旬　　所要時間 3時間

Ⅰ 單元設定の理由

A 社會的要求

1. 我々の生活に於て星・太陽・月・地球等天体に對する關心は，文學・音樂繪畫或は信仰の對象として古來多くの足跡を殘している。又生活上利用する面に於ても，方位の判定とか，暦とか季節を巧みに利用する等天体とは切っても，切れぬ關係を持っている。こうした意味に於て，天体に關する美しい心情と，科學的に研究して行く態度とを養成する事は今後と雖も極めて肝要な事である。

2. 一般父兄の要求として，星など天体に對する神秘的な感情を持たせたい。生活を科學的にさせたい，繼續的研究をさせたい．眞理愛好の情を養いたい等，關係の深い要望を提示している。(實態調査)

B 理科的要求

1. 第一學年の七夕まつり等の神話傳說的內容をもつ學習の發展として，更に多くの星座に關する傳說にふれさせたり，星座を見せたりして次學年頃より展開を豫想される星に關する科學的研究の基礎とさせたい。

2. 本學年に於ては主として，星座神話を聞いたり，その星座を見て名前を覺えたりする事に主眼をおきたい。

3. 國語科の思索文，物語文や作文，及び圖畫・音樂等に關係をもつ。尙理科單元1，單元12と關係が深い。

C 兒童の實態

1. 心意的傾向は單元1の此の項に準ずる。

2. 天体に關する興味・關心の傾向から見ると，星の話を聞きたい，星の國へ行きたい，星の人をしらべたい，星の名前・光・光るわけ・色・大きさを知りたいなどで，星についての神祕的なあこがれをもった疑問が多い。（實態調査）

3. 學習活動の範圍は，星・月・太陽の世界へ行って見たい，かげふみなどして遊びたいなどが多く，四季による星空の變化，星を見るなどにも，關心がある。（實態調査）

4. 遊びについては，影ふみ・日なたぼっこ・太陽を黑ガラスで見る，月とかけっこをして遊ぶ，星みつけ・七夕祭などが見られる。（實態調査）

D 理科的環境の實態

1. 家庭に於て七夕祭の行事や星見つけの遊びに接する機會を持っている。

2. 夜は空のすっきりと澄む信州に於ては美しい星を仰ぎ見る事が出來る。

Ⅱ 單 元 の 目 標

星座に關する神話・傳說を聞いたり，星座を見つけたりする學習を通じて宇宙の神祕に觸れると共に天体に關する科學的な研究に發展する素地を養う。

A 理 解

① 星は非常に遠い所にあり小さく見える。

② 星の一群を星座と呼び，人・動物などの形になぞらえて名前をつけそれについて神話や傳說が傳わっている。

③ 星座は季節により見える位置がちがう。

B 能 力

④ 太陽や星を見て星が大變遠く從って小さく見える事を判斷する能力

5 星座表をつかったりして星座を見つける能力

C 態 度

⑥ 星の世界に關心を持つ態度

7 星座觀測を根氣よくする態度

Ⅲ 單 元 の 組 織

| 問題(番號は目標) | 學 習 活 動 | 効果判定の觀點及びその方法 |
|---|---|---|
| 1 空にはどんな星が見えるだろうか。(2.5.6) | ○知つている星について話しあう。<br>○星座の圖を見て，大態座小熊座コト座，ワシ座，白鳥座等をおぼえる。 | ○星の正しい名前を知つているか（面接・テスト）<br>○星座の形の特徵がわかつたか（面接・テスト） |
| 2 星座にはどんな云いつたえがあるか。(2.6) | ○星座を見ながら星座についての神話や傳說を敎師から聞く<br>○星座神話について本をよむ。 | ○星座中の主要な星の群や大切な星を探すことが出來るか（觀察面接）<br>○神話・傳說や星の世界にどの程度興味を持つか（觀察・テスト） |
| 3 星座はうごくだろうか。(3.5.6.7) | ○時刻による星座の位置のちがいを觀測する。<br>○季節によつて位置のちがうことを觀測する（季節曆に記入）<br>○星座の位置が移ることを話しあう。 | ○根氣よく觀測する態度はどうか（觀察・ノート）<br>○時刻や季節により星座の見える位置のちがうことがわかつたか（面接・テスト） |
| 4 星はどんなものだろうか。(1.4.6) | ○星は太陽と同じように大きいものであることについて話しあつたり，本を見たりする。<br>○星は非常に遠い所にあることを話しあつたり，本でしらべる。 | ○星は大變遠い所にあり，從つて小さく見えることがわかつたか（面接・テスト）<br>○遠いものが小さく見える事を判斷する能力はどの程度か（觀察面接） |

## 單元 9 動物はどんなくらしをしているだろうか。

季節 10月下旬—11月上旬　　所要時間 5時間

Ⅰ 單元設定の理由

A 社會的要求

1. 人間生活の自然環境を構成する中で，動物は最も直接的に我々に影響を與える。此の動物に對する理解，殊にその生態的な事に關する研究理解は，やがて我々が動物を利用する基盤ともなり，又大きな自然の姿に對する愛好の情ともなり，社會生活向上に欠くべからざるものである。

2. 父兄の要求は單元3の此の項に準ずる。

B 理科的要求

1. 一・二學年に於ける色々な動物の繪などを集める學習の發展であり，更に四五學年に於ける動物と人間生活の關係に關する學習の基礎となるものである

2. 動物の分類・環境適應・護身等動物に關する學習の本學年に於ける總まとめをしたい。

3　理科單元5及6と關係深く，他教科との關聯は單元5の此の項に準ずる。

C　兒童の實態

單元5に準ずる。

D　理科的環境の實態

1.　野外に於ける昆虫，川池の動物等には日常觸れる事が出來る。

家畜については，山羊・鷄を學校でも飼養しており，馬・牛・豚・兎等も家庭で飼育したり，近所で飼育しているものに觸れる機會がある。

動物園の施設はないが，珍らしい動物の標本や繪が學校に若干備えてあり，又市の博物館に高山動物等の剝製標本がある。

Ⅱ　單　元　の　目　標

兒童の日常接觸している，動物を中心として，その生活（環境適應・護身等）の一部を理解し，動物に關心を持って研究する態度を養う。

A　理　　解

① 動物は種類によって形ばかりでなく，住む場所，食べ物等がちがう。

② 動物は身のまわりの様子にあったくらしをしている。

③ 動物は自分の身を守る力を持っている。

B　能　　力

④ 動物の生活をしらべるに必要な繪や標本などを集める能力

⑤ 集めた材料を比較觀察して，推論する能力

6　しらべたことをまとめて，圖表に表す能力

C　態　　度

⑦ 動物の生活に興味・問題を持ち之を究明しようとする態度

8　自分から進んで資料を集めたり，共同して圖表をつくったりする態度

Ⅲ　單　元　の　組　織

| 問題（番號は目標） | 學　習　活　動 | 効果判定の觀點及びその方法 |
|---|---|---|
| 1 動物のすみかはどんなところだろうか。(1.2.3.4.5.7.8) | ○昆虫採集をした時，虫のいた場所，見つけにくかつた事などを思い出す。<br>○鳥の巣などをとつた經驗を話しあう。<br>○色々なけもの・鳥・魚・虫等の巣について實物や寫眞・繪を集めたり寫生したりする。<br>○虫や鳥が，何をつかつて巣をつくるかしらべる。<br>○巣が之等の動物にとつてどんな役目をしているかについて話しあう。 | ○興味の喚起がなされたか（觀察）<br>○自分から進んで標本や繪などを集めているか（觀察）<br>○動物はそれぞれ住む場所のちがうことがわかつたか（面接）<br>○動物はまわりのものをたくみに使つている事がわかつたか（面接）<br>○集めた材料を比較考察する能力はどの程度か（觀察）<br>○巣が動物にとつて護身上大切であることがわかつたか（面接・テスト） |

| 問題（番號は目標） | 學　習　活　動 | 効果判定の觀點及びその方法 |
|---|---|---|
| 2 動物は何をたべているだろうか (1.2.4.5.7.8) | ○色々な動物がどんな物を食べるか話しあつたり本でしらべる。<br>○色々な動物はどうやつて食物をとるか，話しあつたり，本でしらべる。<br>○色々な動物の体が食物をとるに都合よく出來ていることについて話しあつたり，繪や寫眞標本などを見る。 | ○動物はそれぞれ食物のちがうことがわかつたか（面接）<br>○動物は食物をとるのに色々苦心していることがわかつたか（面接）<br>○動物の体は食物をとる爲にも大變都合よく出來ていることがわかつたか（面接・テスト） |
| 3 動物はどんなにして身をまもつているだろうか (3.4.5.7.8) | ○色々の虫が探すに困難な色や形を持つている事や，死んだまねをする事などについて經驗を話しあう。<br>○毒のある蜂などが目につきやすい色をしていることについて話しあう。<br>○動物が身を守る珍らしい例を繪や標本で見る。 | ○動物に身を護つたり敵を攻擊するのに都合よい体をもつていることがわかつたか（面接・テスト） |
| 4 しらべた事をわかりやすくまとめるにはどうしたらよいか。(1.2.3.6.8) | ○しらべた事をどのようにまとめたらわかりやすいかについて話しあう。<br>○しらべた事を共同して圖表にまとめる。 | ○しらべた事を圖表にまとめる能力はどうか（觀察）<br>○圖表の描き方はどうか（觀察）<br>○共同して作業する態度はどうか（觀察）<br>○動物の生活に關心を持つ態度が深まつたか（觀察） |

## 單元　10　方位を敎えてくれる磁石。

季節　12月下旬　　　　所要時間　3時間

Ⅰ　單元設定の理由

A　社會的要求

1.　現代社會に於て，その推進の中心となるものは，磁氣及びそれと關係深い電氣であると云っても過言でない。磁石利用の一つとして考えられる磁針は生活上極めて大切なものであり，その原理・取扱い方について一應の理解を得ておくことは，現代人にとって誠に肝要な事である。

2.　一般父兄の要求を見ても，電氣や日常の機械・器具についての常識を與えたいとの要望が極めて强く，又科學玩具を與えたいとか，生活を科學化させたいとの要求もある。（實態調査）

B　理科的要求

1.　第一學年，第二學年の磁石あそびや實驗の延長であり，之を方位測定に利用する面の學習をさせ，次學年以降に於ける磁石・電氣に關する學習へと發展する爲の一節をなすものである。

2.　磁石は色々の方面に利用されるが，磁針としての利用價値が大きいこと，

磁針は地球の磁極の爲に常に南北を指す性質がある事を理解させその取扱いになれさせたい。

3 社會科單元「乗物と運搬」算數科等に關係し，尙お理科單元11に關係を持つ。

C 兒童の實態

1. 心意的傾向は單元1の此の項に準ずる。

2. 機械道具についての興味・關心の傾向は，それをつかって色々やって見たいと云う行動的なものがまだ多く殘っているが，「なぜだろう」と云う原理に對する疑問が相當見られるようになった（レンズに對する調査による）

3. 學習活動の範圍は，乗物の種類や速さ・はかりつくり・シーソー遊び・機械・道具の發明者，昔の道具・色々な車をつくるなどが多い。電氣・磁石に對しては，製作したり，動かしたり，原理を考えようとする學習活動に關心がある。（實態調査）

4. 磁石あそび等の經驗は相當多い。又日常生活に於ても遠足等で磁針を取扱う機會が多くなっている。（實態調査）

D 理科的環境の實態

1. 一般家庭に於ても磁針があって之に觸れる機會が多く，又地圖を見たり，描いたりする作業等を通じて方位觀念を要求されている。

2. 學校にも實驗用磁石や磁針の設備があり，兒童の實驗が可能である。

3. 玩具として馬蹄形磁石や磁針の市販品があり持っている兒童もある。

Ⅱ 單 元 の 目 標

磁石を作ったり，磁針を取扱うことにより，磁針が地球の働きにより南北をさすこと，磁石同志では互に引きあったり斥けあったりすることの一應の理解を與え磁石に關する關心を深め，磁石の取扱になれると共に，廣く磁氣・電氣に關する學習への導入をする。

A 理 解

① 磁石同志では互に引きあったり斥けあったりする。

② 磁針は南北をさしてとまる性質がある。

3 地球は大きな磁石の働きをする。

4 磁石は色々につかわれる。

5 磁石は金屬のあるものをひきつける。

B 能 力

⑥ 磁石を作ったり，磁石をつかって色々實驗する能力

⑦ 實驗から磁石の性質を推論する能力

C 態 度

⑧ 實驗を注意深くする態度

9 磁石やその他の器具機械に關心を持ち大切に扱う態度

Ⅲ 單 元 の 組 織

| 問題（番號は目標） | 學 習 活 動 | 効果判定の觀點及びその方法 |
| --- | --- | --- |
| 1 磁石は作れるだろうか。(5.6.8) | ○磁石を作つた事の經驗，磁石に針などをつけておくと磁石になる事などについて話しあう。<br>○針やかみそりの刄等を磁石にすりつけて磁石をつくる。<br>○出來た磁石で色々つけて見る | ○興味の喚起がなされかか（觀察）<br>○磁石の作り方がわかつかか（面接）<br>○磁石を作る能力はどうか（觀察）<br>○磁石は金屬のあるものをひきつけることがわかつたか（面接） |
| 2 磁石どうしではどんなようにひきあうだろうか。(1.2.6.7.8.9) | ○磁石になつた針やかみそりの刄を水にうかべてどうなるか見る。<br>○水に浮かべた針やかみそりの刄を棒磁石で色々にして動かして見る。<br>○棒磁石を糸でつるし南北をさしてとまることをたしかめる。<br>○糸でつるした棒磁石を，他の棒磁石でひいたり，斥けたりして見る。<br>○磁針がどうして南北をさすかについて話しあつたり本で見る。 | ○磁石が南北をさすことがわかつたか（面接・テスト）<br>○磁石の實驗をどの位上手に注意深くできるか（觀察）<br>○磁石どうしは，或場合ひきあい或場合斥けあうことがわかつたか（面接・テスト）<br>○磁石取扱いの態度はどうか（觀察）<br>○地球が大きな磁石と同じ働きをしていることがわかつたか（テスト・面接） |
| 3 磁針はどんなことにつかうだろうか。(2.3.4.5.6.7.8 9) | ○磁針について使用經驗を話しあう。<br>○磁針の利用について話を聞いたり，本で見る。<br>○磁針の扱い方を練習する | ○磁針は磁石の南北をさす性質を利用したものであることがわかつたか（面接・テスト）<br>○磁針取扱いの注意が守られているか（觀察）<br>○磁石に對する關心が深まつたか（觀察） |

## 單元 11 電燈や電氣こんろをつけて見よう。

季節 1月中旬　　所要時間 4時間

Ⅰ 單元設定の理由

A 社會的要求

1. 現代社會に於ける科學進歩の狀況及びその將來より考えて，普通人も電氣に關する一應の理解を持ち，關心を持つと共に電氣器具・機械に對する簡單な操作，修理などの技能を身につける事は極めて大切である。

2. 日常生活に於て電氣器具に接觸する機會が多くなり，その必要に迫られ一般家庭の電氣器具に關する學習をさせてほしいとの要求が强い。（實態調査）

B　理科的要求

1. 第二學年に於て電氣で動くものに觸れたが，更に此の學年に於て電氣の光熱への轉換についての具体的經驗を持たせ，次學年以降に於ける原理探究の基礎を養いたい。

2. 本單元では電氣が光・熱になると云うことの初步的な理解を得させると共に，之等の器具取扱いになれさせ電氣に關心を持たせる事に主眼をおきたい。

3. 理科單元10と密接に關係し，他教科との關聯も同單元に準ずる。

C　兒童の實態

1. 心意的傾向は單元1の此の項に準ずる。

2.
3. } 單元10の各項に準ずる。

4. 遊びに於ても懷中電燈遊び等電氣に關する遊びの多くなる年齡である。（實態調査）

D　理科的環境の實態

1. 家庭に於ても，學校に於ても，こうした施設に觸れる機會は非常に多く，問題解決に迫られる場合も少くない。

2. 一般家庭に電氣器具の利用は普及しているが，その上手な扱い方とか，簡單な修理などに對する常識は稍々低調である。

## Ⅱ　單　元　の　目　標

電燈や電氣こんろを實際つけて見て，電氣の光源・熱源としての一應の理解を持つと共に，電氣器具の取扱いに馴れ，電氣に對する關心を深める。

A　理　　解

① 電球に電流を通じると光が出る。

② 電氣こんろに電流を通じると熱が出る。

3　電燈や電氣こんろは大變便利なものである。

B　能　　力

④ 電燈や電氣こんろを使う能力

⑤ 電氣器具を取扱う時，危險に注意してさける能力

6　電氣の實驗から電氣の性質を推論する能力

C　態　　度

⑦ 注意深く實驗する態度

⑧ 電氣に關心を持つ態度

## Ⅲ　單　元　の　組　織

| 問題（番號は目標） | 學　習　活　動 | 効果判定の觀點及びその方法 |
| --- | --- | --- |
| 1 電燈をつけるにはどうしたらよいか。<br>（1.4.5.6.7.8） | ○電燈をどうやつてつけたり消したりするかについて話しあう。<br>○うまくつかなかつた經驗を發表する。<br>○電燈の取扱中注意すべき危險について話しあつたり，先生に聞く。<br>○スイッチの扱方について話しあう。<br>○色々なスイッチを見たり，取扱つて見る。<br>○色々に裝置された電燈をつけて見る。<br>○電球を長持ちさせる爲の取扱い方について話しあう。<br>○電燈をともして光ること，少しあつくなることをしらべる<br>○電燈の便利なこと，停電について話しあう。 | ○電燈やスイッチについて取扱上注意しなければならない危險がわかつたか（面接・テスト）<br>○電燈を自由につけることができるか（觀察）<br>○電燈を注意して取扱つているか（觀察）<br>○電流を通じると光と熱が出ることがわかつたか（面接・テスト）<br>○電燈の便利な點がわかつたか（面接・テスト）<br>○豆電球をつけることができるか（觀察）<br>○實驗に對する興味はどうか（觀察） |
| 2 電球の中はどんなふうになつているか。<br>（1.3.6.7.8） | ○電球はどんな所が光るか觀察したり話しあつたりする。<br>○電球の光る所の構造を圖にかく。<br>○光る所がきれるとつかなくなることについて經驗を話しあう。 | ○電球の光る部分が他とちがつていることがわかつたか（面接・テスト・ノート）<br>○小さいものを注意して見る態度はどうか（觀察） |
| 3 電氣こんろはどうやつてつかえばよいか。<br>（1.2.3.4.5.6.7.8） | ○電熱器を取扱つた經驗について話しあう。<br>○取扱う時の危險防止について話をきく。<br>○電氣こんろをつかつて湯をわかして見る。<br>○電氣こんろが熱くなると少し明かるくなることを見る。<br>○電氣こんろの便不便について話しあう。 | ○取扱上の注意がわかつたか（面接・テスト）<br>○電氣こんろをどの程度使えるか（觀察）<br>○電氣こんろを注意して取扱つているか（觀察）<br>○電流を通じると熱と，光が出ることがわかつたか（面接・テスト）<br>○電氣こんろの便，不便の點がわかつたか（面接・テスト） |
| 4 電氣こんろはどうなつているだろうか。<br>（1.6.7.8） | ○電氣こんろの線の樣子や全体の形などを圖にかく。<br>○電氣こんろの發熱部や絶縁体がどんなもので出來ているかしらべる。<br>○發熱部の線の形が電球のフィラメントに似ている事をはなしあう。 | ○電氣こんろの構造や，各部の役目がわかつたか（面接・テスト・ノート）<br>○電氣について興味をもつようになつたか（觀察） |

## 單元 12 お月樣の國へ行ったら。

季節 2月上旬　　　　所要時間 4時間

### I 單元設定の理由

A 社會的要求

單元8に準ずる。

B 理科的要求

1. 一學年に於て，行事や遊びを中心として，月や太陽に對する關心を養いつつ科學的探究への基礎に培って來たのであるが，本學年に於ては月・太陽・地球について兒童の想像力に依りつつ，天体の一部としての理解をさせ四學年「太陽や月や星はどのようなものだろうか」六學年「星の世界はどのようになっているだろうか」等の單元に發展する。
2. 太陽に關しては，地球よりずっと大きくて丸く，大變遠い所にあること，月に關しては，地球より小さい丸い天体で，太陽の光を受けて光っていること，地球に關しては球狀をなし，太陽の光を受けていることを理解させたい。
3. 理科單元8と密接な關係を持ち，他教科との關聯も同單元に準ずる。

C 兒童の實態

單元8に準ずる。

D 理科的環境の實態

お月見の行事，お月樣についての遊び（歌・かけふみ）等が行われ，又日蝕・レンズ遊びなどを通して，月や太陽に關心を向ける機會が多い。

### II 單元の目標

月世界旅行と云う空想的事件を手懸りとして，月・太陽・地球について，比較的な大きさ，形・距離等天体としての概略的な理解を持ち，一般天体に對する關心を深める。

A 理　解

① 太陽は地球よりずっと大きく，遠い所にある。
② 月は太陽の光で光り，地球より小さくて丸い。
③ 地球も丸い形をしていて太陽の光をうけ生物が住んでいる。

B 能　力

④ 月・太陽について目で見た事實から，その狀態を推論し判斷する能力
⑤ 觀測した月の狀態から地球を月と比較して考える能力
6 天体望遠鏡で月を觀測する技能

7 紙芝居に表現する能力

C 態　度

⑧ 月や太陽等天体に興味を持つ態度
⑨ 觀測した事實を尊重する態度
10 紙芝居を作る際に，新しい乘物などを工夫しようとする態度
11 協同して，紙芝居を作る態度

### III 單元の組織

| 問題（番號は目標） | 學習活動 | 効果判定の觀點及びその方法 |
|---|---|---|
| 1 月世界旅行についてどんな紙芝居をつくろうか。(7.8.10.11)<br>(イ)月まではどの位あるだろうか。(2.8)<br>(ロ)月までの途中はどんなだろうか。(3.5.8)<br>(ハ)月の世界はどんなだろうか。(2.4.6.8.9)<br>(ニ)月からは地球がどんなに見えるだろうか。(3.5.9) | ○月世界旅行について本を讀んだり話を聞く。<br>○紙芝居を作る事の計畫をたてる。<br>○月世界旅行の乘物について工夫する。<br>○工夫の要點<br>1 月までは大變遠いこと。<br>2 途中には空氣がないこと。<br>3 月世界は地球と大へんちがっていること等について話を聞いたり，本で見たりする。<br>○月を望遠鏡で見たり寫眞でしらべる。<br>○月世界の樣子について見た事實をもとにして地球とのちがいを話しあう。<br>○地球について月と比較した大きさ生物のいること形等について話しあったり本を見る。<br>◎以上の學習を參考として紙芝居をつくり實演する。 | ○興味が喚起されたか（觀察）<br>○新しい乘物を工夫しようとする態度はどうか（觀察）<br>○月は遠い所にあり，地球より小さい事がわかつたか（面接・テスト）<br>○月は球狀をしていることがわかつたか（面接・テスト）<br>○望遠鏡で月を見る見方がわかつたか（觀察）<br>○月には空氣がなく從つて生物などいないことが判斷できるか（觀察・面接）<br>○地球は月より大きく，球狀で生物のすんでいることがわかつたか（面接・テスト）<br>○地球を月と比較して考える能力はどうか（觀察）<br>○科學的事實を重んずる態度はどうか（觀察）<br>○紙芝居を協同してつくつたり協同して實演出來るか（觀察） |
| 2 太陽は月や地球とどんな所がちがうだろうか。(1.4.8.9) | ○太陽の大きさ，熱と光・形・地球よりの距り等について，月や地球とくらべながら話しあつたり，本でしらべる。 | ○太陽は光と熱を出すことがわかつたか（面接・テスト）<br>○太陽はずつと遠くにあり地球より大きな球狀の天体であることがわかつたか（面接・テスト）<br>○天体に關心を持つ態度はどうか（觀察） |

## 單元 13 シーソー遊びをしよう。

季節 2月下旬　　　　所要時間 2時間

### I 單元設定の理由

A 社會的要求

1. 現代社會は機械・道具の助けを借りなくては，一日も存續不可能である。小は家庭の日常用具より，大は大量生産を一氣にやりとげる自動機械に至る

まで色々あるが，その主要原理の一つは挺子である。こうした点より考えて挺子の原理を理解し，之を活用する技術を身につけることは，現代社會人として緊要なことと云わねばならぬ。

2. 一般父兄より，日常接する道具に對する常識や，簡單な技術を敎えてほしいと云う要求がある。(實態調査)

B 理科的要求

1. 一・二學年に於てのりものしらべ，動くおもちゃを取扱って來たが此の學年に於ては遊びを出發点として挺子の原理について一應の理解を持たせ高學年に於ける挺子應用の機械・器具に關する學習に發展する端緒を得させたい。

2. 本單元を通じて挺子のつりあい，力と距離の關係を具体的に体驗させたい

3. 社會科單元「乘物と運搬」体育科等に關係が深い。

C 兒童の實態

1. 心意的傾向は單元1の此の項に準ずる。

2.
3.} 單元10に準ずる。

4. 遊びに於ても非常に活動的なものを好む傾向が見られる。(實態調査)

D 理科的環境の實態

1. 挺子使用の實際，挺子利用の道具は家庭に於ても學校に於ても接する機會が多い。

2. シーソー遊びは簡單な材料で直ちに遊びが出來る。

Ⅱ 單 元 の 目 標

シーソー遊びを通じて挺子の原理の基礎的概念を養い，挺子を應用した道具・機械についての研究基盤とする。

A 理　解

1 シーソー遊びには長い丈夫な棒と棒をささえる台がいる。

② 支えた台から同じ長さの所に同じ重さの人がのるとつりあう。

③ 兩側にのる人數がちがう時は，少人數の方が台から遠い所にのるか，台を多人數の方へよせるとつりあう。

4 挺子は重いものなどをうごかす時につかう。

B 能　力

5 シーソー遊びの計畫をする能力

⑥ シーソー遊びからつりあいを考える能力

7 危險に注意してさける能力

C 態　度

8 友達と仲よく遊ぶ態度

⑨ 遊びを色々に工夫する態度

Ⅲ 單 元 の 組 織

| 問題(番號は目標) | 學 習 活 動 | 効果判定の觀點及びその方法 |
|---|---|---|
| 1 シーソ遊びはどうやってするか。(1.4.7.8.9) | ○シーソ遊びの經驗について話しあう。<br>○シーソ遊びの計畫をする。<br>1 つかう材料をきめたり集めたりする。<br>2 組分けや順番をきめる。<br>○シーソ遊びをやって見る。 | ○興味が喚起されたか(觀察)<br>○共同して計畫しているか(觀察)<br>○實際に活用出來る計畫がたてられたか(觀察・面接)<br>○シーソ遊びには棒と台のいることがわかつたか(面接)<br>○計畫通り出來たか(觀察)<br>○仲よく遊びが出來るか<br>○危險に注意しているか(觀察) |
| 2 どうするとうまくつりあうか。(2.3.5.6.8.9) | ○兩側に乘る人數を等しくして乘る場所を移動して見る。<br>○兩側の人數が同じ時はどうしたらつり合うかについて話しあいたしかめて見る。<br>○兩側に乘る人數をちがえてやつて見る。<br>○兩側の人數がちがう時はどうしたらつりあうかについて話しあいたしかめて見る。 | ○兩側の人數が同じ時は，大体台から等距離の所に乘ればつり合うことが理解出來たか(面接・テスト)<br>○兩側の人數がちがう時は，少人數の方が，支える台から遠い所に乘るか．台を多人數の方に近づければよいことが理解出來たか(面接・テスト)<br>○つりあいを考える能力はどうか(觀察)<br>○遊びを工夫してする態度はどうか(觀察) |
| 3 少い力で重いものを動かすにはどうしたらよいか。(4.6) | ○先生などの重い人をシーソーの一方にのせて，樂にあげるにはどうしたらよいか話しあいためして見る。<br>○重い石などを動かした經驗や見た事について話しあいためして見る。<br>○どんな時挺子を使うか話しあう。<br>○挺子をつかつた道具の名前をあげる。 | ○挺子をつかうと重いものが樂に動かせる事がわかつたか(面接テスト)<br>○挺子利用の實例をどの程度あげられるか(面接)<br>○挺子に對する關心が深まつたか(觀察) |

## 單元 14 万華鏡を作って見よう。

季節 3月上旬　　　　所要時間 4時間

Ⅰ 單元設定の理由

A 社會的要求

1. 光學器が社會生活向上に重要な貢献をなしつつあることは，誰しも認めざるを得ない。日常使う鏡・眼鏡の類から寫眞機・映畫用機械・學術研究用機械さては玩具類に至るまで，その利用範圍が廣い。之に對して一應の理解と

關心を持たせることは社會生活向上のため大切である。

2. 一般父兄の要求は單元13に準ずる。

B 理科的要求

1. 第二學年に於て，レンズ遊びの學習をとりあげて，光の屈折を取扱っているが，此の學年では，方面をかえて，その反射の一部についての學習をさせ高學年に於て學習する複雜な光學機械の基礎的理解を與えたい。

2. 本單元に於ては，万華鏡が，光の反射を利用している事に氣づかせ，良く見えるよう工夫して作る能力を養いたい。

3. 工作の學習と密接な關係を持つ。

C 兒童の實態

1. 心意的傾向は單元1の此の項に準ずる。

2. 單元10の此の項に準ずる。

3. 單元10に準ずるが，光に關しては，望遠鏡・顯微鏡・プリズムなどを調べる，鏡で光を反射させる，万華鏡をつくるなどが多い。(實態調査)

4. 遊びについては，鏡をつかっての遊び（光をあてる等）かげえなどが大變多い。(實態調査)

D 理科的環境の實態

1. 光學的な器具・機械は家庭に於ても，其他に於ても觸れる機會が多い。

2. 万華鏡は玩具として市販品が出ている。

## Ⅱ 單元の目標

万華鏡の設計製作を通じて，光の反射に關する初歩的な理解と，光に對する關心・興味を持つと共に設計工作する技能を養う。

A 理　解

① 万華鏡は大變美しい模樣の見える玩具だ。

② 万華鏡は光の反射を利用してある。

3 万華鏡では一つのものがいくつにもうつる。

B 能　力

④ 万華鏡を設計し，製作する能力

⑤ 万華鏡の反射について推論する能力

6 美しく見えるように作り方や，中に入れるものを工夫する能力

C 態　度

⑦ 正確に設計し，設計通りに仕事を進める態度

⑧ 良い万華鏡を創り出そうと工夫する態度

9 一般光學機に關心を持つ態度

## Ⅲ 單元の組織

| 問題(番號は目標) | 學　習　活　動 | 効果判定の觀點及びその方法 |
|---|---|---|
| 1 万華鏡はどうやって作ったらよいだろうか。(1.2.4.6.7.8) | ○既製の萬華鏡を見る。<br>○萬華鏡が美しく見える譯を話しあう。<br>○美しく見える萬華鏡について形や入れる物などの工夫を話しあう。<br>○萬華鏡につかうよいガラスについてはなしあう。<br>○萬華鏡の展開圖を描く。<br>○萬華鏡製作に必要な材料を整える。<br>○萬華鏡を作る。 | ○萬華鏡は大變美しく見えることがわかつたか（面接）<br>○製作の興味が喚起されたか（觀察）<br>○萬華鏡は反射を利用してあることがわかつたか(面接・テスト)<br>○上の事を推論し判斷する能力はどうか（觀察）<br>○良い萬華鏡を工夫する態度はどうか（觀察）<br>○工夫した點が展開圖に出ているか（成績品）<br>○展開圖は正確か（成績品）<br>○設計通りに仕事が出來るか（觀察）<br>○仕事が手ぎわよく出來ているか（作品） |
| 2 出來た萬華鏡はどんなように見えるか。(3.5.9) | ○どの萬華鏡が一番美しく見えるか見くらべたり，わけを話しあう。<br>○中に入れたものがどんなようにうつるかしらべて圖に描く。 | ○中に入れたものがいくつにもうつることがわかつたか（面接・テスト）<br>○上のことを判斷する能力はどうか（觀察）<br>○光の利用について關心を持つようになつたか（觀察） |

効果判定の觀點及びその方法	活動	四四四	問題(番號は,目標)

1 236 -

計

第四学年 單元の季節配当並に時間数 (数字は時間数)

谷田元	네 커크[뉴	11	기타	1+	게 표 는	구 기 # h	는 나타	기구는	-i	· . 기타	그 급	네 라 H	月旬
8 6 5 6					S		ω,		「藤 キ ネンニ」「本 ・	かなながらなるがいなるがいる。	1 4 7 4 5 5 5 5 5 5 5 5 5 5 5 5 5 5 5 5 5	7 B	砂炒
21								mniinn		>	£	でで	植
	190												楼
11 11	<u>S</u>	. ,			1	27777777777	ままま まつか	×	zanionio.		13	太陽や月や見ばじのようなものにろうか 図 1	空と上
9 10 4	34		接中隔離はどうなっているか		- AH 1:01:31:11.Th		,,,						機械と道具
10				Į.		2007	1		777777	- min	- Sancina	######################################	保 惟 宿 生
دنا	6	5	6	-=	57	=	15	, s	9	13	=		nd &u

- 238 -

# 單元 1 稻を作ろう。

4月下旬〜11月下旬　　所要時間　21時

## Ⅰ 單元設定の理由

A 社會的要求

國民生活にとって米が如何に深い意義を持って來たか，米の重要さ，切實さは誰でも痛感している處である。この稻作について幼少の時から關心を持たせ，自分の手で稻を作り收穫し米は如何にして出來るものであるかを体驗させることは米に對して又一般農作物について正しい理解をもたせる所謂である。都市の兒童には一度でも稻を育てる經驗をもたせることは必要なことであろう。

B 理科的要求

1. 前學年迄に草木に親しみをもち採集や栽培をして直接的・行動的・概觀的な觀察をして來た，本學年では，稻について，籾種より，收穫まで，主として，その成長・變化の有樣を觀察し，高學年に至り，植物の体の構造・機能植物の利用，活用へ發展する。
2. 稻作の學習をさせて ①播種には整地の必要なること ②種子の發芽の現象 ③如何に氣候的要素が成長に關係しているか ④土壤・肥料及び害虫鳥の發育に對する關係 ⑤稻に於ける開花運動，そして結實に至る妙趣 ⑥收穫し食膳に供される迄，以上の過程を實驗考察することによって稻に對する理解と共に更に一般植物に於ける簡單なる習性を修得せしめたい。
3. 四月下旬より十一月下旬に至る長期にわたった研究や作業を通し，根氣よく繼續し，正しく觀察して行く態度や農耕に對する初步的な技能を養いたい。

C 兒童の實態

1. 靜的な植物のようなものにも興味を持ち，注意力も相當長く續き觀察を記錄する態度も一般に出來るようになって來た。
2. 興味・關心に於ては，一穗の粒數，水の必要のわけ，稻の病氣を知りたいことが他學年に比して最も多く，稻の發生・成長・米になるまで・收穫量・稻の種類などに關心が多くよせられている。（實態調査）
3. 學習活動に於ては，稻を育てゝみたい，さつまいもを作る，田畑をおこす人はどんな植物を食べるか，植物から出來た藥をしらべる，昔の草や木をしらべる，落葉は枯れてどうなるか，等が多くなっている。（實態調査）
4. 遊びに於ては，木の實の投げっこ・配給ごっこ・おゝばこの葉柄切り・おし葉とり・葉の舟・首かざり，などが多い。（實態調査）

D 理科的環境の實態

市街地の一般家庭は，米其の他農作物に對する關心は多く，農作物を大切にし無駄にしないといった態度は却って農家より强いものがあろう。

市街地であるが片手間に野菜を作る家庭は半數以上でそれ等野菜を通じて如何にしたらよりよい作物が出來，收穫が增すかというような科學的な考察・實踐なども見受けられる。

## Ⅱ 單元の目標

籾まきより結實して收穫されるまでの稻の一生を通じて，その間生長の順序，稻と環境の關係，人間生活と稻，農作物との關係を理解し，植物に對する初步的概念と研究的な態度と關心を深め農耕に對する初步的技能を養う。

A 理　解

（○は目標の重点を示す。）

① 熱と水がなければ種は芽を出さない。
② 水と熱とは植物の生長に大切である。
3 土は植物の成長に必要である。
④ 植物の生長は天候に支配される。
⑤ 養分の多少は植物の發育に關係がある。
6 花や葉の開閉は日光と關係がある。
7 植物は秋になると色が變る。
8 稻は風のなかだちで實を結ぶ。
⑨ 種をえらぶとよい作物が出來る。
10 稻は成長して分けつして繁茂する。
11 穗が葉の分れ目から出る。
12 植物は生長して花が咲いて實がなる。
13 籾粒はどろどろした白い乳狀からかたくなる。
⑭ 植物の一生にはそれぞれきまった順序がある。
15 多くの植物には，根・莖・花・實・種がある。
16 根は莖を支える。
17 莖は葉や花をつける。
18 稻の葉の形は長い。
19 稻の莖は中空である。
20 花は不完全花である。
㉑ おしべ・めしべは實を結ぶ働をする。
22 稻には害虫鳥がつく。

23 玄米をすると白米になり，こぬかが出る。
24 一粒のもみから澤山の米にふえる。
25 播種には整地が必要である。
26 籾と玄米との割合は約10：6である。

B 能　力

㉗ 長期にわたって根氣よく繼續觀察して行く能力
㉘ 稻を栽培する技能
㉙ 氣候的要素と生長との關係を見る能力
30 事實をありのまゝに見る能力
31 稻に關す資料を集める能力
32 定った面積に如何程の種子をまいたらよいか，又肥料を施せばよいか推定する能力
33 分けつ數・一穗の粒數・取れ高等を數量的に見る能力
34 成長を圖表に表わす能力
35 觀察記錄を發表する能力

C 態　度

㊱ 根氣よく稻の世話をしてやる態度
㉗ 環境に興味を持ち疑問を起す態度
38 他と比較する態度
39 專門家の意見を聞いてみる態度
40 自由研究にまで發展する態度

Ⅲ 單元の組織

| 問題(番號は目標) | 學　習　活　動 | 効果判定の觀點と其の方法 |
|---|---|---|
| 1 種籾はどのようにして芽を出すか。<br>(1. 9. 27. 29. 32. 36) | ○稻について既有知識・經驗を話し合う。<br>○種籾の量をはかる。<br>○種籾を浸す，芽と根はどちらが早く出るか觀察。<br>○觀察結果を毎日記錄する。<br>○水溫を測定する。<br>○時々水をかえる。<br>○日光にあてる。<br>○籾種を塩水撰する，苗代にまく分量を定む。<br>○種をえらぶことについて話を聞く。 | ○よく水をかえたり世話をしているか（觀察）<br>○熱と水がなければ種は芽を出さないことがわかつたか(テスト)<br>○水溫測定能力はどうか（觀察・面接）<br>○繼續觀察していく能力はどうか（觀察・ノート）<br>○氣候的要素と成長との關係を見る能力はどうか（觀察・ノート）<br>○如何程の種子をまいたらよいか推定する能力はどうか（面接）<br>○種をえらぶとよい作物が出來ることがわかつたか（テスト） |
| 2 苗代をどうやつて作つたらよいか。<br>(2. 27. 28. 30. 32. 36) | ○日當りのよいところ，灌排水に便利なところをえらぶ。<br>○苗代を作る，面積はどのくらいにしたらよいか考察<br>○起耕について話し合う。<br>○肥料は何をやつたらよいか又どのくらいやつたらよいか考察する。<br>○苗床を作る。<br>○種をまく。<br>○水加減をする。<br>○毎日・日中・田を乾す。日光をあてる。<br>○雀を防ぐ。<br>○成長を測定していく。<br>○水溫・氣溫・天氣具合等を記帳していく。 | ○筋道が通つて苗代が選定出來たか（觀察・テスト）<br>○栽培する技能はどうか（觀察）<br>○如何の肥料を施せばよいか，推定する能力はどうか（面接）<br>○繼續觀察をしているか(ノート)<br>○苗床の發芽・水加減等に關心が深いか（觀察）<br>○事實をありのまゝに見る能力はどうか（面接・ノート）<br>○水と光と熱とは植物の成長に大切である（テスト）<br>○播種には整地することが大切であることがわかつたか(テスト) |
| 3 田植はどうやつてするか。<br>(28. 35) | ○本田に施肥をするどのくらいやつたらよいか。<br>○田踏をする。<br>○苗代から本田へ移植する。<br>○苗と苗との間の長さや巾をきめる。<br>○一本植から七本植まで區別して植える。<br>○苗をどんなように持つて植えたらよいか話し合う。 | ○耕作的作業を一生懸命するか（觀察）<br>○決められたように仕事が出來るか（觀察） |
| 4 氣溫や水，肥料は稻の成長にどんな役目をするか。<br>(3. 4. 5. 9. 10. 11. 16. 17. 18. 19. 30. 31. 36. 37. 38. 39. 40) | ○成長を測定していく。<br>○除草はいつ頃やつたらよいか何回ぐらいやつたらよいか話をきく，除草の効果について話し合う。<br>○分けつ數をしらべる（一本植から七本植まで）<br>○氣溫と成長・分けつ等の關係を考察する。<br>○水はいつもどのくらいにしておくか話し合う。<br>○田の水持はどうか。<br>○水口の成長を他と比較し考察する。<br>○日かげのところと日のよくあたるところの成長を比較考察する。<br>○土についても考察する。<br>○肥料のしない所としたところを比較考察する。<br>○出穗の觀察，どんなところから穗が出るか。<br>○稻の葉の形・莖の中の構造等をしらべる。<br>○稻の病虫害をしらべる。<br>○お百姓の田を見學してお百姓から話を聞く。 | ○よく世話をしているか（觀察）<br>○繼續觀察をしているか（ノート）<br>○稻は分けつしてふえることがわかつたか （テスト・ノート）<br>○事實をありのまゝに見る能力はどうか（觀察・ノート）<br>○植物の成長は天候に支配されることが理解出來たか（テスト）<br>○環境に興味をもち疑問を起す態度はどうか（觀察）<br>○稻に關する資料を集める能力はどうか（面接・發表）<br>○土は成長に關係していることがわかつたか（テスト）<br>○自由研究に發展する態度はどうか（觀察）<br>○他と比較する態度はどうか（觀察）<br>○養分の多少は植物の成長に關係することがわかつたか(テスト)<br>○穗が葉のわかれ目から出ることが見られたか(テスト・ノート)<br>○稻の葉は他の草にくらべて長いことがわかつたか（テスト）<br>○稻の莖は中空であることがわかつたか（テスト・ノート）<br>○根は莖をささえていることがわかつたか（テスト） |

| | | |
|---|---|---|
| | | ○専門家の意見を聞く態度はどうか |
| 5 稲の花はどんな役目をするか。(6. 8. 12. 20. 21) | ○稲の花を觀察する・花の寫生をする・虫めがねで・おしべめしべを見る，その働について話を聞く。<br>○開花と風について話を聞く。<br>○花粉をとつてみる。<br>○開花運動を觀察する。<br>○何時頃開花するか。<br>○一穗にどのくらい花がつくか。<br>○開花と天候との關係をしらべる。 | ○花は不完全花であることがわかつたか（テスト・面接）<br>○稲は風の仲だちで實を結ぶことがわかつたか（テスト）<br>○おしべ・めしべの形・その働が理解されたか（面接・テスト）<br>○開花運動を觀察したか（ノート）<br>○花の開花は日光と關係のあることがわかつたか（テスト）<br>○植物は成長して花が咲いて實のることがわかつたか（テスト） |
| 6 籾はどんなになつてみのるか。(7. 13. 15. 22. 24 33. 34) | ○籾の中はどんなになつているかつぶしてみたり，きつてみたりしてしらべる。<br>○しろい乳がどうなるか考察する。<br>○雀害をしらべる。<br>○穗のかしがり方を一週間毎にくらべる。<br>○水をとめる。<br>○穗のそろい方を見る。<br>○稲の色のかわり方を見ていく。<br>○籾の中はどうなつたか調べる。<br>○一株の本數を調べる。<br>○一穗の粒數を數える。<br>○何本植が割合にしてみて收量が多いか計算してみる。<br>○成長を圖表にしてみる（根・莖・花・實等） | ○注意深く觀察しているか（ノート）<br>○籾粒はどろどろした白い乳狀からかたくなることがわかつたか（テスト・面接）<br>○稲には害虫鳥がつくことがわかつたか（面接・テスト）<br>○植物は秋になると色が變ることがわかつたか（テスト）<br>○一粒の籾から澤山の米にふえることがわかつたか（テスト）<br>○分けつ數・一穗の粒數取れ高等を數量的に見る能力はどうか（面接・テスト・ノート）<br>○多くの植物は，根・莖・花・實種があることがわかつたか（テスト）<br>○圖表を明確に表わしたか（觀察） |
| 7 米にして食べられるようにするにはどうしたらよいか。(14. 23. 26. 27. 35. 38) | ○稲はどんなにしてやつたらよいか話し合う。<br>○稲刈後を乾燥させる。<br>○脱こくについて話し合う。<br>○籾摺をする，板と板との間に入れてこすつてみる。<br>○籾と玄米との割合を測る。<br>○全收量を計算してみる。<br>○全面積と收量とから段當りを知る。<br>○お百姓とくらべてみる。<br>○精米所へ持つていく。<br>○こぬかの量をしらべる。<br>○收穫祝をする。<br>○稲の研究を發表する。 | ○籾と玄米との割合は約10:6であることがわかつたか（テスト・ノート）<br>○筋道に合つた考え方をしているか（面接・テスト）<br>○玄米をすると白米になり，こぬかが出ることがわかつたか（テスト）<br>○他と比較する態度はどうか（面接）<br>○植物の一生にはそれぞれきまつた順序があることがわかつたか。（テスト）<br>○稲作は興味があつたかどうか（作文）<br>○繼續觀察が出來たか（ノート） |

## 單元 2 野菜にはどんな害になる虫がいるか。

7月中旬～10月下旬　　所要時間 4時間

Ⅰ 單元設定理由

A 社會的要求

食糧事情が豊でない折柄，辛苦して生長せしめた一般農作物が害虫の爲に大小の差こそあれ，害を被らないものは殆どないといってもよく，時によれば，收穫が出來ない狀態におちいることさえある。それ等の虫害を出來るだけ少くするにはどうしたらよいか。又それ等，害虫を進んで驅除して行く態度をしつけたい。又病害に對しても多少の關心を持たせたい。

B 理科的要求

1. 低學年に於てはいろいろの虫を集め，三年では青虫の飼育を通し，その習性の觀察をしている。本學年の單元に於ては，それ等虫類の中の作物に害を與えるものを分類考察し上學年に於て虫類相互の關係，人生との關係へ發展する。

2. 蔬菜が受けた被害を觀察することから出發し，如何なる害虫が作物のどういうところに害を與えるものであるか。害虫の繁殖と環境との關係，害虫と益虫との關係を考察し，害虫の習性を知って如何にして驅除したらよいか，又藥品による驅除の初步的な理解を得させ，やがて藥劑驅除法に對する科學的な技術・態度の端緒たらしめたい。又病害に對する簡單な考察も合せていきたい。

C 兒童の實態

1. 自然環境に對して興味を持ち，問題をつかみ，原因に對する結果の考察など素朴であるが，その芽生も見受けられるようになって來た。

2. 學習活動に於ては「野菜につく害虫をしらべたい」「稲の害虫をしらべたい」ことが多い。（實態調査）

3. 興味・關心に於ては最も傾向の大なるものは採集で，とんぼ・ちょうちょ蠅・蚊・おたまじゃくしの順である。次に飼育で，青虫・ゆず虫・ぎすなどの順である。（實態調査）

D 理科的環境の實態

市街地の一般家庭は時節柄，農作物に對する關心は多く，自家用として小規模ながら自分で作っている家が多い。そして，なれないながらも如何にしたら收量を多くすることが出來るか，又虫の害を少くしたり防いだりするにはどうしたらよいかといった關心は大きい。兒童はそうした環境の中で野菜の虫害を見受けている。

Ⅱ 單元の目標

本單元を學習することによって農作物が如何に虫害を被り收穫量に影きょうするものであるかを觀察し，それ等の害虫の習性を考察することにより，如何に驅除したらよいか。又藥品による驅除の一端を知らしめて，科學的な驅除法に對する態度の發展としたい。

A 理　解

（○印は目標の重点を示す。）

① 害虫は田畑に栽培する作物に大害を加えることがある。又病害も恐しいものである。

② 害虫の習性を知って驅除法が考えられる。

3 薬劑による驅除法は便利で効がある。

④ 益虫によって害虫の繁殖は妨げられることもある。

5 害虫によって害するところがちがう。

⑥ 害虫は種類がある。

7 益虫の保護は必要である。

8 害虫の繁殖は環境の適否に關係する。

9 アリとアブラ虫は互に助け合っている。

10 幼虫は著しく成虫と形態の相違するものが多い。

B 能　力

11 如何にしたら害虫を驅除出來るか，問題をつかむ能力

⑫ 害虫の種類を區別し比較し考察する能力

13 害虫を防ぐには如何にしたらよいか資料を使う能力

C 態　度

⑭ 根氣よく害虫を驅除し作物を愛育する態度

15 薬劑の驅除に對する研究的な態度

16 害虫の繁殖が環境に如何に關係しているか注意深く觀察する態度

17 自由研究まで發展して新らしいものを見出す態度

18 事實を有りのままに觀察し記帳する態度

Ⅱ 單 元 の 組 織

| 問題(番號は目標) | 學習活動 | 効果判定の觀點と其の方法 |
|---|---|---|
| 1 作物は害虫のためにどんなことをされるか。(1.17.18) | ○各種作物の被害調査。<br>○被害はどんなようになっていたか調べる。(ノート・寫生)<br>○被害は何時頃であるか調べる。 | ○害虫が田畑に栽培する作物に害を加えたところが調査出來たか(ノート)<br>○病害も調べられたか(ノート) |
| 2 害虫にはどんな種類があるか。(4.5.8.9.12.16 17) | ○どういう害虫がどんな作物につき易いか調べる。<br>○害虫は作物のどんなところにいたか調べる。<br>○害虫はどんなところが住みよいか調べてみる。<br>○害虫の種類をたくさん集める<br>○害虫の色はまわりの色とくらべてどうか。<br>○害虫の親と子の似ているもの違っているものの觀察。 | ○アリとアブラ虫は互に助け合っているのが觀察出來たか(面接)<br>○害虫によって害するところがちがったり作物によって害虫の種類がちがったりすることが觀察出來たか(發表)<br>○害虫の繁殖は環境の適否に關係があることが理解されたか(テスト)<br>○害虫の種類の多いことが理解出來たか(テスト)<br>○幼虫が著しく親と形態が相違することが觀察出來たか(面接) |
| 3 害虫を驅除するにはどうしたらよいか。(2.3.6.7.11.13 14.15.17) | ○害虫をどうやって驅除したらよいか。<br>○簡單な方法はどうか。<br>○害虫をとろうとするとき害虫はどんなことをするか。<br>○害虫を食べる虫をさがす。<br>○益虫について話し合う。<br>○藥品によって驅除することが出來ることを實驗する。<br>○資料で研究して發表する。 | ○害虫の習性を知って驅除法が考えられたか(發表)<br>○益虫が害虫を捕食するところを觀察出來たか(發表)<br>○益虫の保護は必要であることが理解されたか(發表)<br>○藥劑による驅除法は便利で効があることが觀察されたか(發表)<br>○驅除法に對する研究的態度があるか(觀察) |

## 單元　3　池や小川，林や草むらなどに見られる動物や植物を調べよう。

7月下旬～10上旬　　　　所要時間　5時

Ⅰ 單元設定理由

A 社會的要求

動植物界の生活作用の營みが自然界と如何に關係して行われているものであるか，こうした動植物を考察することにより，更にそれ等が如何に人間生活と關係しているかを知り，吾々人間界の他に數々の生物が自然界に共生しているものであることを兒童自らが關心を持って研究していくような端緒を誘導して行くことは社會生活の向上に必要なことである。

B 理科的要求

1. 前學年迄に動物や虫の仲間の採集・飼育をしてその生態や特徴にふれて來た。當學年では更に廣く動物や植物を觀察して，五年に至り生物相互の關係に發展する。

2. 動植物の種類・名稱・動植物は環境の變化の影響をうけとること，季節によって生活の様子が違うこと，住んでいる動植物はどこでも同じでないこと以上を實地に於て觀察し更に人生との關係の考察など動植物に對する大略の概念を得ること及び，それ等を愛育し研究して行く態度を養いたい。

C 兒童の實態

1. 自然の環境に對して興味を持つようになり，問題をつかみ素朴ではあるが企畫し，分析的・綜合的な判斷が稍々出來るようになって來た。

2. 興味・關心の調査によれば，昆虫・小動物などの採集と飼育，動物の鳴き方など四年級が最も關心が多く，人間に有益な動物の調べが，これに次いでいる。植物では，おし花・おし葉とり・木の實拾い・などの採集，草や木の名前を澤山知りたいこと，藥草を調べる，人はどんな植物を食べている等が多い。(實態調査)

D 理科的環境の實態

1. 自然環境に於て，池や小川は學校，その周圍等近い手頃の所にあり，林や草むらも城山岡田方面に點在し，そこに見られる動植物の種類も比較的多く，四季を通じてその生態が觀察されて環境には惠まれているといえよう。

2. 家庭に於ても，兒童の興味をひく動植物方面の雜誌・繪本等の日々の入手や持ち合せなど比較的多い。

## Ⅱ 理解の目標

兒童の環境・心意傾向に順應し，動植物界に關して，ひろく觀察し，その種類や特徵・環境と習性・人生との關係などについて動植物に關する初歩的概念と採集・飼育を通じて愛育しながら研究していく態度を養いたい。

A 理　解

(○印は重点を示す)

① 動植物にはいろいろの種類がある。
② 動植物はいろいろの環境の變化の影響をうける。
③ 住んでいる生物はどこでも同じではない。
④ 動植物は季節によって，生活のようすが違う。
5 人は動植物と關係して生活している。

B 能　力

⑥ 動植物を採集する能力
7 飼育栽培する能力
③ 色々の動植物を比較觀察する能力
9 事實をありのまゝに見る能力
10 採集物を整理整頓する能力
11 動植物の特徵を記錄する能力
12 繼續觀察する能力

C 態　度

⑬ 環境に興味をもつ態度
14 注意深く正確に行動する態度
15 自由研究にまで發展し新しいものを見つけ出す態度

## Ⅲ 單元の組織

| 問題(番號は目標) | 學習活動 | 效果判定の觀點と其の方法 |
|---|---|---|
| 1 動物や植物にはどんな種類があるだろうか。(1.6.8.9.11) | ○繪や，おし葉や標本を見る。<br>○池や，小川，林や草むら等で遊んだ經驗を話し合う。<br>○採集することに對して計畫・持ち物等について話し合う。<br>○動物の体の特徵を見わける。<br>○動物を魚・虫・鳥・けもの等類別する。<br>○巣をもっているものがあるか<br>○水陸兩方に住むものがあるか<br>○昆虫の採集の種類を他のものと比べて見る。<br>○植物の區判のつく特徵を話し合う。<br>○植物の種類を出來るだけ多く集めて標本をつくる。 | ○興味の喚起・學習目的が把握されたか(觀察)<br>○各兒童の關心はどうか(討議)<br>○特徵をもっていることが理解されたか(テスト)<br>○注意深く觀察する能力はどうか(觀察)<br>○採集は相當に出來たか(觀察)<br>○動植物にはいろいろの種類があり特徵をもっていることが理解されたか(テスト)<br>○色々の動植物を區別する能力が出來たか |
| 2 動物や植物はどんなところに住んだり育っているか。(2.8.9.13.14) | ○日當りのよい暖かいところと日かげと比較する。<br>○動物には暗いところを好むものがあるか觀察する。<br>○天氣と昆虫の活動狀態を觀察する。<br>○食べ物がありそうなところはどんなところかさがす。<br>○植物はどんなところによく成長するか觀察する。 | ○住んでいる動物・植物はどこでも同じでないことが理解されたか(テスト)<br>○動植物はいろいろの環境の變化の影響を受けることが理解されたか(テスト・面接)<br>○環境に興味をもつ態度はどうか(觀察)<br>○環境を比較考察する能力はどうか。(面接)<br>○事實をありのまゝに見る能力はどうか(面接)<br>○注意深く行動する態度(觀察) |
| 3 動物や植物は季節によって生活の様子がかわるだろうか。(4.8.9.12.14.15) | ○春・夏・秋・冬と何時が一番動物は活動するか。<br>○冬の間はどうしているか話し合う。<br>○住む場所は變るものがあるか變るもの，變らないものと區別する。<br>○季節によってどう變化するか觀察する。<br>○如何なるところにどんな植物がよく出來ているか。<br>○それはどうしてか。(考察) | ○動植物は季節によって生活の様子が變ることが理解されたか。(テスト)<br>○繼續觀察が出來たか(ノート)<br>○自由研究にまで發展して新しい事柄を見出す態度はどうか(觀察) |
| 4 動物や植物は私たちにどんなことをしていてくれるか。(5.7.8.13.15) | ○虫・小鳥の鳴聲について<br>○小川からとれた食べられるもの。<br>○山野の鳥で食べられるもの。<br>○動植物で飼育栽培するもの。<br>(以上 考察する。)<br>○藥草や毒草についてしらべる<br>○私たちに害をする小動物につ | ○人は動物や植物と關係して生活をしていることが理解されたか(テスト)<br>○人生との關係に於て環境を比較考察する態度はどうか(觀察)<br>○環境に興味をもつ態度はどうか(觀察)<br>○自由研究に發展し研究調査する |

| | | |
|---|---|---|
| | いて考察する<br>「はい」「か」「しらみ」「のみ」「ねずみ」はどんとなところにいるか考察する。<br>どんな害をしているか話し合う。<br>たいじするにはどうしているか話し合う。<br>○海から私たちは遠くはなれているが海からとれたものでどんなものを食べているか→自由研究へ。 | 能力態度はどうか(觀察・面接) |

## 單元 4 蚕を飼ってみよう。

5月下旬～6月下旬　　　所要時間 8時

Ⅰ 單元設定の理由

A 社會的要求

1. 養蠶は我國特に信州の風土に適し古來廣く行われ，各地に於て農家の副業或は專業として經營されている。而してその生産物たる生糸はその一部は，國內の需要に充てるが其の大部分は輸出し絹織物と共に我國戰後最重要輸出物であり，見返り物資として王位を占めている。この養蠶業について都市兒童に自分の手で飼育しそして製糸を通じて如何にして生糸が出來るものであるかを体驗させ養蠶に對して正しい理解を與えることは大切なことである。
2. 一般父兄より動物愛育の念を養うことが要求されている。(實態調査)

B 理科的要求

1. 三年で青虫を飼育し蝶の發生するまでの觀察をすまし，本學年では蠶について更に一段と深く繼續しさまざまの注意をもって飼育し，一通の過程を踏んで如何にしたら生糸が出來るものであるかを實際に生産してみる。五年に至って人と生物との關係に發展する。
2. 卵から幼虫・蛹・成虫（蛾）となって再び卵を生む昆虫の變態の過程と蛾類についての特徴を蝶類と比較考察する。

C 兒童の實態

1. 科學的・實驗的な操作・態度に關心を持つと共に，すじ道の通った論理的な思考を求めるといった能力も芽生えて來た。
2. 動物（蛙）についての關心調査に於て四年級では成長の樣子・日數・時期部分的變化・祖先・食物・及び食べ方・形態と其に對する理由等が他の學年に比して最も多くなっている。(實態調査)
3. 青虫・ゆず虫・みみず，といった一見不快を思わせるものでも平氣でつまみあげて興ずる時であり，昆虫の飼育なども この期が最も旺盛な時代である。(實態調査)

D 理科的環境の實態

1. 市街地である爲に養蠶をしている家庭は殆どない，從ってその飼育法が如何に科學的に處理されなければならないものであるかというようなことはみられないが一方に我國經濟の面に於ても又吾々日常生活の使用の面に於ても養蠶は今日必須のものであるという認識はどこにもあろう。
2. 市內の近くに蠶種製造所，及び蠶業試驗場・工業試驗場や小規模ながら製糸工場もあり養蠶は郊外の農家で殆ど行われて兒童にはよき環境といえよう。
3. 學校には桑園がある。

Ⅱ 單元の目標

生糸を如何にして作り出すものであるか，一通りの過程を身を以て体驗し，その間飼育・製糸を通じ科學的な操作・態度を習得し，昆虫の變態の過程と蝶と蛾とのちがいを比較考察する。

A 理　解

① 蠶兒は常に淸潔で適度に乾燥し通風のよい場所を好む。
② 蠶卵を暖い室にうつすと，かえり「けご」になる。
③ 蛾はまゆをやぶって出る。
④ めすと・おすとは交尾してから卵をうむ。
⑤ 蠶は卵・幼虫・蛹・成虫の順序で成長する。
⑥ 蝶と蛾とのちがいを知る。
7 蠶は大きい時と小さい時とで桑のあたえ方が違う。
8 桑のくれ方にはいろいろの注意がいる。
9 蠶兒は四回脫皮する。
10 休を包んだまゆの中で脫皮して蛹になる。
11 まゆから生糸をとる。
12 よい生糸は外國に向けられ見返物資となる。

B 能　力

⑬ 繼續觀察し記帳する能力
⑭ 筋道の通った考え方をする能力
15 蠶座を整理整頓する能力
16 蠶兒の成長・給桑量・糸量等を數量的に又圖表的に觀察する能力

C 態 度

⑰ 環境に注意し科學的に飼育する態度

⑱ 根氣よく世話をしやりぬく態度

19 自由研究にまで發展し新らしいものまで研究する態度

Ⅲ 單元の組織

| 問題(番號は目標) | 學 習 活 動 | 効果判定の觀點と其の方法 |
|---|---|---|
| 1 かいこの始めは何だろうか。(2.7) | ○卵は温度のかわらない倉などの中に入れておく，それから暖い室にうつすことを話し合う。<br>○卵の色の變り方を觀察する。<br>○卵からけごの出る樣子を見る<br>○けごをはきたてするやわらかい葉をあたえる。<br>○けごはいつ頃から白くなつていくか見る。 | ○蠶卵から「けご」にかえることがわかつたか（テスト・觀察）<br>○なぜ「けご」にはやわらかい葉を與えるか理解されたか（テスト） |
| 2 かいこを丈夫に元氣よく育てるにはどんなにしたらよいか。(1.8.9.16.17.18) | ○初はやわらかい葉から次第に硬いものにする。<br>○桑は一度に澤山あたえるか，しばしば與えるか考察する。<br>○ぬれた桑を一部にあたえてみる。<br>○雨天の時は桑をどうすればよいか考察。<br>○蠶兒は一日にどのくらい成長するか觀察。<br>○いつ頃最も食べるか觀察<br>○食べない時があるかどうか見る。<br>○皮を脱ぐ所を見る。<br>○どうして脱ぐか考察。<br>○大きくなるまでに何回脱ぐか記錄する。<br>○枝のままあたえるのと，葉をちぎつてやつたのとどちらが便利かやつてみる。<br>○常に清潔と適度の乾燥と通風とが發育に關係していることを觀察する。<br>○葉の食べ方はどうなつてきたか見る。<br>○体のようすはどうかわつて來たか見る。 | ○桑のくれ方にはいろいろの注意がいることがわかつたか（テスト）<br>○成長を圖表にしているか（ノート）<br>○根氣よく世話をしているか（觀察）<br>○清潔・乾燥・通風が必要であることが理解されたか（テスト・觀察）<br>○環境に注意しながら飼育しているか（觀察）<br>○四回脱皮したことがわかつたか（テスト） |
| 3 よいまゆをつくらせるにはどんなことをしてやればよいか。(10.) | ○いつ頃まぶしにうつしてやるのがよいか考察する。<br>○どんなようにしてまゆをつくるかみる。<br>○まゆの中でどんなになつているかまゆを切つて觀察する。<br>○まゆをふつてみて，ことことと音がするのはどうしてか考察する。 | ○まゆの中で蛹になつているのがわかつたか（テスト） |

| 問題(番號は目標) | 學 習 活 動 | 効果判定の觀點と其の方法 |
|---|---|---|
| 4 まゆからどうすれば糸がとれるか。(11.12) | ○まゆを湯の中に入れてわらの穗で糸口をみつける。<br>○一つのまゆから一本の糸が出ているのを見る。<br>○一つのまゆから何米程の糸が出るものかはかつてみる。<br>○六，七本の糸を一つにしてわくにまく。<br>○製糸工場を見學に行く。行く前の注意をはなし合う。<br>○生糸は何につかわれているか話し合う。 | ○まゆから生糸がとれることが理解されたか（テスト）<br>○製糸工場はどんなところか理解されたか（面接）<br>○生糸はなぜ必要なものであるか理解されたか（觀察・テスト） |
| 5 かいこの親は何であるか。(3.4.5.6) | ○まゆをしばらおくとどうなるか。<br>○うじが出るのを見る。<br>○めすの蛾とおすの蛾をみわける。<br>○交尾してから卵をうむ有樣を觀察する。<br>○蝶と蛾のちがいを觀察する。<br>○蛾にはどんなものがあるか採集する。<br>○卵・幼虫・蛹・成虫となつて再び卵を生むことを整理する。 | ○蛾がまゆをやぶつて出るのを觀察出來たか（面接）<br>○めすとおすとが交尾してから卵をうむことが理解されたか（テスト）<br>○變態の過程が理解されたか（テスト）<br>○蝶と蛾のちがいがわかつたか（テスト） |

## 單元 5 おたまじゃくしはどのようにして蛙になるか。

5月下旬～7月下旬　　　所要時間 5時

Ⅰ 單元設定の理由

A 社會的要求

1. 動物界の發生・成長・變化の現象が環境に順應し繁殖して行く數々の神祕を兒童の心意と智力の程度に應じ實地に得易い卑近なものより興味を以て觀察させ驚異の感の成長と共に動物界に對する研究發展の端緒を開くことは社會生活を豊にし向上していくうえに大切である。

2. 一般家庭より動物愛育の念を養うことが要求されている。（實態調査）

B 理科的要求

1. 前學年迄に小動物を遊びのうちに飼育しつゝ生態の樣子について素朴的に觀察し四年に於て環境と生命との關係の一端にふれ，上學年に於て人生と動物及び動物の利用に發展する。

2. 本學習を通じて卵より飼育することにより，環境が生命現象に關係しているものであること，体の樣子がかわるにつれて，それぞれ適した生活をしていくことを理解し，飼育の方法と根氣よく細かに變化の有樣を繼續觀察する能力と，事實を克明に記帳して行く態度とを養っていきたい。

C 兒童の實態

単元3に準ずる。

D　理科的環境の實態

1.　春から夏にかけて鳴く蛙の鳴き聲も殆ど市街地では聞くことが出來ない。したがって，かえるの卵やおたまじゃくしが生活しそうな所は市街地の兒童の家のまわりにはちょっと見當らない。學校の田圃や池におたまじゃくしが見られる。

2.　おたまじゃくしは時折，昆虫の採集や遠足の時，又田舎道を通る時，水たまりで見受けることはあるが卵から變化するところや，おかをとびまわる蛙になるところは殆ど見受けられない。

3.　學校の西方500mの地点の池におたまじゃくしや卵がたくさん見られる。

Ⅱ　單　元　の　目　標

かえるの卵から順次發育しつゝ体の形が變り環境に適應しながら成長して，やがて形のととのった澤山のかえるとなって，とび出すまで，自らの手で育ってみて，生命現象の神秘と妙趣を味い動物界への研究發展の誘導と觀察し記錄し飼育する態度を養う。

A　理　　解

① かえるは親になるまでにいろいろに形がかわる。

2　卵は產んだ數だけ育つとはいえない。

3　卵は親がいなくとも育つ。

4　かえるには種類がある。

5　かえるには水陸兩方に住む。

B　能　　力

⑥ おたまじゃくしの飼育法を企畫する能力

⑦ 形体の變化を記錄し繼續觀察する能力

8　成長變化を圖表にする能力

9　事實を有りのまゝに見る能力

10　たまごを採集する能力

C　態　　度

⑪ 根氣よく世話をしやりとげる態度

12　環境に興味を持つ態度

13　自由研究にまで發展し更に未知の世界を研究する態度

Ⅲ　單　元　の　組　織

| 問題（番號は目標） | 學　習　活　動 | 効果判定の觀點と其の方法 |
|---|---|---|
| 1 かえるのたまごはどんなところにあるだろうか。(4. 10) | ○たまごをとりにどこへ行ったらよいか。<br>○どんなところにあるか，どんな形をしているか話し合う。<br>○持ち物は何が必要か話し合う<br>○いろいろの卵を集めよう。<br>○たまごの樣子などまわりの狀態と共に記錄する。 | ○興味が喚起されたか（觀察）<br>○卵をみつけて採集することが出來たか（觀察）<br>○かえるの卵には種類があることが觀察出來たか（面接） |
| 2 このたまごからどんなようになつて蛙になるだろうか。(1. 2. 3. 5. 6. 7. 8. 9. 11. 12. 13) | ○おたまじやくしを育てるには何を用意したらよいか話し合う。<br>○飼うにはどんなにしたらよいか。<br>○卵はどんなようにして置いたらよいか考える。<br>○蛙の變つた卵も育てゝ蛙にしてみる。<br>○水槽の底には土を入れる。<br>○水はどのくらい入れるか。<br>○水の他に何を入れたらよいか<br>○日當りはどうか等考察。<br>○卵の數をかぞえる。<br>○おたまじやくしが水の上に出るようになればどうしたらよいか。<br>○おたまじやくしは何を食べるか。<br>○とびまわるようになつた時はどうするか。以上考察する。<br>○かえるの種類をあつめる。<br>○蛙になつたら「おか」と「水」の割合を考える。<br>○周圍をどのようにしてやつたらよいか工夫する。<br>○子蛙を見てどう思うか感想發表する。<br>○蛙は冬はどうしているだろうか→自研へ。 | ○蛙は一生の間に形が變ることが觀察出來たか（ノート）<br>○おたまじやくしの飼育法を企畫する能力はどうか（觀察）<br>○事實をありのまゝに見ているか（面接・ノート）<br>○根氣よく世話する態度はどうか（觀察）<br>○繼續觀察し記錄する能力はどうか（ノート）<br>○卵は產んだ數だけ育つとはいえないことが觀察出來たか(面接)<br>○卵は親がなくとも育つことが觀察出來たか（面接<br>○蛙に水陸兩方に住むことが觀察出來たか（面接）<br>○環境に興味を持つ態度はどうか（觀察）<br>○蛙を飼育した感想はどうか（作文）<br>○自由研究への發展の態度はどうか（觀察） |

## 單元　6　にわとりとひよこを養ててみよう。

4月中旬～11月中旬　　　　所要時間　5時

Ⅰ　單元設定の理由

A　社會的要求

單元5に準ずる。

B　理科的要求

1.　三年で青虫・本學年で蠶を飼い，更にこゝで生活一般に關係の深い鷄の研究に移る。

2.　手近に飼育出來るところの鷄によって，親どりが卵から，ひよ子にかえす生の神秘，親どりがひよこを守り育てる様子，成長と環境との關係，他の鳥類との比較等々を考察し，五年に至って「かえる」や「櫻」の單元へ發展する。

C 兒童の實態

單元4に準ずる。

D 理科的環境の實態

1. 今日臺所の廢物を利用して鷄を飼育して卵を得ている家が所々にある。
2. 學校の飼育中の鷄，學校近くの養鷄場，學校の庭園，周圍，其の他から餌が得られ環境は整っている。

## Ⅱ 單 元 の 目 標

卵からかえし，ひよこを育て，やがて卵を產むようになるまでの間を通し，この期の兒童の心意に應じ，鷄の習性や飼育の方法の考察と鳥類に對する特徴の一端を理解し動物愛好の念を養う。

A 理 解

① 鷄の病氣や虫類の發生は不潔と多濕とに原因することが多い。
② 鷄舍は日當りと排水のよいところを選ぶ。
③ おんどりといっしょにいるめんどりのうんだ卵でないとかえらない。
4 親どりはひよこをかばう。
5 ひよこは卵からかえって直ぐ步き餌を拾って食べる。
6 つばめやすずめのひなは親どりが餌をはこんでやる。
7 春のはじめにかえったひよこは秋に卵を產む。
8 鷄糞は良い肥料となる。
9 飼料は色々のものをあたえるとよい。
10 卵をあたためて，約三週間たつと，ひなにかえる。

B 能 力

⑪ 飼育する能力
⑫ 繼續觀察し記錄する能力
13 事實をありのままにみる能力
14 鷄の飼育についての資料を集め使う能力

C 態 度

⑮ 根氣よく世話しやりぬく態度
⑯ 養鷄所で說明を聞く態度
17 環境に興味をもつ態度
18 注意深く正確に行動する態度

## Ⅲ 單 元 の 組 織

| 問題（番號は目標） | 學 習 活 動 | 効果判定の觀點とその方法 |
|---|---|---|
| 1 卵からどのようにしてひよこになるのだろうか。(1.2.3.4.12.14) | ○鷄について既有知識經驗を話し合う。<br>○鷄小屋はどんなところがよいか考察する。<br>○溫める場所はどんなにしたらよいか考察する。<br>○卵をいくつ入れるか話し合って卵の數を記錄する。<br>○溫める卵はどういう卵であるか話し合う。<br>○溫めてから，かえるまで，どのくらいの日數がかゝるか觀察していく。<br>○親どりの溫めている有樣を觀察。<br>○觀察日記をくわしくつけていく。<br>○親どりは餌や水をとるときはどうかその時も注意して觀察<br>○親どりは溫めている卵をころがすがどうしてか考察。<br>○幾日目でひなになつたか數えてみる。<br>○ひよこに手を出して見る。<br>○親がどうするかを見る。 | ○鷄舍はどんなところがよいか理解されたか（テスト）<br>○調べた資料を活用しているか。（觀察・面接）<br>○どういう卵を溫めればかえるかわかつたか（テスト）<br>○ひなになつたところが觀察出來たか（面接）<br>○事實をありのままに見ているか（ノート）<br>○卵を溫めて21日目頃にひなにかえつたことがわかつたか（テスト）<br>○親どりがひよこをかばうところがみられたか（面接） |
| 2 ほかのひなとどんなところが似ているか。(5.6) | ○ひよこのうまれてからの步く様子や餌を拾うところを觀察。<br>○あひる<br>○つばめ　のひなと比較する。<br>○すずめ | ○ひよこは卵からかえつて直ぐ步くことや餌を拾つて食べることがわかつたか（面接・テスト）<br>○つばめやすずめのひなは親どりが餌をはこんでやるところが觀察出來たか（面接） |
| 3 親はひよこをどんなようにして育てるか。(4.13) | ○ひよこの休み場所はどうか見る。<br>○寒いような時はひよこはどうするか觀察する。<br>○親どりがひよこを呼ぶなき聲はどうか話し合う。<br>○ひよこが大きくなるにつれて親と子の様子はどんなになつて來たか話し合う。 | ○親どりがひよこをかばつて育てゝ行く様子が觀察出來たか（面接）<br>○繼續觀察し記錄しているか（ノート） |
| 4 親からはなれたひよこを育てるにはどんな世話をしてやればよいか。(7.8.10.11.15.16.17) | ○ひよこの運動はどうさせたらよいか考察する。<br>○餌は一日に何回やつたらよいか又分量はどうか每日考察して行く。<br>○どんな餌がすきか，どんな餌をやらねばならないか話し合う。<br>○季節によつてどんな餌を與えたらよいか話し合う。 | ○根氣よく世話をしてやることが出來たか（觀察）<br>○飼育する能力や態度はどうか。（觀察・面接）<br>○鷄肥はよい肥料になることが理解したか（テスト）<br>○注意深く環境に關心をもつて行動しているか（觀察・面接） |

| | | |
|---|---|---|
| | ○水の世話はどのようにしたらよいか話し合う。<br>○糞はどうしたらよいか考察<br>○小屋の掃除はいつするか，どんなところに注意してやつたらよいか話し合う。<br>○病氣や元氣のないひよ子に注意して世話の仕方を考える。<br>○ひよ子はいつも安心しているようか話し合う。<br>○はじめて卵を產んだのはいつか，ひよ子にかえつた時から計算してみる。<br>○觀察記錄の發表。めずらしいこと，工夫したこと，困つたこと，其の他感想等を發表。 | ○ひよ子になつてから卵を始めて產むまでの日數がわかつたか（面接・テスト） |
| 5 養鷄場ではどんなにして卵からよひ子にしているか。<br>(18) | ○養鷄場へどういうことを調べに行くか計畫する。<br>○注意事項を話し合う。<br>○たくさんの卵をひなにするにはどのようにしているか觀察する。<br>○ひよ子をどのように育てゝいるか觀察<br>○學校に歸つて見學したことを話し合う。 | ○專門家の意見を聞く態度はどうか（觀察） |

## 單元 7 土はどのようにして出來たろうか。

9月下旬～10月上旬　　所要時間 12時

Ⅰ 單元設定の理由

A 社會的要求

吾々の住んでいる土地がどのように出來ているかということの學習から，自然界と生物界との間にどんな關係があるか，この土地に產する鑛物資源が如何に生活上に利用され，又如何に文化の發展に寄與しているかということの理解と共に地下資源の開發，保護に對する關心を得させることは社會發展の上から考えて緊要のことである。

B 理科的要求

1. 前學年までに川遊び・石の採集の學習を通じて，石や砂の種類・利用等を考察して來た。
2. 本學年では，土の成因，土と植物との關係，山や川はどんなものか，地下資源の利用等の考察など自然界と生物界の關係の初步的一端を理解し，五・六年に至って人と生物の關係，地球の成因等に發展する。

C 兒童の實態

1. 生活と自然環境の關係を考察することや，原因を探究していく態度が次第に增し，身体的に發達すると共に實驗的操作に興味を持ち，自ら進んで作業し持續も出來るようになって來た。
2. 石油・石炭の成因・火山の噴火・地震の原因等に對する關心が相當に多いことを示している。（實態調査）
3. 水についての關心調査に於ては，水はどこから來るか，雨の成因・水の溫度に對する變化等が各學年を通じ四年が最も多い。
4. 石の採集や標本をつくるといったことに日常興味が特に多い。

D 理科的環境の實態

自然環境に於て，此の學習をするのに極めて惠まれた場所である卽ち。

1. 學校の東北方面1kmの地点に岩壁の崩壞せる面あり，時に化石を含有している。
2. 學校の東方300mの地点に南北に女鳥羽川が流れている。
3. 學校の東方2kmの地点に採石場や鑛山がある。
4. 淺間・御母家・白糸・藤井等溫泉が点在する。
5. 淺間には素燒を作っている所がある。

Ⅱ 單元の目標

地殼は岩や石や土などから出來ていること，植物と土壤とが關係していること，地下資源が日常生活に利用されていること等の考察より，自然界と生物界とが密接なる關係を有する事柄につきその一端を理解し，自ら進んで，自然界を探究して行く態度を養う。

A 理　解

(1) 岩はくだけて砂や土にかわり土地が出來る。
(2) 氣溫の變化や水や生物のはたらきで岩がくだかれる。
(3) 土や砂は長い間に岩になることがある。
(4) 流れる水は陸地を削り石や砂や土をはこぶ。
(5) 木や草は腐って土にまじる。
6 火山でない山は地面に出來たしわのようなものである。
7 火山は噴火すると石や灰を積らせてだんだん大きくなる。
8 山や谷は雨や風にたえず削られて出來る。
9 川の上流の山に木をたくさん植えると洪水や旱魃を防ぐことが出來る。
10 雨水は地下にしみこんで井戸水になったりする。
11 地層には普通に「しま」が見える。
12 地層には土や砂が陸地から運ばれて海の底に積って出來たものがある。

13 石炭は古い時代の植物が埋って長い間に變化したものである。

14 石油は古い時代の生物から變ったものである。

15 土にはいろいろの種類があり普通に見られるものは粘土・砂・畠の土などである。

16 作物がよく育つためには土の中に水や空氣があることが大切である。

17 瀬戸物の原料は主に陶土である。

18 地下からいろいろの金屬がとれる。

B 能　力

⑲ 石など學習に必要な資料を集める能力

⑳ 岩がくだかれて土になることなどを推論する能力

21 落葉がくさって土にまじることなどを繼續觀察する能力

22 砂の水持の實驗結果を圖表にして整理する能力

23 筋道の通った考えをする能力

24 石などを比較觀察する能力

25 觀察結果を記錄する能力

26 石を色や，かたさなどで分類する能力

C 態　度

㉗ 土地に對して廣く疑問を起す態度

㉘ 觀察の事實を尊重する態度

29 石屋や燒物屋などで意見を聞く態度

30 環境に興味をもつ態度

31 土の水持ちの實驗を注意深く觀察する態度

32 道理にしたがう態度

33 科學尊重の態度

## Ⅲ 單元の組織

| 問題(番號は目標) | 學　習　活　動 | 効果判定の觀點と其の方法 |
|---|---|---|
| 1 土はどのようにして出來たどろうか。(1.2.3.11.12.19.20.24.25.27 28.29.30.32) | ○土の利用について話し合う。<br>○土はどのようにして出來たか話し合う。<br>○石をくだいて見る。<br>○土にはいろいろまざつているのはどうしてか考察<br>○いろいろの石の種類を集める。<br>○石の採集やがけのくずれているところを見學にどこへ行つたらよいか話し合う。<br>○持物や支度，其の他注意事項を話し合う。 | ○學習意欲されたか（觀察）<br>○研究目標が把握されたか(觀察)<br>○疑問を起す態度はどうか(觀察) |

| | | |
|---|---|---|
| | ○女鳥羽川原で採集する。<br>○まるい石が澤山あることに注意する。<br>○調査のまとめを記帳する。<br>○川上へ採集に行く。<br>○川下と比較する。<br>○砂がかたまつた岩があるか見る。<br>○石や砂は流されてどうなるか考察する。<br>○砂やどろが重なつて長い間たつとどうなるか考察する。<br>○地層について話し合う。<br>○熔岩について話し合う。<br>○「がけ」を觀察する。<br>○氣づいたことを話し合う。<br>○草や木の根のくいこんでいるのやわれ目等を見る。<br>そこをたたいて砂にして見る<br>○「がけ」の下の砂と，そのくだいた砂と比較して見る。<br>○調査のまとめを記錄する。<br>○採集した石ころを整理する。<br>○花崗岩を燒いて急冷してくだけるのを見る。<br>○石屋さんのところにはどんな石があるか觀察する。自由研究とする。 | ○石ころを集める能力はどうか。(觀察)<br>○石が流されている間に，角がとれてまるくなることが理解されたか（テスト）<br>○記錄がよく出來ているか（ノート）<br>○事實を尊重する態度はどうか(觀察)<br>○比較觀察する能力はどうか（面接）<br>○結果を豫想し推論する能力（面接）<br>○土や砂は長い間に岩になることが理解されたか。<br>○地層には土や砂が陸地から運れて海の底に積つて出來たものがあることを理解したか(テスト)<br>○地層には普通「しま」が見えることがわかつたか（面接）<br>○氣溫の變化や水や生物のはたらきで岩がくだかれることが理解されたか（テスト）<br>○岩はくだけて砂や土にかわることが理解されたか（テスト）<br>○分類する能力はどうか（標本）<br>○專門家の意見を聞く態度はどうか（面接）<br>○自由研究にまで發展する態度はどうか（觀察・ノート） |
| 2 山や川はどんなものか。(4.6.7.8.9.10.23.30.31) | ○川の上流の山々を眺め形をくらべる。<br>○山の形はどうしてちがうのか話し合う。<br>○富士山はどうして形がよいのか話し合う。<br>○火山はどうして頂上から煙やとけた岩がふき出したりするか考察する。<br>○火山でない山はどんな形をしているか話し合う。<br>○山の谷はどうして出來たか考察する。<br>○川の水はどこから來るのか觀察する。<br>○雨が降らなくともどうして川の水はながれているか考察する。<br>○井戸水はどこから來るか考察する。<br>○溫泉について話し合う。 | ○火山は噴火すると岩石や灰をつもらせてだんだん大きくなることが理解されたか（テスト）<br>○火山でない山は地面に出來たしわのようなものであることが理解されたか（テスト）<br>○山や谷は雨や風で削られて出來ることが理解されたか(テスト)<br>○山に木を植えると大水や水のかれることを防ぐことが理解されたか（テスト）<br>○筋道の通つた考えをする能力はどうか（面接）<br>○雨水は地下にしみこんで井水になつたりすることが理解されたか（テスト） |
| 3 どんな土が作物によいだろうか。(5.15.16.17.21 | ○どんな種類の土があるか話し合う。<br>○作物のよくそだつ土はどんな土か考察する。 | ○土にはいろいろの種類があり普通に見られるものは粘土・砂・畠の土などであることが理解されたか（テスト） |

| | | |
|---|---|---|
| 22. 29. 31) | ○粘土・砂・畠の土の水持ちについて實驗してみる，結果を整理する。<br>○枯草・おち葉などはどうなるか考察する。<br>○燒物にはどんな土をつかうか考察する。<br>○燒物をするところに見學に行く。 | ○作物がよく育つためには土の中に水や空氣のあることが大切であることが理解されたか（テスト）<br>○圖表にして整理しているかどうか（ノート）<br>○木や草は腐つて土にまじることが理解されたか（テスト）<br>○瀬戸物は主に陶土を使うことがわかつたか（テスト）<br>○專門家の意見を聞く態度はどうか（觀察） |
| 4 地下からどんなものがとれるか。(13. 14. 18. 29. 33) | ○石ころを集めた時の光つた石はどういう石か話し合う。<br>○地下から何がとれるか話し合う。<br>○日常ふれている金物にはどんなものがあるか調べる。<br>○鑛石からどんなにして金物をとり出すか話を聞く。<br>○日常どんな金物は何に使われているか調べる。<br>○石炭や石油はどんなものか話し合う。<br>○石炭は何から出來たものか。／○石油は〃　}話を聞く<br>○石油と揮發油について話し合う。<br>○それぞれ何にどんなところに使われているか話し合う。 | ○疑問を起す態度はどうか（觀察）<br>○地下からいろいろな金屬がとれることが理解されたか（テスト）<br>○科學を尊重する態度はどうか。(觀察)<br>○石炭は古い時代の植物が埋つて長い間に變化したものであることが理解されたか（テスト）<br>○石油は古い時代の生物から變つたものであることが理解されたか（テスト）<br>○比較觀察する能力はどうか<br>○地面はどんなになつているか理解されたか（テスト） |

## 單元 8 太陽や月や星はどのようなものだろうか。

4月下旬～3月上旬　　　　所要時間 12時

Ⅰ 單元設定の理由

A 社會的要求

近代科學の進歩發達は天文學の發展に負うところ極めて多く，斯學の直接・間接に影響するところ甚だ大なるものがある，本學習を通じて宇宙の現象に關心を向け生活に正しき理解を與え廣大なる天文界の眞理を究明していく態度の端緒を開いていくことは社會文化發展の上に緊要なことである。

B 理科的要求

1. 新學年迄に太陽・月・星について觀察を通して神話や傳說等を中心とした取扱いをして來た。
2. 本學年に於ては太陽・月・地球・惑星・流星・星座について相互の關係の大要とそれが吾々の生活と如何なる關係を持っているかを理解し天体についての初步的な觀測能力を得させ今後の發展の基礎を培いたい。

3. 五年・六年に至り，四季の起る理由・星の世界に發展する。

C 兒童の實態

1. 日常見受けられるところでは觀察・觀測する能力・又繼續していく態度も次第に向上して來た。
2. 星にどんな名前があるか，どうやってつけるか，星の大きさ，數・距離などに關心が可なり多い。（實態調査）
3. 月はなぜ地球の周を廻るか，晝と夜とはどうしてあるのかといった疑問をいだいて筋道を追って調べるという傾向が比較的多くなっている。（實態調査）
4. 流星や慧星を觀たいという珍らしい現象に對する關心も亦多い。（實態調査）
5. 星についての神話や傳說を聞くとか，月や星の國へ行って見たいこと，七夕祭・一番星見つけなどに關心が集中している。（實態調査）

D 理科的環境の實態

1. 松本では空氣が澄み，晴夜が多く觀測には適している。
2. 天体に關する，小學生用の本も，兒童は多少所有している。

Ⅱ 單元の目標

兒童の智力や興味・關心の程度に應じ，視界の範圍に於ける天体に關する大略の理解と，それ等が人間生活に如何に關係しているか，その一端を覗わせ，天体に興味を持って繼續觀察していく態度を養う。

A 理　解

① 北極星は北の方にあって，その位置を變えないから方向を知るのに役立つ北極星は小熊座にふくまれる。
② 北極星の近くにある大熊座とカシオペヤ座は北極星を見出す目印となる。
③ 太陽は月より大變大きいが月より遠くにあるので同じ位に見える。
④ 月は三日月―半月―滿月―半月―三日月となる。
5 流星は小さな天体が地球に引きつけられておこり地上に達するものもある。
6 月はいつも地球に同じ方をむいている。
7 新月の時は月は見えなくなる。
8 ある時には月は晝間も見える。
9 月は毎日同じ時刻には出ない。
10 月は地球を一まわりするのに約一ケ月かゝる。
11 太陽も月もまたその他の星も球狀である。

12 月のかけが地球にうつると日食が起る。

13 地球のかけが月にうつると月食が起る。

14 太陽は地球の半分だけ照し光の當る所が晝で光の當らない所が夜である。

15 星は太陽の何百倍も大きいものがたくさんある。

16 星の等級はわれわれの見る光の强さできまる。

17 多くの星は光と熱とを出している。

18 多くの星は地球自轉のために北極星のまわりをまわっているように見える。

19 星座の位置は季節や時刻でだいたいきまっている。

20 星座は空の場所をいゝ表わすに便利である。

21 星までの距離を光年で表わす。

22 惑星は太陽の光を反射している，金星は特によく光る。火星の光は赤味をおびている。

23 惑星は，ほとんど，またたかない。

B 能　力

㉔ 月の滿ち欠けを究明する能力

㉕ 資料を集め使う能力

26 星の光度を比較觀察する能力

27 望遠鏡など取扱う能力

28 星の大小・距離などを推論する能力

29 星の光度・大小・距離・月の滿ち欠け等を數量的に考察する能力

30 日食・月食等の理を實驗する能力

31 星座表を見る能力

C 態　度

㉜ 月の滿ち欠け，星座の位置等を繼續觀察し記帳する態度

33 月の形や，星の光度・位置など注意深く觀察する態度

34 月や星の科學的な事實によって迷信を正す態度

## Ⅲ 單元の組織

| 問題（番號は目標） | 學習活動 | 効果判定の觀點と其の方法 |
|---|---|---|
| 1 太陽はどのようなものか。（3.15.33） | ○太陽は生活とどんな關係があるか話し合う。<br>○太陽と月の大きさを考察，同じ位に見えるのはどうしてか考察。<br>○如何なる場合が晝になり，如何なる場合が夜になるか考察する，實驗をしてみる，圖にも畫く。 | ○太陽は月よりずつと大きいが遠くにあるから同じくらいに見えるということが理解されたか（テスト）<br>○太陽は地球の半分だけ照し光の當る所が晝で光の當らないところが夜であることが理解されたか（テスト） |
| 2 月はどのようなものか。（4.6.7.8.9.10.11.12.13.14.26.27.28.29.30.31.32.33） | ○月と私たちの生活とはどんなに關係しているか話し合う。<br>○月は晝見えるか，普通見えないがどうしてか考察する。<br>○月の表面はどのようになっているか話し合う。<br>○望遠鏡で見る。<br>○月の面のもようはいつの十五夜の時も同じに見えるか觀察する。<br>○月と地球の大きさについて話し合う。<br>○月はなぜ滿ちたり欠けたりするか話し合う。<br>○滿月から次の滿月まで形の變化する狀態と日數を觀察する<br>○月の滿ち欠けの理由を實驗して觀察する。<br>新月・滿月・半月・三日月の狀態を考察する，圖に畫いて見る。<br>○日食・月食のおきる理を考察する，實驗を工夫する。圖に畫いて見る。<br>○月が地球を中心としてまわり又それ等が太陽を中心としてまわる狀態を考察する。 | ○月は晝みえる時もあることがわかつたか（面接）<br>○迷信を正す態度はどうか（觀察）<br>○望遠鏡を使う技能はどうか（觀察）<br>○注意深く觀察しているか（ノート）<br>○月はいつも地球に同じ面を向けていることが理解されたか（面接）<br>○數量的に比較觀察する能力はどうか（觀察）<br>○問題をつかむ能力はどうか（觀察）<br>○繼續觀察する能力はどうか（ノート）<br>○月は毎日同じ時刻には出ないことが觀察出來たか（ノート）<br>○月が地球を一まわりするのに約一ケ月かゝることが理解されたか（ノート・面接）<br>○實驗する能力はどうか（觀察）<br>○三日月→半月→滿月→半月→三日月となることが理解されたか（テスト）<br>○新月は見えないことが理解されたか（テスト）<br>○日食や月食のおきるわけが理解されたか（テスト）<br>○資料を集め使う能力はどうか（觀察）<br>○比較觀察する能力はどうか（觀察）<br>○推論する能力はどうか（觀察） |
| 3 星はどのようなものか。（15.16.17.21.31） | ○星に關する傳說・神話を話し合う。<br>○星は晝間はなぜ見えないか考察する。<br>○星の明かるさをくらべてみる<br>○星の色を話し合う。<br>○星を見て名前を聞く。<br>○星座表を見る。<br>○星は一目でどのくらい見えるか話し合う。<br>○望遠鏡で見ると大きく見えるか話し合う。<br>○多くの星は太陽のように光と熱とを出している話を聞く。<br>○星の大きさについて話を聞く<br>○地球と星との距離について話を聞く。 | ○星は明かるさで一等星・二等星というようにわけてあることが理解されたか（テスト）<br>○星座表を見る能力はどうか<br>○多くの星は光と熱を出していることが理解されたか（テスト）<br>○星には太陽の何百倍も大きいものがたくさんあることがわかつたか（テスト）<br>○星までの距離を光年で表わすことが理解されたか |

| | | |
|---|---|---|
| 4 どんな星座が見えるか。<br>(1.2.19.20) | ○星はどのように動くか觀察する。<br>位置の變化・星と星とのならび方を見る。<br>○星のあつまりの形について話し合う。<br>○北斗七星はどこに見えるか話し合う。<br>一夜にどんな位置を示すか觀察<br>○他にどんな星座が見えるか話し合う，傳說について聞く。<br>○北極星はどこにあるか見る。さがす方法について話し合う。<br>○北極星は動くか，他の星にくらべてどうか觀察<br>○星座の位置を繼續觀察する | ○星座は空の場所を表わすに便利であることが理解されたか（テスト）<br>○北極星の近くにある大熊座とカシオペア座は北極星を見出す目印となることがわかつたか（テスト）<br>○北極星は北の方にあつてその位置を變えないから方向を知るのに役立つことが理解されたか（テスト・ノート）<br>○星座の位置は時刻によつて變ることがわかつたか（テスト）<br>○春夏秋冬で見える星座はちがうことがわかつたか（面接） |
| 5 わく星はどのようなものか。<br>(22.23) | ○赤つぽく光つている星はどのへんに見えるか，あけの明星よいの明星について話し合う。<br>○光り方を他の星とくらべる。<br>○わく星はいくつあるかわく星について話を聞く。<br>○さがすにはどうするか話し合う。 | ○わく星はまたたかないことが觀察されたか（面接）<br>○惑星は太陽の光を反射している金星は特によく光る，火星の光は赤味をおどていることがわかつたか（テスト） |
| 6 流れ星はどのようなものか。<br>(5.34) | ○流れ星について話し合う。<br>○途中で消えるのはどうしてか話を聞く。<br>○消えてしまわないことがあるだろうか話し合う。 | ○流星は小さな天体が地球に引きつけられておこり，地上に達するものもあることが理解されたか(テスト)<br>○迷信を正す態度はどうか(面接) |

## 單元　9　湯はどのようにしてわくか。

12月上，中，下旬　　　　　　所要時間　9時

Ⅰ　單元設定の理由

A　社會的要求

1.　水と熱との使用は生活に欠くことの出來ない密接な關係を持って居り，物質文化の發展の基礎はこの熱源の利用に負うところ甚だ大なるものがある，水と熱との物理的性質を考察することにより，それ等を如何に合理的に使用し操作したらよいかを理解せしめることは生活上大切なことである。

2.　一般父兄より日常接している器具・機械に對する常識や簡單な技術を敎えてほしいという要求がある。(實態調査)

B　理科的要求

1.　前學年までに太陽の熱に關するもの，電氣こんろによる熱の發生などについて，その現象の初步的・直接的な取扱をして來た。

2.　本學年に於ては，日常生活に使われる燃料の種類・炭火についての性質・空氣の組成・熱の傳導・水の沸騰・熱の利用等について大略の理解と，それ等操作に對する初步的な技術を得させ，やがて物理・化學的性質の研究考察の端緒たらしめたい。

3.　上學年に至り，更に熱の發生やその利用について廣く學習する。

C　兒童の實態

1.　環境に興味を持つようになり原因理由を追究し筋道をたどって思考していく意欲は漸次芽生えて來た。

2.　水についての調査に見られるものでは，水蒸氣の成因・水の溫度の變化に對する關心が各學年を通じて四年級は多いことを示している。(實態調査)

3.　關心・興味の調査で炭酸ガスや酸素などについて實驗をしてみたいことや物の燃燒についての關心が比較的多い。(實態調査)

4.　遊びの調査では，火遊び・マッチすり・どんど燒・花火が多い。

D　理科的環境の實態

冬季の暖房・夏季の冷藏・朝夕の炊事・其の他諸施設を通じ直接・關接に熱現象に接している。

Ⅱ　單　元　の　目　標

熱が水に如何に作用して，湯になるものであるか，熱の有無によって，水の狀態が如何に變ずるものであるか，燃料や炭火を如何に使用したらよいか等以上の諸点と生活との關係を考察理解し，それ等の操作に對して初步的な技術・態度を修得する。

A　理　　解

①　水は熱せられて下部から上部に向い輪を畫く如く再び下部に向う運動をする。

②　上部から熱しても下部の水は熱くならない。

③　物が燃えると炭酸ガスが發生する。

④　炭酸ガスは石炭水に溶けると白濁する。

5　一酸化炭素は有毒なガスである。

6　燃料には個体・液体・氣体のものがある。

7　各種燃料はそれぞれ使い場所によって違う。

8　各種燃料には發火の遲速がある。

⑨　物が燃えるには空氣が必要である。

10　煙突を立てるとよく空氣が通う。

11 空氣は酸素と窒素と少量の炭酸ガスのまざったものである。
⑫ 水蒸氣が冷えて水滴になる。
⑬ 沸騰点は100° であるが地方によって少し違う。
14 沸騰中は溫度は變らない。
15 氷点は0°である。
16 水は熱が加わると体積が膨張し熱をうばわれると収縮する。(4°C以上)
17 空氣は冷えると下降する。

B 能　　力

⑱ 水の沸騰や酸素の發生などについて實驗操作する能力
⑲ 煙突など使用して事實原理を應用する能力
20 燃燒と空氣の關係を見る能力
㉑ 火の消えるわけを推論する能力
22 溫度や時間などを數量的に考察する能力
23 燃料の種類・その使途などに關し資料を集める能力

C 態　　度

㉔ 實驗を企畫し工夫する態度
25 湯のわくことに關して疑問を起す態度
㉖ こんろなどで空氣の動く樣子を注意深く觀察する態度
27 科學を尊重する態度

## Ⅲ 單 元 の 組 織

| 問題(番號は目標) | 學　習　活　動 | 効果判定の觀點と其の方法 |
| --- | --- | --- |
| 1 燃料にどんなものがあるか。(6.7.8.19.23.24) | ○燃料と生活との關係を考察する。<br>○家庭で使う燃料にはどんなものがあるか話し合う。<br>○一日に使用する量は，又一番澤山使われるものについて考察。<br>○學校で使う燃料・工場で使うものについて考察。<br>○機械に使われるものについて考察。<br>○名種燃料について，何が速くもえ出すか，熱はどうか，光はどうか實驗する。<br>○もえにくいものは何か，どうすればきえやすくなるか考察。<br>○薪・炭・石炭について細かいものと，大きいものとについて燃えつきのよいわるいを驗實 | ○數量的に考察する能力はどうか(觀察)<br>○資料を集める能力はどうか(觀察)<br>○燃料には個体・液体・氣体のものがあることを理解したか(テスト)<br>○各種燃料には發火に遲速がありそれぞれ使い場所によつて異ることが理解されたか(テスト)<br>○實驗する操作，觀察の能力はどうか(觀察) |

| | | |
| --- | --- | --- |
| 2 火はどうすればよくおきるだろうか。(3.4.5.9.10.11 19.20.21.22.27 28) | ○こんろの炭はよくおきるか，かまどの薪はよくもえるか觀察し話し合う。<br>○こんろやかまどはどうなつているか觀察し見取圖や斷面圖を書く。<br>○こんろやかまどで火をつかう時空氣はどのように動くか，空氣の動く樣子を知るにはどんなことをしたらよいか工夫して實驗する。<br>○火鉢の炭をおこすときにはどうしたらよいか考察する。<br>○煙突のはたらきについて話し合う。<br>○火吹竹やうちわのはたらきについて考察する。<br>○火消しつぼ・アルコールランプのふた等で火の消えるわけを考察<br>○空氣は何から出來ているか話し合う。<br>○集氣瓶にローソクを入れて實驗する。<br>○塩素酸カリより酸素を取り出す實驗をする。<br>○もえた炭はどうなつたか話し合う。<br>○炭酸ガスになつたかどうかためすにはどうしたらよいか話し合つて實驗する。<br>○一酸化炭素は有毒であることを聞く。<br>○薪をたいた時，紙をもやした時炭酸ガスが出るか豫測して實驗する。 | ○火をおこしたり，かまどの火をもやすには空氣が必要であることが理解されたか(テスト)<br>○注意深く觀察する能力はどうか(觀察)<br>○關係を見る能力はどうか(觀察)<br>○煙突を立てるとよく空氣が通ることがわかつたか(觀察)<br>○事實原理を應用する能力はどうか(觀察)<br>○推論する能力はどうか(面接)<br>○器具を使う能力はどうか(觀察)<br>○空氣は酸素と窒素と小量の炭酸ガスなどがまざつて出來ていることが理解されたか(テスト)<br>○物がもえると炭酸ガスが出ることが理解されたか(テスト)<br>○一酸化炭素は有毒であることが理解されたか(テスト)<br>○炭酸ガスは石炭水に溶けて白濁することがわかつたか(テスト)<br>○實驗操作する能力態度はどうか(觀察・面接) |
| 3 湯はどのようにしてわくか。(1.2.12.13.14.15.16.17.23.24 25.26) | ○湯はどんなところに使われているか話し合う。<br>○湯はどのようにしにわくか考察する。<br>○實驗には何が必要か，どんなようにしてやればよいか工夫する。<br>○水の溫度体積を測定しておく。<br>○下部から熱を加えて水の動き方を觀察する。<br>○溫度の昇り方と時間との關係を記帳していく。<br>○湯氣はいつ頃から出はじめるか觀察。<br>○にえたつたことはどこでわかるか話し合う。<br>○その溫度は何度であるか測つてみる。<br>○湯になつた体積をしらべる。<br>○にえたつている時は溫度は變化するか觀察する。 | ○資料を集める能力はどうか(觀察)<br>○疑問を起す態度はどうか(觀察)<br>○實驗を工夫する態度はどうか(觀察)<br>○実驗操作の技能はどうか(觀察)<br>○繼續觀察する態度はどうか(觀察・ノート)<br>○水蒸氣が冷えて細い水滴になつて見えることがわかつたか(テスト)<br>○水は熱せられて下部から上部に向い輪を畫くごとく再び下部に向う樣子が觀察出來たか(テスト)<br>○上部から熱しても下部の水は暖まらないことがわかつたか(テスト)<br>○沸騰點は100°であるが地方によつて少し違うことが理解されたか(テスト) |

| | | |
|---|---|---|
| | ○上部から熱するとどうか實驗する。<br>○以上の二つの實驗より水の中へどのように熱が移つていくか考察しまとめる。<br>○冷えて行く時の溫度と時間とを記帳。<br>○水の体積を前とくらべる。<br>○水の熱による膨張する性質を利用して溫度計を作る→自研<br>○水が氷になりはじめる溫度について考察，水が氷になると体積はどうなるか實驗する。 | ○水は蒸發することが理解されたか（テスト・面接）<br>○氷點は0°であることがわかつたか（テスト）<br>○水は熱が加わると膨張し熱がうばわれると收縮することがわかつたか（テスト）<br>○水は氷になると体積が膨張することがわかつたか（テスト） |
| 4 湯や蒸氣や氷をどんなに利用しているか。<br>(1. 18. 24) | ○湯や蒸氣や氷の用途について考察。<br>○蒸氣を使つている機械について考察。<br>○冷藏庫はどんなになつているか考察。 | ○資料を集める能力はどうか（觀察）<br>○空氣は冷えると下降することがわかつたか（テスト） |

## 單元 10 懐中電燈はどうなっているか。

1月下旬～2月下旬　　　　所要時間　10 時

Ⅰ 單元設定の理由

A 社會的要求

1. 電氣は日常生活や交通・通信をはじめ其の他いろいろの產業に利用されている。社會を文化的に向上せしめ，合理的生活を營む爲には，よりよく電氣に對する正しい理解と技能が必要である。日常生活に直接關係ある電氣についての知識を得させ，電氣に對する親しみと興味を深めて行く事は生活向上發展のうえに大切なことである。

2. 一般父兄より日常接している器具・機械に對する常識や簡單な技術を教えてほしいという要求がある。（實態調査）

B 理科的要求

1. 前學年までに，電燈や電氣こんろをつけてみる，磁石遊びをするといった行動的・直接的な取扱をして來た。

2. 本學年に於ては，懐中電燈を分解し組立てを通して豆電球のつけ方，電磁石の性質の大略を理解すると同時に科學的に考える能力や簡單な技術の修得に向わせ，電氣的操作に對する興味・關心を高めたい。

3. 五年・六年に至り，電氣の性質や呼び鈴・モーターの製作などへ發展する。

C 兒童の實態

1. 身体的發達と共に電氣機具に對する製作物も見え出し，それ等の構造・機能の研究や操作には興味が深い。

2. 道具と機械に關する調査に於ては，四年級で，電磁石を作る。電氣の使途懐中電燈の構造・電氣の起る理由等電氣方面に對する關心が相當に示されている。（實態調査）

3. 遊びの調査に於ては，懐中電氣あそび・モーター廻し・電車を走らせるなどが多い。（實態調査）

D 理科的環境の實態

1. 電信機・電鈴・モークー・豆電球や電池を使用した玩具などの製作物が自由研究や創作展等に於て見られ，よい研究の機會が得られる。（校内に於て）

2. 電氣機具の材料の入手が比較的容易であり，電氣を使用した設備も各所に見られ，家庭に於けるそれ等電氣・器具・機械の運用技術に對する關心も多く環境は兒童によき影響を與えている。

Ⅱ 單元の目標

懐中電燈を分解し，組立てる操作を通して電池に對する初歩的な大略の理解と電磁石と永久磁石の差異を考察しながら，電氣についての興味を增し電氣に親しみを持ち電氣・器具を取扱う技能を養うことを主眼として行う。

A 理　解

① 乾電池には，＋極と－極とがある。
② 電池を使用している時，はだかの電線がふれあうと電池をいためる。
③ 電池にはいろいろのつなぎ方がある。
④ 電磁石は電流を通した時だけ磁性を帯びる。
5 電磁石も鐵や，ハガネやニッケルなどを引きつける。
6 電磁石も紙・木・ゴム・ガラス・銅・アルミニュウムなどを引きつけない。
7 電磁石のはたらきも，その兩端が一番强い。
8 電磁石にもN極とS極が出來る。

B 能　力

⑨ 懐中電燈を分解したり組立てたりする技能
⑩ 電池を使って豆電球をつける技能
⑪ 操作を簡單にするなど工夫し企畫する能力
12 電池・豆電球・スイッチなどの回路を畫く能力
13 電磁石と永久磁石の兩者を比較考察する能力

C 態　度

⑭ 道理にしたがい愼重に操作する態度
15 自由研究にまで發展し新しいものを見出す態度

Ⅱ 單元の組織

| 問題(番號は目標) | 學習活動 | 効果判定の觀點と其の方法 |
| --- | --- | --- |
| 1 懷中電燈はどうなつているか。(8) | ○懷中電燈について經験知識を話し合う。<br>○懷中電燈の種類を集める。<br>○懷中電燈を分解する。<br>乾電池……丸い筒形がいくつあるかしらべる。<br>○豆電球・ちやわん形の金物等をとりはずす。<br>○この乾電池から豆電球をつけるにはどうしたらよいか考察する。 | ○學習喚起は出來たか(觀察)<br>○懷中電燈を分解する技能はどうか(觀察) |
| 2 どうしたら豆電球がつくか。(1.2.3.10.11.12.14) | ○豆電球のどこと，乾電池のどこをつないだらよいか，はだかの電線が途中でふれあうとどうなるか話を聞く，豆電氣をつけてみる。<br>○ソケットを使用する，ソケットに入れるにはどのようにしたらよいか考察する。<br>○豆電球をつけてみる(ソケットを利用して)<br>○ソケットの構造を考察する。<br>○電池と豆電球の回路を畫く。<br>○電池やコードを手でおさえなくともよい仕かけを工夫し作つてみる。<br>○電池から電氣を手早くつけたり消したりするにはどんなしかけをしたらよいか工夫して作る。 | ○乾電池には十極と一極とがあることがわかつたか(テスト)<br>○道理にしたがい愼重に操作する態度はどうか(觀察)<br>○電池を使用して豆電球をつける技能はどうか(觀察)<br>○はだか線が中でふれ合うと電池をいためることが理解されたか(テスト)<br>○回路を畫く能力はどうか(ノート)<br>○操作を間單にすることの工夫はどうか(觀察) |
| 3 懷中電燈には電池をどのようにつないであるか。(3.9.12.14.15) | ○懷中電燈はどうしてつくか，銅線のかわりを何がしているか組立てながら考察する。<br>○消したりつけたりするところはどうなつているか觀察する<br>○懷中電燈の斷面圖を畫く。<br>○乾電池をつかつて面白いことをやつてみる。<br>○豆電球をたくさんつけるにはどうするか。<br>○どうすれば明るくつくか等を考察する。<br>○使えなくなつた乾電池をこわしてみる。 | ○懷中電燈を組立てたり分解したりする技能はどうか(觀察)<br>○道理にしたがい愼重に操作する態度はどうか(觀察)<br>○電池にはいろいろのつなぎ方があることが理解されたか(テスト)<br>○自由研究にまで發展し新しいものまで見出す態度はどうか(觀察) |
| 4 電磁石はどんなものか。(4) | ○電磁石のどこへ乾電池をつないだらよいか考察する。<br>○電氣を通した時どんな働があるか觀察する。<br>○小さい釘を澤山つけてみる。<br>○電氣を切つてみる。<br>○針をつけてみる。<br>○電氣を切つてもついているか觀察する。<br>○鐵粉を紙上において電磁石でうごかしてみる。<br>○電磁石はどんなものから出來ているかしらべる。 | ○電磁石は電流をした時だけ磁性を帯びることがわかつたか(テスト) |
| 5 普通の磁石とどんなところが違うか。(5.6.7.8.13) | ○電磁石はどんなものを引きつけるか。<br>○電磁石はどこが強く引きつけるかしらべる。<br>○引きつけないものは何かをしらべる。<br>○普通の磁石とくらべてみる。<br>○磁針に近づけて見て兩者をくらべてみる。<br>○兩者の同異點を各自に整理記帳する。<br>○電磁石を利用したものに何があるかしらべる。<br>呼び鈴・モーター・電信機 等に電池をつないでみる。 | ○電磁石は鉄やハガネやニッケルなどを引きつけることが理解されたか(テスト)<br>○電磁石は紙・木・ゴム・ガラス銅・アルミニュムなど引きつけないことがわかつたか(テスト)<br>○電磁石の働きもその兩端が一番強いことが理解されたか(テスト)<br>○電磁石にもN極とS極が出來ることがわかつたか(テスト)<br>○關係を注意深く觀察する態度(觀察)<br>○同異點が理解されたか(テスト) |

## 單元 11 望遠鏡を作ろう。

8月下旬～9月上旬　　　所要時間 4時

Ⅰ 單元設定の理由

A 社會的要求

1. 光學機械の出現により學術・文化の向上は一際めざましきものがあり，一般社會生活に益するところ甚大なるものがある。レンズの持つ特性を理解し光學機械・器具を生活に活用し更に光學及び其の機械に對する研究的精神の涵養を圖ることは社會文化向上のうえに大切なことである。

2. 一般父兄より日常接する器具・機械に對する常識や簡單な技術を教えてほしいという要求がある。(實態調査)

B 理科的要求

1. 二年・三年に於てレンズや鏡についての遊びを中心とした行動的な取扱いをして來た四年になってレンズの持つ性質を理解し五年に至り光の一般的性質を理解し高學年に至り更に論理的・分析的な光學的學習に發展する。

2. 本學年に於ては，望遠鏡の製作を通してレンズの持つ性質を理解し，レンズの焦点距離の測定や，製作に對する技能を養い，光學機械について關心を深めたい。

C 兒童の實態

1. 心意發達は單元9に準ずる。

2. 學習活動では，レンズで紙を燒いてみること，レンズで物を大きくして見ること，望遠鏡・双眼鏡・顯微鏡をしらべること，などに關心が多い。（實態調査）

3. レンズに對する關心調査に於ては，レンズで物がやけたりするわけ，色々に見えたりするわけ，レンズは何から，どうやって作るか，ということなど原因・理由を探究する傾向が芽生えている。（實態調査）

4. 遊びについては，レンズ遊び・光の反射・かげ踏みなどに關心が多い。（實態調査）

D 理科的環境の實態

1. 學校其の他個人の有する望遠鏡や双眼鏡を始め其の他顯微鏡など光學機械にしばしば接しられる。

2. 虫めがね・其の他レンズなどの入手も次第に出來るようになり，兒童用の擴大鏡なども出て來るようになった。

## Ⅱ 單元の目標

望遠鏡の製作を通じて，レンズの性質の一通りの理解を得て，光學及びその機械に對する研究の誘導を圖る。

A 理　解

① レンズを二つ組み合わせると物が近く見える。

2 凸レンズで光をあつめることが出來る。

3 凹レンズで光を分散させることが出來る。

B 能　力

④ 望遠鏡の筒の長さと，レンズの焦点距離との關心を見る能力

⑤ 望遠鏡を製作する技能

6 レンズを通った光の進路を見る實驗を工夫する能力

7 擴大された大きさを數量化して知る技能

8 焦点距離を測定する技能

9 光の進路を圖示する能力

10 資料を集める能力

C 態　度

11 根氣よくやりとげる態度

⑫ 自由研究に發展しレンズを使用して新しいものまで見出す態度

## Ⅲ 單元の組織

| 問題（番號は目標） | 學習活動 | 効果判定の觀點と其の方法 |
|---|---|---|
| 1 どのような望遠鏡を作ったらよいだろうか。（1.2.3.4.5.6.7 8.9.11.12） | ○望遠鏡について經驗知識を話し合う。<br>○望遠鏡で大切なものは何か話し合う。<br>○レンズの性質について話し合う。<br>○遠くの景色はどのように見えるか事驗して形・大きさについて話し合う。凹レンズについてもやつて見る。<br>○レンズを通つた光の進路を見る實驗を工夫してやつて見る<br>○光が集る有樣を圖に畫いてみる。<br>○凹レンズでも光の進路を同樣にして考察する。<br>○繪や字をレンズで大きくしてみる。<br>○物からどのくらいはなれたところが一番大きく見えるか何倍くらいに見えるだろうか等について考察する。<br>○レンズと紙までの距離を測る<br>○レンズで紙をやく，どんな色の紙が早く燒けるか（時間を測定・結果をグラフにしてみる→自研へ）<br>○紙を燒いた時の焦點距離と物が大きく見えた時の距離とを比較する。 | ○學習意欲の喚起はどうか（觀察）<br>○自由研究に發展し研究する態度はどうか（觀察・ノート）<br>○光の進路を見る實驗を工夫する能力はどうか（觀察・面接）<br>○凸レンズで光を集めることが出來ることを理解したか（テスト）<br>○擴大された大きさを數量化して知る技能はどうか（觀察）<br>○焦點距離を測定する技能はどうか（觀察）<br>○凹レンズは光を分散させることがわかつたか（テスト）<br>○圖示する能力はどうか（ノート） |
| (イ)レンズをどんなように組合せたらよいだろうか。 | ○このレンズを使つてよくみえる望遠鏡を作ることについて話し合う。<br>○二つの凸レンズを組み合せて遠くの景色を見る。<br>○見る時にどんなことに注意したらよいか考察する。<br>○景色はどのように見えたか話し合う。<br>○レンズを反對に組合せて前の時と比較してみる。 | ○レンズを組み合わせると物が近く見えることがわかつたか（テスト） |
| (ロ)筒はどのように作つたらよいか。 | ○レンズをつゝむ筒は何にしたらよいか話し合う。<br>○望遠鏡の大きさについて考察する。<br>○筒の長さはどのくらいにしたらよいか試作する。<br>○對物レンズと接眼レンズの間の長さを測定する。<br>○その間の長さと二つのレンズの焦點距離の和を比較する。<br>○筒の大きさを理解して製作する。<br>○筒の内面を黒くする。 | ○製作する技能はどうか（製作物）<br>○根氣よくやりとげる態度はどうか（製作物） |

| | | |
|---|---|---|
| 2 望遠鏡はどのように見えるか。(10.12) | ○遠く近く見えるか。<br>○形はどう見えるか話し合う<br>○反對側からも見てみる。<br>○遠くを見る時と近くを見る時望遠鏡の長さはどうか話し合う。<br>○凸レンズと凹レンズの組合せのものも作る。<br>○前者と比較して差異を話し合う。<br>○幻燈機を作る（自由研究で）<br>○レンズを使つてある機械にはどんなものがあるか調べる。 | ○自由研究に發展し研究する態度はどうか（觀察）<br>○資料を集める能力はどうか（ノート） |

## 單元 12 どうすれば健康なからだになれるか。

4月中旬～1月中旬　　所要時間 10時

### I 單元設定の理由

A 社會的要求

1. 社會全体の健康狀態が改善されるには人体の生理についての研究と個人及び共同社會に對する衞生について正しい理解を持つことが緊要である。健康を増進し積極的に身体を强壯にすると共に疾病や障害の防除に對して科學的な處理を構じて行く理解と態度を高揚することは社會生活向上に必要なことである。
2. 日常一般的な衞生についての常識をもたせること，食生活に對する正しい理解・病氣殊に傳染病に對する知識・態度等をもたせたい要望がある。（實態調査）

B 理科的要求

1. 前學年迄に保健衞生に對して主として自分を中心とした初步的一般的な取扱をして來た。四年に於てはそれに稍々論理的・分析的考察を加え健康について自律性を深め五・六年に至り体內の諸器官の機能及び環境と保健について綜合的な考察に發展する。
2. 本學年に於ては，個人及び公衆の健康の增進と疾病及び障害の防除はわずかの注意によって成し遂げられるものであることを理解させたい。
3. 身体を積極的に鍛錬し調和せる發達を圖る心構えと迷信を排除して科學的に思考する態度を養いたい。
4. 小さな外傷については自分で手當の出來る初步的な技術を得させたい。
5. 他教科の連絡に於ては算數の「身体檢査」体育等に連關している。

C 兒童の實態

1. 心意段階は單元9に準ずる。
2. 興味・關心の調査に於ては，齒の成因・消化器系胃腸の働き疾病の原因健康法に對する關心が他學年に比して多くなっている。（實態調査）
3. 學習活動に於ては，目で物が見える理由，食物の腐敗するわけ等の原因理由を追究すること，体溫・脈搏を測ってみること，病氣に關する統計，飮食の量を調べるといった數量的に考察する面，けがや・やけどの手當法を知りたいこと，積極的に運動し鍛錬して行くことなど以上の諸点に關心が多く，榮養と健康とか，過勞・偏食・不潔等の身体に及ぼす害と云うことには五・六年に至って多い。（實態調査）
4. 遊びに於ては野球・なわとびが行われる。

D 理科的環境の實態

1. 醫科大學を始め療養所・公私立病院の設備等近時漸增し，衞生思想の普及と相まって家庭に於ける醫療品や，健康生活についての關心は高まっている。
2. 學校の衞生室には一通りの醫療設備・圖書・藥品が備っており學校給食も十分行われている。

### II 單元の目標

疾病や障害を排除して健康を增進するには如何にしたらよいか，個人・公衆に對する衞生が如何に健康生活に必要なものであることなど一般的な理解を與え，小さい怪我などの初步的な手當を會得する。

A 理　解

① 食事の前に手や足や体をきれいにして食べると食べ物にはばいきんがつかないで病氣を防ぐことが多い。
② 生のまゝで食べる食物をよく洗わなかったり，消毒をしないと寄生虫がやどったり傳染病にかゝることがある。
③ 刃物の扱い方や，機械や道具の扱い方に注意がたりないとけがをすることがある。
④ よごれた手で目をこするとばいきんがついて目の病氣にかゝり易い。
5 寢る前に齒をみがくと；むし齒を防ぐのによい。
6 寢る前に物を食べると胃や腸を悪くしたりむし齒になったりする
7 日のじかに當っている所や，うす暗い所で物をみると目をいためやすい。
8 悪い姿勢では血のめぐりを悪くしたり骨がまがったりする。
9 食物がくさると臭や味や色が變るから氣をつけて食べないと病氣になることがある。

10 あまり寒さをがまんしたり汗をふがなかったりすると風邪をひく。
11 急にはげしい運動をすると疲れがなおらなかったり筋肉をいためたりする。
⑫ はい・しらみ・か・ねずみ等が傳染病菌をつえたる。
13 過勞を自分で感じたらよく休息をとらないと病氣のもとになる。
14 人が生きて行く爲には穀類・芋類・野菜類・果物・魚介・肉類・卵・乳などの食物が必要である。
15 整頓のわるい爲にけがをしたり，他人にけがをさせることがある。
16 ハンケチ・手拭・マスクなどは清潔を保たないとかえって悪い。
17 呼吸は肺で行われる。
18 血は心臓から送り出される
19 食べ物は胃や腸で消化される。
20 体重の増減は体の健康狀態を知る手がかりとなる。

B 能　　力

㉑ 健康を保ち進める能力
22 病氣の予防などについて資料を集め使う能力
23 体温・脈搏等を數量的に考察する能力
㉔ 小さい怪我などに手當する技能
25 環境と傳染病との關係を考察する能力

C 態　　度

㉖ きまりよく生活し健康に留意する態度
㉗ 公衆衛生などに協力する態度
㉘ 衛生を重んずる態度
29 科學尊重の態度
30 醫療機械器具を取扱う態度
31 迷信を正す態度

### Ⅲ 單元の組織

| 問題(番號は目標) | 學　習　活　動 | 効果判定の觀點及其の方法 |
|---|---|---|
| 1 身体検査をやって自分の体に注意するところはないだろうか。<br>(4月中旬～5月上旬) | ○4月の体重・身長・胸圍を3月と比較する。<br>○學校で4月行われる恒例の身体検査より自分の病氣したこと，健康狀態等について話し合う。<br>○身体検査後，その表を見て欠陥を話し合う。 | ○學習喚起がなされたか（觀察） |

| 問題(番號は目標) | 學　習　活　動 | 効果判定の觀點及其の方法 |
|---|---|---|
| (4.5.6.7.8.28) | 圓背について……姿勢についての話し合い。<br>耳鼻について……清潔・はなをかむ時，耳に水を入れない等話し合う。<br>視力について……暗い所で本を見たり，日の當つた所で本を見たりするとどうなるか話し合う。こまかいものを見た時，眼がつかれた時どうするか，本を見る時の姿勢などについて話し合う。<br>○眼の病氣はどんな時になるか話を聞く。<br>○歯について，むし歯はどうしてなるか話し合う。<br>○むし歯の豫防について話し合う。<br>○どんな歯ブラシを使つたらよくみがけるか話し合う。<br>○身体の弱い人はどうしたら強くなれるか話し合う。 | ○悪い姿勢では血のはわりを悪くしたり骨がまがつたりすることが理解出來たか（觀察・テスト）<br>○衛生を重んずる態度はどうか（觀察）<br>○日のじかにあたつている所やうす暗い所で物をみると目をいためることが理解出來たか（觀察テスト）<br>○よごれた手で目をこするとばいきんがついて目の病氣にかかり易いことが理解されたか（觀察テスト）<br>○寝る前に物を食べると，むし歯になることが理解されたか（テスト・面接）<br>○寝る前に歯をみがくと，むし歯を防ぐことが理解されたか（テスト・面接） |
| 2 体のためにはどんな食物をどう食べたらよいか。<br>(5月下旬)<br>(14.19.22) | ○食べ物で，すき・きらいについて話し合う。<br>○どんな食べ物が体をつくるか。<br>○どんな食べ物が力のもとになるか。<br>○どんな食べ物が体温のもとになるか。<br>○どんな食べ物が体の調子をよくするか。<br>（以上）等について話を聞く。<br>○よくかんで食べるとなぜよいか話し合う。<br>○飯をよくかんでいると味はどうなるか話し合う。<br>○食後の休みについて話を聞く。<br>○胃や腸の中でどんな變化があるか話を聞く。<br>○食べ過ぎなどについて話し合う。<br>○よくかむには歯の大切なことと歯の衛生について復習する。 | ○人がいきて行く爲には穀類・芋類・野菜類・果物・魚介・肉類卵・乳などの食物が必要であることが理解されたか（テスト・面接）<br>○資料を集める能力はどうか（觀察）<br>○食べ物は胃や腸でこなれることがわかつたか（テスト） |
| 3 病氣にならないようにするにはどうしたらよいか。<br>(1 傳染病について。 | ○雨が降り續く近頃の氣分や体の調子について話し合う。<br>○体重測定の結果は先月に比してどうだつたか話し合う。<br>○じめじめしたこと，かびの出たことについて話し合う。<br>○食べ物がくさると色や，臭や味はどうなるか話し合う。 | ○体重の増減は体の健康狀態を知る手がかりとなることが理解されたか（テスト）<br>○食べ物がくさると臭や味や，色が變るから氣をつけて食べないと病氣になることが理解されたか（テスト・面接）<br>○生のまゝで食べる食物はよく洗 |

| | | |
|---|---|---|
| 6月中間より7月上旬）<br>(2.9.12.20.25 29) | ○生のまゝの食べ物を食べる時はどういう注意が必要か話し合う。<br>○傳染病について話し合う。<br>○ばいきんはどんな害をするか話を聞く。<br>○ばいきんは眼でみえるかどうか話し合う。<br>○傳染經路について話を聞く。（はい・しらみ・か・ねずみ等について）<br>○ばいきんの繁殖し易いところについて話し合う。<br>○清潔にすることについて話し合う。（衣服・身のまわり・手・足手拭など……）<br>○ばいきんを殺したりふせいだりするにはどうしたらよいか話し合う。<br>○藥品・消毒（日光）豫防注射について話を聞く。 | うか，消毒をしないと寄生虫がやどつたり傳染病にかかつたりすることが理解されたか（テスト・面接）<br>○はい・しらみ・か・ねずみ等が傳染病菌をつたえることが理解されたか（テスト）<br>○公衆衛生に協力する態度はどうか（觀察・面接）<br>○環境と傳染病との關係を考察する能力はどうか（觀察）<br>○衛生を重んずる態度はどうか（觀察）<br>○科學尊重の態度はどうか（觀察）<br>○あまり寒さをがまんしたり，汗をふかなかつたりすると風邪をひくことが理解されたか（テスト・觀察）<br>○數量的に考察する能力はどうか觀察・テスト） |
| ㋺風邪について。<br>(12月上旬)<br>(10.23) | ○風邪はどんな時かゝり易いか話し合う。<br>○風邪をひいた時は体の調子はどのようか話し合う。<br>○体温のはかり方について話を聞く。熱をはかる。脈をはかつてみる心臟に手を當てゝみる。<br>○風邪の豫防について話し合う | ○健康を保ち進める能力はどうか（觀察） |
| ㋩腹痛について。<br>(12月下旬～1月中旬)<br>(6.21) | ○腹痛の經驗を話し合う。<br>○食物をたくさん食べた後の氣持はどうか。（餅の量と飯の量を比較考察する）<br>○休み中の体（胃腸）の調子はどうであつたか話し合う。<br>○どうしてか原因を考察する。<br>○おやつについて話し合う。<br>○就寢前の食べ物について。<br>○就寢中の胃腸の働について話を聞く。<br>○長い休み中の生活態度について話し合う。 | ○寢る前に物を食べると胃腸を惡くすることが理解されたか（面接・テスト） |
| 4 丈夫な体になるには運動をどんなようにしたらよいか。<br>(9月下旬～10月上旬)<br>(11.13.17.18.21) | ○運動會が近づいてこの頃どんな運動をしているか話し合う<br>○運動と体の健康について話し合う。<br>○運動の始めと終りにはどうしているか話し合う。<br>○運動をして体の様子について話し合う。<br>心臟はどうか，呼氣・吸氣はどうか，胸に手を當てゝみる。 | ○血は心臟から送り出されることが理解されたか（テスト） |

| | | |
|---|---|---|
| | ○体に弱いところがあるのに無理な運動をするとどうなるか話を聞く。<br>○はげしい運動をして疲れ過ぎるとどうなるか話し合う。<br>○運動後の入浴について話を聞く。<br>○睡眠時間について話を聞く。 | ○呼吸は肺で行われることが理解されたか（テスト）<br>○急にはげしい運動をすると疲がなおらなかつたり筋肉をいためることが理解されたか（觀察・テスト）<br>○過勞を自分で感じたらよく休息をとらないと病氣になることが理解されたか（テスト）<br>○健康を保ち進める能力はどうか（觀察） |
| 5 けがをしないようにするにはどんな注意をしたらよいか。<br>(10月中旬)<br>(3.24.30) | ○すりむいたり・けがをしたことについて話し合う。<br>○整頓の必要であることについて話し合う。<br>○けがの時どんな手當をしたか話し合つてやつてみる。<br>○消毒について話を聞く。<br>○指もとをしばつてその血行を見る，出血の手當法を實習する。<br>○鼻血の出た時・やけどの時・蜂にさゝれた時・まめの出來た時・とげのさゝつた時・目にごみが入つた時・どうするか話を聞き，時折實習する。 | ○刄物の扱い方や機械や道具の扱い方に注意がたりないとけがをすることが理解されたか（テスト・觀察）<br>○小さいけがを手當出來るか（觀察）<br>○道具を扱う態度はどうか（觀察） |
| 6 健康な生活をするには毎日どうしたらよいか。<br>(1月中旬)<br>(21.26.31) | ○健康な生活をするには毎日どうしたらよいか話し合う。<br>○日當り，通風について話し合う。<br>○一日の生活計畫をたてる，それをきまりよく實行することについて話し合う。<br>○一日の生活に計畫をたてる，それをきまりよく實行することについて話し合う。<br>○昔から体についていろいろ云いつたえについて話し合う。<br>○それは正しいかどうか考察する。 | ○きまりよく生活し健康に留意する態度はどうか（觀察）<br>○健康を保ち進める能力はどうか（觀察）<br>○迷信を正す態度はどうか（觀察） |

2	314	309	305	302	298	296	293	289	286	283	282

第五学年
單元の季節配当並に時間数
(数字は時間数)

各項元 の時通	네타	11	기묘ト	 11 1+	1+	+	<u> </u>	>	7)	> \	Ħ	国	五
円に	11211	गामात	नामात	기를	귀하	न्मिन	그라는	기 라 누	그 무 누	커라는	上中下	네 # 1	ङा
12					Ē					2.ありとかぶらびしは どのように脱垣し合っつ 生きているだろうか	工鉄はどのようにして、生きているだろうか		動)
10					9 .		7	C	7	はいるって	かにして だろうか		苍
12												3.類はどのようにして 生きているだろうか	正
	a				ω						G.		int.
J O									<u> </u>		,	土物本の元 一方には 存をなるだった 神道なる	36
6				<u> </u>			- <u>-</u>		- <u>-</u>	- · · · · ·		4. 絵本の文明は 2.のよ 「つちに壁るだろうか 5. 存近代をは 2.5 して もつるだろうか 1.000000000000000000000000000000000000	1
10 1 9			7.針次数回復を信 光について調べ。		1 日 日 日 日 日 日 日 日 日 日 日 日 日 日 日 日 日 日 日	2 2 2 2 2 2 2 2 2 2 2 2 2 2 2 2 2 2 2	5 % %	見がどのよ					高さい
01 10		3	1 日本年 10日	3	5、一部では、10、10、10、10、10、10、10、10、10、10、10、10、10、	これ、2017年 日本の日本のようなとのからなどのようなとのがいる。 ひ遊び かいまい はん ひ遊び いっぱん ひ遊び いっぱん ひかい こうしゅう しゅうしゅう しゅうしゅう しゅうしゅう ひょうしゅう しゅうしゅう しゅう	,	見がどのように使われて 見がどのように使われて					と道具
0	C:	11. 税 255の十								神コピの			18 1
· a	,	ガー語のようないだったいかったいいったいいったいったい								単立とのようにしてとなったのが、 まれまいか おはまいか おりにしてと			強州
105	7 .	*	-1.	12	φ .	œ	. 10		13	7.5	æ	51	E 4:3

- 585 -

## 單元 1 蛙はどのようにして生きているだろうか。

季節 5月上旬〜11月上旬　　所要時間 12時間

### Ⅰ 單元設定の理由

A 社會的要求

1. 動物が人間社會に及ほす影響は莫大なものである。即ち人間に利用される面からしても，又人間に害盆を與える面からしても數限りなくある。即ち人間の衣食住に始まり，産業・交通・運輸・保健衞生・娯樂に至るまで少なからぬ關係を有している。
2. 文化的・合理的・生活を擴充發展させて行くには，この動物をよりよく利用して行かなければならぬ，それには動物そのものの形態・習性・分類及び環境との關係などあらゆる面から動物に對する正しい理解を持つことが大切である。
3. 社會一般及び父兄からは動物について詳しく調べる事により科學的態度・能力をやしない，植動物愛育の精神を養いたいという要求がある。(實態調査)

B 理科的要求

1. 低學年に於いて，動物を飼育したり，觀察したりすることによって動物の一般的生態にはふれているが更にこゝで動物の生活の仕方の一般及び体の構造とその機能が生活に適應していることを理解させる。
2. 動物相互の關係・動物と植物及び人間との關係を理解させ，やがて六年生で，その利用方面に發展させたい。
3. 動物の生活と季節及び外的環境との關係を理解させる。
4. 上記の如く，いろいろの動物の体の構造・機能や生活の狀態及び環境との關係を調べさせ，科學的に考察する能力・態度をやしなわせたい。

C 兒童の實態

1. 心意的發達からみて兒童は客觀的にもの事を考え，分析的・綜合的・判斷的に結論を見出し，思考はすじ通を通して理論的に考える樣な傾向になる。計畫的に行動する樣な態度が出來てきて，自ら問題をみつけ，これを實驗的實証的に確めなければ承知しないという傾向をもつ。發表欲旺盛で社會性が出て來て，協力的となる。
2. 動物に關しては「成長の仕方」「体の内外各部の構造や，その機能」「冬眠の仕方」「種類・色・形」「兩棲のわけ」「食物・運動・呼吸・發聲・消化などがどのように營まれているか」という樣なことに興味をもち關心を有つ。(實態調査)

3. 動物に關する學習では「生物相互の關係」や「生物と環境・人間との關係」「動物の種類の研究」に興味をもち，關心を示す傾向をもつ。即ち動物に對する論理的・綜合的な學習を望む。(實態調査)
4. 遊びの中には魚取り・貝とり・おたまじゃくしとり等や兎・鷄・山羊・小鳥・虫の飼育・蛙つり・ありじごく探しなど動物を相手としたものがこの外に相當多い。特に蛙の解剖などに深い興味をもっている。(實態調査)

D 理科的環境の實態

1. 都市の關係上家庭附近に於ては，いろいろな動物に接する機會は少い。
2. 學校の池に水中の小動物・魚・その附近にいろいろの動物が見られる。
3. 學校の北方約500mの處に大きな池あり，水中小動物・魚などや，おたまじゃくし・蛙がすんでいて研究には適している。
4. 學校に於ける飼育動物は兎・鷄・山羊などで兒童は，常にこれらに接し，自ら世話している。
5. 市内博物館にはアルプスの動物が一部陳列されている。
6. 學校・附近の河川草むらにはいろいろの動物が棲む。

### Ⅱ 單元の目標

蛙の生活狀態や蛙の体の外部，内部の構造及び機能と生活との關係を理解し蛙と植物，人生との關係を調べ，動物一般の生活機能を環境との關係に於て概觀的に考察する能力と科學的態度をやしない併せて動物解剖の初歩的技能を体得させる。

A 理　解

① 動物(蛙)は生活に適した体の形や器官をもっている。
② 動物(蛙)の口は食物をとるに適した形をしている。
③ 動物(蛙)の体は運動に適した形をしている。
4 動物(蛙)の体には鳴くしかけがある。
5 動物(蛙)には敵がある。
6 動物(蛙)は身をまもる方法をもっている。
7 動物(蛙)は食物と水とをとりいれて生活し，不用のものは体外へ出す。
⑧ 蛙は肺臓と皮膚とで呼吸する。
⑨ 蛙は水陸兩棲である。
⑩ 動物(蛙)は酸素をとる上で植物と助け合っている。
⑪ 動物(あまがえる)にはまわりの色によって色の變るものがある。
⑫ 動物(蛙)には冬眠するものがある。
13 動物(蛙)には人に役立つものがある。

14 森林草むらなどは動物のよい住みかとなる。

B 能　力

15 蛙の學習について問題を掴む能力

16 動物(蛙)の種類を比較觀察する能力

⑰ 蛙の体の構造・機能・生態との關係をみる能力

18 動物(蛙)に關する資料を使う能力

19 解剖などで分析的綜合的にみる能力

⑳ 蛙を飼育する能力

21 動物(蛙)の生活を繼續的に觀察する能力

22 觀察・實驗を記録する能力

㉓ 解剖用具を使う能力

C 態　度

㉔ 觀察・解剖など根氣よくやりとげる態度

25 觀察した事實を尊重する態度

26 いろいろの動物について自ら進んで究明しようとする態度

27 觀察・實驗など愼重に行動する態度

Ⅲ 單元の組織

| 問題(番號は目標) | 學習活動 | 効果判定の觀點及び其の方法 |
|---|---|---|
| 1 食物には何をどのようにしてとるか。(1.2.7.25.27) | ○おたまじやくしの食物について調べる。<br>○蛙つりをして遊ぶ。<br>○蛙の舌の使い方，捕食法を觀察する。<br>○解剖と關連して食性を調べる。<br>○魚やへび等の食性も話し合う。 | ○おたまじやくしや蛙の食べ物や食べ方が理解出來たか(觀察・テスト)<br>○口の形が捕食に適している事がわかつたか(面接) |
| 2 蛙はどんなところに棲んでいるか。(6.8.9.10.11.14.21.25.27) | ○蛙の住み場所を觀察。<br>○水の中の生活の樣子をみる。<br>○草むらや樹上の生活の樣子をみる。<br>○蛙の飼育の仕方を話し合つて飼育。<br>○蛙を乾燥せる瓶と水を少しいれた瓶とに入れて飼育してその結果をみる。 | ○蛙は水陸両棲であることがわかつたか(おたまじやくしの生活から)(テスト)<br>○まわりの色によつて色の變るのがわかつたか(面接)<br>○蛙は肺臓と皮膚とで呼吸することがわかつたか(面接)<br>○森林や草むらがよい住みかであることがわかつたか(觀察) |
| 3 蛙の体はどんなところが生活に適しているか。(1.3.4.7.8.9.10.17.19.22.23 24.25.26.27) | ○外部形態と生活上の機能を調べる。(全形・皮膚・眼・耳・聲・鼻・四肢・水かき)<br>○内部形態と生活生理を調べる(解剖・消化系・呼吸系・循環系・生殖系・神經筋肉などについて)<br>○他の動物の体の構造・機能と生活との關係も考察。(魚類・鳥類・昆虫類など)<br>○蛙と他の動物との關係を調べて話し合う。 | ○生活に適した体の器官がどの程度に解理出來たか(觀察・テスト)<br>○体の動く仕掛けがわかつたか。(面接)<br>○蛙の呼吸する肺の働きが理解出來たか(觀察)<br>○動物は酸素をとつている上で植物と助け合つていることがわかつたか(テスト)<br>○解剖用具を使う能力はどの程度やしなわれたか(觀察)<br>○蛙の体の構造・機能・生態との關係をみる能力はどの程度か(ノート・觀察)<br>○いろいろの動物について究明しようとする態度はどの程度か(觀察)<br>○根氣よくやりとげる態度はどうか(觀察)<br>○蛙には敵のあることがわかつたか(觀察) |
| 4 蛙は冬中どのようにしているか。(6.12.20.21.24 25.26) | ○蛙の冬眠について話合う。<br>○飼育しているものの冬眠する樣子を觀察する。<br>○初冬や初春に畑などを堀りおこしてみて蛙の冬眠している姿を觀察する。<br>○他動物の冬越しについて觀察したり話合つたりする。(魚・類・鳥類・昆虫類など) | ○蛙の冬眠する樣子がわかつたか(テスト)<br>○繼續觀察する能力はどの程度か(ノート・觀察)<br>○いろいろの動物について自ら進んで究明しようとする態度はどの程度か(觀察) |
| 5 蛙にはどんな種類があるか。(16.18.27) | ○採集して調べる。<br>○標本や文献で調べる。 | ○蛙にはいろいろの種類のあることが理解されたか(テスト)<br>○蛙の種類を比較觀察する能力はどの程度か(觀察) |
| 6 人との關係はどう。(13) | ○蛙の益・害について話し合う。<br>○蛙の利用(食用・工藝用・愛玩用)について調べたり話し合つたりする。 | ○人に役立つもののあることが理解されたか(テスト・觀察) |

## 單元 2 ありとあぶらむしはどのように關係し合つて生きているだろうか。

季節 6月中旬～7月下旬　　所要時間 10時間

Ⅰ 單元設定の理由

A 社會的要求

單元1に準ずる。

B 理科的要求

1. 低學年に於ていろいろの動物を飼育したり觀察したりして動物の生態の一端にはふれてきているがこゝではこの生態を詳しく觀察し，更に生物相互の關係や環境の影響についての觀察・考察をするようにし，更に學年が進むにつれて人生との關係に於て如何に利用して行くかという問題に發展せしめる様に位置づけられている。

2. 生物の生態及び相互關係を觀察し考察することによって，科學的な見方考え方及び態度を養うようにしたい。

C 兒童の實態

單元1に準ずる。

D 理科的環境の實態

1. 都市の兒童とはいえ日常家庭の庭先きや學校の庭などで，常にありや・あぶらむしに接する機會が多い。菜園・畑の手入れ，麥作り，學級園などに於てもこれらに接することが出來る。

2. 學校內の農場・校庭・樹木及び學校附近の田園・林などにはひらたあぶ・てんとうむし・しゃくとり虫・あしながばち・くも・くさかげろう・ありじごくなどがみられる。

3. 學校の池・附近の河川及び池・學校北方500m の縣營運動場の池には水中の小動物・おたまじゃくし・蛙・えび・かじか・どじょう・ふな等が棲む。

4. 學校附近にみつばちを飼育している家がある。

5. 松本博物館にはアルプス山系の動物標本の一部が陳列してある。

Ⅱ 單元の目標

ありとあぶらむしの各々の相互の生活の様子を詳しく觀察させ，それに關連ある，てんとうむし・くさかげろう・ひらたあぶ・みつばち・ありじごく等の習性に及びそれらの相互關係に發展して生物の群棲・共棲・保護色・警戒色・擬態・擬死などの一端を考察し，生物の環境や相互の密接な關係を理解させる。猶その過程に於て觀察・考察の能力をやしない，科學的に考えたり，行ったりし得る態度をやしなう。

A 理解

1. えちごうさぎや雷鳥などは季節によって羽や毛の色が變る。
② 動物は身を守る方法をもっている。
③ あり・あぶらむしなどは生活に適した体の形や器官をもっている。
4 ありじごく・ひらたあぶの幼虫の口は食物をとるに適した形をしている。
⑤ ありとあぶらむしは互に助け合っている。
6 動物を植物とは酸素や炭酸ガスをとる上で互に助け合っている。

⑦ 動物はそれぞれの敵をもつものが多い。
⑧ 社會生活をする動物がある。
9 群になって生活する動物がある。

B 能力

⑩ ありやあぶらむしや他の生物相互生活の關係をみる能力
11 生物の生活に關する資料を集めたり使ったりする能力
12 生物の生活の事實をありのまゝにみる能力
13 問題をつかみ觀察を企畫する能力
⑭ あり・あぶらむし・てんとうむしなどを飼育する能力
⑮ 生物の生活を繼續觀察する能力
16 觀察を記錄する能力

C 態度

17 生物の生活に興味や疑問を起す態度
⑱ 根氣よく觀察する態度
⑲ うどんげなどによる迷信を正す態度
20 いろいろの生物の習性・生態を自ら進んで究明しようとする態度

Ⅲ 單元の組織

| 問題(番號は目標) | 學習活動 | 効果判斷の觀點及び其の方法 |
|---|---|---|
| 1 ありやあぶらむしはどんな生活をしているか。(3.18.14.15.17 11) | ○ありの巣の附近で，ありの生活を觀察(運動・捕食・天氣との關係等)<br>○ありの体の様子を觀察<br>○ありの巣を掘り，中の様子をみたり瓶で飼育する。<br>○ありの生活のことを書いた參考書をみる。<br>○みつばちや他のはちの生活を調べる。<br>○あぶらむしの群棲するところやその植物の様子を觀察する。<br>○あぶらむしの体の様子も觀察。<br>○あぶらむしの殖え方を觀察<br>○ありとあぶらむしの共棲の様子を觀察する。 | ○ありやあぶらむしは生活に適した体の形や器官をもつていることが理解されたか(テスト)<br>○根氣よく觀察し，記錄しているか(觀察・ノート)<br>○ありを飼育する能力はどの程度か(觀察)<br>○ありの社會生活がわかつたか(テスト)<br>○みつばちの社會生活が理解されたか(觀察・テスト)<br>○生物の生活に興味や疑問をおこす態度はどうか(觀察)<br>○ありとあぶらむしは互に助け合つていることが理解されたか(觀察・面接) |
| 2 あぶら虫を食う虫は何か。(7.12.3.14.15 17.19) | ○あぶらむしの觀察中にあぶらむしを盛んに食つているひらたあぶの幼虫やてんとう虫の幼虫を觀察<br>○てんとう虫やひらたあぶ，くさかげろうの幼中をあぶら虫の飼料として飼育してその様子をみる。<br>○うどんげは，くさかげろうの卵であることを理解する。 | ○あぶらむしは，てんとう虫・ひらたあぶなどの敵をもつことがわかつたか(テスト・ノート)<br>○生活の事實を有りのまゝにみているか(觀察)<br>○生活に適した器官がわかつたか(ノート)<br>○うどんげの迷信を正すことが出來たか(面接) |

| | | |
|---|---|---|
| | ○互に食い爭う生物について經驗を想起する。 | ○生物の生活に興味や疑問をおこす態度はどうか（觀察） |
| 3 ありを食う虫は何か。(7.3.13) | ○ありじごくにありが落ちて食われる様子を觀察する。<br>○ありじごくを飼育してみる。 | ○ありには敵のあることがわかつたか（觀察）<br>○ありじごくの口器が捕食に適していることがわかつたか（觀察） |
| 4 動物はどのように身を守るか。(2.11.20.13) | ○動物が身を守ることについて經驗の想起及び研究計畫の話合い。<br>○しやくとり虫の生活の様子を考察。<br>○ありぐもと，ありの生活の様子を考察。<br>○なゝふしむしとありの生態を考察。<br>○えちごうさぎ・雷鳥・このはちよう・はち・ひらたあぶの生態の考察。<br>○とらふかみきり・すゞめばちの体色を考察。 | ○問題をつかみ研究を企畫しているか（觀察）<br>○生物の擬態・保護色・警戒色・擬死等による護身法が理解されたか（テスト・面接）<br>○資料を使う能力はどうか（觀察）<br>○いろいろの生物の生態を進んで究明しようとしているか（觀察） |
| 5 生物は互にどのような關係をもつているか。(6) | ○以上の學習の整理・發表<br>○動物と植物の關係を考察話合い。<br>○（食物・呼吸・住みか・場所の上で） | ○水中の生物は水に依存していることがわかつたか（觀察）<br>○林や草むらは生物のよい住みかなることがわかつたか（觀察）<br>○動物と植物とは酸素をとる上で互に助け合つていることがわかつたか（觀察・面接）<br>○動物は植物なしには生活できぬことがわかつたか（テスト・觀察） |

## 單元　3　櫻はどのようにして生きているだろうか。

季節　4月中旬～11月下旬　　　所要時間　12時間

Ⅰ　單元設定の理由

A　社會的要求

1.　植物と人間生活との密接不離な關係はいま更云うを俟たぬ　人間が利用する面からも，人間に害益を與える面からしても衣・食・住すべての面に亘り産業・交通・運輸・保健・衞生・娯樂に至るまで，これに關聯をもたぬものはないと言ってよい。卽ち人間は植物なしには生活出來ぬといってよい。

2.　人間の生活を最も合理的に文化的に向上せしむる要素の一つはこの植物をよりよく利用し，活用してゆくことであると言い得る。故にこの植物に關する各方面からの深い正しい理解をもつことは社會人として最も大切なことである。

3.　社會一般及び家庭などからは「植物・動物を愛育する習慣，且つそれが利

用面の種子に對する正しい認識，藥用・有毒植物に對する知識を與えたい」等の要求がある。（實態調査）

B　理科的要求

1.　一・二年生頃より草木に親しみをもち採集したり，愛育したりして素朴的概觀的な植物の觀察を行って來たが，こゝでは植物の体の構造・機能という面より理解を深め，高學年に進んで利用・活用の面への基盤としたい。

2.　從って本單元では「櫻を中心としての植物体の構造や各部分の機能及び生理の方面の一般的・基本的な理解をもたせたい。

3.　植物の生活と季節，環境との關係，植物と動物との相互關係等に對する正しい理解を得しめ，それらを考察し，實驗することによって科學的な能力・技術・態度をやしなってゆきたい。

C　兒童の實態

1.　心意的發達は單元1に準ずる。

2.　植物に關しては「成長の順序」「根のはり方や働き」「芽の出方」「花の咲き方」「日光・空氣・水などとの關係」「澱粉の出來るところ」其の他「種類發見者・肥料」等に對する興味・關心の傾向を示している。（實態調査）

3.　植物に關する學習では「生物相互の關係」「生物と季節・環境との移り變り」「生物の構造・機能」「生物の利用」等に關係したものの研究に興味・關心の中心があり，植物に對する論理的・綜合的な學習を希望している。（實態調査）

4.　遊びの中には「木の實拾い」「おしば作り」「花の色水しぼり」「きのこ・わらびとり」「草花栽培」「花見」「木のぼり」「もみじがり」等々植物を相手としたり栽培することなどに關するものが多い。（實態調査）

D　理科的環境の實態

1.　春・夏・秋・冬・折ふしに校庭や野山を色どる様々な花や葉をもった樹木草本が兒童の日常生活の中にくりひろげられている。殊に校庭の櫻花は兒童の情意的面に強い印象を與えるものの一つである。

2.　學級園及び家庭の菜園などではその作物の成育の姿を眺めつつ常に愛育している。

3.　學校の北方の林・草むら及び城山方面には様々な草木が繁茂している。

Ⅱ　單　元　の　目　標

櫻の木の一年間の生活の様子を中心としてその構造を調べたり實驗を通して機能や外的環境との關係を調べ，人の生活（動物）との關係や植物一般の生理機能を理解し，生物相互の自然的關係の考察を深めて科學的に考えたり行ったりす

る能力・態度をやしなう。

A 理　解

① 根は茎を支えたり養分や水分を吸う働きがある。
② 茎は葉や花をつけ養分や水分の通路となる。
3 葉は養物を作る働きなどをする。
④ 多くの植物(櫻)は炭酸ガスと水とをとりいれて日光の助けをかりて澱粉を作る。
⑤ 普通の植物(櫻)は根から吸い上げた水を蒸發する。
6 動物と植物とは，酸素や炭酸ガスをとる上で互に助け合っている。
7 植物は空氣をきれいにして人の健康に役立つ。
8 多くの植物(櫻)は春から夏にかけて盛んに成長する。
⑨ 多くの植物(櫻)には年輪がある。
⑩ 植物は秋になると葉の色が變って落ちるものがある。
11 植物の成長は氣候に支配される。
12 水と光と熱とは植物の成長に大切である。
13 養分の多少は植物の成長に關係がある。
14 植物(櫻)は冬を越すのに適した芽をもっている。
⑮ 植物は授粉によって實を結ぶ。

B 能　力

16 櫻の學習について問題を摑む能力
⑰ 櫻の木の構造と機能・生態との關係をみる能力
18 櫻の木の構造を分析的・綜合的にみる能力
19 植物の生態を繼續的にみる能力
⑳ 實驗用具を使う能力
㉑ 櫻の生理に關する實驗を企畫する能力
22 實驗觀察を記錄する能力
23 植物に關する資料を使う能力
24 櫻の生活の事實から他の植物のことを推論する能力

C 態　度

㉕ 觀察實驗を根氣よくやりとげる態度
26 觀察した事實を尊重する態度
㉗ いろいろの植物について自ら進んで究明しようとする態度
28 觀察實驗など愼重に行動する態度

Ⅲ 單元の組織

| 問題(番號は目標) | 學　習　活　動 | 效果判定の觀點及び其の方法 |
| --- | --- | --- |
| 1 植物(櫻)が成長してゆくのに必要なものは何か(15. 13) | ○學級園・農園の作物草花を世話した事について話合う。<br>○植物(櫻)の生活の樣子を調べてゆく方法を話合う。 | ○植物は，水・肥料・日光・空氣熱などの必要なことが理解出來たか（觀察）<br>○植物の學習について問題をもつ能力はどうか（觀察） |
| 2 どの樣に花が咲き實を結ぶか。(11. 12. 13) | ○開花の樣子や花の構造を觀察記錄する。<br>○花が散り結實して行く樣子を觀察記錄する。<br>○葉のぐんぐんのびて行く樣子を觀察記錄する。（日數・形・大きさ等の關係） | ○開花の樣子や授粉によつて實を結ぶことが理解されたか（觀察面接・ノート）<br>○日光・熱・水分等の影響でぐんぐんのびていく姿を感じているか(觀察) |
| 3 櫻の根・莖・葉などはどの樣な働きをしているか。(1. 2. 3. 4. 5. 6. 7 12. 13. 16. 17. 18 19. 20. 21. 22. 23 24. 25. 26. 27) | ○根を堀つてみる。土のつきぐわいをみる。<br>○根を洗つて細根・毛根を觀察。<br>○他の色々の植物の根も堀つて比較する。<br>○根の構造・働きについて話し合う。<br>○枝を縱橫に切つて構造を觀察。<br>○枝を赤インクにさして水分を吸いあげる實驗をして莖を縱橫に切つて通路をしらべる。<br>○莖の構造・働きについて話合う。<br>○びんにさした葉にコツプをかぶせて水滴のつくのを觀察する。<br>○葉の日光にあてた部分とあてない部分とをアルコールで脱色して澱粉の有無を見る。<br>○其の結果について考察，話合をする　。<br>○動物(人)の呼吸と植物の同化作用との關係を話合う。<br>○澱粉は植物にどの樣な働きをするか話合う。<br>○植物の呼吸について話合い，花・芽などをびんにいれて炭酸ガスを生ずる實驗をする。<br>○他の植物についての根や莖や葉の働きについて考察する。 | ○櫻は莖を支えたり養分や水分を吸う働きのあることが理解されたか（觀察・テスト）<br>○根と生活との關係をみる能力はどうか（觀察）<br>○櫻の生理に關する實驗を企畫する能力はどうか（觀察）<br>○莖は葉や花をつけ水分や養分の通路になる働きのあることがわかつたか（觀察・面接）<br>○莖のどの部分を水分が通るかわかつたか（ノート）<br>○莖の構造と生活の關係をみる能力はどうか（觀察）<br>○根から吸い上げた水分を蒸發する事がわかつたか（觀察）<br>○葉は炭酸ガスと水とをとりいれて日光の助けを借りて澱粉を作ることが理解されたか（觀察・ノート）<br>○葉で養分を作ることが理解できたか（テスト・面接）<br>○實驗用具を使う能力はどの程度にできたか（觀察）<br>○動物や植物は，酸素や炭酸ガスをとる上で互に助け合つていることが理解されたか（觀察・テスト）<br>○實驗・觀察を根氣よくやる態度が出來たか（觀察）<br>○他の植物についても自ら進んで究明する態度ができたか（觀察） |
| 4 櫻は冬をどの樣にして越すか。(8. 9. 10. 11. 12. 13. 14. 18. 21. 26 27) | ○秋末の櫻の樣子を觀察。<br>○紅葉・落葉について考察。<br>○冬芽を觀察し冬越しの狀態を考察。<br>○冬の成長と年輪との關係を考察。<br>○いろいろの植物の冬越について考察。 | ○氣溫が降つて葉が紅葉して落ちることが理解出來たか（觀察）<br>○氣候と成長年輪の關係が理解出來たか(觀察・ノート・テスト) |

| | | |
|---|---|---|
| 5 植物と動物とはどの様に關係しているか。(8. 9. 22) | ○植物の生活と動物の生活について，食物・呼吸・肥料などの立場より考察・話合い。 | ○植物と動物が呼吸や食物や肥料の點で互に助け合つていることが理解されたか(観察・テスト)<br>○資料を使う能力はどうか(観察) |

## 單元 4 松本の天氣はどのように變るだろうか

季節 4月上旬～3月下旬　　　所要時間 10時間

### Ⅰ 單元設定の理由

A 社會的要求

1. 天氣・天候・四季の移りかわり等天象・氣象に關する總てのものは，直接間接に產業・保健などの上に重要な關連をもっている。卽ち人間はつねに，これらによりよく順應し，又これらによっておこる災害の防止に努力して幸福な生活を創り出している。近代社會をより合理的に向上せしむるために，これらの自然現象に對する科學的な考察による正しい理解をもち，これらを生活の上に處理してゆく能力・態度をもつことがもっとも重要なものの一つとして要求されている。
2. 一つの現象を深くみつめて相當に長期に亘る研究をつゞけさせたいということが一般父兄から要求されている。(實態調査)

B 理科的要求

1. 二・三年生に於て季節の移りかわりと，自然物・自然現象などとの關係の素朴的な觀察を行ってきた。その發展として本學年で一年間の氣溫・地溫・水溫・風向・雲・雨・しめり氣などの變化の様子と天氣との關係や，天氣豫報のし方や利用について，實際の觀測によって理解せしめ，併せて氣象について繼續的に根氣よく觀測し，まとめて考察する能力態度をやしないたい。
3. 社會科の「產業」の學習及び「健康生活」の學習と關連する。

C 兒童の實態

1. 心理的發達，單元1に準ずる。
2. 天象に對しては天体の成因・天体相互の移りの狀態・光・熱・距離・大きさ・名前などに問題をもち，地象・氣象に關しては水の源・成分・水溫と季節との關係及び水の利用などに問題をもつといったような相當につきすすんだ觀測・實測・實証にもとずいて論理的に考察しようとすることに興味・關心の傾向を示している。(實態調査)
3. 學習活動としては地震の原因・石油・石炭のあり場所をしらべたり，太陽月・地球の運行や，四季・晝夜のあることの理由，又一年中の天氣しらべや天氣のかわる理由，四季と天体との關係などをしらべたいというようなことに興味・關心が多くみられる。(實態調査)
4. 日光を反射してみる，日とかけっこをする，星の名あてをする，風の中で凧あげする，雪・水・氷を相手として遊ぶ，などの他に兒童は氣節や天候の變化に應じて様々な遊びや生活を展開していくのがみられる。(實態調査)

D 理科的環境の實態

1. 天象・地象・氣象に關する諸事象に順應して生活している兒童には直接的に關連する面の非常に大なる事は云うまでもない。
2. 市內に測候所あり(學校の西南方約600m)氣象觀測の様子や結果を見學することも出來，又天氣豫報も行われている。
3. ラジオや新聞の天氣豫報には日々接している。
4. 日本は四季の別あり，變化がはっきりしている。

### Ⅱ 單元の目標

水溫・氣溫・地溫及び井戸水・池水などの溫度を日々測定したり，風・雲・溫度などと，天候との關係をしらべたりして鄕土に於ける氣候現象の變化を繼續的に觀測し，季節每に特徵を摑み，當地域の氣候との關係の一端にふれ鄕土の天氣がどのように變化してゆくかを科學的に考察し，理解し，併せて，これらを繼續的に根氣よく，觀測してゆく能力・態度をやしなう。

A 理　解

1. 水は雲・霧・露・雨・霜・雪・ひょう・あられ，など土と空の間をめぐりいろいろな形をとる。

② 天氣は季節によって特徵がある。

3 太陽熱は空氣を暖めたり，水を蒸發させたりし天氣を變化させる。

④ 雲には種々の種類がある。

5 空氣は壓力の大きい所から小さい所へ流れる。

⑥ 地中の溫度は，氣溫と同じではなく，且つ余り變化しない。

⑦ 天氣は氣壓・氣溫・風・濕度・雲・雨などの狀態によって定まる。

⑧ 毎日の天氣を詳しく調べる事は天氣を豫知する手がかりとなる。

9 天氣を豫知する事は，日常生活や產業上，重要である。

⑩ 氣候は地域によって，特徵がある。

B 能　力

11 雨・雲・雪などの成因や天氣圖から天氣を推論する能力

⑫ 雨・雲・雪・しめり氣と天氣の關係をみる能力

13 氣象に關する資料を使う能力

14 觀測の結果を數量的にみる能力

15 氣象の事實をありのまゝにみて普遍化する能力

16　觀測を企畫する能力

⑰　氣象現象を繼續觀測する能力

⑱　觀測を記錄したり，圖表に作る能力

19　觀測用具を使う能力

C　態　　度

⑳　根氣よく觀察したり整理する態度

㉑　氣象に對する迷信を事實によって正す態度

22　注意深く正確に行動する態度

23　測候所などの專門家の意見をきく態度

Ⅱ　單　元　の　組　織

| 問題(番號は目標) | 學　習　活　動 | 効果判定の觀點及び其の方法 |
|---|---|---|
| 1 春・夏・秋・冬の天氣は各々どうちがうか。(2.3.1.11.7) | ○春・夏・秋・冬各々の季節毎に天氣の特徴について，觀察し話し合う。(氣溫・地溫・水溫・風・雨・雲・雪・霧・霜・ひょう・あられ・濕度・自然の風物等)雲・雨・霧・露・雪・ひょう<br>○あられ等の現象について觀察。<br>○上のものの成因について考察したり調べたりして話合う。 | ○天氣は，季節によつて特徴のあることが理解されたか（觀察）<br>○太陽熱は空氣を暖めたり，水を蒸發させたりして天氣を變化させることがわかつたか（觀察）<br>○水は雨・雪など色々に變ることがわかつたか（觀察・テスト）<br>○雨・雲・雪・天氣等の現象の事實からその成因を推論する能力が出來たか（觀察） |
| 2 氣溫・地溫・水溫は季節によつてどう變るか。(2.6.17.18.20.14,12.19.22.23 21) | ○氣溫・地溫・池水・井戸水・川水・水道などの溫度を毎日午前10時に測定する。<br>○測定の結果を圖表に記錄。<br>○各月毎に平均を出しグラフに表わす。<br>○一年間の變化の樣子と相互の關係を考察。<br>○時々測候所を見學したりそこの人の話をきく。 | ○氣溫・地溫・水溫などが季節によつて特徴のある變化をする事が理解されたか（觀察・ノートテスト）<br>○地中や井戸水の溫度は氣溫と同じでなく，且つあまり變化しないことが理解されたか（觀察・ノート）<br>○繼續觀測する能力は出來たか。（觀察）<br>○記錄やグラフを作る能力はどの程度か（觀察）<br>○根氣よく出來たか（觀察）<br>○關係をみる能力はどうか（觀察面接）<br>○專門家の意見をきく態度はどうか（觀察）<br>○器具を使う能力はどうか(觀察) |
| 3 雨・雲・風・しめり氣などは季節どどんな關係があるか。(4.7.5.19.21.22.23.13.14) | ○降水量をはかつて各月毎にまとめる。<br>○雲の形・色を時折觀察し記錄して，季節毎の特徴や天氣との關係を考察する。<br>○風の方向や强さなどを測定して季節毎の特徴を考察する。<br>○しめり氣を測る事を工夫して測り季節毎に變化を考察する。<br>○これらと天氣との關係を考察。<br>○颱風・暴風雨などの發生についてラジオや新聞でしらべる<br>○天氣圖をしらべる。 | ○數量的にみる能力はどうか（觀察）<br>○雲にはいろいろの種類のあることがわかつたか（觀察）<br>◎(能力・態度・前問題に準ずる）<br>○觀測を企畫する能力はどうか（觀察）<br>○資料を集め使う能力はどうか（觀察）<br>○天氣は氣壓・氣溫・風・濕度・雨・雲などの狀態によつてきまることが理解されたか（觀察）<br>○空氣は壓力の大きいところから小さいところへ流れることが理解されたか（觀察・テスト） |
| 4 天氣予報はどの樣にして行うか。(8.9.11.21) | ○天氣についての云い傳えをきいてみる。<br>○天氣圖をみたりラジオの予報をきいたりして天氣を予知する。<br>○大氣の動きをしらべる。<br>○天氣予報の必要なことについて話合う。 | ○迷信を事實によつて正す態度が出來たか（觀察）<br>○天氣圖から天氣を推論する能力はどうか（觀察）<br>○毎日の天氣を詳しくしらべることは天氣を予知する手がかりとなることがわかつたか（觀察）<br>○天氣を予知することが日常生活や產業上重要であることがわかつたか（觀察） |
| 5 鄕土の天氣と各地の天氣とどうちがうか。(10.13.23) | ○一年間の觀測・測定をグラフにまとめて天氣の變化を考察。<br>○縣内數ケ所と比較。<br>○大阪・東京・札幌等各地の氣候のちがいを比較考察する。<br>○單元3と關連して考察する。 | ○資料を集めたり使う能力はどうか（觀察）<br>○氣候は地域によつて特徴のあることが理解されたか（觀察） |

## 單元　5　春夏秋冬はどうしておこるだろうか。

季節　4月中旬～3月下旬　　　　所要時間　6 時間

Ⅰ　單元設定の理由

A　社會的要求

單元4に準ずる。

B　理科的要求

1.　低學年では月や太陽・星に關する素朴的な觀察をし，四年生に於いて，太陽・地球・月・星などに關しての相互關係を考察して來た。この學年では，太陽と地球との關係によっておこる晝夜・季節・時刻・こよみなどについての理解を要求し六年に至って宇宙に眼を向けていくようにしたい。

2.　この學年では，晝夜や春・夏・秋・冬が太陽と地球との關係によって起り時刻や暦がそれに應じて定められていることや，太陽の地球に及ぼす影響などについて實際に觀測したり，推論することによって理解するようにし，併せて繼續的に根氣よく觀測し，考察してゆく科學的能力・態度をやしないたい。

C　兒童の實態

單元4に準ずる。

D　理科的環境の實態

單元4に準ずる。

## Ⅱ　單元の目標

太陽の出入の方向や時刻，太陽運行の変化などについて継続的に観測し晝夜の別や春・夏・秋・冬のおこる理由が太陽と地球の自轉・公轉によることを理解し，時刻やこよみの定め方の概略，太陽の地球に及ぼす影響（單元4と關連）等について考察し，理解し，繼續的に根氣よく觀測していく能力・態度をやしなう。

A　理　解

1　太陽は星のひとつである，地球は太陽のまわりをまわり，月は地球のまわりをまわる。

2　太陽の出沒の時刻や方向は少しずつかわる。

③　地球が太陽に對して一回轉する時間が一日である。

④　時刻は地球上の各地で同じだったりちがったりする。

⑤　太陽のまわりを地球が一周する時間が一年で暦では約365日とし閏では366日とする。

6　春分と秋分の日には晝夜の長さが同じである。

7　夏至の日は一年中で晝の長さが一番長く，冬至は夜の長さが一番長い。

⑧　季節の變化は地軸が軌道面に對して傾いているためにおこる。

B　能　力

⑨　觀測の事實から晝夜や季節の變化のおこる理由を推論する能力

⑩　太陽地球・晝夜・季節との關係をみる能力

11　資料を集めたり，使ったりする能力

12　觀測について企畫する能力

13　觀測の結果を數量的にみる能力

⑭　太陽についての觀測を，繼續的にする能力

⑮　觀測を記録したり圖表につくる能力

C　態　度

⑯　根氣よく觀測したり整理する態度

⑰　暦についての迷信を事實によって正す態度

18　注意深く正しく行動する態度

19　道理に從い守る態度

## Ⅲ　單元の組織

| 問題（番號は目標） | 學習活動 | 効果判定の觀點及びその方法 |
|---|---|---|
| 1 晝夜の長さや太陽の通りみちは | ○晝夜や夏・秋・冬のおこることについて經驗の話合い。<br>○太陽の出入の時刻と方向につ | ○地球は太陽のまわりをまわり月は地球のまわりをまわつていることについてどれ程理解してい |

| | | |
|---|---|---|
| どうかわるか。<br>（1.2.3.6.7.14.15.13.16.21） | いて毎月觀則して記録する。<br>○晝夜の時間をグラフに記入して變化をみる。<br>○東西の山を寫生し，日の出入の方向を記録して移りゆきをみる。<br>○正午の日かげの長さを毎日測定する。<br>○日かげの長さをグラフに表わして變化をみる。<br>○一年間の變化の樣子をグラフに表わして晝夜の長さ日の出入の方向時刻などの關係を考察。 | るか。（觀察）<br>○調べていて計畫をたてたか（觀察）<br>○春分・秋分は晝夜の長さが大体同じ位になることがわかつたか（面接）<br>○太陽の出入や運行は，六月がもつとも北よりで十二月がもつとも南よりになることがわかつたか（觀察・ノート・作品）<br>○地球が太陽に對して一回轉するのが一日であることが理解されたか（面接）<br>○觀測を繼續的にする能力はどうか（觀察）<br>○記録や圖表を作る能力はどうか（ノート）<br>○根氣よくつゞける態度はどうか（觀察）<br>○數量的にみているか（觀察） |
| 2 こよみや時刻はどのようにしてきめたか。<br>（4.5.8.9.17.11 10） | ○觀測の事實を三球儀によつて考察し理論づける。<br>○地球上，各地の晝夜の關係や時刻を計算してみる。<br>○三球儀によつて，季節の變化のある理由を考察する。<br>○單元4と關連して氣候との關係も考察する。<br>○こよみや時刻のきめ方を考察する。<br>○陰暦・陽暦について考察する。 | ○觀測から四季の變化などの理を推論する能力はできたか（觀察）<br>○地球の自公轉と，晝夜・季節との關係をみる能力はどの程度できたか（觀察）<br>○時刻は地球上の各地で同じだつたりちがつたりすることが理解されたか（觀察・テスト）<br>○季節の變化は地軸が軌道に對して傾いているために起ることが理解されたか（觀察・テスト）<br>○太陽のまわりを地球が一週する時間が一年で暦では約365日とし閏年では366日とすることが理解されたか（觀察・テスト）<br>○暦についての迷信を正す態度はどうか（觀察）<br>○資料をあつめ使う能力はどうか。（觀察） |

# 單元　6　糸電話を作って遊び音はどのようなものか調べよう。

季節　10月中旬～11月中旬　　　所要時間　9時間

## Ⅰ　單元設定の理由

A　社會的要求

日常使われている言語はいうまでもなく，警報・合圖・通信・報道・機械の故障見分け音樂に至るまでそれらの要素をなすものはすべて音である。音の強弱・高低・音色から始まり音一般の性質をよりよく利用して，これらの面に人々は生活をより合理的にゆたかにしている故に今後も音に對する科學的な理解をもちこれを活用してゆく事は現代社會に於ける重要なことがらとして要求されている。

B　理科的要求

1.　幼児の頃より音を出す玩具をもて遊んだり，いろいろな音を耳にしたり又木琴・オルガン等の樂器をとり扱ったり歌唱したりして音に關しては様々な學習を体驗している。この學年ではその音についての一般的な性質をやゝ論理的に理解し高學年に至って更に分析的・論理的に學習する様にしたい。

2.　この學年では音についての一般的性質，即ち發音・音の强弱・高低・傳導音色・共鳴等の初歩的・諸現象を理解させ，いろいろの樂器についての構造機能の概略を理解させたい。

3.　音樂と密接に關連させて理解させる様にしたい。

4.　耳の衞生と關連させ度い。

C　兒童の實態

1.　心意的發達は單元1に準ずる。

2.　機械や道具の分野では「レンズでものが大きくみえたり紙が燒けたりするわけ」「レンズを使用した機械はどのようになっていてどんな働きをするか」とか「レンズの製法・原料・發明者」「レンズ特有の形」等の如き物の構造機能等の相互關係をやゝ論理的に知りたいというような關心・興味の傾向を示している。（實態調査）

3.　學習活動では色々な樂器を作ったり，音の出るわけを調べる事に關心を多く示している。（實態調査）

4.　遊びには糸電話を作って電話あそび・木の實の笛作り・かんからたたき・コップに水をいれてたたく・茶碗たゝき・板たゝきなどがある。（實態調査）

D　理科的環境の實態

1.　音を出す玩具のいろいろなものが家庭にあり，又，木琴・ハーモニカ・笛などの樂器は大部分の兒童が所有しており學校に於てもピアノ・オルガン・太鼓等と共に使用している。

2.　音に關するものは日常生活の中に常につきまとうものであり，山彦なども信州の如き山國では遠足の折などに經驗する事が多い。

3.　市內には樂器店があり，寺には鐘があり，時々鐘の音も耳にする。

Ⅱ　單　元　の　目　標

糸電話を作って遊び，音のきこえて來る様子から音の傳導・發音・强弱・高低・音色・共鳴等，音について一般的性質や諸現象を初歩的に理解し耳についての衞生や，樂器についての構造と機能とを概略的に理解し，音に關して科學的に究明しようとする能力態度をやしなう。

A　理　　解

①　ヴァイオリンの糸・たいこの皮・鐘など振動させると音が起る。

②　笛を吹くと笛の中の空氣が振動して音が起る。

③　音は物によって傳わり，音の傳わり方は水や鐵の方が空氣より速い。

④　音は眞空では傳わらない。

5　音はあらゆる方向に傳わり空中では每秒340m（15°c）の速さである。

⑥　音は物にあたって反射する。

7　音は物にあたって吸收される，吸收の度合は物によってちがう。

⑧　振動數によって音の高低がちがう。

9　ある範圍の振動數だけが音としてきこえる。普通6000以內である。

⑩　音の强弱は振動の巾である。

⑪　音を出すものによって音色がちがう。

12　ちがった振動數の場合音は調和してきこえることがある。

⑬　音は重なり合ってうなりを生ずる事がある。

14　樂器は音を强くしたり，音色をよくするために共鳴器が使われる。

B　能　　力

15　音の實驗から，そのわけを推論する能力

16　音の事實をありのまゝにみる能力

17　實驗の結果を記錄する能力

18　實驗の方法を企畫する能力

⑲　樂器を使う能力

⑳　糸電話を工作する能力

21　音に關する實驗を取り行う能力

22　音に關する問題をつかむ能力

C　態　　度

㉓　糸電話や樂器に興味をもち音に關して疑問を起す態度

24　音に關して自ら進んで究明しようとする態度

㉕　耳の健康を保ち進める態度

26　注意深くきく態度

Ⅲ　單　元　の　組　織

| 問題（番號は目標） | 學　習　活　動 | 効果判定の觀點及びその方法 |
|---|---|---|
| 1　糸電話はどのようにして作ったらよいか，又ど | ○糸電話製作の設計をする。<br>○糸電話を作る。<br>○電話遊びをする。 | ○製作を企畫する能力はどうか（觀察）<br>○工作する能力はどうか（觀察）<br>○實驗を工夫企畫する能力はどう |

| | | |
|---|---|---|
| のようにきこえるか。(3.18.20.17.22 23) | ○糸をつかんだりこすつたり，いくつもつないだりして聞いてみる。<br>○底紙を輕くたゝいたり，大きな聲や小さな聲で話したり，きいたりしてみる。<br>○糸をゆるめたり張つたりしてきいてみる。 | か（觀察）<br>○音が糸をつたわつて紙を振動する事が理解されたか（觀察・テスト）<br>○音に關しての色々の問題がつかめたか（觀察）<br>○實驗の結果を記錄する能力はどうか（觀察）<br>○音に興味をもち疑問を起す態度はどうか（觀察） |
| 2 音の强弱・高低はどのようにしておこるか。(21.1.2.10.8.9 16.19.18) | ○たいこを强く弱くたゝいて皮のふれるのをみる。<br>○琴やヴァイオリンを彈いて弦の振動するのをみる。<br>○音叉音鉢を强く弱くたゝいて鉛筆等を輕くふれてみる。<br>○音叉をたゝいて水の中へいれてみる。<br>○音を出す樂器を調べてみる。<br>○音の高低と振動の樣子をしらべる。 | ○實驗を企畫する能力はどうか（觀察）<br>○皮・弦・空氣の振動によつて音の起る事が理解されたか(觀察)<br>○振動の巾によつて音に强弱のある事がわかつたか（觀察）<br>○振動數によつて音の高低のちがう事がわかつたか（觀察）<br>○或る範圍の振動數だけが音としてきこえ普通6000であることが理解されたか（觀察・テスト）<br>○ありのまゝにきいているか（觀察）<br>○樂器を使う能力はできたか（觀察） |
| 3 音はどのように傳わるか。(3.5.4.19.26) | ○床板に耳をあてゝ遠くでたゝいてみる。<br>○鉄棒に耳をあてて石でたたいてみる。<br>○花火をみてからしばらくして音のきこえて來るのをみた經驗を話合う。<br>○半鐘を打つてからしばらくして音のきこえてくるのをみた經驗を話合う。<br>○音の傳わる速さを調べる。<br>○眞空鈴を振つてみる。 | ○音はものによつて傳わり，水や鐵の方が空氣より速いことがわかつたか（觀察・テスト）<br>○音はあらゆる方向に傳わる事がわかつたか（觀察）<br>○音の速さが毎秒340m（15°c）なることがわかつたか（面接・テスト）<br>○音は眞空では傳わらない事が理解されたか（觀察）<br>○器具を使う能力はどうか(觀察)<br>○注意深くきく態度はどうか（觀察） |
| 4 山彥はどうしてあるか。(6.7.15) | ○山彥の經驗を話合う。<br>○講堂などで手を打つてみる。<br>○筒などを通して音を反射させる實驗をする。<br>○山彥のおこるわけやおこらぬ時のわけを考察する。 | ○音はものにあたつて反射する事が理解されたか（觀察）<br>○音はものにあたつて吸收される吸收の度合は物によつてちがう事がわかつたか（觀察）<br>○實驗からそのわけを推論する能力が出來たか（觀察） |
| 5 音の感じはどうか。(11.12.13.14) | ○いろいろの樂器の音色をきいて感じを話合う。<br>○ピアノで協和音不協和音をきく。<br>○音叉でうなりを生じてみる。<br>○鐘を打つてみる。<br>○ヴァイオリン・琴の共鳴をしらべる。 | ○音を出すものによつて音色のちがうのがわかつたか（觀察<br>○ちがつた振動數の音は調和してきこえる事のあるのがわかつたか（觀察・テスト）<br>○音が重なつてうなりを生ずる事がわかつたか（觀察・テスト）<br>○共鳴器の働きがわかつたか（觀察） |

| | | |
|---|---|---|
| 6 音はどうしてきこえるか。(25.23) | ○耳の構造と働きを圖で調べる。<br>○耳の衞生について話合う。 | ○耳は鼓膜の振動によつてきこえる事がわかつたか（觀察・テスト）<br>○耳の衞生に注意する態度ができたか（觀察） |

## 單元 7 針穴寫眞機を作って光について調べよう。

季節 1月中旬～2月中旬　　　所要時間 10 時間

Ⅰ 單元設定の理由

A 社會的要求

光が日常生活に欠くことの出來ないものである事は今更云うまでもない。照明映畫・寫眞・望遠鏡・顯微鏡・鏡・眼鏡等すべて光の性質を種々な媒介物によってうまく利用し，活用して人々の生活をもっとも合理的にゆたかにしている。近代社會をよりよく文化的に向上發展せしめるにはこの光についての性格をよく理解し，これに關する光學的機械・器具の利用と，これが改良・發明の面にまで進展してゆく事が大切である。尙，色についての科學的な理解をもち，これを利用應用してゆく事は美術・藝術の面は勿論あらゆる面に人々の生活をゆたかに合理的にたかめてゆく上に重要視されなければならない。

B 理科的要求

1. 低學年に於て日なたぼっこ・影繪・影ふみ・望遠鏡作り等日光・光線に關する學習があり，光についての素朴的体驗を經て五年に至り，電燈に關する單元と關連して發光・光等に關する學習に關心を向け，光の一般的性質を理解し，高學年に至って更に論理的•分析的な光學的學習へと發展する樣にしたい。
2. この學年では光の一般的性質，即ち光の直進•反射・屈折及び光のレンズ，ガラス，水などを媒介としての初步的諸現象を理解させレンズを使った色々な光學機械についての構造や機能の概略を理解させたい。
3. 圖工科の色に關する取扱いと連關する。

C 兒童の實態

1. 心意的發達は單元1に準ずる。
2. 興味・關心は單元6に準ずる。
3. 學習活動では「レンズの種類について」「望遠鏡・顯微鏡・寫眞機・幻燈機などのしかけがどうなっているか，又，そのうつるわけ」などに比較的關心が多い。（實態調査）
4. 遊びの中にはレンズ遊び・鏡の反射・望遠鏡作り・幻燈機作り・影繪などがある。（實態調査）

D 理科的環境の實態

1. レンズは大部分の兒童が所有しているし，玩具としての幻燈器・顯微鏡などもっているものもあり，鏡は各家庭にあり日常使用している。

2. 光に關するものは日常生活に常につきまとうものであり，虹も時折りみる事が出來る，又，色については圖工科に於ても多く接している。

3. 寫眞・映畫などに關する業者も市内には相當多くみられる。

4. 光學に關する實驗器具は一通り理科室に備えられている。

Ⅱ 單 元 の 目 標

針穴寫眞機を作って遊び，それに映る像より，光の直進・發光・反射・屈折・虹・色など光についての一般的性質や光とレンズ・水・ガラス等による諸現象を初步的に理解し，眼についての衞生や光學機械に關して科學的に究明しようとする能力・態度をやしなう。

A 理　　解

① 太陽や電燈などの様に自ら光を發するものがある。
② 土や木等の様に光にてらされてみえるものがある。
3 ガラス・水・空氣の様に光をとおすものと，金物や木の様に光を通さないものとがある。
④ 光は質の一様なところでは眞直ぐにすゝむ。
⑤ 光が水やガラスの面にさしこむとき，その進む方向がわかる。
6 光は物の面で反射される，物には反射するものとしないものがある。
⑦ 鏡に當った光は規則正しく反射する。
8 光がプリズムをとおる時，その方向はまがる。
9 凸レンズで光をあつめる事が出來る。
10 凹レンズで光を分散させる事が出來る。
⑪ レンズは物の像を結ぶ性質がある。
⑫ 眼にはレンズと同じ働きをする部分がある。
13 眼鏡を使って近視や遠視の働きを補うことが出來る。
⑭ 色々な光學機械はレンズやプリズムの組合せで出來ている。
⑮ 太陽の光をプリズムに通すと色々の色にわけられる。
16 空氣中にある多くの水滴で太陽の光が分けられ虹が出來る。
17 太陽や電燈の光の中には，眼にみえない紫外線・赤外線がある。
⑱ 物の色は或る色の光を反射し，他の色の光を吸收して現れる。
19 色ガラス等の中を光が通るとき或色の光が特に强く吸收される。
20 赤黄青のえのぐをまぜ合せると色々の色が出來る。

B 能　　力

㉑ 光についての實驗からそのわけを推論する能力
22 像の結ぶ様子をありのまゝにみる能力
23 光についての實驗を企畫する能力
24 實驗の結果を記錄する能力
㉕ 光學機械を使う能力
㉖ 針穴寫眞機・レンズ寫眞機・幻燈機などを工作する能力

C 態　　度

㉗ 寫眞機や光學機械に興味をもち疑問を起す態度
28 光に關する自由研究にまで進んで自ら究明しようとする態度
29 眼の健康を保ち進める態度

Ⅲ 單 元 の 組 織

| 問題(番號は目標) | 學　習　活　動 | 効果判定の觀點及びその方法 |
|---|---|---|
| 1 針穴寫眞機はどのようにして作るか又どの様にうつるか。(4. 21. 22. 23. 26) | ○針穴寫眞の製作設計をたてる<br>○針穴寫眞機をつくる。<br>○いろいろを寫してみてその様子を記錄したり話合う。<br>○暗室でローソク電球をうつしてみる。<br>○穴の大きさ，穴とパラフィン紙との關係と，その距離と像との關係など調べる。<br>○どの様に光が進んで來て寫るかを光の進路を圖に書いて考察し話合う。 | ○製作を企畫する能力はどうか（觀察・ノート）<br>○製作する能力はどの程度か（觀察・作品）<br>○寫眞機遊びに興味を起し，疑問をもつ態度が出來たか（觀察）<br>○光についての問題がつかめたか（觀察）<br>○ありのままに觀察しているか（觀察）<br>○光の直進することが理解されたか（觀察・面接）<br>○そのわけを推論する能力はどうか（觀察） |
| 2 レンズはどの様なはたらきをするか。(14. 11. 9. 10. 21. 23. 25. 26) | ○針穴をレンズにとりかえて前問と同じ學習する。<br>○針穴を寫眞機と比べて，明るさなどについて考察する。<br>○幻燈機を作つてうつしてみる。<br>○寫眞機・幻燈機・望遠鏡などレンズを使つた器械を使つてみたり，構造をしらべたり，レンズの使つてある様子をしらべる。<br>○凸凹レンズで像をうつしたり組合せてのぞいてみたり，太陽光線を集めて紙を燒いてみたりする。 | ○レンズは像を結ぶ事がわかつたか（觀察・テスト）<br>◎(能力態度は前問に準ずる。)<br>○色々の光學機械はレンズやプリズムを組合せて出來ている事がわかつたか（觀察・ノート）<br>○光學機械を使う能力はどの程度出來たか（觀察）<br>○レンズは物の像を結ぶ性質のあることが理解されたか（觀察・テスト）<br>○凸レンズで光を集めたり，凹レンズで光を分散させたりすることのできる事が理解されたか（觀察・面接）<br>○推論する能力はどうか（觀察） |

| | | |
|---|---|---|
| 3 光が水やガラスをとおるときどう進むか。(4. 5. 21. 24) | ○水をいれた器に光線を投射してその進路をみる(暗室)<br>○厚ガラスに光線を通してみてその進路をみる。(暗室)<br>○茶わんの湯の中へ箸をいれるとまがつてみえるわけを考える。 | ○光は質の一様のところでは直進することが理解されたか(觀察面接)<br>○光が水やガラスの面にさしこむときはその進む方向のちがう事がわかつた(觀察・テスト)<br>○實驗の結果を記錄する能力はどうか(觀察)<br>○推論する能力はどうか(觀察) |
| 4 鏡にはどうしてものが正しくうつるか。(7. 6. 24) | ○鏡にものをうつしてみる。<br>○白紙の上に鏡やガラス板や針を立て投射角と反射角の關係をしらべる實驗をする。<br>○反射するもの，しないもの，反射のし方等を考察する。<br>○鏡のうつるわけを考察し話合う。 | ○鏡にあたつた光は規則正しく反射することによつて物のうつる事が理解されたか(觀察・面接)<br>○光は物の面で反射され，物にはよく反射するものとしないものとがある事がわかつたか(觀察・面接)<br>○實驗を記錄する能力はどうか(觀察・ノート) |
| 5 ものはどうしてみえるか。(12. 13 29. 1. 2. 21) | ○眼の構造を圖や模型によつてしらべる。<br>○水晶体や網膜の働きをしらべる。<br>○近視・遠視と眼鏡との關係を考察する。<br>○眼の衞生について話合う。<br>○暗室で物がみえないが電球やローソクの光のみえるわけについて考察し話合う。 | ○眼にはレンズと同じはたらきをする部分のあることが理解されたか(觀察・面接)<br>○眼鏡で近視・遠視の補いをすることが理解されたか(觀察・面接)<br>○眼の衞生に注意する態度が出來たか(觀察)<br>○發光体・被發光体のあることが理解されたか(觀察)<br>○推論する能力はどうか(觀察) |
| 6 いろいろに色のあるのはどうしてか，又虹はどうして出來るか。(15. 17. 16. 18. 20. 21) | ○プリズムで日光を分散させてみる。<br>○いろいろの色ガラスを通して物をみる。<br>○霧を吹いて虹を作つてみる實驗をする。<br>○いろいろの色のあることや虹の出來るわけについて考察し話し合う。<br>○いろいろの色のあるわけについて調べたり話を聞く。<br>○赤・黄・青のえのぐをまぜていろいろの色を出してみる。<br>○七色板をまわしてみる。<br>○七色の外に赤外線，紫外線のあることやそれ等の働きについて調べたり話を聞く。 | ○光がプリズムを通るとき方向のかわる事がわかつたか(觀察・面接・テスト)<br>○太陽光線をプリズムに通すと色々の色にわけられる事が理解されたか(觀察・テスト)<br>○紫外線・赤外線のある事が理解されたか(觀察・テスト)<br>○水滴で太陽光線が分けられ虹の出來る事が理解されたか(觀察テスト)<br>○物の色は或る色の光の反射と吸收によることが理解されたか(面接・テスト)<br>○えのぐをまぜると色々の色が出來ることが理解されたか(作品)<br>○虹の出來るわけを推論する能力はどうか(觀察) |

## 單元 8 自轉車には機械や道具がどのように使われているか。

季節 9月上旬～10月上旬　　所要時間 10 時間

I 單元設定の理由

A 社會的要求

1. 産業文化の合理化，機械化が强調される如く人々の生活をもっとも能率的にするものの一つは機械である。故に機械器具についての構造や機能・原理・性能を理解し，これ等をよりよく扱い，更に改良・工夫・發明にまで努力する事は近代社會をより合理的に發展せしめる重要な要素となるのである。
2. 身のまわりの機械・器具についての使い方に馴れ簡單な修理など行い得る様な技能を得させたいという様なことが一般家庭及び機關から要望されている。(實態調査)

B 理科的要求

1. 幼児時代や低學年頃より種々の動くおもちゃをもてあそんだり調べたり，三年生ではシーソー遊びをしたりしている。又，前學年では電信機や電鈴を動かして機械に關係ある素朴的な學習をさせ，本學年では身のまわりの簡單な機械の各部分の構造や機能について稍〻論理的•分析的に考察させたり，機械・器具をとり扱う能力・態度をやしなうように要求され，上學年に至っての基礎學習としたい。
2. 本學年では機械器具に，てこ・チェン・クランク・齒車・ボールベアリング・スプリングなどがどの様に利用され，どんな働きをしているかを理解する様に要求されている。
3. 工作科のミシンのこぎりや，其の他工作道具を使用して物を作る學習と密接に連關する。

C 兒童の實態

1. 心意的發達は單元1に準ずる。
2. 興味・關心は單元6に準ずる。
3. 學習活動では「乗物の速さや種類」「乗物は何の力でどの様に動くか」「自轉車や時計の仕組みや働きを調べる」「機械や道具の發明者」「道具や機械と人間生活との關係」「昔の道具」等を調べてみる事に比較的多く關心を示している。(實態調査)
4. 遊びには，竹とんぼ・水車・風車・紙鐵砲等の玩具作り，自轉車乗り，車作り等が多い。(實態調査)

D 理科的環境の實態

1. 各家庭には殆んど自轉車・時計などはあり，それらについての修理用具などももっている家庭が少數ある。學校に於ては日常ポンプを使用している。
2. 市内には自轉車店・時計店・宮田自轉車製作所などを始め精米所・精粉所・木工所・製板所等あり機械の動いている様子を見學する事ができる。

## Ⅱ 單元の目標

自轉車の構造・機能の大要を調べそこに應用されている，てこ・チェン・歯車・ボールベヤリング・スプリングなどの性能を調べ自轉車にいろいろの機械や道具がどの様に活用されているかを考察し，理解し，機械・器具を科學的に考察したり，取扱ったりする能力・態度をやしなう。尙自由研究に發展して時計・ポンプなどに對しても學習する。

A 理　解

① てこは小さな力を大きな力にかえたり，小さな移動を大きな移動にかえたりする。

② てこには，力點・支點・作用點がある。

3 てこにはいろいろの種類がある。

4 車には回轉軸があり，軸受に支えられている。

⑤ チェンは歯車と歯車との間にかけられて力を傳える。

6 すべらせるよりもころがす方がまさつが少い。

⑦ ボールベヤリングを使うとまさつが非常に少くなる。

⑧ 機械（自轉車）を動かしたり止めたりするにまさつを利用する事ができる

⑨ 往復運動を回轉運動にするためにクランクが使われている。

10 振動や衝激を柔らげるためにバネ・ゴムなどの彈力のあるものが使われている。

11 機械・器具（自轉車）はその性能を理解して使うと安全で又仕事の能率があがる。

B 能　力

⑫ 自轉車に乘ったりそれを扱ったりする能力

13 機械の圖を描く能力

⑭ 自轉車の學習に關する問題を摑む能力

15 實驗を企畫する能力

⑯ 歯車の歯や回轉を數量的にみる能力

⑰ 自轉車の輪など取はずしたり，手入れしたり，組立てる能力

18 チューブを出しいれしたりチューブの破れを修理する技能

19 觀察の事實から働きを推理する能力

20 ブレーキやクランクに，てこの原理を應用してあることを推理する能力

21 事實をありのまゝにみる能力

C 態　度

22 機械（自轉車）などに興味をもち疑問を起す態度

㉓ 機械の分解・組立等根氣よくやりとげる態度

24 他の機械に興味をもち自ら進んで學習する態度

## Ⅲ 單元の組織

| 問題(番號は目標) | 學　習　活　動 | 効果判定の觀點及び其の方法 |
|---|---|---|
| 1 自轉車にはいろいろな器械がどの様に使われているか。(12. 13. 22. 14. 15) | ○自轉車に乘つてみる。(練習する)<br>○自轉車の手入れをする。<br>○自轉車の各部の構造・機能を概念的に觀察したり圖にかいてみる。<br>○各部の働きについての疑問や問題について話合う。 | ○自轉車に乘る技能が出來たか。(觀察)<br>○自轉車を扱う技能はどの程度か(觀察)<br>○圖を描く技能はどうか（觀察・ノート）<br>○自轉車に興味を起す態度はどうか（觀察）<br>○實驗・學習を企畫する能力はどうか（觀察）<br>○自轉車について問題を摑む能力はどうか（觀察） |
| 2 ブレーキはどの様な働きをするか。(6. 2. 1. 3. 8. 19) | ○ブレーキを動かしてみる。<br>○ブレーキをしめたまゝ自轉車を押してみる。(つよく又よわく)<br>○ブレーキに力の傳わつて行く順を考察する。<br>○ブレーキにてこの應用してあるのをみる。<br>○てこの實驗器で力點・支點・作用點をみ，その力と距離の割合を實驗してみる。<br>○てこを使つた器具を考察する<br>○其の他てこを使つた部分を考察。 | ○すべらせるよりも轉がす方がまさつの少い事が理解されたか。（觀察・面接）<br>○機械を止めるのにまさつを利用する事が理解されたか（觀察・テスト）<br>○ブレーキの動きの實事から力の傳わりを推論する能力はどの程度か（觀察）<br>○てこは力點・支點・作用點がある事がわかつたか（觀察・テスト）<br>○てこは小さな力を大きな力にかえたり小さな移動を大きな移動にかえたりする事が理解されたか（觀察・面接・テスト）<br>○てこには色々の種類のある事がわかつたか（觀察・テスト） |
| 3 クランクはどの様な働きをするか。(9. 5. 20. 16. 23) | ○クランクを回轉させて後車を廻してみる。<br>○てこの理を結びつけて力の入れ具合を考察する。<br>○クランクの往復運動と後車の回轉數との關係を調べる。<br>○大ギヤーとフリーフオイルギヤーの歯車と回轉數との關係を調べる。<br>○クランクの一回轉と自轉車の進行する距離の關係を調べる<br>○チエンの構造や働きについて考察する。 | ○事實にてこの原理を應用していることを推論する能力はどの程度か（觀察）<br>○往復運動を回轉運動にするためにクランクが使われている事が理解されたか（觀察・面接）<br>○數量的にみる能力はどの程度か（觀察・ノート・テスト）<br>○チェンは歯車と歯車との間にかけられて力を傳える事が理解されたか（觀察・面接）<br>○根氣よくやりとげる態度はどうか（觀察） |
| 4 ハンドルはどの様な働きをする | ○ハンドルをまわしてみる。<br>○中心（心棒）に近い方をもつ | ○事實をありのまゝにみる能力はどうか（觀察） |

| | | |
|---|---|---|
| か。<br>(20. 21) | てまわしてみて力の入り具合や距離の關係をみる。<br>○てこの理に關連させて考察する。 | ○事實にてこの理を應用していることを推論する能力はどの程度か（觀察） |
| 5 輪はどうして輕く回轉するか。<br>(7. 4. 17) | ○前輪をとりはずして，心棒を兩手でもつて回轉させてみる。<br>○心棒をとりはずして玉のようすを調べ圖に書く。<br>○玉や心棒の掃除をして組立てる。<br>○玉の働きについて考察する。<br>○フリーフオイルについて構造や機能を圖や標本について調べる。 | ○前輪をとりはずす技能はどうか（觀察）<br>○心棒をとりはずす技能はどうか（觀察）<br>○ねじをしめる技能はどの程度にできたか（觀察）<br>○車には回轉軸があり，軸受に支えられている事が理解されたか（觀察・面接）<br>○ボールベヤリングを使うと，まさつが非常に少くなることが理解されたか（觀察・テスト）<br>○クランクを止めていても後輪の回轉するわけが理解されたか（觀察・テスト） |
| 6 乘心地のよいのはどんな仕かけによるか。<br>(10. 11. 13. 18) | ○サドルの構造を調べ圖に書いて働きを考察する。<br>○タイヤに空氣のあるときとないときの乘心地をしらべて考察する。<br>○空氣をつめてみる。空氣のぬけぬわけを圖解して考察する。<br>○ポンプの構造や働きを圖解して調べる。<br>○タイヤをはずしてチューブを調べる。<br>○チューブの中の空氣の働きについて考察する。<br>○タイヤにでこぼこのあるわけについて考える。<br>○自轉車の手入れや簡單な修理をしてみたりして使用の仕方等について話合う。 | ○圖に描く能力はどうか（ノート）<br>○チューブの破れを修理する技能はできたか（觀察）<br>○チューブを出し入れする技能はどの程度に出來るか（觀察）<br>○振動や衝激を柔らげるためにバネゴムなどの彈力のあるものが使われている事が理解されたか（觀察・テスト）<br>○自轉車を動かすのにまさつを利用していることが理解できたか（面接・テスト）<br>○機械・器具（自轉車）はその性能を理解して使うと安全で又仕事の能率が上る事が理解されたか（觀察・面接） |
| 7 時計やポンプには機械をどの様に使つてあるか<br>(24. 前問に重複) | ○自由研究に發展させてポンプの構造・機能を調べる。<br>○柱時計・置時計などの内部の構造や動きなどを調べてみる | ○自ら進んで究明しようとする態度はどうか（觀察）<br>◎理解・技能は自轉車の場合に準ずる。 |

## 單元 9 電氣パン燒器を作って電氣について調べよう。

季節 12月上旬～12月下旬 所要時間 9時間

I 單元設定の理由

A 社會的要求

1. 近代社會を構成する科學的要素の一つとして電氣は重要な役割をもってい

る。即ち我々の文化的生活の各面に亘って電氣は大きな影響を與えている。故に國家を文化的に向上せしめ社會の合理的生活の擴充をはかる爲には人々はその電氣への關心・理解を深め，それが正しい利用・改善・發明の面にまで意を用いて行く事が大切である。

2. 交通・運輸・通信・工場に關する市内各機關・特に發電所・配電會社等よりは「電氣に關する理解とそれが技術・態度の修得」を要望されている。（實態調査）

3. 一般家庭よりは「日常生活に直接關係のある電氣に關する知識・理解とその取扱い及び簡單な修理上の技能を体得するように」との要求が强い。（實態調査）

B 理科的要求

1. 低學年に於ては磁石・電磁石，及び乾電池と豆電球等に關する學習を行い，電氣についての關心を深めてきたが，こゝでは家庭の電氣一般についての取扱いをし，六學年に至って電氣・磁氣と其の利用面について取扱うように要求されている。

2. 本學年では日常家庭で使用されている電氣を主にとり上げ，その發光・發熱・送電と利用等電氣に關する一般的理解と電氣器具・器械の取扱い上の技能及び科學的態度の初步的學習が要求されている。

3. 圖工科に於ける，動力使用，其の他工作用具使用の學習と關連する。

C 兒童の實態

1. 心意的發達は單元1の1に準ずる。

2. 興味・關心は單元6のこの項に準ずる。尙，電氣に關しては「どのようにして起されるか。」「熱や光はどうして出るか。」「電氣が物を動かすのはどうしてか。」等のように機械・器具の構造・機能を相關的に調べたいと言ったような論理的なことに多くの傾向を示している。（實態調査）

3. 學習活動では「お家の電氣はどこからどのようにしてくるか」「電燈の光るわけ」「電熱器の熱くなるわけ」「電氣はどうして起るか」「電氣で動くものを調べる」「雷について」等に最も多く關心の傾向を示している。（實態調査）

4. 遊びの中には「パン燒器作り」「電氣マッチ」「懷中電氣」「電車模型」「鑛石ラジオ」「モーター・スタンド」等の製作がみられ電氣に關する遊びの興味・關心は非常に强い

D 理科的環境の實態

1. 社會一般に電氣は相當に普及され家庭に於ても電燈・電熱器・電氣アイロ

軍なことをも専門家にまかせるという傾向が多い。 上の技術や態度は末熱で質際に手を下して修理すること等をおっくうがり簡 てはいるがこれに對する理解の程度は未だ充分とはいわれない。從って使用

ン・電氣ストーブ・電氣コタツ・扇風機・積算電力計等相等に備えつけられ
- 國有數の電氣縣である。 都市の關係上,日常生活のあらゆる面に電氣の利用が多い。特に信州は全
- に具体的に解決せねばならぬ問題を多く持っている。 燃料不足に伴う電氣の利用と電氣供給量の不足, 停電、節電等身のまわり
- 工場・製作所並びに電氣器具關係の商店が非常に多いので、兒童の日常これ らに接して見たり、聞いたりする機會が多い。 市内には電鐵・配電會社・電話局・放送局をはじめ電力を利用しての各種

單元の目

の取扱上、修理上の技術及び態度を体得する。 般的、初步的に理解し、其れに使用されている電氣機械・器具の構造、 家庭で日常使用されている電氣に關して發光,發熱の原理,電流の性質等を一 機能とそ

- いろいろの物質には電氣をよく通すものと通さぬものとがある。
- パンの粉や細い鱗線のように電流を通しにくいものに電流を流すと熱が發
- 電流や通し易い銅やアルミニュームは電線として用いられている。
- 4 不良導体は絶縁体として用いられている。
- 電燈や電熱器では電壓が強くなる程電流は強く流れる
- 電線や電氣器械等に電流の流れすぎるのを防ぐためにヒューズが使われて
- している。 日常使う電氣は發電機で起し、この電流は交流で、流れる方向は常に變化
- 發電機で起された電流は高壓にして遠い所へ送られる。
- 變壓器で電壓を上げたり下げたりたりすることができる。

- 電氣に騒する問題をつかむ能力
- ペンの嬉け方・發熱・時間等を數量的にみる能力
- 器具・資料の調べ, 實驗等の事質をありのまいにみる能力
- **) 震験の結果を事質から推論し類想する能力**

- (5) パン燒器・配線・實驗等を企畫する能力
- 電氣に關する參考文献・資料を集めたり使う能力

3

- (3) 17 配線や實験を工夫する能力
- 9 絶骸体やヒューズ・テスターを使って危険から身を守る能力

器具(コード・ソケット・プラグ・メスシリンダー・寒暖計)

實驗・觀察・考察したことを記録する能力

- 21 研究をグループ又はクラスで確立して行う態度
- 15 實驗を企器して自ら進んで究明しようとする態度
- 震騒・観察・ペン焼き製作等根氣よくやりとける態度
- (3) **發電所・配電會社の見學などで専門家の意見を聞く態度**
- 2: 自由研究に發展して新しいものを作り出す態度
- 3 日常の電氣の取扱い器具の修理等に電氣の道理に従い守る態度
- (2) 節電する態度

7. 9 盆 錢

406 -

品) ○關係をみる能力はどうか(面接 テスト)					20	
○グラフの田来はえばどうか(作)						
き(鏡祭) ○器具の販扱では資庫でありてマード・・・・・・・・・・・・・・・・・・・・・・・・・・・・・・・・・・・・	レ万嵌わして一然してそる。	上の闘係をグラフに抜わして地互の闘係や光祭してみる。	脳系やグラ の脳系や形	の正の題の1〇		
○グラーン 心砲七 つんやしんこめ	150 H	の画等を見り立ての関係祭する。	東等と別する。	語の画等と	22. 26)	
○対対を製量的で取扱しているか、無数と対象	• 国型。	・語・語・	の大きな。	○落夜の大き	12. 18. 19. 20. 21	
距離など製量的でみているか。 (歯数・ノード・デスト)		製帯との鑑余を測したり謂くたりする。	卵との窓糸りする。	発明して	う個へから	
しくかんごめず (競祭) 一つへなんごめず (競祭)	然。觀	〇パンの続け方と時間	の続け方	02:20	その時間無はど	
〇ミツの蘇け石をありのまいた日		が、た、省・風音学や印象しながら)	ながら)	しなり	にして感け、又	
○電氣に關する問題をどの程度にしたこだら(痼疾)		がある。	「☆・☆・昔・唐唐」 でない のぶと の話さ しゃるっ	02:0	こいとはどのよう	
○根無よく作っているか(觀察)	- 4					
〇目を編みな行なおりゃしない。一ち(観察)		行する。	○ベン蘇瑞や製作する。	0 % %		
か(卑然・画椒)	9	〇八ヶ海路の井街や笛をひ	海路の女	0000	たらよいか。(15.17.22.23)	
〇配線はどのように工夫している	かなる	の数字数	行えなが	いない	ようにして作っ	
〇企鑑設計はどの程度が(観察・	なられることを見ると	こうの原語(寛敷のもの)や見上さるででに トゲんやので	部の開	〇こツ窓	1 パン糖器はどの	
効果判定の觀點及び其の方法	學	陷	函	幅	問題(番號は目標)	

○	○發電所を見學するか又は鎬眞 等で發電機・送電線・變電所	8 愛電所からどのように電氣が送
れつぐ 石選解された マメト) やにコーズを使つしているか (義粲) の程度につきたか (義粲) 展がたきたか (義粲	で ○ 耐算電力計を追して、大小の で 電珠や電楽器をつけてみて、 電珠や電楽器をつけてみて、	7 積算電力計はど んな役目をする か。 (5.16.19.20.23 27)
〇 - クロス線の遊察は、電流の通しだくい - クロス線に電流を通するためであることがわかつため(面接・デスト)のいろいろの電類・器具の構造・機能がわかつたか(ノート)(電氣アイロン・コブ・てんび・ストーブ・奪々)	○電熱器・電氣アイロンをつけてみて構造を圏に書いて調べる。 さ。 こみて構造を圏に書いて調べる。 ○ニクロム線の成分・性質について調べたり話を関く。 ○いろいろの電氣・器具を調べてみる。	6 幽黙器はどうし て熟を出すか。 (2.14.19.20. 26)
○電流の通じにくいものに電流を通ずると姿熱・鏡光することがおかつたか(観察・面接) 〇自ら進んで発明しようとしているか(観察) ○どの程度に資料を集めて調べたか(観察) ○配対の後明者・製法・種類がわかのたか(デスト)	○電球の構造を調べ、どうして 光を田寸かを考えてみる。 ○細い線線に10V.8A.位の電流 (直流)がして、旋紫、痰光 するのをみる(質験) ・光のをみる(質験) ・光のをみる(対象)・光 ・イン・熔器の凝熱の理を考察 してみる。 「電球はどのようにして造らた たか調べ話合う。 の電球は離がどのようにして後 明したか調べて話合う。	5 魔珠はどのよう にして光を出す か。 (2.5.11.14.17 20.26)
○ヒューズの成分がわかったか (テスト) ○電流の流れすぎるのを防ぐため にヒューズが使われていること がわかつたか(テスト) ○ヒューズのとぶのを推論し鍛想 できたか(観祭)	〇、ろ、ろのにューズにとりか、人て韓漢を流してみてにユースとはがない。 ガロとがのをみる。 〇にューズのついての作質・成分・役目等を調べて指合う。	4 ヒューズはどの ようなものでど んな役目をする か。 (6.14.16.17.19 20.26)
○器具を取扱ら技術はどの程度修得出来ため(複数) の器具の構造がどの程度理解されため(画数・ノート・テメト) の認治の流がもかったか(一下・デスト) の配治のがわかったか(で、ことが理解されたか(観察・面接) 一次・一次・一次の原理を配線の事質に顧用しているか(観察)	○配線して電流を流して電球をつけてみる。 つけてみる。 (開閉器・電線・シーリング プロック・コード・ソケット プロック・コード・ソケット フラグ等を連結) ○エカルの器具の構造を調べ、 機能を考察して圏に書いてみ め。 

○良導体・不良導体について調	3 疾暦の電気はど のように洗れて くるか。 (1.3.4.11.13. 17.20.26)

	られてくるか。 (7.8.9.16.20. 24.)
	等を調べて話合う。 ○難厩器の作用を調べたり話をきく。
○	○専門家の意見を聞く態度はどうか(観察・テスト) の日常使う電氣は交流であること がわかつたか(面接・テスト)

單元 5 私たちは食べものを毎日どのようにしてとればよいか

季節 6月上旬~7月下旬

所要時間 シ時間

軍元設定の理由

社會的要求

- に充分に活用してより生活を合理的に進展せしめることが大切である。 解をもち、これに對する処理的技能・態度をやしない、これを日常生活の上 つもの大なるは言うまでもない。 故にこれら衣・食・住に對しての科學的理 る狀態にある。日本の平和的文化國家建設の第一步は、これが改善工夫にま 住居の不完備、等のために榮養不良・傳染病の蔓延などがその敷をましてい の衣・食・住の生活は極端に低下し食生活に於ける榮養添取の不足。衣類・ 終戰後物資不足と保健衞生に對する科學的自覺の不充分にともない日本人
- 興え偏食のないようにしたい」「食品加工についての知識を興えたい」など の要望がある。(實態調査) 一般父兄や市内各機闘よりは「食物の柴養についての科學的理解や知識を

– 407 –

B 理科的要求

- 衛生に強展するようになっている。 と健康生活との關係を科學的に考察し、六年に至り身体の構造・機能や公衆 一般的なことにつてて概略的な考察をつづけてきたが本學年では女・食・住 低學年では躾を主とした保健についてとりあつかい六學年では保健衛生の
- 求されている。(衣・住に關しては單元11に於てとりあげる。) ここでは食生活をとりあけ食物と保健生活との料學的考察をするように要
- 「お手傳い」「健康な生活」と密接に關連をもたせたい。 社會科・五年「私たちの健康生活」「衣・食・住」家庭科「私たちの仕事」
- 單元1.2及び次の單元11と密接に關係する。

見童の實態

- 心意的發達は單元1の1に準ずる。
- 「からだ」につてての闘心・興味の傾向は、「体内の様子や、その働き』冒

313 -

腸の位置や形や，消化について」「病氣とその原因」「健康生活と，運動・榮養・住居・氣候との關係」「心臓や血の働き」などについて調べたいというような論理的に分析的に因果關係を追求するようなものに最も多く集まっている。（實態調査）

3. 學習活動については「食品加工の方法」「食物の榮養」「かびの生えるわけをしらべる」「傳染病のうつる道すじ調べ」「耳で音のきこえるわけ」「眼でものが見えるわけ」「血液の作用，消化の作用」「しもやけ，ひゞのできるわけ」などの學習に比較的多くの關心が集まっている。（實態調査）

4. この期の兒童の生活は活動的で，しかも發育旺盛である。從って食欲が盛んで，食後の休みなど不充分であったり，暴食になりがちであったり，間食を取り過ぎ，咀嚼を輕んじたりして胃腸を害することが多く，又偏食の傾向も間々みられる。尙，衣・住についても關心をもちはじめ，これら衣・食・住に關しては相當に問題が多くはらまれている。

D 理科的環境の實態

1. 衣・食・住については樣々な樣式の中に生活しているが概して日本風の料理で住宅は市街地風のものが多い。

2. 市内に保健所・細菌檢査所・醫院・病院などの數が多い。

3. 學校には衛生・給食の施設があり，兒童は味噌汁・ミルク・スープミックス・ジャム・乾し果物・チョコレートなどの給與をうけている。

Ⅱ 單元の目標

日常とっている食物についてその中に含まれている榮養素の概觀にふれ，どのような食物を選んだらよいかを考察しながら食物の料理の仕方や，保存の仕方や，よい食事の仕方などを考察し，理解し，食物と健康生活との關係を科學的に考察し，處理していく能力態度をやしなう。

A 理　　解

1 食物には澱粉・脂肪・蛋白質・鹽分・ヴィタミンなどの榮養分がふくまれている。

② 澱粉は穀類・いも類などに多くふくまれている。

③ 脂肪・蛋白質は豆類・肉類・卵・乳などに多く含まれている。

④ ヴィタミン・鹽分は食物にわずかに含まれている。

5 一つの種類の食物には，或る定った榮養分が含まれている。

6 人はいろいろの榮養分を必要とするから食べものが，かたよると成長がおくれたり病氣になることがある。

7 食べ物の貯え方が惡いとくさったり，かびがはえたりして，質がかわり榮養價が減る。

⑧ 食物の貯え方には，びんづめ・かんづめ・鹽づけ・冷凍・乾燥などの仕方がある。

⑨ 食物がくさるのは細菌のはたらきである。

⑩ 同じ材料を使っても，料理の仕方が惡いと，榮養分が減ったり，消化しにくかったりする。

11 水には，のんでよい水と，惡い水とがある，惡い水は，こしたり，消毒したりする。

⑫ よくかんで食べると，こまかくなって消化がよい。

13 氣持よくおいくし食べると消化がよい。

⑭ よい姿勢で食べ食後適當に休むと消化を助ける。

15 食べすぎや飲みすぎをすると胃のはたらきがにぶる。

16 大体定った時間に食事をなすことは健康によい。

B 能　　力

17 食品に關する問題をつかむ能力

18 食品分析表で榮養素を比較してみる能力

⑲ 實驗の事實や榮養素のあることから食物の健康に適，不適を推論する能力

⑳ 食品に關する，資料を使う能力

21 榮養素を數量的にみる能力

22 食品と保健について問題を摑む能力

㉓ 食品に關する圖表を作る能力

24 健康を保ち進める能力・態度

㉕ ヨード・硝酸などを使う能力

C 態　　度

26 實驗を根氣よくやりとげる態度

㉗ びんづめの實驗などで注意深く正確に行動する態度

28 食品について自ら進んで究明しようとする態度

㉙ 榮養と保健の道理に従いまもる態度

Ⅲ 單元の組織

| 問題（番號は目標） | 學　習　活　動 | 効果判定の觀點及その方法 |
|---|---|---|
| 1 どんな食物をとればよいか。（1. 2. 3. 4. 5. 6. 17. 18. 19. 20. | ○日常食べている食品をあげてみる。<br>○これはどんな榮養分をもっているか經驗をもとにして話合う。 | ○食物に關して興味・疑問をもち問題をどの程度に摑んでいるか（觀察）<br>○食物には澱粉・脂肪・蛋白質・塩分・ヴィタミンなどの榮養分 |

| | | |
|---|---|---|
| 21. 22. 23. 25. 26) | ○食品分析表をみて日常の食品に含まれている榮養素をしらべて表につくる。<br>○含まれている榮養素を考察する。<br>○澱粉を顯微鏡でみる。<br>○澱粉に熱や水を加えて變化をみる。<br>○澱粉のヨード反應を實驗してみる。<br>○食品に澱粉が含まれているかどうかをヨードチンキで檢出してみる（實驗）<br>○脂肪の含まれているかぼちやの實や落花生などを紙に包みおしつぶし紙にしみこませてみる。<br>○卵の白味などを熱したり燒いたりしてみる。<br>○又硝酸を加えたり，それにアムモニヤ水をいれてみる。<br>○ビタミンのはたらきについて調べたり話をきく。<br>○自分の一日の食品がかたよつていないかどうか時折考察してみる。<br>○どんな食物をえらべばよいか話し合う。 | が含まれていることが理解されたか（觀察・テスト）<br>○分析表など使う能力はできたか（觀察）<br>○榮養素を數量的にみているか（觀察・作品）<br>○圖表の出來ばえはどうか（作品）<br>○一つの種類の食物にはきまつた榮養分の含まれていることがわかつたか（觀察・テスト）<br>○榮養を比較してみる能力はどうか（觀察）<br>○榮養素によつて食品を分析する能力はどうか（觀察）<br>○澱粉は穀類いも類などに多く含まれている事が理解されたか（觀察・テスト）<br>○ヨード・硝酸などを使う能力はどうか（觀察）<br>○根氣よく實驗しているか（觀察）<br>○脂肪・蛋白質は豆類・肉類・卵・乳などに多く含まれている事が理解されたか（觀察・テスト）<br>○ヴイタミン・塩分はいろいろの食物にわずかに含まれている事が理解されたか（觀察・テスト）<br>○食物と健康について問題をつかんでいるか（觀察）<br>○人は色々な食物からいろいろな榮養分をとることが必要であるから偏食しないようにするとが成長や健康によいことがわかつたか（觀察・面接） |
| 2 たべものはどのように料理すればよいか。<br>(10. 11. 13. 22. 28) | ○米の玄米 2分搗などの榮養と消化の關係について調べたり話をきいたりする。<br>○豆・麥・等の粒のままと粉にした場合との消化吸收のちがいについて話をきく。<br>○野菜・果實の榮養のある部分とその料理の仕方にいつて調べたり話をきく<br>○野菜・果實・水・等の生で食べる場合と煮て食べる場合の榮養素とばい菌や寄生虫との關係をしらべたり話をきく。<br>○水道の消毒の仕方を調べて話合う。<br>○料理する場合，調味料を適當に使つて味をよくしたり，色や香をつけて感じのよいものにしたりする事と消化との關係について考えたり話をきいたりする。<br>○食品の加工したものについての意味を考える。 | ○食品と健康について問題がつかめたか（觀察）<br>○料理の仕方で消化の仕方のちがうのが理解されたか（觀察・テスト）<br>○料理の仕方で榮養分のへる事が理解されたか（觀察・テスト）<br>○水はこしたり，消毒したり，煮たりして使うわけが理解されたか（觀察・面接）<br>○氣もちよくおいしくたべると消化がよいことが理解されたか（觀察・テスト）<br>○食品について自ら究明しようとする態度が出來たか（觀察） |

| | | |
|---|---|---|
| 3 食べものはどのように保存するか。<br>(7. 8. 9. 26. 27) | ○食物の保存の必要や又都合のよい點について調べたり話し合う。<br>○パンやごはんなどの食品をかわいたところしめつたところ，溫度のいろいろな所，風とおしのよい所等において變化をみる。（かびるのや腐敗するもの）（實驗）<br>○かびやばいきんについて調べる。<br>○肉や魚を放置しておいて腐敗したり，はいが卵をうんで，うじの發生するのを觀察する。（實驗）<br>○これらのことから保存法を考える。<br>○煮たいもや豆でびんづめを作り（いくつも）その變化の様子を考察する（實驗）<br>○食品の色々の保存法を調べてみる。 | ○食物のくさるのは細菌のはたらきによることが感じられたか（觀察・面接）<br>○食物の貯え方が悪いとくさつたり，かびが生えたりして榮養價がへることが理解されたか（觀察・テスト）<br>○實驗を根氣よく正確にやつているか（觀察）<br>○食物くさるのは細菌によることが理解されたか（觀察・テスト）<br>○食物の貯え方には，びんづめ・かんづめ・鹽づけ・冷凍・乾燥などのあることが理解されたか（觀察・ノート・テスト） |
| 4 どんなたべ方がよいか。<br>(12. 14. 15. 16. 25. 29) | ○消化系の掛圖で消化系を調べる。<br>○食事についてよくかむことのよいわけを考えて話合う。<br>○よくかんだいもの味を味つたり，ヨードチンキに對する反應を試して考察する（實驗）<br>○食事のときの姿勢について消化との關係を話し合つたり話をきく。<br>○食休みの意義について話合う。<br>○食べすぎ，飲みすぎしたときや間食を多くしたときの經驗を話し合い消化・衞生について考察し，話をきく。 | ○よくかんでたべると細くなつて消化のよいことが理解されたか（觀察・面接）<br>○よい姿勢で食べ，食休みすることが消化を助けることが理解されたか（觀察・面接）<br>○食べすぎ，飲みすぎは消化に悪い事が理解されたか（觀察・テスト）<br>○定つた時間に食事することが健康によいことが理解されたか（觀察・テスト）<br>○健康を保ち進める態度は出來たか（觀察・テスト）<br>○榮養と保健の道理に從い守る態度は出來たか（觀察） |

## 單元 11 私たちのすまいや，きものは健康に適しているだろうか，

季節 2月中旬～3月中旬　　所要時間 8時間

I 單元設定の理由

A 社會的要求

單元10に準ずる。

B 理科的要求

1. 發展・連絡の系列は前單元10に準ずる。

2. こゝでは住と，衣とをとりあげ住・衣と健康生活との關係を科學的に考察するように要求されている。

3. 他敎科との連關は前單元10に準ずる。

4. 前單元10と密接に關連する。

C 兒童の實態

單元10に準ずる。

D 理科的環境の實態

單元10に準ずる。

Ⅱ 單 元 の 目 標

日常住んでいる住居や，着物をとりあげ，どんなすまいや着物がよいかを考察しながら，それらと健康生活との關係の要件をなす日光・水・空氣・熱・土・濕氣などについて考察し，理解し，それらを科學的に考察處理していく能力・態度をやしなう。

A 理 解

① 日光はかびや細菌を殺すはたらきがある。

② 濕氣の多い所，暖かいところではかびがふえやすい。

3 溫度と濕氣の適當なときは氣持よく体がうごく。

④ 新しい空氣は健康を進め，空氣中に細菌や，炭酸ガスがふえたり有毒なガスがたまると健康をそこなう。

⑤家の位置や構造は日當り・通風・採光・換起・保溫などと關係が深く健康に影響する。

6 料理が清潔でたやすく出來る樣に台所をとゝのえる事が健康によい。

⑦ 便所・下水・ごみ箱など常に清潔を保ちハイやカを防ぐ事は健康を保つに大切である。

⑧ 着物の仕立方は保溫・通氣・体の保護に關係深く健康に影響する。

9 きものの着方によって健康に害のあることがある。

⑩ 着物や寢具は時々日光にあてたり洗濯したりして清潔にする事は健康を保つ上に大切である

B 能 力

⑪ 各部屋の樣子や夏冬の着物の働きについて比較觀察する能力

⑫ 部屋の樣子や實驗の事實から健康に適・不適を推論する能力

13 すまいやきものと健康との關係をみる能力

⑭ 蠅や蚊の發生する事實をありのまゝにみる能力

15 すまいやきものと健康について問題を摑む能力

16 圖表を作る能力

17 健康を保ち進める能力

C 態 度

18 家や着物等環境に興味をもち疑問を起す態度

19 實驗を根氣よくやりとげる態度

⑳ 實驗や調査などで注意深く正確に行動する態度

21 着物やすまいについて自ら進んで究明しようとする態度

22 着物や住居と保健との關係の理に從い守る態度

Ⅲ 單 元 の 組 織

| 問題（番號は目標） | 學習活動 | 効果判定の觀點及びその方法 |
|---|---|---|
| 1 どんな家にすめばよいか。（2. 3. 4. 5. 6. 7. 11. 12. 13. 14. 15 16. 18. 22） | ○自分の家の間取と家の附近にあるものの平面圖をかく。<br>○各部屋の使い方を考察してみる。<br>○日當りの時間を計つて圖表にしてみたり友達の家のと比較してみる。<br>○各部屋の明るさ空氣のかわり方しめり氣・風通し等の健康によいわるいを考察してみる。<br>○各部屋（明るい・暗い・しめつぽい風通しわるい）や押入台所などにいものふかしたのをおきかびの生え具合や腐敗のし方を考察。<br>○それと健康との關係を考察してみる。<br>○台所・便所・下水・つみどえ等を詳しく調べそこに發生する蠅や蚊をしらべたり，飼育したりして防除法を考える。<br>○床下の窓のあることを考察する。<br>○回轉窓の利用を考える。<br>○呼氣を氷のうに吐き吸いして石灰水で炭酸ガスのあるのを檢出する。<br>○炭火やストーブをたいた部屋にいて苦しかつた經驗を話合う。<br>○しめ切つた部屋に大勢していることの健康によくない點をはなしあう。<br>○健康によい理想的な家について話合う。 | ○すまいと健康について疑問や問題がつかめたか（觀察）<br>○圖表の出來ばえはどうか（作品）<br>○家の位置・構造は日當り・採光・通風・換氣に關係ある事が理解されたか（觀察・テスト）<br>○各部屋の樣子を比較する能力はどうか（觀察）<br>○溫度・濕度の適當は体を氣もちよく働かせる事が理解されたか（觀察・面接）<br>○住居と健康との關係をみる能力はどうか（觀察）<br>○採光・換氣・氣溫などの關係が健康に深く影響される事が理解されたか（觀察・テスト）<br>○濕氣の多い所暖い所ではカビや細菌のふえやすい事が理解されたか（觀察・テスト）<br>○台所・便所・下水などを清潔にしておくことが健康を保つ上に大切であることが理解されたか（觀察・面接）<br>○はい・か・の發生する事實をありのまゝにみているか（觀察・ノート）<br>○實驗・觀察の事實から健康の適不適を推論する能力はどうか。（觀察・面接）<br>○新しい空氣は健康を進め，空氣中に細菌や炭酸ガスがふえたり有毒なガスがたまると健康をそこなうことが理解されたか（觀察・テスト）<br>○住居と保健についての道理に從い守る態度が出來て來たか（觀察） |

| | | |
|---|---|---|
| 2 どんな着物をきればよいか。(8.9.12.15.19.20) | ○着物の種類をしらべてみる。<br>○自分の着物の原料について調べたり話合う。<br>○保温・通氣輕快のよいわるいを考察する。<br>○これと健康との關係を調べ話合う。<br>○夏冬の着物で湯の入つたびんを包んで湯のさめ方をしらべる（實驗）<br>○又かたく，ゆるく包んでやつてみる（實驗）<br>○白・黑・各布で水の入つたびんを包み日なたにおきあたゝまり方をしらべる（實驗）<br>○健康によい理想的な着物について調べ話合う。 | ○着物と健康生活について問題がつかめたか（觀察）<br>○實驗を根氣よくやつているか（觀察）<br>○注意深く正確に行動しているか（觀察）<br>○實驗の事實から健康の適・不適を推論する能力はどの程度出來たか（觀察・テスト）<br>○着物の着方によつて健康に害のあることが理解されたか（觀察テスト・面接）<br>○着物の材料や仕立て方は保温・通氣，体の保護に關係深く，健康に影響することが理解されたか。（觀察・面接） |
| 3 着物の手いれはどのようにするか。(1.2.10.17.21) | ○着物の虫干しはいつやればよいかそのわけをしらべて話合う。<br>○着物をくう虫をしらべる。<br>○虫をナフタリンと一しよにびんに入れてみる。<br>○虫にくわれやすい着物はどんなものか調べる。<br>○着物のカビはどんなところに出來るか調べる。<br>○着物の洗濯の仕方を考える。（揮発油でふく・石けん・炭酸・ソーダで洗う）<br>○肌着は特に着かえたり，洗濯しなければならないわけをしらべ話合う。<br>○着物や寢具を時々日光にあてなければ健康によくないわけを考察し話合う。 | ○虫の喰つていること，かびている事などの事實をありのまゝにみているか（觀察）<br>○濕氣の多いところや暖かい所にはカビの生えやすいことが理解されたか（觀察・面接・テスト）<br>○着物や寢具は時々日光にあてたり洗濯して清潔にすることは健康を保つ上に大切なことが理解されたか（觀察・テスト）<br>○日光はカビや細菌を殺す働きがあることが理解されたか（觀察面接）<br>○健康を保ち進める態度は出來たか（觀察）<br>○きものやすまいについて自らすゝんで究明しようとする態度は出來たか（觀察） |

# 6，第　六　學　年

## 單　元　の　目　次

## 第六学年　單元の季節配当並に時間数　（数字は時間数）

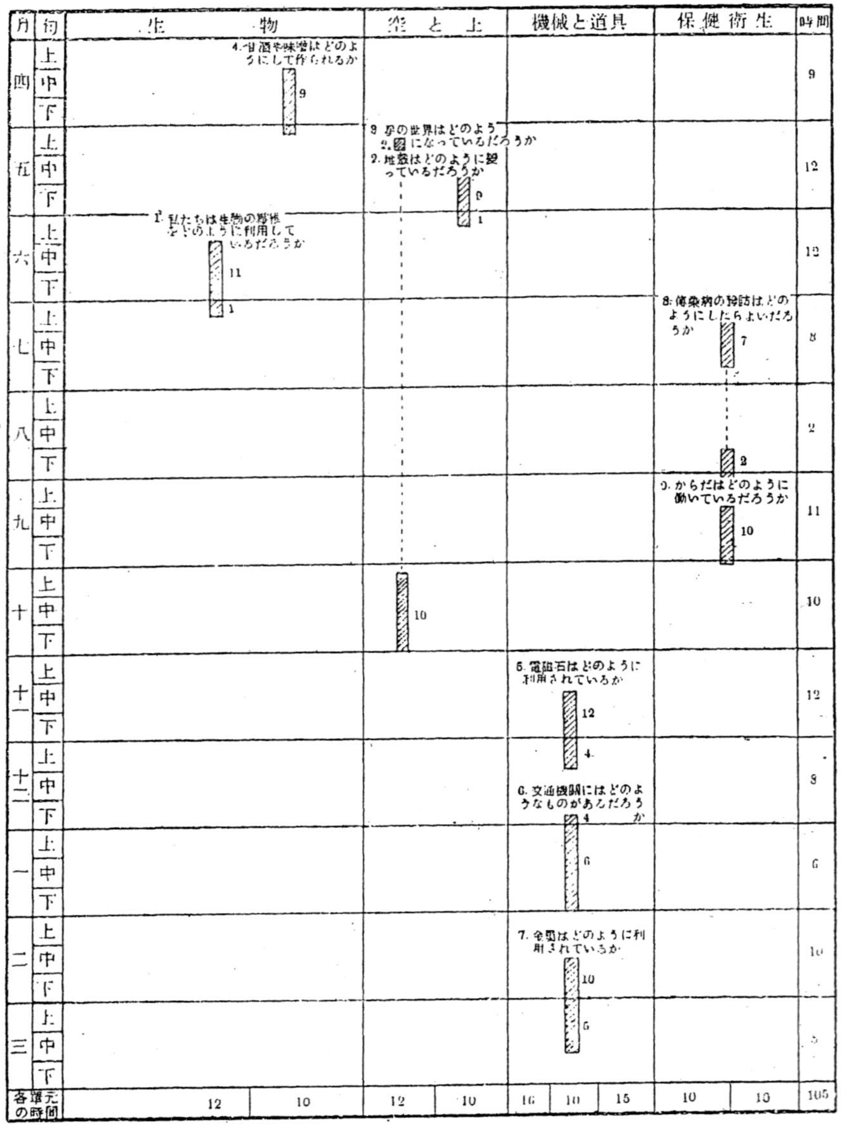

## 單元　1　私たちは生物の繊維や毛皮をどのように利用しているだろうか。

季節　6月中旬～7月上旬　　　所要時間　12時間

I　單元設定の理由

A　社會的要求

1.　現代生活は衣・食・住あらゆる分野に於て生物の恩惠を蒙ることが極めて多い。從って衣服・紙類の原料としての繊維について基礎的な知能を涵養して，生物利用の一端を學習せしめることは，生物愛護・資源開發の精神を養成したり，此の方面の開發・改良に盡力する技能を養成する端緒となり，社會生活を向上する大事な要素である。

2.　生物愛育の念を養成してほしいとか，生物の利用價値の問題を取り上げてほしいとの一般父兄からの要望がある。（實態調査）

B　理科的要求

1.　動物や植物を相手として遊んだり，飼育栽培して親しんだりして，生物についての基礎的な知識が培われて來たのであるが，更に進んで，生物と人間との關係卽ち生物利用の一面として，生物の繊維や皮をとって之を利用している事を知らしめ，人間と生物との密接不離の關係を深く意識し，生物を愛護し，天然資源を開發すると云う精神を涵養する一段階としたい。

2.　衣類や紙の原料としての動物性・植物性・各繊維の製法及之等繊維の强弱性質に就いての概略を理解せしめたい。

3.　社會科「衣・食・住」（五年）家庭科「明るい家庭生活」（六年）等と關聯が深い。

C　兒童の實態

1.　心意發達の段階は，身長・体重の發達が著しくなり，細かい筋肉運動が行える様になって來る。自他の區別をわきまえ，客觀的に物事を考える様になり，すじ道をたてて理論的に思考する様になって來る。分析的・綜合的判斷によって結論を出し，又抽象的・演繹的に思考し，物事を普偏化することが出來る様になって來るが未だ一面直觀的思考も相當多い。

知識的欲求・製作的欲求が強くなり，讀書・研究等が積極的に行われるが未だ表面的理解で滿足することが多い，自分から實驗や觀察しないと承知しないと云う態度が見え，現實の事實を重んじ事實から出發する態度が見られる。自分の研究や意見を他に知らせたがる發表的意欲が著しくなり，討議などがよく出來る様になる。社會性が發達し他人のことを考えたり，自他の關係がわかり，他人の感情に對して鋭敏になる。又全体の幸福を考え協力する。次第に目的々計畫的に行動する様になり，自ら題目を立て解決について計畫し，實踐し，結論を出して喜ぶ様になって來る。

2. 興味・關心は，花の内部をしらべたいとか解剖してしらべたいと云う様な形態・構造についてのもの最も多く，各部の機能・進化・成長等が之について多く，種類・人生への効用・收穫高と云う様な人生關係のものも相當に多數ある。（實態調査）

3. 學習活動に關する興味は，人間に有益な動物をしらべるとか，人間と動物との關係とか毒草をしらべるとか，植物から出來る藥とか，どんな植物を食べるとか云う様な生物の利用に關するものに多數見られる。（實態調査）

4. 遊びについては，植物・動物を直接相手として遊ぶもの，又は之等を飼育栽培したり，又之等に手を加えていろいろのものを作ったりするものが當學年に到っても未だ相當に多く見られる。（實態調査）

D 理科的環境の實態

1. 信州は養蠶・製糸の本場として夙に明治の時代より全國にさきがけ，絹糸製造の業が盛であり，近來に至っても，大々的な大量生産の工場が各地にあり當松本市にも片倉製糸工場・工業試驗場等があり，又家庭にて手工業的な製糸をしているものがある。日用衣類として利用されているものは少いが上等の衣類として利用され，兒童も之等に接している。

2. 羊毛は原料を外國に仰いだので，殆んど見られなかったが，近來，内地生産が强化され，山農村には緬羊・アンゴラの飼育も行われ，ホームスパン等の加工も行われる様になり，兒童も之等に接する機會が出來るようになった。

3. 木綿については紡績工場が大町にある。併し原料は殆んど，アメリカ・印度等に仰がねばならないし，又製品も自由でないので，製法その他の實狀に接することが少い。棉の木なども殆んど一般には見られない。

4. 木材纖維の利用は近代の一特質であろうが，その中の紙は兒童にとっても密接な關係によって結ばれており，又松本市にも，製紙工場があり，その製法も見學出來る。木綿や絹に代用された，スフも漸次改良され，現在では相當良質のものもあり，兒童の着用する衣類の大部分に混用されている。

## Ⅱ 單元の目標

日常生活上に重要な部面を占める衣類や紙類の原料が生物に負う所多きこと，及その製法・特質等を學び，生物愛護・資源開發の精神を涵養する。

A 理　解

1 人は生物を利用して生活している。

② 人は動植物の皮毛・纖維を利用して衣類や紙類を作る。

③ 纖維には動物性のもの植物性のものがあり，製法・强弱・性質等各異る。

4 人は動物を飼育し，植物を栽培して，その利用をはかっている。

⑤ 纖維の製法・利用の發達を知り，工夫すれば利用出來る動植物は少くない。

B 能　力

6 資料を集め之を利用する能力

7 纖維の特性等を試して，器具や藥品を取扱ったり，危險をさける能力

C 態　度

8 製糸工場や製紙工場を見學して專門家の意見を尊重する態度

9 衣類・紙類の原料が植物にあることなどを知り，自然環境に興味をもつ態度

⑩ 衣類・紙類の原料である纖維製造の改革が科學の力によることなどを知り科學を尊重する態度

⑪ スフは悪性品の代名詞のようだった時代から，天然糸をしのぐものも出來るようになったことを知り新しい考えをとり入れたり，科學を尊重したりする態度

## Ⅲ 單元の組織

| 問題（番號は目標） | 學習活動 | 効果判定の觀點と其の方法 |
|---|---|---|
| 1 衣服（布類）は何から作られているだろうか。（1.2.6.9） | ○衣類について，その製法・原料・保溫・强弱の性質等について話合い研究の計畫をたてる。<br>○いろいろの布類を集めて，之を分類してみる。<br>○集めた多種の布類を裂いたり碎いてみる。<br>○糸をたたいて碎いたり，よりをもどしてしらべる。 | ○衣類・纖維についての興味・關心はどうか，學習意慾は喚起されたか（觀察）<br>○動物性（毛糸・絹糸）植物性（木綿・スフ）各纖維のあることがわかつたか（面接・テスト）<br>○各種布類の原は糸であり纖維であることが理解されたか（面接） |
| 2 纖維にはどんな種類があるだろうか，又その特質はどうだろうか。（3.4.5.6.7） | ○いろいろの糸（纖維）を燃やしてその燃え方・臭等をしらべ種類分けして見る。<br>○虫眼鏡や顯微鏡でくわしくしらべ各纖維の異る點をみて，記錄する。<br>○各纖維を水に浸しその强弱を比較して見る（實驗）<br>○酸アルカリの液に浸して各纖 | ○各纖維の燃え方やその時の臭が異ることがわかつたか（面接・テスト）<br>○構造の差異が見られたか（ノート）<br>○スフはぬれると弱いことがわかつたか。<br>○器具・藥品の取扱いに注意しているか（觀察・面接） |

| | | |
|---|---|---|
| | 維の强弱を比較して見る（實驗）<br>○以上の實驗をまとめ，各繊維の特質を表にして見る。<br>○ナイロン，ガラス繊維についても調べて話合う。 | ○植物性のものはアルカリに强く酸に對しては弱いこと，動物性のものはその反對であることがわかつたか（面接・テスト）<br>○各繊維の特質はわかつたか（ノート） |
| 3 各種の繊維や皮類はどのようにして利用されているだろうか。（1.2.3.4.5.7.8.9.10.11） | ○繭から糸を引出して絹糸を作つて見る。<br>○生糸の製法を資料によつてしらべてみる。<br>○製糸工場を見學してその製法を見たり聞いたりする。<br>○毛糸・木綿等の製法を參考書でしらべる。<br>○スフ（人造絹糸）の製法やその發明などに關する話をきく。<br>○皮で作られたものをあげて考察してみる。<br>○兎などの皮をなめして見てその製法を學ぶ。<br>○紙を細かく裂いて見たり，湯でとかして見る。<br>○紙の製法を參考書でしらべ木材の繊維から作られていることをみる。<br>○木材を細かにし，たたきつぶし苛性曹達の溶液と共に熱してパルプを作る實驗をする。<br>○パルプ製造工場を見學して製法の話をきく。<br>○繊維利用について感想を話したり文に書く。 | ○生糸の製法はわかつたか（面接）<br>○專門家の意見をきく態度はどうか（觀察）<br>○毛糸・木綿の原料製法はわかつたか（ノート）<br>○人造絹糸の發明など聞く態度，科學に對する態度はどうか（觀察・面接）<br>○皮の製法や利用されていることがわかつたか（解察）<br>○紙が繊維の集りであることがわかつたか（觀察・面接）<br>○實驗に際し器具や藥品の取扱いに注意しているか（觀察）<br>○專門家の意見を聞く態度はどうか（觀察）<br>○繊維利用・科學尊重等の態度はどうか（觀察・作文） |

## 單元 2 地殼はどのように変つているだろうか。

季節 5月中旬～6月上旬　　所要時間 10 時間

### I 單元設定の理由

A 社會的要求

1. 人間の生活に深い關聯をもっている地殼は，その地表の道路や田畠も，又その地下に埋もれている資源も現代社會生活にとって一時も欠くことの出來ない大事なものである。こうした吾々の生活に密接な關聯をもつ地殼の構造成因について學習することは，土地の改造利用・地下資源の愛用等社會生活を向上していくための大事な要素である。

2. 吾が國では地震・火山等が多く，又建物も木造であったりして，之等天然現象より災害を受けることが極めて多い。從って之等の地殼變化現象についての關心を深め，基礎的な知識を涵養していくことは，こうした災害を防止し，安全な社會生活を建設していく上に肝要なことである。

B 理科的要求

1. 川原で水遊びしながら土砂をいじったり，野山・川邊で岩石を集めたりして土への關心が深められ，進んで之等地表がだんだんに變化していること等を學んで來たが，ここでは更にその岩石・土・砂によって構成されている地殼の構造・成因やそれ等の地下資源及びそれ等と人生との關係等について考察をすすめ，之等についての專門的研究への端緒としたい。

2. 地震・火山・溫泉などの問題から學習を進め，それ等の研究から，地殼の構造・成因を究めたり，又地下資源の重要性を知ったり，地殼現象から受ける災害等人生との關聯について學習させたい。

3. 社會科「鄕土の產物」（4年）「現代工業」（6年）と關聯が深い。

C 兒童の實態

1. 心意發達は單元1の此の項に準ずる。

2. 興味・關心の傾向は成因や性格を求明しようとする心が强くなり，現象そのものを深く追求して研究しようと云う傾向が多くなり，尙，人生々活への効用とか，この面を研究した科學者とか星座と神話の關係等と云う様な人生との關聯に向いて來ている。（實態調査）

3. 學習についての興味は岩石を集めて標本を作ると云うようなことは低學年と同樣相當多數あるが，5・6年に到っては地震やその原因等が斷然多く，防災の問題，地下資源の研究活用等に相當多い。（實態調査）

4. 遊びについては，石けり・石なげなど簡單なもののみで，6年生になり數も極めて少い。（實態調査）

D 理科的環境の實態

1. 吾が國特に信州には火山・溫泉等が極めて多く，當學校兒童にとっても近く，淺間溫泉あり，諏訪・中房・白骨等溫泉の恩惠を蒙る機會多く，尙，燒岳・淺間山等の活火山もある。地震も非常に多く，大ていの場合災害を伴うので，新聞・ラジオ・ニュース映畫等によって，間接的ではあるが兒童は相當こうしたものに觸れている。

2. 石油・石炭・金屬・鑛物・石材等の地下資源は日常生活上常にその恩惠は蒙っているが，その埋藏・發掘等の實狀に接することは極めて稀である。淺間・山邊に斷層が見られる。

### II 單元の目標

吾々の生活に關聯多い地震現象について學習し，その災害・原因を究明し，火山・溫泉・地殼構造，成因等を研究し，地下資源の愛用活用等をはかる態度を涵養する。

A 理　解

1 地表には時々地震が起り災害を伴うことがある。

② 地震によって斷層が出來たり，土地が高まったり低くなったりすることがある。

③ 日本には地震が多く，おもに表日本に多い。

4 海底に地震が起ると津波が起ることがある。

⑤ 地震の原因にはいろいろある。

6 火山にはいろいろの型があり，噴火の時災害を伴うことがある。

⑦ 火山は地球内部の熔けた岩や灰やガスを噴出する。

⑧ 日本には火山が多い。

⑨ 火山は火山脈にそっていて，その附近には溫泉が多い。

10 溫泉の溫度や熔けているもの火山や地震等は地殼の中の様子を知る手がかりとなる。

11 火山には活動しているものや休んでいるものや今後活動のみこみのないものがある。

⑫ 地球の表面が冷え固って地殼が出來た。

13 地殼は大部分岩から出來ている。

14 岩石は出來方によって火成岩・變成岩・沈積岩の三つにわけられる。

15 地下の資源は産業や日常生活に利用されている。

16 地下の鑛物から鐵や銅などの金屬がとれる。

17 地下から石油や石炭がとれる，大切な燃料や藥品がとれる。

18 地下から石材・石灰岩・粘土などがとれ，石灰岩や粘土は肥料・セメントなどの原料として重要である。

19 地下資源は少くなるから大切に使わなくてはならない。

B 能　力

20 地震や火山の災害などを知るため資料を使う能力

㉑ 地震・火山現象から地殼・構造等を推論する能力

22 地殼現象について問題をつかむ能力

23 地震・火山等の原因や地殼構造を知るために事實や原理を應用する能力

㉔ 地震・火山・地殼構造等の關係をみる能力

25 數量的に見たり，圖表にしたりする能力

C 態　度

26 地震・火山現象より，その成因・地殼構造等に關する疑問を起す態度

㉗ 地層・岩石・鑛石等を注意深く觀察する態度

㉘ 地震などについて迷信を事實によって正していく態度

29 地震・火山等の現象を研究し，環境に興味を起す態度

30 地下資源を利用していることより愛用したり，又科學を尊重する態度

㉛ 測候所等の專門家の意見を尊重する態度

Ⅲ 單元の組織

| 問題(番號は目標) | 學習活動 | 效果判定の觀點とその方法 |
|---|---|---|
| 1 地震・火山・溫泉はどういうものだろうか。(1.2.3.4.6.8.9 11.20.22.29) | ○地震，火山等について話し合い，その原因から地殼構造等の研究する計畫を立てる。<br>○地震とはどんなものか經驗を話し合う。<br>災害その他についての資料を集めたり，又それについての話し合いをする。<br>○火山・溫泉とはどんなものか經驗の話し合い。<br>日本，信州等の火山や溫泉を地圖で讀んだり圖表示してみる。 | ○地殼現象に對する關心はどうか(觀察)<br>○研究の企劃は立てられたか(觀察)<br>○地震の災害はわかつたか(觀察)<br>○地震の多いこと場所はわかつたか(〃)<br>○文献資料は利用出來たか(〃)<br>○火山の多い所はわかつたか(作品)<br>○火山やその災害が理解されたか(觀察) |
| 2 地震や火山や溫泉は何故出來るだろうか。(5.6.7.11.20. 23.24.25.26.28) | ○地震の原因や種類について研究する。<br>○火山はどのうようにして噴火するかしらべる。<br>○溫泉についてしらべる。<br>(淺間・東山溫泉等の溫度・湯質等をしらべる，その他の溫泉について資料を集めてしらべる。 | ○地震の原因にいろいろあることが理解されたか(テスト)<br>○噴火の原因はわかつたか(テスト)<br>○溫泉は何故かわかつたか(〃)<br>○溫泉によつて溫度や湯質の異つよいることがわかつたか(ノート)<br>○研究・觀察の態度はどうか(觀察) |
| 3 地殼はどのような構造で又どのように變つているだろうか。(10.12.13.14. 16.17.18.21.27) | ○地震や火山の起きる土地の地殼構造について研究し話し合う。<br>○斷層・陷沒・地すべり等について考究する。<br>○地殼の成因についてしらべる(地球表面の冷却・高地・低地の成因)<br>○岩石や鑛物を觀察したり成因をしらべる。<br>(岩石の成因とその種類・鑛物の成因とその種類) | ○地殼・現象に對する興味は喚起されたか(觀察)<br>○地殼の成因や構造について推論はよく出來たか(テスト)<br>又理解されたか(〃)<br>○精しく觀察出來たか，又記錄したり，圖表示出來たか(ノート) |
| 4 地殼やその變動からどのような害・益をうけているだろうか。(15.17.18.19. | ○利用している地下資源について話し合う。<br>(岩石・鑛物・溫泉等)<br>○どのように利用しているか，又いかねばならぬかを話し合う。<br>○災害を防止するにはどうした | ○地下資源が大切なものであることが理解出來たか(觀察)<br>○資源愛護の態度は出來たか(觀察)<br>○災害の原因は，わかつたか(面 |

| | | |
|---|---|---|
| 28. 30. 31) | らよいか（直接的なもの關接的なもの。）<br>○地震研究所，火山研究所の仕事などについて話し合う。 | 接・觀察）<br>○專門家の意見を尊重したり科學を尊重する態度は出來たか（面接・觀察） |

## 單元　3　星の世界はどのようになつているだろうか。

季節　5月～10月　　　　所要時間　12 時間

### I　單元設定の理由

A　社會的要求

1.　複雜繁忙を極める現代社會に生活する者にとって，晴れた夜空に輝く星を眺め，その神祕美妙な世界に憧憬の念を抱くことは寧ろ人心の自然の發露というべきであろうが，現今の社會に於ける眼前のせせこましさから一時眼を轉じ，思いを轉じて無限を藏して一瞬も止ることなき廣大極りなき宇宙の神祕に深い關心を向ける樣な心を培っていくことは，これからの社會人として大切なことである。

2.　我が國に於ては一般に「天文學的數字」という樣な語は架空の想像事と思われている。それだけ宇宙とか星とかへの關心は迷信的・夢想的である。しかも時間とか長さとか云う大事な單位の基盤が此の方面にあることを思う時，星とか宇宙現象に關心を深め，迷信を正し，正しい理解を深めることは社會を科學的に向上させる一つの大事な一部面である。

B　理科的要求

1.　天体や星座に關する神話・傳說を喜ぶ樣な空想・夢想を喜ぶ世界から出發して夜の晴夜に輝く美くしい星や月を眺めたり，部分的に觀察をして來ているが，此處では，ある程度体系づけて理解を深め，系統的に把握させる樣体系づけられている。

2.　太陽の引力によって，その周を廻轉する大陽系の星々（惑星・衞星）銀河系・宇宙等の構造・成因等について，及び時刻・曆等についての基礎的理解を得させたい。

C　兒童の實態

1.　心意發達は單元1のこの項に準ずる。

2.　興味・關心については單元2のこの項に準ずる。

3.　學習活動についての關心は，太陽系にはどんな星があるかとか，惑星・彗星・流星を觀測して見たいとか，月や太陽表面を望遠鏡で觀測するとか，太陽表面の變化と地球の氣象などに與える影響等に多數ある。尙，時間や時刻の定め方とか，惑星の公轉自轉の周期・軌道をしらべたり，彗星・流星太陽

系の星などは何であろうか，どうして出來たかしらべる等の事に相當多數ある。（實態調査）

4.　遊びについては，太陽・星・月に關するものがあり，太陽・星については見たり，光を利用したり，しらべたりするものが，5・6學年に於ては多數を占めている。（實態調査）

D　理科的環境の實態

1.　信州，特に松本は空氣が澄んでいて，秋から冬にかけてよく晴れ，叉非常に美くしく星が見える。

2.　本縣には素人天文家多く，それらのためか，處々に望遠鏡がある。双眼鏡は相當數ある。

### II　單 元 の 目 標

神祕美妙なる星の觀察を數量的な觀測に導き太陽系・銀河系・宇宙等の構造・成因を學び，その人生との密接な關係を知る。

A　理　　解

①　太陽の周りを惑星その他が廻っている。
②　惑星は九個發見されて居り，地球はその一つである。
③　惑星の大いさはそれぞれ異っている。
④　惑星の軌道は一定であり，各公轉週期は異っている。
5　恒星は互の位置をかえないが，惑星はその間を移動する。
6　惑星は太陽の反射で光る。
⑦　惑星には衞星をもったものがある。
8　土星は輪をもっている。
9　惑星や太陽は互に引き合っている。
10　太陽は高熱のガス体で光と熱とを出している。
11　太陽は恒星の一つである。
⑫　日食及月食の理
⑬　時刻・曆は地球の自・公週期及位置を恒星により定めて決められる。
⑭　太陽の表面現象は地球に大きな影響を與える。
15　彗星はガス・チリ・石の集りで，太陽の周りをまわる。
16　宇宙は非常に廣く太陽系の樣なものが他にあるかも知れない。

B　能　　力

⑰　惑星が恒星の間を移動すること，太陽表面の黑点が變化したり，移動したりすることを繼續觀察したり記錄したりする技能
⑱　惑星やその衞星・太陽表面の黑點などを遠望鏡を使って精しく觀察する能

力

19 惑星や太陽や星の寫眞・圖等の資料を集め，之を使用する能力

20 惑星と恒星の比較觀察をして，惑星と恒星とは全く異ったものであると予想する能力

21 惑星の軌道・大きさ・週期・發見者等がすぐ知れる樣な圖や圖表を作製する能力

22 日食や月食を觀測することを企畫する能力

㉓ 惑星と恒星の位置，日食や月食等の觀察したことがらを整理・整頓し，推論し互の關係をみる能力

24 觀察の時に時刻・時間や大いさ等を數量的に見る能力

㉕ 惑星の恒星に對する位置・移動・日食・月食のかけ方及びいろいろの資料等より太陽系の構造を推論する能力

C 態　度

㉖ 惑星の位置の觀測・黑点の觀測等を注意深く，正確に根氣よくやる態度又協力して觀測する態度

㉗ 惑星の表面・恒星內部・太陽系の成因等に關して，專門家が苦心して出した結論を信じ尊重する態度

28 觀察・又は資料をしらべ，次々と深い疑問を起していく態度

29 彗星と戰亂等の迷信を正していく態度

㉚ 觀測の苦心・資料の困難・推論の難しさ・繼續の苦しみ等を体驗し更にその上に立った科學の正確さ有用性を知り，科學を尊重する態度

## Ⅲ 單元の組織

| 問題(番號は目標) | 學習活動 | 効果判定の觀點及その方法 |
|---|---|---|
| 1 日食や月食は何故起るだろうか。(12. 22. 23. 28) | ○日食や月食について經驗を話し合つたり資料を集めたりする。<br>○觀測出來たら計畫を立てゝ觀測をする。(初食・食甚・復圓の各時刻日時等)<br>○資料(日・月食の寫眞・觀測記錄記事，又は參考書) 豫報されている曆等により日・月食の折の地球・太陽・月相互の位置を圖に畫いて見る。<br>○その圖により日食は新月の時月食は滿月の時起ること等を見，日・月食の理を推論する | ○研究についての興味は喚起されたか(觀察)<br>○觀測の計畫はよいか，協力して根氣よく，精しく觀測されたか(記錄物・觀察)<br>○よく理解され整理されたか(圖)<br>○日食・月食の理，及太陽・月・地球の相互の位置・關係は理解されたか(面接・テスト)<br>○推論する能力はどうか(テスト) |

| 問題(番號は目標) | 學習活動 | 効果判定の觀點及その方法 |
|---|---|---|
| 2 暦・日・時・時刻等はどのようにして定めるのであろうか。(13. 17. 18. 24. 26. 29. 30) | ○日・月食等が正確に豫報されている，曆や年表をどうやつて作るか話し合つたりしらべる。<br>○曆・年表・參考書等によつて時刻や曆は，地球の自轉・公轉の周期を基礎として定められることをしらべたり話をきく。<br>○之等の事柄より，恒星の運行惑星の位置・太陽黑點の移動等の繼續觀察を始める。<br>○これを根氣よく記錄していく | ○曆・時刻に對する興味・關心は喚起されたか(觀察)<br>○恒星の觀測により地球の太陽に對する位置が決定されることがわかつたか(面接)<br>○地球の自轉週期が1日(24時間)であり，公轉週期が一年であることがわかつたか(テスト)<br>○時刻は地表上の地點が太陽に對する位置によつて定められることがわかつたか(テスト)<br>○天文台內の星の位置測定により時計が正されることがしられたか(面接)<br>○根氣よく繼續觀察しているか(觀察・面接) |
| 3 太陽の周をまわる惑星にはどんなのがあるだろうか。(1. 2. 3. 4. 5. 6. 7 8. 9. 15. 17. 18. 19. 20. 21. 23. 24 25. 26. 27. 29) | ○繼續觀察して來た記錄より，どんな惑星があるか話合う。<br>○參考書などによつて他の惑星をあげて見る。<br>○各惑星を望遠鏡でしらべて觀る。(金星がかけて見えること，土星の輪・木星の衞星・火星の極冠等)<br>○參考書や觀察した事により各惑星の大いさ形狀・衞星・軌道・距離などをしらべる。<br>○流星を觀測したり，何であるかを參考書でしらべる。<br>○彗星を望遠鏡で見たりどういうものかしらべる。<br>○太陽系の模型圖を畫いて見る<br>○惑星の大いさ，距離・公轉週期・衞星等の表を作る。<br>○太陽と惑星の引力關係の話を聞く。 | ○惑星への學習意欲はどうか(觀察)<br>○觀測の態度・器械の取扱いはどうか(觀察)<br>○惑星がそれぞれ異ることがわかつたか(面接・テスト)<br>○比較觀察の能力はどうか(面接)<br>○精しく觀測する能力はどうか(面接)<br>○流星の性質・成因はわかつたか(テスト)<br>○彗星の性質・成因はわかつたか(テスト)<br>○圖や表に整理する能力はどうか(ノート・作品) |
| 4 太陽とはどんなものであろうか(9. 10. 11. 14. 18 19. 24. 26. 27. 29. 30) | ○黑點の移動や變化の繼續觀察や寫眞等によつて調べたい事疑問などを話し合う。<br>○黑點の狀態・紅焰・參考書・資料等によつて表面の樣子，溫度・內部等をしらべる。<br>○黑點の移動などにより自轉していることその週期や狀態についてしらべる。<br>○太陽の表面活動が地球の氣象や磁氣に關係あることなどをしらべる。 | ○精しく觀測する能力はどうか(記錄)<br>○資料を使う能力はどうか(觀察)<br>○太陽に高熱のガス体で光と熱を出していることがわかつたか(面接・テスト)<br>○太陽の表面現象が地球に影響を與えることがわかつたか(面接テスト) |
| 5 恒星・星團・星雲とは何だろうか。(11. 16. 19. 23. 24. 27. 29. 30) | ○恒星・星團・星雲等を望遠鏡で精しく觀察してみる。<br>○觀察した記錄や寫眞等の資料によつてどんなものか話したり聞いたりしらべる。<br>○銀河系や宇宙についての大い | ○觀察の態度・器械の扱い方はどうか(觀察)<br>○星團や星雲が精しく觀察出來たか(面接)<br>○星の構造が太陽の樣なものであると，太陽は恒星の一つである |

| | | |
|---|---|---|
| | き，構造・星と星との相互關係等の話を聞いたりしらべたりする。 | ことが理解出來たか（面接・テスト）<br>○銀河宇宙の構造はわかつたか（面接）<br>○全宇宙の構造はわかつたか。（面接）<br>○星に對する興味・關心は深められ實地研究の意慾は喚起されたか（面接） |

## 單元　4　甘酒や味噌はどのようにして作るだろうか。

季節　4月上旬〜5月上旬　　　　所要時間　10時間

### Ⅰ　單元設定の理由

A　社會的要求

1.　食品加工の問題は現代社會の重要な部面を占めている，此の食品加工の一端に觸れる學習は，此の方面への關心を深め社會生活の改良進歩をはかる上に極めて大切な一つの要素である。

2.　吾が國は氣候風土の關係から，かび類の繁殖はげしく，古來その培養・育成をして之を利用していることが多い。味噌・甘酒・酒等の釀造をはじめとして，醫療用・肥料用等その利用面は非常に廣い。こうしたものゝ基礎を學習することは生活向上の大事な一事項である。

B　理科的要求

1.　吾々の食物やその榮養價の問題，又それと保健との關係に就いては，前學年にて學習して來たが，之に續いて，加工によってそのものの持つ質をかえ榮養價を高めたりすることなどを學習し，將來こうした物質變化に關する方面への學習の基礎としたい。

2.　酵母や，かび類を米や豆に働かせることによって，米・豆等の質を變えることが出來ることや，こうしたことは食品加工・醫療用としてその用途極めて廣いことを學ばせたい。

C　兒童の實態

1.　心意發達は單元1の項に準する。

2.　興味・關心については，物の持つ機能に關するものが最多數を占め，製法構造・利用と云う様なことに就いても相當多い。（實態調査）

3.　學習活動に關する興味は榮養と保健と云う様な点，食品と加工と云う問題などに多く，又かびや微生物，化學的な變化等に關するものも相當多い。（實態調査）

D　理科的環境の實態

1.　松本には食料品店も多數あり諸種の加工調製品に接する機會は非常に多い。但し家庭にて作ることは少いので，製造加工の實状は余り見られない。

2.　3月末より4月初にかけての，ひな祭・甘酒祭などがあり，甘酒を作る機會には相當ふれている。味噌なども余程作っている家がある。

### Ⅱ　單　元　の　目　標

甘酒を作って，酵母や麹が働いて米が甘く變ることを實験し，麹や酵母が繁殖するには適當な温度・水分・養分の必要であること，及び人は之等を利用して食料品・醫療品として大事なものを作っていること等を理解し，物事を愼重に處理していく様な實驗の能力・態度を涵養する。

A　理　　解

①　カビやバクテリヤなどは梅雨の頃が濕氣多く暖いので盛にふえる。

②　バクテリヤ・酵母菌などは体がわかれてふえ，ふえ方が早い。

3　人は動植物を飼育・栽培してその利用をはかっている。

4　工夫すれば利用出來る生物は少くない。

5　顯微鏡でなければ見えない生物の中には人の病氣のもとになるものと役に立つものとがある。

⑥　澱粉にジャスターゼを働かせると甘くなる。

⑦　糖分に酵母を働かせるとアルコールと炭酸ガスが出來る。

⑧　酵母のはたらきで米・麥・豆などから，酒・醤油・味噌などが出來る。

⑨　醱酵させるには適當な溫度が必要である。

10　消化しにくい食物でも料理のし方や加工のし方で榮養分を生かすことが出來る。

B　能　　力

11　甘酒を作ったりそれを研究することを企劃する能力

⑫　カビや酵母を培養する技能

⑬　甘酒などを作り，精しく觀察したり記錄したりする態力

14　酵母の繁殖する事實を實際に應用する能力

⑮　カビや酵母の培養條件（溫度・濕氣・日光）を數量的にみる能力

16　顯微鏡などの機械を取扱う技能

C　態　　度

17　甘酒などを作り，カビ・酵母の培養など根氣よくやりとげる態度

18　〃　　　　　　　　　　　注意深く正確にやる態度

19　カビ・酵母等を人生々活に利用していく態度

20　カビ・味噌等についての迷信を正し科學を尊重する態度

現代に生活す ものは電氣器械である。こうした社會生活に最も深い關聯をもつ電氣器械や る, 交通・通信・産業等あらゆる文化の面に於て暫くも欠くことの出來ない

大事な事項である。 その原動力である電氣について基礎的な知識及び技能を修得しておくこと 現代

電氣の利用は、現代を特色づける一つの大きな要素であ
- 闘する常識を養成して欲しいとの要望が

一般父兄の要求として、電話器使用・電氣器具使用・電氣器具の修理等に

理科的要求

- 察し、將來

専門的學習への導入としたい。 は前學年迄に作用の研究に迄進められたのであるが、ここでは電磁石・モー ター等を取扱って、電氣の磁氣作用について學習し、社會生活との關聯を表 磁石あそびから懐中電燈

電流の磁氣作用について學習し、 電磁石・モーター等
- 社會科「近代工業と貿易」6年「我が國の產業」5年と關聯深い。

見童の實態

- 心意
 強達については
 軍

- J 理科的環境の實態

338

- 339 -

燈・積算電力計・電話機・モーター・ラジオ等を使用する家が多い。したがって 日常生活で相當多く電氣の器具に接している。發電所は吾が國、特に信州には多 

ない。 を対して、 を発生のでは、 を発生のでは、 を作り、 のでは、 をない、 のでは、	一門一九ぢ 石帯が石 不済れと

つ作用點次としち人圖解記錄 〇器被の取扱、質験の態する。 かく觀察) かく複数) 〇階情

o >	臨済や通じて鳥のして小のなる韓海や臨波石では、 の韓海や鴨波石では、 の野や光然十れて、 の精治を作用、 鶴巌	信託の数等か
「中」のでは、「中」のは、「中」のは、「中」のは、「中」のは、「中」のでは、「中」のは、「中」のは、「中」のは、「・」のは、「・」のは、「・」のは、「・」のは、「・」のは、「・」のは、「・」のは、「	23. 25. 2	の行用題 する。 調言薬	器械の取扱、資験

市街地であるので電氣器具・材量の販賣店も多く，又家庭に於ても電熱器・電燈・積算電力計・電話機・モーター・ラジオ等を使用する家が多い。したがって日常生活で相當多く電氣の器具に接している。發電所は吾が國，特に信州には多い。

## Ⅱ 單 元 の 目 標

電磁石の作用を考察し，その利用されているいろいろな器械について考察研究し，その重要なものの一つであるモーターを製作して，その原理を理解したり，器械を取扱ったり工作したりする能力を養い，人生への効用等を考察究明する態度を養う。

### A 理　解

1　電磁石は電流を通じた時だけ磁性を帶びる。
②　電磁石はコイルの卷數を增したり電流を强くすると磁性を强めることが出來る。
3　電鈴は電磁石とバネの彈力を利用したものである。
4　電信機は電磁石を利用して遠い所と通信する機械である。
5　電話器は，送話器で音を電流の變化にかえ之を受信器でうける器械である。
6　電磁石は電鈴や發電機や電動機ラジオ其の他色々の電氣器械に使われる。
7　電壓・電流・電力量はそれぞれ電壓計・積算電力計等ではかることが出來る。
8　電信機・電話器・ラジオの發明により遠い所迄，瞬間的に通信出來る樣になった。
⑨　モーターは界磁・電動子が電磁石となり，それ等の磁力の關係で廻る。
10　變壓器によって電壓を上げたり下げたりすることが出來る。
11　電力を使って電動機を廻すことが出來る。
12　電動機は電流を用いて動力を得る機械でいろいろの機械・交通機關を動かすことが出來る。
13　電動機や電熱器などは電壓が高くて電流が强い程電力が使われる。
14　電動機や發動機を灌漑・脱穀・農耕などに利用して少い人手と時間で澤山食糧がとれる樣になった。
15　日常使う多くの電氣は發電機で起し，この電流は交流でその流れる方向は常に變化している。
16　發電所で起された電氣は高壓で遠い所へ送られる。

### B 能　力

17　モーターを作り器械などを工作する技能

18　電磁石やモーターを實驗しながら問題をつかむ能力
19　器械の製作や研究について企畫する能力
20　モーターの廻る原理などについてすじ道を立てて考える能力
21　電磁石を利用した器械の作用を考察し，事實に原理を應用する能力
22　電氣の作用を知り危險から身を守る能力
23　いろいろの電氣器械を取扱う技能
24　コイルの作用などを實驗し事實から原理を推論する能力
25　いろいろの器械の作用を實驗し，電力・磁力・動力など相互の關係をみる能力
26　電流・電力など數量的に見る能力

### C 態　度

27　諸種の實驗を注意深く正確にする態度
28　實驗から疑問を起したり，すゝんで究明しようとする態度
29　モーターの製作などを根氣よくやりとげる態度
30　科學が進み，いろいろの器械が出來たことなどから科學を尊重する態度

## Ⅲ 單 元 の 組 織

| 問題(番號は目標) | 學　習　活　動 | 効果判定の觀點とその方法 |
|---|---|---|
| 1 電磁石はどのようなものでどんな作用があるだろうか。(1. 2. 3. 20. 23. 25. 26. 27. 28) | ○電磁石について知っていることを話合う。<br>○電磁石を作つて使つてみる。<br>○電磁石の作用を實驗考察する。<br>○その構造が鐵心を導線で卷いたものであることを考察する。<br>○コイルの卷き數を增したり減じたり，又電流を强くしたり弱くしたりして磁力の强さをみる。<br>○電流が流れると，磁力線はどう働くか實驗<br>○以上によつて電磁石の作用とその理を推論する。 | ○電磁力に對する關心はどうか。(觀察)<br>○電磁石は電流を通じた時だけ磁性を帶びることがわかつたか。(面接)<br>○電磁石の構造はわかつたか(面接)<br>○電磁石の作用はコイルの卷數及び電流が多くなると强くなることがわかつたか(面接)<br>○電流と磁場との關係はわかつたか(面接)<br>○推論する能力はどうか(面接) |
| 2 電磁石はどのように器械に利用されているだろうか。(3. 4. 5. 6. 7. 8. 21. 23. 25. 27. 30) | ○電磁石を利用している器械にはどんなものがあるかしらべる。<br>○電鈴に電流を通じて鳴らしたりし乍らその構造や電磁石の利用されている點を考察する<br>○電話器の構造や作用，電磁石の作用點などしらべ圖解記錄する。<br>○電信機につき同上<br>○電壓計・電流計・積算電力計につき同上 | ○電磁石の利用されている器械はわかつたか(テスト)<br>○電鈴・電話器・電信機・電壓計電流計・積算電力計等に於ける電磁力の利用點はわかつたか。(ノート・面接)<br>○器械の取扱，實驗の態度はどうか(觀察)<br>○原理を應用し理解する能力はどうか(面接) |

| | | |
|---|---|---|
| 3 モーターはどのようにして作ったらよいだろうか。(6. 9. 11. 12. 13. 17. 18. 19. 20. 21 23. 24. 25. 27. 28 29) | ○モーターに電流を通じて廻したり，その構造をしらべ觀察する。<br>○モーターを作る設計をして製作の順序，必要な部分品を記錄したり用意をする。<br>○モーターの製作をする。<br>○作つたモーターを廻してみながら，電流が通じた時の各部の變化，それによつて廻る原理などを考察する。<br>○廻り方と電力との關係を觀察する | ○疑問をおこす態度はどうか（觀察・面接）<br>○電流を通すと界磁・電動子は電磁石となり，その磁石によつて廻ることがわかつたか（面接）<br>○企劃する能力はどうか（面接・ノート）<br>○製作する技能はどうか（觀察）<br>○根氣よく作る態度はどうか。（觀察）<br>○廻る原理は理解出來たか（テスト）<br>○關係をみたり，推論する能力はどうか（面接）<br>○數量的に關係が見られたか（面接） |
| 4 發電機はどのようになつているだろうか。(15. 16. 22) | ○發電機の構造をしらべたり，その原理を交流が出ること等を考察する。<br>○交流は變壓器で電壓を高めたり低くしたりすることが出來ることを實驗し考察する。<br>○發電所から送る電氣や實際使う時の電氣・變壓所・電壓器等についてしらべて話合う。 | ○發電機の構造や原理はわかつたか（テスト）<br>○何の力によつて發電子が廻されたかわかつたか（面接）<br>○發電子が廻ると交流が起る原理がわかつたか（面接）<br>○變壓器の構造作用はわかつたか（面接）<br>○送電する時は高壓で遠く迄送り使う時は壓力を下げて使うことがわかつたか（面接） |
| 5 之等の機械はどのように人生に役立つているか (8. 12. 14. 30) | ○モーターなどを利用している機械についてしらべて話合う。<br>○之等の機械と人生々活との關係について話合う。 | ○電車・脱穀機・原動機等として使用され人生に役立つていることがわかつたか(觀察・テスト)<br>○科學尊重の態度はどうか（感想文・觀察） |

## 單元 6 交通機關にはどのようにして動くか。

季節 12月中旬～1月下旬　　所要時間 10時間

I 單元設定の理由

A 社會的要求

1. 現代社會に於て交通機關のもつ役割は極めて大きい。陸上に海上に空中に漸次その領域は開拓されて，今やその利用度は，その社會の文化的水準を示す最も重要な要素をなしていると云える程であろう。こうした交通機關に對する基礎的な理解を持つことは社會人としての大事な敎養である。

2. 蒸氣機關の發明は之を動力として働く機械の發明と相まって產業革命を起し，以來今日に到るも尙產業界の大事な原動力である，又內燃機關は裝置の小さい割に出力の大なる点などよりして船舶・農機・製材等その需要の途は極めて廣い。從ってこうした機關についての基礎的知識を得ることは現代社

會の要求する大きな要素である。

3. 一般父兄より，日常生活に使われる器具の修理技能・取扱い方及常識を養ってほしいとの要求がある。（實態調査）

B 理科的要求

1. 機械については風車をつくったり，動くおもちゃやシーソーで遊んだりして來たが五年になり自轉車によって相當複雜な機械の學習を了えた。こゝでは機械の原動力となる蒸氣機關・內燃機關についての大要を學習したい。

2. 交通機關としての蒸氣機關・內燃機關・電氣機關（前單元5にて學習)について其の構造と機能の大要を理解し，之等を見學したり，或は利用している機械を考察したりして，專門家の意見をきき，科學を尊重する態度，機械を取扱ったり危險をさける能力等を養っていきたい。

3. 社會科「近代工業と貿易」6年と關聯深い。

C 兒童の實態

1. 心意發達は單元1のこの項に準ずる。

2. 興味・關心については單元5のこの項に準ずる。

3. 學習活動については，乘物の原動力について最多數（50%）を占め乘物のはやさ種類等についても相當多數（40%）あり，機械や道具の原動力・發明者・又生活との關係等についても極めて多い（50%）蒸氣機關・エンヂンについても相當多い。(30%)（實態調査）

4. 遊びについては，おもちゃの自動車・汽車等を作って遊ぶものがあるが當學年に到っては割合に少い。

D 理科的環境の實態

1. 蒸氣機關車や內燃機關について汽車・自動車等によって日常その恩惠をうけているけれども，その機關部の構造・作用等に直接觸れたり見たりする場合は少い。

2. 松本驛機關庫・松筑自動車修理工場等があり，蒸氣機關や內燃機關についての實地見學が出來る。

II 單 元 の 目 標

交通機關としての蒸氣機關車や自動車の原動力である內燃機關の構造及作用について研究理解し，之等の機關を原動力とする諸種の機械について考察し，併せて機械を取扱う能力，危險をさける能力，及專門家の意見及び科學を尊重する態度を養う。

A 理　解

① 火力を使って蒸氣機關や內燃機關をはたらかすことが出來る。

② 熱を使って蒸氣機關や內燃機關をはたらかせる事が出來る。
③ 蒸氣機關は火力を使って水を熱して出來る蒸氣がピストンを動かして働く。
④ 內燃機關はシリダーの內で燃料をもやしふくれるガスの力で働く。
5 往復運動を廻轉運動にかえたり廻轉運動を往復運動にかえたりする部分にクランクが使われる。
6 蒸氣機關は機關車や工場の機械の原動機として利用されている。
7 內燃機關は自動車・飛行機・汽船・脫穀機等の原動機として使用されている。
8 汽船・汽車・電車・自動車・飛行機等の發明により，短い時間に旅行したり，澤山の荷物を遠くへ運んだりすることが出來るようになった。
9 機械を動かしたり，止めたりするにまさつを利用することが出來る。
10 機械の振動や衝撃を柔げる爲にバネ・ゴム等の彈力のあるものが使われる。
11 機械は，てこ・車・滑車・輪車・齒車・ねじ・まさつ車・はづみ車等から出來ている。

B 能　力
⑫ 火力・熱・運動等相互の關係をみる能力
⑬ 機關部や熱が運動に變ることの考察などにより，分析的綜合的にみる能力
14 機械器具を取扱う技能
15 發動機などを理解して危險から身をまもる能力
16 問題をとくために資料を集めたり，此の資料を使う能力
17 機械の動力・作用などについて問題をつかむ能力
18 機關の作用などを考察してすじ道の通った考え方をする能力
19 研究などの企畫をする能力

C 態　度
⑳ 機關士・自動車修理工等專門家の意見を尊重する態度
㉑ 機械の原動力等について疑問を起したり，自ら進んで究明しようとする態度
22 機關部の構造作用など注意深く觀察する態度
23 研究を根氣よくやり拔く態度
24 交通機關などの研究により科學の力に負うこと多きを知り科學を尊重する態度
25 機關の進歩などを知り新しいものを作り出そうとする態度

## Ⅲ 單元の組織

| 問題(番號は目標) | 學　習　活　動 | 効果判定の觀點及びその方法 |
|---|---|---|
| 1. 交通機關にはどんなものがあるだろうか。(1.2.3.4.6.7.8 16.19) | ○交通機關の種類について話合う。<br>○之等を動かす原動力によつて分類してみる。<br>•人力によつて動くものにはどんなものがあるか。<br>•內燃機關により動くもの〃<br>•蒸氣機關により動くもの〃<br>•電氣機關により動くもの〃<br>○人力によるもの電氣機關によるものについて既習した事項を話合つたり復習する。<br>○蒸氣機關と內燃機關について研究する計畫をたてて話合う。 | ○興味・關心の度はどうか(觀察)<br>○各機關について既有知識はどの程度か(觀察)<br>○研究に對する企劃はどうか(觀察) |
| 2 蒸氣機關はどのような仕組で動くのだろうか。(1.2.3.5.6.9.10.11.12.13.14 17.18) | ○石炭は何の爲に焚くか話合う<br>○氣罐の湯は沸いて蒸氣となりどうなるか考察する。<br>○湯の蒸氣化によつて力を出す實驗をしてみる。(試驗管に水を入れ熱して栓をとばしてみる)<br>○模型により各部の構造作用をしらべる。<br>○氣罐で出來た蒸氣は何處へ行きどんな作用をするか考察する。<br>○ピストンは何故(構造と原理)前後に往復運動をするか考察する。<br>○往復運動が何故回轉運動となるかクランクの構造作用を考察する。<br>○はづみ車はどんな働きをするか考察する。<br>○機關車の見學をして以上の事項や齒止め，その他について觀察したり考察する。 | ○熱が蒸氣にかえられ，その蒸氣が働いて原動力となることがわかつたか(觀察・面接)<br>○機關を取扱う能力はどうか(觀察)<br>○機關の構造はわかつたか(觀察面接)<br>○蒸氣が何處でどう働くかわかつたか(觀察・面接)<br>○氣筒內の蒸氣によりピストンが往復する。ピストンの作用・構造はわかつたか(面接)<br>○機關など注意深く觀察する態度はどうか(觀察)<br>○クランクの構造・作用はわかつたか(面接)<br>○はづみ車のはたらきはわかつたか(面接)<br>○觀察の態度・專門家の意見をきく態度はどうか(觀察・面接)<br>○機械は，てこ・車・はずみ車等利用してあることがわかつたか(觀察・面接) |
| 3 內燃機關はどのようになつているのだろうか。(1.4.5.7.9.10.11.12.13.14.15 17.18) | ○ガソリンや木炭ガスは何故必要かしらべる。<br>○模型によつて構造や作用を考察する。<br>○シリンダーの中でガスが爆發するとどんな作用が起るか考察する。<br>○その力がどのように變つて廻轉運動になるか考察する。<br>○實際の自動車の機關部を見學して專門家の話を聞いたり觀察する。 | ○ガソリン・木炭ガス等が動力の源であることがわかつたか(面接)<br>○構造やその中でガスが爆發してどんな作用が起きるかわかつたか(觀察・面接)<br>○往復運動が廻轉運動に變る裝置やそのはたらきはわかつたか。(觀察・面接)<br>○機械の振動をさける裝置・まさつ利用點などはわかつたか(觀察)<br>○專門家の意見をきく態度はどうか(面接) |

| | | |
|---|---|---|
| 4 蒸氣機關や内燃機關はどのような所に利用されているだろうか。(6.7.8.16) | ○各機關の利用されているもの場所について話合う（船舶・工場・オートバイ・飛行機等）<br>○之等機械が作られてどんなに便利になつたか話合う。<br>○之等の發明者の話などしらべ話合つたり聞いたりする。 | ○蒸氣機關・内燃機關の利用されているものはわかつたか（面接テスト）<br>○汽車・汽船・自動車・飛行機等が出來てどんなに便利になつたかわかつたか（面接）<br>○ワツトやスチブンソンの話を聞いた感想，科學者に對する感想はどうか（觀察）<br>○科學尊重の態度はどうか（觀察） |

## 單元 7 金属はどのように利用されているか。

季節 2月上旬～3月中旬　　所要時間 15時間

### Ⅰ 單元設定の理由

A 社會的要求

1. 人類が金屬を使用し始めたのは隨分古い時代からであるが金屬の利用によって如何にその文化が向上したかは歴史によって明かに示されている。現今その社會の文化的水準は金屬使用量によって測られると云う程に云われている。このような社會と密接な關聯のある金屬についての基礎的知識を持つことは社會生活向上の一要素である。
2. 埋藏されている資源は果しがある，乏しくなりつつある金屬資源を眞に社會文化の向上に役立たせるには，その使用の合理化をはかる必要がある。金屬の持つ特質を理解して，金屬機械・器具の取扱いに注意したり，その改良をはかっていくことは産業方面からしても大切な事項である。

B 理科的要求

1. 川原に遊び，岩石を集めたりして，地殼構造や地下資源の研究などを進めて來た發展として，金屬の製法（冶金）金屬の特質等を研究して，その合理的な使用法を研究したり，化學研究に發展する基礎としたい。
2. 金屬で作られた機械器具にはどんな金屬が使われているか，その金屬の特質はどうか，錆止めの方法はどうしたらよいか等を研究し理解させ，いろいろの機械器具・藥品を取扱う能力及び實驗・觀察などを愼重にする態度を涵養したい。
3. 社會科の「我が國の資源」（4年）「我が國の産業」（5年）「近代工業と貿易」（6年）等と關聯が深い。

C 兒童の實態

1. 心意發達は單元1のこの項に準ずる。
2. 興味・關心は單元2及び單元5の此の項に準ずる。

3. 學習に對する興味・關心は酸素・水素等を取扱うもの，硫酸・苛性ソーダの藥品の作用に關するもの等に非常に多數集り，又錆の問題，金物の用途等にも相當多數ある。（實態調査）
4. 遊びについては此種のものは少いが玩具作り，ラジオ作り等や日常生活に於て貨幣・器具・學用品等金屬製品を使用することは極めて多い。

D 理科的環境の實態

1. 日常の生活に於て使用されている機械類は殆んど凡てが金屬を使用して居り，又金物商店にある金屬製器具は勿論他の器具店にある物にも金屬製品多く，之等に接する機會は極めて多い。
2. 當市筑摩の鑄鐵工場・南松本の宮田自轉車部分品製作加工場は見學出來るが，金屬の冶金・製鉄等の大規模なものには接しられない。

### Ⅱ 單元の目標

身の周りの金屬製品から研究を始めて金屬の種類をしらべ，その一般性質，特質を實驗觀察して理解を深め，その短所を補う方法を研究して，器械・藥品を扱う能力，實驗觀察を精しく愼重にする態度を養う。

A 理　解

① 多くの金屬は空氣中で酸素や炭酸ガスや水の影響をうけてさびる。
② さびを防ぐには金屬の表面に金屬や塗料や油をぬったり，メッキしたりして空氣にふれないようにする。
3 金屬の酸化物に炭をまぜて高い溫度で熱すると炭に酸素がうばわれて金屬が得られる。
4 金屬は藥品におかされ易いものと，おかされにくいものとがある。
⑤ 金屬は丈夫で加工し易いからひろく機械や器具の各部に使われる。
6 鑄鉄はいものとして，いろいろの形に作り易いがもろい欠点がある。
7 ハガネは硬くて彈力があるので刃物やバネに使われる。
8 燒入したハガネは高い溫度で熱すると硬さや彈力がへることがある。
⑨ 鉄は磁性があるので電氣機械器具に使われる。
⑩ アルミニュームは鉄に比べると加工し易く輕いのでいろいろの機械器具に使われる。
⑪ ニッケルやクロームはさびにくいので，さび易い金屬をメッキするに使われる。
⑫ 銅やアルミニュームは電流を導き易いので電線や電氣器具に使われる。
⑬ 銅は熱を導き易いので熱を傳える部分に使われる。
14 銀や水銀は光を反射するので鏡に使われる。

15 メッキは金屬元素をふくんだ藥品を水にとかし電流を通ずると金屬が出て來る原理を應用したものである。

⑯ いろいろの金屬を溶し合して種々の合金を作ると金屬の短所を補い長所を助長することが出來る。

⑰ ハンダは鉛と錫の合金である。

B 能　力

18 研究や實驗について企畫する能力

⑲ 實驗觀察した結果から原理を推論する能力

⑳ 器械器具・藥品を扱ったり危險から身を守る能力

21 實驗の結果より得た知識を普偏化する能力

㉒ 諸種の金屬を比較觀察する能力

㉓ 實驗觀察した事項を圖表にしたり記錄する技能

24 資料を集めたり之を使う能力

C 態　度

25 實驗觀察を愼重に注意深くする態度

26 身の周りの金物などの研究をして環境に興味を起す態度

㉗ 事實を重んじ究明しようとする態度

㉘ 實驗などから更に疑問を起す態度

29 金屬の長・短所の研究から之を助長し補っている點を學習し，科學を尊重する態度

Ⅲ 單 元 の 組 織

| 問題(番號は目標) | 學　習　活　動 | 効果判定の觀點及びその方法 |
| --- | --- | --- |
| 1 金物にはどんなものがあるだろうか，又どうして製するだろうか。(3.5.24.26) | ○日常使っている金物について話合う。<br>○金物が使われている機械器具の名をあげてみる。<br>○金物にはどんな金屬が使われているかしらべる。<br>○いろいろの金屬を數多く集めてみる。<br>○この他にどんな金屬があるかしらべる。<br>○金物を種類別に分類してみる<br>○その他どんな金屬があるか資料・參考書等によつてしらべて見る。<br>○之等の金屬が鑛物(原鑛)からどのようにして製錬されるかしらべてみる。 | ○金屬への關心はどうか(觀察)<br>○生活に近い關係のある金屬はわかつたか(面接)<br>○金屬の種類はわかつたか(テスト)<br>○鑛物は石炭と共に高く熱せられ金屬が製錬されることはわかつたか(テスト)<br>○資料を集めたり使う能力はどうか(觀察) |

| 問題(番號は目標) | 學　習　活　動 | 効果判定の觀點及びその方法 |
| --- | --- | --- |
| 2 金屬は何故こんなに多く使われているだろうか。(長所はどんな點だろうか)(4.5.6.7.8.9.10.11.12.13.14 18.19.20.21.22 23.25.26.27.28 29) | ○金物の器械器具の利點について話合う。<br>○金屬が各部に使われている理由について工察してみる。<br>○金屬の性質・特質について實驗したりしらべたり研究する計畫をたてる。<br>○金屬の光澤について觀察ししらべる。<br>○金物をたゝきのばしてその展延性をしらべる。<br>○金物の硬さを觀察したりしらべたりする。<br>○金物の磁性について實驗したり本でしらべる。<br>○熱や電氣の傳わり方の遲速を實驗したりしらべる<br>○鑄鐵などもろいことをためしたり，その製法等をしらべる。<br>○金物の融け方を實驗したりしらべたりする。<br>○金物の比重を實測したりしらべたりする。<br>○以上實驗觀察した事やしらべたことを表にして整理してみる。<br>○金屬製品が金屬の持つ特質を利用してある點について話合つてみる。 | ○實驗する態度はどうか(觀察)<br>○問題をもち究明しようとする態度はどうか(〃)<br>○金屬光澤があり，銀・水銀等はよく光を反射することがわかつたか(面接・テスト)<br>○銅・アルミニューム等展延性の多いことがわかつたか(面接・テスト)<br>○種々の金屬の硬度の異ることがわかつたか(面接・テスト)<br>○鐵など磁性の强いことがわかつたか(面接・テスト)<br>○銅やアルミニュームは傳え易いことがわかつたか(面接・テスト)<br>○鑄鐵のもろいこと及その製法や利點はわかつたか(面接・テスト)<br>○鉛はとけ易くその他とけ難いことがわかつたか(〃)<br>○アルミニューム等の輕いことがわかつたか(〃)<br>○比較・觀察する能力・整理する能力はどうか(ノート)<br>○金屬の特質がそれぞれ利用されていることが理解されたか(觀察・面接) |
| 3 金物の短所はどんなことだろうか。(1.2.4.16.17.18.19.20.21.23 25.26.28.29) | ○金物の欠點として錆は大きいことを話合う。<br>○錆はどんなものか，どうしてさびるか考察する。<br>○鐵(鉋丁・ナイフ)のさびる條件を考え話合う。<br>○鐵・銅・アルミニューム・ニッケル・クローム等について空中にさらしておいたり，熱したり，水中に浸しておいたり，鹽水につけたり，酸をかけたりして錆について實驗してみる。<br>○以上により錆はどのようなもので，錆び易いもの錆び難いもの等を知り之を表に整理して見る。 | ○錆は金物の大きな欠點であることがわかつたか(觀察・面接)<br>○錆は，溫度の變化・水・鹽水・酸などにより促進されることがわかつたか(面接)<br>○鐵・銅など錆び易いもの，クローム・ニッケル等錆び難いもののあることが理解されたか。<br>○錆とは主として酸化されるもので種々の條件により遲速のあることがわかつたか(面接)<br>○實驗の態度・整理の能力はどうか(觀察・ノート) |
| 4 金屬はどのように利用していつたらよいだろうか。(16.17.24.28.29) | ○金屬の短所を補い長所を助長していくにはどのようにしているかしらべたり話合つたりする。<br>○塗布・鍍金・合金等のあることを話合う。<br>○油・塗料・金屬粉を塗るのは何のためか話合う。<br>○クローム等をメツキするのは | ○錆止めしたり，良い性質を生かすため，塗布・鍍金・合金などとすることがわかつたか(觀察面接)<br>○原理を推論する能力はどうか。(面接)<br>○油・コールタール等を塗るのは錆止めのため空氣を遮斷する爲であることがわかつたか(面接) |

項の前力はどうか。	○ (

何に役立つがしらべる。 〇メッキの質緊したり原理を参 老費なしらべたりする。 ペンメを作りてみる(質曝)

あげてみる。 〇マろいろの合金の製法や特質 毎について参考書でしらべたり、研究話合をする。

○クロース等の結び群いものをメッキして結を切いだり光澤を利用することがわかったが「面接) 田することがわかったが「面接) 田することがわかったが「面接) 田することがわかったが、面接) の難動の態度はどうか器具页板い の能力はどらか、観察) ○ハッダは鉛と錫の合金であることがわかったが(面接)

○各合金の原の金屬及その特質が どう助長されるか理解出來たか

電元 င 傳染病の予防はどのようにしたらよいだろ vi 300

季節 7月 中旬~9月

H

所要時間 10 時

單元設定の理

- 従って保健についての闘心を深め, 健全な社會生活を建設していく上に重要である である。産業も文化もあらゆる生活の基礎は健康なる身体に置かれている。 吾々の社會生活の上で, 身体の健康と云うこ その基礎的な知識を養っておくこ とは、 その最も重要な一要素 E14,
- N 相當の被害がある。衞生に關する, 吾が國の樣に未だ衞生に關する思想も施設も不充分な國では傳染病に ていくことは社會生活を健全にしていくのに大切なこ 特に傳染病に關する思想・知識 ことである 9
- の常識など養って欲しいとの要望がある。 一般父兄からは細菌についての常識・基礎的衛生法・身体の構造について (實態調查)

理科的要求

- 機能及傳染病に就いて學習をさせ, ていきたい。 丈夫なからだを作ろう でして來たのであるが、 と云う様な身近な事から出競し 更にその發展として六年では身体の各部の構造 保健生活の工夫を分析的・有機的にさせ 食物や住居の工夫
- Ĵ 本單元に於ては傳染病について その予防法を工夫したり、 人生生活との關聯について學習せしめたい。 その種類・症狀及病原体等について研究
- 他教科との關係は家庭科の「食物の榮養」や体育科と關聯が深い。

- 心意發達については單元1の此の項に準ずる。
- N 器 興味・關心については、人体の構造・機能(各器官の形態・作用とか神經 尿・汗・血液等の作用)等に闘するもの極めて多く, 病氣の原因・種類

等も相當多數ある。(實態調査)

- ဗ္ 家庭常備薬等にも相當多數あり、聽覺・視覺・皮膚等の構造とか、 防注射の發明者、そのききめ、 學習に對する動的關心は病氣の起る原因・又それと榮養との關係 云う様なものにも相當多數ある。(實態調査) と云う様なものに特に多く、田血の手當とか その作用 とか、
- 田て茶る。 類多くなり, 時間の減少と相まって過勢の傾がある。 縄とびとか野球等の様な活動的なものが非常に多 又身体の發達も部分的に急速の進步をとげ平衡を保ち難い者も ツベルクリン反應の陽性轉化等も相 くなり、 特に夏季は睡眠

理科的環境の實態

J

- 5 ントゲン核衝等時に應じてなざれている。 當校衞生室の施設は充分とは言い得ないが骨格模型・掛圖・書籍 毎月の体重測定・檢便・ツベルクリン反應檢査・血液沈降速度檢査・フ (實態調査 5 (4
- Ŋ 又保健所・細菌檢査所等があり, 國立病院・醫科大學・仝附屬病院・その他私營の病院 見童の父兄にも譬師・薬劑師等が相 ・醫院等多數あ 畔 94

雷 元 9 Щ 畞

ればならない事を理解し、 動物又は直接皮膚等を媒介として人体内に入り、繁殖すると罹ること、 を涵養す 防ぐには社會のすべての人が協力して消毒・掃除等や衞生施設の改善に努めなけ 傳染病にはいろいろ種類があり, 00 こうした衞生に關する知識や之を實踐する能力・態度 それ等の病原体である細菌が飲食物・空氣・ 及び之を

曲 解

(2) Θ

- 顕微鏡でなければ見えない生物中には人の病氣のもとになるものがあ
- 54 施残にはらしる だひろまる。 ものがあり、 その病原体は食物・水・空氣・動物等の仲だ
- (3) 等たひろがる。 赤痢や痰痢や腸 チン K П 7 VI ・ペスト等の病原体は食物・水・幅 •
- 結核・ 百日咳・風邪などは空氣によってひろがる
- アカ ホームの病原体は水や患者の使ったものについてひろがる
- **發疹チフスの病原体はシラミ・ノミ・ナンキンムシによってひろ** がる。
- ャの病原体は或る種の数によってひろがる

3 (O)

6 5 **(4)**

- 皮膚病の病原体は人や人の使ったものなどによってひろがる。
- 9 病原体や病氣の仲だちをする動物は熱や日光・薬で殺す (1 とが出來る。

10 口の中へやたらに物を入れたりくわえたり すると傳染 病にかいる事があ

料理をする道具や食器・手・体を清潔にすると病氣を防ぐことが多い。

予防注射は病氣を防ぎ、かゝっても輕くすることが出來る。

種痘は天然痘にかゝりにくくする。

傳染病の予防は社會の總での人が協力しなければ効果はあがらない。

衛生施設等の改善など企畫する能力

種々の傳染病について比較考察する能力

20

傳染病の流行と氣候,施設等相互の關係を見る能力

22 傳染病の統計その他を記錄し圖表にする技能

學習の事實

學習研究に當り、協力して仕事をする態度

予防注射。衞生施設など新しい考えを取り入れる態度

細菌檢鏡など慎重にし、正確に行動する態度

醫師等専門家の意見を尊重する態度

铝 元の組織

かなもと けおど	のしる異これを報ると、おり、おり、これをおって、おり、これをいいた。	選挙が選挙は位別と体がなれる名となる	置し類りし そらは又ら	のでを確果を	
染病の種類はわか 下) だや焦さ伸ら能力	(窟を)(まる)	9	し発展できる。	(加)	
でや(画様) ○無原存でる領菌のあること、 そ の作用による形にあることがわ りつでや(実際・画様)	がい 発い 発い ない ない ない ない たし たし	て露研	計率ら故表等の複数等の複	O C	ろうか。 (1. 2. 3. 4. 5. 6. 7 8: 15. 18. 20. 21.
○韓染病に勤する學習の意然は県 ・	の知識総等でして	て既有に事項	派や記述所に発して発化の	の傳像で	1 傳染病はどのような病氣なのだ

(2.3.4.5.6.7.8 20)	
○傳染病が流行する主なる原因はどんなことが話し合ってみる。 ○傳染病の躁防にはどんなことが必要にあるかしら、たり話し合ったりする。 ○離歯袴歯所・胴離病室・保健所等の代務・仕事について話し合か。 ○強防性射・血清・ワクチン等の療法についてしらべたり話し合め。 ○一般衛生が設・知識について依疑さんから端話をさく。	○各傳染指についての症状について不をは状について不必にとれる。	○傳染病はどろして傳染するか。 話し合つてみる。 ○各種の傳染病の病原菌はどのよろにして患者の体外へ排泄されるかしらべる。 ○各種の病原体はそれぞれ何を 対介としてどら傳染するかしらべたり話し合つたりする。	○病原体を顯微鏡でしらべたり
○疾食物・・・・・・・・・・・・・・・・・・・・・・・・・・・・・・・・・・・・	○諸核歯が体内に入つたら少氏风 原によりて知るにとが出来るに 原によりて知るにとが出来ることがあるにとがあるにとがある。 ○原や自然中の関語機により有菌 やだめるにとがあかつたか(面 被・ラスト) の機がラスト) の場所は解析するにとが必要な にはおかったか(糖類の がにはおってたり、 のにはなかったか(一部がにはないたり、 のにはなかったか(一部がにはないため、 のにはないのでは、 のにはないのでは、 のにはないのでは、 のにはないのでは、 のにはないのでは、 のにはないのでは、 のにはないのでは、 のにはないのでは、 のにはないのでは、 のにはないでは、 のにはないでは、 のにはないでは、 のにはないでは、 のにはないでは、 のにはないでは、 のにはないでは、 のにはないでは、 のにはないでは、 のにはないでは、 のにはないでは、 のは、 のは、 のは、 のは、 のは、 のは、 のは、 の	○公無傳染するものには、結核・百日咳・風邪・天然短等があることが理解されなか(面接・テストが食物や魎・熨・ネズ、等によって赤痢・疫痢・陽チフス・パーケース・コレラ等がひろがることがわかつたか(面接・デスト)の直接又は使用器具等によってトラーム・皮膚焼・天然痘・混りがあり、海洋等が傳染することがわかったが(面接・アスト)	接) 〇瀬祭し資料を使い之を記録する 等の能力態度はどうか(郷奈・/ ート)

○専門家の意見をきく態度はどう か。 

リーでは、これが、これで、リー・カー・ファイン・ファイン・ファイン・ファイン・国籍が、あるが、関バオリナン・国ボートにある。	() 田宗 東京 エエーアン 1000 で
0 0) 由液を檢鑑

Q	のからなってへらら)吸吹した機分れどのするすしては非分ので	のを握み下頭が自済中の大馬のや
0

| | | |
|---|---|---|
| | | 等の効用のあることがわかつたか。<br>○專門家の意見をきく態度はどうか。 |

## 單元 9 からだはどのように働いているだろうか。

季節 9月上旬～9月下旬　　所要時間 10時間

### Ⅰ 單元設定の理由

A 社會的要求

單元8のこの項に準ずる。

B 理科的要求

1. 單元8のこの項に準ずる。
2. 身体各部器官の名稱・構造・機能及各器官の相互關係を理解させ保健衞生について積極的に工夫していく様な能力・態度を養成したい。

C 兒童の實態

單元8に準ずる。

D 理科的環境の實態

單元8に準ずる。

### Ⅱ 單元の目標

体はどのように働いているか，体のもつ各部の器官の構造・機能について基礎的知識を收得し，保健生活を積極的にしていく能力・態度を涵養する。

A 理　解

1 体の構造やはたらきの研究は健康な生活のしかたのもとになる。
2 食物は口・胃・腸を通る間に細かく碎かれ消化液が出て之とよくまじる。
③ 消化液（唾液・胃液・膽汁・膵液等）は食物を水にとけ易いものにする。
④ 水にとけた養分は腸で吸收され殘りは大便として排泄される。
⑤ 血は心臓から押出され体中をめぐって養分や酸素や不用なものを送って健康・發育に役立つ。
⑥ 肺は空氣中から酸素をとり，炭酸ガスを出して血をきれいにする。
⑦ 血の中の不用なものは腎臓に於ては小便とし，皮膚に於ては汗として体外に排泄する。
8 皮膚は体の中を保護したり，体溫を調節したりする毛もその働を助ける。
⑨ 腦は考えたり，感じたり，体の各部の働きを調節したりする，神經はその連絡をする。
10 皮膚は暑さ・寒さ・さわった時のいろいろの感じを知る働きがある。

11 光・音・におい，味を感じるのは目・耳・鼻・舌の働きである。
⑫ 骨は体の形を保ったり，体の中を保護したりする。
⑬ 筋肉は骨についてこれを動かす働きをする。
⑭ 病氣になると，氣分がすぐれなかったり，熱や汗が出たり，呼吸や脉の數や，便のようすが違ったりする。
15 体には病氣を防ぐ力やなおす力がそなわっている。

B 能　力

⑯ 各器官の機能を知り，健康を保ち進める能力
⑰ 体の構造・機能・疾病等を知り，危險から身を守る能力
18 体の機能・構造を研究するために事實や原理を應用する能力
19 体の構造・機能の研究等を企畫する能力

C 態　度

20 体の構造・作用を學び事實によって迷信を正す態度
㉑ 身体の構造・機能を自ら進んで究明する態度
22 醫師等專門家の意見をきく態度

### Ⅲ 單元組織

| 問題（番號は目標） | 學習活動 | 効果判定の觀點及びその方法 |
|---|---|---|
| 1 体はどのようにして働いているだろうか。<br>(1. 19. 21) | ○各自分等の体について，手・足・胴・頭・骨・毛・皮膚・内臓諸器官等がいろいろの働きをしていることを話合つてみる。<br>○各器官はどのような作用をしているか，その機能・構造を研究する計畫を立てる。 | ○身体の構造・機能についての關心の度はどうか<br>○研究の興味は喚起されたか（觀察） |
| 2 血液はどんな働きをしているだろうか呼吸は何の爲にするのだろうか。<br>(4. 5. 6. 7. 14. 15 16. 17. 18. 20. 21) | ○手首その他の脈搏のわかるところをおさえて見て一分間にどの位うつかみる。<br>○脈をうつているのは何か調べたり話合う。<br>○心臓の在る所をさぐつて見たり，心臓の構造・機能を本によつてしらべたりする（模型）<br>○手足等の血管（靜脈）を見たり，体中にどのように血管があるか，調べたりする，圖示して見る。<br>○血液を檢鏡したり，その作用をしらべる。<br>○小腸に於て血液はどんな作用をするかしらべる。<br>○吸收した養分をどうするかしらべ話合う。<br>○腎臓や汗腺に於てはどんなこ | ○1分間の脉數は約60—70で平常はいつも同じであることがわかつたか（面接）<br>○心臓がポンプの様に血を全身に送つていることが判つたか（面接）<br>○心臓の各室各房の構造作用はわかつたか（面接）<br>○靜脈・動脈が各体中に分布されている狀態が調べられたか（圖示されたもの觀察）<br>○血液は赤血球・白血球・血漿より出來ていること及各作用はわかつたか（面接・テスト）<br>○血液の養分吸收・補給の作用はわかつたか（テスト）<br>○腎臓や汗腺で血液中の不用のものを除去し尿・汗として排泄することがわかつたか（面接） |

| | | |
|---|---|---|
| | とが行われているかしらべる（模型）<br>○肺臓にて血液はどうなるかしらべたり呼吸を止めていて苦しくなること，ガスで窒息してしまうこと，炭酸ガスが多く体の調子の悪くなることなどを話合つたり，呼氣に炭酸ガスの多く含まれていることを石灰水で實験する。<br>○吸收した酸素はどうされるか体の各部に送られてどうなるしらべる。 | ○肺は吸氣から酸素をとり炭酸ガスを出して血をきれいにすることが理解されたか（面接・テスト）<br>○研究の態度・能力はどうか（觀察） |
| 3 食物はどのようにして体に吸收されるだろうか。（2.3.4.14.15.16.17.18.20） | ○食物は口の中でどうなるか話合う。<br>○歯のはたらきを考えて話合う<br>○唾液はどんな作用をするか，又どこから出て來るかをしらべたり話合つたりする。<br>○舌の作用を考えたり，しらべたりする。<br>○食道の構造と機能をしらべる（模型）<br>○胃の位置を話合つたり，その作用と構造についてしらべ話合う。<br>○消化液（胃液・膵汁・膵液）はどこから出てどんな作用をするのかしらべ話合う。<br>○小腸の構造と吸收作用を模型によつてしらべ話合う。<br>○大腸の構造やその作用についてしらべ話合う。 | ○咀しやくによつて甘くなることを經驗しているか（面接）<br>○歯は食物をかみ碎く働きをすることがわかつたか（觀察）<br>○唾液によつて澱粉が糖化されることはわかつたか（觀察）<br>○舌は味覺を司ることがわかつたか（面接）<br>○食道が運動により食べた物を胃に送る作用のあることはわかつたか（面接）<br>○胃の働き，胃液・膵汁・膵液がそれぞれ消化の作用あることはわかつたか（面接・テスト）<br>○小腸に絨毛があり養分を血液中に吸收することはわかつたか（面接・テスト）<br>○大腸の水分の吸收・大便を排泄の作用あることがわかつたか（面接・テスト） |
| 4 運動はどのようにして行われるか。（12.13.16.18.21） | ○手や足を動かして見て何によつて動くか考え話合う。<br>○筋肉はどうなつているだろうか，どんな作用があるか模型圖などによつてしらべる。<br>○骨はどんなものがあり，どんな作用をしているか模型や本によつてしらべてみる。 | ○手・足・体にどんな筋肉があり又どんな骨があるかわかつたか（觀察・面接）<br>○筋肉や骨の作用はわかつたか。（觀察・面接・テスト）<br>○研究の態度・能力はどうか（觀察） |
| 5 皮膚や毛髮はどんなはたらきをするか。（8.10.14.16.18 20） | ○皮膚や毛髮爪はどんな作用をしているか話合つたり考える<br>○汗は何のために出るかどういう時に出るか話合う。<br>○汗腺の構造作用をしらべる。（模型）<br>○皮膚・毛・爪等の保護作用をしらべ話合う。 | ○汗が出て体温の調節が出來ることがわかつたか（面接）<br>○皮膚や毛・爪など体の内を護るはたらきのあることがわかつたか（面接）<br>○研究の態度・能力はどうか（觀察） |
| 6 思考したり，全身の調和をはかつたりするのはどこでどのようにして行われるだろうか。（9.10.11.14.15 16.18.22） | ○物事を考えたり，心配したりすると何處が疲れるか考えて話合う。<br>○腦の構造・作用などを模型や本によつてしらべる。<br>○神經の系統作用などを圖や本によつてしらべたり，話合つたりする。<br>○痛い・かゆい・甘い・からい嗅ぐと云う樣な又物が見えたり，音が聞えたりずる樣な感覺はどのようにして知られ，又傳えられ感ぜられるかしらべる（模型・參考書）<br>○手・足の運動・行動等の中樞はどこにあり，どのようにして全身活動が行われるかしらべたり話合つたりする。<br>○全体的・調和的な身体活動に於ける各器官の相互關係などについて話合つたり醫師等の話をきく。 | ○腦は大腦・小腦・延髓より成つていることがわかつたか（面接・テスト）<br>○考えたり，判斷したり，記憶したりするのは腦の作用であることがわかつたか（面接・テスト）<br>○大腦は知情意の高尚な精神作用の中樞であり，運動・言語・感覺：知覺（聽・視・嗅・味）綜合等の中樞をなすことはわかつたか（面接・テスト）<br>○小腦は主として身体運動の平衡調節を司ることがわかつたか（面接・テスト）<br>○延髓には生命に必要な種々の中樞（呼吸・心臟・調節・血管・咀嚼・唾液・發汗・咳嗽等）のあることがわかつたか（面接・テスト）<br>○脊髓及神經纖維の組織・系統及その傳導作用はわかつたか（面接・テスト）<br>○專門家の話をきく態度はどうか（觀察） |

— 356 —

— 357 —

昭和24年9月5日印刷
昭和24年9月10日發行

【非賣品】

著　者　長野師範學校女子部附屬小學校主事
代表者　田中富次郎

長野市大門町南一六
印刷人　中村政二

長野市西町一〇四〇
印刷所　信濃教育會印刷所

松本市元原町
發行所　長野師範学校女子部
附属小学校